上海党史

研究目录（1978—2020）

SHANGHAI DANGSHI YANJIU MULU

忻平　丰箫　吴静等 编

上海人民出版社　学林出版社

编纂说明

本书是关于研究中国共产党上海地方历史成果的目录。

上海在中国共产党100年历史上具有十分重要的地位。上海是党的诞生地,党的初心始发地,社会主义建设的重要基地和改革开放的前沿阵地。

习近平同志说:"上海是我们党的诞生地,党成立后党中央机关长期驻扎上海。"新中国成立前党的七次全国代表大会中,党的一大、二大和四大都在上海召开。抗日战争期间,上海既是抗战文化的发源地,又是全国抗日救亡运动的发起地和中心地。解放战争爆发后,上海成为中国共产党领导下爱国民主运动和人民革命第二条战线的主要阵地之一。毛泽东同志说上海是"近代中国的光明的摇篮","上海是中国工人阶级的大本营和中国共产党的诞生地,在长时期内它是中国革命运动的指导中心"。

新中国成立后,上海是社会主义建设的重要基地,在我国社会主义建设中发挥了独特的重要作用,为改革开放提供了重要的基础。

改革开放时期,上海努力践行改革开放排头兵、创新发展先行者的使命。进入新时代以来,习近平同志说:"上海之所以发展得这么好,同其开放品格、开放优势、开放作为紧密相连。我曾经在上海工作过,切身感受到开放之于上海、上海开放之于中国的重要性。"

进入新时代,尤其是建党100年即将到来之际,中共党史研究日渐成为显学,中国共产党与上海的研究成为热点。表现为:一是新领域、新课题、新资料不断出现;二是高质量研究成果不断涌现;三是多学科交叉研究成为一种趋势;四是社会广泛关注与参与。从更高、更广、更新的视角研究上海党史,已然成为近年来的共识。

为了更好地推动党史尤其是上海党史研究,我们编辑《上海党史研究目录》一书,对1978—2020年改革开放四十多年来研究上海党史的成果作编目梳理,为读者提供了解前人研究成果的检索工具书。

因编者水平有限,难免有遗漏或错讹之处,还请读者海涵并指正。

编者
2020年8月

使用说明

本书以中文研究成果为依据。编排体例如下：

一、编纂原则

在浩如烟海的研究成果中，我们重点选取了 42 年来上海地区百年党史研究在重要时期、重要领域的相关成果。

二、收录范围

本书收录 1978 年至 2020 年 7 月(截稿日)①公开发表和出版的研究上海地区党史的中文论文和著作。本书论文部分，只收录全国公开发行的专业期刊(部分报纸)中所刊登的相关论文和文章，省以下文史资料及内部刊物的论文没有普遍收录；一些专门性的文章如文学、社会学、艺术等，也没有普遍收录。收录的论著以研究为主，因而一些文件编纂的资料也未作为重点进行收录，特此说明。

本目录专题研究部分的历史分期依据习近平总书记《在庆祝中国共产党成立 100 周年大会上的讲话》和党的十九届六中全会通过的《中共中央关于党的百年奋斗重大成就和历史经验的决议》，将中国共产党自成立至今的奋斗历程划分为四个时期，即新民主主义革命时期、社会主义革命和建设时期、改革开放和社会主义现代化建设新时期、中国特色社会主义新时代；在此基础上按专题划分小类。

三、编排方式

(一)本书分为论文和著作上下两编，各编分为总论、专题研究和人物研究三部分。

(二)总论主要是党史研究的理论、方法以及上海百年党史的宏观研究。

(三)专题研究按历史时段划分，分别为上海百年党史各专门领域的研究，并根据学术界研究重点再按主题设子类目。② 部分跨时期研究论著，以其历史时期的开端年份进行排序。

(四)人物研究选取了对上海百年党史重要人物的研究成果。若干历史上和党关系密

---

① 后有部分内容至 2020 年底。

② 部分专题研究成果颇多，如统一战线和文化方面。这是近代以来上海发展特征和作用决定的，学界成果也颇为丰富。另党史学界对于上海特殊的政治、文化和社会研究也颇多，对于深入研究上海党史颇有助益，也按惯例将相关成果列目收录，如"战时上海经济和社会""抗战胜利与'劫收'上海""上海解放前的经济、社会与文化"等等。特此说明。

切的重要党外人物,因人数不多,本目录不再另行分类。

四、编排格式

期刊论文条目包括文献题名、责任者、期刊名称和年期。期刊论文编排格式如:

《五卅运动的兴起》,任建树,《社会科学》1985 年 5 期。

《权力与道德:1920—1925 年上海的废娼运动》,[法]安克强著,刘海岩译,《城市研究》2000 年 Z2 期。

专著析出文章编排格式如:

《一二八、八一三时期的宋庆龄》,张义渔,《宋庆龄与中国抗日战争》,上海社会科学院出版社 1996 年。

报纸文章条目包括篇名、责任者、报纸名称、日期和版次。报纸文章编排格式如:

《五四运动中上海人民的爱国斗争》,傅绍昌,《文汇报》,1979 年 5 月 5 日,第 4 版。

著作条目包括文献题名、责任者、出版者和出版时间。著作编排格式如:

《上海改革开放四十年》,徐建刚、严爱云、郭继著,上海人民出版社 2018 年。

中译专著编排格式如:

《中国的启蒙运动——知识分子与五四遗产》,[美]微拉·施瓦支著,李国英等译,山西人民出版社 1989 年。

报刊等文献未标注责任者,本书以佚名来代。

五、编排顺序

为方便读者了解不同时间段学界研究的热点和重点,期刊论文、报纸文章以发表时间先后排序。期刊论文按照年期排序,报纸文章按刊载日期排序;同年期刊论文和报纸文章,期刊论文置于报纸文章前;当出现发表时间一致时,按文献题名的字母顺序排序。

著作以出版时间排列,当出现出版时间一致时,按文献题名的字母顺序排序。

为方便读者查阅,人物研究部分先以姓名字母分类,再按发表时间排序。当出现发表或出版时间一致时,按文献题名的字母顺序排序。

六、使用对象

中共党史、中国近现代史研究者以及对相关研究感兴趣的爱好者。

七、使用方法

读者使用时,先行在论文专著里的总论、专题研究和人物研究三部分进行分类,然后可根据论著研究主题时段和发表时间进行查询。后期我们将推出电子版,以方便大家更快速地查阅。由于各种原因,部分论著未能选取收入本书,在本书里无法查阅到,敬请谅解。

目　录

下编　著作

上编

论文

一、总　　论

1. 党史研究的问题、方法和理论

《研究党史必须忠于史实》,杨燕杰,《江西大学学报(人文社会科学版)》1979 年 3 期。

《关于党史上若干问题的辅导解答》,胡华,《党史研究参考资料》1979 年 4 期。

《关于党史研究中的问题》,丁守和、方孔木,《近代史研究》1980 年 2 期。

《应当充分评价白区工作的地位和作用——党史研究中的一个重要问题》,李坤,《教学与研究》1980 年 3 期。

《实事求是地研究党史》,孙达芳,《群众》1980 年 10 期。

《正确处理党史研究中党性和科学性的关系》,郭德宏、李明三,《理论战线》1981 年 30 期。

《党史研究中的几个问题　在纪念中国共产党成立六十周年学术讨论会上的讲话》,肖克,《近代史研究》1982 年 1 期。

《中国革命史、中国近现代史、中共党史区别之我见》,张岗岺,《唐都学刊》1986 年 3 期。

《关于加强党史宏观研究的思考》,张嘉选,《社会科学》1986 年 3 期。

《关于中共党史理论研究的几个问题》,本刊编辑部,《党史研究》1987 年 3 期。

《略论中共党史理论和方法的若干问题》,王朝美,《党史研究》1987 年 5 期。

《关于党史研究改革的思索》,张天荣,《党史研究》1987 年 5 期。

《研究党的历史必须与现实相联系　胡绳谈中共党史、中国革命史研究》,张琦整理,《党史研究》1987 年 6 期。

《关于加强中共党史研究需要注意的几个问题》,桑咸之,《党史研究》1987 年 6 期。

《党史文献资料的搜集、考证、整理和利用》,张注洪,《中共党史研究》1988 年 2 期。

《对中共党史改为中国革命史的认识和实践》,张学福,《宁夏大学学报(社会科学版)》1988 年 3 期。

《浅议中国革命史和中共党史的联系与区别》,张文安,《广西商专学报》1988 年 3 期。

《把计量方法应用于党史研究》,兰桂英,《福建党史月刊》1988 年 9 期。

《论党史考察方法》,林强,《福建党史月刊》1988 年 9 期。

《研究中共党史学史应注意区分的几个概念》,召海,《党史纵横》1988 年 12 期。

《马克思主义史学理论及其在中共党史研究中的应用》王仲清,《党史研究与教学》1989 年 1 期。

《简论中共党史与民国史的同一性》,邹小孟、刘宜年,《湖南党史月刊》1989 年 11 期。

《对党史宏观研究与微观研究问题的若干思考》,陈荣华,《江西社会科学》1990 年 6 期。

《系统方法在党史研究中的应用试探》,陈日增,《福建党史月刊》1990 年 9 期。

《党史研究若干社会功能探讨》,孙剑纯,《求实》1990 年 8 期。

《论中共党史研究的方法论》,高树森、孟国祥,《南京社会科学》1990 年 3 期。

《当前党史应注重研究的若干问题》,吴仲炎,《福建党史月刊》1990 年 7 期。

《利用档案研究中共党史的几点体会》,曹雁行,《安徽党史研究》1991 年 2 期。

《发挥党史研究的战斗功能》,隋祥,《北京党史研究》1991 年 3 期。

《论阶级分析在党史研究中的运用》,荣维木,《北京党史研究》1991 年 3 期。

《目前党史研究中应当注意的几个问题》,卫金桂,《北京党史研究》1991 年 5 期。

《关于中共党史学史的分期问题》,孙芝瑶,《社会科学》1991 年 5 期。

《对党史工作的几点意见》，苗来锁，《中共党史研究》1991年6期。

《中共党史学史研究笔谈》，王学勤，《中共党史研究》1992年4期。

《中共党史为何从辛亥革命写起》，王雪森，《福建党史月刊》1992年9期。

《中共党史科学的研究亟待加强》，王同起，《党史研究资料》1993年1期。

《党史研究选题漫议》，王廷科，《中共党史研究》1993年2期。

《中共党史分期新探》，梅长冬、柳磊，《中共党史研究》1993年2期。

《不断革命论与中国革命理论的发展——兼评中共党史上的"二次革命论"与"一次革命论"》，朱汉国，《中共党史研究》1993年5期。

《关于当前党史工作的几个问题》，危仁晟，《江西社会科学》1993年8期。

《试论党史上"左"倾错误的几个共同点》，胡国民，《党史文汇》1994年9期。

《关于中共地方史研究中几个问题的探讨》，胡康民，《重庆党史研究资料》1994年1期。

《中共党史学概论基本理论问题初探》，周一平，《党史研究与教学》1994年1期。

《对党史文献校勘工作的几点认识》，李勇，《党史研究资料》1994年1期。

《中共党史学理论和方法研究的反思》，张静如、王朝美、侯且岸等，《北京党史研究》1995年5期。

《中共党史学诠释》，张静如，《北京党史研究》1997年3期。

《中共党史文献学理论问题初探》，周一平，《党史研究与教学》1997年4期。

《关于深化中共党史研究的几点思考和建议》，郭德宏，《中共党史研究》1997年4期。

《80年代中期至90年代中期中共党史学科的理论与方法问题研究综述》，于文善，《党史研究与教学》1998年4期。

《中共党史目录学几个理论问题初探》，周一平，《党史研究与教学》1999年3期。

《中共党史史料学的属性、源流和形成》，张注洪，《北京党史》1999年4期。

《关于党史研究创新的几个问题》，郭德宏，《党史研究与教学》2000年3期。

《关于系统理论与中共党史研究的断想》，汤立双，《党史研究与教学》2000年5期。

《关于中共党史学学科建设的若干问题》，陈振文，《党史研究与教学》2000年6期。

《中共党史上的六个"两次"》，刘洪亮，《福建党史月刊》2000年12期。

《将比较研究方法运用在党史研究中》，周一平，《上海党史研究》2000年6期。

《党史研究应借鉴心理史学的研究方法》，王静，《党史研究与教学》2001年1期。

《关于中共党史校勘学的几个理论问题初探》，周一平，《党史研究与教学》2001年1期。

《关于中共党史研究的规范与方法》，杨凤城，《中国人民大学学报》2001年3期。

《论中共党史学的历史文化取向》，侯且岸，《中国人民大学学报》2001年3期。

《面向新世纪的中共党史研究——中共党史学的性质、体系、理论与方法》，郭德宏，《中国人民大学学报》2001年3期。

《中共党史学的性质、体系、理论与方法》，郭德宏，《教学与研究》2001年5期。

《关于中共党史学理论的若干问题》，郭德宏，《史学月刊》2001年5期。

《中共党史研究之学术功能与价值、政治功能与价值的辩证统一关系再认识》，齐鹏飞，《教学与研究》2001年5期。

《中共党史版本学基本理论问题初探》，周一平，《党史研究与教学》2002年1期。

《十一届三中全会以来中共党史学理论和方法研究的新进展》，郭德宏，《党史研究与教学》2002年2期。

《对新世纪上海中共党史学研究的设想与展望》，赵刚印，《上海党史研究》2002年3期。

《再论中共党史的研究对象与内容》，周一平，《党史研究与教学》2003年2期。

《当代西方哲学与中共党史研究的创新》，王同起，《党史研究与教学》2003年5期。

《口述史学的特征与中共党史的研究》,陈伟刚,《史学史研究》2004 年 1 期。

《中国共产党学术史:中共文化史研究的新视野》,黄顺力、李方祥,《厦门大学学报(哲学社会科学版)》2004 年 4 期。

《求真务实与中共历史研究》,张静如、陈静,《中共党史研究》2005 年 2 期。

《再谈关于中共党史史学史研究的几个问题——兼答也鲁》,周一平,《党史研究与教学》2005 年 2 期。

《中共党史学的历史文化取向》,侯且岸,《中共党史研究》2005 年 2 期。

《中共历史学分期理论研究》,张世飞,《中共党史研究》2005 年 2 期。

《中共历史研究断想十则》,张静如,《党史研究与教学》2005 年 2 期。

《中共历史研究中的多重范式共生趋向分析》,沈传亮,《党史研究与教学》2005 年 2 期。

《论中共历史分期的理论资源与科学体系》,张世飞,《党史研究与教学》2005 年 3 期。

《口述史与中共党史研究》,朱志敏、朱元石、虞和平等,《北京党史》2005 年 6 期。

《中共历史学怎样研究文化》,张静如,《党史研究与教学》2005 年 6 期。

《中国共产党历史上的"结构管理"》,柏春林,《广西社会科学》2005 年 10 期。

《关于中共历史学理论的三个重要问题》,张世飞,《党史研究与教学》2006 年 1 期。

《建设性后现代观念与中共历史研究》,沈传亮,《党史研究与教学》2006 年 1 期。

《意义再生产:中共历史研究的批评话语》,郭若平,《党史研究与教学》2006 年 2 期。

《也谈中共历史研究的范式——兼与沈传亮博士商榷》,何云峰,《党史研究与教学》2006 年 4 期。

《中共党史研究中的失范、违法现象应尽快杜绝》,周一平,《学术界》2006 年 4 期。

《也论中共历史学史的研究对象和内容——兼论如何评价中共历史研究的现状》,张世飞,《党史研究与教学》2006 年 6 期。

《年鉴学派的史学思想理论与中共党史研究》,韩璐,《党史研究与教学》2007 年 1 期。

《学科建设视野下中共历史研究的学术化分析——兼回应何云峰的批评》,沈传亮,《党史研究与教学》2007 年 1 期。

《中共历史研究与构建社会主义和谐社会》,张静如,《党史研究与教学》2007 年 5 期。

《三谈关于中共党史史学史研究的几个问题——兼与张世飞商榷》,周一平,《党史研究与教学》2007 年 5 期。

《论计量史学与中共党史研究》,赵淑梅,《党史文苑》2007 年 20 期。

《关于中共党史研究的几个问题》,张文灿,《首都师范大学学报(社会科学版)》2008 年 4 期。

《中共党史研究:多学科研究方法的综合审视》,侯松涛,《党史研究与教学》2009 年 1 期。

《科学发展观视阈中的中共党史研究》,姚宏志,《中共党史研究》2009 年 12 期。

《群众运动——中共党史史学理论研究的历史整体视角》,谭献民,《党史研究与教学》2010 年 1 期。

《向"新革命史"转型:中共革命史研究方法的反思与突破》,李金铮,《中共党史研究》2010 年 1 期。

《一九七九年:中共党史研究学术化进程的起步》,吴志军,《中共党史研究》2010 年 4 期。

《开创党史工作新局面的思考》,李忠杰,《党建研究》2010 年 12 期。

《推进党史研究科学化》,秦德君,《上海党史与党建》2010 年 12 期。

《拓宽党史研究视野　提升资政育人效果》,陈始发,《党史文苑》2010 年 24 期。

《略论中共历史学的特点与功能》,丁俊萍、杨攀,《新东方》2011 年 3 期。

《从解释性证成史学走向解释性评价史学》,方宁,《上海党史与党建》2011 年 3 期。

《新革命史:中共革命史研究的省思》,李金铮,《博览群书》2011 年 9 期。

《试论中共党史 90 年的历史分期问题》,齐鹏飞,《教学与研究》2011 年 7 期。

《向"新革命史"转型——国家与社会视野下的中共革命史研究》,李金铮,《社会史研究》北京大学出版社,2011 年。

《革命与生活　兼及问题导向的中共历史研究》，满永，《党史研究与教学》2012 年 1 期。

《科学确立中共党史研究中的"问题意识"》，宋学勤，《北京党史》2012 年 1 期。

《中共历史研究：面临问题与深化措施》，师吉金，《安徽师范大学学报（人文社会科学版）》2012 年 1 期。

《中共党史学科的经济问题研究范式》，闫茂旭，《党史研究与教学》2012 年 2 期。

《中共党史研究中的历史年代学问题》，崔保锋，《党史研究与教学》2012 年 3 期。

《研究中共党史定要了解社会》，张静如，《党史研究与教学》2012 年 3 期。

《"中共党史"、"中共党史学"内涵辨》，周一平，《党史研究与教学》2012 年 4 期。

《学术史：中共党史研究学术化进程的史学书写》，吴志军，《党史研究与教学》2012 年 5 期。

《中共党史、当代中国史研究的方法论视角——兼议布罗代尔"整体性历史"与"历史时间"的引入》，苏海舟，《党史研究与教学》2012 年 6 期。

《论中共党史教学与研究中存在的问题及其对策》，刘洪森、李安增，《历史教学（下半月刊）》2012 年 8 期。

《论中国共产党历史发展主题和主线的革命性与科学性》，王真，《中国延安干部学院学报》2013 年 1 期。

《中共历史群体研究的对象、方法与意义》，王峰，《党史研究与教学》2013 年 1 期。

《试论中共历史学的学科体系》，吴汉全，《党史研究与教学》2013 年 3 期。

《唯物史观的现实生命力——以中共党史研究为中心的探讨》，宋学勤，《南京政治学院学报》2013 年 4 期。

《中共党史学个案研究的若干思考》，张海荣，《中共党史研究》2013 年 5 期。

《中共党史文献的校勘问题》，林祖华，《党史研究与教学》2014 年 3 期。

《实事求是地研究和宣传党史、国史》，张全景，《当代中国史研究》2014 年 4 期。

《中国共产党革命性叙事话语的历史分析与现代转换》，薛小荣、陆旸，《哈尔滨市委党校学报》2014 年 4 期。

《"中共党史"概念的历史考察》，姚宏志，《党史研究与教学》2014 年 5 期。

《新时期以来中共党史学科理论的重建与进步》，谢辉元，《北京党史》2014 年 6 期。

《马克思主义指导与中共党史研究》，宋学勤，《马克思主义研究》2014 年 8 期。

《以社会史为基础深化中共党史研究的再思考》，吴汉全、王炳林，《中共党史研究》2014 年 9 期。

《中共党史研究应如何规范——从"张冠毛戴"谈起》，杨宏雨，《江淮论坛》2014 年 4 期。

《关于中共党史学的几个基本问题》，欧阳淞，《中共历史与理论研究》2015 年 1 期。

《略论中共党史学理论的阶段性发展》，谢辉元，《淮阴师范学院学报（哲学社会科学版）》2015 年 1 期。

《空间思维与中共党史研究》，崔保锋，《北京党史》2015 年 1 期。

《政治现代化的范式：中共党史研究的新方法论》，张翔，《天府新论》2015 年 1 期。

《唯物史观与中共党史若干问题新认识》，武力，《中共历史与理论研究》2015 年 2 期。

《社会科学语境下中共党史学科话语体系的新构建——以政治学中层理论为例》，夏璐，《中共历史与理论研究》2015 年 2 期。

《新革命史与 1950 年代上海研究的新叙事》，张济顺，《华东师范大学学报（哲学社会科学版）》2015 年 7 期。

《研究中共历史必须考察不同时期整体社会实际》，张静如，《中共历史与理论研究》2015 年 2 期。

《论中共党史研究的整体性原则》，王炳林、孙钦梅，《党史研究与教学》2015 年 3 期。

《中共党史学研究对象述评》，闫建琴，《北京党史》2015 年 4 期。

《中共党史研究中之历史主义》，周良书，《党史研究与教学》2015 年 5 期。

《社会史视角下中共革命史研究的突破与反思》,韩晓莉,《中共中央党校学报》2015 年 6 期。

《国史与党史关系研究的回顾与前瞻》,曹守亮,《毛泽东邓小平理论研究》2015 年 9 期。

《中共党史学学科性质探讨》,解小明,《吉首大学学报(社会科学版)》2015 年 S1 期。

《革命历史与身体政治——迈向实践的中共历史研究》,满永,《党史研究与教学》2016 年 1 期。

《中共党史研究中的实事求是原则》,冯留建、张亚东,《云南社会科学》2016 年 2 期。

《大数据时代的中共党史研究:挑战与变革》,王冠中,《中国社会科学评价》2016 年 3 期。

《民生问题与中共党史研究》,张静如,《河北学刊》2016 年 3 期。

《中共党史研究范式问题探讨》,孙钦梅,《中国高校社会科学》2016 年 3 期。

《机遇与挑战:新时期中共党史学科发展再思考》,张亚东,《贵州师范大学学报(社会科学版)》2016 年 4 期。

《从国史与党史研究的关系中认识和把握三大研究主题》,宋月红,《前线》2016 年 5 期。

《中共党史学比较研究动态及反思》,张海荣,《党史研究与教学》2016 年 6 期。

《再议"新革命史"的理念与方法》,李金铮,《中共党史研究》2016 年 11 期。

《"告别革命"论与重提革命史——兼论新革命史研究何以可能》,常利兵,《中共历史与理论研究》2017 年 1 期。

《"十四年抗战"概念衍生的党史分期问题研究》,邱潇、郑德荣,《党史研究与教学》2017 年 4 期。

《量化史学:中共党史研究的新视野》,张晓玲,《党史研究与教学》2017 年 5 期。

《新革命史:问题与方法》,应星,《妇女研究论丛》2017 年 5 期。

《"两个发展趋向"观点与中共党史编撰范式》,汪兵,《沈阳师范大学学报(社会科学版)》2017 年 2 期。

《阶级分析法在党史研究中的价值——基于几个重大党史问题的分析》,阚和庆,《理论月刊》2017 年 3 期。

《中共党史话语体系中"先生"与"学生"之考察》,于安龙,《中国高校社会科学》2017 年 5 期。

《从"无不焚之居……"这则史料谈党史研究的"求真"与"科学"》,游海华,《中共历史与理论研究》2018 年 1 期。

《党史研究学术史理论三题》,吴志军,《中共党史研究》2018 年 1 期。

《中共党史学科基本理论问题论要》,王炳林,《中国高校社会科学》2018 年 1 期。

《论中共党史研究中的选题问题》,周良书,《党史研究与教学》2018 年 2 期。

《"新革命史":由来、理念及实践》,李金铮,《江海学刊》2018 年 2 期。

《关于中共党史研究中的几个争议问题》,罗平汉,《红广角》2018 年 4 期。

《中共历史学中的地域史研究再思》,郭若平,《中共党史研究》2018 年 5 期。

《重释"社会革命"的意义——试论中共地域史研究的"问题共识"》,满永,《中共党史研究》2018 年 5 期。

《毛泽东时代城市史研究与中共地域史研究的深化》,阮清华,《中共党史研究》2018 年 5 期。

《"新革命史"学术概念的省思:何为新,为何新,如何新?》,陈红民,《苏区研究》2018 年 5 期。

《中共党史学范式的转换及其理论意义——以胡绳为个案》,汪兵,《合肥工业大学学报(社会科学版)》2018 年 5 期。

《记忆与历史:中共纪念史研究的新视野》,凌承纬,《党史研究与教学》2018 年 6 期。

《史学范式与中共党史研究的学术化进程》,汪兵,《大理大学学报》2018 年 7 期。

《跨学科的整合与中共党史研究方法论析》,汪兵,《山西高等学校社会科学学报》2018 年 9 期。

《党史和革命史研究的旧与新》,李里峰,《中共党史研究》2018 年 11 期。

《"地方革命历史文件汇集"的收集与利用:点滴体会》,应星,《中共党史研究》2018 年 11 期。

《"新革命史"语境下思想文化史与社会文化史的学术路径》,唐小兵,《中共党史研究》2018 年 11 期。

《寻觅"他者"镜像下的中共革命史》,李金铮,《中共党史研究》2018年11期。

《以中国革命文化总源头的基因传承映照"上海底色"》,李作言,《上海党史与党建》2018年11期。

《政治文化视野下的心灵史》,黄道炫,《中共党史研究》2018年11期。

《试论中共地方史研究与中共党史学科知识体系的完善之途》,刘宗灵、许良,《绵阳师范学院学报》2018年12期。

《时间、问题与理论——中共制度史研究的三重维度》,刘亚娟,《中共党史研究》2019年1期。

《学术的"钟摆效应":中共制度史研究何以可能》,吴志军,《中共党史研究》2019年1期。

《中共党史学科归属争议及其历史考察》,赵娜,《贵州师范大学学报(社会科学版)》2019年1期。

《中共党史研究的"学术训练"问题》,周良书,《党史研究与教学》2019年1期。

《追寻运动中的制度——试论中共制度史研究的必要性》,满永,《中共党史研究》2019年1期。

《中共党史叙事略论》,刘洪森,《中国延安干部学院学报》2019年3期。

《对中共党史框架下当代中国外交史研究的一点理论思考》,游览,《中共党史研究》2019年4期。

《关于"新革命史"概念的再辨析——对〈"新革命史"学术概念的省思〉一文的回应》,李金铮,《中共党史研究》2019年4期。

《科际整合与中共党史学方法论体系的构建》,汪兵,《南京航空航天大学学报(社会科学版)》2019年4期。

《新时代中共党史研究话语体系建构的维度》,汪兵,《甘肃理论学刊》2019年4期。

《"理论旅行":党史学范式及其转换研究述评》,汪兵,《中共山西省委党校学报》2019年5期。

《关于革命史的形成、建构与转向的历史思考——兼论"新革命史"问题》,王先明,《近代史研究》2019年6期。

《何谓"新革命史":学术回顾与概念分疏》,李里峰,《中共党史研究》2019年11期。

《交界·交叉·交融——浅论史学与社会科学在"新革命史"中的结合》,应星,《中共党史研究》2019年11期。

《理论运用的限度:中共党史研究方法反思对谈》,曹树基、王奇生、黄道炫,《苏区研究》2019年6期。

《论中共党史研究的社会科学化取向》,汪兵,《社科纵横》2019年11期。

《"新革命史":重构革命史叙述如何可能》,董丽敏,《中共党史研究》2019年11期。

《知识分子视野下的"新革命史"研究》,唐小兵,《中共党史研究》2019年11期。

《重构"历史坐标系":中共党史教育的新时代演进》,李蕉,《中共党史研究》2020年1期。

《改革开放史研究与学科建设刍论》,王凛然,《广东党史与文献研究》2020年1期。

《关山初度:七十年来的中共革命史研究》,黄道炫,《中共党史研究》2020年1期。

《回顾与前瞻:苏区史与文化史的相遇》,张宏卿、李莹蕾,《苏区研究》2020年1期。

《论"新革命史"的兴起》,王悦之、曾代军,《苏区研究》2020年1期。

《实证史学理念的巩固、强化与中共党史研究的学术化进展(1983—1985)》,吴志军,《中共党史研究》2020年1期。

《关于改革开放史研究的若干问题——答〈中共党史研究〉编辑部问》,萧冬连,《中共党史研究》2020年2期。

《中共党史研究中的"立论"问题》,周良书,《党史研究与教学》2020年2期。

《论党史、新中国史研究的基本原则与科学方法》,张明,《扬州大学学报(人文社会科学版)》2020年3期。

《新时代中共党史研究:历史机遇、现实挑战与未来开显》,程刚,《延安大学学报(社会科学版)》2020年3期。

《新世纪以来学科调适与党史研究的新动向》,李翔,《党史研究与教学》2020年3期。

《百年党史：中国共产党对理论与实践相统一的原创回答》，任晓伟，《中国特色社会主义研究》2020年4期。

《党史研究方法的调研与思考》，王炳林、李鹏飞，《党史研究与教学》2020年4期。

《关于目前当代中国外交史来稿中的一些突出问题和不足》，钟边言，《中共党史研究》2020年4期。

《浅谈当代中国外交史研究的主题、理论和方法》，陈志瑞，《中共党史研究》2020年4期。

《中共党史学科建设的突出问题与对策》，耿化敏、吕晓莹，《广东党史与文献研究》2020年4期。

《中共党史研究学科构建的缘起、依据及启示》，王冠中，《思想理论教育导刊》2020年10期。

2. 党史研究相关述评

《台港和国外中共党史研究述评》，胡华、林代昭，《近代史研究》1982年1期。

《谈谈党史研究工作》，胡绳，《党史通讯》1984年1期。

《法国学者研究中共党史有关著作简介》，陈祖耀，《党史研究与教学》1984年5期。

《对美国研究中共党史、共产国际和中国革命问题的印象》，向青，《近代史研究》1985年6期。

《解放前中共党史著述知多少》，马宏，《华东石油学院学报(社会科学版)》1986年3期。

《党史学初建期状况研究》，王京生，《党史研究》1987年6期。

《1987年国内中共党史学理论问题讨论情况简介》，田西如，《党史文汇》1987年9期。

《十一届三中全会以来的党史研究》，高绵，《党史研究与教学》1989年5期。

《八十年代国外对中共党史的研究》，张注洪，《北京党史》1990年3期。

《社会主义时期党史研究工作之我见》，赵春阳，《党史纵横》1990年5期。

《中共党史研究批评刍议》，周一平，《党史研究与教学》1990年6期。

《对新民主主义时期党史研究的梳理》，田夫，《党史研究资料》1991年1期。

《对新时期党史研究的几点看法》，黄见秋，《党史研究与教学》1992年2期。

《对中共党史研究的几点意见》，邢贵思，《中共党史研究》1992年1期。

《加强对国外中共党史研究的信息了解和成果评析》，张注洪，《中共党史研究》1992年1期。

《中共党史研究开端述论》，周一平，《上海革命史资料与研究》1992年。

《建国50年来中共党史研究的发展》，周一平，《上海党史研究》1999年S1期。

《民主革命时期中共党史研究若干问题概述》，王迪，《赤峰教育学院学报》1999年4期。

《50年来的中共党史研究》，杨奎松，《近代史研究》1999年5期。

《20世纪党史研究的回顾与思考》，张注洪，《北京党史》2000年6期。

《近十年来俄罗斯史学界对中共党史的研究》，马贵凡，《中共党史研究》2000年6期。

《漫谈10年来国外对中共党史的研究》，张注洪，《书屋》2001年Z1期。

《近二十年来中共党史若干热点问题研究述评》，朱志敏、沈传亮，《教学与研究》2001年6期。

《二〇〇一年中共党史研究综述》，刘晶芳、陈述，《中共党史研究》2002年3期。

《关于新时期党史的研究概况》，汤应武，《党史研究与教学》2002年5期。

《近期美国"中共党史研究"杂谈三则》，李向前，《中共党史研究》2002年5期。

《萌生和初建时期中共党史研究的学术考察》，朱险峰，《党史研究与教学》2003年1期。

《中共党史史学史研究的概况及述评》，于文善，《党史研究与教学》2003年1期。

《近20年来中共党史学理论与方法问题研究综述》，于文善，《江西社会科学》2003年2期。

《中共党史史学史研究述评》，于文善，《河北师范大学学报(哲学社会科学版)》2003年3期。

《二〇〇三年中共党史研究述评》，刘晶芳、曹普，《中共党史研究》2004年3期。

《20世纪90年代以来中共历史研究的若干新趋向分析》，沈传亮，《教学与研究》2004年12期。

《新时期以来中共党史研究的回顾与发展》，丁俊萍、宋俭，《江西社会科学》2005年11期。

《二〇〇六年中共党史研究述评》，刘晶芳、刘振清，《中共党史研究》2007 年 3 期。

《评析与利用国外中共党史研究成果的若干问题》，梁怡，《新视野》2007 年 4 期。

《中共党史学史基本理论问题评述及研究展望》，汪兵，《党史研究与教学》2007 年 4 期。

《国外中共党史研究与国内评析利用中的问题》，梁怡，《当代中国史研究》2007 年 6 期。

《二〇〇七年中共党史研究述评》，刘晶芳、刘振清，《中共党史研究》2008 年 3 期。

《二〇〇七年国外中共党史研究述评》，翟亚柳、乔君、陈鹤，《中共党史研究》2008 年 4 期。

《近年来中共党史若干重大事件研究的新进展》，李庆刚，《教学与研究》2008 年 5 期。

《近三十年来中共党史研究概述——以文献为中心的回顾和思考》，衡朝阳、赵金平，《内蒙古师范大学学报(哲学社会科学版)》2008 年 6 期。

《二〇〇八年中共党史研究述评》，刘晶芳、刘振清，《中共党史研究》2009 年 5 期。

《二〇〇八年国外中共党史研究述评》，乔君、陈鹤、翟亚柳，《中共党史研究》2009 年 7 期。

《近十年国外中共党史研究的特点及启示》，鲍世赞，《党史文苑》2009 年 20 期。

《2000 年以来中共党史学理论问题研究发展综述》，周一平、许曾会，《中共银川市委党校学报》2010 年 1 期。

《二〇〇九年中共党史研究述评》，刘振清、刘晶芳，《中共党史研究》2010 年 5 期。

《二〇〇九年国外中共党史研究述评》，陈鹤、翟亚柳、乔君，《中共党史研究》2010 年 9 期。

《新世纪十年间中共党史学理论研究述略》，沈传亮、郑东升，《郑州大学学报(哲学社会科学版)》2011 年 2 期。

《二〇一〇年中共党史研究述评》，刘振清、刘晶芳，《中共党史研究》2011 年 5 期。

《近十年来中共党史研究述评(上)》，刘晶芳、刘振清、沈传亮，《党史研究与教学》2011 年 6 期。

《二〇一〇年国外中共党史研究述评》，翟亚柳、乔君、陈鹤，《中共党史研究》2011 年 8 月。

《十年来中共党史学理论研究综述》，封磊，《赤峰学院学报(科学教育版)》2011 年 8 期。

《一九七七年至一九七八年的中共党史研究述评》，吴志军，《中共党史研究》2011 年 9 期。

《近十年来中共党史研究述评(下)》，刘晶芳、刘振清、沈传亮，《党史研究与教学》2012 年 1 期。

《二〇一一年中共党史研究述评》，沈传亮、李庆刚、张静，《中共党史研究》2012 年 6 期。

《二〇一一年国外中共党史研究述评》，乔君、陈鹤、翟亚柳，《中共党史研究》2012 年 9 期。

《1920 年代至 1949 年中共党史研究中有没有"领袖崇拜"?》，周一平，《党史研究与教学》2013 年 4 期。

《新时期中共党史学术史研究的历时性评述》，吴志军，《北京党史》2013 年 5 期。

《二〇一二年中共党史研究述评》，李庆刚、董洁、沈传亮，《中共党史研究》2013 年 6 期。

《二〇一二年国外中共党史研究述评》，陈鹤、翟亚柳、乔君，《中共党史研究》2013 年 10 期。

《二〇一三年中共党史研究综述》，董洁、沈传亮、李庆刚，《中共党史研究》2014 年 8 期。

《二〇一三年国外中共党史研究述评》，翟亚柳，《中共党史研究》2014 年 11 期。

《中共党史学研究对象述评》，闫建琴，《北京党史》2015 年 4 期。

《关于 21 世纪国外中共党史研究的思考》，梁怡，《毛泽东邓小平理论研究》2015 年 6 期。

《二〇一四年中共党史研究述评》，耿化敏、李春峰，《中共党史研究》2015 年 8 期。

《二〇一四年国外中共党史研究述评》，陈鹤，《中共党史研究》2015 年 10 期。

《近五年来学界关于中共党史学若干问题研究述评》，暴占杰，《内蒙古电大学刊》2016 年 5 期。

《中共党史学比较研究动态及反思》，张海荣，《党史研究与教学》2016 年 6 期。

《二〇一五年中共党史研究的若干学术进展》，辛逸、满永、葛玲，《中共党史研究》2016 年 7 期。

《二〇一五年国外中共党史研究述评》，翟亚柳、乔君、陈鹤，《中共党史研究》2016 年 10 期。

《中共历史分期研究述评》，刘成志，《高校社科动态》2016 年 3 期。

《十五年来中共党史学理论和方法问题研究综述》，汪兵，《天中学刊》2017 年 3 期。

《中共党史学科基本理论问题研究述评》,汪兵,《高校社科动态》2017 年 3 期。

《2005—2016 年中共中央党校中共党史专业博士论文研究述评》,王明科,《党史研究与教学》2017 年 5 期。

《二〇一六年中共党史研究的若干学术进展》,满永、葛玲、辛逸,《中共党史研究》2017 年 7 期。

《近五年国外中共党史研究评析的回顾与思考》,汪兵,《延安大学学报(社会科学版)》2017 年 3 期。

《二〇一六年国外中共党史研究述评》,乔君、陈鹤、翟亚柳《中共党史研究》2017 年 12 期。

《20 世纪 90 年代以来美国关于中共党史研究的主要成果及特点》,李宇,《文化学刊》2018 年第 4 期。

《二〇一七年中共党史研究的若干学术进展》,葛玲、辛逸、满永,《中共党史研究》2018 年 12 期。

《二〇一八年中共党史研究综述》,董洁、任伟、沈传亮,《中共党史研究》2020 年 3 期。

二、专题研究

新民主主义革命时期

（一）五四运动和党的创立

1. 党的诞生地和建党精神

《说不尽的八十年——试论建党以来中国共产党的基本精神》，王海军，《前进》2001 年 2 期。

《弘扬"红船精神"，走在时代前列》，习近平，《光明日报》，2005 年 6 月 21 日，第 3 版。

《努力把党的诞生地建设得更加美好》，黄坤明，《今日浙江》2007 年 12 期。

《上海为什么会成为中国共产党的诞生地？》，林建公，《中国特色社会主义研究》2010 年 3 期。

《党的诞生地述略》，陈宪平，《党史博采（理论）》2011 年 6 期。

《"红船精神"形成的历史渊源和现实意义》，姚炎鑫，《浙江档案》2011 年 6 期。

《近代上海为什么成为中国共产党的诞生地》，李传兵、俞思念，《学术论坛》2011 年 7 期。

《论红船精神》，陈水林，《今日浙江》2011 年 11 期。

《论"红船精神"》，陈水林，《红旗文稿》2011 年 11 期。

《上海：从党的诞生地到国际金融航运中心》，高国华、马翠莲，《金融时报》，2011 年 7 月 5 日，第 1 版。

《红船精神是中华民族精神与马克思主义革命精神相结合的产物》，陈水林，《党史文苑》2012 年 6 期。

《在党的诞生地传承薪火》，和向东，《边防警察报》，2012 年 7 月 10 日，第 3 版。

《我们，在党的诞生地创先争优》，中共上海市黄浦区委创先争优活动领导小组办公室，《组织人事报》，2012 年 10 月 18 日，第 14 版。

《"红船精神"的科学内涵和时代价值》，蓝蔚青，《中共杭州市委党校学报》2013 年 1 期。

《红船精神与中国梦》，陈水林，《嘉兴学院学报》2013 年 4 期。

《弘扬"红船精神"是实现"中国梦"的必然要求》，李捷，《嘉兴学院学报》2013 年 4 期。

《早期共产主义者的建党思想与红船精神》，杨青，《观察与思考》2013 年 9 期。

《共和国从这里走来之一：揭秘为何上海能成为党的诞生地》，沈建中，《共产党员（河北）》2015 年 2 期。

《红船精神的历史地位与当代价值——基于价值导引视角》，郭维平，《嘉兴学院学报》2015 年 4 期。

《论红船精神的重大意义》，陈水林，《嘉兴学院学报》2015 年 4 期。

《论红船精神的理论定位与实践定位》，邱巍，《嘉兴学院学报》2015 年 4 期。

《"红船精神"及其当代价值》，许徐琪、李金见，《党政干部学刊》2016 年 4 期。

《习近平"红船精神"论述的深刻内涵及重大意义》，黄文秀、赵金飞、郭维平，《嘉兴学院学报》2016 年 4 期。

《"红船精神"内涵的总体性解读》，彭冰冰，《井冈山大学学报（社会科学版）》2016 年 5 期。

《中国共产党创建于上海的历史探究》，吴海勇，《毛泽东邓小平理论研究》2016 年 6 期。

《"红船精神"与"不忘初心、继续前进"》，金延锋，《观察与思考》2016 年 12 期。

《上海：红色珍档亮相党的诞生地》，张理平，《兰台世界》2016 年 14 期。

《诞生地为何在上海？》，吴海勇，《新民周刊》2016 年 25 期。

《高扬"红船精神"，续写辉煌篇章——写在中国共产党建党 96 周年之际》，滕进芝，《湖州职业技术学院学报》2017 年 4 期。

《学习弘扬"红船精神"，努力铸就精神高地》，王哲、赵潇楠，《中共郑州市委党校学报》2017 年 4 期。

《基于意象思维的"红船精神"命名中共建党精神的合理性》，杨晓伟，《毛泽东思想研究》2017 年 6 期。

《党的诞生地、革命圣地、建党精神：上海历史内涵》，齐卫平，《上海党史与党建》2017 年 8 期。

《中国共产党的上海建党精神》，张云，《上海党史与党建》2017 年 9 期。

《党的诞生地为何在上海》，沈建中、吴海勇，《人民周刊》2017 年 12 期。

《"红船精神"永放光芒》，简奕，《四川党的建设》2017 年 24 期。

《丰富政党理论体系，构筑完整精神链条——建党百年背景下的"红船精神"再审视》，李亚彪，《中国经贸导刊》2017 年 25 期。

《"上海是党的诞生地，要牢记历史使命"》，高渊、张奕，《解放日报》，2017 年 9 月 25 日，第 2 版。

《"上海是党的诞生地，要牢记历史使命"——"习近平在上海"系列报道之一》，解放日报、文汇报、新民晚报联合报道组，《文汇报》，2017 年 9 月 25 日，第 1 版。

《铭记党的奋斗历程 时刻不忘初心 担当党的崇高使命 矢志永远奋斗》，习近平，《人民日报》，2017 年 11 月 1 日，第 1 版。

《梦想，从这里启航——记习近平总书记带领中共中央政治局常委赴上海瞻仰中共一大会址、赴浙江嘉兴瞻仰南湖红船》，杜尚泽、霍小光，《人民日报》，2017 年 11 月 1 日，第 2 版。

《上海，中国共产党的初心确立之地》，吴海勇、陈彩琴，《文汇报》，2017 年 12 月 15 日，第 2 版。

《红船精神的由来和表现》，李洪喜，《人民政协报》，2017 年 11 月 23 日，第 9 版。

《弘扬建党精神，建设精神家园》，尹弘，《光明日报》，2017 年 12 月 11 日，第 7 版。

《建党精神，从这八个字学起——访中国史学会原会长金冲及》，郭泉真等，《解放日报》，2017 年 12 月 18 日。

《弘扬"红船精神"奋力走好新时代长征路》，尹弘，《党建研究》2018 年 1 期。

《"红船精神"：中国革命精神之源》，金延锋，《江南论坛》2018 年 1 期。

《红船精神是习近平新时代中国特色社会主义思想的重要史学源头》，张志松，《观察与思考》2018 年 1 期。

《红船精神的基本内涵及其时代价值》，李斌雄、任韶华，《红色文化学刊》2018 年 1 期。

《"红船精神"的深刻内涵和时代价值》，丁晓强、赵静，《高校马克思主义理论研究》2018 年 2 期。

《论红船精神的历史地位》，吕延勤、张鹤竞，《嘉兴学院学报》2018 年 2 期。

《深刻领会习近平总书记概括的建党精神的内涵》，冯小敏，《中国浦东干部学院学报》2018 年 2 期。

《"红船精神"提出的考察与认识》，高凡夫，《浙江学刊》2018 年 4 期。

《从建党精神看中国共产党永葆年轻的红色基因》，严爱云，《上海党史与党建》2018 年 4 期。

《建党精神与上海文化基因的内在关联》，梅丽红，《上海党史与党建》2018 年 4 期。

《论建党精神的基本内涵及其时代价值》，陈安杰，《上海党史与党建》2018 年 4 期。

《弘扬建党精神与实现党的历史使命》，董德兵，《上海党史与党建》2018 年 6 期。

《试论中国共产党创建过程中首创精神的历史作用》，吴海勇，《上海党史与党建》2018 年 6 期。

《红船精神研究：综述与展望》，李娟，《思想教育研究》2018 年 9 期。

《从"红船精神"看中国共产党人的精神密码》，潘俊霖，《人民论坛》2018 年 10 期。

《红船精神：中国共产党的建党精神》，金延锋，《观察与思考》2018 年 10 期。

《总体性视域下的红船精神》，王艳芳，《党史博采(下)》2018 年 10 期。

《在党的诞生地，红船共青团启航再出发》，于会游，《中国共青团》2018 年 12 期。

《"红船精神"领航新时代》，李捷，《红旗文稿》2018 年 13 期。

《"红船精神":当代革命精神的弘扬——基于嘉兴实践的研究》,程茹,《改革与开放》2018年24期。

《红船精神及其当代价值探析》,贾延林,《法制博览》2018年26期。

《李强:党的诞生地党建要走在全国前列》,谈燕,《解放日报》,2018年6月29日,第1版。

《在党梦想起航的地方,进一步将红色文化与时代精神相结合》,忻平,《文汇报》,2018年7月1日,第3版。

《建党精神的基本内涵及其时代价值》,陈安杰,《松江报》,2018年8月3日,第5版。

《党的诞生地,党建更要走在前列——论深入学习贯彻落实习近平总书记在上海重要讲话精神(五)》,本报评论员,《解放日报》,2018年11月14日,第2版。

《以"三地建设"助推红船精神的创新实践》,沈红峰、张路佳,《企业管理》2019年S2期。

《五四精神与中国共产党建党、建军、建立新中国精神关系初探》,叶桉,杨海贵,《江西科技师范大学学报》2019年3期。

《弘扬红船精神铸牢新时代青年初心使命》,刘超、刘学娇,《中共合肥市委党校学报》2019年5期。

《红船精神研究述评》,冯彦娟,《党史研究与教学》2019年6期。

《民族精神视野下的红船精神及其当代价值》,肖纯柏,《中共杭州市委党校学报》2019年6期。

《重温党的初心　传承红色基因》,龙新民,《上海党史与党建》2019年7期。

《红船精神与早期浙江籍共产主义者的建党实践》,王文军,《世纪桥》2019年7期。

《党的诞生地更要有自我革命精神》,陈向阳,《上海支部生活》2019年8期。

《论"红船精神"是中国共产党立党兴党的宝贵财富》,冯彦娟、赵金飞,《观察与思考》2019年8期。

《关于习近平以"红船精神"命名建党精神的合理性研究》,廖沙沙,《青年与社会》2019年26期。

《红船精神与建党精神的内在逻辑关联》,高福进,《人民论坛》2019年36期。

《从建党精神中汲取营养,谱写新时代改革开放新篇章》,《文汇报》,2019年1月1日,第1版。

《上海:既是党的诞生地也是红色文化源头》,高福进,《解放日报》,2019年2月19日,第10版。

《上海因何成为中国红色文化源头》,周武,《解放日报》,2019年3月12日,第11版。

《建党时期的初心》,冯俊,《文汇报》,2019年7月2日,第8版。

《上海何以堪称"全国红色之源"》,高福进、孙冲亚,《解放日报》,2019年12月24日,第12版。

《"红船精神"之时代价值论析》,李安,《理论建设》2020年1期。

《建党精神与红色文化基因》,陈挥、李明明,《党政论坛》2020年1期。

《浅谈新时代坚持"红船精神"的重要意义和时代价值》,李紫君,《赤子》2020年1期。

《深入学习和研究红船精神的哲学思考》,薛克诚,《嘉兴学院学报》2020年1期。

《吴佳妮:在党的诞生地讲好红色故事》,郑思思,《上海支部生活》2020年1期。

《红船精神话语表达的生成逻辑及实践路径》,任媛,《红色文化学刊》2020年3期。

《红船精神研究:文献回顾与进路审视》,李小春,《嘉兴学院学报》2020年4期。

《上海文化与红色文化源流》,李瑊,《党政论坛》2020年4期。

《不忘初心:弘扬红船精神的时代要求》,陆明,《人民论坛·学术论坛》2020年5期。

《建党精神及其当代价值》,李盼,《思想政治课研究》2020年5期。

《中国共产党建党精神研究的若干问题思考》,齐卫平,《中国浦东干部学院学报》2020年6期。

《红船精神对中国文化的价值贡献》,肖纯柏,《观察与思考》2020年7期。

《发挥"红船精神"在思想建党中的作用》,邵维正,《四川戏剧》2020年8期。

《中国共产党建党精神的历史传承:脉络与动力》,袁则文、徐光寿,《党政论坛》2020年11期。

《中国共产党精神及其谱系探析》,齐彪、邢济萍,《前线》2020年11期。

《"红船精神"的时代价值探析》,王秋香,《法制与社会》2020年18期。

《大力传承弘扬建党精神》,查建国、夏立,《中国社会科学报》,2020年1月6日,第2版。

《走进红色历史，弘扬建党精神》，荀澄敏，《新闻晨报》，2020年7月1日，第2版。

《更好展示建党光辉历程和伟大建党精神》，佚名，《新民晚报》，2020年7月3日，第2版。

《100年前，党的第一个组织在上海成立》，徐光寿、刘严宁，《解放日报》，2020年7月9日，第8版。

《发挥"红船精神"在思想建党中的作用》，邵雍正，《光明日报》，2020年8月6日，第6版。

《上海文化的红色源流》，李琰，《文汇报》，2020年8月19日，第12版。

《感悟建党精神，传承红色基因》，严爱云，《安徽日报》，2020年11月3日，第7版。

《建好传承伟大建党精神的城市地标》，佚名，《新民晚报》，2020年12月15日，第2版。

2. 新文化运动在上海

《上海：近代中国新文化中心地位的形成及其变迁——兼论边缘文化的积聚及其效应》，姜义华，《学术月刊》2001年11期。

《〈新青年〉功能的演进与变迁——以〈新青年〉（1919年5月—1926年7月）刊载文章类型为分析对象》，徐信华，《上海党史与党建》2012年11期。

《上海：五四新文化运动不容忽视的另一个中心——以五四时期张东荪在上海的文化活动为例》，左玉河，《安徽大学学报（哲学社会科学版）》2013年1期。

《五四新文化运动早期上海报纸副刊文化生态研究》，陈捷，《江苏社会科学》2015年2期。

《浅析新文化运动时期中国共产党对妇女运动的探索与实践》，王悦，《世纪桥》2015年8期。

《〈新青年〉新文化与民初上海文化生态》，熊月之，《广东社会科学》2015年6期。

《启蒙与革新——新文化运动前后的上海美术专科学校》，高思，《云梦学刊》2016年3期。

《新文化运动对20世纪20—30年代上海包装设计风格的影响》，陈红艳，《长江丛刊》2016年21期。

《陈独秀与〈新青年〉及新文化运动》，徐光寿，《青年学报》2018年1期。

《从北京箭杆胡同到上海渔阳里——陈独秀由新文化运动主将转变为中共创始人的时空轨迹》，王钦双，《北京党史》2019年3期。

3. 马克思主义的传播

《五四时期马克思主义在中国的传播》，蔡灿津、王怀玉、高朝明，《新疆大学学报（哲学·人文社会科学版）》1979年Z1期。

《"五四"前后马克思主义在上海的传播》，冯元魁、李茂高，《学术月刊》1979年5期。

《"五四"时期马列主义在中国的传播》，邵重生，《辽宁师院学报》1980年4期。

《马克思主义在中国的传播》，于惠贞、梁陆臣，《兰州学刊》1981年4期。

《略论马克思主义在中国传播的历史条件》，王大同，《福建师范大学学报（哲学社会科学版）》1983年1期。

《马克思主义在中国传播的历程》，谢本书，《思想战线》1983年1期。

《马克思主义在中国的初期传播与近代中国启蒙运动》，姜义华，《近代史研究》1983年1期。

《马克思主义在中国的传播》，丁守和，《社会科学战线》1983年1期。

《马克思主义在中国的早期传播》，曾钟，《贵州师范大学学报（社会科学版）》1983年1期。

《马克思主义在中国的早期传播》，徐善广，《湖北大学学报（哲学社会科学版）》1983年1期。

《马克思主义在中国早期的传播及其初步应用》，郑锦华，《福建师范大学学报（哲学社会科学版）》1983年1期。

《十九世纪末二十世纪初马克思主义在中国的传播》，萧超然，《北京大学学报（哲学社会科学版）》1983年1期。

《试析十月革命前后马克思主义在中国的传播》，叶志麟、黄书孟，《杭州师院学报（社会科学版）》1983

年1期。

《知识分子与马克思主义在中国的早期传播》,段本洛,《苏州大学学报》1983年1期。

《马恩著作在中国传播的历史概述(一)——二十世纪初期至中国共产党的成立》,胡永钦、耿睿勤、袁延恒,《图书馆学通讯》1983年2期。

《我国在1899年到1919年间对马克思主义的介绍》,林代昭,《教学与研究》1983年2期。

《"五四"前后马克思主义在中国的传播》,李双璧,《贵州社会科学》1983年2期。

《五四时期马克思主义在中国的传播》,刘录开,《北京商学院学报》1983年2期。

《〈新青年〉对传播马克思主义的贡献》,张静如、姜庆明、孙文建,《齐鲁学刊》1983年2期。

《略谈马克思主义在中国的传播和发展》,李培南,《社会科学》1983年3期。

《马克思主义在中国早期传播的历史特点》,胡邦宁,《武汉师范学院学报(哲学社会科学版)》1983年3期。

《马克思主义在中国传播的光辉历程》,靳德行、秦英军,《史学月刊》1983年4期。

《建党以前马克思主义在中国的传播》,雍桂良,《群众》1983年6期。

《对马克思主义最初在中国传播的几点异议》,唐代望、田伏隆,《常德师专学报》1984年1期。

《马克思主义在中国的传播和发展》,丁守和,《学习与探索》1984年1期。

《上海"马克思主义研究会"》,周子信,《史学月刊》1984年2期。

《试论马克思学说在中国发展的历史特点》,唐纯良,《北方论丛》1984年2期。

《马克思主义在中国的早期传播》,洪业,《锦州师院学报(哲学社会科学版)》1987年1期。

《马克思主义在中国传播的文化考察》,何显明,《中州学刊》1989年4期。

《论马克思主义在中国的传播》,左玉河、王瑞芳,《史学月刊》1991年4期。

《试述马克思主义在东方的传播》,李宗耀,《东疆学刊》1992年3期。

《马克思主义在中国传播的两个阶段》,邵成章,《党史研究与教学》1997年1期。

《五四时期陈独秀、李大钊、李达传播马克思主义之比较》,阎颖,《攀登》2001年4期。

《马克思主义在"五四"新潮中的广泛传播》,王显坤,《重庆商学院学报》2002年6期。

《中共创建时期马克思主义传播的轨迹》,高平平,《上海革命史资料与研究》2004年。

《马克思主义在中国的早期传播》,叶丽、李庆华,《黑龙江社会科学》2007年3期。

《马克思主义的早期传播与中国化》,肖铁肩、张相国,《湖南省社会主义学院报》2008年1期。

《关于马克思主义早期传播研究述评》,朱成甲,《上海革命史资料与研究》2008年。

《五四运动与马克思主义的传播》,李颖,《高校理论战线》2009年5期。

《马克思主义在中国的早期传播及其现实意义》,丁耀,《江苏省社会主义学院学报》2010年3期。

《"五四"前后马克思主义在中国传播的若干问题探讨——也评石川祯浩〈中国共产党成立史〉的有关论述》,王素莉,《中共党史研究》2010年5期。

《陈独秀对马克思主义在我国早期传播的杰出贡献》,田子渝、于丽,《湖北大学学报(哲学社会科学版)》2011年4期。

《马克思主义在中国的早期传播》,丁青、李秀云,《北京党史》2012年4期。

《马克思意识形态概念在中国的早期传播与接受:1919—1949》,张秀琴,《马克思主义与现实》2013年1期。

《马克思主义在中国早期传播若干问题研究述评》,王磊,《科学社会主义》2013年第6期。

《马克思主义在上海早期传播的历史经验》,杨国华,《中国浦东干部学院学报》2015年2期。

《马克思主义在中国早期传播的人文特质——以中共出版人在上海的思想宣传为例》,杨卫民,《济南大学学报(社会科学版)》2015年6期。

《传播与革命:中共建党时期的马克思主义传播》,石亮,《胜利油田党校学报》2016年1期。

《"马克思主义在中国传播"研究述论》,耿春亮,《中共党史研究》2016 年 2 期。

《马克思主义在中国的早期传播研究综述》,刘畅,《钦州学院学报》2016 年 6 期。

《五四时期马克思主义在上海的传播》,石超,《长春教育学院学报》2016 年 11 期。

《略论马克思主义在中国早期传播的三个问题》,田子渝,《决策与信息》2016 年 7 期。

《五四新文化运动时期马克思主义在中国的传播与研究》,季水河,《求索》2017 年 7 期。

《试析马克思主义在中国早期传播的历史轨迹》,康文龙,《嘉兴学院学报》2017 年 2 期。

《马克思主义在中国早期传播的方式及其启示》,吕延勤,《学校党建与思想教育》2017 年 22 期。

《十年来国内外马克思主义大众化传播研究述评》,曹培强,《华北电力大学学报(社会科学版)》2018 年 1 期。

《马克思主义在中国传播》,本刊编辑部,《红岩春秋》2018 年 5 期。

《近十年来马克思主义在中国早期传播的研究与展望》,王毅,《教学与研究》2018 年 8 期。

《马克思主义在中国的早期传播与影响》,黄黎,《中国国家博物馆馆刊》2018 年 9 期。

《马克思主义在中国早期传播的特色》,刘晓宝,《中共创建史研究》2018 年。

《马克思主义在中国早期传播史的研究状况及思考》,田子渝,《广东党史与文献研究》2019 年 1 期。

《浅析马克思主义在中国的早期传播》,郭梦博,《传播力研究》2019 年 2 期。

《从译介到救国:五四前后马克思主义在中国传播的比较研究(1899—1921)》,白玉,《中共济南市委党校学报》2019 年 6 期。

《五四运动与马克思主义在中国的传播——论中国共产党建立的基础》,李春华,《南方论刊》,2019 年 7 期。

《五四运动时期马克思主义在中国传播的主体》,龙晓华,《时代报告》2019 年 11 期。

《马克思主义在中国的早期传播研究综述》,马晓琛,《品牌营销》2020 年 1 期。

《马克思主义在中国的传播研究述评》,鄢雨晴,《祖国》2020 年 1 期。

《五四运动前后马克思主义在中国早期传播的四维转向》,许晴、工磊,《中共云南省委党校学报报》2020 年 1 期。

《五四运动与马克思主义中国传播的双向互动及启示》,周鹭,《三峡大学学报(人文社会科学版)》2020 年 3 期。

《马克思主义在中国早期传播与五四运动关系的再思考》,周丽君,《安阳师范学院学报》2020 年 4 期。

《马克思主义在中国的早期传播》,李敬煊、金姣,《学习与实践》2020 年 5 期。

《论马克思主义在中国的早期传播》,张军孝,《今传媒》2020 年 6 期。

《论马克思主义在近代中国的传播》,赵荣,《现代商贸工业》2020 年 7 期。

《浅析马克思主义在中国的早期传播》,王琦,《新西部》2020 年 8 期。

《浅析马克思主义在中国的早期传播及当代启示》,陈静,《新闻传播》2020 年 14 期。

4. 五四运动与六三"三罢"

《五四运动在上海——1919 年大事记》,历史研究所上海史编写组,《社会科学》1979 年 1 期。

《中国工人阶级在五四运动中登上政治舞台》,张铨,《社会科学》1979 年 1 期。

《"五四运动"的领导权和反封建问题》,徐方治,《学术论坛》1979 年第 2 期。

《具有初步共产主义思想的知识分子怎样领导了"五四运动"》,董令仪,《山东师院学报(哲学社会科学版)》1979 年第 3 期。

《上海工人阶级"六三"政治大罢工》,李华兴,《学术月刊》1979 年 5 期。

《五四运动在上海》,《解放日报》,1979 年 4 月 23 日,第 4 版。

《五四运动中上海人民的爱国斗争》,傅绍昌,《文汇报》,1979 年 5 月 5 日,第 4 版。

《我国工运史上的第一曲凯歌——六三罢工的探讨》，沈以行，《文汇报》，1979年5月11日，第4版。

《孙中山和五四运动》，牟小东，《光明日报》，1981年5月4日，第4版。

《五四运动和爱国主义》，陈铁健，《光明日报》，1983年5月4日，第2版。

《五四运动与孙中山》，伟夫等，《光明日报》，1983年5月4日，第3版。

《五四运动在上海的展开及其特点》，傅绍昌，《历史教学问题》1985年2期。

《关于"六三"大罢工的几个问题》，姜沛南，《史林》1987年4期。

《五四运动应以"六五"为界划分阶段》，刘启民，《北京联合大学学报》1989年2期。

《上海五四运动三题》，朱华，《近代史研究》1990年4期。

《重读"五四"》，朱晓进，《江苏社会科学》1999年3期。

《五四运动与二十世纪的中国》，彭明，《中共党史研究》1999年3期。

《五四运动与上海社会》，熊月之，《社会科学》1999年5期。

《五四运动与中国共产党的诞生》，彭明，《社会科学》2001年7期。

《中国共产党的创建与党的多民族基础》，杨宗丽，《党的文献》，2006年4期。

《"五四"运动中的学生群体行为分析》，刘一皋，《开放时代》2009年10期。

《学生与国家：五四学生的集体认同及政治转向》，马建标，《近代史研究》2010年3期。

《五四运动时期国民党人对中共成立的影响》，房世刚、栾雪飞，《党史研究与教学》2011年3期。

《近代中国社会变迁与中国共产党的创建——对中国共产党创建历史缘由的社会解读》，吴汉全、陈天宇，《徐州师范大学学报（哲学社会科学版）》2011年3期。

《上海学生爱国行动和工人"六三大罢工"》，陆华，《神州》2013年32期。

《城市风格与报刊姿态：五四时期北京〈晨报副刊〉与上海〈觉悟〉副刊妇女解放运动呈现比较（1919—1920）》，蒋含平、李敏、王悦，《新闻大学》2018年5期。

《论五四运动时期共产主义知识分子的界定标准》，郑仁璐，《山西青年职业学院学报》2019年3期。

《建党群英与五四运动》，邵雍，《中国延安干部学院学报》2019年3期。

《五四精神与中国共产党建党、建军、建立新中国精神关系初探》，叶桉、杨海贵，《江西科技师范大学学报》2019年3期。

《试论五四运动的抵抗精神及其对中国共产党的影响》，吴海勇，《上海党史与党建》2019年5期。

《五四运动与中国共产党的创建》，陈杰、何云庵，《思想理论教育导刊》2019年5期。

《论五四时期共产主义知识分子与中国共产党的建立》，石丹，《青年时代》2019年13期。

《从五四运动看中国共产党成立的必然性》，王停停，《长江丛刊》2019年21期。

《中共创建溯源：五四时期的革命、持续革命和革命者》，苏若群、樊丽莎，《中共创建史研究》2019年。

《中共早期五四纪念及其内在理路》，霍新宾，《历史研究》2020年2期。

《中国共产党人与五四运动研究》，周棉、崇庆余，《西南交通大学学报（社会科学版）》2020年3期。

《五四运动与中国共产党的诞生》，刘聪，《中华传奇》2020年3期。

《五四知识分子通向列宁主义之路（1919—1921）》，许纪霖，《清华大学学报（哲学社会科学版）》2020年5期。

5. 老渔阳里与中国共产党上海发起组

《关于中国共产党上海发起组的活动》，刘昌玉、任武雄、常美英等，《上海师范大学学报（哲学社会科学版）》1979年1期。

《"一大"以前的上海"共产党"》，周养儒，《党史研究》1980年1期。

《"七一"的由来》，邵维正，《党史研究》1980年1期。

《上海共产主义小组的有关几个问题》，任武雄等，《党史资料丛刊》1980年1期。

《对〈"七一"的由来〉一文提成不同看法》,葵闻、李志春,《党史研究》1980年5期。

《中国共产党上海发起组》,周养儒,《人民日报》,1980年9月9日,第5版。

《中国共产党上海发起组织的创立经过》,张钟、陈志莹,《安徽大学学报》1981年4期。

《中国共产党创建的历史情况》,肖效钦,《历史教学》1981年7期。

《中国共产党上海发起组在建党中的活动》,吴信忠,《支部生活(上海)》1981年12期。

《中国共产党上海发起组》,任止戈,《解放日报》,1981年6月10日,第4版。

《中国共产党上海发起组成员生平简介》,佚名,《解放日报》(市郊版),1981年6月25日,第1—4版。

《中国共产党上海发起组成员生平简介(二)》,佚名,《解放日报》(市郊版),1981年6月29日,第2—3版。

《中国共产党成立时的阶级基础——一九二〇年上海工运的考察》,沈以行,《文汇报》,1981年7月13日,第3版。

《中国共产党上海发起组成员生平简介(三)》,佚名,《解放日报》(市郊版),1981年7月2日,第1—4版。

《中国共产党上海发起组成员生平简介(四)》,佚名,《解放日报》(市郊版),1981年7月6日,第2—3版。

《中国共产党上海发起组成员生平简介(五)》,佚名,《解放日报》(市郊版),1981年7月9日,第1—4版。

《中国共产党上海发起组成员生平简介(完)》,佚名,《解放日报》(市郊版),1981年7月13日,第2—3版。

《关于早期上海地方党内部的一些情况》,许德良,《上海党史资料通讯》1982年1期。

《关于党的上海发起组名称问题》,周子信,《党史资料丛刊》1982年2辑。

《关于早期上海地方党的一些情况》,许德良,《党史资料丛刊》1982年4辑。

《"共产主义小组"名称是何时提出的?》,李俊新,《历史教学》1986年10期。

《"共产主义小组"名称需要更改吗? ——与沈庆林、王来棣、曹仲彬同志商榷》,李俊新,《西北大学学报(哲学社会科学版)》1986年4期。

《建党和大革命时期上海地方党委的上级组织简况》,朱执斯,《上海党史资料通讯》1989年1期。

《上海发起组形成过程》,王敏夫,《党史纵横》1990年4期。

《建党初期无政府主义对上海共产主义小组的影响》,齐卫平、金林泉,《解放军外语学院学报》1992年1期。

《论中国共产党上海发起组的创建时间——兼论上海社会主义青团的创建时间》,亦涛,《上海革革命史资料与研究》1992年。

《曙光从这里升起——记上海老渔阳里二号寓所》,杨尧深,《党史纵横》1994年7期。

《对中国共产党上海发起组历史地位的再认识》,华强,《空军政治学院学报》1996年1期。

《从共产国际档案看中共上海发起组建立史实》,杨奎松,《中共党史研究》1996年4期。

《中共上海发起组成立前后若干史实考(上)》,金立人,《党的文献》1997年6期。

《中共上海发起组成立前后若干史实考(下)》,金立人,《党的文献》1998年1期。

《也谈中共上海发起组与上海"革命局"》,田子渝,《近代史研究》2001年2期。

《"共产主义小组"存在与否的考辩》,沈建中,《上海党史与党建》2002年2期。

《关于中国共产党成立及各地早期组织的考证》,曾长秋,《湘潭师范学院学报(社会科学版)》2002年3期。

《上海"革命局"就是上海共产主义小组》,周利生,《江西师范大学学报》2003年3期。

《中共在上海发起时的组织名称问题》,沈海波,《上海党史与党建》2003年10期。

《上海共产主义小组在中国共产党创建时的历史作用》,苗体君、窦春芳,《郑州轻工业学院学报(社会科学版)》2006 年 5 期。

《略论中共上海发起组的成立和贡献》,肖甡,《上海革命史资料与研究》2006 年。

《上海北京早期共产党组织的建立》,新华社,《解放日报》,2006 年 6 月 7 日,第 3 版。

《上海共产主义小组起草的〈中国共产党宣言〉》,石勇,《中国档案》2008 年 5 期。

《再谈关于上海革命局的成员问题》,任武雄,《上海革命史资料与研究》2009 年。

《有关中共上海发起组的几个争议问题》,徐云根,《上海党史与党建》2010 年 6 期。

《中共上海发起组与中国共产党的成立》,徐云根,《大江南北》2010 年 7 期。

《中共上海发起组的核心领导作用》,肖甡,《上海党史与党建》2010 年 8 期。

《有关中共上海发起组的几个问题》,张玉菡,《大江南北》2010 年 8 期。

《中共上海发起组活动经费的部分考证》,孙会岩,《上海党史与党建》2010 年 8 期。

《戴季陶与中共上海发起组》,信洪林,《上海革命史资料与研究》2010 年。

《开创马克思主义中国化的实践之路——中共上海发起组的意义探析》,王艺霖,《上海革命史资料与研究》2010 年。

《论共产国际与中共上海发起组的成立》,刘峰,《上海革命史资料与研究》2010 年。

《浅析中国共产党上海发起组的核心领导作用》,肖甡,《上海革命史资料与研究》2010 年。

《试论李汉俊在中共上海发起组中的地位与作用》,徐云根,《上海革命史资料与研究》2010 年。

《试论五四运动与中共上海发起组之关系》,苏长安,《上海革命史资料与研究》2010 年。

《上海发起组成立前后的李达》,赵魁浩,《上海革命史资料与研究》2010 年。

《无政府主义与中共上海发起组》,方宁,《上海革命史资料与研究》2010 年。

《俞秀松与中共上海发起组》,贾冠涛,《上海革命史资料与研究》2010 年。

《中共上海发起组研究述评》,谈争,《上海革命史资料与研究》2010 年。

《中共上海发起组在建党过程中的历史作用》,沈建中,《上海革命史资料与研究》2010 年。

《中国新文化运动与中共上海发起组的成立》,李蓉,《上海革命史资料与研究》2010 年。

《中共上海发起组:共产主义小组还是马克思主义政党——对一种习惯称谓的质疑和探讨》,唐踔,《上海党史与党建》2011 年 2 期。

《中共上海发起组在建党中的主导作用》,曾凡星,《上海青年管理干部学院学报》2011 年 2 期。

《戴季陶退出上海发起组之后》,张家康,《党史博采(纪实)》2011 年第 4 期。

《中共上海早期组织名称考》,张旭东,《党的文献》2011 年 4 期。

《上海石库门红色文化特性探析——以"渔阳里"红色文化为重点》,张富强、马磊磊,《红色文化论坛论文集》,中国博物馆协会纪念馆专业委员会编,中共党史出版社 2013 年。

《马克思主义中国化实践的开创之始——中共上海发起组成立的意义探析》,王艺霖、刘芸瑞,《福建党史月刊》2013 年 20 期。

《老渔阳里与早期上海工人群众运动领袖"二李"》,袁士祥,《北京劳动保障职业学院学报》2014 年 3 期。

《中共地方组织早期经费情况考察——以上海地方党组织为中心》,陈彩琴,《上海党史与党建》2016 年 9 期。

《惊鸿一瞥——老渔阳里的开天辟地》,徐光寿,《档案春秋》2016 年 11 期。

《诞生地为何在上海?》,吴海勇,《新民周刊》2016 年 25 期。

《中国共产党为何诞生在上海》,傅贤伟、张骏,《解放日报》,2016 年 5 月 9 日,第 1 版。

《日出东方,党的历史从上海开篇》,彭薇,《解放日报》,2016 年 6 月 20 日,第 2 版。

《红色之源:中国共产党在上海开创的若干第一》,李忆庐,《解放日报》,2016 年 6 月 30 日,第 9 版。

《中国共产党在沪诞生是历史必然》，李婷，《文汇报》，2016 年 6 月 8 日，第 4 版。

《上海：中国共产党的诞生地》，李婷，《文汇报》，2016 年 6 月 29 日，第 11 版。

《中国共产党，从上海开始》，刘力源，《文汇报》，2016 年 7 月 1 日，第 2 版。

《中共中央在上海 12 年》，吴海勇，《文汇报》，2016 年 7 月 1 日，第 6 版。

《渔阳里 2 号在中共创建中的历史地位》，陈安杰，《上海党史与党建》2017 年 2 期。

《21 世纪以来中共上海发起组研究述略》，范连生，《史志学刊》2017 年 5 期。

《对党在上海发源地渔阳里研究的述评与思考》，李瑊，《上海党史与党建》2017 年 6 期。

《上海"渔阳里"与中共建党活动》，陈安杰，《联合时报》，2017 年 6 月 27 日，第 7 版。

《伟大征程，从上海出发》，曹典，《文汇报》，2017 年 12 月 15 日，第 4 版。

《光荣之城，新时代延续红色征程》，李婷，《文汇报》，2017 年 12 月 14 日，第 5 版。

《上海建党岁月里的红色学堂》，中共上海市委党史研究室，《文汇报》，2017 年 12 月 15 日，第 11 版。

《中国共产主义运动发祥地：上海老渔阳里 2 号》，徐云根，《炎黄春秋》2018 年 7 期。

《马克思主义在中国的早期传播地——上海渔阳里》，周晔，《中国高等教育》2018 年 19 期。

《关于老渔阳里 2 号开发与保护的历史考察》，李瑊，《上海党史与党建》2019 年 11 期。

《从上海出发，红色革命历程一直延续》，刘雪妍、王倩，《解放日报》，2019 年 3 月 1 日，第 2 版。

《论上海渔阳里在建党伟业中的历史地位》，张云，《党政论坛》2020 年 1 期。

《从中国共产党发起组到中国共产党》，徐明，《上海党史与党建》2020 年 8 期。

《上海石库门见证建党图景》，陈安杰，《解放日报》，2020 年 4 月 21 日，第 9 版。

《〈新青年〉与建党伟业》，俞亮鑫，《党政论坛》2020 年 7 期。

6. 共产国际与中国共产党建党

《共产国际与中国共产党的创建》，许俊基，《北京师院学报（社会科学版）》1980 年 3 期。

《中国共产党创建时期的共产国际和中国革命》，向青，《近代史研究》1980 年 4 期。

《试论共产国际在中国共产党创建时期的历史作用》，陈汉楚，《江淮论坛》1981 年 6 期。

《略论中国共产党创建时期的思想理论建设》，李其驹、熊崇善，《江汉论坛》1981 年 4 期。

《中国共产党建立时期形成的特点》，张静如、吴家林，《北京师范大学学报》1981 年 4 期。

《试论共产国际在中国共产党创建时期的历史作用》，陈汉楚，《江淮论坛》1981 年 6 期。

《中国共产党建立的社会基础》，田夫，《党史资料通讯》1981 年 14 期。

《中国共产党的创建和共产国际的关系》，史习章，《史学月刊》1982 年 1 期。

《共产国际在中国共产党创建时期的作用》，陈金榜，《江西大学学报（人文社会科学版）》1983 年 4 期。

《关于中国共产党的创立及其初期活动同共产国际关系的几个问题》，李樾，《党史通讯》1984 年 3 期。

《关于共产国际和中国共产党确立组织关系的探讨》，张世峰，《信阳师范学院学报（哲学社会科学版）》1986 年 2 期。

《共产国际、俄共（布）与中国共产党早期关系述评》，黄修荣，《党史资料与研究》1986 年 4 期。

《试论共产国际在中国共产党创建时期的功与过》，朱永琳，《遵义医学院学报》1987 年 1 期。

《共产国际与我党早期的几部党章》，姚恒，《党史文汇》1989 年 1 期。

《共产国际与中国共产党的建立》，郭维仪，《社科纵横》1989 年 2 期。

《共产国际的建党策略与中共建党途径》，薛衔天，《世界历史》1989 年 4 期。

《共产国际帮助创建中国共产党的思想动因和指导原则初探》，马玉霞，《佳木斯师专学报》1989 年 7 期。

《共产国际帮助中国建立了共产党》，魏春芳，《齐齐哈尔师范学院学报（哲学社会科学版）》1990 年 3 期。

《列宁、共产国际与中国共产党的建立》,金英豪,《党史纵横》1991 年 3 期。

《中国共产党的诞生和我国政党运动的转折》,曹木清,《湘潭大学学报(社会科学版)》1991 年 3 期。

《近十年关于共产国际、苏联与中国共产党关系研究述评》,周文琪,《中共党史研究》1991 年 5 期。

《中国共产党成立时期几个史实的考证》,曾长秋,《历史档案》1992 年 3 期。

《关于中国共产党创立几个问题的辨证》,苏开华,《中共党史研究》1992 年 4 期。

《共产国际和中国共产党的创建》,刘亨让,《益阳师专学报》1992 年 4 期。

《俄共在中共创建过程中的贡献(译文节选)》,[俄]朵鲁尚茨著,雷云峰译,《人文杂志》1993 年 1 期。

《俄共在中共创建过程中的作用》,[俄]朵鲁尚茨著,雷云峰译,《党史研究与教学》1994 年 1 期。

《中国共产党创建过程的一个重大历史特点——对中国共产党是马克思列宁主义同中国工人运动相结合之产物问题的再研究》,李勇华,《浙江社会科学》1995 年 2 期。

《中国共产党创建时期史料评介》,吴秀玲,《近代中国》1996 年。

《中共成立前后的一些情况(一)》,李玉贞,《党的文献》1996 年 4 期。

《中共成立前后的一些情况(二)》,李玉贞,《党的文献》1996 年 5 期。

《中共成立前后的一些情况(三)》,李玉贞,《党的文献》1996 年 6 期。

《共产国际与中国共产党的创建》,汪平,《党史纵览》1997 年 2 期。

《共产国际与苏俄在中共创立初期对中国革命的消极作用》,程美东,《中央政法管理干部学院学报》1997 年 2 期。

《中国共产党成立时期若干史实新证》,曾长秋,《武陵学刊》1997 年 5 期。

《商务印书馆与党的早期活动》,汪守本,《光明日报》,1997 年 5 月 6 日,第 6 版。

《上海成为中国共产党摇篮的必然性和偶然性》,于龙生、伍耀九,《上海党史研究》,1999 年 4 期。

《关于共产国际帮助创建中国共产党的原因探讨》,黄国雄,《党史研究与教学》2000 年 4 期。

《共产国际与中国共产党的建立》,冷玉健,《世纪桥》2000 年 4 期。

《正确理解共产国际在中国共产党创建中的作用》,池钟田,《三明高等专科学校学报》2001 年 3 期。

《上海:中国共产党的诞生地》,党铸,《大江南北》2001 年 5 期。

《浅谈共产国际对中国共产党创立的历史作用》,翟作君,《党史研究与教学》2001 年 6 期。

《上海在党的创建史上的"第一"》,佚名,《解放日报》,2001 年 1 月 1 日,第 35 版。

《再谈中国共产党成立的时间》,李三星,《党的文献》2002 年 1 期。

《浅谈共产国际对中国共产党创立的历史作用》,费聿平,《吉林广播电视大学学报》2002 年 4 期。

《论共产国际对 20 世纪 20 年代中国共产党的重要贡献》,何成学,《广西财政高等专科学校学报》2002 年 5 期。

《共产国际在帮助中国共产党建党中的作用与启示》,苑申成,《天中学刊》2003 年 1 期。

《中共创建史上的八大疑案》,徐云根,《上海党史与党建》2006 年 2 期。

《中共创建时期党内的几次争论》,周良书,《安徽史学》2006 年 3 期。

《中国共产党的创建与党的多民族基础》,杨宗丽,《党的文献》2006 年 4 期。

《中共建党前后四则重要史实辨证(上)》,陆米强,《上海党史与党建》2006 年 5 期。

《中共建党前后四则重要史实辨证(下)》,陆米强,《上海党史与党建》2006 年 6 期。

《正确评价共产国际在中国共产党创建过程中的作用》,张玲,《江西社会科学》2006 年 7 期。

《试论中国共产党的创建道路》,曹仲彬,《上海革命史资料与研究》2006 年。

《马克思主义中国化进程中的共产国际与中国共产党的关系》,张静、周三胜,《浙江社会科学》2007 年 2 期。

《共产国际与建党时期的中国共产党》,吴敏娜,《广东党史》2007 年 2 期。

《中共成立与共产国际关系》,黄西莲、徐晗,《湖南科技学院学报》2007 年 11 期。

《共产国际和中国共产党的创建》,施爱平,《邓小平理论研究》2009 年 1 期。

《共产国际、联共(布)与中国共产党的关系论析》,王占仁,《马克思主义与现实》2010 年 5 期。

《中国共产党早期组织与共产国际二大》,方宁,《上海党史与党建》2010 年 7 期。

《试论苏联共产国际在中国共产党成立过程中的作用》,曾永红,《传承》2010 年 27 期。

《论共产国际与中共上海发起组的成立》,刘峰,《上海革命史资料与研究》2010 年。

《中共建党与近代上海社会》,苏智良,《理论经纬》2011 年。

《中国共产党初创时期的政治优势及其历史作用》,方宁,《上海党史与党建》2011 年 1 期。

《中共创建时期的经费来源情况考察》,刘小花,《上海革命史资料与研究》2011 年。

《苏俄及共产国际在中国共产党创建过程中作用考略》,冯飞龙,《江西行政学院学报》2011 年 2 期。

《中共建党与近代上海社会》,苏智良、江文君,《历史研究》2011 年 3 期。

《近代上海与中国共产党创建之关系探源》,廖胜平,《长白学刊》2011 年 4 期。

《与中共建立有关的俄共(布)、共产国际机构和人员》,李玉贞,《党的文献》2011 年 4 期。

《中国共产党一九二〇年创立辩》,曾景忠,《中国浦东干部学院学报》2011 年 4 期。

《共产国际、俄共(布)与中国早期革命者之间的联系——以中国共产党成立前为背景》,黄黎,《中国浦东干部学院学报》2011 年 6 期。

《共产国际对中国共产党的复杂影响评析》,尚菲菲,《魅力中国》2011 年 8 期。

《浅析苏俄和共产国际推动中国共产党创立之方式》,吴雄,《党史文苑》2011 年 10 期。

《共产国际与中国共产党真实关系》,杨奎松,《晚霞》2011 年 12 期。

《论中国共产党创建与马克思主义中国化》,方宁,《上海党史与党建》2011 年 12 期。

《试评共产国际在中国共产党创建过程中的历史作用》,刘洪,《上海革命史资料与研究》2011 年。

《共产国际对中国共产党早期的财政援助及其影响(1921—1927)》,张鸿宇,《党史文苑》2012 年 18 期。

《中国共产党加入共产国际问题再研究》,王继凯,《中共党史研究》2013 年 1 期。

《中国共产党在建党初期对中国革命的探索》,孙红英,《甘肃联合大学学报(社会科学版)》2013 年 4 期。

《浅谈共产国际与中国共产党的创建》,顾艳芬,《山西青年(下半月)》2013 年 6 期。

《中国共产党建党初价值观形成分析——基于苏共和共产国际的影响》,唐静,《沧桑》2014 年 4 期。

《浅谈共产国际对中国共产党创建的历史作用》,董晴雯,《学理论》2014 年 18 期。

《共产国际与中国共产党早期的联系》,陈永胜,《黑龙江史志》2015 年 5 期。

《中国共产党创建于上海的历史探究》,吴海勇,《毛泽东邓小平理论研究》2016 年 6 期。

《关于中国共产党建党标志日的历史考辨》,吴海勇,《上海党史与党建》2016 年 7 期。

《中国共产党早期与共产国际的关系变迁》,陈玉珊,《知识文库》2016 年 9 期。

《论共产国际对中国共产党成立的帮助》,刘凯丽,《湖北函授大学报》2017 年 3 期。

《共产国际与中国共产党的创建》,姚江鸿,《邮来邮往》2017 年 4 期。

《中国共产党的上海建党精神》,张云,《上海党史与党建》2017 年 9 期。

《上海与中共建党》,苏智良,《文汇报》2017 年 6 月 30 日。

《乡缘与建党:中共创立时期的另一种图景》,高红霞,《上海师范大学学报(哲学社会科学版)》2018 年 2 期。

《建党精神与上海文化基因的内在关联》,梅丽红,《上海党史研究》2018 年 4 期。

《亮相前的生死较量——中国共产党早期组织首登共产国际舞台始末》,缪国庆,《中外书摘(经典版)》2018 年 4 期。

《从共产国际档案看中国共产党创建中的上海形象》,张玉菡,《上海党史与党建》2018 年 8 期。

《共产国际指导理论表述变化与中共指导思想创新》，侯波，《岭南师范学院学报》2019年1期。

《论苏俄、共产国际在中共早期历史上的作用》，陈先初，《湖南社会科学》2019年2期。

《中国共产党关于共产国际与中国革命关系的论述摘编》，史春风，《思想理论教育导刊》2019年4期。

《中国共产党第一次亮相共产国际舞台》，缪国庆，《领导月读》2019年7期。

《中国共产党的创立与共产国际（上）》，邵雍，《上海党史与党建》2019年9期。

《共产国际与中国共产党关系评析》，刘淑春、佟宪国，《马克思主义研究》2019年10期。

《中国共产党的创立与共产国际（下）》，邵雍，《上海党史与党建》2019年10期。

《共产国际对建党前后中共报刊出版影响的考察》，贾乐蓉，《新闻春秋》2020年1期。

《共产国际与中共早期基层组织发展》，易凤林，《上海党史与党建》2020年3期。

《共产国际与中国共产党的创建研究》，张芳娟，《西部学刊》2020年3期。

《试析共产国际与中国共产党的关系认识》，冉丽敏，《南方论刊》2020年5期。

《共产国际确定上海为中国共产党建党首选之地的原因探析》，杨俊，《毛泽东邓小平理论研究》2020年5期。

《"一大"之前的中国共产党相关问题研究》，邵雍，《上海党史与党建》2020年6期。

《早期中共与共产国际的关系——以中共对华盛顿会议的批判及应对为视角》，曹贤平、刘萍、毛必祥，《老区建设》2020年6期。

《〈中国共产党加入第三国际决议案〉出台始末》，霍修勇，《湘潮》2020年9期。

《中国共产党与共产国际的早期交往探究》，林木，《中国出版》2020年19期。

7. 中国共产党第一次全国代表大会

《党的一大召开的前前后后》，任武雄，《党的生活丛刊》1979年1期。

《关于中共"一大"代表人数的几种说法》，佚名，《党史研究参考资料》1979年1期。

《党史编写中的一个问题——从"一大"有关情况说起》，尤俊意，《文汇报》，1979年10月24日，第2版。

《"一大"前的上海"共产党"》，周养儒，《党史研究》1980年1期。

《中国共产党第一次全国代表大会召开日期和出席人数的考证》，邵维正，《中国社会科学》1980年1期。

《"一大"召开日期和出席人数的考证》，萧效华，《中国社会科学》1980年第1期。

《对〈关于中共一大代表人数的几种说法〉一文的质疑》，叶蠖生，《党史研究参考资料》1980年2期。

《关于中共"一大"代表人数问题》，章芝，《光明日报》，1980年1月22日，第4版。

《对中共"一大"代表人数的新质疑》，解光一，《上海师范学院学报（哲学社会科学版）》1981年2期。

《关于中国共产党第一次代表大会代表人数的探讨——与邵维正同志商榷》，宫玉书，《求是学刊》1981年2期。

《中国共产党第一次代表大会召开的经过》，张钟、陈志莹，《上海师范学院学报（哲学社会科学版）》1981年2期。

《"一大"代表有关问题的异议》，任武雄，《党的生活丛刊》1981年3期。

《党的"一大"会址、会场考》，范崇山，《扬州师院学报（社会科学版）》1982年2期。

《关于出席党的"一大"南湖会议的人数》，浚辑，《嘉兴师专学报》1982年2期。

《中国共产党第一次全国代表大会几个问题的考证》，李玲，《党史研究》1983年5期。

《试论中国共产党第一个纲领的制定》，王学华，《上饶师专学报（社会科学版）》1984年1期。

《中共"一大"南湖会议举行于八月一日考》，陈德和，《绍兴师专学报（社会科学版）》1984年2期。

《中共"一大"结束日期新探》，王国荣，《浙江学刊》1984年3期。

《党的"一大"闭幕日期考》,曹仲彬,《近代史研究》1987 年 2 期。

《中共一大前曾召开过三月代表会议》,王述观,《中共党史研究》1988 年 4 期。

《中共一大前召开过三月代表会议吗——与王述观商榷》,柳建辉、郑雅茹,《中共党史研究》1989 年 4 期。

《关于中共"一大"成立的中央领导机构》,朱汉国,《党史研究资料》1991 年 1 期。

《中共"一大"南湖会议日期的重新考证》,陈水林、何铭三,《党史研究资料》1991 年 8 期。

《对中共"一大"政治纲领的再认识》,王相箴,《党史研究资料》1991 年 6 期。

《论党的一大确定中心任务的原因》,董令仪,《山东师范大学大学报(人文社会科学版)》1991 年 1 期。

《上海召开纪念建党七十周年讨论会》,王禾庭,《解放日报》,1991 年 4 月 3 日,第 1 版要闻。

《上海隆重纪念建党七十周年》,沈国芳、金定根,《解放日报》,1991 年 6 月 30 日,第 1 版要闻。

《党的"一大"会议有关问题回答》,俞乐滨,《文汇报》,1991 年 5 月 29 日,第 3 版。

《关于中共一大预定开会时间的探究》,李国继,《党的文献》1993 年 1 期。

《中共"一大"会址为何从上海迁至嘉兴》,南师,《中学历史教学参考》1994 年 6 期。

《党的一大(上海)会址该如何确切表述》,庞培法,《上海党史研究》1995 年 5 期。

《中共一大召开的时间考证》,刘惠恕,《上海建设论苑》1996 年 4 期。

《一大开幕日期再考证》,朱泽春,《党史研究与教学》1996 年 6 期。

《论中共"一大"会议的发起筹备问题》,沈海波,《党史研究与教学》1997 年 1 期。

《中共"一大"上毛泽东是否反对了"左"、右倾思想考》,周一平,《党史研究与教学》1997 年 2 期。

《一大开幕会址再考证》,朱泽春,《党史研究与教学》1997 年 3 期。

《"一大"7 月 24 日开幕补证》,朱泽春,《党史研究与教学》1997 年 5 期。

《中共在"一大"后对国民党的关系问题》,任武雄,《党史研究资料》1997 年 8 期。

《略述谁是中共"一大"会议的发起建议者》,朱泽春,《党史研究与教学》1998 年 3 期。

《中共一大会议产生的中央领导机构再考证》,朱泽春,《江苏社会科学》1998 年 3 期。

《关于党的一大开幕日期问题的商榷》,任武雄,《党史研究与教学》1998 年 4 期。

《中国共产党成立时间新探》,谢晓鹏、吴北战,《长白学刊》1998 年 5 期。

《"一大"前中共没有召开过"三月代表会议"》,朱泽春,《党史研究与教学》1999 年 4 期。

《中共"一大"并未采用民主集中制》,管怀伦,《江苏社会科学》1999 年 4 期。

《神州星火燃起时——中共"一大"南湖会议再考》,季相林、陈水林,《党史纵横》1999 年 5 期。

《中共"一大"会址纪念馆让爱国主义薪火代代相传》,罗康雄,《光明日报》,1999 年 4 月 27 日,第 3 版。

《板凳需坐十年冷文章不写一句空——对中共一大考证的回忆》,邵维正,《中共党史研究》2000 年 4 期。

《党的一大 8 月 5 日嘉兴闭幕考辨》,曹仲彬,《中共党史研究》2000 年 4 期。

《中共一大党纲研究》,谢荫明,《中共党史研究》2000 年 5 期。

《关于中共一大的两个问题》,彭厚文,《江南学院学报》2001 年 1 期。

《中共"一大"闭幕日期考订》,王相箴,《党的文献》2001 年 1 期。

《中共"一大"代表特点初探》,蔡双全、杨秀林,《湖北大学学报(哲学社会科学版)》2001 年 4 期。

《中共"一大"会址曾是编辑马克思主义丛书的地方》,陆米强、马建萍,《上海党史与党建》2001 年 6 期。

《中共"一大"会议发起筹备的情况》,沈海波,《党史研究资料》2001 年 7 期。

《再论中共"一大"会议的发起筹备问题》,沈海波,《上海党史与党建》2001 年 7 期。

《开天辟地大事变 中共"一大"会址历史变迁》,倪兴祥、陆米强、张建伟等,《解放日报》,2001 年 1 月 1

日,第 35 版。

《解读"一大"会址》,盛晓虹、陆米强,《解放日报》,2001 年 4 月 30 日,第 5 版。

《回忆采访"一大"会址及南湖》,陈诏,《解放日报》,2001 年 7 月 23 日,第 12 版。

《中共一大前后党纲出现激进偏差的原因分析》,王涛,《社会科学家》2002 年 1 期。

《中共一大会址曾是编辑马克思主义丛书的地方》,陆萍,《上海革命史资料与研究》2002 年。

《记录红色历史(一大会址)》,顾咪咪,《解放日报》,2002 年 12 月 12 日,第 11 版。

《上海纪念党的 81 华诞》,马美菱,《文汇报》,2002 年 7 月 2 日,第 1 版。

《中共一大后中央机关部门的建立》,王健英,《上海党史与党建》2003 年 3 期。

《中共一大二十年研究回顾与思考》,齐霁,《甘肃社会科学》2003 年 5 期。

《考证党的一大会期的重要文件——〈中国共产党第一次代表大会〉》,李樾,《党的文献》2004 年 2 期。

《东方升起红日——中国共产党一大(上)》,新华社,《解放日报》,2006 年 5 月 16 日,第 2 版。

《东方升起红日——中国共产党一大(下)》,新华社,《解放日报》,2006 年 5 月 18 日,第 2 版。

《中共一大在上海召开是历史必然》,张静如,《党史研究与教学》2007 年 3 期。

《中共一大文献辨析二题》,李玉贞,《党的文献》2007 年 3 期。

《对中共一大前"53 名党员"说法的质疑》,张小红,《党史研究与教学》2007 年 6 期。

《论中共在上海发起成立的时间问题》,沈海波,《上海革命史资料与研究》2007 年。

《关于中共"一大"南湖会议日期的考证》,任武雄,《上海革命史资料与研究》2007 年。

《出席中共一大"第十五人"照片终于"回到"纪念馆　谜一样的尼克尔斯基露真容》,顾咪咪,《解放日报》,2007 年 9 月 28 日,第 2 版。

《党的一大》,新华社,《解放日报》,2007 年 10 月 8 日,第 2 版。

《一脉相承　铭记历史——对中共"一大"南湖会议日期的求证》,王相箴、马宏、沈炜,《浙江档案》2009 年 6 期。

《中共"一大"会址纪念馆发展定位、现状和对策》,倪兴祥,《上海革命史资料与研究》2009 年。

《破解中共一大之谜——中央档案馆馆藏中共一大档案介绍》,杨冬权,《党的文献》2011 年 3 期。

《中国共产党"一大"召开时间的艰难求证》,何俊华,《文史杂志》2011 年 3 期。

《中共"一大"为什么选在上海法租界举行——一个城市社会史的考察》,熊月之,《学术月刊》2011 年 3 期。

《中共诞辰为何定于 7 月 1 日》,徐元宫,《同舟共进》2011 年 7 期。

《7 月 1 日党的诞生纪念日的由来》,倪兴祥,《上海革命史资料与研究》2011 年。

《中共一大后是否召开过"九月中央局扩大会议"考》,李曙新,《党的文献》2012 年 2 期。

《中共"一大"代表问题的再探讨》,黄爱军,《长白学刊》2012 年 5 期。

《留日先进知识分子对创立中国共产党的历史贡献》,魏雪莲,《上海党史与党建》2012 年 6 期。

《建党伟业中共一大》,佚名,《党建文汇(上半月)》2012 年 9 期。

《20 世纪 20 年代的上海大学史料摘选》,中共"一大"会址纪念馆保管部,《上海革命史资料与研究》2012 年。

《关于中共一大会议闭幕日期的再论证》,陈伟平,《浙江档案》2013 年 3 期。

《中共一大召开时的党员》,刘振修,《中学历史教学》2013 年 4 期。

《中共一大档案相关问题考述》,汪家华,《档案学通讯》2013 年 6 期。

《中共一大 8 月 1 日闭幕新考》,沈建中,《上海党史与党建》2013 年 8 期。

《中共"一大"闭幕日期研究》,丁进,《上海革命史资料与研究》2013 年。

《中共"一大"代表群体思想结构研究》,李亮,《求索》2014 年 3 期。

《中共一大纲领若干问题再研究》,陈自才,《党史研究与教学》2015 年 1 期。

《再论中共一大的闭幕日期》，丁进，《浙江档案》2015 年 3 期。

《毛泽东是否参加中共一大南湖会议考证》，杨晓伟，《毛泽东思想研究》2015 年 3 期。

《中共"一大"前党员的知识谱系学考察》，伍小涛，《中国井冈山干部学院学报》2015 年 2 期。

《党的一大选出的中央机关考辨》，王健英，《上海党史与党建》2016 年 1 期。

《中共一大会议由上海移址嘉兴南湖偶然之中蕴含着历史的必然》，中共嘉兴市委党史研究室课题组、姚炎鑫、李伟，《浙江档案》2016 年 1 期。

《从中共一大传承红色基因》，张玉菡，《党风党性党纪研究》2016 年 2 期。

《查清中共"一大"密探之谜（上）》，叶永烈，《世纪》2016 年 4 期。

《查清中共"一大"密探之谜（下）》，叶永烈，《世纪》2016 年 5 期。

《中共一大成立的中央领导机构名称》，徐云根，《大江南北》2016 年 6 期。

《中共一大各地方组织报告研究》，谢萌明，《中共创建史研究》2016 年。

《对中共"一大"会议地点的商榷意见》，沈海波，《青海师范大学学报（哲学社会科学版）》2017 年 1 期。

《"挖出"夜闯中共一大会场的密探》，苏智良，《文史精华》2017 年 6 期。

《中共"一大"为何在"树德里"召开》，蒋杰，《文汇报》，2017 年 6 月 30 日，第 4 版。

《参加中共一大的难忘经历》，包惠僧，《党史纵览》2017 年 11 期。

《中共一大文献是怎样被发现的》，佚名，《党史纵览》2017 年 11 期。

《中共一大会址是怎么找到的》，顾学文，《共产党员》2017 年 23 期。

《中共一大与〈中国共产党第一个纲领〉》，屈建军，《共产党员（河北）》2017 年 24 期。

《中共一大闭幕于 8 月 3 日考》，丁进，《中共创建史研究》2017 年。

《中共一大嘉兴南湖会议时间考》，王梦周，《焦作大学学报》2018 年 3 期。

《"一大"作为中共诞辰标志由来的考察》，黄爱军，《中国石油大学学报（社会科学版）》2018 年 3 期。

《中共一大若干历史细节之解读》，曹敏华，《政协天地》2018 年 7 期。

《中共一大南湖会议召开日期再考——评〈中共一大嘉兴南湖会议研究〉》，邵雍，《上海党史与党建》2018 年 8 期。

《中共一大闭幕日期考》，陈水林，《中共党史研究》2018 年 9 期。

《李大钊缺席"一大"原因研究的回顾与思考》，郭国祥、彭岩松，《湖北社会科学》2018 年 9 期。

《中共一大召开前社会主义思潮与激进政党创建的历史考察（1911—1921 年）》，吴海勇，《上海党史与党建》2018 年 10 期。

《中共"一大"为什么选在上海法租界举行》，熊月之，《党课参考》2018 年 14 期。

《试论中共一大、二大党纲的发展》，梁亚奇，《新西部》2018 年 32 期。

《中共一大研究与回忆录》，[日]石川祯浩，《中共创建史研究》2018 年。

《中共"一大"珍贵文献追寻记》，叶永烈，《中外书摘》2019 年 10 期。

《中共一大在上海召开的原因》，吕皓，《长江丛刊》2019 年 14 期。

《中共一大南湖会议不是在灾区召开的——与〈中共一大嘉兴南湖会议研究〉商榷兼论中共一大闭幕日期》，沈建中，《中共创建史研究》2019 年。

《中共"一大"前俞秀松社会改造的思想及实践》，杨丽萍，《思想政治课研究》2020 年 1 期。

《中共一大代表与共产国际代表关系之研究——以张国焘、李汉俊与马林的三者互动为对象》，杨阳，《苏区研究》2020 年 1 期。

《中国共产党嘉兴南湖会议探讨》，王小军，《科海故事博览》2020 年 2 期。

《中共一大代表究竟是多少人》，金冲及，《中共党史研究》2020 年 5 期。

《中共一大"第十五人"的身份之谜》，龚伟廷，《红岩春秋》2020 年 10 期。

8. 中国共产党第二次全国代表大会

《"二大"的召开和民主革命纲领的制定》,邵维正、徐世华,《党史研究》1980年5期。

《关于中共"二大"代表和中央委员名单的考证》,徐世华,《历史研究》1981年2期。

《党的民主革命纲领的制定及其重大意义》,雷丽容,《江西大学学报(人文社会科学版)》1983年2期。

《对评价我党"二大"的民主革命纲领的一点看法》,陈章干,《厦门大学学报(哲学社会科学版)》1984年2期。

《从"一大"到"二大"——早期共产党人对中国民主革命任务的探索及其影响》,卫丛昌,《党史研究》1984年3期。

《探索中国革命分两步走的开端——对党的二大纲领的认识》,冉启明,《贵州师范大学学报(社会科学版)》1985年3期。

《中共"二大"没有提出中国革命"分两步走"的思想》,李蕴华,《齐鲁学刊》1986年3期。

《"一大"至"三大"党的工作指导思想的转变及工作中心的转移》,马启民,《陕西师大学报(哲学社会科学版)》1986年4期。

《也谈中共二大关于"中国革命分两步走"思想的提出》,陈根荣,《史学月刊》1987年5期。

《简论中共二大提出的"真正民主共和国"方案》,王新生,《河南师范大学学报(哲学社会科学版)》1988年1期。

《对中共"二大"提出彻底的民主革命纲领问题的质疑》,许小军、冯淑英,《北京师范学院学报(社会科学版)》1989年1期。

《试论党的"二大"纲领》,吴凤琴,《佳木斯师专学报》1990年4期。

《五四运动至中共二大是新民主主义革命的开端》,莫志斌,《湖南师范大学社会科学学报》1991年2期。

《党的"二大"提出的到底是革命分两步走的思想还是"二次革命"思想——与庄剑同志商榷》,吴志平,《理论与改革》1992年1期。

《党的"二大"提出的到底是革命分两步走的思想还是"二次革命"思想:舆郭建平同志商榷》,吴志平,《理论与改革》1992年2期。

《论党的民主革命纲领的制定》,叶累,《上海革命史资料与研究》1992年。

《中共"二大"召开时间考证》,陈标,《中共党史通讯》1994年4期。

《中共二大的历史和现实意义》,周家瑜,《临沧教育学院学报》2002年4期。

《中共二大的建党原则对毛泽东建党思想形成的意义》,葛海萍,《上海党史与党建》2002年6期。

《试述中共"二大"提出民主革命纲领的背景与意义》,陆米强,《上海革命史资料与研究》2002年。

《关于出席中共"二大"的代表名单问题的探讨》,王志明,《上海革命史资料与研究》2002年。

《试析陈独秀思想与中共"二大"纲领之关系》,马建萍,《上海革命史资料与研究》2002年。

《试析中共"二大"民主革命纲领的产生》,张晨,《上海革命史资料与研究》2002年。

《在世界与国情的联系和区别中确定目标——中共"二大"制定纲领时的思维方式给我们的启示》,乐基伟,《上海革命史资料与研究》2002年。

《中共"二大"代表特点与纲领关系探析》,徐云根,《上海革命史资料与研究》2002年。

《中共"二大"提出最低纲领与最高纲领及其对今天的启迪》,沈建中,《上海革命史资料与研究》2002年。

《辅德里:再现历史光辉瞬间——中共"二大会址"先睹记》,马美菱、金涛,《文汇报》,2002年7月1日,第5版。

《共产国际的影响与中共二大解决民族问题主张的提出》,周忠瑜,《大连民族学院学报》2003年2期。

《中共二大及其后的中央机关》,王健英,《上海党史与党建》2003 年 4 期。

《有关中共二大会址的门牌问题》,陈沛存,《上海革命史资料与研究》2003 年。

《党的二大》,新华社,《解放日报》,2006 年 5 月 20 日,第 3 版。

《究竟应该如何评价党的二大——与丁卫平商榷》,马连儒,《中共党史研究》2007 年 4 期。

《论中共二大提出"民族自决"的历史原因》,许彬、谢忠,《民族研究》2007 年 2 期。

《中共"二大"党外合作统战观的确立、转变及其评析》,方宁,《上海党史与党建》2007 年 7 期。

《从"一大"到"二大"——论中共"二大"的历史进步和时代局限》,徐云根,《上海党史与党建》2007 年 9 期。

《中共二大对党"必须深入群众"的探索与启示》,乐基伟、朱翊,《上海党史与党建》2007 年 9 期。

《从"一大"到"二大"——试论中共"二大"的历史进步和时代局限》,徐云根,《上海革命史资料与研究》2007 年。

《"党的一切运动都必须深入到广大群众中去"——中共"二大"对党组织建设的探索及启示》,乐基伟、朱翊,《上海革命史资料与研究》2007 年。

《中共"二大"民主革命纲领的制定及其历史意义》,王道云,《上海革命史资料与研究》2007 年。

《试论中共"二大"在中共创建中的重要作用》,陆米强,《上海革命史资料与研究》2007 年。

《中共"二大"党外合作统战观的确立、转变及其评析》,方宁,《上海革命史资料与研究》2007 年。

《中共"二大"〈关于妇女运动的决议〉探析》,张玉菡,《上海革命史资料与研究》2007 年。

《党的新民主主义基本纲领并非形成于"二大"》,丁卫平,《长白学刊》2008 年 6 期。

《对于中共"二大"、"四大"部分出席代表的存疑》,肖甡,《上海革命史资料与研究》2008 年。

《集中制是中共"二大""三大""四大"的组织制度》,管怀伦,《江苏社会科学》2009 年 5 期。

《"二大"在上海召开的原因》,邵雍,《社会科学》2011 年 6 期。

《中共二大代表的考证》,王志明,《中共党史研究》2011 年 9 期。

《中共二大"民主的联合战线"的由来》,邵雍,《上海师范大学学报(哲学社会科学版)》2011 年 4 期。

《中共二大:陈独秀应对马林和共产国际的一次紧急会议》,朱洪,《党的文献》2012 年 1 期。

《"中共二大"对马克思主义中国化的探索》,曾文荣,《福建党史月刊》2012 年 2 期。

《中共二大与"民主的联合战线"》,杨爱珍、徐奋,《上海市社会主义学院学报》2012 年 3 期。

《论中共"二大"的重大成就及其历史地位》,肖甡,《湖北大学学报(哲学社会科学版)》2012 年 4 期。

《中共"二大"历史疑点考证述析》,王志明,《湖北大学学报(哲学社会科学版)》2012 年 4 期。

《论中共二大的历史地位——为纪念中国共产党第二次全国代表大会召开 90 周年而作》,李士坤,《中共福建省委党校学报》2012 年 5 期。

《中共二大代表名单研究述评》,杨晔,《上海党史与党建》2012 年 7 期。

《中共二大与共产国际关系辨析》,徐云根,《上海党史与党建》2012 年 7 期。

《关于中共二大代表的考证与思考》,乐基伟,《上海党史与党建》2012 年 7 期。

《中共二大党章——中共创建工作完成的标志之一》,中共二大会址纪念馆,《上海党史与党建》2012 年 7 期。

《中共"二大"研究中的五个历史谜团》,苗体君,《党史博采(纪实)》2012 年 7 期。

《关于中共二大代表的考辨》,周霜梅、刘明钢,《天津政协》2012 年 8 期。

《新世纪以来中共二大的研究综述》,吴卫丽,《时代报告(下半月)》2012 年 8 期。

《一次劳大、团一大对中共二大的影响和作用》,陈彩琴,《上海党史与党建》2012 年 8 期。

《中共二大为何没有共产国际代表参加》,向华,《四川统一战线》2012 年 9 期。

《中共"二大"与人民出版社》,陈有和,《出版发行研究》2012 年 11 期。

《对党的二大初步探索马克思主义中国化的思考》,葛宁、黄忠伟,《东岳论丛》2012 年 11 期。

《党的"二大"与中国工人运动第一次高潮》,夏燕月,《上海革命史资料与研究》2012 年。

《中共二大〈关于少年运动问题的决议案〉的由来》,刘丽梅,《上海青年管理干部学院学报》2013 年 1 期。

《中共二大对党的组织建设的贡献》,林学启,《滨州学院学报》2013 年 1 期。

《中共二大与马克思主义中国化》,王先俊,《北京航空航天大学学报(社会科学版)》2013 年第 1 期。

《中共二大:马克思主义中国化的肇始》,汤兆云,《党的文献》2013 年 2 期。

《中共"二大"是党的创建任务完成的界碑》,曾景忠,《中国延安干部学院学报》2013 年 3 期。

《中共二大与党的群众工作》,李蓉、叶成林,《中国井冈山干部学院学报》2013 年 3 期。

《中共二大至六大党章前没有纲领的原因再探讨》,陈自才,《中共党史研究》2013 年 7 期。

《中共二大对解决青年团工作问题的重要作用》,赵德生,《北京青年工作研究》2013 年 8 期。

《中共"二大"研究中的两个问题》,李良明,《徐州工程学院学报(社会科学版)》2013 年 1 期。

《中共二大的特点及历史地位探析》,吴明刚,《福建党史月刊》2013 年 16 期。

《中共不是在"二大"而是在"一大"加入共产国际的》,冯铁金,《上海革命史资料与研究》2013 年。

《中共二大:早期马克思主义中国化的历史起点》,徐方平、曾银慧,《湖北大学学报(哲学社会科学版)》2014 年 2 期。

《中共二大与马克思主义中国化的历史起点关系新探》,赵秀华,《求索》2014 年 4 期。

《二大对群众问题的认识》,王俊华,《学习时报》,2014 年 5 月 19 日,第 3 版。

《中共二大开始倾向发展工人党员原因探析》,刘瑞香,《党史文苑(学术版)》2014 年 12 期。

《新世纪以来中共二大研究述评》,姚宏志,《中共党史研究》2014 年 7 期。

《浅谈为何中共二大能够提出反帝反封建的民主革命纲领》,裴斐然,《黑龙江史志》2014 年 13 期。

《中共二大与马克思主义中国化的起步》,李贵忠,《理论参考》2015 年 8 期。

《中共"二大"对制度建党的探索及启示》,蔡文华,《党政干部学刊》2015 年 12 期。

《中共二大会址:党性教育的功能开发》,杨俊,《党政论坛》2016 年 5 期。

《中共一大到二大党对其他党派态度的演变研究》,汪莹莹,《党史博采(理论)》2016 年 10 期。

《中共二大与党的组织原则的早期探索》,祖金玉、李申森,《中州学刊》2017 年 2 期。

《中共二大与党内政治生活基本原则的初步形成》,杨俊,《党的文献》2017 年 3 期。

《中共二大对"从严建党"要求的历史性贡献》,张俊国,《中国延安干部学院学报》2017 年 4 期。

《中共二大:中国共产党独立自主的最初尝试》,董奇,《上海党史与党建》2017 年 11 期。

《二大前夕中共对中国革命的认识——对〈中国共产党关于时局的主张〉的再读》,谢安平,《党史博采(理论)》2017 年 12 期。

《中共二大确立的党内政治生活基本规范》,袁士祥,《炎黄春秋》2017 年 12 期。

《中共二大前之工人党员考》,肖甡,《中共创建史研究》2017 年。

《首部党章缘何在中共二大上诞生》,李婷,《文汇报》,2017 年 7 月 21 日,第 9 版。

《中共二大对开展党内政治生活的探索及贡献》,穆兆勇,《中国井冈山干部学院学报》2018 年 1 期。

《中共"二大"与早期中共政治传播模式的优化》,舒畅,《延边党校学报》2018 年 1 期。

《中共二大对开展党内政治生活的探索及贡献》,穆兆勇,《中国井冈山干部学院学报》2018 年 1 期。

《中共二大〈关于议会行动的决案〉探析》,徐振光、齐卫平,《上海党史与党建》2018 年 6 期。

《试论中共一大、二大党纲的发展》,梁亚奇,《新西部》2018 年 32 期。

《从"一大"到"二大"看东方战略对中共创建的影响》,徐云根,《中共创建史研究》2018 年。

《马克思主义妇女解放理论在华早期传播与中共"二大"前后党的妇女工作的初步开展》,陈正辉,《安徽理工大学学报(社会科学版)》2019 年 5 期。

《刍议中共二大对马克思主义妇女解放理论的探索》,陈正辉,《世纪桥》2019 年 12 期。

9. 新渔阳里：外国语学社·上海社会主义青年团

《关于上海外国语学社和赴俄学习的几个问题》，王迪先，《党史研究资料》1985 年 1 期。

《鲜为人知的俄语女教师——外国语学社教员》，王元龄，《党史研究资料》1990 年 7 期。

《上海外国语学社的创建及其影响》，陈绍康，《上海党史》1990 年 8 期。

《中国社会主义青年团 1921 年 5 月解散的问题——兼论外国语学社结束的时间》，沈海波，《党史研究资料》1990 年 8 期。

《中国社会主义青年团的组建与诞生》，青韶，《青年探索》1992 年 3 期。

《外国语学社学生赴俄时间考》，沈海波，《上海党史研究》1992 年 9 期。

《略论外国语学社几个特点与人才的作用》，陈绍康、刘荣珠，《上海革命史资料与研究》2002 年。

《浅谈建党时期党在上海的革命干部学校》，张玉菡，《上海革命史资料与研究》2003 年。

《试论外国语学社对刘少奇思想的影响》，肖洛、王美娣、毛亚蓉，《上海革命史资料与研究》2002 年。

《1955 年许之桢回忆早期青年团在上海渔阳里 6 号活动及原址布置情况》，许之桢，《上海革命史资料与研究》2004 年。

《1954 年 3 月包惠僧回忆早期青年团在上海渔阳里 6 号活动的情况》，包惠僧，《上海革命史资料与研究》2004 年。

《1961 年 1 月钟复光来信答复施复亮回忆早期青年团临时中央局在上海活动情况》，钟复光，《上海革命史资料与研究》2004 年。

《1966 年 4 月华林回忆早期青年团在上海活动情况及团员青年赴俄国留学经过》，华林，《上海革命史资料与研究》2004 年。

《中国社会主义青年团与外国语学社》，佚名，《上海支部生活》2007 年 9 期。

《论中国社会主义青年团建立的历史条件》，朱迎，《湖北行政学院学报》2008 年 2 期。

《"改造联合"与"社会主义青年团"不是同一个组织——与石川祯浩商榷》，李永春、张海燕，《中共党史研究》2008 年 5 期。

《渔阳里》，佚名，《上海教育》2009 年 3 期。

《关于 1920 年"社会主义青年团"成立的几个问题》，李永春，《世纪桥》2009 年 3 期。

《上海社会主义青年团创建初期的革命活动》，刘雪芹，《上海党史与党建》2009 年 12 期。

《他们为什么选择了社会主义——纪念上海社会主义青年团建团 90 周年》，闵小益，《上海青年管理干部学院学报》2010 年 2 期。

《上海外国语学社创建的历史作用及启示——纪念外国语学社成立 90 周年》，叶学丽，《中国青运史辑刊》2010 年 4 期。

《渔阳里 6 号的见证：上海社会主义青年团的诞生》，刘卫兵，《中国共青团》2010 年 8 期。

《上海外国语学社研究综述》，张富强、刘丽梅，《上海党史与党建》2011 年 6 期。

《中共创办的第一所外语学校——上海外国语学社》，郝淑霞，《党史研究与教学》2012 年 5 期。

《中国最早的社会主义青年团组织：上海社会主义青年团组织》，佚名，《当代贵州》2013 年第 22 期。

《杨明斋与渔阳里六号的故事》，辛桂枝、刘玉正，《中国青运史辑刊》2016 年 4 期。

《上海社会主义青年团"八个发起人"的考辨》，曹典，《上海党史与党建》2017 年 4 期。

《早期共青团与上海》，峻峰，《联合时报》，2017 年 6 月，第 7 版。

《上海外国语学社研究述略》，邵雍，《中共创建史研究》2018 年。

《中国第一个社会主义青年团——上海社会主义青年团》，施颖杰，《浦江纵横》2019 年 5 期。

《外国语学社：我党第一所干部学校》，何立波，《检察风云》2020 年 18 期。

《外国语学社：中国共产党第一所干部学校办学实践探索》，何立波，《教育史研究》2020 年 4 期。

10. 中国劳动组合书记部与上海工人运动

《关于中国劳动组合书记部成立时间的问题》，蔚宗龄，《南充师院学报（哲学社会科学版）》1981 年 1 期。

《党在早期领导知识分子与工运结合的史实》，金立人、王昭丽，《文汇报》，1981 年 7 月 27 日，第 3 版。

《中国劳动组合书记部何时成立？》，杨洪范，《历史教学（上半月刊）》1983 年 4 期。

《一九二二年上海海员罢工的情况》，郑建英，《文献和研究》1984 年 9 期。

《一九二二年上海罢工高潮的兴起（上）》，陈卫民，《史林》1986 年 1 期。

《一九二二年上海罢工运动的兴起（下）》，陈卫民，《史林》1986 年 2 期。

《中国劳动组合书记部成立于"一大"以前》，曾长秋，《近代史研究》1986 年 2 期。

《1919—1937 年上海商务印书馆的工人运动》，佚名，《上海党史资料通讯》1987 年 2 期。

《中国劳动组合书记部成立于"一大"以后》，姜沛南、陈卫民，《近代史研究》1987 年 2 期。

《关于北方劳动组合书记部的两则考订》，张秋生，《中共党史研究》1988 年 2 期。

《论"五卅"中的上海工人运动》，张铨，《史林》1988 年 2 期。

《中国共产党创立初期的上海工人运动评估》，陈卫民，《史林》1988 年 4 期。

《中国劳动组合书记部性质异说》，刘功成，《史林》1991 年 1 期。

《马克思主义与中国工人运动相结合——一九二〇年上海工人运动的特色》，张统模，《史林》1991 年 3 期。

《上海工人运动的发展和中国共产党的创立》，王关兴，《上海师范大学学报（哲学社会科学版）》1991 年 3 期。

《中国劳动组合书记部究竟成立于何时》，曾长秋，《湖南师范大学社会科学学报》1995 年 4 期。

《中国劳动组合书记部性质辩析》，刘功成，《工会理论与实践》1996 年 6 期。

《"努力去打破我们前途的荆棘"——记中国劳动组合书记部》，佚名，《中国工运》1999 年 7 期。

《论中国劳动组合书记部的产生》，解建国，《太原大学学报》2001 年 2 期。

《中国劳动组合书记部的成立》，李平，《工会博览》2001 年 7 期。

《上海丝厂及工会组织》，艾广，《上海革命史资料与研究》2003 年。

《中国共产党成立初期的劳动立法运动》，李刚，《史学月刊》2008 年 2 期。

《第一次国共合作时期的邮务工人运动——以上海邮务公会（工会）为中心的考察》，田明、何建国，《党的文献》2009 年 6 期。

《中共领导工人运动的第一个指挥机关——中国劳动组合书记部》，王志明，《大江南北》2011 年 8 期。

《上海工人运动背后的帮会》，粟月静，《文史博览》2011 年 11 期。

《上海：中国现代工人运动的摇篮》，唐莲英，《毛泽东邓小平理论研究》2012 年 9 期。

《中国劳动组合书记部北方分部成立情况及初期工作的新考释》，李自华，《中共党史研究》2012 年 10 期。

《关于中小型纪念展馆发挥爱国主义教育基地作用的思考——以中国劳动组合书记部旧址陈列馆为例》，杜红，《上海青年管理干部学院学报》2013 年 1 期。

《1920 年代中期工人运动经济原因之探析》，杨俊，《历史教学（下半月刊）》2013 年 9 期。

《从领导沪西工人运动看党的早期群众路线》，吴云翔，《党史文苑》2013 年 22 期。

《关于中国劳动组合书记部山东分部的两则史实》，李曙新，《山东工会论坛》2014 年 1 期。

《一次劳大前后的中国劳动组合书记部》，罗玲，《云南社会主义学院学报》2014 年 3 期。

《中国劳动组合书记部中国工人运动第一个组织机构》，陈家新，《工会博览》2014 年 17 期。

《中国劳动组合书记部》，媛娣，《工会博览》2004 年 23 期。

《马克思主义大众化的多维度研究——以上海早期工人运动为例》，郭璐，《湖北民族学院学报（哲学社会科学学报）》2015 年 3 期。

《中国劳动组合书记部的渊源与演变再考察》，马学军，《学术交流》2016 年 2 期。

《媒介舆论与工人运动：建党初期劳动组合书记部宣传与报道》，徐迟、余丹妮，《工会理论研究（上海工会管理职业学院学报）》2019 年 5 期。

《中国劳动组合书记部在上海》，邵雍，《上海工运》2019 年 8 期。

《中国劳动组合书记部广东分部几个问题的考辨》，徐迟、丁乐静，《上海党史与党建》2020 年 1 期。

《中国劳动组合书记部研究的回顾与思考》，徐迟、丁乐静，《苏区研究》2020 年 3 期。

《创生 1921—1925 从中国劳动组合书记部到中华全国总工会》，钟恭煊、高志菲、闫永飞，《中国工人》2020 年 4 期。

《中国劳动组合书记部成立》，佚名，《中国工人》2020 年 4 期。

《中国劳动组合书记部上海时期部员构成考辨（上）》，徐迟，《上海工运》2020 年 9 期。

《中国劳动组合书记部上海时期部员构成考辨（下）》，徐迟，《上海工运》2020 年 10 期。

《一颗划破夜空光芒万丈的流星——中国劳动组合书记部钩沉》，甘学荣，《工会博览》2020 年 19 期。

11. 上海早期党报党刊

《〈共产党〉月刊的历史作用》，段启咸，《江汉论坛》1981 年 1 期。

《瞿秋白主编的〈热血日报〉》，黄志仁，《历史教学》1981 年 9 期。

《最早的党内刊物——〈共产党〉月刊》，纪力群，《新长征》1982 年 12 期。

《〈共产党〉月刊在建党中的作用》，司虎春、刘诚，《扬州师院学报（社会科学版）》1983 年 2 期。

《毛泽东同志曾秘密散发的是〈共产党〉月刊》，成寿焜，《湘潭大学社会科学学报》1984 年 3 期。

《从〈前锋月刊〉看前期"民族主义文艺运动"》，朱晓进，《南京师大学报（社会科学版）》1986 年 3 期。

《〈热血日报〉不是第一张党报》，徐剑，《新闻知识》1988 年 7 期。

《〈向导〉周报对中国革命的理论贡献》，蔡铭泽，《湘潭大学学报（社会科学版）》1991 年 3 期。

《中国树起的第一面共产主义旗帜〈共产党〉月刊述评》，惠中，《安徽师范大学学报（哲学社会科学版）》1992 年 1 期。

《〈共产党〉月刊对建党的理论贡献》，张秀英，《河南大学学报（社会科学版）》1992 年 1 期。

《〈向导〉周刊对第一次国共合作的贡献》，杜君，《信阳师范学院学报（哲学社会科学版）》1993 年 4 期。

《向导　新时代的号角——〈向导〉周刊与第一次国共合作》，杜君，《党史纵横》1993 年 7 期。

《中国共产党主办的第一个日报——〈热血日报〉》，崔宝山，《中学历史教学参考》1994 年 Z2 期。

《党的第一张日报》，佚名，《党史纵览》1995 年 1 期。

《中国共产党的第一张日报》，蔡丹英，《党史博采》1997 年 1 期。

《"五卅"运动中的〈热血日报〉》，赤真，《内蒙古教育学院学报》1999 年 1 期。

《〈共产党〉月刊的若干史实》，沈海波，《春秋》1999 年 4 期。

《中国共产党第一张日报〈热血日报〉创办的前前后后》，王慧青，《上海档案》1999 年 6 期。

《中国共产党最早的党报党刊》，吴瑞山，《浙江档案》2001 年 5 期。

《中共第一份日报〈热血日报〉》，周亮、张敏，《档案与建设》2001 年 7 期。

《略论〈向导〉周报的特点与影响》，徐方平，《上海革命史资料与研究》2004 年。

《中国共产党第一张日报〈热血日报〉》，李树柯，《党史纵横》2005 年 3 期。

《中共早期党报发行研究》，王晓岚，《中共党史研究》2006 年 5 期。

《1920 年的〈共产党〉月刊》，秦杰，《博览群书》2006 年 7 期。

《〈共产党〉月刊在建党时期所作的宣传》，张明、张扣林，《江苏科技大学学报（社会科学版）》2009 年

4 期。

《李达 1920—1921 年对传播马克思主义的贡献——以〈共产党〉月刊为例》,仇桂且,《湖北省社会主义学院学报》2009 年 6 期。

《〈劳动界〉:中国早期马克思主义大众化的开端》,杨荣、田子渝,《湖北大学成人教育学院学报》2010 年 1 期。

《从〈劳动界〉看早期中国共产党人思想政治工作方法的"三结合"》,杨荣,《江汉大学学报(社会科学版)》2010 年 3 期。

《瞿秋白主编的中共历史上第一份日报:〈热血日报〉》,张其武,《中国边防警察》2010 年 5 期。

《论〈妇女声〉与中共早期的妇女解放运动》,刘人锋,《湖南第一师范学院学报》2010 年 6 期。

《论〈劳动界〉的主要内容及其启示》,徐信华,《上海党史与党建》2010 年 11 期。

《〈热血日报〉版面分析——以第 1—14 期为例》,王秀芳,《今传媒》2010 年 12 期。

《中国共产党早期报刊与马克思主义中国化》,刘志靖,《湘潭大学学报(哲学社会科学版)》2011 年 1 期。

《中国共产党的第一份报纸〈热血日报〉》,叶介甫,《档案天地》2011 年 4 期。

《早期知名中共党员与进步报刊缘源》,李虹,《党史文苑》2011 年 5 期。

《五卅时期的〈热血日报〉》,王洪妮,《党史纵横》2011 年 6 期。

《析〈共产党〉月刊的理论缺陷对建党的影响》,莫秋婵,《社科纵横》2011 年 7 期。

《简论〈共产党〉月刊对中国共产党创建的历史作用》,莫秋婵,《福建党史月刊》2011 年 12 期。

《试论中共早期报刊的创办经验及启示》,乔兰、王灿发,《中国出版》2011 年 14 期。

《中国共产党的第一份党刊:〈共产党〉月刊》,董婧,《中国社会科学报》,2011 年 10 月 27 日,第 14 版。

《论〈共产党〉月刊对国际共产主义运动的传播》,李军林、刘英,《广西社会科学》2012 年 1 期。

《浅析〈热血日报〉的办报特色》,罗婧、方玲,《新闻世界》2012 年 5 期。

《大革命时期的〈向导〉周刊》,贾小敏,《学理论》2012 年 5 期。

《中国共产党的第一份党刊——〈共产党〉月刊》,佚名,《新长征》2012 年 5 期。

《从〈热血日报〉窥探瞿秋白的新闻思想》,陈红梅、邓涛,《新闻研究导刊》2012 年 7 期。

《从〈共产党〉到〈布尔塞维克〉——中国共产党的思想理论在上海萌发》,陈挥,《毛泽东邓小平理论研究》2012 年 9 期。

《中国共产党最早的日报》,阎泽川,《文史博览》2012 年 11 期。

《〈共产党〉月刊的创办历程与特点探析》,莫秋婵,《福建党史月刊》2012 年 16 期。

《浅析〈共产党〉月刊》,付冉冉、张扬,《世纪桥》2012 年 17 期。

《〈热血日报〉中国共产党的第一份报纸》,陈子平,《陕西档案》2013 年 2 期。

《关于〈新青年〉的两个问题》,王波,《近代史研究》2013 年 5 期。

《论〈共产党〉月刊对机会主义的批判》,刘英,《湖南工业大学学报(社会科学版)》2013 年 6 期。

《论〈共产党〉月刊与马克思主义中国化》,李伏清、王向清,《马克思主义研究》2013 年 10 期。

《〈共产党〉月刊与早期马克思主义中国化基本原则的初步确立》,李军林、刘英,《湖湘论坛》2014 年 1 期。

《〈共产党〉月刊与非马克思主义的论战》,舒畅,《南京航空航天大学学报(社会科学版)》2014 年 3 期。

《〈共产党〉月刊研究综述》,舒畅,《齐齐哈尔大学学报(哲学社会科学版)》2014 年 5 期。

《〈共产党〉月刊与马克思主义在中国的早期传播》,舒畅,《成都理工大学学报(社会科学版)》2014 年 6 期。

《〈向导〉周报研究综述》,刘德军、杨连珍,《哈尔滨学院学报》2014 年 6 期。

《论李达对党建立的历史贡献——基于〈共产党〉月刊研究》,蒋睿夫,《黑龙江史志》2014 年 16 期。

《〈公理日报〉和〈热血日报〉之比较考证》，何霞、罗文军，《温州大学学报（社会科学版）》2015 年 4 期。

《〈新青年〉与中国共产党》，田子渝、王华，《湖北大学学报（哲学社会科学版）》2015 年 4 期。

《中国共产党人对〈新青年〉精神的传承》，周树立，《广西青年干部学院学报》2016 年 6 期。

《中国共产党的第一份理论刊物〈共产党〉》，刘莹莹、赵云泽，《新闻界》2016 年 7 期。

《〈共产党〉月刊与马克思主义在中国的传播》，房现玉，《东南传播》2016 年 10 期。

《〈共产党〉月刊和〈新青年〉对马克思主义在中国早期传播的重要贡献》，朱碧云，《开封教育学院学报》2017 年 3 期。

《中国共产党历史上的第一个党刊——〈共产党〉月刊出版发行始末》，马宁，《出版发行研究》2017 年 10 期。

《〈共产党〉月刊作者、译者笔名考述》，韦明，《上海党史与党建》2018 年 2 期。

《从〈热血日报〉看瞿秋白办报思想和经营理念》，邓宇轩，《今传媒》2018 年 6 期。

《中共中央最早的机关刊物——〈向导〉》，廖金英，《新闻前哨》2018 年 8 期。

《中国共产党创办的第一份日报：〈热血日报〉》，李杰琼、王沫，《新闻前哨》2018 年 8 期。

《〈新青年〉"马克思主义专号"研究综述》，王玉，《党政论坛》2018 年 11 期。

《中国共产党人思想建党的探索与思考——基于〈共产党〉月刊的历史考察》，欧美强，《中共山西省委党校学报》2019 年 1 期。

《〈共产党〉月刊第三期〈告中国的农民〉作者是彭湃（上）》，郑向东，《兰台世界》2019 年 2 期。

《〈热血日报〉办刊的历史经验与当代价值》，周文娟，《新闻爱好者》2019 年 5 期。

《〈新青年〉与中国共产党的初心》，张多，《山西师大学报（社会科学版）》2019 年 5 期。

《〈新青年〉"马克思主义专号"探究》，王玉，《上海党史与党建》2019 年 9 期。

《试析〈前锋〉月刊"寸铁"栏目中的政治宣传》，李益顺、何佳钦，《世纪桥》2019 年 12 期。

《中国共产党创办的最早日报》，周铁钧，《党史纵横》2020 年 1 期。

《〈新青年〉：从文化先锋走向党的机关刊》，朱少伟，《浦江纵横》2020 年 3 期。

《思想建设的先驱——中国共产党早期组织在沪创办〈共产党〉月刊》，邵唯，《浦江纵横》2020 年 4 期。

《〈热血日报〉：中共最早创办的日报》，周铁钧，《百姓生活》2020 年 7 期。

《〈共产党〉月刊与马克思主义的传播》，侯培和，《团结报》，2020 年 6 月 25 日，第 8 版。

《100 年前，共产党报刊在上海萌芽》，朱少伟，《解放日报》，2020 年 4 月 2 日，第 11 版。

（二）国民革命

1. 中国共产党第三次代表大会

《中共三大关于国共合作的争论》，刘青等，《炎黄春秋》1998 年 3 期。

《略述 1922 至 1923 年中共中央四次迁址的原因》，王亚春，《中共党史研究》2000 年 2 期。

《中共三大及其后的中央机关》，王健英，《上海党史与党建》2003 年 5 期。

《浅析中共三大的历史定位》，张成林、李海涛，《上海革命史资料与研究》2003 年。

《"三曾里"的红色记忆》，薛婧、任春，《解放日报》，2007 年 6 月 29 日，第 23 版。

《揭开红色"曾厚里"的面纱——中共三大后中央局机关历史纪念馆先睹记》，谈燕，《解放日报》，2007 年 1 月 9 日，第 2 版。

《毛泽东中共"三大"至"四大"期间任职中央局秘书考析》，欧阳湘，《湖南科技大学学报（社会科学版）》2008 年 4 期。

《中共三大前后国共合作难题的化解》，吴敏娜，《红广角》2011 年 1 期。

《发表卓越见解　坚持正确主张——毛泽东在中共三大》，黄建东，《党史文汇》2011 年 11 期。

《论中共三大中央局的迁往上海及其影响》,李雷波,《中共党史研究》2013 年 11 期。

《从解密档案看中共三大的三个问题》,尚连山、苏若群,《中共党史研究》2013 年 9 期。

《对中共一大到三大期间统战政策形成的考察》,吴敏娜,《广东技术师范学院学报》2014 年 8 期。

《张太雷成为中共"三大"代表原因探析》,苗体君,《山西高等学校社会科学学报》2018 年 12 期。

2. 北伐战争·国民党上海执行部

《共产国际的东方战略第一次国共合作》,姚洪亮,《首都师范大学学报(社会科学版)》1994 年 3 期。

《北伐与上海社会》,李丙仁,《档案与史学》1997 年 5 期。

《北伐时期英国增兵上海与对华外交的演变》,吕芳上,《中央研究院近代史研究所集刊》1997 年 27 期。

《漫谈国民通讯社》,任武雄,《上海党史研究》1999 年 6 期。

《"进驻上海"的北伐军与进攻江苏、安徽的"直鲁联军"》,王才清,《中学历史教学参考》2000 年 7 期。

《1927 年春进驻上海的是不是沿长江东下的北伐军?》,郭秀平,《中学历史教学参考》2000 年 7 期。

《1927 年蒋介石与上海金融界的关系》,王正华,《近代史研究》2002 年 4 期。

《权力与道德:1920—1925 年上海的废娼运动》,[法]安克强著,刘海岩译,《城市史研究》2000 年 Z2 期。

《共产国际上海远东局与中共对北伐态度的转变》,周利生,《湖北广播电视大学学报》2003 年 4 期。

《毛泽东和国民党上海执行部——近世名人未刊函电过眼录》,杨天石,《百年潮》2003 年 6 期。

《北伐战争对上海特别市成立的影响》,李国林、华一民,《都会遗踪》2009 年 2 期。

《国共合作见证地——国民党上海执行部》,苗青,《世纪》2010 年 2 期。

《"左""右"之间:北伐前后虞洽卿与中共的合作与分裂》,冯筱才,《近代史研究》2010 年 5 期。

《关于对国民党上海执行部的研究》,吴海勇,《上海党史与党建》2012 年 3 期。

《第一次国共合作期间的毛泽东与蒋介石》,张家康,《党史纵横》2012 年 5 期。

《国民党上海执行部与上海大学的政治风云激荡》,吴海勇,《上海党史与党建》2013 年 4 期。

《从台湾国民党党史馆保存的毛泽东信函看第一次国共合作》,王健,《党史文汇》2013 年 8 期。

《毛泽东在国民党上海执行部的历史再考察》,吴海勇,《上海党史与党建》2013 年 11 期。

《从上海三次工人武装暴动看国共合作的矛盾及冲突》,陈清茹,《黑龙江史志》2014 年 3 期。

《喧嚣的"左翼"——1920 年代末北伐革命与上海世界主义》,陈建华,《中山大学学报(社会科学版)》2015 年 4 期。

《第一次国共合作时期马克思主义的传播——兼论中国国民党的影响》,柳宁,《西部学刊》2016 年 2 期。

《关于国民党上海执行部与黄埔军校一期在沪招考的若干问题》,张鼎,《上海党史与党建》2017 年 7 期。

3. 中国共产党与上海大学

《中国教育史上的一颗明珠——上海大学的功绩、性质和特点》,金立人,《上海师范学院学报(哲学社会科学版)》1980 年 2 期。

《上海大学史略》,黄美真、张云、石源华,《复旦学报(社会科学版)》1981 年 2 期。

《二十年代初期的上海大学社会学系》,王家贵、蔡锡瑶,《社会》1982 年 3 期。

《现代中国所当有的"上海大学"》,瞿秋白,《社会》1983 年 3 期。

《时代的产物——上海大学》,唐培吉、王伟,《上海大学学报(社会科学版)》1984 年 1 期。

《回忆上海大学》,阳翰笙,《新文学史料》1984 年 2 期。

《二十年代的上海大学》，王伟、史嘉秀，《上海高教研究》1985 年 2 期。

《二十年代初创时期的上海大学》，盛祖绳，《上海大学学报（社会科学版）》1988 年 2 期。

《在帝国主义虎穴中奋斗的先锋队——记上海大学的光辉历史》，任武雄，《上海党史研究》1997 年 5 期。

《你知道吗　将近八十年前，从青云里到江湾路，中国共产党创办了一所大学——作为革命熔炉的上海大学》，王晓玉、刘英，《解放日报》，2001 年 6 月 29 日，第 B3 版。

《王一知回忆平民女校、上海大学及早期妇女运动等情况的记录》，刘明义，《上海革命史资料与研究》2004 年。

《上海大学：20 世纪 20 年代的"红色学府"》，徐世强，《党史博览》2010 年 11 期。

《中共早期领导人与上海大学》，张元隆，《中国浦东干部学院学报》2011 年 6 期。

《独具神州的革命摇篮——上海大学马克思主义大众化研究》，罗敏，《兰州学刊》2011 年 10 期。

《高等学校与中国早期马克思主义大众化——以北京大学、上海大学和广东大学为例》，周良书，《马克思主义研究》2012 年 2 期。

《浅论 20 世纪 20 年代上海大学的马克思主义传播主体》，王君峰、秦亚男，《沧桑》2013 年 3 期。

《上海大学与第一次国共合作》，杨婧宇，《华中师范大学研究生学报》2013 年 3 期。

《第一次国共合作与上海大学的创建》，王伟，《社科纵横（新理论版）》2013 年 4 期。

《国民党上海执行部与上海大学的政治风云激荡》，吴海勇，《上海党史与党建》2013 年 4 期。

《上海大学与中国共产党人的教育观》，韩晶，《上海党史与党建》2013 年 6 期。

《上海大学与吉安地区党组织的创建和发展》，叶福林，《上海党史与党建》2013 年 6 期。

《中国共产党领导上海大学经验探析》，张玉菡，《上海革命史资料与研究》2014 年。

《上海大学与五卅运动》，王长流、徐云根，《上海革命史资料与研究》2014 年。

《〈上大五卅特刊〉对五卅运动的总结与反思》，谢忠强，《中国国家博物馆馆刊》2014 年 1 期。

《文人议政：近代上海大学教授职业团体之考察》，江文君，《史林》2015 年 3 期。

《20 世纪 20 年代上海大学的自办期刊》，刘长林、金诗铧，《上海文化》2015 年 4 期。

《论国民党与上海大学的关系》，刘长林、刘强，《上海大学学报（社会科学版）》2015 年 4 期。

《(1922—1927)年中国共产党在上海大学的思想宣传及其启示》，杨卫民，《中共山西省直机关党校学报》2015 年 4 期。

《国共合作时期的上海大学》，马建萍，《都会遗踪》2016 年 2 期。

《政治社会化语境中的宣讲与运动——以 20 世纪 20 年代的上海大学为中心》，丰箫、丰雪，《中共创建史研究》2017 年。

《上海大学的三副面孔——后五四时期知识分子的办学分歧与代际更迭》，崔璨，《江淮论坛》2019 年 3 期。

《上海大学与中共早期干部培养机制》，李珹，《历史教学问题》2020 年 3 期。

4. 中国共产党第四次全国代表大会

《关于"四大"评价中两个具体问题的探讨》，何贵麟，《党史研究》1983 年 1 期。

《中共"四大"提出无产阶级领导权问题的探讨》，傅尚文，《历史教学》1983 年 12 期。

《新民主主义革命思想形成于中共四大》，陶用舒，《湖南师范大学社会科学学报》1990 年 6 期。

《中共"四大"提出无产阶级领导权问题之初探》，刘铁松，《武汉交通政治管理干部学院学报》1991 年 2 期。

《中共四大和"党内合作"策略的形成》，陶用舒，《益阳师专学报》1992 年 1 期。

《中共"四大"会址的发现与确认》，虹区、益初，《上海党史与党建》2002 年 12 期。

《中共四大及其后的中央机关》,王健英,《上海党史与党建》2003 年 7 期。

《解读关于中共"四大"的一封信——瞿秋白致鲍罗廷(1925 年 1 月 26 日)》,张秋实,《上海党史与党建》2004 年 6 期。

《中共"四大"至"五大"党员人数迅速增加的原因探析》,唐正芒、唐金培,《上海党史与党建》2004 年 8 期。

《论中共"四大"对中国革命的重大贡献》,张义渔,《上海革命史资料与研究》2004 年。

《中共四大若干问题的考证》,申虹,《上海革命史资料与研究》2004 年。

《试析中共四大前后党的领导意识的增强及其意义》,王关兴,《上海革命史资料与研究》2004 年。

《中共四大与大革命高潮的兴起》,沈建中,《上海革命史资料与研究》2004 年。

《试析中共四大前后党的领导意识的增强及其意义》,王关兴,《上海党史与党建》2005 年 1 期。

《中共四大代表考证新进展》,李蕙芬,《上海党史与党建》2005 年 1 期。

《"群众性政党"的提出与中共四大的作用》,张明楚,《上海行政学院学报》2005 年 2 期。

《确认"四大"遗址一波三折、纪念中共"四大"召开八十周年史料展明开幕》,张斌、邱曙东,《解放日报》,2005 年 1 月 10 日,第 1 版。

《中共四大会址、寻觅中露真容》,邵珍,《文汇报》,2005 年 1 月 8 日,第 1 版。

《再论中共四大对无产阶级领导权问题的确立》,王小京,《兰州学刊》2006 年 1 期。

《唤起工农——党的四大》,新华社,《解放日报》,2006 年 5 月 24 日,第 8 版。

《从拐点到另一个拐点——中共"四大"与"五大"之比较研究》,沈建中,《上海革命史资料与研究》2007 年。

《党的四大》,新华社,《解放日报》,2007 年 10 月 15 日,第 5 版。

《中共"四大"会址寻踪》,苗体君、窦春芳,《传承》2008 年 21 期。

《论中共四大与中国共产党的组织完型——中国共产党创建史研究的一个新问题》,齐卫平、张玉菡,《上海党史与党建》2011 年 9 期。

《中共四大与无产阶级领导权问题的提出》,潘秦保,《党史文苑》2012 年 10 期。

《中共四大:群众党建设和布尔什维克化的一页》,曾成贵,《中共延安干部学院学报》2014 年 6 期。

《中共在四大前对无产阶级领导权的探索》,杨凯,《上海党史与党建》2014 年 11 期。

《简论中共四大政治路线》,信洪林,《上海革命史资料与研究》2014 年。

《论中共四大宣传工作方针的转变》,光新伟,《北京党史》2015 年 1 期。

《中共四大历史意义探析》,李颖,《中国党史研究》2015 年 1 期。

《中共四大提出"无产阶级在民主革命中的领导权"问题再探》,邵雍,《观察与思考》2015 年 1 期。

《中共四大为党在五卅运动中的妇女工作奠定基础》,杨青,《观察与思考》2015 年 1 期。

《中共四大后党组织建设观察》,王晓荣、许建华,《重庆社会科学》2015 年 3 期。

《论中共四大对中国共产党组织建设的历史作用》,傅少瑾,《领导科学论坛》2015 年 11 期。

《中共四大对民族革命运动的"新审定"与群众观确立的思想逻辑》,齐卫平,《中共党史研究》2015 年 11 期。

《中共四大开启"群众性政党"新阶段》,筱蕾、李颖,《党史博览》2016 年 3 期。

《中共四大前后中国共产党对农民问题的认识刍议》,王明前,《连云港师范高等专科学校学报》2016 年 4 期。

《中共四大对农民运动的理论探索》,李贵忠,《党史文汇》2016 年 8 期。

《浅析中共四大与五卅运动》,潘秦保,《红广角》2016 年 9 期。

《迎接大革命高潮的历史准备:中共四大文献研读》,沈燕培,《党史文汇》2016 年 10 期。

《中共四大:早期中国共产党人在上海实现群众路线思想的新飞跃》,袁士祥,《炎黄春秋》2016 年

12 期。

《改革开放以来中共四大研究述评》，张仲亮，《苏区研究》2017 年 2 期。

《中共四大对党的建设的历史探索》，胡顺强、王钦双，《北京党史》2017 年 2 期。

《论中共四大对民族革命中各阶级的分析及其意义》，罗海云，《延安大学学报（社会科学版）》2017 年 6 期。

《略论中共四大与无产阶级革命领导权——以中共四大代表成员构成视角分析》，伍小涛，《中国井冈山干部学院学报》2018 年 3 期。

《中共四大与党的组织建设布尔什维克化》，杨光宝，《哈尔滨学院学报》2018 年 9 期。

《略论中共四大与无产阶级革命领导权——以中共四大代表成员构成视角分析》，伍小涛，《中国井冈山干部学院学报》2018 年 3 期。

《从理想到现实，从蹒跚到健步——中国共产党初创时期四次全国代表大会的历史使命》，徐明，《上海党史与党建》2018 年 9 期。

5.上海五卅运动与中国第一次工运高潮

《五卅时期中国人民抵制外货运动与民族工业的发展》，张仲礼、李湘，《社会科学》1979 年 2 期。

《上海日本纱厂工人在"五卅"反帝运动中的英勇斗争》，耿卫东，《历史教学》1981 年 3 期。

《五卅运动与爱国华侨》，杨美琳，《广西师范大学学报（哲学社会科学版）》1982 年 2 期。

《五卅运动中思想文化界的一场论战》，傅道慧，《社会科学（上海）》1982 年 5 期。

《上海学生"五卅"奋斗记》，张超，《青运史研究》1983 年 1 期。

《五卅惨案见闻》，陆立之，《党史研究资料》1983 年 2 期。

《上海公共租界工部局董事会会议录摘录——有关五卅惨案部分（上）》，章克生，《历史档案》1983 年 3 期。

《上海公共租界工部局董事会会议录摘录——有关五卅惨案部分（下）》，章克生，《历史档案》1983 年 4 期。

《五卅运动与青运史研究》，李强，《青运史研究》1983 年 5 期。

《"五卅"运动中的上海学生》，谢圣智、刘渭先，《运城师专学报》1984 年 2 期。

《五卅运动介绍》，陈世萱，《历史教学问题》1985 年 2 期。

《五卅运动与冯玉祥的思想演变》，丘权政、符致兴，《民国档案》1985 年 2 期。

《"五卅"运动与上海的资产阶级》，徐鼎新、唐传泗、姜铎，《上海社会科学院学术季刊》1985 年 2 期。

《爱国华侨对"五卅"运动和省港罢工的经济支持》，郭景荣，《学术研究》1985 年 3 期。

《试论中国共产党在"五卅"运动中的统一战线策略》，史月廷、潘日华，《杭州大学学报（哲学社会科学版）》1985 年 3 期。

《五卅运动中的上大学生》，莫容，《上海档案》1985 年 3 期。

《五卅运动中知识分子对工人斗争的支援》，张有年，《党史研究》1985 年 3 期。

《海外华侨与"五卅"运动》，沈立新，《社会科学（上海）》1985 年 4 期。

《五卅运动中的冯玉祥》，李光一、吉新报，《河南大学学报（哲学社会科学版）》1985 年 4 期。

《五卅运动的兴起》，任建树，《社会科学（上海）》1985 年 5 期。

《"五卅"运动前夜上海工人阶级状况》，马洪林，《历史教学问题》1985 年 5 期。

《国外研究五卅运动概况》，董世泉、王建华、谈春兰，《社会科学（上海）》1985 年 5 期。

《五卅运动对中国共产党发展的影响》，张培德，《史林》1986 年 1 期。

《五卅运动和上海租界统治的动摇》，郑祖安，《史林》1986 年 1 期。

《"五卅"运动中的上海民族金融资产阶级》，程大方，《合肥工业大学学报（社会科学版）》1986 年 1 期。

《关于五卅运动的几点评价》,张铨,《史林》1986年2期。

《五卅运动中的爱国知识分子》,傅道慧,《史林》1986年2期。

《五卅运动中上海总工会组织发展述略》,王玉平,《史学月刊》1986年2期。

《从〈民报〉看冯玉祥对五卅运动的态度》,熊建华,《近代史研究》1986年5期。

《论中国共产党对五卅运动的领导》,张铨,《党史研究》1986年6期。

《五卅运动中的上海资产阶级》,李秀玉,《学习月刊》1986年12期。

《评五卅运动上海资产阶级的募捐活动》,何毅亭、柳丁,《上海社会科学院学术季刊》1987年3期。

《怎样评价五卅运动中的"十三条"》,何毅亭,《江海学刊》1987年3期。

《五卅运动中的〈公理日报〉》,杜伯伦、王家贵,《档案与历史》1987年4期。

《五卅运动中上海的罢市斗争》,何毅亭、柳丁,《历史教学(下半月刊)》1987年12期。

《论民族资产阶级在"五卅"运动中的历史地位和作用》,张耀民,《史学集刊》1988年2期。

《论"五卅"中的上海工人运动》,张铨,《史林》1988年2期。

《上海总工会成立于"五卅"之前》,王玉平,《中国工运学院学报》1988年2期。

《期刊界一份难得的"号外"——〈东方杂志〉的〈五卅事件临时增刊〉》,李斯颐,《新闻研究资料》1988年4期。

《五卅运动与日本对华政策》,沈予,《档案与历史》1988年4期。

《略论五卅运动对我国民族工业的影响》,李德芳、曾庆均,《历史教学(下半月刊)》1988年11期。

《国民党在五卅运动中的作用》,曹力铁,《近代史研究》1989年3期。

《五卅运动中的上海总商会》,何毅亭,《历史研究》1989年1期。

《欧洲华侨声援"五卅"运动与省港罢工梗概及其历史意义》,蔡振翔,《八桂侨史》1990年1期。

《五卅运动与海外爱国侨胞》,张柱洪,《历史档案》1990年4期。

《五卅运动中的工人帮会问题》,邵雍,《党史研究与教学》1993年3期。

《"五卅"运动和中共"左"倾思想的产生和发展》,阎平,《四川师范大学学报(社会科学版)》1995年1期。

《五卅运动中的中国共产党和上海民族资产阶级》,张义渔,《上海党史研究》1995年3期。

《偏颇的发端——五卅运动后的中共"左"倾思想》,阎平,《党史纵横》1995年5期。

《浦江怒潮(之一)——"五卅"运动中的上海工人》,徐国梁、徐平,《党史文汇》1996年1期。

《五卅运动中的虞洽卿》,丁日初、汪仁泽,《档案与史学》1996年5期。

《中西基督教徒与五卅运动》,邵雍,《史林》1997年3期。

《大革命时期中共党内"左"倾思想论析》,蔡文杰,《南开学报(哲学社会科学版)》1997年4期。

《五卅运动与中共对中国社会各阶级的分析》,杨永明,《宜宾师专学报》1998年3期。

《五卅前上海人民的反帝斗争》,杨永明,《宜宾师专学报》1998年4期。

《五卅运动中的〈东方杂志〉》,赵志坚、李芬,《编辑学刊》1997年4期。

《五卅运动与党的民主革命理论的发展》,阎平,《信阳师范学院学报(哲学社会科学版)》1999年1期。

《上海的民族主义运动与朝鲜人——五卅运动剖析》,[韩]孙安石著,陈祖恩译,《史林》1999年3期。

《论五卅运动前后上海学生运动的统一和分化》,[韩]郑文祥,《学术月刊》2000年3期。

《"五卅"运动中的英国与日本》,王蓉霞,《山西大学学报(哲学社会科学版)》2000年4期。

《一场空前广大的人民解放斗争——从五卅运动到北伐战争》,冀燕青,《党史文汇》2000年5期。

《试论美国在五卅运动中对华政策的演变》,梅雪,《江汉论坛》2000年6期。

《五卅运动与共产国际》,徐小燕,《党史研究资料》2001年1期。

《大革命时期中共关于城市帮会工作的政策与策略》,周建超,《党史研究与教学》2001年3期。

《试论中共领导"五卅"运动的策略》,韩巍,《内蒙古师大学报(哲学社会科学版)》2001年3期。

《从五卅运动看民气与民力》，杨永明、陈基建，《宜宾学院学报》2001 年 4 期。

《五卅运动时期的外交与内政》，杨永明，《社会科学研究》2001 年 5 期。

《五卅运动中的提倡国货与经济绝交》，杨永明，《四川大学学报（哲学社会科学版）》2001 年 5 期。

《关于 1926 年上海举行五卅周年纪念活动几点史实的辨正》，马福龙，《上海党史与党建》2002 年 9 期。

《论五卅运动时期美、英、日对华外交之异同》，蔡华，《武汉理工大学学报（社会科学版）》2002 年 6 期。

《五卅运动中英国驻华使馆华员的罢工》，史言，《工会博览》2003 年 16 期。

《罢市与抵货运动中的江浙商人：以"五四"、"五卅"为中心》，冯筱才，《近代史研究》2003 年 1 期。

《早期中国共产党人对五卅运动的评述》，白应华，《思茅师范高等专科学校学报》2003 年 1 期。

《五卅运动的几点启示》，张波，《西南民族大学学报（人文社科版）》2003 年 11 期。

《上海丝厂及工会组织》，艾广，《上海革命史资料与研究》2003 年。

《沪案交涉、五卅运动与一九二五年的执政府》，冯筱才，《历史研究》2004 年 1 期。

《五卅前共产党人对知识分子社会角色的探索》，周思源，《历史研究》2005 年 1 期。

《俄共（布）、共产国际与五卅运动》，李颖，《上海党史与党建》2005 年 5 期。

《"巾帼"登上政治舞台，演剧募捐声援罢工——记在五卅运动中诞生的上海各界妇女联合会》，丁言模，《上海革命史资料与研究》2005 年。

《同济大学与五卅运动——纪念五卅运动八十周年》，屠听泉，《上海革命史资料与研究》2005 年。

《五卅运动》，新华社，《解放日报》，2006 年 6 月 19 日，第 5 版。

《话语背后——从话语动员与权力关系角度浅析上海日商纱厂二月罢工》，胡悦晗，《湖北经济学院学报（人文社会科学版）》2007 年 2 期。

《浅议五卅运动时的公众舆论与外交》，金梅、杨红林，《廊坊师范学院学报》2007 年 4 期。

《五卅运动期间英国对华政策的变化》，王蓉霞，《北京科技大学学报（社会科学版）》2007 年 4 期。

《国家主义与"联俄与仇俄"之争——五卅运动中北方知识界对俄态度之解析（上）》，敖光旭，《社会科学研究》2007 年 6 期。

《从对五卅惨案的报道看〈申报〉的史料价值》，曾成贵，《武汉文史资料》2007 年 11 期。

《"五卅运动"与"五四后思想革命"的夭折》，廖久明，《重庆社会科学》2007 年 12 期。

《北洋政府外交部等为交涉处理五卅惨案来往函电》，中国第二历史档案馆，《民国档案》2008 年 1 期。

《国家主义与"联俄与仇俄"之争——五卅运动中北方知识界对俄态度之解析（下）》，敖光旭，《社会科学研究》2008 年 1 期。

《五卅惨案发生后各机关团体暨驻外机构致执政府外交部电文选》，中国第二历史档案馆，《民国档案》2008 年 1 期。

《五卅运动中的上海马路商界联合会》，彭南生，《安徽史学》2008 年 3 期。

《码头工人与五卅运动》，刘秋阳，《黄冈师范学院学报》2008 年 5 期。

《"五卅"运动中的青年学生》，姚军、陈乃鹏，《中国青年研究》2008 年 9 期。

《"废除"还是"修改"——五卅时期关于"不平等条约"问题的论争》，王建伟，《学术研究》2009 年 11 期。

《再论五卅惨案"十三条"交涉条件的提出》，周斌，《近代史研究》2009 年 4 期。

《第一次国共合作时期的邮务工人运动——以上海邮务公会（工会）为中心的考察》，田明、何建国，《党的文献》2009 年 6 期。

《俞秀松与上海工人运动》，邵雍，《上海师范大学学报（哲学社会科学版）》2010 年 2 期。

《五卅事件与北京政府后期的国内政局》，王建伟，《北京社会科学》2010 年 4 期。

《内外矛盾"五卅"后国民党的"废约"言动与策略》，王珍富，《社会科学家》2010 年 12 期。

《论媒介批评对传媒的政治规制——以〈申报〉"五卅"运动中的表现为例》,胡正强、周红莉,《今传媒》2011 年 2 期。

《从宣传到行动:"五卅"后中共的"废约"态度及其转变》,王珍富,《党史研究与教学》2011 年 4 期。

《"五卅"运动与国内政局》,杨永明,《社会科学研究》2011 年 4 期。

《〈向导〉周报与五卅运动》,黄云龙,《郧阳师范高等专科学校学报》2011 年 5 期。

《五卅时期的〈热血日报〉》,王洪妮,《党史纵横》2011 年 6 期。

《国内政治对立与国权索回之争——"五卅"惨案发生后"修约""废约"主张新论》,陈廷湘、王珍富,《福建论坛(人文社会科学版)》2011 年 10 期。

《上海工人运动背后的帮会》,栗月静,《文史博览》2011 年 11 期。

《声援上海五卅运动》,陈玫,《世纪桥》2011 年 12 期。

《五卅运动前后北京政府的认同危机与社会舆论》,王建伟,《安徽史学》2012 年 5 期。

《五卅运动导火线的历史意义》,徐文良,《黑河学刊》2012 年 6 期。

《五卅运动期间上海总商会的外交策略》,许冠亭,《史林》2012 年 6 期。

《政治·记忆:五卅公墓象征性空间的建构》,李彬彬,《史学月刊》2012 年 7 期。

《上海:中国现代工人运动的摇篮》,唐莲英,《毛泽东邓小平理论研究》2012 年 9 期。

《有关五卅惨案的中外交涉——以外方为中心的考察》,张丽,《近代史研究》2013 年 5 期。

《再论"五四"到"五卅"期间的学生运动》,岳谦厚、贺福中,《安徽史学》2014 年 2 期。

《"租界独立":五卅外方调查中的各方权斗与大国博弈》,马思宇,《民国档案》2015 年 1 期。

《马克思主义大众化的多维度研究——以上海早期工人运动为例》,郭璐,《湖北民族学院学报(哲学社会科学版)》2015 年 3 期。

《高擎爱国旗帜弘扬优良传统——纪念中国共产党领导的五卅运动 90 周年》,徐明、李娜,《上海党史与党建》2015 年 6 期。

《"五四"以后知识阶级的自我体认(1920—1926)——以五卅运动和三一八运动为中心的考察》,郑师渠,《北京师范大学学报(社会科学版)》2016 年 5 期。

《从"五卅"到"三一八"的中国知识界——以北京、上海为中心》,郑师渠,《历史研究》2016 年 5 期。

《"五卅何为":历史书写中的五卅运动》,葛静波,《齐齐哈尔大学学报(哲学社会科学版)》2017 年 4 期。

《浅析五卅运动前后共产国际有关中国革命的策略》,段照珂,《改革与开放》2017 年 12 期。

6. 上海工人三次武装起义与上海自治政府

《纪念上海工人三次武装起义 55 周年》,徐家柱,《人民日报》,1982 年 3 月 22 日,第 4 版。

《上海工人三次武装起义》,金再及,《人民日报》,1984 年 6 月 25 日,第 5 版。

《关于上海工人三次武装起义的评价问题》,沈以行,《史林》1987 年 1 期。

《上海公共租界工部局于上海工人三次武装起义期间布告辑录》,佚名,《档案与历史》1987 年 1 期。

《中共上海区委有关上海工人三次武装起义的文献七篇》,佚名,《档案与历史》1987 年 1 期。

《怎样评价上海工人三次武装起义》,白度,《档案与历史》1987 年 2 期。

《浅析上海工人第三次武装起义的指导思想——兼论右倾投降主义在党内占统治地位的时间》,杨熙曼,《档案与历史》1987 年 2 期。

《上海工人三次武装起义大事记》,陈世萱,《历史教学问题》1987 年 2 期。

《上海工人三次武装起义研究述评》,张注洪,《档案与历史》1987 年 2 期。

《上海工人三次武装起义若干问题之我见》,任武雄,《档案与历史》1987 年 2 期。

《学生运动与上海工人三次武装起义》,柳定,《档案与历史》1987 年 2 期。

《上海纪念工人武装起义 60 周年》,徐家柱,《人民日报》,1987 年 3 月 23 日,第 4 版。

《论上海工人第三次武装起义胜利的原因及其评价》,郑庆声,《史林》1987 年 3 期。

《上海工人三次武装起义新证》,张铨,《上海社会科学院学术季刊》1987 年 3 期。

《上海工人第三次武装起义胜利的客观条件》,刘晓武,《教学与研究》1987 年 4 期。

《上海工人三次武装起义学术讨论会简介》,覃艺,《党史通讯》1987 年 5 期。

《北洋海军部分人员参加上海工人三次武装起义始末》,查秉枢,《军史资料》1988 年 2 期。

《上海工人三次武装起义与北洋军阀》,关素贤,《中国工运学院学报》1988 年 4 期。

《中国共产党创立初期的上海工人运动评估》,陈卫民,《史林》1988 年 4 期。

《试论党在上海工人三次武装起义中的政权思想》,周尚文、贺世友,《华东师范大学学报(哲学社会科学版)》1989 年 4 期。

《上海工人三次武装起义新论》,张统模,《军事历史研究》1990 年 2 期。

《共产国际与上海工人三次武装起义》,卞杏英,《上海师范大学学报(哲学社会科学版)》1991 年 4 期。

《上海工人三次武装起义中的吴淞起义》,浦志良,《上海党史研究》1992 年 3 期。

《群众斗争的向导——〈向导〉与五卅运动和上海工人三次武装起义》,马福龙等,《上海党史研究》1992 年 9 期。

《北伐时期的上海自治运动》,〔日〕笠原十九司著,李继锋译,《民国档案》1994 年 4 期。

《北伐时期的上海自治运动(续)》,〔日〕笠原十九司著,李继锋译,《民国档案》1995 年 1 期。

《三次武装起义中的上海工人阶级》,卞杏英,《工会理论研究(上海工会管理干部学院学报)》1997 年 1 期。

《党在幼年时期的可贵探索——纪念上海工人三次武装起义 70 周年》,周尚文、贺世友,《上海党史研究》1997 年 2 期。

《穿越七十年的记忆——访参加过上海工人三次武装起义的周良佐、周月林、郑超麟》,唐旻红,《上海党史研究》1997 年 2 期。

《七十年前的辉煌一刻——上海工人第三次武装起义胜利后的上海》,本刊编辑部,《世纪》1997 年 2 期。

《上海工人三次武装起义述略》,沈建中,《党的文献》1997 年 2 期。

《1927:刀光剑影上海滩——上海工人第三次武装起义幸存者备忘录》,曹志苑、沈飞德,《世纪》1997 年 2 期。

《1927:上海市民自治运动的终结》,李天纲,《史林》1998 年 1 期。

《共产国际与上海工人三次武装起义》,卞杏英、徐刚,《上海师范大学学报(哲学社会科学版)》2001 年 4 期。

《上海工人武装起义新考——纪念上海工人武装起义胜利 75 周年》,金立人,《上海党史与党建》2002 年 3 期。

《上海工人三次武装起义失败原因探析》,张桂华、张秀荣,《聊城大学学报(哲学社会科学版)》2002 年 6 期。

《共产国际与上海起义指导方针的形成及其演变》,曾成贵,《江汉论坛》2002 年 9 期。

《上海工人的三次武装起义》,钟岩,《工会博览》2002 年 18 期。

《对上海工人第三次武装起义时"军委旧址在辣斐坊"的结论不能轻易否定》,钱士鹤,《上海党史与党建》2003 年 1 期。

《对上海工人第一次武装起义失败责任的再讨论》,周利生、肖华平,《江西师范大学学报(哲学社会科学版)》2006 年 2 期。

《上海三次工人武装起义(上)》,新华社,《解放日报》,2006 年 6 月 29 日,第 7 版。

《上海三次工人武装起义（下）》，新华社，《解放日报》，2006年6月30日，第7版。

《试论共产国际关于中国非资本主义发展道路理论对上海工人起义的影响》，桂治强，《上海革命史资料与研究》2007年。

《"儿戏"与盲动——上海工人两次武装起义失败经过》，刘俊平，《文史天地》2013年12期。

《中国工人运动史上光辉的一页——上海工人三次武装起义》，沈建中，《大江南北》2017年3期。

《八十万工友三折其肱　人民的政权初试啼声——纪念上海第三次工人武装起义胜利90周年》，刘捷，《上海党史与党建》2017年3期。

《上海工人三次武装起义》，赵鹏，《百年潮》2017年8期。

《上海工人三次武装起义中的巴黎公社元素》，束锦，《党的文献》2018年5期。

7. 上海"四·一二"反革命政变与国共合作失败

《"四一二"反革命政变与帝国主义》，张圻福，《江苏师院学报》1979年Z1期。

《"四·一二"反革命政变始末纪事（1927·2—1927·4）》，孙武霞、刘长徵、季洪琛、孙学筠，《上海师范大学学报（哲学社会科学版）》1980年1期。

《关于1927年4月蒋介石汪精卫上海会谈》，冯春明，《历史档案》1983年3期。

《"四·一二"前夕蒋介石汪精卫上海会谈始末》，冯春明，《史学月刊》1984年3期。

《"四·一二"反革命政变与帝国主义关系再探讨》，沈予，《历史研究》1984年4期。

《"四·一二"政变后民族资产阶级"叛变"了吗?》，施巨流，《探索》1985年2期。

《美国对华政策与"四·一二"政变的关系——兼与沈予同志商榷》，牛大勇，《历史研究》1985年4期。

《四一二反革命政变的酝酿和发动》，沈予，《档案与历史》1987年2期。

《评"四一二"后的民族资产阶级》，施巨流，《四川师范大学学报（社会科学版）》1987年3期。

《简论"四·一二"后的民族资产阶级——兼与施巨流同志商榷》，宋东，《南充师院学报（哲学社会科学版）》1987年4期。

《"四·一二"政变前的张静江及国民党右派》，沈宏礼，《史林》1987年4期。

《"四·一二"前后的陈光甫与蒋介石》，邢建榕，《史林》1988年1期。

《上海流氓势力与"四·一二"政变》，苏智良，《近代史研究》1988年2期。

《"四一二"后的民族资产阶级》，宋东，《中共党史研究》1988年2期。

《四一二前后美国对华政策函电选译》，张文质、牛大勇、奚博铨，《历史档案》1988年2期。

《黄郛与"四·一二"反革命政变》，姚守中，《党史研究与教学》1988年5期。

《四·一二后民族资产阶级叛变革命根据的质疑》，施巨流，《探索》1989年3期。

《"四·一二"前夕蒋汪上海会谈真相再探》，赵旭，《民国档案》1990年1期。

《"四一二"惨案的回忆（一九二七年十一月二十日）》，飞鸿，《党的文献》1990年6期。

《从"四一二"到"七一五"国民党的清党运动》，肖甡，《近代史研究》1991年4期。

《试评四一二政变前共产国际对蒋介石的遏制政策》，吴珍美，《上海师范大学学报（哲学社会科学版）》1991年4期。

《上海总工会呈第四次全国劳动代表大会的报告书（摘录）——关于三次武装起义、"四·一二"惨案、上海工人的组织等情况报告》，上海市档案馆选编，《上海档案工作》1991年4期。

《上海总工会呈第四次全国劳动代表大会的报告书（续）——关于三次武装起义、"四一二"惨案、上海工人的组织等情况报告（一九二七年六月）》，上海市档案馆选编，《上海档案工作》1991年5期。

《"四一二"上海工人纠察队缴械析因》，顾祥盛，《中共党史研究》1992年3期。

《"四·一二"前后帮会的政治角色述析》，刘才赋，《南京理工大学学报（社会科学版）》1994年3期。

《四一二政变的国内外因素探讨》，姚金果，《广州大学学报（综合版）》1995年1期。

《"四·一二"政变后中共中央关于北伐或东征的争论》，宁刚，《党史研究资料》1997年11期。

《简论"四一二"反革命政变中的吴稚晖》，林凤鸣、罗平汉，《广西师范大学学报（哲学社会科学版）》1998年2期。

《试析"四一二"政变后共产国际对中国革命的政策》，钱凡，《理论探讨》1998年6期。

《我在"四一二"政变前后》，陆立之，《百年潮》2000年5期。

《四一二前后的蒋介石与列强》，申晓云，《历史研究》2000年6期。

《再谈四一二政变前国民党中监委会会议记录的真伪》，朱华，《档案与史学》2001年4期。

《论"四·一二"政变后共产国际对中国革命政策未能实现转变的原因》，李良明，《华中师范大学学报（人文社会科学版）》2002年5期。

《蒋介石从"三二〇"到"四一二"的心路历程》，杨奎松，《史学月刊》2002年6期。

《蒋介石从"三二〇"到"四一二"的心路历程（续）》，杨奎松，《史学月刊》2002年7期。

《"四一二"：血腥的开端》，杨奎松，《历史教学（下半月刊）》2003年1期。

《四一二政变前夕的吴稚晖——近世名人未刊函电过眼录》，杨天石，《历史研究》2003年6期。

《血雨腥风"四·一二"》，林木，《党史博览》2007年4期。

《"四一二"反革命政变发生的原因探析》，宋燕辉，《党史文苑》2008年22期。

《四一二反革命政变前上海帮会的动向》，苏智良，《百年潮》2010年12期。

《"四一二"政变为何发生》，刘统，《四川统一战线》2011年7期。

《简析四一二事变前后共产国际对华政策》，段照珂，《理论观察》2017年5期。

《中共中央在四一二政变前后的危机决策》，吴海勇，《上海党史与党建》2017年6期。

《"全力支持国民党"与"四一二"政变》，孙果达，《党史纵横》2017年8期。

8. 上海学生运动与非基督教运动

《"一二·九"在上海》，朱泉，《解放日报》（市郊版），1985年12月8日，第3版。

《论我国1922—1927年间的非基督教运动》，夏瑰琦，《杭州大学学报（哲学社会科学版）》1988年2期。

《二十世纪初基督教传教事业的发展变化与非基督教运动的发生》，杨天宏，《四川师范大学学报（社会科学版）》1993年4期。

《中国非基督教运动（1922—1927）》，杨天宏，《历史研究》1993年6期。

《信教自由论战——二十年代一次重大的思想文化之争》，杨天宏，《四川师范大学学报（社会科学版）》1994年2期。

《20年代上海青年学生非基督教的一场斗争》，唐菊英，《上海党史研究》1994年6期。

《论文化与政治交织中的"非基督教运动"》，郭若平，《理论学习月刊》1997年8期。

《五四时期的非基督教运动》，金燕，《复旦学报（社会科学版）》1998年6期。

《论五卅运动前后上海学生运动的统一和分化》，郑文祥，《学术月刊》2000年3期。

《非基督教运动始末》，薛晓建，《中国青年政治学院学报》2001年2期。

《论非基督教运动对中国教育发展的影响》，薛晓建，《中国青年政治学院学报》2001年3期。

《论国民党要人在"非基督教运动"中的立场》，袁蓉，《史林》2001年3期。

《论中国社会主义青年团与非基督教运动的关系》，薛晓建，《北京科技大学学报（社会科学版）》2001年3期。

《非基督教运动——中国共产党成立后一次重大政治行动》，嘉禾，《北京党史》2001年4期。

《早期中国共产党与"非基督教运动"》，田海林、赵秀丽，《中共党史研究》2002年4期。

《共产国际代表与中国非基督教运动》，陶飞亚，《近代史研究》2003年5期。

《中国共产党在非基督教运动中的立场态度及其历史意义》,牟德刚,《江汉论坛》2004 年 8 期。

《建党时期陈独秀宗教思想与早期"非基督教运动"》,徐云根,《上海革命史资料与研究》2004 年。

《宗教、科学与教育——解析近代中国的非基督教运动》,习五一,《科学与无神论》2007 年 2 期。

《试析非基督教运动的兴起及其影响》,薛晓建,《中国青年政治学院学报》2007 年 4 期。

《非基督教运动前后中国教会大学课程设置比较》,王晋丽,《中北大学学报(社会科学版)》2007 年 6 期。

《恽代英与非基督教思潮》,李锐,《辽宁教育行政学院学报》2008 年 1 期。

《国共合作与非基督教运动的历史考察》,郭若平,《中共党史研究》2008 年 2 期。

《联共(布)档案所见中共与 1922 年"非基"运动关系辨析》,周东华,《宗教学研究》2009 年 2 期。

《试析社团对非基督教运动的影响》,薛晓建,《新视野》2009 年 6 期。

《非基督教运动与中共民主革命纲领》,苏志宏,《中国青年政治学院学报》2011 年 1 期。

《论国共两党与非基督教运动的关系》,薛晓建,《中国青年政治学院学报》2011 年 2 期。

《1922 年非基运动中两大组织宣言与通电之"非"与"反"词义考》,王良滨,《宗教学研究》2013 年 1 期。

《大革命时期的〈中国青年〉对学生运动的独特贡献》,王鹏程,《湖北行政学院学报》2013 年 2 期。

《国共合作与学生运动(1924—1927)》,郑师渠,《北京师范大学学报(社会科学版)》2015 年 8 期。

《非基运动与民国上海大学师生群》,杨雄威,《安徽史学》2016 年 3 期。

《论"非基督教运动"对教会大学图书馆的影响》,王一心,《国家图书馆学刊》2016 年 4 期。

《中共与二十世纪二十年代的学生运动》,黄金凤,《中共党史研究》2016 年 4 期。

《北伐前后的校园政治与学生运动——以上海光华大学为中心》,韩戍,《史林》2018 年 1 期。

《李大钊在非基督教运动中的独特贡献与历史价值》,谈思嘉,《唐山学院学报》2018 年 1 期。

《革命运动与青年动员——1927 年前后〈中国青年〉新闻报道研究》,蒋含平、薛相峰,《党史研究与教学》2018 年 1 期。

《批判与改良:非基督运动的爆发与基督徒知识分子的选择——以刘湛恩为考察》,陈志霞、苏智良,《都市文化研究》2019 年 1 期。

9. 党的工作和党的建设

《略论大革命时期上海党的工作》,贺世友,《中共党史研究》1989 年 2 期。

《上海市民政府——中国民主政权的先声》,沈建中,《上海党史研究》1997 年 2 期。

《大革命时期中共关于城市帮会工作的政策与策略》,周建超,《党史研究与教学》2001 年 3 期。

《一九二三年前后中共中央迁址时间考》,李红喜,《中共党史研究》2003 年 3 期。

《重评 1925 年"上海谈判"——兼论吴廷康、鲍罗廷的主张》,周利生,《江西师范大学学报(哲学社会科学版)》2004 年 4 期。

《中国共产党早期对国家政权的大胆尝试——上海市民政府探析》,赵崇华,《贵州社会科学》2005 年 4 期。

《试论大革命时期中国共产党对基层组织建设的探索》,朱华,《中共党史研究》2006 年 4 期。

《上海早期党校的建立和活动》,陈振国,《上海党史与党建》2006 年 4 期。

《上海市民政府与中共早期执政意识及实践》,沈建中,《上海党史与党建》2007 年 3 期。

《试析北伐前后中国共产党对"赤化"和"反赤化"的评述》,王建伟,《中共党史研究》2010 年 4 期。

《第一次国共合作时期中共党员队伍曲折发展原因探析》,唐金培,《福建党史月刊》2010 年 10 期。

《大革命时期中国共产党对雇工权益的维护》,王强,《江西社会科学》2011 年 1 期。

《大革命时期中国共产党党员队伍结构研究》,曲洛松,《甘肃理论学刊》2012 年 2 期。

《国民革命时期中共"平民政权"思想的演进轨迹》,于化民,《中国社会科学》2013 年 12 期。

《论第一次国共合作时期中共与青年的关系演变》,罗芳芳、鲁克亮,《福建党史月刊》2014 年 2 期。

《大革命时期党对工人阶级的思想政治教育》,黄玉娇,《柳州职业技术学院学报》2015 年 1 期。

《大革命时期中共上海区委的城市支部研究》,孙会修,《中共党史研究》2016 年 1 期。

《中国共产党成立初期对农民问题认识的历史考察》,薛金慧,《邓小平理论研究》2016 年 4 期。

《大革命时期中国共产党在上海的妇女节纪念活动初探》,马培,《上海党史与党建》2016 年 12 期。

《20 世纪 20 年代中共对上海职工学校的社会动员》,赵莹莹、张玲,《上海党史与党建》2019 年 2 期。

《中国共产党早期支部制度及其实践——以大革命时期上海党组织支部建设为例》,张仰亮,《党的文献》2019 年 4 期。

《底层策略:中国共产党与上海报业工人(1924—1949 年)》,官欣、陈朝辉,《出版发行研究》2020 年 2 期。

《中国共产党早期党校政策的形成及运作(1921—1927)》,张仰亮,《中共中央党校(国家行政学院)学报》2020 年 3 期。

《五卅运动中的青年学生与青年团——兼论早期中国共产主义青年团的青年工作》,李蕉、熊成帅,《理论学刊》2020 年 5 期。

《中国共产党早期的对外宣传活动述论(1921—1927)》,唐荣堂,《新闻界》2020 年 10 期。

(三) 土地革命战争

1. 中共中央在上海

《周恩来同志在抵制和纠正立三路线中的重大作用》,韦木,《历史教学》1980 年 6 期。

《第二次国内革命战争时期三次"左"倾错误的原因和教训》,郭桂英,《山东大学文科论文集刊》1981 年 1 期。

《立三路线述评》,闻立树,《北京师院学报(社会科学版)》1981 年 1 期。

《周恩来同志在反对和纠正立三路线中的历史功绩》,郑德荣、何荣棣,《东北师大学报(哲学社会科学版)》1981 年 3 期。

《略谈民主革命时期三次"左"倾在革命动力问题上的错误》,孙丽娟,《九江师专学报(哲学社会科学版)》1982 年 1 期。

《三次左倾错误与共产国际》,曲厚芳,《东岳论丛》1982 年 2 期。

《六大以后两年间中共中央的历史作用》,金冲及,《中共党史研究》1988 年 3 期。

《周恩来与中国共产党的三次"左"倾错误》,高文谦,《近代史研究》1988 年 5 期。

《土地革命战争前期中共中央坚持城市中心论的认识原因》,刘瑛、王德承,《上饶师专学报(哲学社会科学版)》1989 年 6 期。

《"立三路线"的形成及中共中央与共产国际和远东局的争论》,杨奎松,《近代史研究》1991 年 1 期。

《民主革命时期党内三次"左"倾错误的反思》,申振东,《贵州师范大学学报(社会科学版)》1992 年 4 期。

《土地革命战争时期党内秘密交通线的建立及其作用》,文道贵,《党史研究与教学》1998 年 4 期。

《瞿秋白"左"倾盲动主义错误辨析》,王颖,《广东教育学院学报》1999 年 5 期。

《中国共产党在革命时期三次"左"倾错误的比较研究》,金冲及,《党的文献》2000 年 2 期。

《中国共产党在革命时期三次"左"倾错误的比较研究(续)》,金冲及,《党的文献》2000 年 3 期。

《浅论"立三路线"与共产国际》,刘翠英,《江西社会科学》2000 年 7 期。

《试论共产国际与立三路线的形成》,潘文华,《黑龙江省社会主义学院学报》2001 年 4 期。

《中共第三次"左"倾错误领导集体的形成与共产国际的关系》，吴映萍，《江西社会科学》2002 年 7 期。

《"立三路线"内涵考辨》，黄琨，《华北水利水电学院学报(社科版)》2003 年 1 期。

《土地革命初期中共中央"城市中心论"辨析》，宗成康，《南京政治学院学报》2003 年第 3 期。

《共产国际与李立三"左"倾冒险主义错误》，董金柱，《郑州航空工业管理学院学报(社会科学版)》2003 年 4 期。

《共产国际、联共(布)中央与瞿秋白"左"倾盲动主义错误》，董金柱，《山西农业大学学报(社会科学版)》2004 年 4 期。

《上海通往中央苏区的秘密交通线》，晓农，《党史博采》2004 年 8 期。

《论中国共产党三次"左"倾错误的发生、发展同共产国际的关系》，霍旭，《内蒙古师范大学学报(哲学社会科学版)》2004 年 S2 期。

《"立三路线"研究综述》，柳礼泉、薛其林，《湖南师范大学社会科学学报》2005 年 3 期。

《土地革命初期中共中央的探索对武装革命道路理论的贡献》，杨鸣、宗成康，《军事历史研究》2005 年 3 期。

《中国共产党产生三次"左"倾错误的根源》，刘琦，《佛山科学技术学院学报(社会科学版)》2006 年 3 期。

《中共代表团驻沪办事处设立背景与主要工作述略》，乔金伯，《上海革命史资料与研究》2006 年。

《共产国际、瞿秋白与党的六届四中全会》，张秋实，《徐州工程学院学报》2007 年 5 期。

《共产国际与党在土地革命时期三次"左"倾错误的历史考析》，赵学琳，《中共云南省委党校学报》2007 年 5 期。

《秘密大转移——中共中央撤离上海始末》，吴志荣，《文史春秋》2007 年 7 期。

《六届四中全会上瞿秋白冤屈溯源》，钱听涛，《徐州工程学院学报》2007 年 9 期。

《试析党在土地革命时期连续犯"左"倾错误的原因》，唐厚裕，《世纪桥》2007 年 9 期。

《土地革命战争时期三次"左"倾错误比较及其启示》，任纪虎，《大庆师范学院学报》2008 年 3 期。

《王明是如何在六届四中全会上异军突起的》，熊廷华，《党史文苑》2008 年 3 期。

《"立三路线"城市战略探因》，凌海金、杨会清，《党的文献》2008 年 4 期。

《李立三"左"倾错误的成因与红一方面军的抗争》，江小华，《中国井冈山干部学院学报》2008 年 5 期。

《土地革命时期的"左"倾错误》，徐妍艳，《赤峰学院学报(汉文哲学社会科学版)》2008 年 9 期。

《中共六大与"左"倾错误新论》，姚金果，《探索与争鸣》2008 年 11 期。

《共产国际远东局与中共六届四中全会》，姜建中，《世纪桥》2008 年 20 期。

《从革命动员的视角对"立三路线"的再思考》，凌海金、杨会清，《北京行政学院学报》2009 年 4 期。

《论王明等与米夫的通信与中共六届四中全会的召开》，刘峰、周利生，《党史文苑》2009 年 22 期。

《中华全国苏维埃代表大会中央准备委员会的工作和历史贡献》，王乐平，《党的文献》2010 年 1 期。

《李立三、瞿秋白与"立三路线"批判》，杨会清，《徐州工程学院学报(社会科学版)》2010 年 3 期。

《王明在六届四中全会异军突起的原因》，梁科，《新东方》2010 年 6 期。

《上海弄堂里的中共秘密电台》，马长林，《档案春秋》2010 年 9 期。

《党在土地革命战争时期第一次"左"倾错误的再考察》，黄琨，《中共党史研究》2011 年 9 期。

《周恩来在中共六届四中全会前后》，杨飞，《党史文汇》2011 年 9 期。

《中共六届四中全会前后共产国际对待毛泽东的真实态度》，刘峰，《上海党史与党建》2011 年 9 期。

《六届四中全会前后有关王明研究的几则史实辨析》，戴茂林，《中共党史研究》2011 年 11 期。

《中共中央所在地变迁史》，杨飞，《新湘评论》2011 年 14 期。

《土地革命时期党内三次"左"倾错误的异同点比较》，朱庆跃、方希，《淮北师范大学学报(哲学社会科学版)》2012 年 4 期。

《土地革命时期三次"左"倾错误原因浅析》，王春红，《传承》2013 年 14 期。

《党在第一次"左"倾错误时期的"民众武装暴动"思想述论》，黄琨，《中国浦东干部学院学报》2014 年 5 期。

《中共六届四中全会的教训与启示》，张新强，《无锡商业职业技术学院学报》2014 年 5 期。

《党的第一次"左"倾错误之国际背景探究》，杨文仙，《传承》2014 年 9 期。

《从"十里洋场"到"红都"瑞金的秘密交通线》，王华新，《党史文苑》2015 年 3 期。

《新民主主义革命时期中共领导上海社会组织的基本经验》，韩洪泉，《上海市社会主义学院学报》2016 年 1 期。

《六届四中全会与罗章龙另立中央》，张永，《近代史研究》2017 年 1 期。

《九一八事变后中共中央提前打出"中华苏维埃共和国"旗帜》，王美芝，《党史文汇》2017 年 9 期。

《合力与消解：中共中央长期驻于上海及最终迁离的动因》，忻平、张仰亮，《史学集刊》2018 年 1 期。

《土地革命战争时期中共中央领导层的马克思主义认识研究——以原典引用为核心的考察》，杨凤城，《苏区研究》2018 年 1 期。

《试论上海至中央苏区的秘密交通线》，王新生，《中国浦东干部学院学报》2019 年 1 期。

《"到苏区提款"：苏区为上海中共中央输送黄金之考察——以赣东北、中央苏区为中心》，孙健伟，《苏区研究》2019 年 2 期。

《长汀县建立中央红色秘密交通线纪实》，康模生，《福建党史月刊》2019 年 8 期。

2. 中央军委在上海与"九月来信"

《"九月来信"中的建党思想》，马宏，《石油大学学报(社会科学版)》1989 年 3 期。

《关于中央军委与中革军委之间的关系》，李海文，《中共党史研究》1990 年 6 期。

《也谈中央军委与中革军委之间的关系》，苏长聚，《中共党史研究》1992 年 1 期。

《中央"九月来信"与红四军建设》，喻国荣，《长沙交通学院学报》1996 年 4 期。

《中共六大后的中央军事部》，王健英，《党史博采》1996 年 7 期。

《论周恩来对古田会议的重大贡献——兼论"九月来信"的历史作用》，黄少群，《党的文献》2000 年 4 期。

《周恩来"九月来信"的年份考订与真相迷失的原因》，张敏，《上海行政学院学报》2000 年 4 期。

《陈毅在上海起草〈九月来信〉》，徐云根，《世纪》2001 年 4 期。

《"中央军委"与"中革军委"关系探析》，何立波，《长白学刊》2004 年 1 期。

《从"九月来信"对"二月来信"的纠正看党的品格特性》，邓泽村，《龙岩学院学报》2005 年 2 期。

《第二次国内革命战争时期的"中革军委"与"中央军委"》，张恒，《党史博采(纪实)》2006 年 9 期。

《"九月来信"也是周恩来自身对中国革命特征的正确分析》，孟庆春，《理论探讨》2006 年 5 期。

《中央"九月来信"述论——兼论应当重视对中央文件的研究》，赵振国，《大连大学学报》2007 年 1 期。

《陈毅与中央九月来信》，朱应永，《传承》2010 年 3 期。

《周恩来与党内早期政治生活——"中央九月来信"起草的前前后后》，李海文，《党史文苑》2010 年 7 月。

《中共中央"九月来信"肯定毛泽东》，佚名，《党建》2011 年 2 期。

《中共中央"九月来信"探析》，王建国，《毛泽东思想研究》2011 年 5 期。

《古田会议决议与"九月来信"对流寇思想的歧见》，袁汪洋，《福建党史月刊》2011 年 22 期。

《中共上海中央局等机关的组成》，王健英，《上海党史与党建》2013 年 2 期。

《中央九月来信的群众观点与新泉整训的群众方式》，兰桂英，《福建党史月刊》2014 年 4 期。

《"分兵"与"集中"：中央与前委关于红四军早期斗争方式的思考——以中央"二月来信"为中心的考

察》,钟长洲,《井冈山大学学报(社会科学版)》2015 年 2 期。

《中革军委的由来及其与中央军委的关系》,王承庆,《中共党史研究》2017 年 4 期。

《中央军委情报系统在上海》,苏智良、方奇,《党的文献》2017 年 4 期。

《陈毅对中央"九月来信"的贡献》,戴洪波,《邢台学院学报》2018 年 2 期。

《如彩虹横贯天穹,光耀千秋——〈九月来信〉90 周年回眸》,汪浩,《觉悟》2019 年 4 期。

3. 走向农村:探索中国革命新道路

《从上海到瑞金——临时中央秘密大转移纪实》,江磊,《党史纵览》2002 年 1 期。

《1933 年中共临时中央迁入苏区后中央与中央局组织若干问题考析》,钱听涛,《党的文献》2003 年 1 期。

《共产国际与中共六届五中全会和福建事变》,凌步机,《中国井冈山干部学院学报》2008 年 5 期。

《中共六届五中全会研究》,邵雍,《党史研究与教学》2009 年 4 期。

《临时中央从上海秘迁瑞金始末》,何立波,《档案天地》2009 年 9 期。

《博古"临时中央"若干问题考辨》,卢毅,《近代史研究》2010 年 1 期。

《宁都会议后毛泽东与中共临时中央的关系(上)》,罗平汉,《理论视野》2010 年 11 期。

《宁都会议后毛泽东与中共临时中央的关系(下)》,罗平汉,《理论视野》2010 年 12 期。

《中共六届五中全会改组中央考析》,王健英,《中共党史研究》2013 年 10 期。

《共产国际远东局与中共六届五中全会》,姜建中,《世纪桥》,2013 年 14 期。

4. 党的白区工作

《国民党政府查封上海华兴书局案》,张克明,《历史档案》1981 年 1 期。

《第二次国内革命战争时期党的白区工作概况》,李坤,《社会教学》1982 年 5 期。

《关于上海临时中央局》,《党史研究与教学》1986 年 1 期。

《牛兰是共产国际远东局负责人吗?——兼谈三十年代前半期共产国际在上海远东局》,杨奎松,《党史研究资料》1994 年 11 期。

《中国共产党人眼中的法西斯主义——上海时期的〈红旗周报〉》,徐有威,《上海党史研究》2000 年 3 期。

《1933 年至 1937 年白区党的领导机关的变迁》,刘贵贞,《党的文献》2003 年 2 期。

《1927—1937:从分离到回归——爱国主义旗帜下的中国共产党与上海民族资产阶级关系》,侯桂芳,《上海党史与党建》2004 年 11 期。

《历史上的中共中央上海局》,高鸿达、夏燕,《党史纵横》2007 年 3 期。

《土地革命时期中共在白区新闻宣传上的失误及其纠正》,王晓岚,《中共党史研究》2009 年 3 期。

《1934 年 10 月上海中央局被破坏事件始末》,丁伟,《世纪风采》2012 年 1 期。

《中共上海中央局遭受的三次重大破坏》,丁伟,《文史天地》2012 年 2 期。

《1934 年 10 月中共上海中央局遭破坏事件补遗》,周进、丁伟,《上海党史与党建》2012 年 5 期。

《共产国际及苏联情报机构与中共关系研究——以 20 世纪 30 年代上海为例》,彭伟妍、张泽宇,《红广角》2015 年 10 期。

《"革命夫妻":中共白区机关家庭化中的党员角色探析(1927—1934)》,李里,《中共党史研究》2019 年 11 期。

5. 中共中央特科

《上海〈申报〉刊登所谓"伍豪启事"的来龙去脉》,马荫良、储玉坤,《党史研究》1980 年 5 期。

《"伍豪启事"的真相》,朱少伟,《新闻记者》1985 年 1 期。

《话说中央特务科》,王铁群,《党史文苑》1994 年 1 期。

《关向应上海蒙难——中央特科的一次行动》,王铁群,《党史纵横》1994 年 3 期。

《搏杀在白色恐怖中——陈赓与中央特科》,黄辛,《党史纵横》1994 年 6 期。

《叛徒出卖　功败垂成——中央特科营救恽代英纪实》,王铁群,《党史文苑》1994 年 6 期。

《周恩来与党的保卫组织的创建》,王铁群,《历史教学》1997 年 5 期。

《周恩来与中央特科》,苏智良、白华山,《上海师范大学学报(哲学社会科学版)》1998 年 2 期。

《关于中共中央特科若干问题的探讨》,薛钰,《中共党史研究》1999 年 3 期。

《周恩来与中央特科》,金富军,《河南师范大学学报(哲学社会科学版)》2000 年 1 期。

《潘汉年与"伍豪事件"始末》,子木、海龙,《党史博采》2000 年 6 期。

《周恩来领带下的中央特科与我党早期的秘密工作》,罗道全,《长白学刊》2001 年 3 期。

《在革命风暴中诞生的中央特科》,穆欣,《党史文汇》2002 年 2 期。

《中共"特科"精英刘鼎的传奇经历》,穆欣,《炎黄春秋》2002 年 6 期。

《陈赓与中央特科》,苏智良、彭善民,《上海师范大学学报(哲学社会科学版)》2003 年 1 期。

《周恩来:危急时刻指挥中共上海首脑机关大转移》,王相坤,《福建党史月刊》2011 年 3 期。

《真实潜伏——中共谍战起源上海》,徐焰,《天津政协》2011 年 4 期。

《周恩来与隐蔽战线——"中央特科"创建始末》,魏岚,《上海革命史资料与研究》2012 年。

《威震敌胆——中共中央特科红队队长龚昌荣》,卜穗文,《红广角》2013 年 1 期。

《中央特科的"蔡老板"》,晓蔚,《党史纵横》2013 年 4 期。

《中央特科"红队"行动探析》,陈洋洋,《军事历史》2014 年 4 期。

《潘汉年与中央特科(1931—1933 年)》,叶篱,《黑龙江史志》2014 年 5 期。

《顾顺章叛变之后》,王彬彬,《记者观察》2015 年 1 期。

《隐蔽战线的里程碑——陈云中央特科工作经历》,苏智良、李云波,《上海陈云研究》2016 年。

《中共早期领导人撤离上海始末》,王春华,《党史纵横》2017 年 7 期。

《姚子健:中央特科百岁功臣》,姜琨,《东西南北》2017 年 23 期。

《"中央特科"风云》,谢芳、黄玲,《时代邮刊》2018 年 3 期。

《周恩来与中央特科的建立》,张瑞安,《党史纵横》2018 年 11 期。

《陈云与潘汉年的革命情谊》,张秋震,《党史纵览》2018 年 12 期。

《中共隐蔽战线遭遇第一次重大危机与重建》,刘育钢,《炎黄春秋》2018 年 12 期。

《试论中共中央特别行动科第四科的历史作用》,万立明,《上海党史与党建》2019 年 3 期。

《中共早期上海地下电台风云记》,王淼,《云南档案》2019 年 5 期。

6. 左翼文化运动

《评三十年代左翼文艺运动》,方浴晓,《北京大学学报(哲学社会科学版)》1978 年 1 期。

《谈三十年代左翼文艺运动的指导思想》,蔡清富,《北京师范大学学报(社会科学版)》1978 年 1 期。

《左翼文艺运动的贡献》,范启新、陈履坤,《思想战线》1978 年 2 期。

《肖三关于解散左联的信是哪一天写的?》,王自立、陈子善,《破与立》1978 年 3 期。

《关于三十年代左翼文艺运动的若干问题》,吴黎平,《文学评论》1978 年 5 期。

《关于左联的一些回忆》,魏猛克,《湘江文艺》1978 年 10 期。

《"左联"东京分盟及其三个刊物——回顾文学路上的脚印》,林林,《新文学史料》1979 年 3 期。

《关于"左联"成立时的两点史实》,徐重庆,《山东师院学报(哲学社会科学版)》1979 年 4 期。

《左翼作家在上海艺大》,杨纤如,《新文学史料》1980 年 1 期。

《中国左翼作家联盟简况》,张大明,《新文学史料》1980 年 1 期。

《中国左翼作家联盟》,涪村,《中国现代文学研究丛刊》1980 年 2 期。

《中国左翼作家联盟成立的经过》,阳翰笙,《文学评论》1980 年 2 期。

《从上海到东京——中国左翼作家联盟活动杂忆》,林焕平,《文学评论》1980 年 2 期。

《为繁荣社会主义文艺团结前进——纪念"左联"成立五十周年》,夏征农,《复旦学报(社会科学版)》1980 年 2 期。

《三十年代的文艺大众化运动——纪念"左联"成立五十周年》,王瑶,《文艺报》1980 年 3 期。

《评左联跟"自由人"和"第三种人"的论争》,存煜、黄桥,《徐州师范学院学报(哲学社会科学版)》1981 年 1 期。

《为左翼文艺运动勃兴立照——评丁玲的〈一九三〇年春上海(之一)、(之二)〉》,张辽民,《晋阳学刊》1981 年 1 期。

《左联漫忆》,任钧,《上海师范学院学报(社会科学版)》1981 年 2 期。

《三十年代上海纪念马克思逝世五十周年》,丁贤真,《学术月刊》1983 年 3 期。

《"左联"成立前党对文化工作的领导》,刘文军,《中共党史研究》1991 年 1 期。

《"左联"与胡秋原的论争及其历史反思》,吴家荣,《社会科学战线》1992 年 4 期。

《左联的历史功绩及其作用》,曹力奋,《上海党史研究》2000 年 1 期。

《胡绳谈三十年代中期上海左翼文化工作的进步》,郑惠,《中共党史研究》2000 年 6 期。

《战前上海左翼剧团的营业性演出与"大戏院"及影业危机之关系》,葛飞,《中国现代文学研究丛刊》2007 年 1 期。

《左翼思潮与上海电影文化——以〈神女〉为例》,罗岗,《江西社会科学》2008 年 6 期。

《左联的中共党员名单初考》,张小红,《上海革命史资料与研究》2008 年。

《对中共领导的左翼音乐运动的历史考察》,仇志芬,《福建党史月刊》2009 年 22 期。

《左翼文学的构成要素与历史困境》,张景兰,《江苏社会科学》2010 年 4 期。

《论上海都市文化语境中的左翼文化思潮及其影响》,李洪华,《江西社会科学》2010 年 9 期。

《中国共产党对左翼文化运动的领导与推动》,谭力,《理论与改革》2011 年 3 期。

《革命年代的左翼共同体"左联"的筹建与初期运行》,张欢,《马克思主义与现实》2013 年 4 期。

《左翼文化运动与马克思主义在上海市民阶层的传播》,关丽兰,《人民论坛》2013 年 18 期。

《中共与 1930 年代"左翼电影"的关系》,松丹铃,《党史研究与教学》2014 年 3 期。

《试论中共领导下左翼电影运动的发展和壮大》,罗素敏,《红广角》2014 年 10 期。

《论中国左翼文艺运动与中国苏维埃运动的关联性》,周平远,《南昌大学学报(人文社会科学版)》2015 年 6 期。

《三十年代初期国民党对上海左翼文艺书刊的检查》,苟强诗,《成都大学学报(社会科学版)》2016 年 1 期。

《论左联政治文化生成的基础》,魏正山,《江淮论坛》2016 年 2 期。

《中国共产党以怎样一种领导方式推动了左联的成立》,杨胜刚,《江汉论坛》2016 年 3 期。

《夺取新的文化阵地——试论中共领导左翼电影运动中女演员的觉醒与进步》,罗素敏,《红广角》2016 年 7 期。

《论左翼学生群体的形成及其对马克思主义传播的影响》,钱聪,《北京党史》2016 年 83 期。

《左翼文化人视野下的上海"二一九"大破坏》,周鎏刚,《上海党史与党建》2016 年 8 期。

《左翼人际传播网与马克思主义史学的扩散——以 20 世纪二三十年代的上海为中心》,刑科,《北京师范大学学报(社会科学版)》2018 年 1 期。

《上海左翼文化运动与延安文艺政策的确立》,黄静,《河北学刊》2018 年 4 期。

《左联的国际宣传策略及其历史回响——以"左联五烈士"事件为中心的考察》,郭帅、李掖平,《东岳论丛》2018 年 4 期。

《试论中共在左翼电影运动中的文艺政策》,金虎、金宜鸿,《电影文学》2018 年 10 期。

《中国共产党领导下的上海左翼文化运动》,潘婷、忻平,《近代中国》2019 年 1 期。

7. 工人运动和工会组织

《土地革命战争时期白区的赤色工会》,刘晶芳,《近代史研究》1987 年 4 期。

《试析 1927—1936 年上海工人工资水平变动趋势及其原因》,黄汉民,《学术月刊》1987 年 7 期。

《关于"上海邮务工会"——中国黄色工会的一个剖析》,饶景英,《史林》1988 年 2 期。

《一九二八年的上海工人运动新探》,郑庆声,《史林》1990 年 2 期。

《评第五次全国劳动大会关于黄色工会问题的策略》,赵金鹏,《石油大学学报(社会科学版)》1991 年 1 期。

《论一九二八年上海的"七大工会"》,郑庆声,《史林》1991 年 4 期。

《试论党的白区工运路线和策略的转变》,汪洋,《辽宁大学学报(哲学社会科学版)》1992 年 3 期。

《论一九三六年上海工人运动的转变》,郑庆声,《史林》1992 年 4 期。

《参加红军的上海工人》,朱德振,《上海党史研究》1996 年 5 期。

《上海租界内工厂检查权的争夺——20 世纪 30 年代一场旷日持久的交涉》,马长林,《学术月刊》2002 年 5 期。

《1927—1937 年上海失业人群再就业状况述略》,陈文彬,《安徽史学》2004 年 3 期。

《1935 年上海法租界人力车夫罢工初探》,邵雍,《社会科学》2009 年 1 期。

《1930 年上海法租界电车工人 57 天大罢工论析》,莫庆红,《党史研究与教学》2010 年 6 期。

《近代上海工人阶层的工资与生活——以 20 世纪 30 年代调查为中心的分析》,张忠民,《中国经济史研究》2011 年 2 期。

《政治博弈与劳资冲突:1927 年上海英美烟厂罢工》,彭贵珍、张在兴,《吉首大学学报(社会科学版)》2013 年 5 期。

《20 世纪 30 年代上海邮工增薪运动研究》,贾秀堂,《扬州大学学报(人文社会科学版)》2016 年 5 期。

《一九二七年至一九三七年黄色工会问题再探讨》,田明、岳谦厚,《中共党史研究》2016 年 8 期。

《"黄色工会"问题的再研究——以上海邮务工会为中心》,田明、岳谦厚,《史学月刊》2017 年 3 期。

8. 中国社会性质的讨论

《第一次国内革命战争失败后关于中国社会性质问题的论战》,高军,《史学月刊》1982 年 2 期。

《第二次国内革命战争时期关于中国社会性质问题的论战》,饶良伦,《求是学刊》1983 年 4 期。

《中国社会性质问题论战的回顾及启示》,谢本书,《思想战线》1987 年 6 期。

《重新审视三十年代的中国社会性质问题的论战》,曾景忠,《社会科学》1988 年 6 期。

《论 20 世纪二三十年代的中国社会性质问题论战》,卢毅,《徐州师范大学学报(哲学社会科学版)》2008 年 4 期。

《20 世纪二三十年代中国社会性质论战对马克思主义中国化的影响》,黄修卓,《郑州大学学报(哲学社会科学版)》2010 年 2 期。

《在学术与意识形态之间:1930 年代的中国社会史论战》,陈峰,《史学月刊》2010 年 9 期。

《中国社会史论战与马克思主义中国化》,孙旭红,《中共浙江省委党校学报》,2013 年 2 期。

《中国社会性质问题论战与中共对国情认识的变化》,吴怀友、刘艳,《党史研究与教学》2013 年 6 期。

《20 世纪 30 年代中国社会史论战问题探实》,乔治忠,《天津社会科学》2014 年 5 期。

《社会史大论战与中国马克思主义史学建立论析》，张越，《陕西师范大学学报（哲学社会科学版）》2015 年 4 期。

《中国社会性质问题论战对马克思主义发展的影响及启示》，黄清迎，《大连海事大学学报（社会科学版）》2019 年 1 期。

《政治性与学术性：中国社会史论战的双重特性》，左玉河，《史学月刊》2019 年 7 期。

（四）抗日战争

1. 中国共产党与两次淞沪抗战

《一·二八上海抗战目击记》，顾执中，《新闻研究资料》1981 年 3 期。

《浙南红军游击队和上海党组织联系的经过》，杨进，《党史资料丛刊》1981 年第 3 辑。

《坚持抗日斗争的苏浙军区》，戈懋，《浙江师范学院学报（社会科学版）》1981 年 4 期。

《"一·二八"上海抗战大事记（节录）》，李华明、饶景英、翁三新，《社会科学》1982 年 1 期。

《忍耐的收获——1937 年"八·一三"上海抗战采访》，杨纪，《新闻研究资料》1982 年 3 期。

《东路大事记略》，张尘，《党史资料丛刊》1982 年 4 辑。

《"江抗"东进》，叶飞，《党史资料丛刊》1982 年 4 辑。

《一·二八抗战和不抵抗主义》，韩明华，《上海师范学院学报（社会科学版）》1982 年 4 期。

《八·一三时期上海的难民工作》，罗义俊，《社会科学》1982 年 8 期。

《"八·一三"上海抗战大事记（1937 年 7 月 7 日—11 月 12 日）》，张义渔、李飞、罗义俊，《社会科学》1982 年 9 期。

《"九·一八"和"一·二八"时期的上海学生运动》，饶景英、李华明、翁三新，《社会科学》1983 年 1 期。

《浙东撤退的干部是怎样由上海输送至苏中抗日根据地的》，王瑞清，《台州党史资料通讯》1983 年 3 期。

《"一·二八"淞沪抗战史料选》，陈长河、丁恩泽，《历史档案》1984 年 4 期。

《从"九·一八"到"八·一三"国民党政府对日政策的演变》，郭大均，《历史研究》1984 年 6 期。

《"八·一三"淞沪抗战中的八百壮士和谢晋元》，罗义俊，《历史教学》1984 年 9 期。

《从"九·一八"到"一·二八"大事记（上）》，任泽全，《民国档案》1985 年 1 期。

《试论上海"八·一三"期间救亡团体的性质与作用》，吴景平，《档案与历史》1985 年 1 期。

《"八·一三"期间上海的救亡报刊》，吴景平，《上海师范大学学报（哲学社会科学版）》1985 年 2 期。

《从"九·一八"到"一·二八"大事记（下）》，任泽全，《民国档案》1985 年 2 期。

《"八·一三"淞沪抗战史料选》，马振犊，《历史档案》1985 年 2 期。

《"八·一四"空战》，张安汶，《军事史林》1985 年 2 期。

《"一·二八"淞沪抗战大事记（1932 年 1 月 28 日—5 月 5 日）》，韩信夫，《民国档案》1985 年 2 期。

《从"九·一八"到"八·一三"蒋介石对日政策的变化》，吕乃澄、梁旭毅，《历史教学》1985 年 4 期。

《论抗战初期的正面战场》，袁旭、李兴仁，《近代史研究》1985 年 4 期。

《试论"八·一三"淞沪抗战——纪念抗战胜利四十周年》，周銮书、廖信春，《江西师范大学学报（哲学社会科学版）》1985 年 4 期。

《"八·一三"上海抗战》，傅绍昌，《历史教学问题》1985 年 6 期。

《抗战史上的首次空中大捷——"八·一四"》，忻平，《历史教学问题》1985 年 6 期。

《上海"八·一三"抗日救亡运动》，郑灿辉、吴景平，《党史研究与教学》1985 年 6 期。

《忆"八·一三"淞沪抗日战争》，宋瑞珂，《社会科学》1985 年 7 期。

《"八·一三"淞沪战役中的三十六师》，宋希濂，《社会科学》1985 年 8 期。

《海外华侨与淞沪抗战》,沈立新,《学术月刊》1985 年 9 期。

《论"八·一三"淞沪抗战失利之原因》,苏智良,《档案与历史》1986 年 1 期。

《试析上海"八·一三"抗日救亡运动的历史符点》,郑灿辉、吴景平,《上海师范大学学报(哲学社会科学版)》1986 年 1 期。

《评"八·一三"淞沪抗战》,于连喜,《大连轻工业学院学报》1986 年 2 期。

《论"八·一三"淞沪抗战》,楼开炤,《中国社会科学院研究生院学报》1986 年 3 期。

《"八·一三"淞沪战役起因辨正》,马振犊,《近代史研究》1986 年 6 期。

《上海"一·二八"事变起因新探》,华永正,《安徽省委党校学报》1987 年 1 期。

《"八·一三"上海抗战述评》,徐建东,《辽宁大学学报(哲学社会科学版)》1987 年 2 期。

《上海市保安总团"八·一三"淞沪战役战斗详报》,戚如高,《民国档案》1987 年 2 期。

《"八·一三"事变时期上海每日战况》,陆森年译,邓云鹏校,《档案与历史》1987 年 3 期。

《"八·一三"淞沪抗战》,周銮书、廖信春,《军事历史》1987 年 3 期。

《难忘的"八一三"》,王大中,《华东石油学院学报(社会科学版)》1987 年 3 期。

《全国抗战应以"八·一三"事变为起点》,周溯源,《天津社会科学》1987 年 3 期。

《八一三抗战中的上海救亡画刊》,吴景平,《史林》1987 年 4 期。

《八一三前后日军侵华谋略的演变》,柏如、刘其奎,《军事历史研究》1987 年 4 期。

《法租界当局囚禁八·一三抗战将士内幕》,魏玉珍,《上海档案》1987 年 4 期。

《试论全国抗战应以"八·一三"事变为起点》,周溯源,《学术论坛》1987 年 4 期。

《"一·二八战争"后上海民族资产阶级的政治态度》,朱华,《华东师范大学学报(哲学社会科学版)》1987 年 4 期。

《谈"八·一三"上海抗战及其历史意义》,郝长庆,《东疆学刊》1987 年 Z1 期。

《"八·一三"抗战中日寇暴行录》,陆耀宗,《历史教学问题》1988 年 1 期。

《"一·二八"战争时期上海民族资产阶级对国民党政权态度的转变》,朱华,《档案与历史》1988 年 2 期。

《从华北事变到"八一三"中日双方政策的演变》,梁星亮,《西北大学学报(哲学社会科学版)》1988 年 4 期。

《"八·一三"抗战是在何时爆发的》,王立强,《历史教学问题》1989 年 1 期。

《论"九·一八"、"一·二八"事变中陈独秀同中共合作的倡议》,任建树,《中共党史研究》1989 年 3 期。

《论淞沪战役》,马仲廉,《军事史林》1989 年 3 期。

《评"一·二八"战争前后沪西日商纱厂大罢工》,饶景英,《史林》1989 年 4 期。

《"一·二八"事变内幕》,袁宪祥、刘学启,《国防》1989 年 8 期。

《关于纪念"一·二八"事变学生游行案》,佚名,《北京档案史料》1990 年 1 期。

《论"八一三"上海抗战效应》,孟彭兴,《史林》1990 年 2 期。

《略论"八一三"抗战时中国军事十大失误》,王关兴,《军事历史研究》1990 年 3 期。

《国民政府与一二八淞沪抗战》,杨卫敏,《近代史研究》1990 年 4 期。

《论中国共产党在八一三上海抗战中的作用》,孟彭兴,《史林》1991 年 1 期。

《"一·二八"战役中日停战谈判纪录(上)》,张开森、马振犊,《民国档案》1991 年 1 期。

《"一·二八"战役中日停战谈判纪录(下)》,张开森、马振犊,《民国档案》1991 年 2 期。

《论一九二八年上海的"七大工会"》,郑庆声,《史林》1991 年 4 期。

《"九·一八"和"一·二八"时期抗日运动——纪念"九·一八"事变和"一·二八"事变 60 周年》,温济泽,《中国社会科学院研究生院学报》1991 年 6 期。

《彪炳史册的"一二八"淞沪抗战》,饶景英,《史林》1992年1期。

《从九一八、一二八到七七、八一三》,张振鹍,《抗日战争研究》1992年1期。

《九一八、一二八事变和上海民族资产阶级》,张义渔,《史林》1992年1期。

《略论"一·二八"抗战期间国民党内的和与战之争》,张衡,《民国档案》1992年1期。

《"一·二八"事变的导火线——"日僧事件"真相》,翁三新,《上海党史》1992年1期。

《"一·二八"淞沪抗战及其意义》,张铨,《史林》1992年1期。

《"一·二八"淞沪抗战述论》,马仲廉,《抗日战争研究》1992年1期。

《论"八一三"淞沪抗战期间蒋介石的战略指导》,孟彭兴、黄新田,《史林》1992年2期。

《南京国民政府对"一·二八"事变的方针》,金再及,《历史研究》1992年3期。

《南京政府与一·二八淞沪抗战》,张骏,《军事历史研究》1992年4期。

《〈抗战〉与〈救亡〉——八一三期间上海的爱国报刊》,朱敏彦,《上海党史研究》1992年8期。

《中华民族觉醒的先声——评述"一二八"淞沪抗战》,唐培吉,《上海革命史资料与研究》1992年。

《八·一三淞沪抗战意义论析》,陈祖怀,《史林》1993年1期。

《南京大屠杀的预演——"八·一三"日军在上海暴行考略》,孟彭兴,《史林》1993年2期。

《评美国对九一八事变和一二八事变的态度——兼析"史汀生主义"的提出及局限性》,吴景平、赵哲,《抗日战争研究》1993年3期。

《英国与"一·二八"事变》,王宇搏,《江苏社会科学》1993年6期。

《"八·一三"淞沪抗战亲历记》,王天魏,《红岩春秋》1994年1期。

《蒋介石上海抗战决策研究》,孟彭兴,《军事历史研究》1994年1期。

《论八一三事变才是时局转折点》,白杰,《山西大学学报(哲学社会科学版)》1994年1期。

《开辟淞沪战场有无"引敌南下"战略意图?》,马振犊,《抗日战争研究》1994年2期。

《一二八事变后的虹口公园爆炸案》,沈立行,《档案与史学》1994年3期。

《一二八事变后国际联盟的调处活动评析》,刘建武,《抗日战争研究》1994年3期。

《川岛芳子与"一·二八"事变》,潘银良,《世纪行》1994年11期。

《"八·一三"淞沪抗战中浴血奋战的82天》,高健,《湖北文史资料》1995年1期。

《"八·一三"淞沪抗战散论——纪念抗日战争胜利五十周年》,林其昌,《广西师院学报(哲学社会科学版)》1995年2期。

《一二八战火与上海金融界的变革》,姜伟,《南京师大学报(社会科学版)》1995年3期。

《一·二八战火与上海的金融改革》,姜伟,《中国经济史研究》1995年4期。

《抗日战争与上海》,唐培吉,《上海党史研究》1995年5期。

《"一·二八"淞沪抗战见闻》,许邦华,《贵州文史天地》1995年6期。

《"一·二八"淞沪抗战的历史启示》,陈丽凤,《党政论坛》1995年7期。

《血洒淞沪——一九三七年"八·一三"淞沪抗战纪实》,木森,《福建党史月刊》1995年8期。

《八一三战争日本空军暴行》,郑凤章,《上海党史研究》1995年S1期。

《从局部抗战到全面抗战:两次淞沪抗战之比较研究》,余子道,《上海党史研究》1995年S1期。

《抗日战争期间上海的人口与社会变迁》,孙常敏、胡苏云,《上海党史研究》1995年S1期。

《两次淞沪抗战军事得失之比较》,朱华,《上海党史研究》1995年S1期。

《两次淞沪抗战在全国抗战中的地位作用》,金立人,《上海党史研究》1995年S1期。

《试论八一三淞沪抗战对第二次国共合作的影响》,张忆军,《上海党史研究》1995年S1期。

《论淞沪会战中国民党地方系部队的对日参战》,庄民生,《军事历史研究》1996年1期。

《"一·二八"中的群众抗日团体》,韩明华,《上海大学学报(社会科学版)》1996年1期。

《"一二八"到"八一三"蒋介石对日态度变化之客观原因》,吴珍美,《上海师范大学学报(哲学社会科学版)》1996 年 1 期。

　　《八一三淞沪战役战略地位再论证》,孙才顺,《民国档案》1997 年 2 期。

　　《变被动为主动:八一三抗战的爆发》,廖大伟,《史林》1997 年 4 期。

　　《日本在沪资产阶级与一二八事变、九一八事变前后的上海商工会议所》,陆伟,《上海党史研究》1997 年 4 期。

　　《血战长空——八一三淞沪抗战中的中国空军》,朱秉秀,《上海党史研究》1997 年 4 期。

　　《日本发动上海“一·二八”淞沪战争的原因》,张北根,《北京科技大学学报(人文社会科学版)》1997 年 6 期。

　　《何来“不得进攻”——兼述“八·一四”淞沪陆海空全面主动出击》,李吉荪,《江汉论坛》1998 年 10 期。

　　《一二八事变与上海金融市场》,周育民,《档案与史学》1999 年 1 期。

　　《“一·二八”事变中国海军受责难始末》,马骏杰,《航海》1999 年 3 期。

　　《八·一三淞沪抗战世纪回眸》,冯英子,《世纪行》1999 年 9 期。

　　《上海市民日记中的“八·一三淞沪抗战”》,曹锦荣,《军事历史》2000 年 2 期。

　　《对〈德国赴华军事顾问关于“八一三”战役呈德国陆军总司令部报告〉的补正》,张建基,《民国档案》2000 年 3 期。

　　《“一·二八”时期上海各团体救国联合会初探》,陈丽凤,《上海行政学院学报》2000 年 3 期。

　　《平心静论“八一三”》,马振犊,《抗日战争研究》2001 年 1 期。

　　《“一·二八”“八·一三”:上海抗战史上的丰碑——评〈一·二八淞沪抗战〉与〈八·一三淞沪抗战〉》,玲珑,《军事历史研究》2001 年 2 期。

　　《一二八事变后国民党内的一次派系斗争》,马骏杰,《文史精华》2001 年 2 期。

　　《对〈八一三淞沪会战中国军队指挥系统表〉的补正》,张建基,《抗日战争研究》2001 年 3 期。

　　《“八一三”淞沪会战研究述评》,王喆,《学术月刊》2001 年 4 期。

　　《“一·二八”抗战前后的冯玉祥》,陈清,《民国春秋》2001 年 6 期。

　　《发扬传统,毋忘国耻——上海市学术界纪念一二八淞沪抗战 70 周年》,肖松,《军事历史研究》2002 年 1 期。

　　《八一三淞沪抗战第三阶段后期日军作战方针浅析》,裴匡一,《党史研究与教学》2002 年 2 期。

　　《“九·一八”事变至“一·二八”事变期间的上海银行公会》,吴景平、王晶,《近代史研究》2002 年 3 期。

　　《“八·一三”事变写真——来自瑞士友人的珍贵照片》,熊月之,《档案与史学》2002 年 4 期。

　　《八一三事变中的租界与中国难民》,郑祖安,《史林》2002 年 4 期。

　　《在两次淞沪抗战中日本人民的反侵华斗争》,卞杏英,《上海党史与党建》2002 年 8 期。

　　《九一八事变至一二八事变期间的潮州旅沪同乡会》,郭绪印,《抗日战争研究》2003 年 1 期。

　　《一二八事变中的中国海军》,马骏杰,《抗日战争研究》2003 年 1 期。

　　《对〈抗日战争正面战场〉关于淞沪会战记述的补正》,张建基,《抗日战争研究》2003 年 3 期。

　　《江湾“一·二八”忠烈墓纪念碑的由来》,陆米强,《档案与史学》2003 年 3 期。

　　《“一二八”事变停战原因浅析》,孟庆梓,《邢台学院学报》2003 年 3 期。

　　《1937 年中国红十字会淞沪抗战救护简论》,池子华,《徐州师范大学学报(哲学社会科学版)》2003 年 4 期。

　　《旅沪外侨眼中的“八·一三事变”》,胡宝芳,《档案与史学》2003 年 5 期。

　　《一二八事变与英国对中日冲突的立场转变》,王立诚、吴金彪,《安徽史学》2003 年 6 期。

　　《“八一三”时期的上海银行公会》,张天政,《抗日战争研究》2004 年 2 期。

《一二八事变前后〈申报〉的抗日宣传》，肖海艳，《军事历史研究》2004 年 2 期。

《侵华日军挑起淞沪"八一三"战事内幕》，刘亦实，《文史春秋》2004 年 3 期。

《淞沪战役败退血泪史》，刘支球，《中外杂志》2004 年 4 期。

《日本的"文化侵略"与中国出版业的命运——以商务印书馆为例》，郭太风，《史林》2004 年 6 期。

《八一三上海抗日战争忆旧》，张致坤，《湖北文献》2004 年 153 期。

《关于研究 1949—1952 年期间上海私营金融业的若干问题》，吴景平、张徐乐，《中国经济史研究》2005 年 1 期。

《华侨在"一·二八"事变中的作用》，张玉娇，《五邑大学学报（社会科学版）》2005 年 3 期。

《一二八事变后上海银行业之联合准备制》，吴晶晶，《史林》2005 年 3 期。

《从"七七事变"到淞沪抗战时期的日本对华政策研究》，胡德坤，《武汉大学学报（人文科学版）》2005 年 4 期。

《上海与抗日战争》，苏智良、江文君，《上海师范大学学报（哲学社会科学版）》2005 年 4 期。

《"一·二八"抗战中的史量才与上海地方维持会》，刘椿，《钟山风雨》2005 年 4 期。

《"八一三"淞沪抗战时期的抗日民族统一战线——以上海市各界抗敌后援会、上海文化界救亡协会为例》，冯绍霆，《上海市社会主义学院学报》2005 年 5 期。

《"一·二八"淞沪抗战与爱国主义》，唐莲英，《上海市社会主义学院学报》2005 年 5 期。

《一·二八和八·一三淞沪抗战比较研究》，汤梓军，《深圳大学学报（人文社会科学版）》2005 年 5 期。

《淞沪会战时期的中国对日政策研究》，胡德坤，《江汉论坛》2005 年 7 期。

《两次淞沪之战与中国命运》，许承宗，《历史月刊》2005 年 8 期。

《两份声援"一二八抗战"的商会档案》，马元泉，《档案春秋》2005 年 8 期。

《欧洲发现"一·二八"事变"阵中日记"》，李姚，《北京档案》2005 年 12 期。

《"八·一三"上海抗战中的广西部队》，颜正清，《文史春秋》2006 年 1 期。

《八一三淞沪抗战中国军队参战部队考》，张建基，《军事历史研究》2006 年 1 期。

《略论华侨对"一·二八"淞沪抗战的贡献》，张永汀，《和田师范专科学校学报》2006 年 3 期。

《〈申报〉与一二八事变》，徐煜、向开斌，《民国档案》2006 年 3 期。

《一二八事变初期日本政府的外交欺骗》，曹振威，《军事历史研究》2007 年 2 期。

《传媒动员与一二八淞沪抗战——以上海广播电台为个案的考察》，汪英，《军事历史研究》2007 年 3 期。

《地方精英与上海抗战——以"一二八"事变期间的上海市民地方维持会为例》，白华山，《史林》2007 年 4 期。

《追忆"八一三"淞沪抗战》，彭隆望，《钟山风雨》2007 年 5 期。

《上海"一·二八"抗日名将张炎》，何锦洲，《上海革命史资料与研究》2007 年。

《"一·二八"事变后国立暨南大学的损失与重建》，刘增合，《暨南史学》2007 年。

《一二八淞沪抗战后的声讨海军风波》，苏小东，《军事历史研究》2008 年 3 期。

《"八一三"抗战期间上海难民的社会救济与遣送》，刘金如、李圣菊，《安徽史学》2008 年 4 期。

《论"八一三"抗战期间上海难民救济》，张宏森，《湘潮（下半月）（理论）》2008 年 4 期。

《"八·一三"逃难记》，严寄洲，《世纪》2008 年 6 期。

《从"一·二八"到"八·一三"蒋介石"以战求和"抗战策略的转变——以胡佛研究所藏〈蒋介石日记〉为中心》，薛念文，《社会科学》2008 年 10 期。

《从"七七"到"八一三"——日本对华政策的演变》，臧运祜，《日本研究论集》2008 年。

《"一·二八"淞沪战争后上海地方重建中的民间力量——以 1932—1937 年间的上海市地方协会为例》，白华山、张贝拉，《历史教学问题》2009 年 2 期。

《中共上海难民工作初探——"八·一三"淞沪抗战爆发后》，翟彦，《绥化学院学报》2009年2期。

《淞沪会战中杨惠敏献旗之真相》，胡现岭，《史学月刊》2009年5期。

《论"一·二八"事变期间国民政府对日政策——兼与"九·一八"事变对日政策比较分析陈积敏》，陈积敏、张同侠，《宜宾学院学报》2009年9期。

《一二·八事变与国民政府的外交决策》，左双文，《华南师范大学学报（社会科学版）》2010年1期。

《关于纪念一·二八事变学生游行案》，刘庆旻，《北京档案史料》2010年3期。

《一寸山河一寸血（上）——你不知道的"一·二八"抗战》，刘波，《同舟共进》2010年3期。

《一寸山河一寸血（下）——你不知道的"一·二八"抗战》，刘波，《同舟共进》2010年4期。

《一·二八事变期间国民政府对日政策评析》，陈积敏、张同侠，《重庆文理学院学报（社会科学版）》2010年5期。

《关于川岛芳子与上海一·二八事变的考证》，李刚，《文史精华》2010年11期。

《关于八一三淞沪抗战的几个认识问题》，魏宏运，《民国档案》2011年4期。

《日本侵华与汪精卫的认知和应对——以九·一八到八·一三为中心的考察》，朱宝琴，《扬州大学学报（人文社会科学版）》2011年6期。

《"一·二八事变"与上海"自由市"计划始末》，张智慧，《学术月刊》2011年8期。

《一·二八事变与国民政府的外交决策》，左双文，《抗战史料研究》2012年1期。

《"一·二八"淞沪抗战　中国并没有失败》，唐夏，《北京档案》2012年1期。

《信任的流失：一二八事变前后的陈铭枢与蒋介石》，肖如平，《民国档案》2012年2期。

《国民党海军："一·二八"事件中的骑墙派》，萧萧，《档案春秋》2012年4期。

《淞沪会战若干问题的再探讨——兼与魏宏运教授商榷》，余子道，《军事历史研究》2012年4期。

《〈字林西报〉等外报笔下的八一三淞沪抗战》，魏宏运，《民国档案》2012年4期。

《祖父在八一三抗战中亲历的轶事》，章济塘，《档案春秋》2012年8期。

《浅析"一·二八"淞沪抗战起因及特点》，王一峰，《中国纪念馆研究》2013年2期。

《国民党政府对"九·一八"及"一·二八"事变之反应》，黄民文，《湖南人文科技学院学报》2013年3期。

《淞沪会战后上海难民的社会救济》，丁倩，《上海党史与党建》2013年11期。

《税警总团与"八一三"淞沪抗战》，王一峰，《抗战史料研究》2014年2期。

《一二八淞沪抗战后国民政府善后工作述论》，王小平，《民国档案》2014年2期。

《一·二八淞沪抗战前后的蒋介石与汪精卫》，肖如平，《抗战史料研究》2014年2期。

《淞沪会战中的上海金融业》，吴景平，《军事历史研究》2014年3期。

《淞沪会战研究述评》，张云，《军事历史研究》2014年3期。

《论八一三事变前在长江流域的日本海军陆战队》，李少军，《近代史研究》2014年5期。

《1930年代初期上海的日侨社会研究——以一·二八事变为中心》，张智慧，《军事历史研究》2015年1期。

《抗战动员与孤军被辱：1938年"八一三"周年纪念风波考》，尚方超，《池州学院学报》2015年1期。

《试论一·二八淞沪抗战周年祭活动》，程皓，《抗战史料研究》2015年1期。

《"一·二八"事变与中国红十字会的沪战救护》，丁泽丽、池子华，《民国研究》2015年1期。

《一·二八淞沪抗战中的义勇军》，邓一帆，《抗战史料研究》2015年1期。

《"一·二八"抗战中的上海基督教救济》，张德明，《天风》2015年2期。

《一二八淞沪会战》，王岚，《上海党史与党建》2015年2期。

《战场上的尸体——"一·二八事变"中红卍字会的掩埋尸体活动》，孙江，《江海学刊》2015年2期。

《农工党策动"一·二八"淞沪抗战》，樊振，《前进论坛》2015年3期。

《一二八日军对上海轰炸与中国航空事业的影响》，李雪，《日本侵华史研究》2015 年 3 期。

《一·二八淞沪抗战研究述评》，魏延秋，《军事历史》2015 年 3 期。

《战火为何从奉天蔓延至上海——从"九·一八"事变到"一·二八"事变的轨迹》，［日］吉田旷二著，瞿斌译，《都会遗踪》2015 年 3 期。

《一二八淞沪抗战：中华民族觉醒的先声》，唐培吉，《上海党史与党建》2015 年 4 期。

《一·二八事变蒋介石的对日战略》，张北根，《北京科技大学学报（社会科学版）》2015 年 5 期。

《一二八淞沪战争与瘟疫》，刘雪芹，《上海党史与党建》2015 年 5 期。

《一·二八事变期间上海租界中立原则的破坏与美国的护侨应对》，陈志刚、张秀梅，《史林》2015 年 6 期。

《八一三淞沪抗战：90 天顽强抗击粉碎日本"三个月灭亡中国"的妄想》，周奕韵，《上海党史与党建》2015 年 8 期。

《"八一三"，逃离日军封锁线》，孙继恺，《档案春秋》2015 年 8 期。

《沪宁、沪杭甬铁路与淞沪会战》，邵雍，《观察与思考》2015 年 8 期。

《徐文甫与"一二八"上海市民抗日义勇军》，徐定安，《上海商业》2015 年 9 期。

《兵燹济难：一二八抗战中世界红卍字会的战地救护工作》，李云波，《民国档案》2016 年 1 期。

《八一三抗战期间上海汽车动员机制问题探微》，李云波，《史林》2016 年 2 期。

《论中国共产党对一·二八淞沪抗战的贡献》，邓一帆，《中国纪念馆研究》2016 年 2 期。

《一·二八事变后日本对在沪"第三国侨民"的赔偿》，忻平、张智慧、吕佳航，《历史研究》2016 年 2 期。

《"一·二八"淞沪抗战创造的"首次"战绩（上）》，胡卓然，《都会遗踪》2016 年 2 期。

《"八一三"期间上海漫画的抗日救亡作用以及与鲁迅漫画观点之契合及扞格》，思齐，《上海鲁迅研究》2016 年 3 期。

《"一·二八"淞沪抗战创造的"首次"战绩（下）》，胡卓然，《都会遗踪》2016 年 3 期。

《"八一三"淞沪会战期间上海救护委员会的伤兵救护述论》，肖远琴，《郑州师范教育》2016 年 5 期。

《"八一三"淞沪会战中的抗日英雄》，戴伟，《黑龙江档案》2016 年 5 期。

《一件"一·二八"淞沪抗战期间的上海档案史料》，陆其国，《中国档案》2016 年 5 期。

《一位作战科长的"八一三"亲历记》，刘劲持、朱文楚，《档案春秋》2016 年 8 期。

《全面抗战初期曹聚仁新闻思想与实践管窥——以"八·一三"淞沪会战报道为例》，贺心颖，《青年记者》2016 年 36 期。

《一·二八淞沪抗战中的抵抗与交涉——蒋介石对日和战抉择系列之五》，吴景平，《世纪》2017 年 4 期。

《国际因素与蒋介石淞沪抗战决策再探讨》，钟健，《党史研究与教学》2017 年 6 期。

《重探一·二八淞沪抗战——十四年新抗战史观下的中日第一战》，张云健，《文史天地》2017 年 8 期。

《从"七七"到"八一三"：国民党和国民政府抗战决策的酝酿和实现》，汪朝光，《南京大学学报（哲学·人文科学·社会科学）》2018 年 1 期。

《十九路军淞沪抗战与中国共产党的历史作为》，吴海勇，《上海党史与党建》2018 年 1 期。

《一·二八淞沪抗战史料选》，沈岚、童玉汝、李琴芳，《民国档案》2018 年 1 期。

《华中敌后抗战区斗争缩影》，夏继诚，《炎黄春秋》2018 年 2 期。

《一·二八事变后日本政府对上海日侨的"救恤"问题》，张智慧、马静，《史林》2018 年 2 期。

《中国军队在淞沪会战中暴露的若干问题——基于国军内部的观察与反思》，金之夏，《抗日战争研究》2018 年 3 期。

《"一·二八"淞沪抗战中的复旦大学义勇军》，左中仪，《档案春秋》2018 年 4 期。

《日本舆论界关于"一·二八"淞沪抗战言论探析》，杨殿林、张玥，《兰台世界》2018 年 10 期。

2. 上海：抗日救亡运动发起地与中心地

《战斗在敌人的封锁线上》，刘燕如，《上海民兵斗争史资料》1979 年 5 辑。

《与党中央失去联系之后》，王翰，《党史资料丛刊》1980 年 1 辑。

《抗战时期四进敌占区进行侦察和策反等工作的回忆》，冯少白，《党史资料丛刊》1980 年 2 辑。

《华中局城工部三年》，张承宗，《文史资料选辑》1980 年 5 辑。

《三上淮南》，张祺，《文史资料选辑》1980 年 5 辑。

《在敌人的心脏里：我所知道的中共中央上海局》，张执一，《革命史资料》1981 年 5 期。

《回忆上海沦陷时期党的文艺工作（上）—兼追述"孤岛"后期》，黄明，《抗战文艺研究》1982 年 2 期。

《解放前从事统战工作的片断回忆》，梅达君，《党史资料丛刊》1982 年 2 辑。

《八路军驻上海办事处的情况》，刘少文，《党史资料丛刊》1982 年 3 辑。

《八路军驻沪办事处》，夏顺奎，《党史资料丛刊》1982 年 4 辑。

《抗战初期上海的"救亡协会"》，张义渔，《社会科学》1983 年 1 期。

《抗战初期上海文委的一些情况》，孙冶方，《党史资料丛刊》1983 年 2 辑。

《抗战时期江苏省委的一些情况》，赵先，《党史资料丛刊》1983 年 2 辑。

《三十年代上海共青团的部分活动情况》，胡瑞英，《党史资料丛刊》1983 年 2 辑。

《关于在上海提篮桥监狱中斗争生活的片断回忆》，刘俊，《党史资料丛刊》1983 年 3 辑。

《我所知道的上海中央局交通工作和一九三五年七月的大破坏》，李嘉森，《党史资料丛刊》1983 年 3 辑。

《一九三四年我在上海团中央工作的一些情况》，王哲然，《党史资料丛刊》1983 年 3 辑。

《对〈抗战时期江苏省委的一些情况〉的几点补正》，赵先，《党史资料丛刊》1983 年 4 辑。

《抗战时期上海第七报童学校的抗日活动》，肖舟，《党史资料丛刊》1984 年 1 辑。

《到日伪占领下的上海市去扩军》，张尘，《党史资料丛刊》1984 年 2 辑。

《"社联"活动情况点滴》，史存直，《党史资料丛刊》1984 年 2 辑。

《江苏省委机关工作点滴》，赵先，《党史资料丛刊》1984 年 3 辑。

《抗日战争时期上海党史大事记摘编（上）》，上海市委党校党史教研室，《上海党校学报》1985 年 4 期。

《抗日战争时期上海党史大事记摘编（下）》，上海市委党校党史教研室，《上海党校学报》1985 年 5 期。

《回忆抗战时期我在上海的活动》，诸敏，《上海党史资料通讯》1985 年 6 期。

《抗战胜利后的中共代表团南京办事处和上海办事处》，钱之光，《近代史研究》1985 年 6 期。

《关于一九三三年上海中央局的回忆》，黄然，《党史资料丛刊》1985 年 1 辑。

《"八一三"前后的片断回忆》，周克，《党史资料丛刊》1985 年 4 辑。

《我的良师益友》，陆志仁，《党史资料丛刊》1985 年 4 辑。

《我未参加"社联"党组》，李剑华，《党史资料丛刊》1985 年 4 辑。

《东路交通工作的回忆》，陈永清，《上海党史资料通讯》1985 年 8 期。

《回忆一九三六年上海反日大罢工的一些情况》，张维桢，《工运史研究资料》1986 年 4 期。

《上海反日大罢工事记》，马钟狱，《工运史研究资料》1986 年 4 期。

《上海党和人民支援苏常太抗日游击根据地的情况》，中共常熟市委党史办公室，《上海党史资料通讯》1986 年 5 期。

《关于上海日商纱厂工人反日大罢工》，谭抗美，《上海工运史料》1986 年 6 期。

《1936 年上海日商纱厂反日大罢工》，刘贞，《上海党史资料通讯》1986 年 12 期。

《上海公共租界工部局警务处档案选译——一二九运动后上海学生的反响》，金绳龄译，曾锦华校，《档案与历史》1987 年 4 期。

《1929年上海市总商会与上海国民救国会纠纷案档案资料选》，沈慧瑛选编，《档案与历史》1988年3期。

《上海沦陷后党在租界中领导的抗日斗争及特点》，杨青云，《驻马店师专学报（社会科学版）》1989年3期。

《抗日战争和解放战争年代我在上海做的统战工作》，艾中全，《上海党史》1989年9期。

《抗战初期中共江苏省委重建时上海工厂系统党组织状况》，尹舸，《上海党史》1990年6期。

《论中国共产党在八一三上海抗战中的作用》，孟彭兴，《史林》1991年1期。

《高举抗日旗帜点燃救国烈火—上海党组织在"九一八"和"一二八"抗日运动中的作用》，李华明，《上海党史》1991年9期。

《抗战时期的上海各界救亡协会》，翁三新，《上海党史研究》1992年8期。

《上海市民义勇军经历史》，王屏南，《上海革命史资料与研究》1992年。

《关于益星商店（联络站）》，李子明、张达平，《上海党史研究》1993年1期。

《"九一八"至"孤岛"时期中共江苏省委在上海领导出版的爱国报刊》，王明生、黄家伟，《江苏出版史志》1994年1期。

《沦陷时期的上海工运》，黄美真，《历史研究》1994年4期。

《抗日战争时期上海人民也曾营救过美国飞行员》，龚定中，《上海党史研究》1994年5期。

《首举抗日义旗的上海大学生——复旦学生在一二·九运动中》，陆米强，《上海党史研究》1994年6期。

《上海回族抗日救亡运动述略》，哈宝信，《回族研究》1995年4期。

《旅沪外侨及国际友人对上海抗日斗争的支援》，崔志鹰、潘光、汪之成，《上海党史研究》1995年S1期。

《抗日救亡运动中的上海宗教界》，罗伟虹，《上海党史研究》1995年S1期。

《抗战时期上海军民爱国主义的历史特点》，王关兴，《上海党史研究》1995年S1期。

《九一八以后上海资产阶级的爱国民主运动和抗日民族统一战线》，陈正卿，《上海党史研究》1995年S1期。

《论抗战时期上海工人运动》，钱敏，《上海党史研究》1995年S1期。

《论孤岛时期上海工人求生斗争及其策略运用》，王仰清，《上海党史研究》1995年S1期。

《上海客籍团体的抗日救国活动》，郭绪印，《上海党史研究》1995年S1期。

《抗日救亡的历史见证——对上海社会科学讲习所部分成员合影照片的考证》，陆米强，《上海党史与党建》1996年1期。

《中国共产党领导的敌占城市抗日斗争》，苏士甲，《中共党史研究》1996年3期。

《中国共产党领导的"孤岛"文化斗争》，戴知贤，《中共党史研究》1996年4期。

《1936，沸腾的上海——纪念救国会运动60周年》，马福龙，《上海党史研究》1996年6期。

《上海宁波帮的抗日救国活动》，曹峻，《抗日战争研究》1997年1期。

《上海劳动妇女战地服务团述论》，陈群哲，《江西社会科学》1997年9期。

《我利用顾竹轩的掩护进行革命活动》，顾叔平，《20世纪上海文史资料文库》1999年9期。

《入党后第一次重大考验》，杨应彬，《源流》2001年7期。

《"51号兵站"》，包同曾，《神州学人》2001年11期。

《尘封的"中共谍报团案"：日本志士冒死探绝秘》，徐焰，《湖北档案》2002年8期。

《"上海事变"前国共两党对日政策的历史考察》，马生怀，《史志研究》2003年2期。

《汉奸！——战时上海的通敌与锄奸活动》，[美]魏斐德著，吴晓明译，《史林》2003年4期。

《抗战时期上海地区日伪关系探析》，李峻，《江海学刊》2003年6期。

《党的抗日民族统一战线与上海帮会的争取工作》，张传仁，《上海革命史资料与研究》2003 年。

《抗战时期党在上海领导群众工作的历史经验》，陈丽凤，《党政论坛》2005 年 3 期。

《论抗战时期上海的妇女救亡团体》，于明静，《历史教学问题》2005 年 4 期。

《略论抗战时期上海党组织领导能力的重大提升》，陈丽凤，《上海党史与党建》2005 年 7 期。

《抗日战争时期中国共产党对上海知识分子的引领及其启示》，侯桂芳，《上海党史与党建》2005 年 9 期。

《1920 至 1930 年代的上海：台湾爱国青年反日活动的大舞台》，何池，《上海党史与党建》2005 年 9 期。

《抗战时期上海基层党组织的重建及发展》，王小莉，《上海党史与党建》2005 年 12 期。

《八路军驻上海办事处的情况》，刘少文，《上海革命史资料与研究》2005 年。

《中共代表团驻沪办事处设立背景与主要工作述略》，乔金伯，《上海革命史资料与研究》2006 年 6 辑。

《抗战时期中共江苏省委的历史贡献》，凌一览、陆晓路，《档案与建设》2007 年 6 期。

《抗战时期中共上海党组织对民众的社会动员及其启示》，侯桂芳，《上海党史与党建》2007 年 8 期。

《上海民众反日救国联合会述略》，陈首崔，《上海革命史资料与研究》2007 年。

《中国民族武装自卫委员会述略》，邵雍，《党史研究与教学》2008 年 3 期。

《抗战时期上海的国际反法西斯统一战线》，潘光，《社会科学》2008 年 8 期。

《"两个口号"论争与党的抗日民族统一战线政策》，田刚，《东岳论丛》2009 年 9 期。

《上海市地方协会与抗日救亡运动》，白华山，《上海革命史资料与研究》2010 年。

《亲历"岩井公馆"红色电台》，梅丹馨、陈正卿，《都会遗踪》2011 年 2 期。

《抗战时期岩井公馆为中共"服务"秘闻》，鲁南，《湖北档案》2011 年 8 期。

《为抗日运输忙》，姜怀先，《理想在我心中》，中西书局 2011 年。

《记抗日战争中一次党的交通工作》，张立，《铁流（18）纪念抗美援朝 60 周年·纪念袁国平烈士·纪念老会长张铚秀将军逝世一周年》，解放军出版社，2011 年。

《另一种抗战：抗战期间以秉志为核心的中国科学社同仁在上海》，张剑，《中国科技史杂志》2012 年 2 期。

《党建立抗日民族统一战线的纲领性文献——对毛泽东致章乃器等人的信的评价》，尚金州，《沈阳干部学刊》2012 年 6 期。

《日方资料反映的一九四三年上海租界中共组织屡遭破坏情况》，周进、丁伟，《中共党史研究》2012 年 6 期。

《〈毛泽东致章乃器等的信〉研究——中国共产党建立抗日民族统一战线的纲领性文献》，尚金州、李正军，《传承》2012 年 22 期。

《中国共产党建立抗日民族统一战线的纲领性文献》，尚金州、张洪军，《兰台世界》2012 年 34 期。

《淀山湖畔策反记》，汤雄，《铁军》2014 年 11 期。

《让文化工作者汇聚在抗日救亡的伟大旗帜下——记抗战时期党对上海文化界的统战工作》，杨晔，《共赴时艰：1920—1949 年上海统战历史专题文集》，上海人民出版社 2014 年。

《抗战前期党对上海工商界开展统战工作的考察》，沈阳，《共赴时艰：1920—1949 年上海统战历史专题文集》，上海人民出版社 2014 年。

《中国共产党与"武卫会"》，陈彩琴，《共赴时艰：1920—1949 年上海统战历史专题文集》，上海人民出版社 2014 年。

《抗战时期中国共产党对上海金融界的统战工作》，陈彩琴，《共赴时艰：1920—1949 年上海统战历史专题文集》，上海人民出版社 2014 年。

《张爱萍为"51 号兵站""小老大"平反冤案》，唐国良，《世纪》2015 年 2 期。

《抗战时期中国共产党在上海实施"三勤"工作策略的经验与启示》，马婉，《上海党史与党建》2015 年

3 期。

《全面抗战时期中国共产党在上海的统一战线工作述略》,韩洪泉,《上海市社会主义学院学报》2015年4期。

《中国共产党与上海教育界抗日救亡运动》,韩洪泉,《上海国防》2015年5期。

《抗战时期上海的社团组织》,顾云湘,《上海党史与党建》2015年6期。

《抗战时期〈申报〉视野下的上海抵制日货运动》,吴康林,《忻州师范学院学报》2015年6期。

《中国共产党是这样建设成为领导上海抗战的坚强堡垒的》,韩洪泉,《上海党史与党建》2015年9期。

《初出茅庐"小老大"》,梁波罗,《文史精华》2015年10期。

《张爱萍与电影〈51号兵站〉原型的传奇故事》,唐国良,《法制博览》2015年11期。

《抗战时期共产党的新闻实践及启示——以上海地区为例》,刘永国,《新闻战线》2015年19期。

《论中国共产党对一·二八淞沪抗战的贡献》,邓一帆,《中国纪念馆研究》2016年2期。

《"办报就是打政治仗"——抗战胜利后中共在上海开辟新闻舆论阵地》,史为鉴,《大江南北》2016年4期。

《抗战时期中共上海地方组织领导下的难童工作》,张鼎,《上海党史与党建》2016年4期。

《真实的"51号兵站"》,朱晓明,《文史精华》2016年14期。

《舆情、消费与应对:抗战胜利后上海的"抗战夫人"问题》,吴俊范,《史学月刊》2017年4期。

《中共谍报团案中的"日籍同志"》,徐世强、李旭翠,《团结报》,2017年6月15日。

《十九路军淞沪抗战与中国共产党的历史作为》,吴海勇,《上海党史与党建》2018年1期。

《抗战时期江苏的两份同名党刊》,吴雪晴,《世纪风采》2018年2期。

《九一八事变后的学生抗日救国运动——以上海光华大学为中心》,韩戍,《日本侵华南京大屠杀研究》2018年4期。

《中国共产党领导上海抗战策略方针的五次演变》,韩洪泉,《上海党史与党建》2018年4期。

《中国共产党与上海抗战述论》,韩洪泉,《军事历史》2018年4期。

《中国共产党在淞沪抗战中发挥重要作用》,查建国、夏立,《中国社会科学报》,2018年2月5日。

3."孤岛"时期·抗战文化

《救亡日报在上海》,彭启一,《新闻研究资料》1980年2期。

《"孤岛"时期上海的戏剧运动》,姜椿芳,《新文学史料》1980年4期。

《上海"孤岛"时期文学工作回忆片断》,蒋天佐,《新文学史料》1980年4期。

《三十年代上海的几种外文报刊》,闵迪华,《学术月刊》1983年9期。

《上海"孤岛"文艺通讯运动概况》,应为、田青,《社会科学》1984年2期。

《闪耀在"孤岛"的一把火炬——回忆〈上海周报〉》,丁裕,《社会科学》1984年4期。

《"孤岛"上的〈战声〉三日刊——为纪念抗战胜利四十周年忆救亡活动点滴》,邓夏,《图书馆杂志》1985年3期。

《上海"孤岛"时期的洋商华文报》,杨幼生,《新闻记者》1985年8期。

《铁蹄下喷出的激情之火——抗战时期孤岛诗歌创作》,应国靖,《社会科学》1985年9期。

《一本内幕新闻刊物的内幕——记上海地下党在敌区出版的〈新闻观察〉》,倪之琨,《新闻记者》1986年5期。

《"孤岛"不孤——读〈上海"孤岛"文学回忆录〉》,柳和城,《人民日报》,1986年7月14日。

《上海"孤岛"时期抗日报刊述评》,黄瑚,《新闻研究资料》1987年3期。

《八一三抗战中的上海救亡画刊》,吴景平,《史林》1987年4期。

《上海"孤岛"时期的抗日爱国报刊——纪念抗日战争爆发五十周年》,朱敏彦、周智伟,《空军政治学院学报》1987 年 4 期。

《上海"孤岛"文学运动》，陈梦熊，《学术界动态》1987 年 6 期。

《二战时期以伪装面目在上海流传的革命书刊》，张克明，《革命史资料》1987 年 8 期。

《忆抗战中的上海文艺工作》，姜椿芳，《人民日报》，1987 年 7 月 14 日。

《文化教育为抗战服务——记抗战开始时从上海到武汉的文化活动》，陈辛仁，《新文学史料》1989 年 4 期。

《沦为"孤岛"前夕的上海文学杂志界》，沈永宝，《新文学史料》1990 年 1 期。

《新闻记者血溅"孤岛"》，徐载平，《上海滩》1992 年 4 期。

《"孤岛"及沦陷时期外国戏剧改编活动述略》，朱华，《上海师范大学学报（哲学社会科学版）》1992 年 4 期。

《上海文化界救亡协会》，傅幸艺，《上海党史研究》1992 年 8 期。

《抗战时期党领导下出版的上海职工报刊》，陆米强，《上海革命史资料与研究》1992 年。

《"孤岛"时期上海通俗文学的新风采》，陈青生，《新文学研究》1993 年 1 期。

《上海"孤岛"文艺期刊》，黄志雄，《抚州师专学报》1993 年 1 期。

《"孤岛"时期的上海抗日报刊及其主要特点》，朱敏彦，《编辑学刊》1993 年 2 期。

《半壁江山在怒吼——上海抗战文化活动述略》，傅幸艺、谢黎萍，《上海党史研究》1993 年 4 期。

《上海"孤岛文学"》，刘勇，《文艺理论与批评》1993 年 5 期。

《"孤岛"时期上海〈文汇报〉介绍》，丁孝智、张根福，《抗日战争研究》1994 年 3 期。

《上海新闻界的抗日宣传》，马光仁，《上海党史研究》1995 年 S1 期。

《时代的号角，民众的向导——上海抗战进步文化运动浅析》，谢黎萍，《上海党史研究》1995 年 S1 期。

《上海沦陷前后地下党的文艺工作》，黄明，《新文学史料》1996 年 1 期。

《中国共产党领导的"孤岛"文化斗争》，戴知贤，《中共党史研究》1996 年 4 期。

《"孤岛"时期上海的"洋旗报"》，梅丽红，《档案与史学》1996 年 5 期。

《抗战时期上海的外国文学译介》，陈青生，《新文学史料》1997 年 4 期。

《抗战时期的上海期刊》，陈江，《编辑学刊》1997 年 5 期。

《论"孤岛"时期上海"洋旗报"的历史作用》，傅世杰，《同济大学学报（社会科学版）》1998 年 4 期。

《孤岛时期的"洋旗报"〈华美晨报〉》，征洪、缉熙，《世纪》1998 年 6 期。

《上海"孤岛"时期的"洋旗报"》，傅世杰，《民国春秋》1999 年 5 期。

《中国共产党人眼中的法西斯主义——上海时期的〈红旗周报〉》，徐有威，《上海党史研究》2000 年 3 期。

《奔赴"八·一三"前线采访》，冯英子，《世纪》2000 年 4 期。

《闲看落红说春华——抗战胜利后上海方型周刊的兴衰》，南溪，《新文学史料》2000 年 4 期。

《抗日战争时期上海文化在全国文化发展中的地位和作用》，齐卫平，《上海党史与党建》2001 年 4 期。

《上海〈民国日报〉事件始末》，郝先中，《民国春秋》2001 年 6 期。

《抗战时期上海文化人向香港的迁徙》，张培德，《史林》2002 年 4 期。

《抗日战争时期上海文化发展论析》，朱敏彦、齐卫平，《上海师范大学学报（哲学社会科学版）》2002 年 5 期。

《局部抗战时期上海报告文学的厘定及其特点》，王文军，《上海大学学报（社会科学版）》2003 年 5 期。

《论抗战时期上海知识分子的心路历程》，李峻，《南京社会科学》2003 年 12 期。

《"孤岛"时期的上海众业公所》，朱荫贵，《民国档案》2004 年 1 期。

《"孤岛"时期新知书店在上海的出版工作和海上运输线记闻》，俞筱尧，《出版史料》2004 年 3 期。

《孤岛时期越剧的繁荣及其原因》，宋京，《史林》2004 年 3 期。

《上海"孤岛"文艺运动亲历记》，蒋锡金、吴景明，《新文学史料》2004 年 3 期。

《北京、上海文学中心的陷落与重庆文学中心的形成——略论抗战对中国现代文学格局的影响》，张武军，《现代中国文化与文学》2005 年 2 期。

《抗日战争中的上海文化救亡团体》，齐卫平，《上海革命史资料与研究》2005 年。

《"八一三"抗战与〈旅行杂志〉》，宋晓军，《博览群书》2005 年 9 期。

《"八一三"战火催生〈良友战事画刊〉》，谢其章，《光明日报》，2005 年 8 月 25 日。

《上海抗战文化的发展与抗争》，朱敏彦、齐卫平，《文汇报》，2005 年 9 月 5 日。

《嘉定的抗日文化社团》，陶继明，《嘉定报》2005 年 9 月 20 日。

《〈申报〉与一二八事变》，徐煜、向开斌，《民国档案》2006 年 3 期。

《上海抗战时期话剧的轰动剧目及日本电影上映场数比较》，邵迎建，《话剧》2006 年 4 期。

《九一八事变前〈生活〉周刊对日本侵华的认识及其抵御主张》，赵文，《安徽史学》2006 年 4 期。

《上海工委与〈联合晚报〉》，蔡金法，《上海革命史资料与研究》2006 年。

《上海抗战文化的发展与抗争》，朱敏彦、齐卫平，《纪念中国人民抗日战争暨世界反法西斯战争胜利 60 周年学术研讨会论文集》，中共党史出版社 2006 年。

《上海新闻界：风火如雷的抗战时期》，汤耀国，《中华新闻报》，2006 年 2 月 15 日。

《传媒动员与一二八淞沪抗战——以上海广播电台为个案的考察》，汪英，《军事历史研究》2007 年 3 期。

《考量抗战时期上海越剧发展缘由》，管尔东，《中国戏剧》2007 年 4 期。

《大众与小众：迈向趣味戏剧——抗战时期上海话剧的再探讨》，李涛，《戏剧艺术》2007 年 6 期。

《孤岛时期上海爱国学者对抢救古籍的贡献》，房鑫亮，《历史教学问题》2007 年 6 期。

《"人民喉舌"：九一八事变后〈申报·读者通讯〉之舆论研究》，刘永生，《贵州社会科学》2008 年 12 期。

《可疑的繁盛——日军阴影下的都市女性文化探析》，姜进，《华东师范大学学报（哲学社会科学版）》2008 年 2 期。

《抗战时期的知识分子"下乡"运动》，侯桂芳，《上海党史与党建》2009 年 12 期。

《沦陷时期上海的出版业与历史研究》，符静，《首都师范大学学报（社会科学版）》2011 年 3 期。

《〈民族公论〉与中国共产党在上海"孤岛"的舆论宣传》，黄昊，《湖南科技学院学报》2011 年 5 期。

《上海与斯诺对中国共产党的认知及传播》，倪建平、孙华，《山东理工大学学报（社会科学版）》2011 年 6 期。

《〈壁报〉与 1937 年上海抗战期间中共的舆论宣传》，李晓兰、陈黔珍，《上海党史与党建》2012 年 1 期。

《另一种抗战：抗战期间以秉志为核心的中国科学社同仁在上海》，张剑，《中国科技史杂志》2012 年 2 期。

《抗战时期上海"孤岛"的报刊与图书出版活动》，吕亚平，《图书馆杂志》2012 年 2 期。

《论孤岛时期〈文汇报〉的抗日宣传》，刘莹，《新闻知识》2012 年 2 期。

《抗战前后〈申报〉视野中的中国共产党》，刘永生，《广西师范大学学报（哲学社会科学版）》2012 年 3 期。

《抗战时期的上海演剧》，傅谨，《文艺研究》2012 年 4 期。

《评邵迎建著〈上海抗战时期的话剧〉》，秦弓，《中国现代文学研究丛刊》2012 年 7 期。

《在孤岛上海出版的 3 部名著》，范用，《现代阅读》2012 年 9 期。

《上海"孤岛"时期抗战文学的一面旗帜》，朱晓明，《文艺报》，2012 年 1 月 16 日。

《揭示历史的复杂与丰富——读〈上海抗战时期的话剧〉》，钱理群，《人民日报》，2012 年 6 月 5 日。

《"孤岛"时期的上海文人生活叙事》，王琪森，《新民晚报》，2012 年 8 月 19 日。

《"孤岛"时期的上海社会科学讲习所》，徐鸣，《都会遗踪》2013 年 4 期。

《抗战时期上海亲日史学研究》，符静，《长江师范学院学报》2013 年 4 期。

《上海第一个被日伪杀害的文化人》，陈公益，《大江南北》2013 年 10 期。

《"九一八"事变后〈生活〉周刊的抗日舆论宣传》，李胜佳，《赤峰学院学报（汉文哲学社会科学版）》2013 年 7 期。

《沪东成立中共领导的第一个少儿抗日戏剧团体孩子剧团》，《杨浦时报》，2013 年 5 月 25 日。

《从上海到重庆：电影明星效应与抗战时期中国文化地理空间的重构》，马晶、陶春林，《当代电影》2014 年 1 期。

《"登记"之争："孤岛时期"上海广播事业话语权控制与争夺》，朱叶，《甘肃社会科学》2014 年 4 期。

《抗日战争时期的知识分子形象探析——以〈寒夜〉〈上海屋檐下〉为例》，李琨，《鄂州大学学报》2014 年 4 期。

《抗战初期上海文化界的救亡斗争》，沈宗镐，《大江南北》2014 年 9 期。

《在解构中沉潜：上海沦陷区小说的"五四"底色——兼议抗战时期文学民族化》，张谦芬，《社会科学》2014 年 11 期。

《中共上海地下党与"孤岛"体育》，刘波，《兰台世界》2014 年 22 期。

《上海漫画与漫画抗日》，佚名，《东方早报》，2014 年 8 月 6 日。

《上海"孤岛"时期的音乐生活——以〈北华捷报〉〈字林西报〉中的"读者之声"为史料》，王艳莉，《音乐艺术（上海音乐学院学报）》2015 年 2 期。

《上海"孤岛"时期的抗日出版活动》，纪庆芳，《现代出版》2015 年 3 期。

《上海抗敌救亡演剧第二队在郑州》，夏照滨，《河南文史资料》2015 年 3 期。

《从"孤岛"不孤看中国共产党在抗日救亡语境下的宣传工作》，杨晔，《上海党史与党建》2015 年 8 期。

《抗战时期上海知识分子的分化向度》，于秀秀，《上海党史与党建》2015 年 8 期。

《生活与激情——析抗战时期上海青年会音乐活动的多种面相》，关心，《南阳师范学院学报》2015 年 11 期。

《上海：全国抗战文化的策源地和发祥地》，"上海与世界反法西斯战争"重大课题专家组，《解放日报》，2015 年 5 月 9 日。

《复旦新闻六君子抗战故事今披露》，张炯强，《新民晚报》，2015 年 7 月 2 日。

《上海抗战文化："用笔作刀枪"的力量》，李小佳，《解放日报》，2015 年 7 月 6 日。

《曲折与隐晦中的砥砺——上海"孤岛"时期电影期刊研究》，游溪，《电影新作》2016 年 1 期。

《上海"孤岛"时期翻译文学特点及原因探究》，邹素，《外文研究》2016 年 1 期。

《上海"孤岛"时期的抗日报人》，黄瑚，《华中传播研究》2016 年 1 期。

《上海"孤岛"时期〈字林西报〉音乐普及功能初探》，王艳莉，《艺术研究》2016 年 1 期。

《中日战争下日本帝国投向上海的"视线"——以上海观光媒体为中心》，［日］高纲博文、葛涛，《史林》2016 年 1 期。

《"八一三"期间上海漫画的抗日救亡作用以及与鲁迅漫画观点之契合及扞格》，思齐，《上海鲁迅研究》2016 年 3 期。

《翻译与政治：对上海孤岛时期文学翻译的考察》，郭刚，《中国翻译》2016 年 4 期。

《目的论视角下上海"孤岛"时期的翻译活动》，刘杰，《求知导刊》2016 年 36 期。

《上海京剧界与抗日救亡运动》，杨建党，《联合时报》，2016 年 5 月 6 日。

《论抗战时期上海话剧的职业演剧》，计敏，《戏剧艺术》2017 年 1 期。

《"孤岛"奋战：抗战时期中共文艺团体在上海的坚守——以"上海剧艺社"为例》，黄静，《南京政治学院学报》2017 年 2 期。

《从〈字林西报〉看上海"孤岛"时期慈善音乐艺术的传播》，王艳莉，《音乐艺术（上海音乐学院学报）》

2017 年 3 期。

《抗战前后上海左翼电影女演员的身份认同与跨界表演》,年悦,《前沿》2017 年 3 期。

《淞沪会战期间〈抗战〉对日本形象的建构》,杨海清,《长江文明》2017 年 3 期。

《抗战时期"学术中国化"运动再探讨——以上海为中心的考察》,姚宏志,《中共党史研究》2017 年 7 期。

《呐喊,上海广播界的救亡图强》,赵玉明,《档案春秋》2017 年 9 期。

《论"孤岛"时期〈文汇报〉办报宗旨、言论特色与现实观照——以〈本报创刊告读者〉一文为例》,施欣,《社会科学论坛》2017 年 10 期。

《〈上海文化〉与抗战胜利后的明星效应》,刘威,《青年记者》2017 年 11 期。

《上海"孤岛"抗战文艺的先导——全面抗战前期上海〈孤岛〉周刊研究》,李文平、蔺玉娇,《重庆师范大学学报(社会科学版)》2018 年 1 期。

《浅析抗战时期上海革命进步音乐积极的影响》,张翼飞,《黄河之声》2018 年 2 期。

《早期抗日战争新闻纪录片在上海》,吴志伟,《都会遗踪》2018 年 2 期。

《海派文化视阈下的上海抗战——兼论上海抗战文化的历史地位》,张云,《军事历史》2018 年 4 期。

《抗战时期上海孤岛出版中心的演变及其作用》,赵晓兰,《浙江师范大学学报(社会科学版)》2018 年 4 期。

《"孤岛"时期上海"洋旗报"的话语权抗争及其策略》,周立华,《江西师范大学学报(哲学社会科学版)》2018 年 5 期。

《时代与生活的错位和呼应:抗战前夕上海电影的一日史研究》,张隽隽,《电影评介》2018 年 9 期。

《〈上海一日〉的媒介集体记忆建构》,赵一燊,《新闻研究导刊》2018 年 21 期。

《中国共产党与孤岛时期上海文化界抗日斗争述略》,韩洪泉,《抗战文化研究》2018 年。

4. 义勇军进行曲

《〈义勇军进行曲〉创作的前前后后》,向延生,《中国音乐》1983 年 3 期。

《时代的最强音——纪念国歌——〈义勇军进行曲〉创作 60 周年》,周巍峙,《新文化史料》1996 年 1 期。

《谈〈国际歌〉和〈义勇军进行曲〉的歌曲创作》,魏季鸣,《咸宁学院学报》2003 年 5 期。

《国歌从这里唱响》,张伟,《档案与史学》2003 年 6 期。

《〈义勇军进行曲〉风雨七十年》,顾育豹,《世纪桥》2004 年 5 期。

《〈义勇军进行曲〉的七十年》,顾育豹,《福建党史月刊》2004 年 6 期。

《关于〈义勇军进行曲〉的创作时间》,方育德,《新文学史料》2004 年 3 期。

《中国抗战催生〈义勇军进行曲〉》,顾育豹,《戏文》2005 年 4 期。

《国歌〈义勇军进行曲〉诞生记》,袁成亮,《党史纵览》2008 年 7 期。

《〈义勇军进行曲〉从上海唱出》,毛建新,《新普陀报》2008 年 7 月 30 日。

《历经曲折的〈义勇军进行曲〉》,顾育豹,《文史春秋》2009 年 1 期。

《从〈义勇军进行曲〉到国歌》,李金明,《湘潮》2010 年 1 期。

《刘良模与〈义勇军进行曲〉》,章华明、陈刚,《天风》2010 年 8 期。

《论辽西抗日义勇军的抗战与〈义勇军进行曲〉的诞生》,于德泉、申玲,《重庆科技学院学报(社会科学版)》2012 年 15 期。

《关于东北义勇军和〈义勇军进行曲〉发祥地的探讨》,张桂芝,《渤海大学学报(哲学社会科学版)》2014 年 3 期。

《〈义勇军进行曲〉从这里唱响》,张天南、牛辉、付强,《解放军报》,2014 年 9 月 30 日。

《〈义勇军进行曲〉创作之源新考》，李旭辉，《石家庄理工职业学院学术研究》2015 年 1 期。

《时代强音大美国歌——从〈义勇军进行曲〉到〈中华人民共和国国歌〉》，钱仁平，《民族艺术研究》2015 年 6 期。

《〈义勇军进行曲〉缘何化身国歌》，苏全有，《福建论坛（人文社会科学版）》2016 年 8 期。

《高鹏振与〈义勇军进行曲〉》，李明、李新月，《党史纵横》2016 年 9 期。

《〈义勇军进行曲〉创作始末》，李金明、顾育豹，《人民周刊》2017 年 18 期。

《〈义勇军进行曲〉诞生背后的中共因素》，程曦敏，《党的生活（黑龙江）》2019 年 12 期。

5. 战时上海经济和社会

《日伪在沦陷区的"清乡"活动》，余子道，《近代史研究》1982 年 2 期。

《抗战时期日军对上海钢铁商业的三次大掠夺》，陆仁贤，《上海经济研究》1982 年 11 期。

《上海沦陷后敌人残杀报人的罪行》，顾执中，《新闻研究资料》1983 年 3 期。

《抗战时期上海的职工体育活动》，王声一，《体育文史》1984 年 2 期。

《抗战初期上海民营工厂的内迁》，孙果达，《近代史研究》1985 年 4 期。

《抗战期间上海内迁工厂与四川民族工业》，孙果达，《社会科学研究》1985 年 5 期。

《上海"劫收"实录》，崔美明，《档案与历史》1986 年 2 期。

《上海中国国货公司在战时后方》，郑青，《档案与历史》1987 年 3 期。

《汪伪国民政府"接收"上海两租界始末》，石源华，《上海研究论丛》1988 年 1 期。

《1938 年上海公共租界巡捕房关于黄道会等团体活动情况的报告》，杨红译，李雪云校，《档案与历史》1989 年 2 期。

《一份了解上海劳动妇女战地服务团的宝贵资料》，马建萍，《上海革命史资料与研究》1992 年。

《上海孤岛与大后方的贸易》，袁燮铭，《抗日战争研究》1994 年 3 期。

《抗战时期国民政府与口伪在上海的金融战》，单冠初，《抗日战争研究》1994 年 3 期。

《上海沦陷时期"伪工会"述评》，饶景英，《史林》1994 年 4 期。

《抗战时期上海企业公司的兴起与蜕变》，黄汉民，《学术月刊》1994 年 10 期。

《悲壮的一幕——上海的米粮单帮贸易》，张忠民，《上海党史研究》1995 年 S1 期。

《抗战时期跨国合资经营的南洋企业公司》，黄汉民，《上海党史研究》1995 年 S1 期。

《抗战时期日军对上海教育事业的破坏》，庄志龄，《上海党史研究》1995 年 S1 期。

《抗战时期上海的职工教育》，乐基伟，《上海党史研究》1995 年 S1 期。

《抗战时期上海会馆、同乡组织的难民工作初探》，宋钻友，《上海党史研究》1995 年 S1 期。

《抗战时期上海民营工厂内迁与内迁中的民族企业家》，朱婷，《上海党史研究》1995 年 S1 期。

《抗日战争期间上海的人口与社会变迁》，孙常敏、胡苏云，《上海党史研究》1995 年 S1 期。

《论抗战时期的上海银行家》，李一翔，《上海党史研究》1995 年 S1 期。

《日本在旧上海棉纺织业的投资》，虞京海，《档案与史学》1995 年 2 期。

《抗战初期迁港的上海工商企业》，张晓晖，《档案与史学》1995 年 4 期。

《侵华日军上海慰安所揭秘》，苏智良，《上海党史研究》1995 年 4 期。

《上海——犹太方舟》，唐培吉，《上海党史研究》1995 年 4 期。

《抗战八年一音专——记孤岛时期的私立上海音专》，朱建，《音乐爱好者》1995 年 6 期。

《抗战时期上海职业界的联谊会》，张敏，《档案与史学》1997 年 5 期。

《日本在上海和华中地区的货币金融侵略政策》，陆伟，《党史研究与教学》1998 年 4 期。

《抗战时期孤岛的社会动态》，魏宏运，《学术研究》1998 年 5 期。

《抗战时期的上海股市研究》，张晓阳，《档案与史学》1999 年 1 期。

《抗战时期上海的米粮市场》,刘志英,《档案与史学》1999 年 2 期。

《试论抗战时期内迁及其对后方社会的影响》,忻平,《华东师范大学学报》1999 年 2 期。

《抗战时期上海的"代价券"》,郑祖安,《档案与史学》1999 年 6 期。

《论战时上海工厂内迁的倡议者》,孙果达,《近代中国》1999 年。

《略论抗战时期上海企业公司的制度创新》,张忠民,《上海经济研究》2001 年 2 期。

《从银行立法看 30 年代国民政府与沪银行业关系》,吴景平,《史学月刊》2001 年 2 期。

《抗战时期上海市内道路交通情况评述》,薛念文,《学术月刊》2002 年 1 期。

《抗战时期上海的产业证券与新兴企业集团——以"新亚集团"为例》,张忠民,《上海经济研究》2002 年 3 期。

《略论抗战时期宁沪地区城市经济环境的恶化》,郑忠,《南京师大学报(社会科学版)》2002 年 6 期。

《汪伪时期筹办伪"国立上海大学"始末》,李迅,《上海大学学报(社会科学版)》2002 年 6 期。

《上海金融业与太平洋战争爆发前上海的外汇市场》,吴景平,《史学月刊》2003 年 1 期。

《抗战前期的上海汇市》,顾关林,《档案与史学》2003 年 5 期。

《论抗战时期上海地区的武装力量及其影响》,李峻,《军事历史研究》2004 年 1 期。

《"孤岛"时期的上海众业公所》,朱荫贵,《民国档案》2004 年 1 期。

《抗战前期的上海华商证券市场》,刘志英,《财经论丛(浙江财经学院学报)》2004 年 2 期。

《抗战前期上海"孤岛"与日本贸易研究》,张赛群,《怀化学院学报》2005 年 1 期。

《抗战前后中共路线的转变与上海城市的社会团体》,萧小红,《史林》2005 年 1 期。

《抗战时期的上海华商证券市场》,朱荫贵,《社会科学》2005 年 2 期。

《抗战前期上海本埠贸易初探》,张赛群,《民国档案》2005 年 3 期。

《上海银行公会与国民政府对日伪的货币金融战》,张天政,《抗日战争研究》2005 年 4 期。

《抗战前期上海"孤岛"埠际贸易研究》,张赛群,《华侨大学学报》2005 年 4 期。

《抗日战争时期中国共产党对上海知识分子的引领及其启示》,侯桂芳,《上海党史与党建》2005 年 9 期。

《关于上海敌后抗战的几个问题》,洪小夏,《军事历史研究》2006 年 1 期。

《抗战时期的上海华商信托业》,吴景平、何旭艳,《抗日战争研究》2006 年 1 期。

《日本侵华对中国现代化建设的破坏——以上海闸北为例》,蔡亮、苏智良,《民国档案》2006 年 4 期。

《抗战时期的上海中国股票推进会》,朱荫贵,《中国经济史研究》2006 年 4 期。

《竞争·协作·共生:1927—1937 年的中外银行业》,宋佩玉,《学术月刊》2007 年 9 期。

《抗战时期上海证券市场研究》,范瑞,《中国证券期货》2008 年 9 期。

《抗战时期上海的"煤荒"研究》,朱佩禧,《社会科学》2009 年 1 期。

《从"接收"到"重组"——租界沦陷初期日本当局对上海的经济政策取向》,甘慧杰,《史林》2009 年 4 期。

《民国沪地同业公会与政府当局间的一次公开较量——抗战后上海劫余纱布案述评》,樊卫国,《社会科学》2010 年 7 期。

《抗战前上海华商再保险业发展状况探析——兼论华商保险业与国民政府的关系》,曹嘉涵,《江海学刊》2011 年 2 期。

《华商联合保险公司述论(1933—1937)——兼评抗战之前的上海华商再保险业》,曹嘉涵,《兰州学刊》2011 年 2 期。

《抗战时期的上海华商房地产公司》,朱荫贵,《安徽史学》2011 年 3 期。

《一九四五年上海起义计划的制订与放弃》,卢毅,《中共党史研究》2011 年 5 期。

《国民党与九一八时期的对日经济绝交运动——以上海为中心的探讨》,齐春风,《江海学刊》2012 年

2 期。

《上海米号业嘉谷堂房产纠纷解析——兼论中日战争对上海粮食行业的影响》，马军，《社会科学》2012 年 6 期。

《"孤岛"时期沪市的粮食危机及其原因》，丁志远，《党史研究与教学》2013 年 2 期。

《1940 年代上海的日本制衣厂女工生活》，陈雪梅口述，顾毓敏、程郁采访整理，《史林》2013 年 Z1 期。

《日中战争初期上海租界经济与重庆国民政府》，〔日〕今井就稔，《抗日战争研究》2013 年 4 期。

《从上海日商纱厂考察战时日本在华中的军票工作》，王萌，《历史研究》2013 年 6 期。

《日常工作中的规训与抗争——社会性别视角下的孤岛时期上海女工研究》，经先静，《兰州学刊》2013 年 8 期。

《抗战时期内迁高校的地方化——以光华大学成都分部为例》，韩戍，《抗日战争研究》2014 年 3 期。

《抗战初期上海游资初探》，万心、万振凡，《江西师范大学学报》2014 年 6 期。

《战局下的上海银钱业临时联合委员会》，吴景平，《金融博览》2015 年 10 期。

《抗战时期的部校之争与政学关系——以私立大夏大学改国立风波为中心的研究》，韩戍，《近代史研究》2016 年 1 期。

《"孤岛"时期上海劳资关系中的民族主义》，张福运，《近代史研究》2016 年 2 期。

《上海静安寺"汉奸和尚案"研究》，付海晏，《近代史研究》2017 年 1 期。

《抗战时期上海远洋航运探析(1937——1941)》，李玉铭，《史林》2017 年 2 期。

《中国共产党领导沦陷区抗战的历史经验——以全国抗战时期的上海为例》，韩洪泉，《军事历史》2017 年 3 期。

《全面抗战爆发前上海民间防空建设初探》，严斌林，《史林》2018 年 1 期。

《公共交通与城市人口析论——以抗战前上海电车业为基点的考察》，李沛霖，《民国档案》2018 年 2 期。

《抗战时期的国民政府教育部与留守上海高校》，韩戍，《抗日战争研究》2018 年 2 期。

《日伪统治时期上海金融市场秩序的重构》，吴景平，《民国档案》2018 年 2 期。

《抗战时期沦陷区城市青年的生存与心态——以北平、上海两位青年的日记为例》，李秉奎，《河北学刊》2018 年 6 期。

6. 上海地下党与新四军

《关于上海地下党重建的经过》，王尧山，《党史资料丛刊》1979 年 1 辑。

《回忆新四军上海办事处》，张达平，《党史资料丛刊》1979 年 1 辑。

《上海地下党恢复和重建前后》，刘晓，《党史资料丛刊》1979 年 1 辑。

《有关新四军上海办事处的一些情况》，李子明，《党史资料丛刊》1979 年 1 辑。

《地下交通》，贺崇寅、周晓华、戚原，《上海文史资料选辑》1979 年 5 辑。

《地下交通札记》，曹达，《上海民兵斗争史资料》1979 年 5 辑。

《关于担任党的地下交通工作的回忆》，顾玉良，《党史资料丛刊》1980 年 2 辑。

《秘密交通工作回忆及其他》，熊志华，《党史资料丛刊》1980 年 3 辑。

《在新四军工作期间几次回上海搞采购等工作的回忆》，叶进明，《党史资料丛刊》1980 年 3 辑。

《战斗在地下交通线上》，宋季仁，《党史资料丛刊》1980 年 2 辑。

《对新四军上海办事处的回忆》，张达平，《上海民兵斗争史资料》1980 年 7 辑。

《略谈上海地下党的工作》，刘晓，《党史资料丛刊》1981 年 1 辑。

《从艰难困苦中看到胜利的曙光——抗日战争时期参加上海地下斗争的几个片断》，陆志仁，《社会科学》1981 年 3 期。

《敌区斗争中的党的情报工作》，刘人寿，《党史资料丛刊》1981年4辑。

《新四军淞沪支队的由来与发展》，朱亚民，《党史资料丛刊》1982年1辑。

《关于新四军上海办事处》，张达平，《华中抗日斗争回忆》1982年1辑。

《关于上海地下党工作的几点回忆》，高文华，《党史资料丛刊》1982年1辑。

《华中局情报部的秘密交通工作》，何荦，《党史资料丛刊》1982年1辑。

《我做地下交通的一些情况》，彭原，《党史资料丛刊》1982年3辑。

《上海地下党支援新四军的情况》，王尧山，《华中抗日斗争回忆》1982年1辑。

《新四军六团东进纪实》，黄烽，《党史资料丛刊》1982年4辑。

《海上秘密运输线》，张金根，《奉贤县志资料（增刊）》1983年。

《浙东在上海的地下交通站》，李青山、胡其清，《党史资料丛刊》1983年1辑。

《浙东在上海的地下交通站》，李青山等，《华中抗日斗争回忆》1983年2辑。

《东路地区到上海的地下交通线》，蒋国梁，《党史资料丛刊》1983年2辑。

《解放前上海地下党的斗争———一九三七年至一九四九年五月》，张承宗，《上海文史资料选辑》1983年43辑。

《上海地下党在淮南的秘密交通站》，陈澍，《党史资料丛刊》1984年1辑。

《中共上海市委（地下）驻华中解放区工作委员会工作情况》，杨雪林、黎文，《党史资料丛刊》1984年2辑。

《上海地下党输送人员去苏南》，荣健生，《上海市新四军暨华中抗日根据地历史研究会首届年会纪念特刊》，上海市新四军历史研究会办公室编印1984年。

《怀念新四军——记上海各界民众慰劳团》，顾执中，《大江南北》1985年1期。

《抗战前期上海地下党关于工作方针的四篇文件》，黄志荣，《档案与历史》1985年1期。

《西安事变上海地下党与东北军联系的一些情况》，孙达生，《党史资料丛刊》1985年1辑。

《上海人民支援新四军》，上海高校专题组，《大江南北》1985年1期。

《上海人民对新四军的支援》，专题调查组，《党史资料丛刊》1985年2辑。

《回忆上海地下党输送人员去苏南东路根据地的情况》，荣健生，《党史资料丛刊》1985年2辑。

《抗战后期的上海地下交通》，张承宗、周晓华、戚原等，《上海党史资料通讯》1985年4期。

《抗战时期上海地下党支援新四军工作的回忆》，王尧山，《上海党史资料通讯》1985年6期。

《变敌人的后方为前线——上海人民支援新四军》，中共上海市委党史资料征集员会办公室，《上海市新四军暨华中抗日根据地历史研究会第二届年会纪念特刊》，上海市新四军历史研究会办公室编印1985年。

《从上海地下党和人民对新四军和根据地的支援看城市工作的作用》，方晓升、邬正洪、朱宗玉等，《上海市新四军暨华中抗日根据地历史研究会第二届年会纪念特刊》，上海市新四军历史研究会办公室编印1985年。

《关于〈从上海地下党和人民对新四军和根据地的支援看城市工作的作用〉一文的说明》，邬正洪，《上海市新四军暨华中抗日根据地历史研究会第二届年会纪念特刊》，上海市新四军历史研究会办公室编印1985年。

《上海人民支援新四军之我见》，康迪，《上海市新四军暨华中抗日根据地历史研究会第二届年会纪念特刊》，上海市新四军历史研究会办公室编印1985年。

《原"上海慰劳团"部分老同志在沪聚会》，林非，《上海市新四军暨华中抗日根据地历史研究会第二届年会纪念特刊》1985年。

《抗战时期上海工委系统支援新四军情况回忆》，顾开极，《上海党史资料通讯》1986年5期。

《我担任上海地下交通工作的回忆》，黄群华，《上海党史资料通讯》1986年5期。

《试论上海地下党在"孤岛"体育中的主导地位及其历史影响》，邵隽，《上海体育史话》1986 年 15 期。

《红"十"字旗帜下的赤子心——记上海煤业救护队参加新四军的历程》，叶进明，《上海工运史料》1987 年 3 期。

《抗日战争时期上海印刷工人支援新四军、抗日民主根据地概述》，曹予庭，《上海工运史料》1987 年 4 期。

《一条输送革命书刊的秘密运输线》，刘燕如，《古旧书讯》1987 年 4 期。

《我在新四军上海办事处的一年》，张达平，《上海党史资料通讯》1987 年 8 期。

《新四军设在上海的秘密办事处》，荣健生，《上海党史资料通讯》1987 年 8 期。

《到上海去扩军》，张鏖，《平原水乡任驰骋》，江苏人民出版社 1991 年。

《新四军的现状》，任锐，《上海革命史资料与研究》1992 年。

《从上海租界秘密支援八一三》，孙乃禄，《上海滩》1992 年 8 期。

《介绍上海地下党关于建立与取消救亡协会的两个文件》，艾翩整理，《上海党史研究》1992 年 8 期。

《上海地下军的武装起义计划为何突然取消》，一今，《上海党史研究》1995 年 2 期。

《八一三时期中共上海地下党领导的抗日救亡运动》，张义渔，《上海党史研究》1995 年 4 期。

《中共上海地下党对开辟敌后抗日游击战争的贡献》，翁三新，《上海党史研究》1995 年 S1 期。

《上海沦陷前后地下党的文艺工作》，黄明，《新文学史料》1996 年 1 期。

《抗战时期的上海地下党电台活动》，刘人寿，《世纪上海文史资料文库》1999 年 2 期。

《上海煤业救护队对新四军的支援》，乐时鸣，《铁流 2 新四军统一战线工作专辑——新四军统一战线工作学术研讨会论文集》，解放军出版社 2000 年。

《上海各界民众慰劳团慰问新四军》，吴大焜，《铁流 2 新四军统一战线工作专辑——新四军统一战线工作学术研讨会论文集》，解放军出版社 2000 年。

《中共上海学联的地下交通线》，王慧青选编，《档案与史学》2001 年 4 期。

《突围到上海的一段日子》，新四军研究会五师分会编，《驰骋江淮河汉——北京新四军研究会五师分会老战士回忆录》，解放军文艺出版社 2001 年。

《重建军部前后在新四军上海办事处》，张达平，《新四军重建军部 60 周年纪念文集》，江苏人民出版社 2002 年。

《抗战时期中共上海地下党组织领导上海人民抗日斗争几个特点》，张义渔，《上海革命史资料与研究》2005 年。

《抗战时期中共上海地下党组织领导能力的重大提升》，陈丽凤，《上海革命史资料与研究》2005 年。

《新四军夜袭虹桥机场抗战初期引起轰动的新闻内幕》，魏肇谦，《上海文史资料选辑》2005 年 2 期。

《抗战时期活跃在上海保险业的中共地下党》，万立明，《档案春秋》2005 年 8 期。

《巾帼碧血泣鬼神——新四军里的上海女英烈》，陆米强，《现代革命史料研究文集》，上海社会科学院出版社 2005 年。

《地下抗日活动堡垒之一——益友社》，刘燕如、鲍士用，《纪念抗战暨世界反法西斯战争胜利 60 周年文集》，上海市新四军暨华中抗日根据地历史研究会编印 2006 年。

《在昆山参加地下工作的点滴回忆》，吕甦，《纪念抗战暨世界反法西斯战争胜利 60 周年文集》，上海市新四军暨华中抗日根据地历史研究会编印 2006 年。

《新四军中上海兵的真实写照》，万中原，《铁军》2007 年 10 期。

《上海市委书记习近平关爱新书〈新四军中上海兵〉》，时雁，《铁军》2007 年 10 期。

《迅速发展的浙东游击纵队—新四军组织沿革简介(11)》，丁屋，《铁军》2007 年 11 期。

《新四军吴淞抗日地下情报组》，徐美兰，《新四军研究》(第十辑)，上海人民出版社 2008 年。

《铁军与上海人民——上海地下党和人民支援新四军》，邬正洪，《新四军研究》(第十辑)，上海人民出版社 2008 年。

《刀光剑影中的上海情报生涯十年》,肖心正口述,陈正卿采访,《都会遗踪》2010 年 1 期。

《如今仍健在的"小老大"——记当年战斗在地下运输线上的刘燕如》,邹家,《铁军》2010 年 12 期。

《抗战时期中国共产党在上海隐蔽战线的工作》,劳开准,《重庆科技学院学报(社会科学版)》2010 年 23 期。

《"一德大药房"里的秘密情报战》,朱晓明,《档案春秋》2011 年 6 期。

《中共地下党主持日特机关"岩公馆"始末》,鲁南,《环球军事》2011 年 13 期。

《新四军驻上海办事处旧址》,双庆,《徐汇报》,2011 年 6 月 3 日。

《忆父母为新四军印制抗币、筹建印钞厂》,柳伦、柳百琪,《百年潮》2011 年 8 期。

《中共地下党主持日特机关"岩井公馆"始末》,鲁南,《福建党史月刊》2011 年 9 期。

《抗战时期的上海中日间谍战》,沙平,《档案天地》2012 年 8 期。

《抗战时期浦东的"51 号兵站"》,唐国良,《新四军研究》(第 5 辑),上海人民出版社 2013 年。

《浦东与浙东党组织跨地历史性握手的意义——纪念浦东党和部队挺进浙东开辟抗日新战场 70 周年》,陈晓光,《新四军研究》(第 5 辑),上海人民出版社 2013 年。

《上海人民对新四军和华中抗日根据地的重大贡献》,朱文泉,《铁军》2013 年 12 期。

《神奇的地下交通线》,张黎光,《理想在我心中(三编)》,中西书局 2013 年。

《活跃于上海浦东地区的新四军抗日游击队》,刘惠恕,《新四军与上海》(第 1 辑),上海人民出版社 2013 年。

《"江抗"虹桥机场战斗之我见》,童志强,《新四军与上海》(第 1 辑),上海人民出版社 2013 年。

《新四军第六团东进直抵上海近郊及其意义》,颜宁,《新四军与上海》(第 1 辑),上海人民出版社 2013 年。

《新四军东路部队上海扩军》,张健儿,《新四军与上海》(第 1 辑),上海人民出版社 2013 年。

《新四军浙东纵队淞沪支队的创立与发展》,王毅进、郑同江,《新四军与上海》(第 1 辑),上海人民出版社 2013 年。

《从上海到云岭——输送人员去新四军纪实》,丁公量,《新四军与上海》(第 1 辑),上海人民出版社 2013 年。

《上海支援新四军创建抗币厂述略》,俞国震,《新四军与上海》(第 1 辑),上海人民出版社 2013 年。

《新四军后勤与上海煤业救护队》,华强,《新四军与上海》(第 1 辑),上海人民出版社 2013 年。

《深邃渊源特殊基地——上海与新四军携手抗日》,张文清,《新四军与上海》(第 1 辑),上海人民出版社 2013 年。

《上海在新四军组建与发展过程中的地位和作用》,张树忠,《新四军与上海》(第 1 辑),上海人民出版社 2013 年。

《浙东新四军来自浦东》,徐规善,《新四军与上海》(第 1 辑),上海人民出版社 2013 年。

《上海对新四军的人力支援》,晏蔚青,《新四军与上海》(第 1 辑),上海人民出版社 2013 年。

《上海对新四军军工生产的大力支援》,王建国,《新四军与上海》(第 1 辑),上海人民出版社 2013 年。

《坚持先进文化的引领——上海人民在文化上支援新四军》,沈建中,《新四军与上海》,上海人民出版社 2013 年。

《新四军南昌军部与上海》,李秋华、刘勉钰,《新四军与上海》(第 1 辑),上海人民出版社 2013 年。

《新四军抗战与上海的支持和帮助》,李蓉,《新四军与上海》(第 1 辑),上海人民出版社 2013 年。

《上海与华中抗日根据地的教育》,王恩培,《新四军与上海》(第 1 辑),上海人民出版社 2013 年。

《中共上海地下组织对新四军的支援》,甘桐文,《新四军与上海》(第 1 辑),上海人民出版社 2013 年。

《卓越的抗日地下大动脉——上海地下党组织与新四军的地下交通线》,王苏凌,《新四军与上海》(第

1辑），上海人民出版社 2013 年。

《从"情报组"到"采购点"看上海吴淞与新四军的紧密联系》，臧庆祝，《新四军与上海》（第 1 辑），上海人民出版社 2013 年。

《新四军的建立发展壮大与上海的关系——上海地下党和人民支援新四军概述》，邬正洪，《新四军与上海》（第 1 辑），上海人民出版社 2013 年。

《上海人民对新四军的支援》，邵雍，《新四军与上海》（第 1 辑），上海人民出版社 2013 年。

《上海新闻媒体有关新四军的报道》，郭绪印，《新四军与上海》（第 1 辑），上海人民出版社 2013 年。

《旧上海一批青年职工参加新四军纪实》，胡钰，《新四军研究》（第 6 辑），上海人民出版社 2014 年。

《新四军上海办事处简述》，邬正洪，《新四军研究》（第 6 辑），上海人民出版社 2014 年。

《新四军上海浦东反"清乡"斗争》，陈晓光，《新四军研究》（第 6 辑），上海人民出版社 2014 年。

《租界里的"新四军印钞厂"》，柳伦，《档案春秋》2014 年 10 期。

《"上海来的小会计"》，陈蓉，《理想在我心中（四编）：新四军女兵专辑》2014 年文集，中西书局 2014 年。

《情报战线上的战士——我们的父辈》，景虹、景云，《左尔格在中国的秘密使命》，上海社会科学院出版社 2014 年。

《抗战时期上海特科对日本的情报工作》，钱明，《左尔格在中国的秘密使命》，上海社会科学院出版社 2014 年。

《上海人民支援新四军和华中抗日根据地》，韩洪泉，《上海国防》2015 年 6 期。

《抗战时期中共上海地下组织群众工作方法探析》，魏淑琰，《上海党史与党建》2015 年 9 期。

《新四军驻上海办事处纪事》，晓寒，《大江南北》2015 年 11 期。

《从"忠义救国军"到新四军》，吕梅亭，《重温胜利时光：寻访浙江嵊州幸存抗战老兵》，辽宁人民出版社 2015 年。

《新四军与上海浦东的抗日游击战争》，宋龙飞，《新四军研究》（第 7 辑），上海人民出版社 2015 年。

《七宝地下党组织的新四军渊源》，薛羚，《新四军研究》（第 7 辑），上海人民出版社 2015 年。

《新四军与上海郊县抗日武装斗争》，韩洪泉，《新四军与上海》（第 2 辑），上海人民出版社 2015 年。

《新四军浙东纵队及其领导的淞沪支队抗战时期出色的外事活动》，陈晓光，《新四军与上海》（第 2 辑），上海人民出版社 2015 年。

《不要不把"老四"当回事！——从"两进两出"看沦陷区与根据地的紧密联系》，臧庆祝、郭莹吉，《新四军与上海》（第 2 辑），上海人民出版社 2015 年。

《新四军依托上海对敌展开金融战》，华强，《新四军与上海》（第 2 辑），上海人民出版社 2015 年。

《神奇的地下交通线》，张黎光，《新四军与上海》（第 2 辑），上海人民出版社 2015 年。

《新四军通信与上海》，斯简，《新四军与上海》（第 2 辑），上海人民出版社 2015 年。

《上海人民对新四军和华中抗日根据地的重大贡献（代序）》，朱文泉，《新四军与上海》（第 2 辑），上海人民出版社 2015 年。

《互相支持，互为依托——开启上海与新四军和华中抗日根据地的特殊联系》，水青，《新四军与上海》（第 2 辑），上海人民出版社 2015 年。

《唇齿相依　血脉相连——以新四军与上海地下党携手抗日为主线》，潘意敏，《新四军与上海》（第 2 辑），上海人民出版社 2015 年。

《周克谈抗日战争以及上海地下党与新四军》，王建刚整理，《新四军与上海》（第 2 辑），上海人民出版社 2015 年。

《新四军上海办事处与上海地下党》，邬正洪、钮心佩，《新四军与上海》（第 2 辑），上海人民出版社 2015 年。

《新四军及华中抗日根据地是上海抗日救亡运动的坚强后盾》,陆俊青,《新四军与上海》(第 2 辑),上海人民出版社 2015 年。

《中共上海党组织在新四军根据地的整风学习》,陈彩琴,《新四军与上海》(第 2 辑),上海人民出版社 2015 年。

《新四军的文化建设与上海》,陈民立,《新四军与上海》(第 2 辑),上海人民出版社 2015 年。

《抗战中的小小交通情报员》,王征明口述,龚丹韵、朱焙整理,《解放日报》,2015 年 6 月 29 日。

《八路军新四军驻沪办事处始末》,朱少伟,《联合时报》,2015 年 7 月 21 日。

《夜袭虹桥机场听新四军老战士吴志勤讲述沙家浜抗日的故事》,徐真柱、吴建法、王余兵,《中国国防报》,2015 年 7 月 22 日。

《抗战中以日本人为主的"中共谍报团"》,徐焰,《解放军报》,2015 年 8 月 27 日。

《新四军打入上海滩采办军需历险记》,白孟宸,《党的生活(河南)》2016 年 2 期。

《上海人民支援新四军和华中抗日根据地》,沈阳,《上海党史与党建》2016 年 4 期。

《到新四军传承部队寻根》,刘石安,《铁军》2016 年 6 期。

《1942,中共上海情报科的无妄之灾》,贺越明,《同舟共进》2016 年 9 期。

《上海各界民众慰劳团慰问新四军》,郑鲁南,《军中老照片Ⅲ:老照片背后的故事》,解放军文艺出版社 2016 年。

《新四军抗日根据地银行事业述论》,马长林,《民族救亡与复兴视野下的上海金融业》,复旦大学出版社 2016 年。

《上海人民支援新四军和华中抗日根据地述略》,韩洪泉,《抗战史料研究》2017 年 2 期。

《追记新四军夜袭虹桥机场战斗》,廖颖,《铁军》2017 年 3 期。

《二战国际情报战中的中共谍报团》,郝在今,《同舟共进》2017 年 4 期。

《中央军委情报系统在上海》,苏智良、方奇,《党的文献》2017 年 4 期。

《新四军在南京上海徐州的地下战线》,夏继诚,《炎黄春秋》2017 年 9 期。

《新四军在敌后创办的新型高等学府——江淮大学》,姚守懿、洪犁,《新四军研究》(第 9 辑),上海人民出版社 2017 年。

《海防大队与上海沿海交通的开辟》,郑同江、张如曼、薛鲁光,《新四军研究》(第 9 辑),上海人民出版社 2017 年。

《新四军的"秘密东进"——从叶飞曾两次改名说起》,颜宁,《新四军与上海》(第 3 辑),上海人民出版社 2017 年。

《淮南抗日根据地是上海地下党坚实稳固的后方》,卞龙,《新四军与上海》(第 3 辑),上海人民出版社 2017 年。

《〈拂晓报〉与上海》,孙立功,《新四军与上海》(第 3 辑),上海人民出版社 2017 年。

《论上海地下党支援新四军》,石雷,《新四军与上海》(第 3 辑),上海人民出版社 2017 年。

《从左联到新四军——兼论上海进步文化人对新四军文化建设的贡献》,计高成、刘小清,《新四军与上海》(第 3 辑),上海人民出版社 2017 年。

《上海人民支援新四军述评》,邬正洪,《新四军与上海》(第 3 辑),上海人民出版社 2017 年。

《上海人民对新四军的支援——以文化艺术为中心》,邵雍,《新四军与上海》(第 3 辑),上海人民出版社 2017 年。

《八一三时期中共上海地下党领导的抗日救亡运动》,张义渔,《当代学者论淞沪抗战(中卷)》,上海科学技术文献出版社 2017 年。

《浦东大厦内的地下党组织》,唐国良,《联合时报》,2017 年 7 月 21 日。

《上海支援新四军和华中抗日根据地的阶段特征和特殊意义》,韩洪泉,《上海党史与党建》2018 年

1 期。

《隐匿弄堂深处的"特殊桥梁"——新四军驻沪办事处:安全护送近 1700 人至根据地》,姜燕、郑瑛,《新民晚报》,2018 年 7 月 10 日。

《关于"江抗"夜袭虹桥机场战斗的考证与研究》,廖颖,《新四军研究》2018 年第 10 辑。

7. 郊区武装及其他

《抗战初期上海近郊的嘉定外岗游击队》,祝德胜,《上海民兵斗争史资料》1979 年 5 辑。

《青浦抗日人民自卫队的诞生》,顾复生,《上海民兵斗争史资料》1979 年 5 辑。

《战斗在敌人的封锁线上》,刘燕如,《党史资料丛刊》1979 年 5 辑。

《上海浦东抗日惊险忆旧》,刘应芬,《台湾古今谈》1979 年 169 期。

《建立抗日武装打击日本侵略者青浦县人民抗日斗争纪实》,青浦县人武部,《上海民兵斗争史资料》1979 年 5 辑。

《北宋宅突围战》,奉贤县人武部,《上海民兵斗争史资料》1979 年 6 辑。

《崇明抗战时期武装斗争概况》,崇明县人武部,《上海民兵斗争史资料》19796 辑。

《封不住的港口》,张渭清,《上海民兵斗争史资料》1979 年 6 辑。

《在抗日战争中发展壮大的浦东游击队》,南汇县人武部,《上海民兵斗争史资料》1979 年 6 辑。

《智改撞针座》,杨浦区人武部、中国纺织机械厂人武部,《上海民兵斗争史资料》1979 年 6 辑。

《崇明抗日游击队战例选》,崇明县人武部,《上海民兵斗争史资料》1980 年 7 辑。

《奇袭钱家桥日寇据点》,奉贤县人武部,《上海民兵斗争史资料》1980 年 7 辑。

《我所经历的抗战后期青浦地区游击斗争的情况》,王友生,《上海民兵斗争史资料》1980 年 7 辑。

《向上海近郊挺进》,廖政国,《星火燎原》1981 年 15 期。

《关于上海崇明地区抗日武装斗争》,黄群华,《党史资料丛刊》1981 年 1 辑。

《上海浦东地区的抗日游击斗争》,朱人俊,《党史资料丛刊》1981 年 1 辑。

《抗战初期"武抗"组织游击队的情况》,徐强,《党史资料丛刊》1981 年 4 辑。

《浦东的反"清乡"斗争》,朱亚民,《华中抗日斗争回忆》1983 年 2 辑。

《党智取敌产黄金两千五百两》,浦作,《上海青运史资料》1983 年 3 期。

《抗日战争期间党在浦东地区的伪军工作》,方晓,《上海党史资料通讯》1983 年 3 期。

《朱家店全歼龟田中队》,南汇县人民武装部,《上海青运史资料》1983 年 3 期。

《从浦东到浙东》,黄明,《浙江文史资料选辑》1983 年 15 辑。

《争取汪伪五十团的一些情况》,黄明,《党史资料丛刊》1983 年 4 辑。

《两次进军浙东》,胡骏,《党史资料丛刊》1983 年 4 辑。

《中共崇明工委领导抗日武装斗争概述》,钱伯荪,《党史资料丛刊》1983 年 4 辑。

《江南敌后抗日武装斗争故事:五、江抗东进上海市郊》,翁三新,《支部生活》1984 年 24 期。

《浦东抗日游击队始末》,袁念琪,《军事历史》1985 年 4 期。

《淞沪支队歼顽战斗中的一次重大胜利》,王新章,《川沙县志资料》1985 年 5 期。

《"边抗"四大朱家店伏击日伪军首战告捷》,黄玉、陆平、苏锦文供稿,王新章整理,《川沙县志资料》1985 年 13 期。

《奇袭"和平救国军"》,胡克云,《福建党史通讯》1985 年 9 期。

《杀回浦东》,陈金达,《回忆与研究》1985 年总第 2 期。

《偷渡浙东》,徐放,《浙江党史通讯》1986 年 2 期。

《朱家店伏击战》,陈金达,《大江南北》1987 年 1 期。

《回忆抗日战争时期的中共三东地委》,吕炳奎,《宁波党史资料》1987 年 5 期。

《开辟松江县天昆区抗日游击根据地的斗争》,余明,《厦门党史通讯》1988 年 4 期。

《上海郊县抗日武装的发展及历史贡献》,信洪林,《上海革命史资料与研究》1992 年。

《廖政国同志遗作选录:向上海近郊挺进》,廖政国,《铁军骁将》,北京新四军暨华中抗日根据地研究会编印 1992 年。

《四进上海》,张重天,《铁军骁将》,《铁军骁将》北京新四军暨华中抗日根据地研究会编印 1992 年。

《抗日战争时期党在浦东的伪军工作》,陈友新,《东南烽火》1995 年 2 期。

《日军偷袭金山卫与金山人民的抗日斗争》,许连源,《上海修志向导》1995 年 3 期。

《崇明沦陷记(上)》,李伴鹤,《档案与史学》1995 年 4 期。

《崇明沦陷记(下)》,李伴鹤,《档案与史学》1995 年 5 期。

《关于虹桥机场事件的两则辨疑》,裴莘,《党史研究资料》1995 年 9 期。

《日军金山卫登陆与上海失陷》,黄炳志,《上海党史研究》1995 年 S1 期。

《浦东的"平原游击队"》,朱亚民,《文汇报》,1995 年 8 月 12 日。

《在崇明目睹空战——纪念抗日战争胜利五十周年特稿》,陈养培,《长宁时报》,1995 年 8 月 6 日。

《淞沪别动队四大队是这样夭折的》,诸敏,《上海党史研究》1996 年 1 期。

《淞沪支队的反"清乡"斗争》,朱亚民,《20 世纪上海文史资料文库》1999 年 2 期。

《抗日战争期间党在浦东地区的伪军工作》,方晓,《铁流——老战士回忆在新四军的日子里(第一集)》,1999 年。

《向上海近郊挺进》,廖政国,《星火燎原》,解放军出版社 1996 年。

《"八一三"战后的虹桥》,吴健熙、邢志坚,《上海档案》2002 年 3 期。

《八年抗战永垂青史青浦人民八年抗战概况》,魏肇谏,《上海文史资料选辑》2005 年 2 期。

《浦东平原的抗日游击战为什么能长期坚持》,朱经龙,《历史的壮丽与回响:纪念中国人民抗日战争暨世界反法西斯战争胜利 60 周年论文集》,华东师范大学出版社 2005 年。

《外冈游击队的成立及抗战初期的对敌斗争》,吕炳奎,《中国抗日战争胜利的意义和思考——北京新四军暨华中抗日根据地研究会纪念抗日战争胜利 60 周年大会论文集(五)》,解放军出版社 2005 年。

《我在嘉定外冈游击队的生活片断》,张服膺,《中国抗日战争胜利的意义和思考—北京新四军暨华中抗日根据地研究会纪念抗日战争胜利 60 周年大会论文集(五)》,解放军出版社 2005 年。

《抗战中的嘉定——嘉定民众抗日小故事》,嘉定区政协文史委,《嘉定报》,2005 年 8 月 16 日。

《抗战中的嘉定——党领导的外冈游击队》,嘉定区政协文史委,《嘉定报》,2005 年 8 月 2 日。

《两浦支队纪实》,张金根,《上海文史资料选辑(金山卷)》2007 年第 3 期。

《1938—1940:"崇总"的演变及其活动》,张金晶,《上海革命史资料与研究》2007 年。

《侵华日军是制造打浦桥棚户区的元凶》,许洪新,《上海革命史资料与研究》2007 年。

《坚持斗争在上海城郊的浦东支队电台》,斯简,《新四军研究》(第一辑),上海人民出版社 2008 年。

《抗战时期浦东的"51 号兵站"》,唐国良,《上海党史与党建》2009 年 1 期。

《淞沪支队的抗战历程》,蔡朋岑,《文史天地》2010 年 10 期。

《野火春风斗泥城》,苏雅明,《大江南北》2010 年 10 期。

《中国共产党与上海郊区的抗日武装斗争》,顾学周,《历史教学问题》2011 年 3 期。

《中共苏浙别动队秘史》,朱墨钧,《档案春秋》2011 年 4 期。

《抗战时期松江境内党的三个工委》,陈佳欣,《松江报》,2011 年 6 月 10 日。

《火烧上海虹桥机场》,张贵玲,《福建党史月刊》2012 年 20 期。

《上海浦东游击队奉命赴浙东创建根据地的意义》,陈晓光,《新四军与上海》,上海人民出版社 2013 年。

《反"清乡"斗争的奇葩——上海郊县反"清乡"斗争的胜利》,陈民立,《新四军研究》(第 6 辑),上海人民出版社 2014 年。

　　《坚持在浦东抗战的新四军淞沪支队》,沈润章,《浦东开发》2015 年 6 期。

　　《淞沪支队立足浦东第一仗》,李国妹,《铁军》2015 年 8 期。

　　《不能忘记的浦东抗战》,唐国良、卫华韵,《浦东开发》2015 年 9 期。

　　《怀念抗战中牺牲的叔父》,祝宝林,《大江南北》2015 年 9 期。

　　《新四军淞沪支队在抗战中的历史贡献》,唐国良、卫华韵,《浦东开发》2015 年 9 期。

　　《上海浦东新四军初创时期的艰苦斗争——纪念"南汇保卫二中"建立 76 周年》,盛昌旦,《新四军研究》(第 7 辑),上海人民出版社 2015 年。

　　《血染的道路——忆新四军浙东支队北撤途中背水血战澉浦突出重围》,虞人荣,《新四军研究》(第 7 辑),上海人民出版社 2015 年。

　　《四进上海》,马亦男,《中国档案报》2015 年 2 月 8 日。

　　《"我家曾是八路军上海办事处"》,郭利民,《闵行报》,2015 年 8 月 21 日。

　　《反"清乡"斗争中的发报声》,毛西夫,《文汇报》,2015 年 9 月 2 日。

　　《党组织领导下的新桥地区抗日斗争》,黄蕾宇,《松江报》,2015 年 9 月 3 日。

　　《封锁线上运军火》,张渭清、沈中海,《杨浦时报》,2015 年 10 月 29 日。

　　《逐鹿浦江两岸的淞沪游击队》,黎霞,《中国档案报》,2015 年 10 月 9 日。

　　《"江抗"夜袭虹桥机场》,廖颖,《理想在我心中(五编)新四军抗日故事专辑》,中西书局 2015 年。

　　《惊心动魄的北宋村突围战》,朱亚民,《理想在我心中(五编)新四军抗日故事专辑》,中西书局 2015 年。

　　《抗战时期活跃于上海青浦地区的新四军抗日游击队》,刘惠,《新四军与上海(第 2 辑)》,上海人民出版社 2015 年。

　　《浦东游击区的经济工作》,陈生祥,《新四军与上海(第 2 辑)》,上海人民出版社 2015 年。

　　《"江抗"何以挺进上海近郊"虎山拔牙"?》,高建国,《国防参考》2016 年 1 期。

　　《上海郊县抗日游击战争与浙东抗日根据地》,韩洪泉,《浙江省纪念抗日战争胜利 70 周年学术研讨会论文集》,浙江人民出版社 2016 年。

　　《亲历南通反"清乡"》,顾复生,《人民政协报》,2016 年 4 月 7 日。

　　《崇明人民抗日斗争述略之中流砥柱一纪念中国共产党成立 95 周年》,黄振忠、秦志超,《崇明报》,2016 年 6 月 29 日。

　　《抗战期间金山军民的敌后游击战》,方智洪,《联合时报》,2016 年 8 月 30 日。

　　《跌宕与光荣并存的"边抗四大"》,唐国良,《浦东开发》2017 年 1 期。

　　《揭视淞沪一支队浮沉及顾小汀其人》,郭健、盛昌,《新四军研究》(第 9 辑),上海人民出版社 2017 年。

　　《回顾浦东抗日游击队初创时期的曲折历程——重温"南汇保卫二中"的起伏因果与启示》,盛昌旦,《新四军与上海(第 3 辑)——"新四军与上海"第三次学术研讨会论文集》,上海人民出版社 2017 年。

　　《抗战时期活跃于崇明的新四军抗日游击队》,刘惠想,《新四军与上海》(第 3 辑),上海人民出版社 2017 年。

　　《新四军在上海郊区的三次反"清乡"斗争述略》,薛鲁光,《新四军与上海》(第 3 辑),上海人民出版社 2017 年。

　　《试论"崇总"在上海市郊抗日战争中的地位和作用》,汤进达,《新四军与上海》(第 3 辑),上海人民出版社 2017 年。

　　《抗日烽火中的金山共产党员》,高文斌、陆治中、黄民扬,《金山报》,2017 年 9 月 1 日。

　　《火烧虹桥飞机场》,石望登,《铁军》2018 年 2 期。

　　《传承红色基因:"汇角战斗"打响浦东抗战第一枪》,孙云,《新民晚报》,2018 年 7 月 8 日。

《改革开放以来上海抗战研究评述》，杨阳，《上海党史与党建》2020 年 10 期。

（五）解放战争

1. 抗战胜利与"劫收"上海

《浅议抗战胜利后国民党政府的经济接收》，丁永隆，《苏州大学学报》1985 年 1 期。

《抗战胜利后的中共代表团南京办事处和上海办事处》，钱之光，《近代史研究》1985 年 6 期。

《宋子文主持下的上海区敌伪产业处理局》，崔美明，《近代史研究》1988 年 1 期。

《"劫收"对国民党政权的衰败的影响》，尹书博，《党史研究与教学》1990 年 5 期。

《"劫收"与国民党政权在大陆的迅速覆亡》，崔广陵，《党史研究与教学》1994 年 2 期。

《抗战胜利后国民党政府的经济接收及后果》，刘永强，《黑龙江教育学院学报》1998 年 1 期。

《大"劫收"与上海民营工业》，崔美明，《档案与史学》1998 年 3 期。

《战后中国银行上海分行复员与接收评述》，刘华，《民国档案》2004 年 1 期。

《回首"劫收"风潮》，颜公平，《文史天地》2005 年 10 期。

《抗战胜利后国民党对沦陷区的"劫收"风潮》，颜公平，《文史月刊》2007 年 3 期。

《战后上海金融接收状况》，刘华，《都会遗踪》2009 年 2 期。

《民国沪地同业公会与政府当局间的一次公开较量——抗战后上海劫余纱布案述评》，樊卫国，《社会科学》2010 年 7 期。

《战后接收清理日本横滨正金银行上海支店述评》，刘华，《都会遗踪》2011 年 3 期。

《抗战胜利后对沦陷区的"大劫收"》，刘小宁，《文史精华》2012 年 9 期。

《官员忙"劫收"将领忙抛售"腐败狂欢"丢政权》，李振广，《报刊荟萃》2013 年 3 期。

《国民政府伪产接收处理中的政治乱象——以上海"伪中央市场舞弊案"为例》，夏彪，《南京政治学院学报》2015 年 2 期。

《1945 年，父亲接收大上海》，钱定平，《人生与伴侣》2016 年 2 期。

2. 第二条战线在上海

《三十年前上海工人阶级的护厂斗争——纪念上海解放三十周年》，沈以行等，《学术月刊》1979 年 6 期。

《用战斗迎接上海的解放——上海法电工人革命斗争的几个片段》，权琳甫、谈乔根、谢炎昌等，《文汇报》，1979 年 5 月 29 日，第 2 版。

《试论第二条战线——纪念五二〇运动三十五周年》，许玉芳，《青运史研究》1982 年 5 期。

《"五·二〇"运动初探》，谢圣智、刘渭先，《社会科学》1983 年 5 期。

《再论第二条战线——答陈志远同志》，许玉芳，《青运史研究》1984 年 3 期。

《解放前夜的上海学生运动》，吴学谦，《解放日报》，1984 年 5 月 24 日，第 3 版。

《解放战争时期第二条战线斗争的特点》，高华德，《齐鲁学刊》1986 年 5 期。

《解放前上海学生运动斗争策略的回顾和体会》，李琦涛，《青运史研究》1986 年 6 期。

《内战时期上海学生的意识、生活和运动》，齐藤哲雄、王建郎，《复旦学报》1986 年 6 期。

《论"五·二〇"运动总口号的形成》，黄芷君，《史林》1987 年 1 期。

《论全国解放战争时期的学生运动》，沙健孙，《近代史研究》1987 年 3 期。

《试论解放战争时期的第二条战线》，刘云久，《北方论丛》1988 年 3 期。

《论解放战争时期党领导下的上海学生运动》，张静星，《当代青年研究》1990 年 3 期。

《解放前夕上海公交公司工人的应变斗争》，马庆文，《史林》1990 年 4 期。

《党对五二〇运动的领导特点》，李坤，《中共党史研究》1990 年 6 期。

《试论第二条战线及其历史经验》，李凌宇，《北京党史研究》1991 年 6 期。

《解放前的帮会与上海工人运动》，陈卫民，《史林》1993 年 2 期。

《试论解放战争时期第二条战线形成的原因》，袁素莲，《中共党史研究》1994 年 4 期。

《谈解放战争时期上海四行二局的职工运动》，蒯腾云，《上海金融》1995 年 5 期。

《论一九四八年初上海申新九厂大罢工》，郑庆声，《史林》1996 年 2 期。

《第二条战线研究两议》，孟庆春，《史学月刊》1997 年 1 期。

《第二条战线上的上海工人运动》，李三星，《上海党史研究》1997 年 3 期。

《反饥饿、反内战、反迫害运动由此开始——访五·二〇运动参加者浦作、纪锡平、贺彭年》，袁志平，《上海党史研究》1997 年 3 期。

《伟大的预见和 1947 年国统区人民革命高潮》，金立人，《上海党史研究》1997 年 3 期。

《我所目睹的五·二〇惨案》，王新民，《上海党史研究》1997 年 3 期。

《皖西地下交通线与上海进步青年学生》，王荷秀，《上海党史研究》1997 年 4 期。

《1946 年上海学生反内战宣传史料选》，杨雅伦整理，《档案与史学》2001 年 3 期。

《解放战争时期的第二条战线论析》，王首民，《社会科学战线》2002 年 3 期。

《解放战争时期上海中学学生运动是第二战线的重要方面军》，钱李仁，《上海党史与党建》2002 年 8 期。

《"八·二六"反迫害斗争》，任民鉴，《上海革命史资料与研究》2004 年。

《亭子间里的红色踪迹——回忆解放前夕上海达人中学革命活动二三事》，浦舟，《上海革命史资料与研究》2004 年。

《试论解放战争时期上海学生群体的政治倾向》，李红，《党史文苑》2008 年 2 期。

《〈激怒的铁流〉——一本记录上海交大学生"反美扶日"运动的珍贵史料》，王长流，《上海革命史资料与研究》2011 年。

《"反饥饿、反内战、反迫害"运动与解放战争的第二条战线》，刘明钢，《文史春秋》2012 年 7 期。

《革命、党争与上海罢工：一九四八年申九"二二"工潮起因研究》，贺江枫，《中共党史研究》2015 年 7 期。

《中国工人运动简史（四）工人运动在解放战争中凯歌前进 1945 年—1949 年》，中国工运研究所，《中国工运》2015 年 7 期。

3. 统一战线和统战工作

《试论解放战争时期党的统一战线》，杨宇生，《苏州大学学报》1987 年 1 期。

《试析解放战争时期统一战线的突出特点》，潘焕昭，《陕西师范大学学报》1990 年 4 期。

《试论解放战争时期的统战工作》，筱虹，《史学月刊》1992 年 1 期。

《论解放战争统一战线的特点》，王玉川，《安徽党史研究》1992 年 3 期。

《团结合作、风雨同舟——解放战争时期中共对民主党派的统一战线工作》，孙素兰，《党的文献》1992 年 5 期。

《论解放战争时期中共统一战线政策策略运用的历史作用》，鞠连和，《东北师范大学学报》1996 年 4 期。

《论解放战争时期的统一战线》，鞠连和，《社会科学辑刊》1997 年 2 期。

《论解放战争时期中共对民族资产阶级的政策》，黄如军，《安徽史学》1999 年 3 期。

《试论解放战争时期党对民族资产阶级的政策》，卢红飚，《福建师范大学学报》2000 年 4 期。

《解放战争时期的中国共产党与上海民族资产阶级》，侯桂芳，《上海党史与党建》2011 年 1 期。

《各民主党派为解放和接管上海作出的特殊贡献》，韦玉凤，《黑龙江省社会主义学院学报》2012 年 3 期。

《论解放战争时期的第二条战线》，金冲及，《南京大学学报》2014 年 1 期。

《解放战争时期中共与中国民主促进会在上海的互动》，邵雍，《上海党史与党建》2014 年 4 期。

《简述在沪爱国民主人士拥护和响应"五一口号"》，李迅，《上海党史与党建》2018 年 8 期。

4. 上海解放前的经济、社会与文化

《解放前上海作为全国经济中心的一些历史资料》，陈立仪、钱小明，《社会科学》1981 年 2 期。

《解放战争时期上海华商进口行的暴兴暴衰》，华洪涛，《上海经济研究》1981 年 8 期。

《解放前上海造船工业中的包工制度》，经江，《学术月刊》1981 年 11 期。

《解放前上海是怎样成为我国主要对外贸易中心》，陈立仪、陆志濂、钱小明，《社会科学》1982 年 5 期。

《震惊上海的摊贩事件》，桑木，《上海档案》1985 年 5 期。

《国民党政府禁止〈新华日报〉在沪出版发行史料选辑》，马长林、黎霞选编，《档案与历史》1986 年 3 期。

《解放战争时期国民党统治下上海的物价与通货膨胀情况》，姜铎，《上海经济研究》1989 年 1 期。

《抗战胜利后国统区工业述评》，孙宅巍，《民国档案》1992 年 1 期。

《特殊的战场　光荣的使命——记中国解放区救济总会上海办事处》，徐云根、蔡金法，《上海党史研究》1994 年 5 期。

《解放战争时期的上海期刊》，陈江，《编辑学刊》1997 年 6 期。

《简论 1947 年的黄金风潮》，汪朝光，《中国经济史研究》1999 年 4 期。

《论国民党政府恶性通货膨胀的特征与成因》，贺水金，《上海经济研究》1999 年 6 期。

《旧中国通货膨胀的恶例——金圆券发行内幕初探》，李金铮，《中国社会经济史研究》1999 年 1 期。

《一九四九年上海天原、天利两厂〈护厂日记〉》，宣刚整理，《档案与史学》1999 年 3 期。

《战后上海美国电影市场研究》，汪朝光，《近代史研究》2001 年 1 期。

《1949 年前后上海妇女文化团体情况史料》，王慧青选编，《档案与史学》2001 年 6 期。

《1948 年上海舞潮案中的舞业同业公会》，马军，《近代史研究》2002 年 2 期。

《战后上海证券交易所述论》，彭厚文，《近代史研究》2002 年 3 期。

《上海解放前〈文汇报〉书画文化讯息探微》，彭利芝、吴民贵，《历史教学问题》2003 年 2 期。

《上海解放前后工资问题史料（上）》，杨雅伦选编整理，《档案与史学》2003 年 3 期。

《上海解放前后工资问题史料（下）》，杨雅伦选编整理，《档案与史学》2003 年 4 期。

《从限价到抢米——1948 年币制改革时期的上海粮情》，马军，《史林》2004 年 3 期。

《上海中央银行黄金从厦门转运台湾的补充及一点建议》，吴兴镛，《传记文学》2004 年 4 期。

《从一张借据说起——谈上海中央银行黄金运台后的流向及引退后蒋总裁办公室的经费来源》，吴兴镛，《传记文学》2004 年 6 期。

《上海金融业与金圆券政策的推行》，吴景平，《史学月刊》2005 年 1 期。

《上海解放前夕的"张公馆"》，莫振球，《源流》2005 年 4 期。

《筱快乐事件——1947 年 5 月上海米潮中的一段插曲》，马军、［日］屈田和子，《社会科学研究》2005 年 4 期。

《1947 年 5 月上海抢米风潮探析》，马军，《国立政治大学历史学报》2005 年 23 期。

《发生在 60 年前的上海摊贩事件》，李三星，《上海党史与党建》2007 年 2 期。

《1945 至 1949 年上海米商研究》，马军，《史林》2007 年 6 期。

《1946 年上海摊贩抗争运动始末》，姚胜祥，《党史文苑》2007 年 11 期。

《震惊中外的上海摊贩抗争运动》,姚胜祥,《党史纵横》2008年1期。

《战后"经济汉奸"审判:以上海新新公司李泽案为例》,王春英,《历史研究》2008年2期。

《关于孚中、扬子公司套汇数目的争论及其真相》,郑会欣,《"中研院"近代史研究所集刊》2008年61期。

《上海解放前夕的上海银行家》,李培德,《社会科学》2008年10期。

《上海解放初期的四次物价风波》,张徐乐,《检察风云》2009年12期。

《"身有所寄,心有所托"——战后上海待遣日侨的集中管理》,忻平、吕佳航,《社会科学家》2010年10期。

《略论1946年上海摊贩请愿事件的几个问题》,蒋渊、张金库,《华中师范大学研究生学报》2011年3期。

《1940年代后期沪港间资金流动及影响》,张秀莉,《史林》2011年4期。

《抗战后的上海渔会与渔业经济(1946—1949)》,魏文享、王增峰,《中国社会经济史研究》2011年4期。

《"保产"还是"安民"?——从"寄柩所风波"看内战时期上海市政府的两难》,阮清华,《华东师范大学学报》2011年4期。

《战后国民政府留用日籍技术人员政策的演变及在上海地区的实践》,马军,《史林》2011年6期。

《抗战后上海电影产业的跨媒体性和公共性研究》,马纶鹏,《电影艺术》2011年6期。

《抗战后上海电影刊物的形态特征——以〈电影杂志〉为例的考察》,丁珊珊,《当代文坛》2012年5期。

《一个上海打工青年的日常生活(1947—1948)》,叶舟,《史林》2012年5期。

《中共地下党与1946年上海摊贩事件》,甘伟忠,《广西警官高等专科学校学报》2012年6期。

《抗战后上海〈申报〉改组始末》,金玲、伍安龙,《新闻世界》2012年8期。

《城市治理视域下的一九四六年上海摊贩风潮探析》,胡俊修、田春丽,《中共党史研究》2012年11期。

《1948年国民党政府救济特捐的历史考察》,陈建成,《首都师范大学学报》2013年3期。

《近代中国城市民变的比较审视——以1908年汉口摊户风潮与1946年上海摊贩风潮为中心》,胡俊修、李静,《武汉大学学报》2013年5期。

《解放战争时期上海发生的漫画血案》,贾向红、吴继金,《钟山风雨》2013年6期。

《从抗战后"方型周报"的兴衰看国民政府对报刊出版的管理政策——以上海档案馆馆藏档案为分析材料》,郭恩强,《新闻界》2014年18期。

《底层表达如何可能——关于"上海寄柩所风波"的思考》,阮清华,《晋阳学刊》2015年2期。

《特殊利益集团与南京国民政府的覆亡——以1948年蒋经国上海"打虎"为例》,王衡,《社会科学论坛》2015年4期。

《后上海教育的重建(1945—1949)》,施扣柱,《史林》2016年3期。

《国家鼎革之际的地方记忆——1948年上海"国际化"计划考实》,陈德军,《史林》2016年3期。

《上海百货业职业工会的成立及演变》,巴杰,《理论月刊》2016年10期。

《解放战争时期中国电影的上海视听化政治影像》,衣凤翔,《南京工程学院学报》2016年3期。

《上海最后的日文报纸〈改造日报〉——围绕其"灰色地带"背景的考察》,[日]高纲博文、葛涛,《史林》2017年1期。

《解放战争时期中国电影上海影像的商业化特质》,衣凤翔,《文化与传播》2017年3期。

《近代中国城市治理的困境:1946年上海摊贩事件再探》,魏晓锴,《史林》2017年3期。

《试论抗战胜利后上海国有工业的扩张(1945.8—1949.5)——以"江南问题研究会"资料为核心的一个分析》,徐琳,《上海经济研究》2017年9期。

《抗日战争与解放战争时期的上海流行音乐及其演唱》,王韡,《齐鲁艺苑》2018年5期。

5. 解放上海战役

《兵贵神速——忆上海战役中的川沙歼灭战》,谢振华,《星火燎原》1984 年 1 期。

《在解放上海的日子里——记浦东高桥地区的几场战斗》,佚名,《解放日报》(市郊版),1986 年 7 月 20 日,第 2 版。

《解放前夕国民党政权抢运上海战略物资去台史料选,1949 年 5 月》,黄广年、施泉平编,《档案与历史》1989 年 2 期。

《直捣龙潭虎穴——解放上海时一次单兵突袭的经历》,刘新祯,《党史纵横》1989 年 3 期。

《解放上海的片段回忆》,杨刚,《安徽省委党校学报》1989 年 3 期。

《上海解放纪实》,江柯林,《党政论坛》1989 年 5 期。

《国民党军的长江防线为什么会迅速崩溃》,曹剑浪,《军事史林》1989 年 6 期。

《伟大的事件 忠实的记述——介绍上海战役》,兆春,《文汇报》,1989 年 7 月 4 日,第 4 版。

《江南游击区在全国解放战争中的战略地位与作用》,吴明刚,《中共党史研究》1991 年 5 期。

《中央军委曾有过和平解放上海的设想》,相禹,《军事历史》1992 年 5 期。

《解放战争时期国统区人民武装发展的历史特点》,李坤,《军事历史》1993 年 3 期。

《解放战争时期国统区人民武装之历史考察》,李坤,《近代史研究》1994 年 1 期。

《上海海员在反封锁反轰炸的日日夜夜里》,李德伦,《上海党史研究》1994 年 3 期。

《解放战争时期国统区人民武装的发展与壮大》,胡庆云,《党史研究资料》1994 年 7 期。

《民主党派为配合解放军作战在国统区开展的军事活动》,胡庆云,《党史研究资料》1994 年 8 期。

《夺取敌占区的全新方式上海式》,李新市,《党史天地》1995 年 12 期。

《郭琳爽坚留上海迎接解放》,邢建榕,《上海档案》1997 年 5 期。

《上海解放史料》,刘梅珍、张辰、赵前进摘抄,《档案与史学》1999 年 2 期。

《试析上海战役的指导方针及其主要特点》,孙道同,《上海党史研究》1999 年 3 期。

《"瓷器店里打老鼠"——敌我双方智慧与实力较量的上海战役》,张文清,《上海党史研究》1999 年 3 期。

《解放战争后期国民党军队迅速被歼灭的内在原因探讨》,元江,《军事历史》1999 年 5 期。

《迎接上海解放的第一面红旗》,钟雪影,《群言》1999 年 8 期。

《笑看历史的转折,1901—1949 年上海历史庆典回眸》,缪毅容,《解放日报》,2001 年 1 月 1 日,第 21 版。

《胜利的号角时代的宣言,解读 1950 年 1 月 1 日〈解放日报〉》,朱泳武,《解放日报》,2001 年 1 月 1 日,第 24 版。

《血染月浦鏖战急——访原中共上海市委秘书长萧卡》,董宁,《解放日报》,2001 年 7 月 1 日,第 14 版。

《要完整地解放上海 ——访离休老干部沈涵》,董宁,《解放日报》,2001 年 7 月 1 日,第 14 版。

《"只有完整地把上海交给人民才是大胜、全胜"——论析上海战役的主要特点》,孙道同、郭秋琴,《军事历史研究》2004 年 3 期。

《上海解放前夕的红色谍报战》,高士振,《文史春秋》2006 年 9 期。

《步履处处,遥想当年"战上海"》,任春、张晶晶,《解放日报》2009 年 5 月 22 日,第 21 版。

《英雄之城 魅力之都——纪念上海解放 60 周年笔谈》,张云、黄金平、张幼文等,《解放日报》,2009 年 5 月 25 日,第 17 版。

《进城一甲子——写在上海解放 60 周年之际》,慎海雄、肖春飞,《解放日报》,2009 年 5 月 27 日,第 5 版。

《"仁义之师"进上海睡马路的历史解读》,潘君祥,《都会遗踪》2011 年 1 期。

《解放上海秘密战线的前哨战——我参与策反敌"昆嘉青剿匪指挥部"工作始末》，李纯凝，《党史博览》2011年4期。

《"瓷器店里捉老鼠"——解放上海之战》，赵政坤，《档案时空》2011年11期。

《解放上海——"瓷器店里捉老鼠"》，赵政坤，《党史文汇》2011年12期。

《战争史上的奇迹是如何创造的——上海解放前夕的护城斗争》，马长林，《档案春秋》2012年5期。

《枪林弹雨中宣告上海解放》，孔同，《文史博览》2012年6期。

《解放上海十万大军睡马路的来龙去脉——鲜为人知的南入城部队涉美"入宅"事件》，陈敦德，《文史月刊》2012年10期。

《毛泽东亲自制定解放上海的策略》，渠冉，《档案时空》2013年11期。

《解放上海：毛泽东另订策略》，渠冉，《档案时空》2013年9期。

《我参加解放上海的支前工作》，吴文桂，《福建党史月刊》2014年19期。

《"要文打，不要武打"：1949年5月解放上海之战》，张皓，《中国浦东干部学院学报》2018年1期。

《听参谋长谈解放南京上海战役》，谢武申，《世纪》2019年3期。

《国共生死一战——解放大上海》，马建萍，《炎黄春秋》2019年5期。

《解放上海的东线铁军》，余江如，《大江南北》2019年5期。

6. 上海的解放和接管

《黎明前的战斗——回忆上海地下党迎接解放的日日夜夜》，张承宗，《文汇报》，1979年5月19日，第2版。

《揭开上海人民当家作主的崭新一页——回忆上海地下党迎接解放的战斗》，佚名，《解放日报》，1979年5月21日，第2版。

《新闻事业的一场大变革——上海解放初接管新闻单位的前前后后》，马光仁，《新闻大学》1983年1期。

《解放战争时期上海市近郊区地下党的工作情况》，张耀祥等，《上海党史资料通讯》1984年2期。

《接管官僚资本银行概述——为纪念上海解放三十五周年而作》，陈穆，《上海金融研究》1984年5期。

《接管上海》，周林，《解放日报》，1984年5月15日，第2版。

《初进上海》，邓友梅，《解放日报》，1984年5月27日，第4版。

《接管上海中央印制厂斗争的前前后后》，张瀛，《中国钱币》1991年3期。

《里应外合解放城市的范例——论上海地下党迎接解放斗争》，江柯林，《党史研究与教学》1991年5期。

《"上海解放，您立了大功"——茅以升一九四九轶事》，茅玉麟、张化本，《光明日报》，1994年6月15日，第6版。

《革命种子是这样得以保存的——在中共南京市委上海联络站工作的日子里》，贺崇寅，《上海党史研究》1995年1期。

《接管旧上海档案实录》，曾容威、赵泉源、吴体乾，《上海档案》1996年1期。

《接管上海亲历记》，蒋立，《档案与史学》1996年6期。

《接管上海的特点与历史经验》，张文清，《上海党史研究》1997年1期。

《黎明前的疯狂肆虐——记1949·4·26大逮捕》，李志武，《上海党史研究》1997年1期。

《略论解放战争时期中共对上海的接管》，庞松，《近代史研究》1997年2期。

《解放上海的日子》，金光耀，《光明日报》，1997年7月5日，第10版。

《1946—1947：上海学运中的暨南大学地下党》，张连、蓝尤青、郑晶莹，《上海党史研究》1998年3期。

《论解放战争时期党接管城市的工作》，韩广富，《长白学刊》1998年4期。

《上海证券大楼接管记——铁瑛将军访谈录》,文楚,《档案与史学》1999 年 2 期。

《中共中央上海局在迎接解放中的历史贡献》,曹力奋,《上海党史研究》1999 年 2 期。

《风雨苍黄记南下——志"南下服务团"成立五十周年》,陈嘉禄,《上海党史研究》1999 年 3 期。

《接管大上海的前后》,周林,《世纪》1999 年 3 期。

《解放前夕的上海西南近郊地下党》,陈裕康,《上海党史研究》1999 年 3 期。

《解放战争时期党的城市接管政策》,于晶娜,《长白学刊》1999 年 3 期。

《庆祝上海解放和海关接管五十年回忆》,陶源深,《上海海关高等专科学校学报》1999 年 3 期。

《一九四九年的春天——在省吾中学迎接上海解放》,季勤先,《上海党史与党建》1999 年 3 期。

《上海解放前夕营救提篮桥监狱被押革命同志始末》,徐家俊,《上海党史研究》1999 年 4 期。

《策反"提篮桥"监狱长》,徐家俊,《世纪》1999 年 5 期。

《忆往昔峥嵘岁月稠——1949 年上海财政税务机构接管片断》,方子文,《上海财税》1999 年 5 期。

《1949 中共接管大上海金融业内幕》,胡青云,《东方企业家》1999 年 6 期。

《七天任期迎来解放 旧上海最后一位市长》,佚名,《光明日报》,1999 年 6 月 4 日,第 11 版。

《全国解放战争后期党的新区城市政策和城市工作述论》,沙健孙,《党的文献》2000 年 1 期。

《上海解放前后英国对中共的政策》,陈谦平,《南京大学学报》2000 年 2 期。

《试论抗战胜利后上海的韩国侨民团体》,赵兰亮,《学术月刊》2000 年 12 期。

《中共上海地下党的工人夜校工作》,王慧青,《档案与史学》2001 年 3 期。

《挺起腰杆当家做主人》,顾伯贤、顾学文,《解放日报》,2001 年 1 月 1 日,第 37 版。

《上海解放前策反汤恩伯内幕》,肖舟,《党史文汇》2002 年 1 期。

《始终保持党与人民群众的血肉联系——上海地下党代表人民群众利益的实践及其启示》,谢黎萍,《上海党史与党建》2002 年 11 期。

《接管上海官僚资本金融机构述论》,吴景平、张徐乐,《近代史研究》2003 年 4 期。

《上海解放前夕策反汤恩伯内幕》,萧宏,《党史博采》2003 年 9 期。

《上海解放前夕牺牲的地下党机要人员》,宋堃,《纵横》2003 年 9 期。

《解放战争后期中国共产党的城市政策》,蔡双全,《湖北大学学报》2004 年 1 期。

《解放战争时期中共党组织编印的一本专册——〈上海概况〉介绍》,陆米强,《上海革命史资料与研究》2004 年。

《国共上海市政府移交接管纪实》,吴跃农,《党史文苑》2005 年 21 期。

《解放战争时期中共对上海接管的历史经验》,张颐,《中南民族大学学报(人文社会科学版)》2006 年 S1 期。

《上海地下党群众工作的历史经验与启示》,朱华、李春峰,《上海行政学院学报》2006 年 5 期。

《1949 年国共移交上海市政府经过》,吴跃农,《文史精华》2006 年 7 期。

《中共对城市社会的控制分析——以解放初期上海的社团工作为例》,阮清华、陈彬,《兰州学刊》2006 年 12 期。

《解放战争中华中银行参与合资创办的地下通汇线——记上海鼎元钱庄发展历史与功绩》,赵人民,《江苏钱币》2007 年 3 期。

《接管上海旧警察局》,李动,《人民公安》2007 年 5 期。

《解放初期国民党特务对上海高层的三次暗杀行动(上)》,时锋,《文史春秋》2007 年 8 期。

《解放初期国民党特务对上海高层的三次暗杀行动(下)》,时锋,《文史春秋》2007 年 9 期。

《陆大公:旧上海警政大权被接管始末》,陆大公、陆文彬,《档案春秋》2007 年 10 期。

《解放初期上海市军管会加强自身建设的举措与经验》,王日国,《黑龙江史志》2008 年 19 期。

《解放初期上海市军管会组织系统研究》,孙涛、王日国,《黑龙江史志》2008 年 23 期。

《1949，上海监狱接管始末》，徐家俊，《档案春秋》2009 年 7 期。

《接管上海时的经济恶战》，黄艾禾，《福建党史月刊》2009 年 11 期。

《上海解放三日记》，沈重，《晚霞》2009 年 17 期。

《"潜伏"旧上海》，林环，《解放日报》，2009 年 5 月 15 日，第 5 版。

《回忆接管上海时的工作》，王尧山，《解放日报》，2009 年 5 月 18 日，第 15 版。

《在"刀尖"上跳舞："潜伏"上海的我党情报人员刘人寿》，白彦平、张骏，《解放日报》，2009 年 5 月 21 日，第 5 版。

《中共上海保险地下党对国民党控制"保联"的斗争》，吴越，《上海保险》2010 年 1 期。

《解放初期新华书店在上海》，汪耀华，《党政论坛》2010 年 3 期。

《1949 年接管国民党"中央社"始末》，李爱平，《百年潮》2010 年 3 期。

《南下干部接管上海的插曲》，许元、周锋、韩磊，《党员干部之友》2010 年 4 期。

《解放初期上海城市建党的基本做法与经验》，张明楚，《上海党史与党建》2010 年 5 期。

《1949 年丹阳集训几个问题的探讨》，范征夫，《上海党史与党建》2010 年 8 期。

《黎明前的特殊战斗 记中共上海局策反委与国民党军起义》，王正瀚，《检察风云》2010 年 15 期。

《"沈阳经验"对接管上海的启示》，宋晓东、徐国梁，《上海陈云研究》2010 年。

《上海解放前后党内有关小报的调研报告》，巫小黎，《新文学史料》2011 年 2 期。

《解放上海秘密战线的前哨战——我参与策反敌"昆嘉青剿匪指挥部"工作始末》，李纯凝，《党史博览》2011 年 4 期。

《印传单迎解放》，孙锡鸿，《上海党史与党建》2011 年 12 期。

《中共地下党与 1946 年上海摊贩事件》，甘忠伟，《广西警官高等专科学校学报》2012 年 6 期。

《国共政争与国民党上海护工队的兴亡》，周斌，《近代史研究》2014 年 3 期。

《软实力视阈下的解放战争时期中国共产党在上海的成功之道》，衣慎思，《上海党史与党建》2014 年 8 期。

《1949：中共接管上海的经济治理》，杜艳华，《百年潮》2014 年 12 期。

《抗战胜利初期中共上海起义计划演变的再考察》，衣慎思，《中共党史研究》2015 年 12 期。

《解放前夕上海警宪冲突事件真相》，汪文忠，《档案时空》2017 年 1 期。

《改革开放以来中国共产党城市接管史研究述评》，陈刚，《蚌埠党校》2017 年 3 期。

《1949 年以前复旦大学的党组织沿革及特点》，钱益民，《上海党史与党建》2018 年 1 期。

《鼎元钱庄：中共上海地下党的秘密钱庄》，潘春华，《文史春秋》2018 年 1 期。

《解放初期上海军管会接管交通大学述论》，刘岸冰，《都会遗踪》2018 年 4 期。

《解放初期的上海文艺刊物》，韦泱，《档案春秋》2019 年 1 期。

《战时经济：中共接管时期的上海电价与时局》，高明、纪小乐，《城市史研究》2019 年 1 期。

《上海法电公司的地下党员杨德福》，李安辉、马文博，《回族研究》2019 年 2 期。

《渡江战役前中共上海局策反传奇》，夏继诚，《炎黄春秋》2019 年 4 期。

《上海解放初期的劳军运动》，张二刚，《新乡学院学报》2019 年 4 期。

《税务专门学校与上海军管会接管》，许宗茂、张诗丰，《海关与经贸研究》2019 年 4 期。

《随军南下参加接管大上海的难忘岁月——纪念上海解放 70 周年》，刘天同，《上海房地》2019 年 5 期。

《解放大上海实录》，孟昭庚，《党史纵览》2019 年 7 期。

《新四军暨华中抗日根据地与上海的解放和接管》，刘苏闽，《上海党史与党建》2019 年 7 期。

《上海解放秘密战》，郝在今，《档案春秋》2019 年 9 期。

《解放初期上海的反腐败工业》，刘明兴，《上海党史与党建》2019 年 10 期。

《我赴上海参与接管中国银行》，丁凝，《中国经济周刊》2019 年 18 期。

《我在上海解放的前前后后》，李仁杰，《中国老年》2019 年 18 期。

《解放战争时期党对城市接管工作的探索——以接管上海为例》，张晓俊，《西部学刊》2019 年 19 期。

《文化建政：中共对上海报业的文化接管与秩序重建》，龙伟、谢文君，《新闻春秋》2020 年 2 期。

《1949 年上海解放进程中的政治建设及其经验评析》，陈彩琴，《上海党史与党建》2020 年 2 期。

《上海官僚资本保险业的接管研究》，张晓俊，《郑州航空工业管理学院学报（社会科学版）》2020 年 2 期。

《解放初期上海金融业同业组织》，张徐乐，《上海商业》2020 年 8 期。

社会主义革命和建设时期

（六）社会主义革命与建设

1. 新中国成立初期西方的禁运和封锁

《五十年代我国反对"封锁、禁运"的斗争》，董志凯，《中国经济史研究》1991 年 1 期。

《建国初期反孤立反封锁斗争述略》，黄象品，《湖湘论坛》1991 年 2 期。

《建国初期的对美政策及中美关系探析》，刘俊民，《齐齐哈尔师范学院学报（哲学社会科学版）》1992 年 1 期。

《建国初期新中国反"封锁"的效应和启示》，董志凯，《经济参考研究》1992 年 Z6 期。

《建国初期的反孤立、反封锁斗争》，黄象品，《教学与研究》1993 年 2 期。

《建国初反对帝国主义"禁运"的斗争》，岑燕坤，《贵州民族学院学报（社会科学版）》1993 年 3 期。

《建国初期的"禁运"与"反禁运"》，顾晓英，《上海大学学报（社会科学版）》1995 年 6 期。

《禁运与反禁运：五十年代中美关系中的一场严重斗争》，陶文钊，《中国社会科学》1997 年 3 期。

《建国初期反封锁反禁运斗争论述》，周四成，《北京党史》2002 年 1 期。

《新中国成立以来国际环境变化对经济发展战略的影响》，石康，《贵州财经学院学报》2009 年 5 期。

《1950 年代初美国对华禁运述论》，李才义，《党史研究与教学》2013 年 6 期。

《国际石油公司与 1950 年西方第一次对华石油禁运》，陈礼军，《中国经济史研究》2015 年 1 期。

《陈云与新中国成立初期的"反封锁、反禁运"斗争》，周红，《当代中国史研究》2015 年 5 期。

《新中国应对封锁禁运中的外贸方式调整》，董志凯，《中共党史研究》2015 年 8 期。

《新中国成立初期封锁禁运对私营进出口业的影响分析（1950—1952）》，曲韵，《中国经济史》2016 年 6 期。

《20 世纪 50 年代中共反对西方封锁禁运的因应策略与现实意义》，张励、刘明兴，《上海党史与党建》2017 年 11 期。

《新中国建立初期陈云开辟洲际货运的举措——从应对封锁禁运到建设"一带一路"的联想》，董志凯，《上海陈云研究》2017 年。

《二十世纪五十年代毛泽东等打破西方封锁和包围的决策历程》，廖心文，《党的文献》2018 年 4 期。

《新中国成立初期打破封锁的过程和启示》，李兴，《人民论坛》2019 年 16 期。

2. 反封锁反轰炸：上海防空战

《机智勇敢的上海海员——忆上海解放初期反封锁反轰炸的斗争》，劳黎，《航海》1992 年 3 期。

《成功的上海防空战》，樊新福、袁伟芳，《国防》1992 年 9 期。

《上海的领空是怎样得到保卫的？》，朱隽秀，《上海党史研究》1994 年 1 期。

《解放初期的上海防空》,朱秉秀,《军事历史》1994 年 3 期。

《上海海员在反封锁反轰炸的日日夜夜里》,李德伦整理,《上海党史研究》1994 年 3 期。

《防空保卫大上海——中苏空军打败美蒋空军纪实》,蒋天然,《福建党史月刊》1994 年 5 期。

《夜袭上海——解放初期蒋空军的一次轰炸行动》,章孟杰,《纵横》1995 年 2 期。

《1950 年:上海拉响空袭警报?》,会军、汪洋,《炎黄春秋》1997 年 5 期。

《上海大空战——原华东军区空军参谋长蒋天然访问记》,汪洋,《党史纵横》1997 年 8 期。

《"二·六大轰炸"在上海大场机场》,许锡缵,《航空史研究》1999 年 2 期。

《建国初期的上海防空》,郭贵保,《航空史研究》1999 年 3 期。

《建国初期上海反空袭作战纪实》,陈广相,《党史天地》1999 年 11 期。

《陈毅与建国初期上海的反空袭作战》,陈广相,《春秋》2000 年 4 期。

《建国初期上海的防空建设与反空袭斗争》,郭贵保,《国防》2000 年 4 期。

《一个应对突发事件的成功案例——上海解放初期的反封锁、反轰炸斗争》,周洁,《上海党史与党建》2005 年 4 期。

《苏联空军援助上海始末》,陈晖,《纵横》2005 年 11 期。

《解放初期大上海"制空权"争夺战》,王春华,《湖北档案》2009 年 9 期。

《建国初期大上海上空的防御保卫战》,叶介甫,《福建党史月刊》2011 年 15 期。

《解放初期保卫上海领空的战斗》,李维民,《党史博览》2014 年 2 期。

《一九五〇年上海"二·六轰炸"及应对》,徐锋华,《历史研究》2014 年 4 期。

《全面抗战爆发前上海民间防空建设初探》,严斌林,《史林》2018 年 1 期。

《上海解放初期的防空作战》,洪民,《生命与灾害》2018 年 9 期。

《1950 年上海大轰炸前后的国共纷争与大国外交》,徐锋华,《史林》2019 年 3 期。

《苏联军官亲历"上海防空战役"》,吴健,《兵器知识》2019 年 10 期。

《郭化若与解放初期上海的警备工作》,丁芮,《军事历史》2020 年 3 期。

3. 上海与抗美援朝

《伟大的精神,历史的丰碑——上海人民在抗美援朝运动中》,张文清,《上海党史研究》1996 年 2 期。

《沪上文艺界 轰轰烈烈投入抗美援朝运动》,陆汉文,《上海党史研究》2000 年 5 期。

《光辉的一页——记上海抗美援朝志愿者医疗队》,虞慧炯,《上海档案》2001 年 1 期。

《试论抗美援朝初期上海市民"恐美"心理及其肃清》,王小莉,《中国现代社会心理和社会思潮学术研讨会论文集》,当代世界出版社 2004 年。

《抗美援朝运动中上海的群众动员》,张励,《上海党史与党建》2006 年 3 期。

《抗美援朝初期上海市动员学生参加军事干校述评》,马圣强,《韩国研究论丛》2006 年。

《抗美援朝期间上海医务工作者支前档案史料选》,上海市档案馆,《冷战国际史研究》2008 年 2 期。

《简析抗美援朝对上海外商银行的影响》,彭媛,《重庆科技学院学报(社会科学版)》2012 年 13 期。

《上海抗美援朝运动时期的时事宣传》,毕晓敏,《上海青年管理干部学院学报》2013 年 4 期。

《抗美援朝期间上海医卫界支前工作研究》,朱丹萍,《淮阴师范学院教育科学论坛》2014 年 Z2 期。

《药商王康年盗骗志愿军贷款真相》,陈正卿,《世纪》2018 年 5 期。

《抗美援朝运动中的上海青年》,毕晓敏,《上海党史与党建》2020 年 10 期。

4. 银元之战和米棉之战

《解放初期上海平抑物价涨风纪实》,王申,《党史文汇》1996 年 12 期。

《新中国实行粮棉油统购统销始末》,方海兴,《党史文汇》1997 年 11 期。

《建国之初"银元之战"的幕后佚闻》，常浩如，《纵横》2000 年 4 期。

《陈云领导的上海"米棉之战"》，许毅、李正华，《湖南文史》2003 年 8 期。

《陈毅领导上海解放之初的经济恢复工作》，姚会元，《当代中国史研究》2003 年 3 期。

《解放之初上海经济保卫战》，孙国，《湘潮》2004 年 2 期。

《上海解放初期的经济保卫战》，孙国，《文史春秋》2004 年 3 期。

《建国初期上海平抑三次物价上涨风的历史启示》，张励，《上海党史与党建》2005 年 7 期。

《回忆上海解放初期的金融稳定斗争》，张茜，《金融经济》2010 年 11 期。

《财经战线的淮海战役——陈云治下大上海的"银元之战"和"粮棉之战"》，李攀，《党史纵横》2011 年 3 期。

《上海解放初期的一场"银元之战"》，杨天亮，《都会遗踪》2012 年 1 期。

《中国共产党与解放初期的上海资本家》，罗其韬、孔叶磊、梁怡，《北京联合大学学报（人文社会科学版）》2013 年 1 期。

《陈云：解放初期铁腕整饬上海金融投机生意》，王玉贵，《工会信息》2014 年 14 期。

《关于"银元之战""米棉之战"的解释》，罗明，《历史教学（上半月刊）》2019 年 12 期。

《新中国成立初期陈云运用全局思维领导"米棉之战"》，众舟、何云峰，《党史博览》2020 年 7 期。

5. 新中国成立初期上海经济的恢复和发展

《发生在解放初期上海的亿万假钞案》，郑晓春，《上海党史》1991 年 1 期。

《毛泽东与建国初期上海经济的恢复和发展》，张文清、严爱云，《毛泽东邓小平理论研究》1994 年 2 期。

《解放初期上海保险市场的整顿》，吴特，《上海保险》1994 年 3 期。

《〈五反〉时期上海私营工商业的退财补税》，方子文，《上海财税》1994 年 5 期。

《经济跃进　生活跟进——关于解放以来上海人民生活状况的调查》，张苏红、张玲玲，《上海经济》1994 年 6 期。

《上海解放初期三次涨风对地方财政造成的影响》，方子文，《上海财税》1994 年 9 期。

《上海解放初期是如何实施"劳资两利"政策的》，张金平，《上海党史与党建》1995 年 2 期。

《解放初期的上海保险同业公会（1949.6—1952.2）》，吴奋，《上海保险》1995 年 10 期。

《解放初期上海保险业的监理工作》，林震峰，《上海保险》1997 年 9 期。

《建国初期上海国营企业的民主改革》，沈逸静，《上海党史研究》1998 年 1 期。

《刘少奇与建国初上海经济的恢复、发展和改革》，吴祥华、徐平，《上海师范大学学报（哲学社会科学版）》1998 年 4 期。

《解放初期上海对失业工人的救济和就业安置》，袁志平，《中共党史研究》1998 年 5 期。

《建国初期中国共产党的城市经济政策》，赵增延，《当代中国史研究》1999 年 2 期。

《新中国第一公债在上海发行始末》，庄志龄，《世纪》1999 年 6 期。

《新上海首起假币案》，刑建榕，《湖南文史》2002 年 2 期。

《建国初期上海假币案破获记》，邢建榕，《检察风云》2002 年 3 期。

《陈毅领导上海解放之初的经济恢复工作》，姚会元，《当代中国史研究》2003 年 3 期。

《建国前后对上海私营金融业的整顿管理》，吴景平、张徐乐，《社会科学》2003 年 5 期。

《建国初期在华外资企业改造初探（1949—1962）：以上海为例》，张侃，《中国经济史研究》2004 年 1 期。

《上海解放初期的钱业公会》，吴景平、张徐乐，《华中师范大学学报（人文社会科学版）》2004 年 3 期。

《党在上海执政之初成功领导的三大经济工作》，吴祥华，《上海党史与党建》2004 年 12 期。

《中共建国初期的工商税收——以天津和上海为中心》,陈永发,《中央研究院近代史研究所集刊》2005 年 48 期。

《上海私营工商业与人民胜利折实公债》,高晓林,《当代中国史研究》2005 年 6 期。

《上海私营金融业与 1950 年人民胜利折实公债》,张徐乐,《史学月刊》2005 年 11 期。

《"一五"时期的国家经济建设公债发行——以上海为中心的考察》,万立明,《上海行政学院学报》2006 年 4 期。

《新中国成立初期上海外资企业改造中的转让》,张侃,《中共党史研究》2007 年 6 期。

《1950 年上海金融风潮述论》,张徐乐,《社会科学》2009 年 4 期。

《劳资关系与社会转型——新中国成立前后上海的劳资关系变动》,霍新宾,《中共党史研究》2009 年 9 期。

《从密码电报看上海解放初期的经济工作》刘洪林,《上海党史与党建》2009 年 10 期。

《解放初期,上海破获三起假币案》,袁在付,《金融经济》2010 年 5 期。

《1950 年代上海外商银行的结束与清理》,张徐乐,《社会科学》2010 年 11 期。

《回忆上海解放初期的金融稳定斗争》,张茜,《金融经济》2010 年 11 期。

《20 世纪 50 年代上海新公私合营企业的工资改革》,张忠民,《当代中国史研究》2011 年 5 期。

《从〈解放日报〉商业广告的变化看上海经济的变迁——以 1949 年 5 月至 1956 年为例》,段春义,《上海党史与党建》2011 年 9 期。

《解放初期上海国营企业旧工资制度的初步改造——以中国纺织建设公司为中心的分析》,朱婷,《史林》2011 年 4 期。

《"五反"运动与私营企业治理结构之变动——以上海私营工商企业为中心》,张忠民,《社会科学》2012 年 3 期。

《建国初期上海外资企业养老金制度变革研究》,徐黎,《求索》2013 年 4 期。

《上海侨汇与 1950 年人民胜利折实公债》,尤云弟,《党史研究与教学》2013 年 4 期。

《中共建政之初私营工商业的困境(1949—1950)——以刘鸿生章华毛纺公司为个案的考察》,赵晋,《史林》2013 年 5 期。

《解放初期政权稳定与经济发展的悖论——上海皇后大戏院劳资纠纷研究》,海鸥,《当代电影》2013 年 11 期。

《"友谊"背后的困境:计划经济时代上海友谊商店考察》,刘晓晨,《党史研究与教学》2014 年 1 期。

《新中国成立初期上海英资银行清理过程的历史考察》,宋佩玉,《当代中国史研究》2014 年 2 期。

《上海私营企业的工资调控研究(1949—1952)》,包树芳,《中共党史研究》2014 年 5 期。

《集体合同与制度激励——以解放初期上海申新棉纺织一厂为个案的分析》,张明,《上海经济研究》2014 年 12 期。

《新民主主义劳资关系之命运——"五反"运动前后上海的劳资关系变动》,霍新宾,《史林》2015 年 2 期。

《中共建政初期同业公会与产业发展之关系:以上海机械工业为中心(1949—1956)》,严鹏,《史学集刊》2015 年 2 期。

《上海采购供应站与 1956 年工商关系的调整》,张秀莉,《史林》2015 年 3 期。

《1952 年"五反"运动前后的私营工商业——以上海刘鸿生家族及其章华毛纺公司为中心》,赵晋,《近代史研究》2015 年 4 期。

《双重代理的困境:上海"四反"运动中的工商联》,郑维伟,《近代史研究》2015 年 6 期。

《20 世纪 50 年代上海金融业同业组织衰亡探析》,张徐乐,《史学月刊》2015 年 7 期。

《1953 年—1955 年统购统销政策在上海的贯彻实施》,张励,《上海党史与党建》2015 年 11 期。

《"全行业公私合营"前后上海私营纺织业工人的工资变动——以 1956 年"新合营企业工资改革"为中心的考察》,崔龙浩,《中共历史与理论研究》2016 年 2 期。

《新旧之间:建国初期上海国营鱼市场经纪人制度的改革》,刘亚娟,《史林》2016 年 2 期。

《从方志、档案分析统购统销初期地方政府的粮食价格调控——以 1953—1957 年的上海为例》,赵明明、肖春燕,《上海地方志》2016 年 2 期。

《20 世纪 50 年代上海评弹团工资制研究》,王亮,《北京社会科学》2016 年 6 期。

《20 世纪 50 年代中期上海的"回乡生产运动"》,邓杰,《上海党史与党建》2016 年 10 期。

《新中国成立初期上海首轮工资改革运动的历史考察》,严宇鸣,《中共党史研究》2017 年 3 期。

《"五反"运动后上海私营企业产权的嬗变及其影响探究》,张婷、张玉瑜,《上海交通大学学报(哲学社会科学版)》2017 年 6 期。

《新中国成立初期上海贯彻"四面八方"经济政策的实践与启示》,刘捷,《上海党史与党建》2017 年 10 期。

《解放初国有企业工资影响因素的实证分析——基于天航档案中天津与上海数据的比较研究》,龙登高、乔士容、林展,《安徽师范大学学报(人文社会科学版)》2017 年 4 期。

《1949—1952 年上海对外贸易状况的变化》,庞思娇,《上海党史与党建》2018 年 1 期。

《上海解放初期外汇市场结构与业务变动历程探析(1949—1952)》,宋佩玉、庞思娇,《安徽师范大学学报(人文社会科学版)》2018 年 6 期。

《限制与发展:新中国烟业改造政策的肇始及其在上海的实践》,沙青青,《史林》2018 年 3 期。

《新中国成立初期上海外资进出口企业的监管与清理》,宋佩玉,《当代中国史研究》2019 年 3 期。

《劳资两利政策在上海解放初期的实践及其启示——兼论统一战线在经济治理中的作用》,顾行超,《上海市社会主义学院学报》2019 年 5 期。

《1949—1956 年上海国营工业企业劳动竞赛研究》,刘岸冰,《当代中国史研究》2020 年 5 期。

6. 社会主义改造与上海公私合营

《从公私合营到经济联合》,郭一铺,《上海经济研究》1981 年 2 期。

《试论 1955 年部分地区资本主义工商业的全行业公私合营》,范守信,《党史研究与教学》1990 年 5 期。

《一场震撼世界的社会改革——回忆 50 年代上海资本主义工商业改造的采访》,季音,《新闻战线》1991 年 9 期。

《上海资本主义工商业的社会主义改造史料选辑(上)》,佚名,《档案与史学》1996 年 2 期。

《上海资本主义工商业的社会主义改造史料选辑(中)》,佚名,《档案与史学》1996 年 3 期。

《上海资本主义商业的社会主义改造史料(下)》,佚名,《档案与史学》1996 年 4 期。

《公私合营前后的上海信谊药厂——一个工商业者的自述》,陈铭珊,《纵横》1997 年 5 期。

《上海公私合营前后火柴商标之比较》,秩子,《火柴工业》2000 年 3 期。

《建国初期私营报业的社会主义改造》,施喆,《新闻大学》2002 年 1 期。

《上海私营金融业的联合之路:由联合放款、联合经营到联合管理》,张徐乐,《当代中国史研究》2004 年 3 期。

《上海小商小贩社会主义改造史料》,王慧青,《档案与史学》2004 年 6 期。

《20 世纪 50 年代上海新公私合营企业的工资改革》,张忠民,《当代中国史研究》2011 年 5 期。

《解放初期上海工厂的劳资状况与公私合营》,张钦康、张和声,《史林》2010 年 S1 期。

《上海市公私合营企业定息研究》,刘岸冰,《当代中国史研究》2013 年 2 期。

《上海制笔行业公私合营前后》,徐鸣,《都会遗踪》2014 年 1 期。

《1953 年上海十四家私营工业企业扩展"公私合营"研究》,张忠民,《社会科学》2013 年 12 期。

《扩展公私合营下的企业制度变革——以上海 1954 年扩展公私合营为例》,张忠民,《史林》2014 年 3 期。

《1949—1953 年上海市公私合营工业企业的制度变革》,张忠民,《当代中国史研究》2014 年 3 期。

《1954 年上海私营工业企业的扩展"公私合营"》,张忠民,《中国经济史研究》2014 年 3 期。

《效率与利益:上海电力工业的公私合营(1953—1955)》,高明、曹树基,《开放时代》2014 年 2 期。

《新中国初期私营工商业的变革与生存——以刘鸿生家族上海章华毛纺公司为例》,赵晋,《中共党史研究》2014 年 11 期。

《私营工商业的公私合营——以上海刘鸿生章华毛纺公司为中心》,赵晋,《史林》2015 年 4 期。

《"全行业公私合营"前后上海私营纺织业工人的工资变动——以 1956 年"新合营企业工资改革"为中心的考察》,崔龙浩,《中共历史与理论研究》2016 年 2 期。

《20 世纪 50 年代上海公私合营后企业的福利制度考察》,徐兵、刘岸冰,《都会遗踪》2016 年 2 期。

《从电影票价定价权的转移看上海私营电影院的社会主义改造》,海鸥,《当代电影》2016 年 6 期。

《"十七年"电影演员的"去明星化"社会主义改造》,赵丽瑾,《电影艺术》2016 年 6 期。

《"一五"时期上海对机电工业弄堂工厂的改造》,张励,《上海党史与党建》2016 年 10 期。

《建国初期劳资关系问题的"经济"维度——1953、1954 年上海市私营企业中"反对经济主义"问题初探》,张建才,《江苏社会科学》2017 年 2 期。

《公私合营高潮中上海私营工商业者的增资研究》,刘岸冰,《当代中国史研究》2017 年 5 期。

《变化社会中的金融秩序:20 世纪 50 年代上海安裕钱庄的结束与清理》,姬凌辉,《中国经济史研究》2018 年 1 期。

《从取消到限制:1954 年上海私营企业年奖决策考察》,包树芳,《党史研究与教学》2018 年 1 期。

《20 世纪 50 年代上海民间职业剧团的社会主义改造研究》,张鼎,《上海党史与党建》2018 年 1 期。

《1956 年上海公私合营企业的公私关系研究》,刘岸冰,《当代中国史研究》2018 年 6 期。

《全行业公私合营后上海工业企业的定息及其用途研究》,刘岸冰,《中国经济史研究》2019 年 1 期。

《"民主评议"与上海私营工商业社会主义改造》,赵懿、辛逸,《上海经济研究》2020 年 8 期。

《公私合营时期的上海邮商》,邹子阳,《上海集邮》2020 年 9 期。

7. 农业合作化·大跃进·人民公社

《解放初期上海郊区土地改革实证研究》,冯绍霆,《上海行政学院学报》2000 年 2 期。

《上海郊区土地改革史料选辑(上)》,佚名,《档案与史学》2000 年 2 期。

《上海郊区土地改革史料选辑(中)》,佚名,《档案与史学》2000 年 3 期。

《上海郊区土地改革史料选辑(下)》,佚名,《档案与史学》2000 年 4 期。

《实现农业合作化的客观要求及现实意义》,于冷,《上海农村经济》2000 年 11 期。

《上海的大跃进》,仲进,《商务周刊》2001 年 19 期。

《上海地区"大跃进"和人民公社化运动述论》,袁燮铭,《史林》2003 年 5 期。

《短命的"上海人民公社"》,舒云,《党史博览》2004 年 1 期。

《试论大生产运动和"大跃进"运动之历史分野》,吴志军,《党史文苑》2004 年 10 期。

《上海土地改革立法与近郊农村的发展》,王立民,《社会科学》2005 年 4 期。

《"上海人民公社"名称使用和废止的内情》,阎长贵,《百年潮》2005 年 8 期。

《"大跃进"时期上海工业建设得失浅议》,黄坚,《上海党史与党建》2005 年 9 期。

《科学地分析、研究历史问题——试述上海的"大跃进"运动与这一时期》,张文清,《上海党史与党建》2006 年 11 期。

《"大跃进"时期上海的市政建设》,黄坚,《上海党史与党建》2009 年 3 期。

《上海农村发展的经验及借鉴意义》,李孝青,《理论界》2010 年 7 期。

《大跃进前后上海与各地的协作关系》,黄啸,《上海党史与党建》2011 年 5 期。

《大跃进时代的上海工业》,王道军,《上海国资》2011 年 5 期。

《1955 年毛泽东听取松江地委汇报工作的历史考证》,梁潇,《上海党史与党建》2012 年 12 期。

《从里弄到单位——上海城市人民公社下的里弄改造》,丁杰,《社科纵横》2013 年 3 期。

《宋庆龄 1955 年视察松江》,李成浩,《上海党史与党建》2013 年 11 期。

《新中国成立初期陈云的合作化思想研究》,王丹莉,《上海陈云研究》2014 年。

《生产与生活:"大跃进"和经济困难时期的上海里弄公共食堂》,郑承敏、赵峥,《当代中国史研究》2014 年 1 期。

《理智抑或狂热:上海家庭妇女参与工业生产研究(1958—1962)》,张牛美,《华东师范大学学报(哲学社会科学版)》2014 年 1 期。

《"大跃进"后的产能过剩与城市工业的增效改革》,林超超,《史林》2014 年 3 期。

《柯庆施与人民公社化运动》,邢恩源,《江苏大学学报(社会科学版)》,2014 年 6 期。

《我所经历的土地改革、合作化运动》,侯更生、陈丽敏,《上海党史与党建》2014 年 11 期。

《柯庆施与上海农业大跃进》,邢恩源,《理论界》2015 年 2 期。

《大跃进影响下的城乡人口迁移——以上海为中心》,陈熙,《中国经济史研究》2016 年 2 期。

《卫星城:调整工业布局,缓解人口压力——以"大跃进"时期上海闵行卫星城为考察对象》,王雪冰,《艺术科技》2016 年 2 期。

《"大跃进"动员的仪式化:以灭雀运动为中心的考察》,刘怡,《史林》2017 年 1 期。

《"大跃进"运动与中国卷烟生产和消费的常态化》,皇甫秋实,《近代史学刊》2017 年 1 期。

《"大跃进"时期上海街道工业的定位与转型》,林超超,《中共党史研究》2018 年 8 期。

8. 政治建设和社会治理

《上海解放后反腐败的第一个案例》,钱丽君,《上海党史研究》1994 年 2 期。

《廉洁自律过好进城关——记解放初期上海警备部队反腐防变的几个片断》,王致冰、庄培昌,《上海党史研究》1994 年 3 期。

《解放初期上海剿匪肃特缉盗镇反斗争写真(上)》,王申,《党史文汇》1997 年 7 期。

《解放初期上海剿匪肃特缉盗镇反斗争写真(下)》,王申,《党史文汇》1997 年 8 期。

《建国初期上海国营企业的民主改革》,沈逸静,《上海党史研究》1998 年 1 期。

《黄粱一枕皇帝梦——解放初上海"顺政国皇帝"反动封建团伙的覆灭》,张小平,《上海党史研究》1998 年 3 期。

《工人阶级的第二次翻身——解放初期上海民主改革运动纪实》,王申,《党史文汇》1998 年 4 期。

《百万上海市民欢庆新中国诞生纪实》,陆米强、徐云根,《上海党史研究》1999 年 5 期。

《解放初上海的反腐败斗争》,李军,《上海档案》2001 年 1 期。

《1950 年上海街道里弄组织工作总结——解放初上海社区组织史料选(一)》,朱健刚,《档案与史学》2001 年 5 期。

《上海街道里弄居民组织 1952 年工作情况总结——建国初上海社区组织史料选(二)》,朱健刚,《档案与史学》2001 年 6 期。

《"化腐朽为神奇"——陈毅领导改造旧上海建设新上海的历史篇章》,张文清,《上海党史与党建》2001 年第 8 期。

《解放初期多种经济成分并存条件下上海基层党建的历史经验及启示》,冯小敏、邹荣庚、吴祥华等,

《上海党史与党建》2002 年 2 期。

《上海：从废保甲到居民委员会的诞生》，朱国明，《档案与史学》2002 年 2 期。

《一九四九年新中国建立前后上海对旧人员的接收与安置》，郝先中，《中共党史研究》2004 年 1 期。

《上海里弄：基层政治动员与国家社会一体化走向(1950—1955)》，张济顺，《中国社会科学》2004 年 2 期。

《新中国建立初期居民委员会制度的历史考察》，郭圣莉，《上海党史与党建》2004 年 2 期。

《新中国巩固城市政权的最初尝试——以上海"镇反"运动为中心的历史考察》，杨奎松，《华东师范大学学报(哲学社会科学版)》2004 年 5 期。

《解放以来的上海行政区划调整及城乡关系变动》，施镇平，《上海行政学院学报》2005 年 2 期。

《从解放到执政——中国共产党在上海的成功实践》，张文清，《上海党史与党建》2005 年 5 期。

《上海私营工商业的"四反"运动》，高晓林，《中共党史研究》2005 年 5 期。

《上海私营金融业与"三反""五反"运动》，张徐乐，《当代中国史研究》2005 年 6 期。

《文革前上海党政关系的争论》，范征夫，《炎黄春秋》2005 年 11 期。

《1952 年上海"五反"运动始末》，杨奎松，《社会科学》2006 年 4 期。

《建国以来上海地方党委领导方式演进的历史轨迹及其启示》，严爱云，《上海党史与党建》2007 年 6 期。

《新中国成立初期的政治动员及其效力——以上海为中心的考察》，杨丽萍，《上海大学学报(社会科学版)》2008 年 2 期。

《新中国建立前后对旧政权公务人员的安置——以南京、上海为例》，范小方、常清煜，《当代中国史研究》2009 年 6 期。

《公开党与建国初期上海党组织的成功转型》，张明楚，《上海党史与党建》2009 年 10 期。

《新国家与旧工人：1952 年上海私营工厂的民主改革运动》，林超超，《社会学研究》2010 年 2 期。

《中国共产党建立城市政治动员网络的初步尝试——上海推销人民胜利折实公债论述》，阮清华，《中共党史研究》2010 年 4 期。

《新中国成立初期的上海里弄整顿》，杨丽萍，《当代中国史研究》2010 年 5 期。

《从废除保甲制度到建立居民委员会——以新中国成立前后的上海为例》，杨丽萍，《党的文献》2010 年 5 期。

《建国初期基层社会组织化与反组织化的博弈——以上海街居制的创设为例》，杨丽萍，《历史教学问题》2010 年 5 期。

《解放初期上海城市建党的基本做法与经验》，张明楚，《上海党史与党建》2010 年 5 期。

《新中国成立初期的上海里弄整顿》，杨丽萍，《当代中国史研究》2010 年 5 期。

《论建国初期党的单位化组织理念》，杨丽萍、吴英俊，《兰州学刊》2011 年 4 期。

《新中国成立初期城市居民委员会制度产生的历史过程及启示》，王金豹，《上海党史与党建》2011 年 5 期。

《建国初期党的执政能力建设在城市的实践——以上海为中心的考察》，杨丽萍、王旭东，《社会科学战线》2011 年 10 期。

《新中国成立初期上海基层党组织转型的实践及启示》，张励，《上海党史与党建》2011 年 10 期。

《解放初期中国共产党在上海化解社会矛盾的实践与启示》，袁志平、晏蔚青、周奕韵，《上海党史与党建》2011 年 12 期。

《虚实之间：上海"五反"运动中的新闻宣传析论》，郑维伟，《复旦政治学评论》2013 年。

《"五反"政策在上海执行的阻碍因素分析》，张北根，《云南行政学院学报》2014 年 1 期。

《新闻宣传与政治动员：以上海"四反"运动为中心的考察》，郑维伟，《中共党史研究》2014 年 6 期。

《浙江嵊泗行政隶属关系调整及对上海城市发展的影响》,王健、贾璐阳,《当代中国史研究》2014 年 6 期。

《建国初期城市基层治理的结构研究》,陈辉,《南京社会科学》2014 年 11 期。

《成功跨越"难关":解放初期中国共产党在上海的群众工作及启示》,袁志平,《上海党史与党建》2014 年 12 期。

《解放初期上海行政监察机构发展探析》,邸娟,《才智》2015 年 3 期。

《论新中国成立初期上海的城市接管》,杨丽萍,《毛泽东邓小平理论研究》2015 年 5 期。

《国家治理的最初社会空间——二十世纪五十年代前期的上海居民委员会》,张济顺,《中共党史研究》2015 年 10 期。

《新中国成立初期党政关系的历史考察》,张致森,《上海党史与党建》2016 年 1 期。

《"新三反"民众有序政治参与的有效实践——以华东大区为中心的考察(1952—1953)》,赵亮,《中共浙江省委党校学报》2016 年 2 期。

《从"紧缩加强"到"充分利用"——党的八大前后上海发展战略的历史考察》,贾彦,《上海党史与党建》2016 年 5 期。

《中共中央华东局的"姻缘谱系"》,张永杰,《上海党史与党建》2016 年 5 期。

《何以让基层民众聚沙成塔？——上海解放初期居民委员会的创建及作用》,马婉,《上海党史与党建》2017 年 4 期。

《亲历上海工厂"四清"运动(上)》,赵元三,《江淮文史》2018 年 2 期。

《亲历上海工厂"四清"运动(下)》,赵元三,《江淮文史》2018 年 3 期。

《"鲁迅活着会怎样？"——罗稷南 1957 年在上海和毛泽东"秘密对话"质疑》,陈晋,《党的文献》2018 年 5 期。

《新中国成立初期(1949—1953)反官僚主义的地方实践——以上海为例》,杨丽萍、安俭,《西北师范大学学报(社会科学版)》2018 年 10 期。

《上海解放后的铁路接管工作研究》,田永秀、曲成举,《当代中国史研究》2019 年 1 期。

《我在上海郊区参加"四清"运动》,刘其奎,《世纪》2019 年 2 期。

《1958 年江苏省十县与上海市的行政区划调整》,王健、贾璐阳,《史林》2019 年 1 期。

《新中国初期城市私房改造政策探析——以上海为中心》,李爱勇,《史学月刊》2019 年 7 期。

《解放初期上海的反腐败工作研究》,刘明兴,《上海党史与党建》2019 年 10 期。

《新中国成立初期领导干部不忘初心的历史经验与现代启示》,张学娟,《湖北行政学院学报》2020 年 1 期。

9. 工业建设·城市布局·卫星城

《回顾六十年代初上海工业的调整》,赵时烈、陈俊言,《学术月刊》1979 年 11 期。

《上海工业的四次大改组》,赵时烈,《上海经济研究》1981 年 10 期。

《上海轻、纺、手工业进行设备更新改造的几点做法》,陶友之,《社会科学》1982 年 10 期。

《"巧妇"巧为无米之"炊"——回忆建国初期上海开展的工业原料节约代用工作》,顾渊、朱宗尧,《上海党史与党建》1994 年 2 期。

《试论解放后上海城市功能定位的变化及其原因》,邹荣庚、杜捷,《上海党史与党建》2001 年 12 期。

《"充分利用、合理发展"上海工业建设方针的由来与启示》,黄坚,《上海党史与党建》2005 年 5 期。

《上海第一批卫星城建设》,黄啸,《上海党史与党建》2010 年 2 期。

《中国汽车工业发展早期阶段的技术路径——以上海汽车工业基地为例》,彭南生、关云平,《湖北社会科学》2014 年 11 期。

《1949—1978:上海工业布局调整与城市形态演变》,贾彦,《上海党史与党建》2015 年 1 期。

《中共建政初期同业公会与产业发展之关系——以上海机械工业为中心(1949—1956)》,严鹏,《史学集刊》2015 年 2 期。

《试论新中国成立初期上海城市功能的转型》,张励,《史林》2015 年 4 期。

《上海卫星城:阶段、类型与特征》,赵凤欣、李如瓛,《上海党史与党建》2015 年 12 期。

《从技术革新运动看新中国女性身份的重构——以上海工业技术革新为例(1954—1966)》,李如瓛,《广东技术师范学院学报》2016 年 1 期。

《1956—1958 年上海自发工业户问题研究》,张坤,《中国经济史研究》2016 年 1 期。

《群众性技术革新运动:中国式的技术发展道路——以上海为例》,吴静、李如瓛,《上海经济评论》2016 年 9 期。

《卫星城:调整工业布局,缓解人口压力——以"大跃进"时期上海闵行卫星城为考察对象》,王雪冰,《艺术科技》2016 年 2 期。

《上海卫星城工业三废污染对农副业的赔偿情况(1958—1978)》,闫艺平,《安庆师范学院学报(社会科学版)》2016 年 4 期。

《新中国成立初期上海妇女工业技术革新——国家推动下的妇女解放新道路》,李如瓛,《山东女子学院学报》2016 年 6 期。

《20 世纪五六十年代上海工业技术革新中的妇女动员》,李如瓛,《上海党史与党建》2016 年 6 期。

《二十世纪五六十年代上海"高精尖"发展方针的提出与演进》,黄坚,《中共党史研究》2017 年 2 期。

《增产节约运动的来龙去脉及其双面相——基于工业生产领域的考察(1949—1966)》,李志英,《晋阳学刊》2017 年 2 期。

《"土洋之争":技术革命的愿景与现实》,林超超,《史林》2017 年 5 期。

《从学徒到技师:新中国技术工人成长记》,吴静、李如瓛,《史林》2018 年 S1 期。

《20 世纪 50 年代上海卫星城战略形成的历史考察》,包树芳、忻平,《史林》2019 年 1 期。

《耦合与失衡:闵行政区变迁中的上海城镇化进程(1958—1992)》,段晓彤,《上海党史与党建》2019 年 4 期。

《1958—1978 年城乡关系考察——以上海卫星城企业与公社的互动为中心》,包树芳,《党史研究与教学》2019 年 4 期。

《新中国城市建设与工业化布局:20 世纪五六十年代上海卫星城建设》,忻平、陶雪松,《毛泽东邓小平理论研究》2019 年 8 期。

10. 社会群体、社会问题和社会建设

《五十年代上海工运史料工作回顾》,沈以行,《史林》1991 年 3 期。

《上海解放初期对外商"六大公用事业"的监督管理》,孙强、裴建国,《上海党史研究》1992 年 11 期。

《警惕死灰复燃——解放初期上海处理反动、淫秽、荒诞图书的经过》,一今,《上海党史研究》1996 年 3 期。

《警惕死灰复燃(之二)——记上海解放初期改造妓女的经过》,唐舒,《上海党史研究》1996 年 4 期。

《警惕死灰复燃(之三)——记上海解放初期的禁烟禁毒运动》,定林,《上海党史研究》1996 年 6 期。

《试论解放初期上海社会改造的历史经验》,邹荣庚,《上海党史研究》1997 年 6 期。

《上海解放初期失业工人安置和新时期再就业工程浅析》,袁志平,《上海党史研究》1998 年 S1 期。

《解放初期上海对失业工人的救济和就业安置》,袁志平,《中共党史研究》1998 年 5 期。

《上海解放初期的工人失业问题及其成功解决》,袁志平,《党史文汇》1998 年 8 期。

《建国初上海赈灾研究》,承载,《史林》1999 年 3 期。

《1954年上海民间职业剧团状况》，宣刚，《档案与史学》2000年5期。

《中国共产党在上海的知识分子工作》，唐志，《上海党史与党建》2001年6期。

《解放初期上海摊贩的管理》，张辰，《档案与史学》2003年1期。

《陈毅改造上海妓女》，吴跃农，《党史纵览》2003年2期。

《建国初期上海对失业知识分子的调查登记和就业安置》，郝先中，《上海党史与党建》2003年11期。

《一九四九年新中国建立前后上海对旧人员的接收与安置》，郝先中，《中共党史研究》2004年1期。

《旧上海妓女改造记》，靳伟华，《湖南文史》2004年5期。

《净化社会环境，促进社会和谐——上海解放初期的妓女改造》，黄金平，《上海党史与党建》2005年3期。

《毛泽东与建国前后的城市失业治理——以上海为个案》，蔡玉卿，《毛泽东思想研究》2005年6期。

《把好入党关 保持先进性——1949—1966上海党员队伍四次大发展》，孙锡鸿，《上海党史与党建》2005年7期。

《旧上海7000妓女改造获新生》，靳伟华，《检察风云》2005年24期。

《新中国成立初期上海贯彻婚姻法运动》，杨丽萍，《中共党史研究》2006年1期。

《建国初期上海失业工人的救济与安置》，佚名，《上海人大月刊》2006年2期。

《建国初期上海团组织对青年工商业者团结教育工作述略》，闵小益，《上海青年管理干部学院学报》2006年4期。

《建国前后上海工人工薪与生活状况之考察》，周仲海，《社会科学》2006年5期。

《建国以来上海吸引留学归国人员工作的历史回顾及其现实意义》，张励，《上海党史与党建》2007年1期。

《社会主义改造中上海资本家阶级的思想动态》，陆和健，《华中师范大学学报（人文社会科学版）》2007年2期。

《1956年知识分子问题研究》，谢黎萍，《上海党史与党建》2007年8期。

《从资本主义到共产主义：上海的干部和企业主(1949—1952)》，［法］玛丽-格莱尔·白吉尔，王菊译，《华中师范大学学报（人文社会科学版）》2008年1期。

《归位：建国初期上海游民改造对象分析》，阮清华，《史林》2008年1期。

《二十世纪五六十年代上海留学人员归国工作研究》，谢黎萍、张励、黄坚等，《上海党史与党建》2008年2期。

《20世纪50年代上海的妇女解放与参加集体生产》，邱国盛，《当代中国史研究》2009年1期。

《建国初期上海废娼运动再认识》，阮清华，《华东师范大学学报（哲学社会科学版）》2009年4期。

《论新中国成立之初政府对社会异质性的消解——透过上海游民改造的分析》，杨丽萍，《江苏社会科学》2009年4期。

《建国初期上海游民改造初探(1949—1951)》，郭学勤，《淮北煤炭师范学院学报（哲学社会科学版）》，2009年4期。

《新中国建立前后对旧政权公务人员的安置——以南京、上海为例》，范小方、常清煜，《当代中国史研究》2009年6期。

《日常生活空间的制度化——20世纪50年代上海工人新村的空间分析框架》，杨辰，《同济大学学报（社会科学版）》2009年6期。

《一九四九年前后的执政党与上海报界》，张济顺，《中共党史研究》2009年11期。

《革命与国家的双重逻辑：城市社会空间的嬗变——解放初期上海社会团体的湮灭考察》，郭圣莉，《华东理工大学学报（社会科学版）》2010年1期。

《建国前后的城市房地产管理工作——以1949年—1956年的上海为个案》，蔡玉卿，《党史研究与教学》2010 年 5 期。

《上海城市私房的社会主义改造》,赵胜,《当代中国史研究》2010 年 5 期。

《再造组织生态:新中国成立之初的上海摊贩整顿》,杨丽萍,《华东师范大学学报(哲学社会科学版)》2010 年 6 期。

《上海解放前后市民娱乐方式的变化——"老克勒"朱廷嘉口述访谈》,朱廷嘉、史诗,《史林》2010 年 6 期。

《新中国成立初期的城市游民收容——以上海为例》,杨丽萍,《上海城市管理》2010 年 6 期。

《新中国"以租养房"政策困境化的历史考察——以上海为中心》,赵胜,《中共党史研究》2010 年 12 期。

《从上海游民习勤所看游民改造》,戴佩娟,《东南大学学报(哲学社会科学版)》2010 年 S1 期。

《1955—1956 年上海首次城市人口紧缩与粮食供应》,陈熙,《当代中国史研究》2011 年 3 期。

《社会主义城市的空间实践——上海工人新村(1949—1978)》,杨辰,《人文地理》2011 年第 3 期。

《建国初期私营工商业者追随中国共产党走向社会主义的原因探析——以上海私营工商业者为例》,高晓林,《当代世界与社会主义》2011 年 4 期。

《新中国成立初期上海游民改造运动探析》,阮清华,《历史教学问题》2011 年 5 期。

《职工精简与 20 世纪 60 年代前期的上海城乡冲突及其协调》,邱国盛,《安徽史学》2011 年 6 期。

《新中国成立初期上海动员职工家属离沪运动探析》,阮清华,《中共党史研究》2011 年 8 期。

《1949 年至 1966 年上海的党员干部教育培训及启示》,贾彦,《上海党史与党建》2011 年 11 期。

《解放初期中国共产党在上海加强社会管理的基本经验》,袁志平,《上海党史与党建》2012 年 3 期。

《建国初期私营报业从业者的整编与改造——以上海两所新闻学校为中心(1949—1952)》,贺碧霄,《新闻记者》2012 年 4 期。

《建国前后上海旧式社团的清理整顿——兼论基层社会统治权威的转换》,杨丽萍,《江苏社会科学》2012 年 5 期。

《二十世纪五六十年代上海城市房荒问题的应对举措与困境》,赵胜,《中共党史研究》2012 年 9 期。

《新中国成立初期上海摊贩管理的路径选择》,丁留宝,《中共党史研究》2013 年 1 期。

《中国共产党与解放初期的上海资本家》,罗其韬、孔叶磊、梁怡,《北京联合大学学报(人文社会科学版)》2013 年 1 期。

《跨越 1949:上海慈善事业新旧转型初探》,谢忠强,《延边大学学报(社会科学版)》2013 年 2 期。

《建国初期上海中产阶级的改造与重生》,江文君,《史林》2013 年 3 期。

《1949 年上海南下随军服务团述论》,谢忠强,《军事历史研究》2013 年 3 期。

《1963 至 1965 年华东现代戏运动新探》,邢恩源,《党史研究与教学》2013 年 3 期。

《建国初年上海私营报业的人员更替与思想改造》,贺碧霄,《河南大学学报(哲学社会科学版)》2013 年 12 期。

《新中国成立以来上海港的发展历程》,张励,《上海党史与党建》2014 年 3 期。

《革命化春节:政治视野下的春节习俗变革——以上海为中心的研究》,忻平、赵凤欣,《中共党史研究》2014 年 8 期。

《上海移民江西垦荒问题研究(1955—1956)》,阮清华,《中共党史研究》2014 年 11 期。

《1952 年上海妓女改造始末》,龙婧,《人生与伴侣(月末版)》2015 年 1 期。

《"水上"的故事:1950 年代的上海市水上区》,田蕊,《史林》2015 年 2 期。

《微观史料的政治学解读:普选中的上海底层社会——以仁德纱厂为例(1953—1954)》,张济顺,《中共党史研究》2015 年 3 期。

《上海因婚自杀报道与实施新〈婚姻法〉动员》,刘长林、章磊,《史学月刊》2015 年 8 期。

《二十世纪五十年代中期上海人口"紧缩"中的沪苏关系》，田蕊，《中共党史研究》2015 年 10 期。

《从解放初期上海的禁毒看中国共产党是如何创造社会治理奇迹的》，马婉，《上海党史与党建》2016 年 2 期。

《新中国成立之初上海民众社会主义幸福观的形成》，杨丽萍，《江苏社会科学》2016 年 2 期。

《1950—1966 年上海市居民零星自建住房研究》，李爱勇，《当代中国史研究》2016 年 3 期。

《作为政治任务的技术培训——以在沪朝鲜实习生为例(1953—1959)》，梁志，《党史研究与教学》2016 年 3 期。

《"党员报人"与新中国成立后私营报业的转型——以〈大公报〉为例》，刘亚娟，《党史研究与教学》2016 年 5 期。

《国家与都市之间：上海劳模形象建构与流变的个案研究(1949—1963)》，刘亚娟，《中共党史研究》2016 年 5 期。

《上海旧职员对中共政治认同的嬗变历程(1949—1956)》，崔丹，《党的文献》2016 年 6 期。

《1950 年上海失业工人救济问题》，张犇，《文史天地》2016 年 10 期。

《解放初期上海失工回乡生产政策刍议——以失业治理为视点》，吴文俊，《理论与改革》2017 年 1 期。

《嵌入社会：上海"五反"运动中的团组织与青年学生探析》，郑维伟，《党史研究与教学》2017 年 1 期。

《论建国初期上海市民主妇女联合会在社会治理中的作用》，马晨曦，《红色学刊》2017 年 2 期。

《建国初期上海总工会的干部培训：以 1951 年上海总工会干部学校为中心的讨论》，徐迟、朱虹，《工会理论研究(上海工会管理职业学院学报)》2017 年 2 期。

《团结与改造：从旧产婆到社会主义接生员——以上海为例的讨论》，王瀛培，《妇女研究论丛》2017 年 4 期。

《新中国成立初期上海的优抚工作》，杨丽萍，《党的文献》2017 年 6 期。

《新中国成立初期中国共产党解放妇女的法律制度及政策研究》，马晨曦，《上海党史与党建》2017 年 6 期。

《新中国成立初期党对上海旧职员思想政治教育的基本经验》，崔丹，《上海党史与党建》2017 年 10 期。

《解放初期上海旧公职人员"包下来"政策初探——以失业治理为视角》，吴文俊，《文教资料》2017 年 20 期。

《建国初期上海烈军工属群体失业治理政策与实践》，吴文俊，《法制与社会》2017 年 30 期。

《上海解放前后中共是如何应对社会谣言的》，崔丹，《党的文献》2018 年 1 期。

《中华人民共和国成立初期对上海民间慈善组织的处理研究》，阮清华，《党史研究与教学》2018 年 1 期。

《解放前后上海党员干部重视政治学习的历史经验与启示》，吴浩，《上海党史与党建》2018 年 3 期。

《上海"阿飞"：滚动的话语逻辑与基层实践走向(1949—1965)》，刘亚娟，《中共党史研究》2018 年 5 期。

《上海解放后对游民、妓女、舞女的改造》，刘统，《同舟共进》2018 年 6 期。

《乡关何处：上海"五反"运动中的工商界上层》，郑维伟，《史林》2018 年 6 期。

《1963—1966 年新疆军区生产建设兵团安置上海知识青年经费初探》，易海涛，《当代中国史研究》2018 年 6 期。

《市民社会之延续：基于对新中国成立后上海社会的考察》，张虎祥、仇立平，《中共党史研究》2018 年 9 期。

《集体读报：新中国成立初期的上海读报组研究》，詹佳如，《新闻与传播研究》2018 年 11 期。

《一九五三年上海市婚姻法运动月研究——以上海工业局档案为中心的考察》，满永、孙静，《党史研究与教学》2019 年 1 期。

《1958—1961 年上海农民新村建设研究》，吴静、周升起，《当代中国史研究》2019 年 2 期。

《新中国初期城市私房改造政策探析——以上海为中心》，李爱勇，《史学月刊》2019 年 7 期。

《一九五二年前后上海私营报业中的整党建党》，龙伟，《中共党史研究》2019 年 9 期。

《试探新中国成立初期上海的工人扫盲识字运动》，张晓俊，《上海党史与党建》2019 年 3 期。

《20 世纪 50 年代上海城市人口安置策略研究》，阮清华，《史林》2019 年 6 期。

《监管与清理：新中国成立初期上海外资公用事业改造的历史考察》，宋佩玉，《中国经济史研究》2020 年 4 期。

《模糊性象征的仪式化运作——基于新中国成立初期上海里弄读报组的考察》，董倩，《史林》2020 年 4 期。

11. 科教文卫建设

《上海解放后第一张小型报——〈大报〉》，祝纪和，《新闻三昧》1995 年 6 期。

《上海防治和消灭血吸虫病的历史回顾》，王卫红，《上海党史研究》1998 年 3 期。

《重视"润物无声"的党史题材课文——析建国后上海中小学语文教材中党史题材课文的演变》，年士萍、黄红，《上海党史与党建》2003 年 9 期。

《断裂与延续：1950 年代上海的文化改造》，姜进，《社会科学》2005 年 6 期。

《转型与延续：文化消费与上海基层社会对西方的反应》，张济顺，《史林》2006 年 3 期。

《建国初期上海高等院校院系调整研究》，王立诚、管雷，《上海档案史料研究》2006 年。

《二十世纪五六十年代上海科技发展的回顾与思考》，黄坚，《上海党史与党建》2007 年 2 期。

《上海电影制片业的"社会主义改造"(1949—1952)》，张硕果，《电影艺术》2009 年 1 期。

《1949 年—1956 年中共在高校中的建设》，周良书，《党史研究与教学》2009 年 2 期。

《塑造新思想：建国前后北京与上海的"五四"纪念活动》，郭若平，《当代中国史研究》2009 年 3 期。

《论新中国成立后私营报业消亡的原因——以解放初期〈文汇报〉的经历为例》，曹立新，《国际新闻界》2009 年 4 期。

《社会文化史的检视：1950 年代上海研究的再思考》，张济顺，《华东师范大学学报(哲学社会科学版)》2012 年 2 期。

《1950 年代的上海改造与文化治理》，孙晓忠，《中国现代文学研究丛刊》2012 年 1 期。

《一九四九年至一九五二年上海地区高校思想政治教学研究》，陈红，《中共党史研究》2012 年 3 期。

《五十年代初的上海报业转制：从民办到党管》，张济顺，《炎黄春秋》2012 年 4 期。

《建国初期上海党校教育的特点与经验》，张明楚，《上海党史与党建》2012 年 10 期。

《上海私营报业的思想改造运动》，张济顺，《炎黄春秋》2012 年 10 期。

《国家触角的限度之再考察——以新中国成立初期上海的文化改造为个案》，肖文明，《开放时代》2013 年 3 期。

《建国初期上海卫生运动述论》，杨丽萍，《井冈山大学学报(社会科学版)》2013 年 3 期。

《国家能力与文化治理——以中华人民共和国建立初期的上海为个案》，肖文明，《思想战线》2013 年 4 期。

《新中国成立初期上海基层社会管理中的宣传工作研究》，杨丽萍，《党的文献》2015 年 2 期。

《1949—1952 年上海市的识字教育》，杨丽萍，《当代中国史研究》2015 年 2 期。

《上海解放初期中共对小报的改造与整编》，龙伟，《中共党史研究》2015 年 3 期。

《1958 年陆定一来沪调研与上海哲学社会科学研究的定向》，张生，《史林》2015 年 3 期。

《消失的陌生人：〈新民晚报〉与上海日常生活空间中的社会交往(1949—1966)》，董倩，《新闻与传播研究》2015 年 5 期。

《新中国成立初期上海大众娱乐改造研究——以电影和戏剧为中心的考察》,杨丽萍、陈庭梅,《中共党史研究》2016 年 1 期。

《新中国成立初期上海中医业态调查——兼及中医文献研究馆的成立》,张生、王琼,《中医文献杂志》2016 年 2 期。

《20 世纪 50 年代"上海工人运动史料委员会"初探》,马军,《上海地方志》2016 年 3 期。

《社会主义的"中国经验":1961 年沪版〈政治经济学教材〉编写始末》,张生,《史林》2016 年 3 期。

《新中国初期的对人民群众宣传网建设——以上海为例》,段春义,《党的文献》2016 年 5 期。

《"一定把报纸办到上海去"——范长江与上海〈解放日报〉创刊》,洪梅芬,《档案春秋》2016 年 5 期。

《从电影票价定价权的转移看上海私营电影院的社会主义改造》,海鸥,《当代电影》2016 年 6 期。

《上海解放初期党管报业体系的建立》,段春义,《上海党史与党建》2016 年 6 期。

《二十世纪五六十年代中国共产党对上海城市精神的再造》,张励,《上海党史与党建》2016 年 7 期。

《新中国成立初期上海私塾教育及其初步改造》,吴修申,《河北学刊》2017 年 3 期。

《20 世纪 50 年代上海民间职业剧团的社会主义改造研究》,张鼎,《上海党史与党建》2018 年 1 期。

《新中国成立初期上海的读报组及其政治功效》,杨丽萍,《江苏社会科学》2018 年 1 期。

《"向科学进军"高潮中的上海科技发展(1956—1965 年)》,王健、贾璐阳,《当代中国史研究》2018 年 3 期。

《新中国成立前后——上海私营电影制片业的萧条与新生》,朱超亚,《上海党史与党建》2018 年 3 期。

《解放初期上海军管会接管交通大学述论》,刘岸冰,《都会遗踪》2018 年 4 期。

《新中国初期上海的小报文学研究——以〈亦报〉〈大报〉为考察中心》,布莉莉,《江苏大学学报(社会科学版)》2018 年 4 期。

《新中国成立初期上海地区西医学习中医运动概览》,王琼、张生,《中医文献杂志》2018 年 5 期。

《"改造"的悖论:上海最后一份小报〈亦报〉的短暂繁荣与消失(1949—1952)》,伍静,《新闻大学》2018 年 5 期。

《论上海解放一年里〈文汇报〉对马克思主义的推广》,杨丽萍,《上海党史与党建》2018 年 9 期。

《20 世纪六七十年代上海城市大气污染问题研究》,金大陆,《上海大学学报(社会科学版)》2020 年 5 期。

12. 上海支援全国

《五十年代上海私营企业迁皖始末》,周言久、贺相发,《党史纵览》1995 年 5 期。

《1950 年代上海对陕西建设的支援》,袁武振、梁月兰、高喜平等,《西安邮电学院学报》2008 年 4 期。

《二十世纪六七十年代上海支援三线建设项目的差异性研究——基于数量统计的分析》,谢忠强,《军事历史研究》2014 年 1 期。

《上海移民江西垦荒问题研究(1955—1956)》,阮清华,《中共党史研究》2014 年 11 期。

《1950 年代后半期上海文化艺术资源的内迁——以戏剧界支援全国为中心》,谢忠强,《南大戏剧论丛》2015 年 1 期。

《"一五"计划时期上海支援国家重点工程建设的历史考察》,谢忠强,《兰州财经大学学报》2015 年 5 期。

《我国社会主义区域经济协作的初步尝试——以 1957 至 1965 年间上海对福建工业建设的协作与支援为例》,谢忠强,《井冈山大学学报(社会科学版)》2016 年 6 期。

《中华人民共和国史上的"上海支援全国"》,谢忠强,《中共太原市委党校学报》2016 年 5 期。

《在档案史料中把握中华人民共和国史——读〈反哺与责任:解放以来上海支援全国研究〉》,尹占文,

《山西高等学校社会科学学报》2018 年 6 期。

《现状、资料与展望——上海知青支援新疆研究述评》,易海涛,《青年学报》2018 年 4 期。

《社会经济史视野下上海青年支援新疆缘起研究(1962—1966)》,易海涛,《中国经济史研究》2019 年 3 期。

《20 世纪 50 年代中期上海青年赴甘肃支教问题研究》,刘彦文,《史林》2019 年 6 期。

《仪式中的政治:上海知青"支疆"动员的会议仪式考察(1962—1966)》,张屹、徐家林,《新疆大学学报(哲学人文社会科学版)》2020 年 3 期。

《上海对口支援的历程考察与经验启示》,黄金平,《上海党史与党建》2020 年 8 期。

13. 三线建设与小三线建设

《上海机床总公司所属皖南机床厂(原上海第七机床厂)简介》,《上海机床》1994 年 3 期。

《上海涂料工业支援三线建设回顾》,夏同济,《中国涂料》1998 年 2 期。

《上海的小三线建设》,张永斌,《上海党史研究》1998 年 4 期。

《上海小三线报刊资料选编(1976—1987)》,徐有威,《冷战国际史研究》2011 年 1 期。

《上海小三线口述史选编(一)》,徐有威,《冷战国际史研究》2011 年 2 期。

《口述史和中国当代军事史研究——以上海小三线建设为例》,徐有威,《军事历史研究》2012 年 1 期。

《难忘小三线——原上海小三线协同机械厂瞿惠相口述》,瞿惠相、李婷、徐有威,《史林》2013 年 S1 期。

《我记忆中的皖南上海小三线》,徐国利,《世纪》2013 年 6 期。

《小三线:生活在皖南的上海人》,崔海霞、徐有威,《档案春秋》2013 年 9 期。

《二十世纪六七十年代上海支援三线建设项目的差异性研究——基于数量统计的分析》,谢忠强,《军事历史研究》2014 年 1 期。

《口述历史:上海小三线建设在安徽(上)》,徐有威等,《党史纵览》2014 年 1 期。

《和汪道涵市长协商接收上海小三线——安徽省原省长王郁昭访谈录》,王郁昭、徐有威、邬晓敏,《党史纵览》2014 年 1 期。

《我拉开了上海小三线调整的序幕——原上海市人民政府国防科工办主任李晓航访谈录》,李晓航、吴祥华、徐有威等,《党史纵览》2014 年 1 期。

《小三线:上海对兄弟省安徽的现代化播种工作——上海市原副市长兼市计委主任陈锦华访谈录》,陈锦华、徐有威、张惠舰、高江涛、李婷,《党史纵览》2014 年 1 期。

《口述历史:上海小三线建设在安徽(中)》,徐有威等,《党史纵览》2014 年 2 期。

《上海小三线口述史选编(二)》,徐有威,《冷战国际史研究》2014 年 2 期。

《口述历史:上海小三线建设在安徽(下)》,徐有威等,《党史纵览》2014 年 3 期。

《危机与应对:上海小三线青年职工的婚姻生活——以八五钢厂为中心的考察》,徐有威、吴静,《军事历史研究》2014 年 4 期。

《困境与回归:调整时期的上海小三线——以新光金属厂为中心》,徐有威、李云,《开发研究》2014 年 6 期。

《坚信没有过不了的坎的女医生——原上海小三线瑞金医院内科医生王增口述》,徐有威、邬晓敏、陈和丰等,《史林》2014 年 S1 期。

《铁姑娘的青葱岁月——原上海小三线八五钢厂张薇薇口述》,徐有威、邬晓敏、陈和丰等,《史林》2014 年 S1 期。

《我的皖南上海后方化工小三线之旅》,孙景春,《世纪》2015 年 1 期。

《〈我的皖南上海后方化工小三线之旅〉一文补遗》,孙景春,《世纪》2015 年 3 期。

《三线建设对中国工业经济及城市化的影响》,徐有威、陈熙,《当代中国史研究》2015 年 4 期。

《政府让利与企业自主:20 世纪 80 年代上海小三线建设的盈与亏》,徐有威、杨华国,《江西社会科学》2015 年 10 期。

《如何做好口述档案的采集工作——以上海小三线建设的采访经历为例》,吴静,《兰台世界》2015 年 14 期。

《上海小三线口述史选编(三)》,徐有威,《冷战国际史研究》2016 年 1 期。

《东至化工区建设述论——上海皖南"小三线"的个案研究》,徐锋华,《安徽史学》2016 年 2 期。

《落地不生根:上海皖南小三线人口迁移研究》,陈熙、徐有威,《史学月刊》2016 年 2 期。

《1960 年代上海支援江西小三线建设研究》,谢忠强,《井冈山大学学报(社会科学版)》2016 年 2 期。

《旌德历史上的上海小三线》,刘四清,《党史纵览》2016 年 8 期。

《困惑中的矛盾与整合——上海小三线职工的工作与生活状况研究》,张东保,《上海党史与党建》2016 年 8 期。

《上海小三线与皖南地方关系研究》,李云、杨帅、徐有威,《中共党史研究》2016 年 9 期。

《中国地方档案馆和企业档案馆小三线建设藏档的状况与价值》,徐有威,《中共历史与理论研究》2017 年 1 期。

《上海小三线口述史选编(四)》,徐有威、韩佳、李帆,《冷战国际史研究》2017 年 2 期。

《上海小三线医疗卫生事业建设访谈——蒋征、姜庆五、萧天美、黄抗初访谈》,徐有威,《医疗社会史研究》2017 年 2 期。

《上海小三线建设职工住房保障研究》,韩佳,《美与时代(城市版)》2018 年 4 期。

《我所经历的皖南小三线的接收、利用和改造》,黄岳忠、徐京、杨蓓,《党史纵览》2018 年 10 期。

《上海支援福建小三线建设及其时代启示》,贺明,《上海党史与党建》2019 年 6 期。

《上海在三线建设中的地位和作用——以皖南小三线建设为中心的分析》,朱荫贵,《安徽师范大学学报(人文社会科学版)》2020 年 4 期。

《公共空间对三线建设的非生产性贡献——以上海小三线礼堂为中心的研究》,邹富敏、徐有威 2020 年 5 期。

《三线建设时期的子弟教育需求与师资供给——以上海小三线为中心》,邹富敏、徐有威,《上海党史与党建》2020 年 8 期。

(七)"文化大革命"

1."文化大革命"的发动

《所谓"二月逆流"的始末》,聂荣臻,《中国民兵》1984 年 12 期。

《评〈"二月逆流"纪实〉的真实性》,范硕,《文艺争鸣》1986 年 6 期。

《(十八)文化大革命的发动》,丁云本、骆美玲,《历史教学》1988 年 12 期。

《"一月革命"内幕》,叶永烈,《上海档案》1989 年 1 期。

《执政党建设的失误与"文化大革命"的发动》,柳建辉、郑雅茹,《理论学刊》1989 年 4 期。

《对毛泽东发动文化大革命初衷的探讨》,李娟芬,《齐齐哈尔社会科学》1991 年 1 期。

《周恩来与 1967 年二月抗争》,安建设,《中共党史研究》1993 年 2 期。

《上海滩文革大案:"孙悟空"炮打张春桥——"胡守钧小集团"冤案始末》,秦维宪,《世纪》1994 年 4 期。

《毛泽东晚年悲剧形成初探——论"文化大革命"的发动》,韩能跃,《邢台师专学报》1994 年 3 期。

《党对社会主义认识的误区与"文化大革命"的发动》,林蕴晖,《中共党史研究》1996 年 3 期。

《张春桥与"安亭事件"》，李艳君、婉君，《党史博采》1996 年 6 期。

《试析毛泽东发动"文化大革命"的方法论》，翁有为、王树荫，《史学月刊》1996 年 5 期。

《试析"文化大革命"发动的国际诱因》，崔肇新，《党史博采》1996 年 11 期。

《"文化大革命"发动之际》，《周恩来传》选载，《当代中国史研究》1997 年 6 期。

《红卫兵与"文化大革命"的发动》，韩能跃、郝文波，《邢台师范高专学校》1999 年 4 期。

《党内经济建设上的分歧与"文化大革命"的发动》，杨玉玲，《西安政治学院学报》1999 年 1 期。

《砥柱中流　艰难抗争——周恩来支持叶剑英等进行"二月抗争"始末》，范硕，《淮阴师范学院学报》1999 年 2 期。

《1966 年我国的政治体制与"文化大革命"的发动》，樊建莹、张明军，《信阳师范学院学报（哲学社会科学版）》2000 年 1 期。

《"二月抗争"前后的周恩来》，范硕，《漳州职业大学学报》2000 年 Z1 期。

《论毛泽东发动"文化大革命"动机的形成：兼评中苏论战的消极影响》，虞文清、王炳，《中共中央党校学报》2002 年 4 期。

《三老四帅与二月抗争》，吴庆彤，《纵横》2002 年 11 期。

《毛泽东发动"文化大革命"的动机研究》，刘铁松，《郧阳师范高等专科学校学报》2003 年 5 期。

《"一月风暴"保温瓶》，程汉明，《湖北档案》2003 年 8 期。

《张春桥、姚文元、王洪文策划　所谓"一月革命"始末》，霞飞，《党史文苑》2004 年 5 期。

《从工人到党中央副主席跃变的"文革"神话序曲——"安亭事件"始末》，焕然，《党史纵横》2004 年 10 期。

《原华东局书记韩哲一追述——我所亲历的"安亭事件"》，尤乙，《档案春秋》2005 年 1 期。

《"文革"初期的上海》，陈丕显，《书摘》2005 年 4 期。

《毛泽东晚年对"三大主义"的认识偏差与"文化大革命"的发动》，叶昌友，《安徽史学》2005 年 6 期。

《"义化大革命"的发动违背实事求是的思想路线》，柳建辉，《北京党史》2006 年 4 期。

《"安亭事件"：张春桥的一次政治赌博》，尹家民，《党史博览》2006 年 5 期。

《毛泽东发动"文化大革命"的原始诱因》，刘丽丽、杜冰，《赤峰学院学报（汉文哲学社会科学版）》2007 年 2 期。

《"文革"中三次"炮轰"张春桥始末》，于继增、张红满，《党史博采（纪实）》2007 年 5 期。

《"安亭事件"中的张春桥》，霞飞，《党史纵横》2007 年 11 期。

《张春桥的"文革"别动队》，刘向上，《文史博览》2008 年 7 期。

《"文化大革命"发动初期出版界的"夺权斗争"》，方厚枢，《出版发行研究》2009 年 6 期。

《二月抗争：正义与邪恶的一次较量》，武国友，《紫光阁》2011 年 7 期。

《毛泽东发动"文化大革命"的决策问题研究》，张北根，《北京科技大学学报（社会科学版）》2012 年 1 期。

《背景高校与"文化大革命"的发动》，周良书，《党史研究与教学》2012 年 1 期。

《包炮：上海工总司的"产婆"》，金大陆、李逊、金光耀等，《世纪》2012 年 3 期。

《"安亭事件"始末》，尹家民，《读书文摘》2012 年 8 期。

《1966 年安亭事件中的张春桥》，侯美度，《世纪》2013 年 1 期。

《刘白涛与上海"四人帮"骨干的斗争》，刘沭东，《百年潮》2013 年 10 期。

《"文革"从华东局开始的三件史事》，唐荣智、金大陆、孙路遥等，《炎黄春秋》2013 年 10 期。

《毛泽东为什么选择对〈海瑞罢官〉的批势作为发动文化大革命的突破口》，谢昌余，《中共杭州市委党校学报》2013 年 6 期。

《〈1966 年安亭事件中的张春桥〉史实有误》，阎长贵、王广宇，《世纪》2014 年 2 期。

《"文革"初期地方党政的作为——以上海为中心的探讨》,王芳,《青年学报》2014 年 3 期。

《毛泽东发动"文化大革命"的心理原因分析》,张广文、焦金艳,《濮阳职业技术学院学报》2015 年 4 期。

《"安亭事件"捞足政治资本的张春桥》,孟昭庚,《党史纵横》2016 年 9 期。

2. 上海知青

《上海女知青报名去皖南》,上海市劳动局,《劳动工作》1980 年 11 期。

《上海知青合作社养老、医疗保险浅析》,陈如凤,《上海青少年研究》1983 年 10 期。

《论人口疏导在国土整治中的地位——兼谈湖南移民和上海等地知青对开发西双版纳的贡献》,田方,《经济问题探索》1984 年 3 期。

《采写在戈壁深处的报告——上海支疆知青情况调查》,范幼元,《社会》1986 年 5 期。

《不后悔的选择 有希望的未来——塔里木"上海知青"一席谈》,卉春,《中国农垦》1989 年 5 期。

《岁月中有我们真诚的记忆——一个上海知青的人生旅程》,杨柏、冉俊,《国际人才交流》1991 年 11 期。

《我是老区人——记全国新长征突击手、上海知青沈小萍》,罗宁毅、蔡龙华,《老区建设》1990 年 11 期。

《西部边疆上海女知青采访录》,张百顺,《中国青年研究》1992 年 5 期。

《北大荒,一群上海知青在养路》,石民众,《中国公路》1995 年 2 期。

《西部边疆上海女知青采访录》,张百顺,《中国青年研究》1992 年 5 期。

《采掘一线的上海知青》,刘德春,《当代矿工》1997 年 5 期。

《黑土地上的悲喜剧——上海女知青孙晓平报道纪实》,费凡平,《新闻记者》1997 年 11 期。

《我娶了上海女知青》,唐桂林,《中国农垦》1998 年 4 期。

《黑龙江畔的达子香——访教育战线的六名上海知青》,陈双,《黑龙江教育》1998 年 10 期。

《大学生研究不可忽视的群体:进入上海高校的知青子女情况分析》,陆湘霖、张忠怡、龚怡,《上海高教研究》1998 年 11 期。

《上海知识青年支援新疆建设的历史回顾》,姚勇,《新疆大学学报(哲学社会科学版)》1999 年 2 期。

《浅析上海知识青年推动新疆文明进程的历史作用》,姚勇、刘云,《新疆大学学报(哲学社会科学版)》1999 年 4 期。

《怀念上海知青》,雪秋,《小说界》1999 年 1 期。

《从上海知青到浙江特级教师》,叶欢平,《幼儿教育》1999 年 6 期。

《"豆腐包"与"上海卫视"——黑龙江省龙门农场上海知青包国祥轶闻》,万咏之,《中国农垦》1999 年 11 期。

《关于十万上海知识青年进疆和返沪的思考》,姚勇,《西北人口》2000 年 3 期。

《上海知青的井冈情——记全国优秀教师、井冈山丰田小学校长杨洁如》,唐春、朱文清,《江西教育》2001 年 3 期。

《上海知识青年对新疆经济发展的伟大贡献》,姚勇、张磊,《新疆社科论坛》2002 年 3 期。

《1958:上海知青落户洪湖》,杨觉,《中国农垦》2003 年 10 期。

《上海知青在江西》,《档案春秋》2005 年 1 期。

《好运常伴勤奋者——一个上海女知青的故事》,胡海燕、王印东,《江淮文史》2005 年 3 期。

《从那个年代走来:上海知青企业家不完全报告》,佚名,《现代工商》2006 年 2 期。

《一位上海知青 36 年守墓的"精神苦旅"》,丁耀忠、成钢,《当代老年》2006 年 2 期。

《他们从哪里走来?——上海知青企业家座谈会纪要》,于庐、石英浩、周俊,《现代工商》2006 年 2 期。

《上海知青承明 感动草原》,张泊寒,《思想工作》2007 年 2 期。

《上海知青老金》,刘晓航,《厦门文学》2007 年 4 期。

《上海滩新疆知青的过去和现在》,陈晓凤,《中国社会导刊》2008 年 9 期。

《记忆中的上海知青:董庭晶》,崔淑琴,《吐鲁番》2009 年 2 期。

《从上海知青到"世界优秀农民",到"大豆专家"》,胡国华,《奋斗》2009 年 10 期。

《上海市回沪知青子女抗逆力研究》,朱孔芳、刘小霞,《当代青年研究》2010 年 1 期。

《浅谈时代情感的影像表达——世博会期间采访上海贵州知青有感》,万力、袁媛,《新闻窗》2010 年 5 期。

《上海知青:姜万富,43 年的苦与乐》,刘宏鹏、李玲,《环球人物》2010 年 18 期。

《"文革"时期上海知青业余函授教育述论》,林升宝,《史林》2011 年 1 期。

《上海知青文化与黑河地方文化关系初析》,师清芳、吕巧凤,《黑河学院学报》2011 年 1 期。

《知青文化热出现原因探析——以黑河上海知青为例》,臧静敏、宁万新,《黑河学院学报》2011 年 1 期。

《上海知青进疆始末》,侯万里,《兵团建设》2011 年 6 期。

《王震与上海知青的新疆情》,李惠兴,《党史文汇》2011 年 4 期。

《信念的力量:记全省师德标兵、倾心山区教育的上海知青吕光忠》,雷杰能,《江西教育》2011 年 25 期。

《上海知青张琴英》,李家全,《开心老年》2012 年 4 期。

《告别黄浦江 高歌进新疆——纪念十万上海知识青年开赴新疆兵团 50 周年》,张红彦,《中国农垦》2013 年 5 期。

《"文革"时期上海知青运动中的安置经费问题研究》,林升宝,《上海青年管理干部学院学报》2013 年 4 期。

《上海女知青 我的启蒙师》,俞东升,《大江南北》2013 年 9 期。

《北大荒的上海知青》,余永锦,《报刊荟萃》2013 年 10 期。

《知青的下乡经历留给我们的文化启示:访上海知识青年历史文化研究会会长阮显忠教授》,闫晶、刘志峰,《北方文学(下旬刊)》2013 年 11 期。

《档案为上海知青解决户籍回迁之难》,阿珊,《云南档案》2014 年 4 期。

《我的父亲是上海知青》,朱毅、叶军,《老年健康》2014 年 10 期。

《知青下乡与返城:凸显历史的转折》,金大陆,《探索与争鸣》2014 年 11 期。

《上海知青张姚珍:苦乐村官 40 年》,李芳,《乡镇论坛》2014 年 22 期。

《兵团精神弥足珍贵薪火相传——纪念上海知青赴新疆屯垦戍边 50 周年》,倪豪梅,《中国农垦》2015 年 1 期。

《上海知青教师在张掖》,中共张掖市委党史研究室,《党的建设》2015 年 1 期。

《苦难与青春:黄山茶林场的上海知青》,黄山部落,《江淮文史》2015 年 3 期。

《我的知青年代》,汪景宁,《江淮文史》2015 年 5 期。

《上海知青踏上入疆之途》,丰收,《现代阅读》2015 年 6 期。

《鲤鱼洲的上海女知青》,朱大建,《特别健康》2015 年 7 期。

《十万上海知识青年上山下乡参加新疆建设始末(上)》,谢敏干,《青年学报》2016 年 1 期。

《上海知青学习慰问团产生与演变的历史轨迹》,林升宝,《青年学报》2016 年 4 期。

《十万上海知识青年上山下乡参加新疆建设始末(下)》,谢敏干,《青年学报》2016 年 4 期。

《上海知青和他们的"黑土情缘"》,李秀江,《中国民商》2016 年 7 期。

《上海知青们的老北站》,沈嘉禄,《新民周刊》2016 年 7 期。

《来自上海的女知青》,胡展奋,《新民周刊》2016 年 8 期。

《上海知青跨省插队中几个问题的辨析》,王宗仁,《青年学报》2017 年 2 期。

《塔里木的诗在哪里——访上海知青、作家胡尔朴先生》,李向新,《中国农垦》2017 年 3 期。

《留在西双版纳的上海知青后代》,段其儒,《西双版纳》2018 年 2 期。

《黑龙江上海知青眼中的知青回城及知青工作——刘训付先生访谈》,刘训付、林升宝、易海涛,《青年学报》2018 年 3 期。

《1968 年上海"下乡上山考察小分队"始末》,王宗仁,《青年学报》2018 年 4 期。

《〈知青老照片——上海知青在黑龙江〉入藏黑龙江省档案馆》,季健,《黑龙江档案》2018 年 4 期。

《文学都市想象的撕裂与互通——基于对上海都市作家和知青作家的考察》,李彦姝,《汉语言文学研究》2018 年 4 期。

《现状、资料与展望——上海知青支援新疆研究述评》,易海涛,《青年学报》2018 年 4 期。

《1963—1966 年新疆军区生产建设兵团安置上海知识青年经费初探》,易海涛,《当代中国史研究》2018 年 6 期。

《想家想得掉眼泪,我也不能走——留守北大荒的上海知青张春娟的坎坷人生》,朱晓军、杨丽萍,《书摘》2019 年 4 期。

《〈上海知青在江西档案史料选编〉出版》,张宁,《中共党史研究》2019 年 8 期。

《赣东北清仓借粮援上海好知青跟随二野进贵州》,徐炜,《铁军》2019 年 9 期。

《上海知青这一代》,叶辛,《中外文摘》2019 年 20 期。

《仪式中的政治:上海知青"支疆"动员的会议仪式考察(1962—1966)》,张屹、徐家林,《新疆大学学报(哲学·人文社会科学版)》2020 年 3 期。

《上海返城知青就业问题初探(1978—1982)》,尹博,《青年学报》2020 年 3 期。

《知青研究的新资料、新视野、新路径——〈上海知青在江西档案史料选编〉评介》,易海涛,《浙江档案》2020 年 7 期。

3. 纠正极左思潮·拨乱反正

《肃清极左思潮的影响》,黄笃维,《美术杂志》1979 年 2 期。

《继续批判极左思潮》,黄宗林,《星火》1980 年 1 期。

《在历史的严重时刻——记苏振华将军与粉碎"四人帮"上海余党的斗争(上)》,凌辉,《湖南党史月刊》1989 年 2 期。

《在历史的严重时刻——记苏振华将军与粉碎"四人帮"上海余党的斗争(下)》,凌辉,《湖南党史月刊》1989 年 3 期。

《周恩来提出批判极左思潮的历史契机:略论"九·一三"事件后国内政局变化的几个特点》,安建设,《党的文献》1990 年 2 期。

《周恩来批判极左思潮的历史贡献》,安建设,《党史研究与教学》1991 年 2 期。

《周恩来领导的 1972 年前后批判极左思潮的斗争》,安建设,《党的文献》1993 年 1 期。

《"九·一三"后周恩来领导的批判极左思潮的斗争》,安建设,《当代中国史研究》1995 年 1 期。

《拨乱反正与改革、发展的起步——1977 年至 1982 年上海高等教育工作回顾》,舒文、梁成林、潘鈜,《上海党史研究》1997 年 5 期。

《"文化大革命"中周恩来同志同极"左"思潮的斗争》,邓云华,《川北教育学院学报》1998 年 2 期。

《拨乱反正的最初尝试——"文化大革命"中后期的纠"左"努力》,杨占城,《福建党史月刊》1998 年 10 期。

《周恩来与中国外交纠"左"》,林祥庚,《党史研究与教学》2008 年 5 期。

《简析文革期间的新闻极左思潮》,贺光奕、蒋彦书,《青年科学》2009 年 4 期。

《"文化大革命"中期周恩来农业战线纠"左"的努力》,李静萍,《史志学刊》2010 年 10 期。

《"九一三事件"后批林纠左析论》,智杰、董佳,《湖南农业大学学报(社会科学版)》2012 年 2 期。

《周恩来:外交政策纠"左"》,陈扬勇,《文苑(经典选读)》2012 年 12 期。

《"文革"时期陈云对极左思潮的抵制》,申登科,《党史博览》2018 年 10 期。

4. 经济与科教文卫

《"文化大革命"给上海经济带来的损失和教训》,叶奕尧,《中国经济问题》1987 年 1 期。

《上海的"文革"抄家邮票》,沙子芬,《上海集邮》2001 年 8 期。

《上海图书馆的一场焚书风波》,严永新,《百年潮》2002 年 3 期。

《上海出版界"文革"劫难记》,钱伯城,《湖南文史》2003 年 12 期。

《论文化大革命时期上海文学的沉沦》,杨剑龙,《社会科学战线》2004 年 5 期。

《文艺调整中的一次反扑——1975 年上海文艺工作座谈会前后》,孙光萱,《新文学史料》2005 年 1 期。

《上海文革运动中的群众报刊》,金大陆,《史林》2005 年 6 期。

《"无产阶级文艺"理论、实践及其成效初析——以样板戏〈智取威虎山〉为中心》,姚丹,《中国现代文学研究丛刊》2006 年 3 期。

《革命现代京剧〈海港〉诞生记》,袁成亮,《党史博采(纪实)》2006 年 4 期。

《上海文革运动中的"宣传品"》,金大陆,《史林》2006 年 5 期。

《1966—1976 年的上海职业人口》,金大陆,《当代中国史研究》2006 年 5 期。

《复旦的"文革"资料哪里去了?——曹宠、秦邦廉访谈记》,金大陆、曹宠、秦邦廉等,《史林》2006 年 S1 期。

《上海 1966—1976 年的计划生育工作》,金大陆,《社会科学》2008 年 12 期。

《上海"文革"时期的蔬菜供应》,金大陆,《安徽史学》2009 年 2 期。

《"十七年"与"文革"时期文学中上海的城市空间叙述》,张鸿声,《文学评论》2010 年 2 期。

《"文化大革命"时期上海的水产品生产和供应》,金大陆,《当代中国史研究》2010 年 2 期。

《上海"文革"时期的粮油供应——兼论"国家管理"的"在位"》,金大陆,《史林》2010 年 2 期。

《上海"文革"时期粮食管理的两项举措》,金大陆,《探索与争鸣》2010 年 4 期。

《"文革"时期上海重要档案大转移始末》,吴起文,《档案春秋》2010 年 6 期。

《以〈沙家浜〉为例浅析样板戏的发展历程》,肖静、王晓萍,《电影评介》2010 年 12 期。

《文革中的上海"抢房风"》,王炼利,《读书文摘》2011 年 3 期。

《曾彦修:"难忘的奉贤'五七'干校"》,李城外,《湖北档案》2011 年 6 期。

《人民文学出版社上海分社文革纪事》,张军,《炎黄春秋》2011 年 8 期。

《从现代戏到样板戏:〈智取威虎山〉与身体规训的演变》,周夏奏,《文艺研究》2011 年 10 期。

《以〈沙家浜〉为案例解读"文革"文艺思潮》,邢李,《青年文学家》2013 年 8 期。

《"样板戏"〈海港〉诞生始末》,沪辰,《老年教育(长者家园)》2014 年 2 期。

《政治意识形态对戏剧革命的影响——以〈沙家浜〉为例》,黎秋婷,《湛江师范学院学报》2014 年 5 期。

《上海文化五七干校忆往(一)——采访钱伯城、雷群明先生》,钱伯城、苏智良、杨琳琳等,《史林》2014 年 S1 期。

《上海文化五七干校忆往(二)——采访沈寂、武振平先生》,沈寂、卢荣艳、武振平,《史林》2014 年 S1 期。

《革命化写作的失守与民间写作的坚守——革命现代京剧〈沙家浜〉的嬗变》,周建江,《汕头大学学报

（人文社会科学版）》2015 年 6 期。

《上海"文革"时期一般职工家庭的"经济—社会"构成——读解一则民间史料》，金大陆，《上海文化》2015 年 8 期。

《现代京剧〈海港〉——最"板"的样板戏》，董倩，《人文天下》2015 年 22 期。

《读〈"文革"时期上海图书出版总目 1966—1976〉有感》，欧阳晨红，《法律文献信息与研究》2015 年 Z1 期。

《上海卫星城工业三废污染对农副业的赔偿情况 1958—1978》，闫艺平，《安庆师范学院学报（社会科学版）》2016 年 4 期。

《样板戏话语体系的形成——以〈沙家浜〉版本变迁为例》，张节末、彭俊，《贵州社会科学》2016 年 4 期。

《样板戏中的上海基因》，杨瑞庆，《戏剧文学》2017 年 4 期。

《"样板戏"〈海港〉四种角色类型的美学探讨》，张节末、段廷军，《上海文化》2017 年 6 期。

《上海市文教系统"五·七"干校的变迁（1969—1978）》，杨琳琳、苏智良，《都市文化研究》2018 年 1 期。

《浅析邓小平与教育战线的拨乱反正》，金赞研，《党史文苑》2018 年 7 期。

《日本专家在中国》，吴静、陶雪松、忻平，《史林》2018 年 S1 期。

5. 社会群体、社会生活及其他

《上海接待外省市红卫兵的五个阶段》，金大陆，《青年研究》，2005 年 9 期。

《婚姻之门：上海 1966—1976 年社会生活史研究》，金大陆，《社会科学》2005 年 11 期。

《上海接待外省市红卫兵的三个特征》，金大陆，《青年研究》2005 年 12 期。

《外地红卫兵驻沪联络站的建立和撤销》，金大陆，《史林》2007 年 4 期。

《上海文革研究的史料准备》，金大陆，《社会科学》2007 年 5 期。

《"野营拉练"——以上海 1970 年至 1974 年的"野营拉练"为例》，金大陆，《安徽史学》2008 年 1 期。

《上海红卫兵外出大串联——上海红卫兵大串联研究之三》，金大陆，《青年研究》2008 年 2 期。

《上海红卫兵外出大串联——上海红卫兵大串联研究之四》，金大陆，《青年研究》2008 年 4 期。

《北京红卫兵在上海（上）——首都红卫兵南下兵团始末（1966.9.10—9.30）》，金大陆，《史林》2008 年 3 期。

《北京红卫兵在上海（下）——首都红卫兵南下兵团始末（1966.9.10—9.30）》，金大陆，《史林》2009 年 1 期。

《首都红卫兵南下兵团在上海武斗》，金大陆，《世纪》2009 年 1 期。

《张春桥宦海沉浮与"文革"悖论——安德鲁·维尔德〈张春桥和上海一月革命〉评介》，董国强，《书屋》2009 年 2 期。

《"文革"中的上海工人保守派》，马骥、李剑钰、李逊，《史林》2009 年 S1 期。

《关于"票证时代"的集体记忆》，金大陆，《社会科学》2009 年 8 期。

《"文革"时期上海"6·26"新针疗门诊部纪事》，方东行，《中医药文化》2010 年 2 期。

《"文革"上海写作组的那些事儿》，章剑锋，《南风窗》2010 年 8 期。

《中美〈上海公报〉谈判的第一阶段》，钟龙彪，《当代中国史研究》2011 年 5 期。

《〈上海"文革"时期的社会生活〉序》，程兆奇，《炎黄春秋》2011 年 6 期。

《中美〈上海公报〉谈判的第二阶段》，钟龙彪，《当代中国史研究》2012 年 1 期。

《"文革"时期上海社会的"非常"与"正常"——读〈非常与正常 上海"文革"时期的社会生活〉》，金光耀，《史林》2012 年 1 期。

《首都红卫兵南下兵团在上海》,金大陆,《炎黄春秋》2012 年 10 期。

《"文革"时期上海社会生活的"非常与正常"》,江文君,《书城》2012 年 3 期。

《我与历史之间:谁选择了谁? ——记上海市中学红卫兵运动的几段史事》,金大陆、金光耀、李逊等,《史林》2013 年 S1 期。

《上海工人造反派头目王洪文》,李逊,《百年潮》2014 年 7 期。

《评金大陆著〈非常与正常:上海"文革"时期的社会变迁〉》,沈艾娣、金大陆、杨隽,《史林》2014 年 6 期。

《上海〈青年自学丛书〉述评(1973—1975)》,林升宝,《中共党史研究》2015 年 2 期。

《生活深处的革命——"文革"时期城乡社会生活初探》,满永,《当代世界社会主义问题》2015 年 3 期。

《我淋着雨,流着泪,离开上海——记"文革"中去上海看望巴金》,李致,《郭沫若学刊》2016 年 3 期。

改革开放和社会主义现代化建设新时期

(八) 改革开放与社会主义现代化建设

1. 党的建设

《江泽民在上海考察工作时强调要始终不渝地全面贯彻党的基本路线(附图片)》,陈毛弟,《光明日报》,1992 年 1 月 20 日,第 1 版。

《关于上海股份制企业党的建设的研究报告(上)》,上海市"股份制企业党建"课题组,《组织人事学研究》1994 年 3 期。

《关于上海股份制企业党的建设的研究报告(下)》,上海市"股份制企业党建"课题组,《组织人事学研究》1994 年 4 期。

《胡锦涛在上海考察时强调要全面加强和改进党的建设》,罗康雄,《光明日报》,1994 年 10 月 21 日,第 1 版。

《努力实践邓小平关于加强和改进基层党组织建设的思想——兼论"凝聚力工程"》,林流,《党建研究》1995 年 7 期。

《党心暖民心——上海的"凝聚力工程"》,邬鸣飞,吴尚祖,《思想政治工作研究》1995 年 11 期。

《高校图书馆建设"凝聚力工程"的探索与思考》,黄秀文,《上海高校图书情报学刊》1996 年 4 期。

《凝聚力工程有助于加强党组织的政治核心地位》,何明锐,《党政论坛》1996 年 4 期。

《巩固和发展"凝聚力工程"》,陈建兴、何秋铭、郑光辉等,《党政论坛》1996 年 3 期。

《"凝聚力工程"的运作特征及理论基础》,王恩田等,《上海海运学院学报》1997 年 3 期。

《改革开放以来上海党的思想作风建设的新探索》,方开淇、孙道同,《上海党史研究》1999 年 S1 期。

《上海"两新"组织党建取得阶段性成果,构建组织网络体系形成合力共建局面》,洪梅芬,《解放日报》,2000 年 4 月 8 日,第 1 版。

《以国企、新经济组织、社区社团为重点,上海探索推进基层党建见成效》,厉正宏,《解放日报》,2000 年 7 月 2 日,第 1 版。

《新世纪上海社区党建工作的前瞻》,胡果文,《上海交通大学学报(社会科学版)》2001 年 4 期。

《关于基层党建工作的思考》,马西恒,《光明日报》,2001 年 6 月 19 日,第 B2 版。

《社会利益关系调整与党建新格局的构筑——试析上海加速城市现代化进程中的党建新探索》,中共上海市委党校课题组,《上海行政学院学报》2002 年 4 期。

《上海郊区加强基层党组织建设的探索与创新》,吴振兴、徐国梁、崔桂林,《上海党史与党建》2003 年

2 期。

《上海新社会阶层的发展及其对党建的影响》，唐颖，《上海党史与党建》2003 年 5 期。

《常抓常新的"凝聚力工程"》，周锦尉，《党政论坛》2003 年 6 期。

《深化高校党组织凝聚力工程建设的思考》，李建强、黄海洋、陈鹏，《上海党史与党建》2004 年 2 期。

《创新社区"凝聚力工程"建设的"三个结合"》，吴照生、邵鸿珊、肖月琴等，《上海党史与党建》2004 年 7 期。

《上海地方党委加强党的执政能力建设改进党的领导方式的探索与实践》，张忆军，《毛泽东邓小平理论研究》2005 年 2 期。

《上海：楼宇党建聚人心》，付杰，《当代贵州》2005 年 21 期。

《从上海的实践看加强社区党建对构建社会主义和谐社会的意义》，冯小敏、严爱云，《上海党史与党建》，2006 年 7 期。

《华阳路街道加强"凝聚力工程"建设的实证和解析》，王国梁，蒋涵英，《上海党史与党建》2006 年 8 期。

《"凝聚力工程"中的区域文化建设》，贺续进，《上海党史与党建》2006 年 8 期。

《以科学发展观为指导，深化、拓展"凝聚力工程"》，胡国强等，《上海党史与党建》2006 年 8 期。

《"支部建在楼上"的理性思考》，上海市浦东新区党建研究会课题组、顾燕峰，《中国党政干部论坛》2006 年 10 期。

《试论上海"1+3"社区党建体制的创新实践》，陈怡，《上海党史与党建》2007 年 6 期。

《上海楼宇党建工作五年回眸》，童强，《上海党史与党建》2007 年 12 期。

《新时期加强"两新"组织党建工作的调查与思考——从上海嘉定区"两新"组织党建实践看"两新"组织党建工作创新与发展》，中央党校校刊社课题组、陈高、汪紫俊、许冬梅，《理论前沿》2007 年 18 期。

《上海加强社区党建的历史进程与经验启示》，严爱云，《上海党史与党建》2008 年 3 期。

《改革开放以来浦东社区体制变革与党建工作的探索》，毛力熊，《上海党史与党建》2008 年 7 期。

《党员服务中心的功能深化与拓展研究》，顾燕峰、毛栋英，《上海党史与党建》2008 年 8 期。

《以创新的思路抓好"两新"组织党建工作（干部说干事）》，高修宗，《人民日报》，2008 年 9 月 5 日，第 7 版。

《20 世纪 80 年代上海对加强基层党组织建设的探索》，张励，《上海党史与党建》2008 年 9 期。

《上海长宁区"凝聚力工程"长盛不衰的"活力"所在》，刘宗洪，《上海党史与党建》2008 年 11 期。

《运用"一线工作法"推动科学发展（干部说干事）》，陈安杰，《人民日报》，2008 年 11 月 21 日，第 7 版。

《改革开放以来上海基层党组织建设的发展创新及其深刻启示方开淇》，方开淇、孙道同，《上海党史与党建》2009 年 1 期。

《上海"两新"组织党建工作的探索与实践》，童强，《上海党史与党建》2009 年 3 期。

《整合社会：提升党的执政能力的重要路径——以上海社区党建为例》，翟桂平，《上海党史与党建》2009 年 3 期。

《在发展党内民主中加强和改进高校党的组织建设——以上海部分高校的调查为例》，文军、陆芳萍、郭娟等，《思想教育研究》2009 年 5 期。

《现代产权制度背景下国企党建的探索与思考——以上海国资系统企业党建工作的探索与创新为例》，顾美、张娟娟，《上海市经济管理干部学院学报》2009 年 6 期。

《上海积极构建城乡统筹的基层党建工作新格局》，彭忠斌，《上海党史与党建》2009 年 7 期。

《"两新"领域党组织设置模式创新探析——基于上海市"两新"组织党建实践的理性思考》，鲁月棉，《上海党史与党建》2009 年 8 期。

《上海开展园区"两新"组织党建工作的探索与实践》，童强，《上海党史与党建》2009 年 10 期。

《增强"两新"组织党建工作的有效性》,冯小敏,《党政论坛》2009 年 10 期。

《上海农村基层组织建设取得明显进展》,彭忠斌,《上海党史与党建》2010 年 2 期。

《努力构建城乡统筹的基层党建工作新格局》,彭忠斌,《上海党史与党建》2010 年 9 期。

《后世博时代上海党建科学化建设》,陈荣武,《上海党史与党建》2010 年 10 期。

《上海"两新"组织专职党群工作者队伍建设的实践与探索》,童强、陈洪明、孙守印,《上海党史与党建》2010 年 10 期。

《试论城市社区(街道)新社会组织的党建工作——以上海长寿路社区(街道)为例》,林立公,《中央社会主义学院学报》2010 年 2 期。

《试论上海党建科学化建设》,陈荣武,《党政论坛》2010 年 12 期。

《"两新"组织党建"利益共生"模式分析——基于上海浦东开发区的访谈调查》,唐睿,《理论与改革》2011 年 6 期。

《"凝聚力工程"党建文化的探索和实践》,中共上海市长宁区委党校课题组、许涞华、常俊、王瑞华,《上海党史与党建》2011 年 6 期。

《摩天大楼里的新党建　上海"地下党"新传》,鄂璠,《小康》2011 年 7 期。

《上海扎实推进创新驱动转型发展(建设学习型党组织)》,吕网大,《人民日报》,2011 年 8 月 16 日,第 6 版。

《探索"两新"组织党建新模式——上海市北高新技术服务业园区的实践与启示》,孙长来、马倩,《上海党史与党建》2012 年 2 期。

《研究生矩阵式党支部构建的探索与实践——以上海交通大学安泰经济与管理学院为例》,赵建敏,《上海党史与党建》2012 年 8 期。

《上海深入推进社会组织党建工作》,季诚,《解放日报》,2012 年 10 月 25 日,第 11 版。

《走出科层制治理:服务型政党社会管理的路径——以上海社会组织党建为例》,吴新叶,《理论与改革》2013 年 2 期。

《社会治理创新背景下的上海区域化党建》,金桥、金理明,《上海党史与党建》2017 年 2 期。

《上海城市基层党建回眸与启示》,冯小敏,《中国浦东干部学院学报》2017 年 5 期。

2. 上海改革开放:从"后卫"到"排头兵、先行者"

《十个第一和五个倒数第一说明了什么——关于上海发展方向的探讨》,沈俊坡,《解放日报》1980 年 10 月 3 日,第 1 版。

《改革开放两个巨轮　推动中国历史前进　希望上海面向全国面向世界有更大作为》,曾建徽、陈毛弟,《人民日报》1986 年 11 月 29 日,第 1 版。

《坚持改革开放搞活、推进上海经济发展》,江泽民,《中国经济体制改革》1987 年 5 期。

《深化金融体制改革中对几个问题的认识》,翁世藩,《上海金融》1987 年 12 期。

《上海计划体制改革的实践和前景》,蔡来兴、朱象贤,《财经研究》1988 年 11 期。

《上海全民所有制改革目标模式探究》,姜义华,《文汇报》,1988 年 6 月 7 日,第 4 版。

《改革、开放、发展,上海目前形势与对策目标》,万曾炜、曹之虎,《上海经济研究》1989 年 2 期。

《加速向外向型经济转变是上海九十年代经济发展的主旋律》,蔡来兴,《解放日报》,1990 年 2 月 12 日,第 5 版上海经济透视。

《为上海发展外向型经济出力》,陶维佳,《解放日报》,1990 年 4 月 20 日,第 2 版。

《上海证券市场的现状与发展展望》,罗时林,《上海金融》1990 年 7 期。

《九十年代上海经济体制改革的战略思考》,孙海鸣,《财经研究》1990 年 11 期。

《九十年代上海经济的改革、开放和发展》,张仲礼、袁恩桢,《社会科学》1990 年 12 期。

《上海金融正在成为"百业之首"》,时赛珠,《解放日报》,1990 年 9 月 30 日,第 1 版。

《做改革开放的"带头羊"》,皇甫平,《解放日报》,1990 年 2 月 15 日,第 1 版。

《水到渠成——上海证券交易的新发展》,上海证券交易所筹备组,《上海金融》1991 年 1 期。

《上海利用外资的回顾与若干建议》,顾越,《上海统计》1991 年 2 期。

《扩大开放的意识要更强些》,皇甫平,《改革》1991 年 3 期。

《90 年代上海改革、开放与发展新路探索》,蔡来兴,《社会科学》1991 年 4 期。

《"八五"期间上海金融改革的思考》,龚浩成,《上海金融》1991 年 12 期。

《改革开放要有新思路》,皇甫平,《解放日报》,1991 年 3 月 2 日,第 1 版。

《改革开放需要大批的德才兼备的干部》,皇甫平,《解放日报》,1991 年 4 月 12 日,第 1 版。

《继续深化改革扩大开放是振兴上海的根本出路》,吴邦国,《解放日报》,1991 年 8 月 31 日,第 1 版要闻。

《发展与完善有中国特色的上海证券交易所》,周芝石,《上海金融》1992 年 1 期。

《坚持金融改革开放 支持上海经济发展》,毛应梁,《上海金融》1992 年 3 期。

《上海经济发展史与改革开放》,杨平,《探求》1992 年 6 期。

《深化改革,发挥上海金融中心功能》,华栋,《上海金融》1992 年 7 期。

《加快上海改革开放和发展的步伐——访中共上海市委书记吴邦国》,陈毛弟,《瞭望周刊》1992 年 19 期。

《坚决抓住经济建设中心不放 一心一意把上海工作搞上去》,董强,《解放日报》,1992 年 3 月 6 日,第 1 版。

《加快改革开放 振兴上海经济》,董强,《解放日报》,1992 年 3 月 21 日,第 1 版。

《上海要走在全国改革开放前列》,佚名,《解放日报》,1992 年 5 月 5 日,第 1 版。

《学习政策了解政策研究政策用好政策 加快上海改革开放和经济建设的步伐》,华丁,《解放日报》,1992 年 5 月 10 日,第 1 版。

《顺时而动加快改革开放 解放思想探索上海新路》,蔡来兴、蒋以任,《解放日报》,1992 年 5 月 18 日,第 1 版。

《上海改革开放势头好》,佚名,《人民日报》1992 年 7 月 17 日,第 1 版。

《上海呈现出前所未有的好势头 改革从全国"后卫"走向"前沿"》,市政府新闻处,《解放日报》,1992 年 9 月 8 日,第 1 版。

《上海改革开放迈开大步》,申纪,《人民日报》,1992 年 9 月 12 日,第 1 版。

《上海改革开放思路动作令人兴奋》,汪立康,《解放日报》,1992 年 9 月 14 日,第 1 版。

《实业化多元化国际化 上海外贸形成新格局》,杨明,《解放日报》,1992 年 9 月 25 日,第 1 版要闻。

《加强中心商业区建设 把上海建成国际金融贸易中心》,陶永宽,《解放日报》,1992 年 8 月 31 日,第 9 版经济透视。

《为上海的经济建设保驾护航》,何志刚,《解放日报》,1992 年 10 月 10 日,第 5 版。

《拼搏十年把上海经济建设搞上去》,狄建荣、郭天中,《解放日报》,1992 年 10 月 11 日,第 1 版要闻。

《带来改革开放新消息——出席十四大的深圳、珠海、上海代表畅谈小平南巡以来的新气象》,刘思扬、吴锦才,《光明日报》,1992 年 10 月 12 日,第 2 版。

《促使上海经济与世界市场逐步接轨》,胡润松、沈建新,《解放日报》,1992 年 11 月 10 日,第 5 版经济透视。

《在邓小平南方谈话和党的十四大精神鼓舞下,上海稳步发展社会主义市场经济,生产资料市场、金融市场、房地产市场呈现前所未有的发展势头》,张贻复,《光明日报》,1992 年 12 月 8 日,第 1 版。

《东方明珠必放异彩——上海外向型经济起飞的思考》,刘元亮、王绍先,《清华大学学报(哲学社会科学版)》1993 年 1 期。

《上海建成国际经济、金融、贸易中心的战略构想》,沈逸珍,《社会科学》1993 年 2 期。

《三个中心:上海发展战略的新定位》,蔡星火,《上海统计》1994 年 2 期。

《上海证券市场的现状、问题与对策》,胡定核、叶翔,《经济学家》1994 年 4 期。

《邓小平的国际经济战略思想和上海的全方位开放》,黄仁伟,《毛泽东邓小平理论研究》1994 年 5 期。

《用新机制催化新的城市功能——上海加大力度构筑"三个中心"》,余曦,《上海经济》1994 年 5 期。

《上海向三个"中心"迈进》,夏洪兴,《上海管理科学》1994 年 6 期。

《迈向二十一世纪的上海证券市场》,吴雅伦,《上海金融》1994 年 12 期。

《邓小平关于把上海建成国际贸易中心的战略构想及其重大实践意义》,李邦君,《学术月刊》1995 年 3 期。

《上海建设"三个中心"与长江流域的发展(上)》,复旦大学经济研究中心课题组,《长江论坛》1995 年 2 期。

《上海建设"三个中心"与长江流域的发展(下)》,复旦大学经济研究中心课题组,《长江论坛》1995 年 3 期。

《乔石在上海考察时强调要抓住机遇大胆实践》,陈毛弟,《光明日报》,1995 年 1 月 26 日,第 1 版。

《依靠科技进步,发展上海经济》,邹荣庚,《上海党史研究》1996 年 2 期。

《改革开放中崛起的上海农垦》,罗大明,《上海党史研究》1996 年 3 期。

《改革开放造就了虹桥开发区》,朱德茂,《上海党史研究》1997 年 5 期。

《论上海在长江流域开放中的"龙头"地位》,黄仁伟,《毛泽东邓小平理论研究》1997 年 6 期。

《南京路在改革春风的沐浴中腾飞》,孙孟英,《上海党史研究》1998 年 3 期。

《上海工业改革开放二十年》,杨学富,《上海党史研究》1998 年 4 期。

《上海国际航运中心建设若干问题探讨》,马淑燕,《经济地理》1998 年 4 期。

《深入学习邓小平理论,努力把上海改革开放和现代化建设提高到新水平》,黄菊,《党政论坛》1998 年 10 期。

《上海国际航运中心与上海港的建设发展》,田佐臣,《水运管理》1998 年 12 期。

《邓小平理论指引上海外经贸的改革与发展》,吴德兴,《上海党史研究》1998 年 S1 期。

《邓小平关于农业改革发展"两个飞跃"理论和上海实践》,张永斌,《上海党史研究》1998 年 S1 期。

《改革开放和上海科技事业的发展》,吴英熙,《上海党史研究》1998 年 S1 期。

《改革开放与抓住机遇的思考》,周文通,《上海党史研究》1998 年 S1 期。

《浅析上海对内开放与全国经济一体化发展的关系》,黄坚,《上海党史研究》1998 年 S1 期。

《试论邓小平机遇思想与上海改革开放实践》,严爱云,《上海党史研究》1998 年 S1 期。

《试论上海在中国经济发展中的战略地位》,邹荣庚,《上海党史研究》1998 年 S1 期。

《新思路谱写九十年代上海改革开放新篇章》,邵有民,《上海党史研究》1998 年 S1 期。

《上海改革开放二十年》,黄菊,《解放日报》,1998 年 12 月 4 日,第 1 版。

《改革:上海外经贸发展的不竭动力》,蒋心和,《解放日报》,1998 年 12 月 16 日,第 2 版。

《上海利用外资二十年成果回顾》,刘锦屏,《上海投资》1999 年第 1 期。

《上海工业结构调整的回顾与前瞻》,侯忠云、孙赞犀,《上海经济研究》1999 年 3 期。

《上海经济发展五十年的理论思考》,杨建文,《毛泽东邓小平理论研究》1999 年 3 期。

《试论把上海建成"一个龙头、三个中心"的历史必然性》,姜德福,《上海党史研究》1999 年 4 期。

《创新,推动上海农业不断迈上新台阶》,张永斌,《上海党史研究》1999 年 S1 期。

《改革开放前后上海服务全国特点的变化及其原因》,黄坚,《上海党史研究》1999 年 S1 期。

《上海农村经济改革发展的历史审视》,沈开艳,《上海党史研究》1999 年 S1 期。

《毛泽东邓小平发展上海战略思想研究》，张文清，《毛泽东邓小平理论研究》1999 年 4 期。

《上海国际航运中心建设和发展战略研究》，沈玉芳，《华东师范大学学报（哲学社会科学版）》1999 年 4 期。

《海纳百川，走向世界——试述上海走对外开放、促进经济发展的道路》，蔡玮，《上海党史研究》1999 年 5 期。

《论 21 世纪上海国际航运中心海港城产业发展》，寿建敏、瞿金良，《中国港口》1999 年 12 期。

《上海描绘国际大都市新蓝图》，史美圣、黎自立，《光明日报》，1999 年 5 月 24 日，第 9 版。

《两个文明建设的满意答卷（上）——九十年代上海经济建设的伟大成就》，邹荣庚，《上海党史研究》2000 年 2 期。

《两个文明建设的满意答卷（下）——九十年代上海经济建设的伟大成就》，严爱云、邹荣庚，《上海党史研究》2000 年 6 期。

《准确把握未来经济发展走向　坚定不移推进上海改革开放》，佚名，《解放日报》，2000 年 8 月 6 日，第 1 版。

《上海向国际金融中心迈进》，李蓉、杨燕青，《解放日报》，2000 年 12 月 31 日，第 2 版。

《在改革开放伟大实践中开拓创新——论"中国特色、时代特征、上海特点"的发展新路》，张道根，《毛泽东邓小平理论研究》2001 年 2 期。

《中共第二、三代领导集体与上海的社会主义市场经济实践》，唐旻红，《上海党史与党建》2001 年 5 期。

《瞄准世界一流，再创上海工业辉煌——90 年代上海工业结构的战略性调整（连载之一）》，邹荣庚、严爱云，《上海党史与党建》2002 年 4 期。

《瞄准世界一流，再创上海工业辉煌——90 年代上海工业结构的战略性调整（连载之二）》，邹荣庚、严爱云，《上海党史与党建》2002 年 5 期。

《与时俱进　阔步迈向新世纪——上海建设"四个中心"之一的努力和成就》，邹荣庚，《上海党史与党建》2002 年 6 期。

《论上海走向现代化的三次历史性跨越》，严爱云，《上海党史与党建》2002 年 7 期。

《建设工业新高地　促进上海新一轮经济发展》，吴可贤，《上海党史与党建》2002 年 8 期。

《上海发展新路是如何形成的》，上海社会科学院"中国特色、时代特征、上海特点"课题组，《解放日报》，2002 年 1 月 20 日，第 8 版。

《奋发有为　与时俱进　把上海改革开放和现代化建设提高到新水平：在中国共产党上海市第八次代表大会上的报告》，黄菊，《文汇报》，2002 年 5 月 30 日，第 1 版。

《试析上海经济 13 年发展与动因》，吴祥华、年士萍、韩玲，《上海党史与党建》2003 年 3 期。

《大讨论　大突破　大发展——改革开放以来关于上海发展的三次大讨论》，张敏，《党政论坛》2003 年 9 期。

《改革开放以来上海第三产业发展剖析和思考》，张严，《统计研究》2003 年 11 期。

《上海国际航运中心建设与发展》，刘昌龙，《航海技术》2004 年 1 期。

《邓小平理论与上海经济发展》，周鸣磬，《解放日报》，2004 年 8 月 23 日，第 13 版。

《邓小平"发展才是硬道理"思想　在上海的生动实践》，上海市邓小平理论和"三个代表"重要思想研究中心，《解放日报》，2004 年 8 月 26 日，第 8 版。

《上海跨世纪发展战略的制定及其启示》，严爱云，《上海党史与党建》2005 年 10 期。

《"包"与"不包"的博弈——1976—1983 年的上海农村经济体制改革再审视》，郭继，《上海党史与党建》2007 年 5 期。

《把握发展机遇　履行社会责任　全力助推上海"四个中心"建设》，张维华，《上海党史与党建》2007 年

10 期。

《上海商贸业改革开放 30 年及其展望》,李薇辉,《上海师范大学学报(哲学社会科学版)》2008 年 6 期。

《解放思想:上海改革开放 30 年的一点经验》,郁鸿胜,《毛泽东邓小平理论研究》2008 年 10 期。

《改革开放三十年看上海商业发展》,邹江,《上海商业》2009 年 1 期。

《上海商业改革开放 30 年的三个发展阶段》,孙元欣,《上海商业》2009 年 1 期。

《上海国际贸易中心建设与长三角联动发展》,郁鸿胜,《浙江经济》2009 年 7 期。

《上海商贸业发展与国际贸易中心建设》,张泓铭,《上海经济研究》2009 年 7 期。

《改革开放与上海的历史使命》,夏禹龙,《文汇报》,2009 年 5 月 25 日,第 10 版。

《上海"两个中心"建设的历史与现状分析》,郭家华,《特区经济》2010 年 2 期。

《长三角区域贸易投资一体化与上海国际贸易中心联动建设》,陈霜华、黄菁,《上海金融学院学报》2011 年 1 期。

《大都市发展的过去、现在与未来——以改革开放以来的上海为例》,胡彬,《天津社会科学》2011 年 1 期。

《上海证交所成立的前前后后》,阚治东,《党政论坛(干部文摘)》2011 年 4 期。

《城市经济转型与上海国际航运中心建设》,汪传旭、肖钟熙,《科学发展》2011 年 9 期。

《上海跨越——从党的诞生地到改革开放排头兵》,徐寿松、罗争光,《解放日报》,2011 年 6 月 28 日,第 3 版。

《改革开放以来上海发展主线回顾与思考》,严杉初,《上海党史与党建》2013 年 3 期。

《土地批租改革,不只是盘活上海的家底》,忻平,《解放日报》,2018 年 3 月 13 日,第 14 版。

3. 国资国企改革

《上海将大胆采取一系列措施 全面扩大深化企业改革试点》,裘新、王晓元,《解放日报》,1992 年 5 月 23 日,第 1 版。

《江泽民在上海考察时强调坚定信心加强领导狠抓落实加快国有企业改革发展步伐》,陈毛弟、张宿堂,《光明日报》1996 年 5 月 6 日,第 1 版。

《深化国企改革发展特色经济 上海要以更大步伐走在前面》,狄建荣、凌风、董强,《解放日报》,1997 年 3 月 2 日,第 1 版。

《上海国企改革二十年》,蒋铁柱,《学术月刊》1998 年 12 期。

《上海国企改革获突破性进展》,吴复民、李正华,《解放日报》1999 年 3 月 20 日,第 1 版。

《打好国企改革发展攻坚战 加快建设上海工业新高地》,江济申,《解放日报》,1999 年 4 月 24 日,第 1 版。

《试论上海国有企业改革的进程和深化》,顾光青、周晓庄、李咏今,《毛泽东邓小平理论研究》1999 年 5 期。

《全面落实党中央各项决策部署 开创上海国企改革发展新局面》,《解放日报》,1999 年 9 月 25 日,第 1 版。

《深入学习认真贯彻十五届四中全会精神 努力开创上海国有企业改革发展新局面》,佚名,《解放日报》,1999 年 10 月 14 日,第 1 版。

《积极贯彻落实十五届四中全会精神 努力开创上海国有企业改革和发展的新局面》,黄菊,《解放日报》,1999 年 10 月 18 日,第 1 版。

《上海国有企业改革的实践与经验》,道良德,《党政论坛》2001 年 7 期。

《上海国资国企 30 年改革成就、经验与前瞻》,周晓庄,《上海经济研究》2008 年 11 期。

《20 世纪 90 年代上海国有企业改革的历史回顾》，黄金平，《上海党史与党建》2009 年 7 期。

《"十二五"期间上海深化国资国企改革的对策研究》，王国平，《上海行政学院学报》2011 年 2 期。

《改革开放以来上海国有企业产权改革的历史分析》，孙会岩、周璐，《上海党史与党建》2011 年 7 期。

《角色重塑：公有制与市场经济相结合及其主导作用——上海国资国企改革开放 30 年的回顾和前瞻》，傅尔基，《毛泽东邓小平理论研究》2012 年 7 期。

4. 政府机构与行政体制改革

《浦东震荡：上海大手笔——政府机构改革的全新试验》，周导，《社会》1993 年 Z2 期。

《上海政府职能转变与创新——软服务》，潘文灏、王浣尘，《中国软科学》1997 年 6 期。

《两级政府　三级管理——上海探索特大城市管理体制改革》，杨章明，《中国特色社会主义研究》1998 年 3 期。

《上海的"两级政府、三级管理"的城管体制》，方文进，《城市问题》1998 年 4 期。

《论加强上海城市长效管理的若干问题》，赵民，《同济大学学报（社会科学版）》1999 年 2 期。

《论上海大都市郊区小城镇可持续发展模式》，肖辉，《城市研究》1999 年 4 期。

《21 世纪上海城市管理研究》，丁健，《上海财经大学学报》2001 年 2 期。

《上海——政府职能的转化、弱化和强化》，吴复民、俞丽虹，《中国公务员》2003 年 7 期。

《大城市郊区的社区发展——以上海浦东为例》，熊竞、陈强，《上海城市管理职业技术学院学报》2005 年 1 期。

《治理城市交通拥堵的对策思考——以上海为例》，王中亮，《上海经济研究》2006 年 4 期。

《上海新郊区建设中的地方政府职能定位及实现途径》，刘德吉，《华东理工大学学报（社会科学版）》，2007 年 4 期。

《上海行政管理体制改革 30 年的回顾与思考》，陈奇星，《上海行政学院学报》2008 年 5 期。

《浦东行政管理体制改革 20 年的回顾与思考》，陈奇星，《上海行政学院学报》2010 年 3 期。

《政府创新社会管理新方式的对策研究——以上海为例》，白庆华，《科学发展》2010 年 11 期。

《以扁平化管理为突破口完善上海现行"两级政府、三级管理"体制》，江建全，《理论与改革》2011 年 1 期。

《上海城市轨道交通远景网络化建设的实践与思考》，蔡蔚，《城市轨道交通研究》2011 年 9 期。

《上海改革的顶层设计研究》，上海财经大学课题组，《科学发展》2013 年 11 期。

5. 城市建设与民生建设

《上海"菜篮子工程"发展动向研究》，葛曾民、万崇信、杨曼莉等，《上海农业科技》1991 年 3 期。

《上海：土地批租中存在的问题与对策》，陆萍，《法学》1992 年 11 期。

《上海土地批租浅析》，华学彰，《上海企业》1993 年 2 期。

《上海旧区改造与土地批租简析》，杨云中，《世界经济研究》1994 年 3 期。

《"菜篮子"系着万人心——记上海加强"菜篮子"工程建设》，张玥、朱昌义，《上海人大月刊》1994 年 5 期。

《上海市政建设的成就与展望》，邱英浩，《交通与运输》1994 年 5 期。

《明责放权，培育郊区土地市场——再谈上海郊区土地批租问题》，韩红根，《上海农村经济》1994 年 6 期。

《上海市政建设的近代化进程及其启迪》，钟义盛，《社会科学》1995 年 1 期。

《改革开放以来的上海人民生活变化》，祝大平，《上海统计》1996 年 10 期。

《上海的城建投资体制改革》，沈志方，《上海党史研究》1997 年 6 期。

《上海土地批租的现状、问题及对策》，乐宇坤、刘宝安，《上海综合经济》1997 年 12 期。

《重点细分量化　迎接新的辉煌——全面推进上海新一轮"菜篮子"建设》，冯国勤，《中国商贸》1997 年 23 期。

《上海住房公积金制度的建立、发展和未来》，张华平、承建文，《长江建设》1998 年 1 期。

《上海土地批租对旧城更新的影响》，耿慧志，《北京规划建设》1998 年 3 期。

《建设上海跨世纪的"菜篮子工程"之我见》，方志权，《上海农村经济》1998 年 8 期。

《上海"一城九镇"规划点滴谈》，孙田、刘群，《时代建筑》2001 年 3 期。

《上海房地产一级市场——土地批租回眸》，郝茜，《中外房地产导报》2001 年 6 期。

《上海住房公积金制度十年回顾大事记》，《上海房地》2001 年 8 期。

《"一城九镇"上海城市化战略的重点》，顾建发，《上海城市管理职业技术学院学报》2002 年 3 期。

《住房公积金管理——上海缘何执牛耳》，黄庭钧、徐寿松，《瞭望新闻周刊》2002 年 5 期。

《加速构建"上海都市圈"》，徐长乐、殷为华、谷人旭，《经济世界》2003 年 2 期。

《长江三角洲与上海都市圈层交通发展问题研究》，陆锡明、宣培培，《交通与运输》2003 年 5 期。

《大上海都市圈经济发展研究》，高汝熹，《城市》2004 年 3 期。

《城市分散发展理论与上海"一城九镇"规划》，卢纯，《中国房地信息》2004 年 11 期。

《上海都市圈港群发展探索》，张绍樑，《上海城市规划》2005 年 1 期。

《让就业有利可图——完善上海城市最低生活保障制度研究》，黄晨熹、王大奔、邱世昌等，《市场与人口分析》2005 年 3 期。

《20 世纪 70 年代末国民经济调整时期上海推进住宅建设的历史回顾及启示》，张永斌，《上海党史与党建》2005 年 8 期。

《土地批租：上海党组织执政能力建设过程中的一个成功范例》，郭继，《上海党史与党建》2005 年 9 期。

《上海的菜篮子工程》，叶公琦、吴祥华、贾彦等，《上海党史与党建》2005 年 10 期。

《创新增强住房公积金制度广泛促进住房保障和谐——上海住房公积金制度再创新和发展思考》，傅尔基，《中国房地产金融》2006 年 3 期。

《最低工资、最低生活保障与就业积极性：上海的经验分析》，罗小兰，《南京审计学院学报》2007 年 3 期。

《"他者"策略：上海"一城九镇"计划之源》，周鸣浩、薛求理，《国际城市规划》2008 年 2 期。

《上海第一块土地批租的前前后后——蒋如高老人的回忆》，饶斌、刁娅君，《中国土地》2008 年 3 期。

《住房公积金制度在上海十七年》，崔国盛，《中国房地产》2008 年 12 期。

《纪念改革开放 30 周年——回眸上海地铁"零"的突破》，石礼安，《城市轨道交通研究》2009 年 1 期。

《上海城市居民最低生活保障问题探析》，张留禄，《科学发展》2009 年 11 期。

《都市圈经济辐射效应的协方差分析——以上海都市圈为例》，浦承嵩、李红，《经济研究导刊》2010 年 2 期。

《国家高铁战略视角下的长三角城市群与上海都市圈》，陶甄宇，《交通与运输》2010 年 5 期。

《解读当代中国现象的误差——与美国学者关于上海"一城九镇"的通信》，刘晓平，《中外建筑》2011 年 1 期。

《基于区域经济一体化的上海都市圈产业分工研究》，李文强、罗守贵，《经济与管理研究》2011 年 3 期。

《上海推进"智慧城市"建设的思考》，蒋力群、蒋欣蕾，《上海信息化》2011 年 3 期。

《以市场之手保障"菜篮子"——上海蔬菜（集团）有限公司在走上大市场、大流通、大发展之路》，吴梦秋，《上海商业》2011 年 12 期。

《改革开放后上海城市总体规划回顾与展望》,熊鲁霞、黄吉铭,《城市规划学刊》2012 年 2 期。

《上海建设智慧城市的路径探索》,徐国强,《上海城市规划》2012 年 3 期。

《新市镇,新生活——解读上海"一城九镇"》,刘勇,《公共艺术》2012 年 4 期。

《用"智慧规划"助推上海智慧城市建设刍议》,秦战、杨心丽、王颖莹,《上海城市规划》2013 年 2 期。

《上海建设"智慧城市"的经验与启示》,谢会丽,《今日浙江》2013 年 11 期。

《上海都市圈创新能力评价研究——基于因子分析和聚类分析》,金凤花、余光胜,《科技管理研究》2013 年 12 期。

《2001—2011 年上海都市圈创新能力的空间互动影响研究》,金凤花、富立友,《科技管理研究》2015 年 1 期。

6. 科教文卫事业的改革与发展

《关于上海技术引进中若干问题的探讨》,马世祺,《世界经济研究》1984 年 1 期。

《上海高等教育发展的历史经验》,余立,《上海高教研究》1984 年 3 期。

《加快推广上海、天津技术引进扩权试点经验》,朱镕基,《经济工作通讯》1984 年 13 期。

《"官办"与"民办"展开竞争　上海体育事业在改革中前进》,陈毛弟、吴新民,《瞭望周刊》1984 年 35 期。

《中等教育结构改革的一项重要内容——上海职业教育的现状及改革设想》,苏颂兴、张跃奇,《社会科学》1985 年 1 期。

《国际技术贸易与上海技术引进对策》,龚维新,《财经研究》1985 年 5 期。

《对扩大出口,引进技术和上海应否建立"自由港"的几点看法》,李湘,《国际商务研究》1986 年 1 期。

《上海基础教育发展战略研究述评》,季国强,《上海教育科研》1987 年 1 期。

《上海高教事业在改革开放中稳步发展》,卜中和,《上海高教研究》1988 年 1 期。

《上海教育改革回顾与深化改革的思路》,谈松华、徐海鹰、张光坼等,上海教育发展战略课题组,《上海高教研究》1988 年 2 期。

《上海研究生教育改革的回顾与思考》,韩如全,《上海高教研究》1989 年 4 期。

《对上海技术引进消化吸收问题的研究》,杨公朴、杨建荣,《财经研究》1990 年 3 期。

《上海高等教育积极调整治理的设想》,纪交储,《上海高教研究》1991 年 1 期。

《利用外资、引进技术和经济成长——上海、广东比较研究》,贺次平,《上海社会科学院学术季刊》1991 年 2 期。

《解放思想　抓住机遇:深化上海高等教育改革》,上海市高教局,《中国高等教育》1992 年 6 期。

《发展科技、依靠科技进步振兴上海经济》,佚名,《解放日报》,1992 年 9 月 12 日,第 1 版。

《上海浦东新区的人口发展与卫生事业》,张远潘,《社会》1992 年 8 期。

《上海医院综合改革的思考与对策研究》,周曾同、范征吟,《中国卫生事业管理》1993 年 1 期。

《上海成人教育地位与作用的历史及现状考察》,张洵,《上海成人教育》1994 年 12 期。

《高教改革走向整体配套——上海工业大学改革启示录》,童怀,《光明日报》,1994 年 4 月 28 日,第 1 版。

《上海开放教育改革发展的基本思路》,黄清云、汪洪宝,《开放教育研究》1995 年 1 期。

《迈向 21 世纪的上海与高等教育改革》,山林溪,《化工高等教育》1995 年 4 期。

《深化文化体制改革　繁荣上海文化市场》,田保传,《上海大学学报(社会科学版)》1996 年 4 期。

《上海汽车工业"八五"期间技术引进的几点经验》,方培浩,《汽车研究与开发》,1996 年 5 期。

《走向 21 世纪的上海基础教育》,胡平,《社会》1996 年 6 期。

《国产化作为技术学习过程:上海桑塔纳案例分析》,谢伟、吴贵生,《科研管理》1997 年 1 期。

《拨乱反正与改革、发展的起步——1977 年至 1982 年上海高等教育工作回顾》，舒文、梁成林、潘鈜，《上海党史研究》1997 年 5 期。

《从区县教育发展看当前上海基础教育改革的重点和难点》，朱怡华，《上海教育科研》1997 年 11 期。

《"九五"后三年上海引进技术消化吸收创新的方针和目标》，翁征洋，《工业技术进步》1998 年 2 期。

《世纪之交的上海人才战略与高教改革》，杨晓江，《高等教育研究》1998 年 2 期。

《上海卫生经济改革的回顾和展望》，王龙兴，《中国卫生资源》1998 年 3 期。

《迎接高教改革和发展的春天——上海高等教育改革与发展研讨会综述》，陈国良、张慧明，《上海高教研究》1998 年 9 期。

《"发展是硬道理"——上海卫生事业的改革与发展》，赵佩琪、陈挥、季骅等，《上海党史研究》1998 年 S1 期。

《改革开放和上海科技事业的发展》，吴英熙，《上海党史研究》1998 年 S1 期。

《坚持改革开放　探求上海教育发展之路》，胡瑞文，《上海党史研究》1998 年 S1 期。

《试论改革开放与上海文化事业的发展》，戴翊，《上海党史研究》1998 年 S1 期。

《试论上海高科技产业化发展大势——对高科技产业化的几点思考》，李惠芬，《上海党史研究》1998 年 S1 期。

《上海卫生事业的历史性巨变与新世纪展望》，刘俊，《中国医院管理》1999 年 1 期。

《创建国际大都市的人才基地——改革开放 20 年的上海教育》，徐文龙，《教育发展研究》1999 年 2 期。

《上海继续工程教育的回顾与展望》，徐锦林、丁贻麟，《继续教育》1999 年 2 期。

《世纪之交的答卷——论上海文化体育事业改革的历史经验》，花建，《上海党史研究》1999 年 S1 期。

《上海市技术引进与技术进步》，周斌、李辉娥，《上海经济研究》2000 年 9 期。

《新时期上海基础教育发展的新应对》，傅禄建《教育发展研究》2001 年 9 期。

《上海中小学办学体制改革十年》，朱世锋、朱怡华，《上海教育科研》2002 年 10 期。

《科教兴市战略与上海新一轮发展》，杨建文，《立信会计高等专科学校学报》2003 年 3 期。

《上海基础教育发展的再思考》，傅禄建，《教育发展研究》2003 年 9 期。

《上海卫生高等职业教育的现状及发展思考》，罗钢、沈岳奋、王亮等，《中国高等医学教育》2004 年 1 期。

《论"科教兴市"与上海"第二次现代化"》，黄仁伟、吴雪明，《社会科学》2004 年 6 期。

《上海公共卫生事业管理体制改革思路》，沈杰，《上海综合经济》2004 年 7 期。

《上海教育在改革创新中持续发展的几点启示》，顾继虎，《上海党史与党建》2004 年 9 期。

《突出重点　扎实推进上海民办教育新发展》，严隽琪，《教育发展研究》2005 年 6 期。

《积极探索支持和保障文化公益事业的新路径（探索与思考）——上海市的做法和经验的启示》，张雄、汪传发，《人民日报》，2005 年 2 月 7 日，第 9 版。

《优势、强势、趋势——上海普教科研与基础教育事业的发展》，傅禄建，《上海教育科研》2006 年 1 期。

《上海义务教育深化改革探索》，中国国民党革命委员会上海市委员会课题组，《教育发展研究》2006 年 2 期。

《上海职业教育发展典型模式初探及其理论思考》，黄芳，《中国职业技术教育》2006 年 8 期。

《回顾与展望：上海基础教育发展分析》，傅禄建，《教育发展研究》2007 年 9 期。

《改革开放初期上海推进科教事业发展的历史回顾和思考》，孙宝席，《上海党史与党建》2008 年 4 期。

《在探索中开创新格局——1979 至 1990 年上海对外文化交流》，黄坚，《上海党史与党建》2008 年 11 期。

《世界金融危机背景下发展低碳技术的机遇与政策建议——以上海为例》，陈秋红、王书柏，《中国高新技术企业》2010 年 3 期。

《自主研发与技术引进对全要素生产率的影响——来自上海高新技术企业的实证》,方文中、罗守贵,《研究与发展管理》2016 年 1 期。

《要素投入、技术进步与上海经济增长的源泉》,阮敏,《当代经济管理》2018 年 12 期。

《改革开放 30 年上海体育的发展回顾与前瞻》,《改革开放 30 年上海体育的发展回顾与前瞻》课题组,《体育科研》2009 年 1 期。

《历史的转变 艰巨的探索——改革开放 30 年人口计生工作历程》,谢玲丽,《党政论坛》2009 年 4 期。

《上海中小学学校体育课余训练的发展回顾与展望》,夏菊锋,《体育科研》2009 年 5 期。

《上海医疗服务体系现况分析及新医改未来发展的政策建议》,张勘、董伟,《中国卫生政策研究》2009 年 6 期。

《上海文化产业发展与文化体制改革协同推进研究》,李本乾、陈晓云、陈德金,《科学发展》2010 年 6 期。

《文化体制改革的前沿探索——试论上海文化体制改革》,张涛甫、贺艳燕,《东岳论丛》2011 年 5 期。

《改革开放三十年上海市卫生事业总体进展和面临的挑战》,翁铁慧、吴凌放、刘雪峰等,《中华医院管理杂志》2011 年 7 期。

《上海基础教育转型发展的责任担当与现实使命》,尹后庆,《教育发展研究》2011 年 18 期。

《公共文化服务体系建设的经验与未来走向——以上海为例》,蒯大申,《领导之友》2012 年 2 期。

《上海加强引进消化吸收再创新的政策研究》,张仁开,《城市》2012 年 3 期。

《上海职业教育发展的探索和实践》,沈晓明,《中国职业技术教育》2012 年 16 期。

《上海普教科研的历史贡献与未来期望》,尹后庆,《上海教育科研》2013 年 1 期。

《外商研发投资对上海技术引进的影响》,顾泽良,《商场现代化》2015 年 Z1 期。

《上海基础教育改革试点的几点启示》,谈松华,《人民教育》2016 年 8 期。

《上海科技创新政策年历程 40 历程》,顾玲琍,《华东科技》2018 年 12 期。

《改革创新精神是推动上海文化事业大繁荣大发展的最大的动力》,龚学平、徐建刚、谢黎萍等,《上海党史与党建》2018 年 12 期。

《改革开放 40 年来上海文化建设的回顾与展望》,胡霁荣,《上海文化》2018 年 12 期。

《改革开放中上海卫生监督事业的发展》,卢伟,《上海预防医学》2019 年 1 期。

《上海基础教育改革与发展的成功经验——兼论上海一流教师队伍的建设》,黄亮,《现代基础教育研究》2019 年 3 期。

《改革开放 40 年上海科技创新制度环境变迁研究——政策演进、总结评析与未来路向》,陈强、敦帅,《经济体制改革》2019 年 5 期。

《砥砺奋进七十载 凝心聚力再出发——上海医疗保障事业改革发展的探索与实践》,夏科家,《中国医疗保险》2019 年 10 期。

《上海文化建设:四十年发展历程与改革经验》,郑崇选,《上海城市管理》2020 年 1 期。

《上海科技创新政策演变与启示——基于 1978—2018 年 779 份政策文本的分析》,宋娇娇、孟溦,《中国科技论坛》2020 年 7 期。

7. 浦东开发开放

《浦东开发:关键性的大动作》,浦年,《文汇报》,1988 年 4 月 21 日,第 3 版。

《关心支持浦东开发》,佚名,《文汇报》,1988 年 5 月 2 日,第 1 版。

《定把开发浦东新区这件事办成》,佚名,《文汇报》,1988 年 5 月 3 日,第 1 版。

《上海将利用外资开发浦东》,吕网大,《人民日报》,1988 年 5 月 4 日,第 1 版。

《开发浦东是振兴上海的大好机会》，陈志龙，《解放日报》，1989 年 12 月 27 日，第 2 版。

《开发浦东，起步可喜》，严亭，《上海人大月刊》1990 年 2 期。

《中国开放的战略布局与浦东开发》，夏禹龙，《社会科学》1990 年 9 期。

《大思路——开发浦东、振兴上海》，蔡星火，《财经研究》1990 年 11 期。

《加速开发浦东　欢迎外商投资》，佚名，《文汇报》，1990 年 3 月 4 日，第 1 版。

《开发浦东　开放浦东》，萧关根，《人民日报》，1990 年 4 月 19 日，第 1 版。

《未来浦江东岸的"新上海"》，钟义盛、季振兴，《人民日报》，1990 年 6 月 3 日，第 8 版。

《投资上海浦东具信心》，梁廉，《解放日报》，1990 年 7 月 3 日，第 3 版。

《上海加快浦东基础设施建设年内再筹 5 亿元建设道路和煤气工程》，佚名，《人民日报》，1990 年 7 月 18 日，第 1 版。

《从浦西看浦东——上海在进一步开放中前进》，萧关根，《人民日报》，1990 年 10 月 9 日，第 4 版。

《更广泛地开展向曾乐学习活动，为振兴上海开发浦东努力工作》，佚名，《解放日报》，1990 年 12 月 14 日，第 1 版。

《90 年代浦东开放、开发大思路》，王战，《开发研究》1991 年 2 期。

《1990 年浦东开发的新进展》，陈志龙，《党政论坛》1991 年 3 期。

《浦东：开发开放五百天》，陆国元、张伟弟，《瞭望周刊》1991 年 42 期。

《深化改革　扩大开放　振兴上海》，章世鸿，《人民日报》，1991 年 9 月 1 日，第 1 版。

《上海推出浦东开发三项新政策》，裘新、郭天中，《解放日报》，1991 年 9 月 19 日，第 1 版。

《上海当前面临十分难得机遇　办好浦东开发搞好大中企业》，凌风、董强，《解放日报》，1991 年 10 月 17 日，第 1 版。

《坚决贯彻中央的重要战略决策　为开发浦东振兴上海尽职尽力》，佚名，《解放日报》，1991 年 10 月 30 日，第 1 版。

《奏起振兴上海开发浦东的新乐章》，陈健，《解放日报》，1991 年 11 月 20 日，第 1 版。

《发挥上海优势搞好浦东开发开放》，陈毛弟、邹爱国，《人民日报》，1991 年 11 月 24 日，第 1 版。

《以建大桥的水平、风格、效率、精神，搞好浦东开发开放和整个上海工作（附照片 2 张）》，陈毛弟、邹爱国，《解放日报》，1991 年 11 月 24 日，第 1 版。

《浦东开发和开放中若干重大问题研究》，上海市科委"浦东研究"课题组，《中国软科学》1992 年 4 期。

《抓住机遇加快与上海浦东开发开放的"接轨"》，缪凤英、钱卫卫，《改革与开放》1992 年 11 期。

《浦东开发实际是要建成一个新上海》，张浩，《解放日报》，1992 年 2 月 2 日，第 6 版。

《思想更解放一点胆子更大一点，使浦东开发上海建设上新台阶（附照片 2 张）》，陈毛弟、张蔚飞，《解放日报》1992 年 2 月 15 日，第 1 版。

《梧桐已成林，凤凰正飞来》，萧关根，《人民日报》，1992 年 3 月 10 日，第 1 版。

《紧紧抓住浦东开发的有利契机　努力开创上海对台工作新局面》，吴志强，《解放日报》，1992 年 3 月 28 日，第 1 版。

《立足全国认识浦东，放开胆子开发浦东》，凌志军，《人民日报》，1992 年 4 月 2 日，第 2 版。

《浦东新区究竟有哪些优惠政策，上海应当怎么样用好用足用活》，佚名，《解放日报》，1992 年 5 月 4 日，第 1 版。

《学习借鉴广东海南的成功经验推进上海经济建设和浦东开发》，佚名，《文汇报》，1992 年 6 月 3 日，第 1 版。

《开发浦东振兴上海，申城民兵功不可没》，徐琪忠、董晓明，《解放日报》，1992 年 6 月 19 日，第 2 版。

《开发浦东，振兴上海，实事求是，开拓前进》，佚名，《人民日报》，1992 年 6 月 24 日，第 1 版。

《发挥上海浦东的"发展极"功能，加快长江沿江地区开放和发展》，施徽，《解放日报》，1992 年 6 月 29

日,第 5 版。

《重点搞好上海浦东开发开放,建立繁荣富庶长江经济走廊》,吴士深,《解放日报》,1992 年 6 月 30 日,第 1 版。

《为开发浦东振兴上海作贡献,人民子弟兵拥政爱民谱新曲》,徐琪忠、尤抚初,《解放日报》,1992 年 8 月 1 日,第 1 版。

《论上海浦东开发与开放》,杨万钟,《经济地理》1993 年 1 期。

《中央对上海发展寄很大希望 开发开放浦东政策坚定不移》,吴复民、郭天中,《人民日报》,1993 年 5 月 12 日,第 1 版。

《珍惜难得机遇加快浦东开发,建设社会主义现代化新上海》,陈毛弟、吴文骥,《解放日报》,1993 年 9 月 30 日,第 1 版。

《浦东新区在改革开放中前进》,陶树基,《上海标准化》1994 年 2 期。

《试论浦东开发开放决策的时代意义》,邹荣庚,《上海党史研究》1994 年 4 期。

《一九九四年后浦东面临的机遇与挑战》,林锋、余志钧,《上海综合经济》1994 年 6 期。

《邓小平的非均衡发展思想与浦东开发对 90 年代中国经济发展的导向作用》,袁恩桢,《毛泽东邓小平理论研究》1994 年 5 期。

《外引内联:浦东新区回顾与展望》,马永新,《上海综合经济》1994 年 6 期。

《浦东开发:中国改革开放的重点旗帜》,伟东,《国际市场》1994 年 9 期。

《浦东开发——九十年代中国改革开放的点睛之笔》,庄峻,《求是》1994 年 19 期。

《邓小平开放开发思想与上海浦东开发》,黄奇帆,《人民日报》,1994 年 1 月 14 日,第 5 版。

《全国要支持浦东的开发开放 浦东要为全国经济发展服务》,陈毛弟、邹爱国,《人民日报》,1994 年 5 月 26 日,第 1 版。

《浦东新区 1995 年发展战略思考》,茅芜,《浦东开发》1995 年 3 期。

《面向世界的浦东开发——为浦东开发开放五周年而作》,赵启正,《浦东开发》1995 年 4 期。

《开发开放浦东的决策始末》,徐文龙,《中国软科学》1995 年 7 期。

《李鹏总理在上海考察时指出浦东开发开放基本政策不变要进一步发挥"龙头"作用》,孙本尧、陈毛弟,《光明日报》,1995 年 4 月 22 日,第 1 版。

《浦东开发开放要再上新台阶》,罗康雄,《人民日报》,1996 年 5 月 12 日,第 2 版。

《迈向 21 世纪的浦东开发开放》,周禹鹏,《党政论坛》1997 年 2 期。

《开发开放浦东决策思想的研究》,庄峻,《毛泽东邓小平理论研究》1997 年 6 期。

《用邓小平同志的理论指导浦东开发》,赵启正,《光明日报》,1997 年 3 月 14 日,第 7 版。

《浦东开放开发加快步伐》,谢军,《光明日报》,1997 年 9 月 28 日,第 1 版。

《开发开放中的上海浦东新区》,吴平,《中国对外贸易》1998 年 1 期。

《浦东新区"小政府、大社会"机构模式回顾与展望》,陈安琪、吴培敏、金玲玲,《浦东开发》1998 年 1 期。

《成就瞩目,前景辉煌——浦东新区八年来经济发展回顾》,宗合,《浦东开发》1998 年 10 期。

《用邓小平理论指导浦东开发开放》,张浦先,《上海党史研究》1998 年 S1 期。

《跨世纪的办学探索——上海大学改革纪实》,汪大勇,《光明日报》,1998 年 4 月 28 日,第 1 版。

《创新:在历史与未来之间(纪念十一届三中全会 20 周年专论①)——上海浦东开发开放八年的启示》,张雄、纪海鹰,《人民日报》,1998 年 11 月 28 日,第 5 版。

《创新:在历史与未来之间(纪念十一届三中全会 20 周年专论②)——上海浦东开发开放八年的启示》,张雄、纪海鹰,《人民日报》,1998 年 11 月 28 日,第 5 版。

《从"深圳速度"到"浦东高度"——中国开发开放 20 年轨迹》,佚名,《文汇报》,1998 年 12 月 8 日,第

1 版。

《"上海大众"的成功之路》,张贻复、胡志伟,《光明日报》,1998 年 12 月 29 日,第 4 版。

《浦东新区引进外资回顾与展望》,王安,《浦东开发》1999 年 10 期。

《开发开放九年成绩斐然　浦东成为上海经济新增长极》,李勤,《人民日报》,1999 年 4 月 20 日,第 1 版。

《"高楼林立、生机盎然"的金融贸易区——陆家嘴》,上海浦东陆家嘴金融贸易区开发公司,《上海党史研究》2000 年 2 期。

《宏图凝重志,飞跃无尽期——纪念上海浦东开发十周年》,邹荣庚,《中共党史研究》2000 年 2 期。

《坚守不移地贯彻党的思想路线推动浦东开发开放快速前进——纪念浦东开发开放十周年》,周禹鹏,《上海党史研究》2000 年 2 期。

《站在新世纪起跑线上的长江"龙头"——浦东》,蔡玮,《上海党史研究》2000 年 2 期。

《面向新世纪的跨越式发展——浦东开发开放十年回顾》,胡炜,《上海商业》2000 年 4 期。

《浦东开发开放与上海产业结构调整》,李东、于保平、刘骏,《上海综合经济》2000 年 4 期。

《浦东开发开放:昨天、今天和明天》,吕发,《上海综合经济》2000 年 4 期。

《浦东开发开放十年实践的理论回顾》,姚锡棠,《社会科学》2000 年 5 期。

《新产业高地在浦东崛起—浦东新区"一江三桥"巡礼》,江济申,《解放日报》,2000 年 4 月 17 日,第 1 版。

《1990—2000:数字巨变说浦东》,傅贤伟、肖现平,《解放日报》,2000 年 4 月 18 日,第 11 版。

《再接再厉开拓进取,把浦东开发开放搞得更好更扎实——在上海市庆祝浦东开发开放十周年上的讲话》,黄菊,《解放日报》,2000 年 4 月 19 日,第 1 版。

《浦东开发开放:实践邓小平理论的伟大创新之举》,中共上海市浦东新区工作委员会,《解放日报》,2000 年 4 月 20 日,第 12 版。

《准确把握未来经济发展走向,坚定不移推进上海改革开放》,佚名,《文汇报》,2000 年 8 月 6 日,第 1 版。

《抓住机遇,敢为天下先》,吕学东、徐蓓,《解放日报》,2001 年 1 月 1 日,第 38 版。

《浦东,中国改革开放的重要标志》,贾宝良,《解放日报》,2001 年 1 月 1 日,第 66 版。

《中国改革开放理论的成功实践——邓小平理论指导下的浦东开发开放》,姚锡棠、李庭辉、杨周彝,《毛泽东邓小平理论研究》2002 年 1 期。

《改革开放与浦东开发——重温邓小平"南巡讲话"》,陆沪根、徐全勇、顾银祥,《党政论坛》2002 年 5 期。

《思源思进,奋发有为,谱写新世纪浦东开发开放的新篇章》,甫研史,《上海党史与党建》2002 年 5 期。

《邓小平理论指导浦东开发开放》,锡棠、李庭辉、杨周彝,《解放日报》,2002 年 2 月 24 日,第 8 版。

《浦东十年发展中的政府角色》,林枫,《社会》2003 年 10 期。

《全球化与浦东社会变迁——上海浦东新区十年追踪调查概述》,范伟达、罗惠敏,《社会》2003 年 10 期。

《邓小平与浦东开发》,袁恩桢,《毛泽东邓小平理论研究》2004 年 8 期。

《邓小平与上海浦东的开发开放》,毛力熊、冯梦成,《江南论坛》2004 年 11 期。

《在科学发展中加快发展——浦东开发开放十五周年系列报道之四》,郑红、蒋娅娅,《解放日报》,2005 年 4 月 18 日,第 1 版。

《建设外向型、多功能、现代化新城区——上海浦东新区跨越式发展的探索》,杜家毫,《人民日报》,2005 年 11 月 23 日,第 9 版。

《突破城乡二元结构探索和谐题中之义——上海浦东新区综合配套改革试点成效显著》,季明,《光明日报》,2006 年 10 月 1 日,第 3 版。

《浦东新区开发开放 17 年的历史回顾与现状分析》,周轶昆,《经济前沿》2007 年 12 期。

《全力开展上海浦东综合配套改革试点 率先推进改革开放》,蒋应时,《宏观经济研究》2007 年 3 期。

《改革开放 30 年:浦东新区的发展》,吴鸿根,《上海房地》2008 年 9 期。

《浦东开发:中国特色社会主义理论指导的成功实践》,陈高宏,《浦东开发》2008 年 S1 期。

《探索中国特色社会主义道路的成功实践——浦东开发开放的经验与启示》,陈高宏、刘世军、李幼林等、中共上海市委宣传部联合调研组、求是杂志社文化编辑部联合调研组,《求是》2008 年 18 期。

《浦东综合配套改革态势良好》,张晓鸣,《文汇报》,2008 年 1 月 21 日,第 1 版。

《浦东综改:迈向攻坚"深水区"》,钟慧,《文汇报》,2008 年 4 月 18 日,第 1 版。

《浦东新区优化金融环境连推新举措,从"硬件升级"到"软件驱动"》,唐玮婕,《文汇报》,2008 年 10 月 17 日,第 1 版。

《浦东新区努力在奔跑中漂亮转身》,唐玮婕,《文汇报》,2008 年 12 月 1 日,第 1 版。

《浦东开发开放进入发展新高地》,袁恩桢,《文汇报》,2009 年 5 月 25 日,第 10 版。

《大浦东文化产业发展的机遇》,方进,《文汇报》,2009 年 6 月 15 日,第 10 版。

《上海浦东的开发开放》,季明,《光明日报》,2009 年 11 月 10 日,第 6 版。

《浦东行政管理体制改革 20 年的回顾与思考》,陈奇星,《上海行政学院学报》2010 年 3 期。

《纪念浦东开发开放 20 周年理论研讨会综述》,杨国庆,《上海行政学院学报》2010 年 4 期。

《探索科学发展之路——浦东开发开放 20 年的特点与启示》,王践、张斌,《浦东开发》2010 年 5 期。

《坚持浦东开发不动摇,勇当改革开放排头兵》,徐麟,《求是》2010 年 8 期。

《浦东经济发展 20 年:经验与未来》,钱胜,《浦东开发》2010 年 11 期。

《在改革开放的伟大旗帜下前进(附图片)——党中央关怀浦东开发开放纪实》,慎海雄、季明,《光明日报》,2010 年 4 月 15 日,第 3 版。

《坚持浦东开发不动摇,勇当改革开放排头兵》,徐麟,《文汇报》,2010 年 4 月 19 日,第 10 版。

《上海浦东:全力建设"人才之城"》,颜维琦、曹继军,《光明日报》,2012 年 10 月 5 日,第 1 版。

《党的群众路线在浦东改革开放中的成功实践》,阴群,《中国浦东干部学院学报》2013 年 4 期。

《压力型决策典范:开发开放上海浦东》,沈传亮,《中国党政干部论坛》2014 年 4 期。

《开发开放 24 周年 上海浦东:敢闯敢试"创二代"》,颜维琦、曹继军,《光明日报》,2014 年 4 月 20 日,第 2 版。

《浦东开发开放的先行先试战略》,张东保,《上海党史与党建》2015 年 2 期。

《浦东开发开放战略与实践(上)》,陈高宏,《浦东开发》2017 年 6 期。

《浦东开发开放战略与实践(下)》,陈高宏,《浦东开发》2017 年 7 期。

《浦东开发开放战略的历史作用与评估》,陈高宏,《浦东开发》2017 年 7 期。

《乘浦东开发东风 立改革开放潮头》,佚名,《上海党史与党建》2018 年 2 期。

《改革开放 40 年中的浦东开发回顾》,赵万良,《上海城市规划》2018 年 6 期。

《浦东新区开发开放四十年历程、经验与深化思路》,李锋、史晓琛,《科学发展》2018 年 12 期。

《浦东开发的准备、研究和早期开发》,李佳能、柴志光、陈长华、龙鸿彬,《百年潮》2019 年 10 期。

《庆祝浦东开发开放 30 周年专栏——引领浦东开发开放的四大开发区(一)》,刘捷,《上海党史与党建》2020 年 1 期。

《庆祝浦东开发开放 30 周年专栏——引领浦东开发开放的四大开发区(二)》,周奕韵,《上海党史与党建》2020 年 2 期。

《浦东经济发展 30 年:演进、成效及再出发》,胡云华,《科学发展》2020 年 2 期。

《浦东开发开放三十年回顾、总结与展望》,李锋,《科学发展》2020 年 3 期。

《庆祝浦东开发开放 30 周年专栏——引领浦东开发开放的四大开发区(三)》,佚名,《上海党史与党建》2020 年 3 期。

《浦东开发开放三十年人才政策发展历程、总结及展望》,张波,《科学发展》2020 年 4 期。

《庆祝浦东开发开放 30 周年专栏——引领浦东开发开放的四大开发区(四)》,佚名,《上海党史与党建》2020 年 4 期。

8. 世博会

《2010 年世博会对上海第二产业的带动作用》,课题组,《上海市经济管理干部学院学报》2003 年 4 期。

《上海世博会——上海城市文化的嵌入式传播》,孙祥飞、陈姗姗,《科教文汇(上旬刊)》2008 年 5 期。

《2010 年上海世博会对浦东周边地区城市发展的影响》,陈卫杰、何志华,《规划师》2008 年 B09 期。

《把握世博契机　发展会展经济——兼议对上海国际金融中心建设的启示》,李亚瑞、李亚敏,《新金融》2009 年 7 期。

《世博会与城市规划学科发展——2010 上海世博会规划的回顾》,吴志强、肖建莉,《城市规划学刊》2010 年 3 期。

《后世博上海社会经济发展的瓶颈、动力和机制研究》,陈信康,《科学发展》2010 年 4 期。

《上海世博会与城市法治化》,周汉民,《法学杂志》2010 年 4 期。

《从上海世博会看城市文化建设与博物馆的关系》,吴美华,《中原文物》2010 年 5 期。

《以世博为契机　上海三区构建金融中心新主题》,魏崴,《华东科技》2010 年 5 期。

《上海世博会的意义和价值》,吴兴富,《南通大学学报(社会科学版)》2010 年 6 期。

《上海世博会与城市文化》,杨剑龙、刘畅,《江西社会科学》2010 年 8 期。

《城市发展与社会共治——上海世博会城市最佳实践区的启示》,翁笑冰,《甘肃理论学刊》2011 年 1 期。

《上海世博会对城市领导力提升的启示》,黄耀诚,《中国浦东干部学院学报》2011 年 1 期。

《上海世博会:城市文明建设的新里程碑》,周中之,《道德与文明》2011 年 1 期。

《世博、文博及城市文化与记忆——上海世博会的成功践行》,陈燮君,《中国博物馆》2011 年 1 期。

《上海世博理念、世博精神和世博经验探讨》,徐净、王丹,《科学发展》2011 年 3 期。

《重大事件与城市的可持续发展问题——以上海世博会为中心》,曾军、李敏,《甘肃社会科学》2011 年 4 期。

《上海世博会多元文化融合中的城市文化研究》,赵阳,《辽宁行政学院学报》2011 年 7 期。

《"大事件"作用下的城市人文精神——以 2010 年上海世博会为主要案例》,吴海勇,《学术交流》2011 年 12 期。

《上海世博会对长三角地区城市集群化的影响力分析》,董慧君,《现代商业》2011 年 14 期。

《如何利用上海世博会打造一个成功的城市品牌》,朱栋,《中国城市经济》2011 年 17 期。

《上海世博会对我国体育产业发展的影响》,刁方林,《内蒙古财经学院学报(综合版)》2012 年 2 期。

《上海世博会公共服务与"中国服务"的提升》,张文建、朱源,《上海管理科学》2012 年 4 期。

《从跨文化传播研究视角浅析上海世博会》,占星星,《新闻传播》2012 年 9 期。

《上海世博会主题展示的城市发展趋势》,陈信康、王春燕、庄德林,《城市发展研究》2012 年 9 期。

《2010 年上海世博会工业遗产保护与利用》,周文,《中国建设信息》2012 年 11 期。

《从上海世博会看世界城市发展的新趋向》,林拓,《福建论坛(人文社会科学版)》2012 年 12 期。

《大型城市事件对城市品牌影响效用的测度与挖掘——以上海世博会为例》,王伟、杨婷、罗磊,《城市发展研究》2014 年 7 期。

《智慧城市的雏形——2010 年上海世博会》,吴昂、邬建、程大章,《智能建筑与城市信息》2014 年
8 期。

《基于后事件视角上海世博会形象影响认知研究》,何欢、王朝辉,《安徽农业大学学报(社会科学版)》
2015 年 5 期。

《2010 年上海世博会主题新解:让城市的生活更美好》,徐善衍,《科学教育与博物馆》2017 年 3 期。

《上海市会展旅游发展现状研究——以上海世博会为例》,谢思琳、徐晓颖《经济研究导刊》2018 年
14 期。

9. 长三角一体化

《上海为中心长江三角洲经济区加紧规划》,《人民日报》,1983 年 2 月 6 日,第 1 版。

《建立上海经济区繁荣长江三角洲》,章世鸿,《人民日报》,1983 年 3 月 2 日,第 3 版。

《实行经济大联合　发挥长江三角洲优势　加快建设上海经济区》,丁根喜、邢凤炳、章世鸿等,《人民日
报》,1983 年 4 月 8 日,第 1 版。

《世纪之交看上海:带动长江经济带》,吴复民、陈毛弟,《解放日报》,1996 年 2 月 23 日,第 1 版。

《把长江三角洲建设成为国际性大都市带的思考》,诸大建,《城市规划汇刊》2003 年 1 期。

《长江三角洲金融合作区的创建与对策研究》,金雪军、余津津,《浙江社会科学》2003 年 4 期。

《营造长江三角洲大都市带》,谭克、管征,《城市规划汇刊》2003 年 5 期。

《长三角金融集聚态势与提升竞争力分析》,殷兴山、贺绎奋、徐洪水,《上海金融》2003 年 8 期。

《浙江接轨上海推进长三角一体化发展的几个关系》,郭占恒,《商业经济与管理》2003 年 8 期。

《长三角主要城市产业发展的区域定位和协调互动》,靖学青,《上海经济研究》2004 年 3 期。

《论长江三角洲一体化进程中的地方政府间关系》,陈国权、李院林,《江海学刊》2004 年 5 期。

《长江三角洲城市关系新整合的趋向研究》,胡继妹、费新章,《城市发展研究》2004 年 6 期。

《长江三角洲区域共同市场建设》,洪银兴,《上海经济研究》2004 年 6 期。

《长三角"四个中心"和上海大都市圈建设研究》,陆立军、朱海就,《经济地理》2004 年 6 期。

《以市场化、国际化推进"长三角"发展一体化》,刘志彪,《南京社会科学》2004 年 7 期。

《打造长三角公共行政体制一体化》,张荣昌,《中国行政管理》2004 年 8 期。

《长江三角洲区域经济一体化的三次浪潮》,陈建军,《中国经济史研究》2005 年 3 期。

《长三角区域合作机制创新研究》,曹明园、尤宏兵,《国际经济合作》2006 年 1 期。

《长江三角洲地区产业结构与空间结构的演变》,陈建军,《浙江大学学报(人文社会科学版)》2007 年
2 期。

《长三角区域经济一体化和创新中心的创出》,陈建军、张兴平、丁正源,《上海经济研究》2007 年 4 期。

《长三角人才共享机制:问题与对策》,郭庆松,《社会科学》2007 年 5 期。

《基于区域一体化的长三角信息化建设》,方维慰,《上海经济研究》2007 年 6 期。

《长三角行业协会合作发展问题分析》,葛月凤,《上海经济研究》2008 年 1 期。

《推进"长三角"金融协调发展与建设上海国际金融中心的有效互动》,苏宁,《上海金融》2008 年 1 期。

《长三角区域经济一体化的历史进程与动力结构》,陈建军,《学术月刊》2008 年 8 期。

《长江三角洲经济一体化与政治职能转变:论长三角经济一体化进程中的地方政府职能》,程竹汝、郑
瑞、陈微,《政治与法律》2008 年 12 期。

《长三角开始步入"同城时代"》,佚名,《文汇报》,2008 年 1 月 13 日,第 1 版。

《把握世博会与长三角联动发展的脉络》,张兆安,《文汇报》,2008 年 1 月 31 日,第 5 版。

《长三角创新能力全国领跑》,任荃,《文汇报》,2008 年 3 月 27 日,第 1 版。

《国家发改委介绍国务院关于长三角发展〈指导意见〉的四点意义　在新起点创新优势获新发展》,王

星,《文汇报》,2008年10月17日,第5版。

《构造以现代化轨道交通体系为主框架的长江三角洲巨大都市带》,汪海,《中国软科学》2009年2期。

《以上海为龙头推进"长三角"地区票据一体化进程——基于区域票据市场创新发展的若干思考与对策》,应俊惠、肖斐,《金融论坛》2009年11期。

《上海发展现代服务业的战略目标及路径选择——基于立足长三角、服务全中国的视角》,应勤俭,《上海财经大学学报》2010年2期。

《上海世博会后长三角城市群的功能提升》,程必定,《城市发展研究》2010年4期。

《区域经济一体化背景下长三角城市的金融辐射效应研究》,闫彦明,《上海经济研究》2010年12期。

《新世纪长三角区域经济发展研究述论》,陈为忠,《新视野》2011年2期。

《城乡统筹融合,推进长三角城乡经济发展一体化研究——马克思城乡关系理论的应用》,邓立丽,《暨南学报(哲学社会科学版)》2013年3期。

《长三角城市群改革发展中的理论探索与实践创新》,王战,《学习与实践》2013年12期。

10. 上海对口援建

《神圣的使命——上海、云南对口帮扶协作纪实》,秦维宪、沈飞德,《世纪》1997年5期。

《上海援藏工作的思考》,《上海援藏工作》课题组,《西藏研究》1998年3期。

《做好上海服务全国的工作》,陈一川、丁仪、黄宝平,《上海综合经济》1998年12期。

《大上海:深情援建移民城——上海市对口支援三峡库区五桥移民新城纪实》,陈志,《中国三峡建设》1999年2期。

《跨越千山总关情——上海梅山(集团)有限公司与福贡县教育对口支援纪实》,张皓天、赵在良,《民族工作》1999年2期。

《改革开放前后上海服务全国特点的变化及其原因》,黄坚,《上海党史研究》1999年S1期。

《真心真情真爱——对口帮扶在云南》,司恩平、刘志强,《支部生活》2001年6期。

《无量山里的温饱村——上海帮扶景东的故事》,李世华,《支部生活》2003年3期。

《坚持"融入全国、服务全国"开创上海合作交流工作新局面》,韩正,《上海国资》2004年3期。

《对口支援西部高校的实践与思考——从上海交大支援宁夏大学说起》,陈国珠、徐剑,《中国高等教育》2004年23期。

《动真情办实事求实效——上海对口支援三峡十一载》,郭继、陆征崎,《上海党史与党建》2006年2期。

《上海大都市依托全国、服务全国的战略思路研究》,邢邦志,《中国行政管理》2006年9期。

《上海智力援藏——上海市人事局"了解国情、服务西藏"交流考察团赴藏考察纪实》,黄渭茂,《国际人才交流》2007年12期。

《团结长三角服务全中国上海对口支援全面升格》,《领导决策信息》2007年30期。

《上海服务全国:经济发展思路研究》,权衡,《探索与争鸣》2008年1期。

《民生为本,上海科技援疆十三年风雨不倦》,上海市科委,《中国农村科技》2010年8期。

《"项目体系＋运行机制"的上海援建模式》,佚名,《领导决策信息》2010年9期。

《上海援疆工程建设和管理的实践探索》,曾浙一、贺卫华,《住宅科技》2013年2期。

《从"5·12"汶川大地震看上海消防应急救援的变革与进步》,陈永胜,《新安全　东方消防》2013年4期。

《农村灾难救援中社工跨部门合作困境及其治理——以"5.12"汶川地震上海社工灾后重建服务团为例》,张粉霞、张昱,《湖南农业大学学报(社会科学版)》2014年5期。

《对口帮扶有真情边疆民族感厚恩——上海对口帮扶云南人口较少民族发展10周年回顾》,宋雪峰,

《今日民族》2016 年 7 期。

《"援疆三问"的上海答卷》,钟慧笑,《中国民族教育》2016 年 12 期。

《上海支援汶川大地震抗震救灾述略》,谢忠强、邢锐锐,《天中学刊》2017 年 2 期。

《上海的对口支援工作是一流的》,汤志光、冯小敏、王建华等,《上海党史与党建》2017 年 7 期。

《上海与万州:源于三峡的 25 年情缘》,陈文刚、谢黎萍、韩沪幸等,《上海党史与党建》2017 年 8 期。

《上海对口支援的历程考察与经验启示》,黄金平,《上海党史与党建》2020 年 8 期。

11. 社会结构与社会治理

《职业地位:社会分层的指示器——上海社会结构与社会分层研究》,仇立平,《社会学研究》2001 年 3 期。

《上海社会阶层结构演变及趋势分析》,谢华平,《工会理论研究(上海工会管理干部学院学报)》2003 年 2 期。

《上海社会阶层结构变化及其对执政党提出的新问题》,谢华平、袁方,《上海党史与党建》2003 年 4 期。

《改革开放以来上海郊区社会空间结构演化的机制解析》,李云,《上海城市规划》2006 年 4 期。

《改革开放以来上海社会空间结构演化的特征与趋势》,付磊、唐子来,《人文地理》2009 年 1 期。

《上海城市居民的社会分层与流动研究》,王甫勤,《中国人口科学》2012 年 5 期。

《上海社会阶层结构转型及其对城市社会治理的启示》,仇立平,《国家行政学院学报》2014 年 4 期。

《上海社会空间结构演化:二元社会与二元空间》,王春兰、杨上广,《华东师范大学学报(哲学社会科学版)》2015 年 6 期。

《转型新时期上海中心城区社会空间结构与演化格局研究》,唐子来、陈颂、汪鑫等,《规划师》2016 年 6 期。

《社会组织参与社会治理:自治困境与优化路径——来自上海的城市社区治理经验》,马立、曹锦清,《哈尔滨工业大学学报(社会科学版)》2017 年 2 期。

《党建引领的城市社区治理体系:上海经验》,李威利,《重庆社会科学》2017 年 10 期。

中国特色社会主义新时代

(九) 新时代的上海

1. 新时代党的建设

《加强和改进上海基层党建工作》,冯小敏,《党政论坛》2013 年 5 期。

《上海"两新"组织党建工作进入新阶段》,季诚,《解放日报》,2013 年 3 月 25 日,第 12 版。

《上海:狠抓制度建设　促进改革实践(反对"四风"服务群众·深入开展党的群众路线教育实践活动)》,刘建林、李泓冰,《人民日报》,2013 年 9 月 12 日,第 1 版。

《凝聚力工程:密切党与群众血肉联系》,王海燕,《思想政治工作研究》2014 年 1 期。

《新时期上海基层党建的缩影——上海凝聚力工程博物馆一瞥》,平洲耀,《上海党史与党建》2014 年 2 期。

《加强区域化党建工作的路径和方法》,陈新光、章再彬,《上海党史与党建》2014 年 3 期。

《组织覆盖与工作有效:基层党建创新的对策思考——基于上海基层党建状况的分析》,刘宗洪、韩洋,《中共福建省委党校学报》2014 年 6 期。

《新形势下上海自贸区党建工作初探》,范矿生,《浦东开发》2014年7期。

《中国(上海)自贸试验区的非公经济组织党建》,邱素琴,《上海党史与党建》2014年11期。

《上海"两新"党建改革创新出成效》,季诚,《解放日报》,2014年1月25日,第8版。

《上海"两新"党建着力提高群众工作有效性》,季诚,《解放日报》,2014年9月25日,第12版。

《上海建设"两新"组织党建工作创新基地》,季诚,《解放日报》,2014年10月25日,第8版。

《上海"两新"党建市区合作项目取得阶段性成果》,钟华,《解放日报》,2014年11月25日,第16版。

《国有企业加强凝聚力工程建设的实践与思考》,庄伟民,《企业与文化》2015年2期。

《信息化技术与基层党建创新——以上海为例》,刘宗洪,《探索》2015年2期。

《创建服务型基层党组织推动社区治理现代化——基于上海创建服务型基层党组织的思考》,曹蓉蓉、孙会岩,《哈尔滨市委党校学报》2015年5期。

《上海浦东廉政文化建设的实践与思考》,顾燕,《上海党史与党建》2015年11期。

《上海"两新"组织建设党建阵地示范窗口》,季诚,《解放日报》,2015年5月25日,第11版。

《上海"两新"组织党建不断完善工作格局》,季诚,《解放日报》,2016年1月26日,第16版。

《深化和拓展区域化党建的若干思考》,徐振光、深怡清,《上海党史与党建》2016年4期。

《以区域化党建助推基层社会治理创新——上海嘉定马陆镇的实践》,张敬芬,《上海党史与党建》2016年6期。

《强化"两新"党组织的整体功能——上海"两新"组织党建工作理论研讨会综述》,马昊、陆怡清,《党政论坛》2016年7期。

《上海"两新"组织党建工作的使命与思考》,孙甘霖,《党政论坛》2016年7期。

《基层党建信息化发展的新趋势》,孙啸,《党政论坛》2016年10期。

《"上海城市大党建研究"理论研讨会综述》,上海市党建研究会秘书处,《党政论坛》2016年11期。

《积极构建城市基层党建工作新格局——"金色纽带"党建模式的探索实践》,上海市浦东新区陆家嘴街道党工委,《上海党史与党建》2016年12期。

《基层党建三级联动的上海经验》,佚名,《领导决策信息》2016年43期。

《从创新社会治理看城市基层党建——上海市委加强城市基层党建工作调研报告》,中央组织部组织二局,《人民日报》,2016年9月9日,第9版。

《上海推进"两新"组织党建四大体系建设》,季诚,《解放日报》,2016年3月25日,第12版。

《重温上海"两新"组织党建工作不平凡历程》,季诚,《解放日报》,2016年4月26日,第8版。

《构建城市党建工作新格局:问题与对策——基于浦东的实践》,中共浦东新区区委组织部、区委党校联合课题组、邱素琴,《中国浦东干部学院学报》2017年2期。

《20世纪90年代以来上海探索超大城市治理推进基层党建的实践与启示》,张励等,《上海党史与党建》2017年3期。

《睦邻党建运行机制的探索》,张敬芬,《党政论坛》2017年4期。

《"双向进入、交叉任职":上海国企党建的创新实践》,周鹤龄、谢黎萍、张励等,《上海党史与党建》2017年4期。

《上海基层党建与"凝聚力工程"结合历史经验和启示》,刘力伟,《安徽文学(下半月)》2017年6期。

《上海城市社区党建的科学化路径》,彭勃,《党政论坛》2017年7期。

《习近平党建思想在上海浦东的实践》,邱素琴,《上海党史与党建》2017年7期。

《现代大学制度视角下的上海高校基层服务型党组织建设研究》,王陈,《教育教学论坛》2017年12期。

《十八大以来四种区域类型基层党建工作创新与发展:上海四个案例》,党为、孙俊芳,《改革与开放》2017年24期。

《上海争当城市基层党建排头兵(深度关注)》,吴储岐,《人民日报》,2017 年 7 月 18 日,第 18 版。

《"开明睿智才能进一步海纳百川"——"习近平在上海"系列报道之二》,解放日报、文汇报、新民晚报联合报道组,2017 年 9 月 27 日,第 1 版。

《"真正的政绩在老百姓的口碑里"——"习近平在上海"系列报道之三》,解放日报、文汇报、新民晚报联合报道组,2017 年 9 月 29 日,第 1 版。

《上海基层党建信息化回顾与展望》,汤晨弘,《上海信息化》2018 年 7 期。

《改革开放四十年来上海党的建设历程与经验》,束赟,《上海党史与党建》2018 年 8 期。

《党建引领:化政治优势为发展优势的新思路——以上海松江 G60 科创走廊建设为例》,刘宗洪、李鸿渊、满媛媛,《上海党史与党建》2018 年 11 期。

《互联网时代党建引领社区治理创新——以宝山区"社区通"为例》,夏雅俐,《法制与社会》2018 年 34 期。

《巩固薄弱地带:城市楼宇上的政党建设策略——对上海 J 区 N 街道"支部建在楼上"经验的政治社会学分析》,叶敏,《华中科技大学学报(社会科学版)》2019 年 1 期。

《深化园区楼宇党建的实践探索——以上海市杨浦区为例》,宋黔晖,《党政论坛》2019 年 1 期。

《整体性党建:破解城市楼宇党建困境的有效方式——以上海市 N 街道楼宇党建为例》,汪仲启,《理论视野》2019 年 1 期。

《"文化思南":以区域化党建打造上海文化品牌新典范》,陈怡,《上海党史与党建》2019 年 2 期。

《创新区域化党建联建平台打响上海文化品牌》,陈怡,《党政论坛》2019 年 4 期。

《上海市静安区深化楼宇党建工作的实践与思考》,徐振光,《党政论坛》2019 年 9 期。

《上海城市基层党建高质量发展的创新经验》,陈怡,《党政论坛》2019 年 10 期。

《筑牢城市党建的根基——新中国成立以来上海推进党支部建设的实践探索》,张励,《上海党史与党建》2019 年 10 期。

《关于上海平台经济组织党建工作的探讨童强》,徐军,《上海党史与党建》2019 年 12 期。

《推动上海基层党建高质量创新发展》,谈燕,《解放日报》,2019 年 1 月 9 日,第 1 版。

《上海高质量党建:步伐坚定,行稳致远》,张骏,《解放日报》,2019 年 11 月 5 日,第 4 版。

《空间结构变迁与城市基层党建发展——以我国城市商务楼宇党建实践为例》,汪仲启,《理论视野》2020 年 1 期。

《关于党建引领上海社会治理的思考》,严爱云,《上海党史与党建》2020 年 3 期。

《新时代上海公立医院党建工作的实践与挑战》,余志红、江云、马俊坚,《上海党史与党建》2020 年 3 期。

《上海"两新"组织党建的新发展与新探索》,崔唯一、周凯、王冲,《上海党史与党建》2020 年 9 期。

《新时期国有企业嵌入式党建的实践与思考——以上海海洋石油局为例》,雷雳,《党政论坛》2020 年 9 期。

2. 改革开放再出发

《上海建设"四个中心"存在的几个问题与对策》,罗天,《科技广场》2013 年 4 期。

《上海加快以开放促改革步伐》,丁利民、任翀,《解放日报》,2013 年 8 月 11 日,第 1 版。

《用深化改革牵引上海文化发展》,胡劲军,《上海文化》2014 年 2 期。

《上海"四个中心"发展的逻辑脉络及发展趋势分析》,殷林森、吴大器,《上海金融学院学报》2014 年 5 期。

《当好全国改革开放排头兵 不断提高城市核心竞争力》,黄敬文、兰红光,《人民日报》,2014 年 5 月 25 日,第 1 版。

《创新驱动发展与上海"四个中心"建设关系研究》，沈开艳、李凌，《上海经济研究》2014 年 10 期。

《上海建设全球科技创新中心与长三角区域科技一体化》，张仁开，《江南论坛》2014 年 10 期。

《上海国际金融中心建设与自贸区金融改革》，裴长洪、付彩芳，《国际经贸探索》2014 年 11 期。

《上海文化改革发展的探索与实践》，胡劲军，《上海文化》2014 年 12 期。

《上海建设全球科技创新中心的战略思考》，杜德斌，《上海城市规划》2015 年 2 期。

《上海科技创新中心建设需建"五个中心"》，刘亮，《上海经济》2015 年 4 期。

《"十三五"时期上海"四个中心"功能创新与开放战略研究》，郭爱军、樊星、陆丽萍，《科学发展》2015 年 4 期。

《上海科创中心应与"四个中心"协同发展》，黄烨菁，《社会观察》2015 年 5 期。

《以国家战略引领上海推进"科创中心"建设》，姜永坤，《上海商学院学报》2015 年 5 期。

《上海建设具有全球影响力科技创新中心的思考和建议》，阮青、赵宇刚，《科学发展》2015 年 6 期。

《上海文化：究竟应该怎么发展和改革》，刘士林，《长白学刊》2015 年 6 期。

《上海建设全球科技创新中心体制机制问题研究》，罗月领、高希杰、何万篷，《科技进步与对策》2015 年 18 期。

《当好改革开放排头兵创新发展先行者　为构建开放型经济新体制探索新路》，黄敬文，《人民日报》，2015 年 3 月 6 日，第 1 版。

《上海建设具有全球影响力科技创新中心的若干思考》，李菲云，《城市》2016 年 1 期。

《1984 年前上海青浦社队企业的发展历程及历史作用》，陈建锋，《上海党史与党建》2016 年第 4 期。

《改革追踪看落实上海：改革只有进行时》，曹继军、颜维琦，《光明日报》，2016 年 2 月 29 日，第 1 版。

《上海：改革激发动能（改革追踪看落实）》，刘士安、李泓冰，《人民日报》，2016 年 2 月 29 日，第 1 版。

《保持锐意创新勇气蓬勃向上朝气　加强深化改革开放措施系统集成》，鞠鹏，《人民日报》，2016 年 3 月 6 日，第 1 版。

《上海　补短板补出干部精气神（改革敢啃硬骨头）》，刘士安、李泓冰、谢卫群，《人民日报》，2016 年 8 月 12 日，第 1 版。

《打造改革创新开放的新标杆　激发更大活力　拓展发展空间》，佚名，《人民日报》，2016 年 11 月 24 日，第 3 版。

《解放思想勇于突破大胆试大胆闯自主改　力争取得更多可复制推广的制度创新成果》，佚名，《人民日报》，2017 年 1 月 1 日，第 1 版。

《践行新发展理念深化改革开放　加快建设现代化国际大都市》，兰红光，《人民日报》，2017 年 3 月 6 日，第 1 版。

《上海：当好先行者　实现新作为》，李泓冰、姜泓冰，《人民日报》，2017 年 3 月 27 日，第 1 版。

《深耕改革试验田　敢为人先看上海（使命）》，刘士安、李泓冰、谢卫群，《人民日报》，2017 年 8 月 16 日，第 10 版。

《上海建设具有全球影响力的科技创新中心的实践与思考》，骆大进，《科技中国》2017 年 11 期。

《上海：对标全球最高　开放之风劲吹（新时代　新气象　新作为）》，王一彪、刘士安、李泓冰等，《人民日报》，2017 年 12 月 4 日，第 1 版。

《技术引进、技术吸收能力与创新绩效——基于上海农业企业的实证分析》，张莉侠、吕国庆、贾磊，《农业技术经济》2018 年 9 期。

《改革开放四十年　上海现代农业展新颜》，龚骊，《统计科学与实践》2018 年 10 期。

《坚持改革开放　创造新的奇迹》，本报评论员，《光明日报》，2018 年 9 月 17 日，第 3 版。

《学习贯彻落实习近平总书记在上海的重要讲话精神　敢于突破攻坚　当好开路先锋》，本报记者集体采写，《解放日报》，2018 年 11 月 9 日，第 1 版。

《始终不忘"跳出上海看上海"——论深入学习贯彻落实习近平总书记在上海重要讲话精神(一)》,本报评论员,《解放日报》,2018年11月9日,第2版。

《加快迈向高质量发展——论深入学习贯彻落实习近平总书记在上海重要讲话精神(二)》,本报评论员,《解放日报》,2018年11月10日,第2版。

《浦江秋水好时节 改革开放再出发——习近平总书记考察上海纪实》,张晓松,《解放日报》,2018年11月10日,第2版。

《彰显"再出发"的勇气和决心——论深入学习贯彻落实习近平总书记在上海重要讲话精神(三)》,本报评论员,《解放日报》,2018年11月11日,第2版。

《以"绣花功夫"追求"一流治理"——论深入学习贯彻落实习近平总书记在上海重要讲话精神(四)》,本报评论员,《解放日报》,2018年11月13日,第2版。

《改革开放四十年创造上海商业奇迹》,黄宇,《上海商业》2019年1期。

《论科创板注册制试点制度革新:现实意义、经验借鉴与实践思考》,高榴,《西南金融》2019年10期。

《勇当新时代全国改革开放标杆》,翁祖亮,《光明日报》,2019年1月4日,第6版。

《上海科技创新中心建设成效与对策》,钱智、史晓琛,《科学发展》2020年1期。

3. 深化国资国企改革

《国资改革的上海路径》,徐黎,《国企》2014年1期。

《上海国企改革先行一步的亮点与启示》,天津经济课题组,曲宁、王晓菲、虞冬青等,《天津经济》2014年1期。

《上海国企创新与转型发展研究》,蔡伟,《上海市经济管理干部学院学报》2014年6期。

《上海国企改革的思考与启示》,黄福辉,《经济师》2015年6期。

《上海深化国企改革的实践探索及发展路径》,胡锋,《上海市经济管理干部学院学报》2017年3期。

《上海国资国企改革深化研究》,张桂芳,《科学发展》2017年11期。

《上海深化国资国企改革研究》,罗新宇,《科学发展》2017年12期。

《新时代国资国企改革行动纲领与上海国资国企改革新思路》,江若尘、陈宏军,《科学发展》2018年1期。

《上海国企薪酬制度改革实践与启示》,李凌、李南山,《中国国情国力》2018年4期。

《上海国企现代企业制度的发展现状与趋势》,黄炜、李龙杰,《上海企业》2019年8期。

《"十四五"时期上海推进国资国企综合改革和高质量发展》,傅尔基,《上海企业》2019年8期。

《新形势下深化上海国资国企综合改革研究》,张晖明,《科学发展》2020年8期。

4. 新时代上海行政体制改革

《加大简政放权 强化政府效能——上海开展行政审批制度改革情况综述》,上海市行政审批制度改革工作领导小组办公室,《上海人大月刊》2014年12期。

《政府职能转变的理论框架及其改进路径研究——以上海自贸区监管制度改革为例》,侯志伟,《兰州大学学报(社会科学版)》2015年4期。

《大城市基层综合治理机制创新的路径选择——以上海城市网格化管理和联动联勤机制建设为例》,董幼鸿,《上海行政学院学报》2015年6期。

《城市基层治理的条块协调:正式政治与非正式政治——来自上海的城市管理经验》,叶敏,《公共管理学报》2016年2期。

《创业型企业发展与政府监管的关系——以上海为例》,季宇,《生产力研究》2016年2期。

《强镇扩权:上海乡镇行政体制改革的突破口》,张斌、邹囡囡、王建平等,《党政论坛》2016年2期。

《迈向卓越的全球城市——上海新一轮城市总体规划的创新探索》,庄少勤,《上海城市规划》2016 年 4 期。

《上海建设全球文化中心城市:机遇、特色、重点》,花建,《深圳大学学报(人文社会科学版)》2017 年 1 期。

《我国特大城市公共安全现状及立法需求研究——以上海为例》,朱炜、田思琪,《中国名城》2017 年 4 期。

《上海治理特大型城市交通拥堵的经验与启示》,杨慧俊,《交通与港航》2017 年 6 期。

《改革开放 40 年上海行政体制改革的回顾与思考》,陈奇星,《上海行政学院学报》2018 年 4 期。

《"智慧政府"建设的路径选择——以上海"一网通办"改革为例》,赵勇、曹宇薇,《上海行政学院学报》2020 年 5 期。

《面向整体政府的改革开放"试验田"运作逻辑研究——以上海自贸区为例》,刘伟,《行政与法》2020 年 9 期。

5. 新型智慧城市与上海都市圈

《智慧城 未来城——上海智慧城市建设实践与新一轮展望》,黎林峰,《中国建设信息》2015 年 1 期。

《"菜篮子"工程保市场供应、增农民收入——上海蔬菜生产发展探索》,陈德明,《上海农村经济》2015 年 3 期。

《上海:加快以应用为核心的智慧城市建设》,刘云松、汤致远,《中国建设信息》2015 年 7 期。

《上海全方位推进新型智慧城市建设》,陈渊源,《上海信息化》2017 年 1 期。

《上海打造卓越全球城市的路径分析——基于国际智慧城市经验的借鉴》,王操、李农,《城市观察》2017 年 4 期。

《智慧城市——作为互联网巨头的上海》,马文军,《城乡规划》2017 年 6 期。

《上海都市圈融入长三角城市群发展的战略构想》,郁鸿胜,《上海城市管理》2018 年 2 期。

《从上海走向全国的住房公积金制度》,沈冠军、黄金平、许璇,《上海党史与党建》2018 年 9 期。

《紧密一日交流圈视角下上海都市圈的跨城功能联系》,钮心毅、李凯克,《上海城市规划》2019 年 3 期。

《加快上海都市圈建设:突破长三角一体化示范区和上海发展的障碍》,陆铭、韩立彬,《财经智库》2019 年 4 期。

《以"上海都市圈"建设推动长三角一体化发展》,陈宪,《金融经济》2019 年 7 期。

《长三角区域一体化的基础是建立上海都市圈协调发展》,郁鸿胜,《上海企业》2019 年 8 期。

《上海"智慧城市"建设的成效、问题及对策建议》,戴振华、丁绪武,《经济研究导刊》2019 年 22 期。

《以人民城市重要理念为指导推进新时代城市建设和治理现代化——学习贯彻习近平总书记考察上海杨浦滨江讲话精神》,谢坚钢、李琪,《党政论坛》2020 年 7 期。

6. 浦东新发展

《上海浦东开发开放 23 周年:为中国经济"升级版"作出新贡献》,颜维琦、曹继军,《光明日报》,2013 年 4 月 19 日,第 4 版。

《上海浦东"三合一"让群众真正受益》,曹继军、颜维琦,《光明日报》,2014 年 8 月 15 日,第 10 版。

《上海浦东的实践表明——核心价值观是"最大的软实力"》,颜维琦,《人民日报》2014 年 11 月 1 日,第 1 版。

《浦东开发开放与上海产业结构转型升级》,黄金平,《上海党史与党建》2015 年 5 期。

《建设开放度最高的自贸区对浦东创新社会治理的新要求》,丁倩,《上海党史与党建》2016 年 9 期。

《浦东：打造开放创新的高品质新区》，佚名，《文汇报》，2017 年 8 月 7 日，第 2 版。

《"全球城市"与浦东开发开放（上）》，徐建，《浦东开发》2018 年 9 期。

《"全球城市"与浦东开发开放（下）》，徐建，《浦东开发》2018 年 10 期。

《浦东开发开放：从地方战略到国家战略的升级》，黄金平，《炎黄春秋》2018 年 11 期。

《"卓越的全球城市"愿景与浦东开发开放》，徐建，《科学发展》2018 年 11 期。

《新时代浦东精神的价值内涵解析》，姜朋，《改革与开放》2018 年 24 期。

《浦东崛起，用创新铺就未来路》，刘坤、赵斌艺、颜维琦，《光明日报》，2018 年 9 月 18 日，第 1 版。

《浦东奇迹，用改革书写中国梦》，赵斌艺、刘坤、颜维琦，《光明日报》，2018 年 9 月 17 日，第 1 版。

《浦东气派，用文化滋养精气神》，赵斌艺、刘坤、颜维琦，《光明日报》，2018 年 9 月 19 日，第 1 版。

《浦东：奋力掀起新一轮发展热潮》，《文汇报》，2019 年 6 月 2 日，第 2 版。

《这是一份来自浦东的坚持：吃改革饭 走开放路 打创新牌》，《文汇报》，2019 年 10 月 1 日，第 8 版。

《浦东开发开放的"制度试验"》，谢国平，《小康》2020 年 10 期。

《浦东要努力成为一面旗帜重要窗口示范样板》，《文汇报》，2020 年 1 月 16 日，第 1 版。

《而立之年再出发，再造一个新浦东》，《文汇报》，2020 年 4 月 18 日，第 1 版。

《浦东，三十年再出发》，本报评论员，《光明日报》，2020 年 4 月 18 日，第 1 版。

《浦东开发开放：国家战略的先行先试与示范意义》，上海市习近平新时代中国特色社会主义思想研究中心，《光明日报》，2020 年 4 月 24 日，第 6 版。

《将浦东打造为中国全面开放的旗帜》，胡伟，《光明日报》，2020 年 8 月 25 日，第 7 版。

《浦东再出发，勇做高质量发展"领头雁"》，石建勋，《光明日报》，2020 年 8 月 25 日，第 7 版。

《浦东的气质，是朝气昂扬》，韩可胜，《光明日报》，2020 年 8 月 25 日，第 7 版。

《站在国家战略高度，推进浦东开发开放》，沈开艳，《光明日报》，2020 年 8 月 25 日，第 7 版。

7. 自贸区与新片区

《第三次改革开放突围——上海自贸区肩负重大历史使命》，龚雄军，《中国对外贸易》2013 年 11 期。

《化解改革瓶颈：关于上海自贸试验区金融改革思考及政策建议》，余颖丰，《经济学动态》2013 年 11 期。

《链接自由贸易区 推进金融体制机制创新》，王国刚，《上海金融》2013 年 11 期。

《上海自贸区的机遇和风险》，任新建，《上海人大月刊》2013 年 11 期。

《上海自贸区建设的战略定位与改革开放》，徐明棋，《江南论坛》2013 年 11 期。

《设立中国（上海）自贸区加速保税区改革》，马丁、杨燕，《宏观经济管理》2013 年 11 期。

《中国（上海）自由贸易试验区服务业开放研究》，杨志远、谭文君、张廷海，《经济学动态》2013 年 11 期。

《基于自贸区"蝴蝶效应"的上海国际金融中心建设研究》，贺瑛、肖本华，《上海金融》2013 年 12 期。

《全球治理视野的新一轮开放尺度：自上海自贸区观察》，裴长洪，《改革》2013 年 12 期。

《上海自由贸易试验区建立对中国经贸发展的影响》，沈国兵，《社会科学家》2013 年 12 期。

《自由贸易试验区与"平台经济"城市》，晁钢令、王涛，《外国经济与管理》2013 年 12 期。

《面向上海自贸区建设的地方高校人才培养模式构建》，王艳艳，《教育发展研究》2013 年 21 期。

《国务院批准设立中国（上海）自由贸易试验区》，陈恒、曹继军、颜维琦，《光明日报》，2013 年 8 月 23 日，第 3 版。

《上海自贸区也是制度试验田（新论）》，张红，《人民日报》，2013 年 8 月 27 日，第 5 版。

《上海自贸区为中国带来什么（附图片）》，陈恒，《光明日报》，2013 年 9 月 3 日，第 16 版。

《上海自贸区展现改革新思路》，谢卫群，《人民日报》，2013 年 9 月 22 日，第 5 版。

《国务院印发〈中国(上海)自由贸易试验区总体方案〉》,《光明日报》,2013 年 9 月 28 日,第 4 版。

《上海自贸区:推进改革开放的"试验田"》,谢卫群,《人民日报》,2013 年 9 月 28 日,第 4 版。

《上海自贸区撬动新一轮改革开放》,谢卫群等,《人民日报》,2013 年 9 月 30 日,第 10 版。

《新形势下推进改革开放的重大尝试　上海自贸区启航》,曹继军、颜维琦、陈飞,《光明日报》,2013 年 9 月 30 日,第 10 版。

《中国(上海)自贸试验区正式启航》,缪毅容,《解放日报》,2013 年 9 月 30 日,第 1 版。

《上海自贸区运行"满月"制度创新初显成效》,曹继军、颜维琦,《光明日报》,2013 年 11 月 1 日,第 10 版。

《上海自贸区启动国际中转集拼》,王志彦,《解放日报》,2013 年 11 月 22 日,第 1 版。

《国际化和法治化视野下的上海自贸区营商环境建设》,龚柏华,《学术月刊》2014 年 1 期。

《自贸区:中国开放型经济"第二季"》,陈爱贞、刘志彪,《学术月刊》2014 年 1 期。

《自贸区试验与开放型经济体制建设》,张幼文,《学术月刊》2014 年 1 期。

《中国外贸转型升级与"自贸区"建设探析——兼论上海自由贸易试验区的功能与角色》,罗长远、智艳,《复旦学报(社会科学版)》2014 年 1 期。

《促进上海自贸区贸易自由化和贸易便利化发展的对策》,王冠凤、郭羽诞,《经济纵横》2014 年 2 期。

《上海自贸区知识产权保护:挑战与对策》,尹锋林、张嘉荣,《电子知识产权》2014 年 2 期。

《上海自贸区推进贸易自由化研究》,王冠凤,《中国流通经济》2014 年 3 期。

《中国(上海)自由贸易试验区离岸贸易发展战略研究》,徐美娜、彭羽,《亚太经济》2014 年 3 期。

《论中国(上海)自由贸易试验区金融创新的法律规制》,王建文、张莉莉,《法商研究》2014 年 4 期。

《推进改革开放的重大举措——谈上海自由贸易区建设》,袁守启,《宏观经济管理》2014 年 4 期。

《中国(上海)自贸区政府管理模式的创新及法治对策》,唐健飞,《国际贸易》2014 年 4 期。

《中国(上海)自由贸易试验区对上海总部经济发展的影响研究》,江若尘、余典范、翟青等,《外国经济与管理》2014 年 4 期。

《上海自贸区与国际经济合作竞争新优势的培育》,赵春明、王剑军、高嘉宏,《国际经济合作》2014 年 5 期。

《上海自贸区争端解决机构的建立与相关国内法制度创新》,黄洁,《中山大学学报(社会科学版)》2014 年 5 期。

《中国(上海)自由贸易试验区的外资市场准入研究》,刘辉群,《经济体制改革》2014 年 5 期。

《上海自贸区与中国对外开放》,杨帆,《福建论坛(人文社会科学版)》2014 年 6 期。

《服务贸易竞争力提升与上海自贸区贸易自由化探析——以我国保险服务贸易为例》,徐美芳,《上海经济研究》2014 年 7 期。

《上海自贸区的运行基础、比较分析与发展前景》,王孝松、张国旺、周爱农,《经济与管理研究》2014 年 7 期。

《上海自贸区实现预期效应的关键因素》,曾凡,《中国流通经济》2014 年 7 期。

《上海自贸区贸易转型面临的制约因素与对策》,毕玉江、唐海燕、殷德生,《经济纵横》2014 年 8 期。

《上海自贸区自由贸易账户体系的建立:自贸区政策的新突破》,祝新亚、邵欢,《上海金融》2014 年 8 期。

《上海自贸区离岸金融业务税收政策初探》,贺伟跃、陈虎,《税务研究》2014 年 9 期。

《上海自贸区仲裁纠纷解决机制的探索与创新》,袁杜娟,《法学》2014 年 9 期。

《国际离岸金融市场发展对上海自贸区建设的借鉴意义》,闫海洲、郑爽、黄诗晖等,《上海经济研究》2014 年 10 期。

《从国家战略视角看上海自贸区建立》,蒋政音,《中国国情国力》2014 年 11 期。

《上海自贸区给物流业发展带来的机遇与挑战》,丁俊发,《中国流通经济》2014年11期。

《上海国际金融中心建设与自贸区金融改革》,裴长洪、付彩芳,《国际经贸探索》2014年11期。

《论上海自贸区对改革开放提出的新要求》,王婵婵,《中国市场》2014年16期。

《国务院调整上海自贸区内有关行政法规》,新华社,《光明日报》,2014年1月7日,第3版。

《上海两会热议"自贸区"》,曹继军、颜维琦,《光明日报》,2014年1月24日,第3版。

《上海自贸区文化贸易势头好》,张翼,《光明日报》,2014年1月30日,第7版。

《推进中国上海自由贸易试验区建设,加强和创新特大城市社会治理》,王晔,《人民日报》,2014年3月6日,第1版。

《贸易投资自由化与上海自贸区建设》,石良平,《解放日报》,2014年3月22日,第7版。

《上海自贸区的"废、改、立"》,曹继军、颜维琦,《光明日报》,2014年3月23日,第1版。

《上海自贸区:新一轮改革开放的重要支点(学习贯彻十八届三中全会精神)》,张磊,《人民日报》,2014年5月5日,第16版。

《上海自贸区,深探改革路(附图片)》,陈恒,《光明日报》,2014年5月7日,第4版。

《细微变化见开放诚意——上海自贸区新版负面清单"瘦身"》,曹继军、颜维琦,《光明日报》,2014年7月2日,第10版。

《上海自贸区裂变出巨大新能量》,孙小静,《解放日报》,2014年9月20日,第1版。

《上海自贸区:做新一轮改革开放的领跑者》,曹继军、颜维琦、陈恒,《人民日报》,2014年9月30日,第4版。

《上海自贸区"四大亮点"备受瞩目》,王志彦,《解放日报》,2014年11月9日,第1版。

《"四大亮点"备受瞩目　制度创新深入推进——上海自贸区负责人谈可复制可推广经验》,何欣荣、姚玉洁,《人民日报》,2014年11月9日,第5版。

《上海建自贸区,是长三角重大机遇》,李晔、孔令君,《解放日报》,2014年11月14日,第3版。

《上海自贸区:当好改革领跑者》,曹继军、颜维琦,《光明日报》,2014年12月30日,第1版。

《上海自由贸易试验区进展、问题和建议》,王海峰,《宏观经济管理》2015年1期。

《深化上海自贸区金融改革》,张新,《中国金融》2015年9期。

《自由贸易试验区建设面临的挑战》,徐云,《党政论坛》2015年19期。

《上海自贸区28项改革全国推广》,王志彦,《解放日报》,2015年1月30日,第1版。

《上海自贸区扩区"满月"——"2.0版"自贸试验区如何升级》,颜维琦、曹继军,《人民日报》,2015年6月2日,第8版。

《"自贸区理念"是最大财富——来自上海自贸区的观察和思考》,颜维琦、曹继军,《光明日报》,2015年10月29日,第1版。

《上海自贸区建设的主要成就与问题分析》,竺彩华、李锋,《亚太经济》2016年1期。

《全面深化改革是党中央治国理政重大战略抉择(治国理政新思想新实践)——中国(上海)自由贸易试验区建设的启示》,上海市中国特色社会主义理论体系研究中心,《人民日报》,2016年5月16日,第1版。

《上海自贸区制度框架基本形成》,王志彦,《解放日报》,2017年1月14日,第1版。

《主干有了,上海自贸试验区如何枝繁叶茂》,尹晨,《解放日报》,2017年1月17日,第10版。

《上海自贸区"金改"向何处突破》,徐蒙,《解放日报》,2017年2月9日,第2版。

《上海自贸区:启航新征程展现新作为》,王志彦,《解放日报》,2017年3月27日,第1版。

《全面深化上海自贸试验区改革开放》,佚名,《人民日报》,2017年4月1日,第2版。

《上海自贸区:勇当改革创新领头雁》,颜维琦、曹继军《光明日报》,2017年6月16日,第7版。

《上海自贸区把党组织建在行业上》,王海燕,《解放日报》,2017年7月16日,第1版。

《上海自贸区:制度创新,活力增强(治国理政新思想新实践·新理念带来新变化)》,孙小静,《人民日报》,2016年8月4日,第1版。

《着眼国际贸易加快转型升级,深化上海自贸区改革开放》,吴晋,《上海企业》2018年10期。

《上海自贸试验区金融改革的回顾与展望》,金鹏辉,《清华金融评论》2018年12期。

《上海自贸区建设不断向纵深推进》,徐蒙,《解放日报》,2018年7月11日,第5版。

《上海自贸试验区新片区发展思路研究》,张祥建、彭娜,《科学发展》2019年5期。

《用好"四大战略支撑"创造上海城市发展新传奇》,权衡,《上海城市管理》2019年2期。

《上海自贸区增设新片区背景下监管制度创新探究》,方琦平,《中国设备工程》2019年7期。

《临港新片区"百天":开放不止 未来可期》,陶毅雯、朱泉春,《浦东开发》2019年12期。

《自贸区升级战略:40年中国改革开放再出发》,张茉楠,《中国经贸导刊》2019年17期。

《上海虹桥商务区拓展为上海自贸区新片区的经济价值》,辛建,《全国流通经济》2019年18期。

《展望临港新片区金融改革与创新》,张欣园,《中国外汇》2019年18期。

《借鉴临港新片区,聚力制度创新》,丁宏,《群众》2019年22期。

《上海自贸区临港新片区的优势和挑战研究》,丁斌,《商讯》2019年22期。

《中国(上海)自由贸易试验区临港新片区总体方案》,佚名,《人民日报》,2019年8月7日,第2版。

《上海自贸试验区——临港新片区定位更高》,王珂,《人民日报》,2019年8月9日,第2版。

《临港新片区,开放迈新步》,谢卫群,《人民日报》,2019年8月13日,第10版。

《自贸试验区,怎样用好"更大改革自主权"》,张胜、王斯敏、蒋新军等,《光明日报》,2019年8月20日,第8版。

《以自贸试验区扩容加快推进高水平开放进程》,匡贤明,《光明日报》,2019年9月3日,第2版。

《上海自由贸易试验区成立》,齐声,《光明日报》,2019年11月28日,第3版。

《"一带一路"背景下上海自贸临港新片区发展与展望》,况兴轩、侯建荣、顾炜威等,《现代管理科学》2020年2期。

《中国(上海)自由贸易试验区临港新片区:历史演进及特征分析》,熊鸿军、叶金龙、富立友,《国际商务财会》2020年2期。

《上海国际金融中心建设对"一带一路"沿线国家市场要素配置影响的研究——兼论临港新片区金融服务定位》,邹兆敏,《上海立信会计金融学院学报》2020年3期。

《上海自贸试验区临港新片区引领长三角更高质量一体化发展》,夏骥,《科学发展》2020年3期。

《上海自贸区临港新片区发展模式与空间对策研究》,熊健,《上海城市规划》2020年5期。

《临港特殊经济功能区的开放政策和制度》,周阳、吴展、刘海燕,《科学发展》2020年6期。

《上海自贸试验区新片区服务贸易开放与监管国际借鉴》,黄丙志,《科学发展》2020年6期。

《上海自贸试验区临港新片区发展金融交易平台思路和举措》,肖本华,《科学发展》2020年7期。

《上海自贸试验区新片区服务贸易海关监管模式设计和政策研究》,温韧,《科学发展》2020年8期。

8. 进博会

《"进口博览会"的新时代》,佟亚洲,《中国会展》2018年23期。

《习近平出席首届中国国际进口博览会开幕式并发表主旨演讲》,刘士安、杜尚泽、王云松等,《人民日报》,2018年11月6日,第3版。

《上海进博会:从"卖全球"到"买全球"》,徐玲玲、杨巍,《大学生》2019年1期。

《从进博会与世博会比较看上海的城市发展逻辑》,徐建,《科学发展》2019年4期。

《从世博到进博:上海全球城市形象的传播与变迁》,纪文慧、王大可,《东南传播》2019年4期。

《进口博览会视角下上海国际贸易中心建设的内涵和路径》,张娟,《国际贸易》2019年5期。

《进一步放大进博会溢出带动效应》,李锋、陆丽萍,《科学发展》2019 年 8 期。

《习近平出席第二届中国国际进口博览会开幕式并发表主旨演讲》,赵嘉鸣、刘士安、王云松等,《人民日报》,2019 年 11 月 6 日,第 1 版。

9. 长三角一体化发展

《产业创新 制度创新 功能创新 技术创新上海 创新赢得新动能(调结构转方式·长三角城市群调研行)》,刘士安等,《人民日报》,2016 年 7 月 15 日,第 2 版。

《发挥龙头作用 创新合作方式上海 联动长三角面向全世界(调结构转方式·长三角城市群调研行)》,刘士安等,《人民日报》,2016 年 7 月 17 日,第 2 版。

《长三角国家战略与文化融合发展"同心圆"》,何建华,《上海文化》2018 年 12 期。

《长三角区域一体化发展的示范价值与动力机制》,刘志彪、陈柳,《改革》2018 年 12 期。

《长三角一体化,新机制催生新动力(聚焦高质量发展)》,郝洪,《人民日报》,2018 年 6 月 1 日,第 10 版。

《发展规划、基础设施、创新要素走向互联互通长三角一体化提速》,郝洪等,《人民日报》,2018 年 6 月 5 日,第 1 版。

《三省一市智库专家谈:让长三角经济龙头高昂,长龙劲舞》,王斯敏、张胜等,《光明日报》,2018 年 9 月 26 日,第 6 版。

《支持保障长三角更高质量一体化发展》,祝越、龚宇一,《文汇报》,2018 年 11 月 23 日,第 3 版。

《关于长三角区域一体化的新思考——以中国特色社会主义进入新时代为视角》,罗贞礼,《人民论坛·学术前沿》2019 年 4 期。

《长三角一体化发展示范区建设:对内开放与功能定位》,刘志彪,《现代经济探讨》2019 年 6 期。

《长三角地区城市创新关联及其隐性壁垒研究》,王腾飞、马仁锋,《上海经济研究》2019 年 12 期。

《深度融合,长三角牵手奔跑(纵深·聚焦长三角一体化)》,郝洪、巨云鹏,《人民日报》,2019 年 1 月 2 日,第 10 版。

《抢抓长三角一体化发展新机遇,积极推进"飞地"建设(治理之道)》,宋勇,《人民日报》,2019 年 5 月 22 日,第 13 版。

《共谋新机制,打造示范区(连线评论员)——长三角如何迈向高质量一体化①》,朱珉迕,《人民日报》,2019 年 6 月 10 日,第 5 版。

《共筑都市圈,开辟融合新图景(连线评论员)——长三角如何迈向高质量一体化②》,李攀,《人民日报》,2019 年 6 月 11 日,第 5 版。

《共抓产业链,贯通合作上下游(连线评论员)——长三角如何迈向高质量一体化③》,刘庆传,《人民日报》,2019 年 6 月 12 日,第 5 版。

《共聚创新力,培育新动能(连线评论员)——长三角如何迈向高质量一体化④》,曹显钰,《人民日报》,2019 年 6 月 13 日,第 9 版。

《沪苏浙皖人大深化监察和司法工作协作机制立法协同助力长三角一体化》,巨云鹏,《人民日报》,2019 年 7 月 4 日,第 18 版。

《从组织、智力、动力、制度、基础设施入手 打造长三角一体化发展支撑体系》,洪功翔,《人民日报》,2019 年 9 月 16 日,第 8 版。

《长三角一体化,关键在高质量》,何鼎鼎,《人民日报》,2019 年 12 月 11 日,第 5 版。

《上海开放与高质量发展新机遇》,袁志刚,《上海交通大学学报(哲学社会科学版)》2020 年 3 期。

《以智能化推进长三角一体化更高质量发展》,程必定,《区域经济评论》2020 年 5 期。

《长三角绿色发展区域合作:理论与实践》,李志青、刘瀚斌,《企业经济》2020 年 8 期。

《"毗邻党建":长三角共同探索跨界治理新格局》,孟歆迪、曹继军,《光明日报》,2020 年 4 月 8 日,第 5 版。

《长三角一体化,"上海湾区"正在悄然崛起》,佚名,《解放日报》,2020 年 4 月 16 日,第 4 版。

《上海:打造长三角一体化增长极》,孟歆迪、常河,《光明日报》,2020 年 6 月 1 日,第 4 版。

《长三角,"四手联弹"奏出时代强音》,常河、苏雁、陆健、孟歆迪,《光明日报》,2020 年 6 月 3 日,第 1 版。

《习近平在扎实推进长三角一体化发展座谈会上强调 紧扣一体化和高质量抓好重点工作 推动长三角一体化发展不断取得成效》,佚名,《光明日报》,2020 年 8 月 23 日,第 1 版。

《凝聚更强大合力 促进高质量发展——论扎实推进长三角一体化发展》,人民日报评论员,《人民日报》,2020 年 8 月 23 日,第 1 版。

《紧扣关键,力争上游——长三角三省一市干部群众热议习近平总书记重要讲话精神》,安蓓、董雪、姜刚等,《光明日报》,2020 年 8 月 24 日,第 10 版。

《立足长三角,勇做高水平改革开放先行者》,佚名,《光明日报》,2020 年 8 月 25 日,第 7 版。

《长三角:发挥一体化优势,打赢核心技术攻坚战》,王振,《光明日报》,2020 年 8 月 31 日,第 16 版。

10. 对口支援

《上海援疆工程建设科技攻关与管理创新的实践探索》,曾浙一、周锡芳,《上海建设科技》2013 年 6 期。

《万里为邻 教育援疆的上海实践》,钟慧笑,《中国民族教育》2016 年 12 期。

《上海援滇 浦东破题》,任姝玮,《浦东开发》2018 年 2 期。

《职业教育"东西部扶贫协作"中的问题与实践研究——以上海对口支援喀什地区为例》,张晨,《教育发展研究》2018 年 7 期。

《基于耦合模型的援派人才与区域发展关联分析——以上海市对口支援西藏日喀则为例》,吕薇、于汉存、杨颉,《农村经济与科技》2018 年 20 期。

《上海高校教育援疆实践及启示》,米红林、傅建勤,《党政论坛》2019 年 6 期。

《上海开展消费扶贫助力打赢脱贫攻坚战》,佚名,《政策瞭望》2019 年 6 期。

《上实服务人积极助力扶贫攻坚战——"社区的力量"消费扶贫攻坚战专项行动上海站启动》,上实服务,《中国物业管理》2019 年 9 期。

《脱贫攻坚中的大学担当——上海海洋大学扶贫工作纪实》,蔡霞,《中国研究生》2019 年 11 期。

《上海新力公益基金会"新·扶贫计划"助力江西省脱贫攻坚》,佚名,《老区建设》2020 年 1 期。

《强化党员干部责任担当的实践与思考——以上海第一批援鄂医疗队为例》,罗俊丽,《党政论坛》2020 年 6 期。

《携手奋进建设全面小康社会(一)》,中共上海市委党史研究室研究三处,《上海党史与党建》2020 年 7 期。

《携手奋进建设全面小康社会(二)》,中共上海市委党史研究室研究三处,《上海党史与党建》2020 年 8 期。

《携手奋进建设全面小康社会(三)上海的责任——对口支援工作之西藏篇》,中共上海市委党史研究室研究三处,《上海党史与党建》2020 年 9 期。

《携手奋进建设全面小康社会(四)上海的责任——对口支援工作之新疆篇》,中共上海市委党史研究室研究三处,《上海党史与党建》2020 年 10 期。

《上海青年农技人员参与沪滇志愿服务接力计划的回顾与展望》,张正炜、徐嘉祎、吴艳,《上海农村经济》2020 年 11 期。

《携手奋进建设全面小康社会(五)上海的责任——对口支援工作之云南篇》,征编处,《上海党史与党建》2020 年 11 期。

《携手奋进建设全面小康社会(六)上海的责任——对口支援工作之三峡、都江堰、果洛、遵义篇》,研究三处、征编处,《上海党史与党建》2020 年 12 期。

11. 社会治理创新

《论"以人民为中心"思想下的城市治理——以上海为例》,王振,《城市学刊》2018 年 5 期。

《基于人口分析的上海社会结构变化及规划应对思路》,周文娜、王周杨、陈星,《上海城市规划》2018 年 6 期。

《党建引领下社区治理智能化路径探索——以上海宝山"社区通"为例》,夏雅俐,《上海党史与党建》2018 年 11 期。

《上海创新社会治理的基本经验及政策启示——基于上海民生保障和社会治理调研》,蔡潇彬,《中国经贸导刊》2019 年 7 期。

《共建共治共享格局下超大城市基层社会治理创新研究——以上海市为例》,李晗,《现代商贸工业》2019 年 10 期。

《上海基层社会治理现状及未来发展思路》,吴苏贵,《科学发展》2019 年 11 期。

《城市文化:特大城市社会治理的基础》,仇立平,《青年学报》2020 年 1 期。

《国家—社会之外:城市"两新"组织聚集区社会治理的困境及其超越——以上海陆家嘴金融城为例》,陆芳萍、杜玉华,《华东师范大学学报(哲学社会科学版)》2020 年 1 期。

《智慧社区建设的实践逻辑——基于对上海周镇的经验研究》,徐选国、吴佳峻,《城市观察》2020 年 1 期。

《从政社关系到党建引领:理解社区治理的范式转化与经验嬗变——基于对上海沪街的实证研究》,戚玉、徐选国,《学习论坛》2020 年 2 期。

《超大型城市社会精细化治理现状分析与顶层设计——以上海市为例》,滕敏敏、韩传峰,《上海行政学院学报》2020 年 2 期。

《创新基层社会治理视域下工会与社会组织合作模式研究——以上海为例》,严宇鸣,《工会理论研究(上海工会管理职业学院学报)》2020 年 3 期。

《关于党建引领上海社会治理的思考》,严爱云,《上海党史与党建》2020 年 3 期。

《上海市社会治理创新的十个维度》,刘建军,《社会治理》2020 年 3 期。

《新时代社会治理法治化的实践创新与优化路径——基于上海徐汇区公共法律服务的调查》,戴康,《四川行政学院学报》2020 年 3 期。

《精细化治理视角下对上海垃圾分类治理实践的探讨》,张琬迎,《河北企业》2020 年 4 期。

《深入推进社会治理创新的黄浦实践》,杨萍,《党政论坛》2020 年 4 期。

《"十四五"时期上海超大城市社会治理:经验、问题与思路》,陶希东,《科学发展》2020 年 5 期。

三、人物研究

艾思奇

《艾思奇同志三十年代在上海的哲学活动》，叶佐英、卢国英，《云南社会科学》1982年1期。

《从上海走向延安的艾思奇》，王念临，《世纪》2003年4期。

《艾思奇在上海的六年》，汤超、耿彦君，《兰台世界》2011年29期。

《上海时期艾思奇对马克思主义大众化的贡献及其启示》，王梅清，《江西社会科学》2012年12期。

《"和生活打成一片"——艾思奇是怎样进行马克思主义哲学大众化的》，李飒，《党的文献》2017年3期。

《艾思奇与马克思主义哲学中国化》，李青，《温州大学学报》2019年2期。

《人民哲学家艾思奇的信仰之路》，叶介甫，《红岩春秋》2020年2期。

《艾思奇：矢志建设共产党人精神家园》，叶介甫，《文史春秋》2020年4期。

包惠僧

《党的"一大"前后》，包惠僧，《百科知识》1979年2期。

《包惠僧不是中共"一大"广东代表》，刘培琼、吴恩壮，《学术研究》1981年4期。

《包惠僧"一大"代表资格考辨》，索世晖，《争鸣》1982年3期。

《包惠僧出席中共"一大"身份问题考证》，张钟、陈志莹，《江汉论坛》1982年3期。

《关于包惠僧的中共一大代表身份问题》，杨波，《许昌学院学报》1986年3期。

《包惠僧其人其事》，邱德生，《济南大学学报（综合版）》1992年3期。

《包惠僧与陈独秀》，张继华，《炎黄春秋》1995年10期。

《有争议的中共一大代表包惠僧》，李良明，《党史天地》1997年7期。

《对包惠僧"一大"代表问题的再认识》，吴兴农，《史学月刊》1999年4期。

《中共"一大"的亲历者包惠僧》，陈书梅，《民国春秋》2000年6期。

《包惠僧参加一大的身份考证——兼谈包惠僧的资格问题》，程金蛟，《党史研究与教学》2003年4期。

《"一大"代表包惠僧的尴尬人生》，弓长，《档案时空（史料版）》2004年9期。

《中共"一大"代表包惠僧的人生足迹》，张荣久，《文史春秋》2005年1期。

《包惠僧其人其事》，苗体君、窦春芳，《党史纵览》2006年2期。

《包惠僧"一大"代表资格考》，方城，《上海革命史资料与研究》2006年。

《包惠僧是陈独秀指派的"一大"代表吗？》，刘婕，《党史博采（理论）》2007年11期。

《包惠僧与陈独秀》，方城，《中共党史资料》2009年4期。

《包惠僧：迷途知返的中共"一大"代表》，孟昭庚，《红广角》2011年10期。

《中共一大代表包惠僧》，赵英秀，《炎黄春秋》2011年10期。

《中共"一大"代表包惠僧研究中的四大历史谜团》，苗体君，《党史博采（纪实）》2011年10期。

《包惠僧与陈独秀》，徐光寿，《上海革命史资料与研究》2012年。

《包惠僧与陈独秀的终身友谊》，徐光寿，《党史纵览》2013年4期。

《对包惠僧一大代表身份的考证》，黄爱军，《广东广播电视大学学报》2013年6期。

《对包惠僧建党回忆若干内容的读解》，石军，《上海革命史资料与研究》2014年。

《包惠僧享有了代表的全部权利,这是确定他为出席中共一大代表的唯一标准》,冯铁金,《上海革命史资料与研究》2014 年。

《包惠僧对中国早期工人运动的贡献》,赵魁浩,《上海革命史资料与研究》2014 年。

《包惠僧是中共创建时期的重要一员》,肖甡,《上海革命史资料与研究》2014 年。

《包惠僧与中共领导的早期工人运动》,肖诗静,《上海革命史资料与研究》2014 年。

《包惠僧在上海》,韩晶,《上海革命史资料与研究》2014 年。

《包惠僧在中共创建时期的对日态度》,吴海勇,《上海革命史资料与研究》2014 年。

《包惠僧中共建党前夕与无政府主义论战述评》,沈阳,《上海革命史资料与研究》2014 年。

《包惠僧的早期革命活动》,王菊梅、夏雅荷,《党史纵横》2016 年 9 期。

《中共一大出席者包惠僧与陈独秀、张国焘、周佛海》,散木,《党史博览》2017 年 6 期。

《中共一大代表包惠僧的迷途与回归》,李金明,《炎黄春秋》2018 年 1 期。

《包惠僧参加"一大"的身份问题》,侯荣华,《党史博采(理论版)》2019 年 6 期。

蔡和森

《蔡和森同志光辉战斗的一生》,韩泰华,《破与立》1978 年 3 期。

《蔡和森年谱(一八九五——一九三一)》,罗绍志、宁丹阳,《湖南师院学报(哲学社会科学版)》1979 年 2 期。

《蔡和森年谱(续)》,罗绍志、宁丹阳,《湖南师院学报(哲学社会科学版)》1979 年 3 期。

《蔡和森的建党思想和活动》,戴绪恭,《华中师院学报(哲学社会科学版)》1980 年 2 期。

《蔡和森革命活动年表(一八九五年——一九三一年)》,姜华宣、肖甡,《教学与研究》1980 年 2 期。

《论蔡和森的历史功绩》,蔡昌瑞,《求是学刊》1980 年 2 期。

《蔡和森革命活动年表(续)(一八九五年——一九三一年)》,姜华宣、肖甡,《教学与研究》1980 年 3 期。

《论蔡和森的革命实践及其光辉思想》,丁守和,《历史教学》1980 年 3 期。

《蔡和森的建党思想和建党活动》,赵光白,《湖南师院学报(哲学社会科学版)》1980 年 4 期。

《蔡和森同志主编向导周报》,罗绍志,《新闻研究资料》1980 年 4 期。

《勤奋学习的光辉榜样——蔡和森》,袁钟秀、廉如,《光明日报》,1980 年 1 月 29 日,第 4 版。

《缅怀蔡和森同志》,刘昂,《人民日报》,1980 年 4 月 1 日,第 5 版。

《蔡和森同志与〈向导〉周报》,罗绍志,《教学与研究》1981 年 4 期。

《蔡和森与〈向导〉周报》,窦爱芝,《史学月刊》1981 年 6 期。

《蔡和森同志与〈向导〉周报》,朱培民,《实事求是》1981 年 9 期。

《蔡和森同志为创建党所作的理论贡献》,宁丹阳、罗绍志,《文汇报》,1981 年 6 月 16 日,第 3 版。

《蔡和森同志在建党初期的杰出贡献》,徐建源,《辽宁大学学报(哲学社会科学版)》1982 年 1 期。

《蔡和森对建党的重大贡献》,李勤,《东北师大学报(哲学社会科学版)》1982 年 2 期。

《蔡和森主编〈向导〉期间的理论贡献》,赵光白,《湖南师院学报(哲学社会科学版)》1982 年 3 期。

《蔡和森同志对创建中国共产党的贡献》,武可贤,《山东大学文科论文集刊》1983 年 2 期。

《蔡和森与第一次国共合作》,马连儒,《求索》1985 年 2 期。

《蔡和森早期建党思想及其实践》,蔡博,《求索》1985 年 2 期。

《蔡和森对第一次国共合作的理论贡献》,王宣仁,《湘潭大学学报(社会科学版)》1985 年 S1 期。

《蔡和森的建党理论和活动》,夏同义、陈家骥,《安徽省委党校学报》1987 年 1 期。

《蔡和森对中国革命道路的探索》,陶用舒,《湖南师范大学社会科学学报》1987 年 2 期。

《蔡和森与第一次国共合作》,刘健清,《历史教学》1987 年 6 期。

《〈向导〉周报的创刊与蔡和森的历史贡献》，傅振刚、徐有理，《郑州大学学报(哲学社会科学版)》1989年4期。

《蔡和森与中国共产党的创建》，武可贤，《山东大学学报(哲学社会科学版)》1994年3期。

《蔡和森早期革命活动纪实》，杜玉卿、辛云鹏，《党史博采》2000年5期。

《论蔡和森对中国共产党创建的贡献》，杨春满，《武汉理工大学学报(社会科学版)》2001年3期。

《在纪念蔡和森同志诞辰110周年座谈会上的讲话》，曾庆红，《文汇报》，2005年3月31日，第2版。

《蔡和森与〈向导〉》，田子渝，《中国图书评论》2007年8期。

《蔡和森对创建和发展社会主义青年团的贡献》，李永春，《毛泽东研究》2011年。

《蔡和森与中共创建》，李永春，《上海革命史资料与研究》2011年。

《蔡和森起草中国社会主义青年团第一次代表大会文件考》，李永春、暴宏博，《湖南行政学院学报》2012年1期。

《蔡和森与中国社会主义青年团的创建》，李永春，《党的文献》2012年1期。

《略论蔡和森对中国共产党创建的杰出贡献》，李和平，《福建师大福清分校学报》2012年3期。

《蔡和森与〈向导〉周报》，邓涛，《湖北档案》2012年6期。

《蔡和森：〈向导〉周报的首任主编》，何立波，《湘潮(上半月)》2012年12期。

《蔡和森对五卅运动的历史贡献》，李永春，《毛泽东研究(年刊)》2012年。

《蔡和森与五卅运动》，李永春，《上海革命史资料与研究》2013年。

《蔡和森与邓中夏的革命情谊》，高中华，《湘潮(下半月)》2015年3期。

《蔡和森与第一次国共合作》，戴炳中、邓明灿，《湘潮(下半月)》2015年3期。

《蔡和森与〈向导〉周报》，吴向伟，《湘潮(下半月)》2015年3期。

《从〈向导〉周报看蔡和森与第一次国共合作》，刘建民，《湘潮(下半月)》2015年3期。

《从主编〈向导〉周报看蔡和森精神》，包爱芹，《湘潮(下半月)》2015年3期。

《理想照耀中国——蔡和森创建〈向导〉周报的伟大功绩和历史贡献》，胡玥，《湘潮(下半月)》2015年3期。

《中共二大上蔡和森当选党的宣传工作负责人之探析》，倪娜、丁宁，《湘潮(下半月)》2015年3期。

《论蔡和森与国民党的"再革命化"——以〈向导〉周报为例》，贾凯，《南华大学学报(社会科学版)》2015年4期。

《蔡和森对中共早期党建和革命的历史贡献》，邓涛，《前线》2015年5期。

《〈向导〉周报上的笔名"致中"与蔡和森、陈独秀考辨》，李永春，《党的文献》2015年6期。

《论蔡和森报刊宣传活动对推进早期马克思主义中国化的贡献》，莫志斌、刘科，《湖南师范大学社会科学学报》2016年3期。

《蔡和森对中共早期教育宣传工作的贡献》，李永春、孙欢，《湖南省社会主义学院学报》2016年3期。

《也谈蔡和森建党思想对中共创建的影响》，李永春，《中共创建史研究》2016年。

《蔡和森：中国共产党的重要创始人》，谢樱，《光明日报》，2018年7月26日，第3版。

曹荻秋

《人民公仆：上海市长陈毅、曹荻秋、倪天增》，党铸，《上海党史研究》1998年6期。

《陈丕显、曹荻秋在风雨飘摇的1966》，陈祥生，《党史纵横》2005年3期。

《为曹荻秋平反的争议》，高奇，《炎黄春秋》2007年6期。

《和曹荻秋相识在五·七干校的日子》，沈骁，《档案春秋》2007年9期。

《陈丕显、曹荻秋等反对红卫兵大串联的态度和举措——上海红卫兵大串联研究之五》，金大陆，《青年研究》2010年3期。

《陈丕显、曹荻秋反对大串联》,金大陆,《炎黄春秋》2011 年 3 期。

《上海举行纪念曹荻秋同志诞辰 110 周年座谈会》,周讯,《上海党史与党建》2019 年 8 期。

《丹心铁骨写春秋—学习曹荻秋同志的革命精神和崇高品格》,刘苏闽,《大江南北》2019 年 8 期。

《平民市长曹荻秋》,邓伟志,《大江南北》2019 年 9 期。

《曹荻秋与上海工业调整》,黄坚,《联合时报》,2019 年 7 月 26 日,第 5 版。

陈博云

《领导浦东码头工人武装起义的陈博云》,陆米强,《上海党史研究》1997 年 2 期。

陈独秀

《五四时期陈独秀的评价问题》,庞闻,《解放日报》,1979 年 6 月 4 日,第 4 版。

《党的"一大"为什么选陈独秀当总书记?》,范守信,《新时期》1979 年 1 期。

《略谈陈独秀在五四运动和建党时期的作用》,胡邦宁,《武汉师范学院学报(哲学社会科学版)》1979 年 1 期。

《五四时期陈独秀在上海的革命活动(资料选编)》,姜沛南、张统模,《社会科学》1979 年 1 期。

《建党初期的陈独秀》,冯建辉,《历史研究》1979 年 4 期。

《陈独秀和上海亚东图书馆》,汪原放,《社会科学》1980 年 5 期。

《陈独秀是"反革命""叛徒"吗?》,佚名,《语文教学通讯》1980 年 11 期。

《大革命的失败不能完全归结于陈独秀》,佚名,《解放日报》,1980 年 7 月 29 日,第 4 版。

《陈独秀是"反革命"、"叛徒"吗?》,佚名,《解放日报》,1980 年 9 月 7 日,第 3 版。

《重评五卅运动中的陈独秀》,郭绪印,《历史教学》1981 年 6 期。

《陈独秀为什么会在中共"一大"当选为书记》,刘舜辉,《南昌大学学报(人文社会科学版)》1983 年 3 期。

《评析陈独秀在五卅运动中的作用》,姜沛南,《档案与历史》1985 年 1 期。

《关于陈独秀一生活动的评价》,王洪模,《中国社会科学》1985 年 5 期。

《试论陈独秀在建党中的历史作用》,贾玲,《云南师范大学学报(哲学社会科学版)》1986 年 6 期。

《陈独秀是托洛茨基主义者吗?》,达观,《解放日报》,1986 年 6 月 18 日,第 4 版。

《评上海工人三次武装起义前后陈独秀对蒋介石的认识》,郭绪印,《上海师范大学学报(哲学社会科学版)》1988 年 1 期。

《叱咤风云的早期陈独秀》,唐宝林,《民国春秋》1989 年 3 期。

《读〈陈独秀年谱〉》,任建树,《人民日报》,1989 年 6 月 26 日,第 6 版。

《试论建党时期陈独秀和李达的关系》,陈挥,《上海师范大学学报(哲学社会科学版)》1990 年 1 期。

《陈独秀五次入狱与出狱》,陈国清,《文史杂志》1990 年 5 期。

《陈独秀与中国共产党的创立》,王光远,《北京档案史料》1991 年 2 期。

《陈独秀早期建党思想探索》,施昌旺、钱跃,《安徽史学》1991 年 3 期。

《建党时期陈独秀研究述评》,任建树,《文史哲》1991 年 3 期。

《陈独秀没出席中共"一大"的原因》,王其彦,《齐鲁学刊》1991 年 4 期。

《陈独秀未出席中共"一大"的原因》,水渺,《甘肃社会科学》1991 年 6 期。

《再现陈独秀当年丰采》,胡国强,《解放日报》,1991 年 6 月 9 日,第 2 版。

《陈独秀和建党时期的工人运动》,高军,《中共党史研究》1992 年 2 期。

《陈独秀与党的早期组织建设》,苏开华,《党史研究资料》1992 年 2 期。

《1920 年陈独秀建立的社会主义研究社兼谈上海"马克思主义研究会"的问题》,任武雄,《党史研究资料》1993 年 4 期。

《陈独秀与中国共产党初期战略策略方针的制定》，杨荣华，《党史研究与教学》1996 年 4 期。

《重评中共四大前陈独秀的阶级分析》，蔡文杰，《安徽史学》1998 年 4 期。

《陈独秀在狱中的"学术之争"》，罗会祥，《解放日报》，1998 年 8 月 8 日，第 7 版。

《从陈独秀的五次入狱看其思想变化轨迹》，裴旭、王伟，《党史纵览》1999 年 1 期。

《试论建党初期马林与陈独秀关系》，徐开忠，《湘潭师范学院学报（社会科学版）》1999 年 4 期。

《陈独秀与鲍罗廷初期的合作与分歧》，姚金果、陈霞，《上海党史研究》2000 年 1 期。

《建党初期陈独秀等捍卫中共独立性的斗争》，唐宝林，《党史研究资料》2000 年 9 期。

《陈独秀和李大钊因何没有参加中共"一大"？》，张喆、王正茂，《党的建设》2001 年 1 期。

《陈独秀建党活动纪事》，张家康，《党史天地》2001 年 7 期。

《论建党时期的陈独秀》，汪小蕾，《湖南广播电视大学学报》2002 年 1 期。

《试析陈独秀思想与中共"二大"纲领之关系》，马建萍，《上海革命史资料与研究》2002 年。

《陈独秀最后一次入狱》，王彬彬，《历史教学》2003 年 2 期。

《陈独秀与近代上海社会的变迁》，徐光寿，《安徽史学》2003 年 6 期。

《陈独秀不参加中共"一大"原因探析》，程金蛟，《广西社会科学》2003 年 9 期。

《陈独秀与上海》，徐光寿，《安徽教育学院学报》2004 年 1 期。

《共产国际、陈独秀与上海工人三次武装起义》，李颖，《党史研究资料》2004 年 4 期。

《共产国际、陈独秀与中国共产党的创建》，李颖，《安徽史学》2005 年 2 期。

《陈独秀在上海工人运动中的领导作用新考》，倪红，《工会理论研究（上海工会管理干部学院学报）》2005 年 2 期。

《评陈独秀与中共第四次代表大会》，郭绪印，《党史研究与教学》2005 年 4 期。

《互助双赢：建党时期的陈独秀与魏金斯基》，姚金果，《上海革命史资料与研究》2006 年。

《预示中国革命发展的历史走向——陈独秀在建党时期的一个重大贡献》，马连儒，《上海革命史资料与研究》2006 年。

《陈独秀与中共"二大"》，陈彩琴，《上海革命史资料与研究》2007 年。

《领导权问题是上海工人武装起义取得胜利的关键——从莫斯科解密的档案评述陈独秀遭受的历史曲折和不朽贡献》，马连儒，《上海革命史资料与研究》2007 年。

《对陈独秀而言的上海与东京》，横山宏章、蔡亮，《都市文化研究》2007 年 2 期。

《陈独秀与上海工人第三次武装起义》，彪晓红、杨飞，《党史纵览》2007 年 12 期。

《论陈独秀当选中共"一大"总书记之原因》，童贤东，《传承》2008 年 12 期。

《陈独秀军事战略思想探析——以上海工人第三次武装起义为例》，储天虎，《党史文苑》2009 年 2 期。

《陈独秀是中国共产党的早期领袖与陈独秀"领导核心"说商榷》，徐光寿，《中共党史研究》2009 年 11 期。

《陈独秀未出席中共"一大"原因新探》，李红涛，《内蒙古农业大学学报（社会科学版）》2010 年 4 期。

《陈独秀对上海工人第三次武装起义的军事战略指导》，储天虎，《安庆师范学院学报（社会科学版）》2010 年 11 期。

《陈独秀、魏金斯基与上海共产党早期组织的创建》，李颖，《上海革命史资料与研究》2010 年。

《陈独秀决策上海武装起义与辞去总书记真相》，张家康，《福建党史月刊》2011 年 1 期。

《陈独秀是中共创建的最大功臣》，肖甡，《中国井冈山干部学院学报》2011 年 4 期。

《建党时期陈独秀与共产国际代表的交往（上）》，姚金果，《世纪桥》2011 年 4 期。

《论陈独秀 1925 年底与国民党人上海谈判的让步问题》，范小方，《湖北大学学报（哲学社会科学版）》2011 年 4 期。

《建党时期陈独秀与共产国际代表的交往(下)》,姚金果,《世纪桥》2011 年 6 期。

《陈独秀与上海大学》,蒋二明,《党史纵览》2011 年 7 期。

《陈独秀未出席中共一大原因的再探讨》,黄爱军,《安庆师范学院学报(社会科学版)》2011 年 8 期。

《陈独秀在党的创立时期工人运动中的地位》,高爱娣、吴绮雯,《上海革命史资料与研究》2011 年。

《陈独秀与中共历史上的第一个工人党员》,周挥辉,《光明日报》,2011 年 8 月 3 日,第 11 版。

《陈独秀对马克思主义在我国早期传播的杰出贡献》,田子渝、于丽,《湖北大学学报(哲学社会科学版)》2011 年 4 期。

《陈独秀缺席中共一大前后》,姚金果,《世纪桥》2011 年 14 期。

《中共二大:陈独秀应对马林和共产国际的一次紧急会议》,朱洪,《党的文献》2012 年 1 期。

《陈独秀对中国早期政治现代化的探索》,吴云翔,《浙江学刊》2012 年 2 期。

《中共四大前后陈独秀的无产阶级领导权思想》,潘秦保,《党史博采(理论)》2012 年 3 期。

《贡献与失误:陈独秀与马克思主义中国化》,程林辉、张强,《学术论坛》2012 年 7 期。

《党的四大前后陈独秀无产阶级领导权思想中的共产国际因素》,潘秦保,《上海党史与党建》2012 年 9 期。

《陈独秀与中共二大》,苏杭,《党的文献》2013 年 1 期。

《陈独秀与中共二大宣言》,聂皖辉,《党史纵览》2013 年 5 期。

《对陈独秀建党实践局限性的历史考量》,姜金林,《湖北社会科学》2013 年 6 期。

《中共四大期间陈独秀与共产国际在无产阶级领导权问题上的论争》,潘秦保,《世纪桥》2013 年 6 期。

《陈独秀推进马克思主义在中国早期传播的路径探析》,王学明,《湖北社会科学》2014 年 4 期。

《陈独秀缺席中共"一大"新说》,严友良,《四川统一战线》2014 年 7 期。

《论陈独秀在上海大学创建中的作用》,刘长林、刘强,《安徽史学》2015 年 5 期。

《关于陈独秀的〈我们怎样改造思想〉》,张静如,《党史研究与教学》2015 年 6 期。

《中共建党第一人陈独秀》,陈铁健,《炎黄春秋》2016 年 6 期。

《陈独秀的上海往事》,徐光寿,《档案春秋》2016 年 7 期。

《陈独秀的上海地图》,钱厚贵,《档案春秋》2016 年 12 期。

《陈独秀是中共"四大"〈对于农民运动之议决案〉起草人的考证》,陈毓述,《湖州师范学院学报》2017 年 7 期。

《陈独秀对中国共产党早期建设的探索和实践》,徐光寿,《中共创建史研究》2017 年。

《陈独秀与中共早期革命》,王奇生,《江淮文史》2018 年 1 期。

《陈独秀及中共创建有关问题》,黄爱军、胡可可,《山东理工大学学报(社会科学版)》2018 年 2 期。

《国际指示、工农运动与中共的转型困境——1927 年陈独秀"右倾机会主义"新探》,张永,《安徽史学》2018 年 6 期。

《历史合力论视角下陈独秀缺席中共"一大"原因探析》,郭国祥,《学术论坛》2018 年 6 期。

《从北京箭杆胡同到上海渔阳里——陈独秀由新文化运动主将转变为中共创始人的时空轨迹》,王钦双,《北京党史》2019 年 3 期。

《俞秀松与陈独秀的历史交往》,徐光寿,《中共创建史研究》2019 年。

陈公博

《中共一大代表陈公博沉浮录》,苗体君、窦春芳,《党史纵览》2007 年 2 期。

《中共"一大"代表陈公博为何退出共产党的历史考实》,苗体君、窦春芳,《甘肃社会科学》2007 年 4 期。

《陈公博留下的中共一大"秘密文献"》,叶永烈,《同舟共进》2011 年 7 期。

《陈公博抵沪与中共一大开幕日的确定》,任武雄,《四川统一战线》2012 年 7 期。

《中共"一大"前后的陈公博》,窦春芳,《广东第二师范学院学报》2013 年 4 期。

陈国栋

《陈国栋同志在纪念上海〈解放日报〉创刊三十五周年大会上对搞好新闻宣传工作提出七点要求》,佚名,《新闻记者》1984 年 6 期。

《陈国栋同志在纪念〈文汇报〉复刊三十五周年座谈会上讲话　希望报纸适应新形势,促进改革和对外开放》,陈国栋,《新闻记者》1984 年 7 期。

《尊师重教,遗风永存社会各界深切缅怀陈国栋同志》,刘期泽,《上海教育》2005 年 13 期。

《公文写作要求真务实——记陈国栋同志的谆谆教诲》,李明佳,《秘书》2005 年 8 期。

《陈国栋的战友情》,元庄,《档案春秋》2006 年 4 期。

《在纪念陈国栋同志诞辰 100 周年座谈会上的发言》,徐建刚、朱佳木、周遐光,《解放日报》,2011 年 11 月 16 日,第 3 版。

《高尚情操　难以忘怀——回忆陈国栋同志》,汤瑞,《老兵话当年》(第十八辑)2011 年。

《怀念陈国栋同志和沈一尘大姐》,臧文,《老兵话当年》(第十八辑)2011 年。

《江西省档案馆获赠〈陈国栋百年诞辰纪念册〉》,高航,《兰台世界》2012 年 4 期。

陈家康

《陈家康在上海》,钱听涛,《上海党史研究》2000 年 4 期。

陈丕显

《艰难困苦　玉汝于成——陈丕显同志访谈录》,纪新,《党建》1991 年 7 期。

《怀念陈丕显同志》,郑学秋,《福建党史月刊》1995 年 12 期。

《怀念陈丕显同志》,叶飞、张震,《解放日报》,1996 年 8 月 26 日,第 3 版。

《三十一载风雨情——陈丕显与陈毅的革命友情》,陈杭芹,《福建党史月刊》2006 年 4 期。

《在"一月风暴"的中心》,陈丕显,《武汉文史资料》2008 年 2 期。

《陈丕显、曹荻秋等反对红卫兵大串联的态度和举措——上海红卫兵大串联研究之五》,金大陆,《青年研究》2010 年 3 期。

《1967 年陈丕显在"一月风暴"的中心》,侯美度,《世纪》2013 年 4 期。

《陈丕显同志百年诞辰纪念》,施平,《解放日报》,2016 年 3 月 25 日,第 3 版。

陈乔年

《安庆双英雄,中华两伟男——记陈延年、陈乔年烈士》,范映渊,《党史文汇》2003 年 9 期。

《陈乔年之死》,吴晓,《纵横》2006 年 8 期。

《陈乔年生平事迹》,商鸣臣、李波,《春秋》2009 年 3 期。

《陈延年、陈乔年的世界观转变》,包仕国,《党史纵览》2010 年 6 期。

《陈延年、陈乔年兄弟的上海往事》,徐光寿、徐敫,《档案春秋》2018 年 12 期。

陈潭秋

《回忆党的"一大"》,陈潭秋,《百科知识》1979 年 2 期。

《为新中国而奋斗——缅怀陈潭秋烈士的革命业绩》,陈乃宣、刘耀光、张安庆等,《江汉论坛》1979 年 4 期。

《陈潭秋生平活动年表一八九六年——一九四三年》，胡云秋、陈乃宣、刘耀光等，《武汉大学学报（社会科学版）》1981 年 4 期。

《陈潭秋烈士传略》，蔡颖、古平，《新疆社会科学》1983 年 3 期。

《回忆党的"一大"》，陈潭秋，《党史博采》1997 年 7 期。

《陈潭秋在中国共产党创建前后的卓越贡献》，廖慧贞，《上海党史与党建》2006 年 12 期。

《中共"一大"代表陈潭秋的悲壮人生》，苗体君、窦春芳，《党史文汇》2010 年 3 期。

《陈潭秋与其珍贵的〈中共第一次大会的回忆〉》，丁晓平，《党史博览》2010 年 7 期。

《陈潭秋：夫妇皆为革命烈士的中共一大代表》，孟半戎，《中国老区建设》2011 年 7 期。

《中共"一大"代表陈潭秋研究中的三大历史谜团》，苗体君，《党史博采（纪实）》2011 年 12 期。

《第一次代表大会的回忆（1936 年〈共产国际〉中文版）》，陈潭秋，《上海革命史资料与研究》2011 年。

《第一次代表大会的回忆（1980 年〈"一大"前后〉版）》，陈潭秋，《上海革命史资料与研究》2011 年。

《回忆中国共产党第一次全国代表大会（1951 年〈党史资料〉版）》，陈潭秋，《上海革命史资料与研究》2011 年。

《回忆中国共产党第一次代表大会（1936 年〈共产国际〉俄文版）》，陈潭秋、王利亚，《上海革命史资料与研究》2011 年。

《回忆党的一大（1979 年〈百科知识〉版）》，陈潭秋，《上海革命史资料与研究》2011 年。

《中共第一次大会的回忆（1944 年延安版）》，陈潭秋，《上海革命史资料与研究》2011 年。

《中共第一次大会的回忆（1982 年中央档案馆版）（一九三六年六、七月间）》，陈潭秋，《上海革命史资料与研究》2011 年。

《陈潭秋》，罗旭，《光明日报》，2011 年 3 月 14 日，第 12 版。

《陈潭秋与中共"四大"》，李蕙芬，《上海革命史资料与研究》2013 年。

《陈潭秋与中国共产党的创建》，陈永红、戴熙真，《上海革命史资料与研究》2013 年。

《陈潭秋在上海活动述略》，信洪林，《上海革命史资料与研究》2013 年。

《陈潭秋撰文回忆中共"一大"的历史语境》，吴海勇，《上海革命史资料与研究》2013 年。

《建党前后陈潭秋的主要活动》，赵魁浩，《上海革命史资料与研究》2013 年。

《论陈潭秋在建党初期的工运实践》，苏长安，《上海革命史资料与研究》2013 年。

《试析陈潭秋在中共创建时期的历史贡献》，王长流，《上海革命史资料与研究》2013 年。

《关于陈潭秋研究中几个问题的辨证》，徐云根、信洪林、张玉菡，《上海党史与党建》2014 年 1 期。

《建党前后的陈潭秋》，赵魁浩，《上海党史与党建》2016 年 11 期。

《陈潭秋对马克思主义早期传播的探索与实践》，曾庆桃，《理论月刊》2018 年 12 期。

《陈潭秋：中共一大代表、党的创始人之一》，徐海波，《人民日报》，2019 年 3 月 27 日，第 15 版。

《陈潭秋在上海的革命活动述论》，颜宏启、陈军，《黄冈师范学院学报》2019 年 2 期。

《陈潭秋：中共一大代表 党的创始人之一》，佚名，《支部建设》，2020 年 20 期。

陈望道

《"五四"时期的陈望道》，邓明以，《人民日报》，1979 年 5 月 9 日，第 2 版。

《关于上海马克思主义研究会活动的回忆——陈望道同志生前谈话纪录》，宁树藩、丁淦林，《复旦学报（社会科学版）》1980 年 3 期。

《陈望道传略》，邓明以，《文献》1981 年 2 期。

《陈望道翻译的〈共产党宣言〉何时问世》，邬文，《文汇报》，1981 年 12 月 2 日，第 3 版。

《陈望道 30 年代在上海——纪念陈望道先生诞辰 100 周年》，王向民、杨国顺，《浙江师大学报》1991 年 1 期。

《陈望道与中国共产党的创立》，邓明以、张俊，《复旦学报(社会科学版)》1991 年 1 期。

《陈望道和马克思主义在中国的传播》，金普森，《浙江学刊》1991 年 4 期。

《陈望道与中国共产党的创立》，邓明以，《解放日报》，1991 年 1 月 16 日，第 6 版。

《关于陈望道译〈共产党宣言〉》，赵英，《鲁迅研究月刊》1994 年 3 期。

《关于陈望道翻译的〈共产党宣言〉》，石川祯浩、陶柏康，《上海党史研究》1995 年 2 期。

《陈望道与〈共产党宣言〉的第一个全译本》，曾长秋，《湖南党史》1996 年 4 期。

《陈望道翻译〈共产党宣言〉》，叶永烈，《解放日报》，2001 年 6 月 8 日，第 A7 版。

《陈望道译〈共产党宣言〉》，倪墨炎，《文汇报》，2001 年 7 月 3 日，第 11 版。

《首译〈共产党宣言〉的陈望道》，王秋菊、李英俏，《兰台世界》2004 年 7 期。

《陈望道：〈共产党宣言〉第一个中文版翻译者》，红霞云，《福建党史月刊》2004 年 1 期。

《陈望道与复旦大学的二十七年》，陈振新，《陈望道先生纪念集》，复旦大学出版社 2006 年。

《陈望道与中国共产党的创立》，邓明以，《陈望道先生纪念集》，复旦大学出版社 2006 年。

《陈望道先生生平年表》，邓明以，《陈望道先生纪念集》，复旦大学出版社 2006 年。

《陈望道与〈共产党宣言〉中译本》，傅萱，《陈望道先生纪念集》，复旦大学出版社 2006 年。

《陈望道与〈共产党宣言〉》，苗体君、窦春芳，《广东党史》2008 年 2 期。

《陈望道与建党初期的工人运动刊物〈劳动界〉》，陈振新，《北京党史》2010 年 5 期。

《也谈陈望道与〈共产党宣言〉中文全译本》，邱作健，《上海鲁迅研究》2011 年 2 期。

《陈望道在建党初期》，陈振新，《党史博览》2011 年 4 期。

《陈望道与中国共产党的创建——〈关于上海马克思主义研究会活动的回忆〉一稿的回顾》，宁树藩，《安徽大学学报(哲学社会科学版)》2011 年 6 期。

《简论陈望道早期宣传马克思主义与建党活动》，许黎英、朱顺佐，《浙江社会科学》2011 年 6 期。

《陈望道与中国共产党的创建》，苗体君，《世纪桥》2011 年 10 期。

《陈望道与〈共产党宣言〉》，徐涛，《湖北广播电视大学学报》2012 年 11 期。

《上海：缅怀修辞学宗师陈望道》，曹继军、颜维琪，《光明日报》，2011 年 1 月 21 日，第 6 版。

《感悟陈望道》，彭德倩、孔令君，《解放日报》，2011 年 5 月 24 日，第 5 版。

《陈望道——中文〈共产党宣言〉全译本的第一人》，王峥，《兰台世界》2013 年 34 期。

《陈望道的高等教育实践》，陈玲萍，《兰台世界》2014 年 34 期。

《陈望道与中国早期马克思主义的传播》，陆珠希、王长金，《观察与思考》2015 年 5 期。

《版本源流与底本甄别：陈望道〈共产党宣言〉文本考辨》，陈红娟，《中共党史研究》2016 年 3 期。

《陈望道对建党工作的历史贡献考略》，贾奎，《党史博采(理论)》2016 年 6 期。

《复旦大学老校长陈望道与〈共产党宣言〉首译本》，陈振新、周晔，《中国高等教育》2016 年 Z2 期。

《陈望道：国福路 51 号里的时光》，沈轶伦，《解放日报》，2018 年 5 月 18 日，第 15 版。

《陈望道对马克思主义的领悟、传播和践行》，郭群英、徐文卓，《决策与信息》2018 年 5 期。

《陈望道：马克思主义信仰的传播者、坚守者与实践者》，陶诚华，《百年潮》2019 年 3 期。

《新复旦的首任校长陈望道》，知秋、邓明以，《百年潮》2019 年 3 期。

《中共建党前后的陈望道》，邓涛，《武汉学刊》2019 年 4 期。

《陈望道首译〈共产党宣言〉的划时代意义》，杨宏雨，《嘉兴学院学报》2020 年 5 期。

《陈望道：为党育人为国育才的师道楷模》，周晔，《中国高等教育》2020 年 9 期。

《关于陈望道在〈新青年〉编辑部若干问题的考证》，徐光寿，《上海党史与党建》2020 年 10 期。

陈为人

《"中央文库"早期负责人——陈为人》，郅宗，《档案工作》1982 年 4 期。

《我党早期杰出的革命活动家——陈为人》,吕芳文,《求索》1987 年 2 期。

《陈为人与"中央文库"》,韩开琪,《湖南档案》1993 年 Z1 期。

《用生命保护党的机密——记陈为人》,翁三新,《上海党史研究》1997 年 4 期。

《陈为人在龙华监狱》,吕芳文,《上海党史研究》1999 年 3 期。

《兰台之星依然闪烁——纪念陈为人诞辰一百周年》,贾跃平,《湖南档案》1999 年 3 期。

《陈为人舍身保卫中央文库》,李文乾,《党史纵览》2002 年 6 期。

《陈为人》,张福山,《世纪桥》2008 年 7 期。

《陈为人在保卫中央文库的艰险岁月》,李荣喜,《世纪桥》2009 年 2 期。

《陈为人:誓死保卫中央文库》,李荣喜,《文史天地》2009 年 6 期。

《陈为人舍命保护中央文库》,马昌法,《党史纵横》2011 年 2 期。

《陈为人和他的作家传记》,丁东,《名作欣赏》2011 年 10 期。

《陈为人舍身保护党的秘密档案文库》,梓木,《保密工作》2011 年 6 期。

《陈为人——为保卫党的"一号机密"献身》,佚名,《现代班组》2011 年 7 期。

《陈为人为中央地下档案库作出的贡献略考》,孙华,《兰台世界》2014 年 16 期。

陈修良

《无畏的斗士——深切缅怀陈修良同志》,王文达,《中共宁波市委党校学报》1999 年 6 期。

《对沙文汉、陈修良领导上海青年学生运动的历史回顾》,陈一鸣,《上海党史与党建》2001 年 5 期。

《我所经历的立三路线的失败——回忆录〈我走过的道路〉(五)》,陈修良,《世纪》2020 年 2 期。

《我经历顾顺章叛变后的白色恐怖——回忆录〈我走过的道路〉(六)》,陈修良,《世纪》2020 年 3 期。

《我参与"孤岛"时期的抗日斗争——回忆录〈我走过的道路〉(七)》,陈修良,《世纪》2020 年 5 期。

陈延年

《我党早期著名的政治活动家——陈延年》,孙其明,《人民日报》,1981 年 12 月 24 日,第 5 版。

《陈延年之死》,马龄国,《解放日报》,1991 年 9 月 15 日,第 7 版。

《关于陈延年和陈乔年的生年》,徐修宜,《淮北煤师院学报(社会科学版)》1992 年 2 期。

《"我们是党员,要艰苦奋斗"——记陈延年》,肖元,《上海党史研究》1996 年 5 期。

《迟到的百年祭——纪念著名先烈陈延年兼述他的一家》,叶尚志,《安徽史学》2000 年 1 期。

《陈延年在大革命时期的贡献》,魏海青,《雁北师范学院学报》2000 年 2 期。

《追述陈延年兼及陈独秀一家》,叶尚志,《百年潮》2000 年 2 期。

《陈独秀长子 陈延年的革命人生》,朱洪,《纵横》2002 年 1 期。

《安庆双英雄 中华两伟男——记陈延年、陈乔年烈士》,范映渊,《党史文汇》2003 年 9 期。

《陈延年之死——刘方岳、吴凯声营救陈延年纪实》,马龄国,《贵阳文史》2004 年 2 期。

《站着被乱刀砍死的陈独秀长子陈延年》,陈永红,《广东党史》2009 年 4 期。

《陈延年、陈乔年的世界观转变》,包仕国,《党史纵览》2010 年 6 期。

《视死如归的革命者陈延年》,佚名,《世纪行》2011 年 3 期。

《陈延年》,殷泓,《光明日报》,2011 年 2 月 14 日,第 1 版。

《陈延年、陈乔年兄弟的上海往事》,徐光寿、徐敫,《档案春秋》2018 年 12 期。

《站着赴死的共产主义战士——陈延年》,冯靓,《青年与社会》2020 年 18 期。

陈 毅

《兼资文武此全才——忆陈总领导上海工作片断》,许涤新,《历史研究》1978 年 5 期。

《回忆陈毅同志勤工俭学前后》，陈孟熙口述，陈晓整理，《四川文艺》1978年7期。

《回忆陈毅同志二三事》，姚耐，《上海文艺》1978年1期。

《"红旗十月满天飞"——忆和陈毅同志的三次会见》，张爱萍，《上海文艺》1978年1期。

《一个光辉的共产主义战士形象——纪念陈毅同志逝世六周年》，龚克昌，《文史哲》1978年1期。

《陈毅年表（征求意见稿）》，高志菇编，《沈阳师范学院学报（哲学社会科学版）》1979年3期。

《回忆随陈毅同志进驻上海》，戴伯韬，《文汇报》，1979年5月25日，第2版。

《对高志茹同志的〈陈毅年表〉中一些问题的浅探和商榷》，张映波，《扬州大学学报（人文社会科学版）》1980年1期。

《纪念上海解放　怀念陈毅同志　市政协座谈会盛赞话剧〈陈毅市长〉》，《解放日报》，1980年5月27日，第1版。

《"上海也是书海"——陈毅同志关心上海的图书馆事业》，包雪英，《图书馆杂志》1982年1期。

《回忆陈毅同志》，王培臣，《闽西文丛》1982年3期。

《解放初期陈毅对上海工商业者的团结教育与改造》，焦富明，《上海党史研究》1993年1期。

《少年有志，勤奋好学的陈毅同志》，聂元素，《历史教学》1983年1期。

《陈毅同志揭开新上海历史第一页》，周而复，《解放日报》，1984年5月10日，第2版。

《回忆陈毅同志的二三事》，薄一波，《人民日报》，1988年6月30日，第5版。

《陈毅同志二三事》，王维，《解放日报》，1991年8月27日，第7版。

《"陈毅"在上海》，赵兰英，《人民日报》，1991年8月28日，第4版。

《建设社会主义新上海的奠基人：回忆解放初期陈毅同志对城市建设的关怀》，叶进明，《城市经济研究》，1992年第5期。

《陈毅的集外余音》，方行，《解放日报》，1992年3月8日，第7版。

《新上海第一任市长——陈毅（上）》，胡石言、吴克斌，《紫光阁》1995年9期。

《新上海第一任市长——陈毅（续）》，胡石言、吴克斌，《紫光阁》1995年10期。

《我为陈毅重要讲话作记录》，沈北乐，《上海党史研究》1996年6期。

《人民公仆：上海市长陈毅、曹荻秋、倪天增》，党铸，《上海党史研究》1998年6期。

《陈毅三进上海城》，朱经红，《人才开发》1999年3期。

《陈毅在上海》，唐舒，《人才开发》1999年3期。

《陈毅指挥接管上海旧警察局》，忻文轲，《人民公安》1999年21期。

《陈毅与建国初期上海的反空袭作战》，陈广相，《春秋》2000年4期。

《陈毅在上海起草〈九月来信〉》徐云根，《世纪》2001年4期。

《陈毅在上海禁娼中的两件事》，徐世强，《党史文汇》2001年6期。

《陈毅在上海》，陈挥，《与时俱进，继往开来——学习"三个代表"重要思想，加强党风廉政建设论文集》2001年。

《陈毅的廉政、勤政风范》，马福龙，《上海党史与党建》2001年8期。

《陈毅与上海工人阶级》，杨诞晏，《上海党史与党建》2001年8期。

《"化腐朽为神奇"——陈毅领导改造旧上海建设新上海的历史篇章》，张文清，《上海党史与党建》2001年8期。

《父亲陈毅的上海情节》，陈珊珊，《解放日报》，2001年6月30日，第8版。

《我们不知道的陈毅故事》，崔京生，《文汇报》，2001年8月26日，第5版。

《稳定市场　稳定人心——陈毅稳定上海市场的卓绝贡献》，姚会元，《上海师范大学学报（哲学社会科学版）》2002年4期。

《新上海的奠基人——纪念陈毅同志诞辰100周年》，陈扬，《上海市新四军暨华中抗日根据地历史研究会第六届会员代表大会纪念特刊》2002 年。

《陈毅改造上海妓女》,吴跃农,《党史纵览》2003 年 2 期。

《陈毅领导上海解放之初的经济恢复工作》,姚会元,《当代中国史研究》2003 年 3 期。

《陈毅和上海解放初期的文化事业》,李燕,《上海人大月刊》2006 年 9 期。

《真心实意为上海人民谋利益的陈毅市长——纪念陈毅同志诞辰 105 周年》,孙道同、郭秋琴,《上海革命史资料与研究》2006 年。

《陈毅接管大上海的台前幕后》,吴跃农,《党史纵横》2007 年 2 期。

《陈毅接管上海的前前后后》,蒋同明,《党史纵览》2008 年 4 期。

《光辉史诗　精湛艺术——陈毅运用统战法宝接管上海的前前后后》,蒋同明,《中国统一战线》2008 年 5 期。

《1929 年陈毅的上海之行》,王锡堂,《党史文苑》2008 年 9 期。

《上海解放时,陈毅的一份"见面礼"》,范征夫,《解放日报》,2009 年 5 月 15 日,第 18 版。

《风雨岁月新上海——访上海解放后首任市长陈毅之子陈昊苏》,周楠、王晓鸥,《解放日报》,2009 年 10 月 1 日,特 4 版。

《国民党"1243"谋刺上海市长陈毅计划被破获始末》,王心文,《档案天地》2010 年 1 期。

《1929:陈毅赴上海党中央请命的前前后后》,蒋伯英,《福建党史月刊》2010 年 7 期。

《陈毅在上海解放初期》,胡居成,《党史博览》2011 年 5 期。

《陈毅同志在复旦大学一次令人难忘的讲话》,李岚清,《解放日报》,2011 年 8 月 25 日,第 15 版。

《永远珍藏的记忆——忆上海战役前陈毅同志的一次讲话》,相守荣,《铁流 21——纪念陈毅元帅诞辰 110 周年》2012 年。

《永远珍藏的记忆——忆上海战役前陈毅的一次讲话》,相守荣,《新四军研究》(第五辑),上海人民出版社 2013 年。

《陈毅市长与上海》,张文清,《新四军研究》(第五辑),上海人民出版社 2013 年。

《"三反"运动中陈毅在上海高校的一次报告》,钱益民,《百年潮》2017 年 9 期。

《陈毅与上海新中国成立初期妓女改造》,陈南宜、君青,《新四军研究(第九辑)》,上海人民出版社 2017 年。

《陈毅主政上海后对新四军优良传统的继承和弘扬》,刘以顺,《新四军与上海(第 3 辑)——"新四军与上海"第三次学术研讨会论文集》2017 年。

《周恩来陈毅接见上海支青》,杨永青、鱼姗玲、应奋等,《世纪》2018 年 3 期。

《陈毅接管上海》,吴跃农,《党史纵横》2018 年 11 期。

陈　云

《陈云同志给一位干部子弟的信(一九四九年六月十九日)》,《光明日报》,1984 年 1 月 30 日,第 1 版。

《上海财经会议的深远意义和陈云的杰出贡献》,张文清,《上海党史研究》1995 年 3 期。

《陈云长征时来沪赴苏情况回忆片断》,孙诗圃,《上海党史研究》1995 年 3 期。

《陈云同志与上海财经会议》,李海,《陈云和他的事业——陈云生平与思想研讨会论文集(上)》,中央文献出版社 1995 年。

《缅怀陈云同志》,宋平,《解放日报》,1995 年 5 月 23 日,第 5 版。

《回忆在陈云身边工作的日子》,孙晓村,《文史精华》1996 年 5 期。

《观察和解决财经问题要有政治观点——从上海会议看陈云的经济思想》,王明友,《新乡师范高等专科学校学报》1999 年 1 期。

《陈云对新中国经济建设的卓越贡献》,徐永康、田莺,《上海党史研究》2000 年 3 期。

《陈云永远活在上海人民心中——〈陈云在上海〉序》，孟建柱，《上海党史研究》2000 年 3 期。

《陈云与上海财经会议的重大决策》，周太和，《中共党史研究》2000 年 3 期。

《陈云与手工业的社会主义改造》，季龙，《上海党史与党建》2000 年 3 期。

《乡情·乡音·乡魂——上海人民心中的陈云》，年士萍，《上海党史研究》2000 年 3 期。

《新发现陈云在上海早期革命活动中撰写的几篇文章》，陆米强、王美娣，《上海党史研究》2000 年 3 期。

《陈云之路》，叶永烈，《解放日报》，2000 年 4 月 30 日，第 5 版。

《陈云与 1956 年反冒进》，蒋永青，《上海党史与党建》2002 年 7 期。

《陈云领导的上海"米棉之战"》，许毅、李正华，《湖南文史》2003 年 8 期。

《陈云与上海工人阶级》，沈建中，《工会理论研究(上海工会管理干部学院学报)》2005 年 3 期。

《陈云与宝钢建设》，张励、黄金平，《上海党史与党建》2005 年 5 期。

《陈云在上海打的经济仗》，任菊香，《兵团建设》2005 年 6 期。

《"陈云在上海"研究综述》，刘启芳，《毛泽东邓小平理论研究》2005 年 6 期。

《国民经济恢复时期陈云解决就业问题的思想在上海的实践》，袁志平，《上海党史与党建》2005 年 6 期。

《陈云与上海评弹团》，吴宗锡，《上海戏剧》2005 年 8 期。

《陈云与淞浦特委》，王志明，《上海革命史资料与研究》2005 年。

《陈云在上海解放初期的财经工作中作出的重大贡献》，张晨，《上海革命史资料与研究》2005 年。

《以上海实践为案例研究陈云解决就业问题的思想》，袁志平，《闪烁真理光辉的思想宝藏——上海市党校系统纪念陈云诞辰 100 周年理论研讨会论文集》，上海人民出版社 2005 年。

《在陈云同志诞辰一百周年纪念大会上的讲话》，胡锦涛，《光明日报》，2005 年 6 月 14 日，第 1、3 版。

《符合我国国情的金融思想与实践(纪念陈云同志诞辰 100 周年专论)》，钟瑛，《人民日报》，2005 年 6 月 17 日，第 15 版。

《陈云与中财委成立后召开的第一个全国性会议——上海财经会议》，迟爱萍，《党的文献》2007 年 3 期。

《遵义会议后陈云秘走上海》，李新市，《党史纵横》2010 年 10 期。

《陈云经济思想与上海经济又好又快发展》，朱铮宸、郑嘉成、王晓青，《上海陈云研究》2010 年。

《陈云的上海情结》，曹应旺，《党史博览》2011 年 2 期。

《财经战线的淮海战役——陈云治下大上海的"银元之战"和"粮棉之战"》，李攀，《党史纵横》2011 年 3 期。

《陈云与马克思主义中国化历史经验》，邸乘光，《江淮论坛》2011 年 6 期。

《陈云同上海资本家打的五次经济仗》，刘伟，《党史博采(纪实)》2011 年 11 期。

《陈云与评弹界交往纪事(上)(一九五八年秋——一九六六年四月)》，本刊编辑部，《党的文献》2012 年 4 期。

《陈云与评弹界交往纪事(下)》，本刊编辑部，《党的文献》2012 年 5 期。

《朱佳木同志谈陈云与上海》，朱佳木，《上海陈云研究》2012 年。

《陈云："勤政为民"的光辉典范》，徐建平，《解放日报》，2013 年 12 月 12 日，第 8 版。

《陈云与上海财经会议》，韩丹丹、刘峰搏，《兰台世界》2014 年 1 期。

《陈云：解放初期铁腕整饬上海金融投机生意》，王玉贵，《工会信息》2014 年 14 期。

《陈云与上海金山早期革命运动的发展》，刘启芳，《上海陈云研究》2014 年。

《陈云在历史关键时期的七大贡献》，张全景，《当代中国史研究》2015 年 4 期。

《陈云在中国革命、建设、改革关键时刻》，陈元，《当代中国史研究》2015 年 4 期。

《出人 出书 走正路——陈云与上海评弹界交往》,丁元元,《档案春秋》2015 年 6 期。

《国民经济恢复时期陈云执政思想在上海的实践》,袁志平,《上海党史与党建》2015 年 9 期。

《陈云的三个"上海时刻"》,沈轶伦,《解放日报》2015 年 6 月 1 日,第 2 版。

《陈云晚年对经济建设中几个重大关系问题的思考》,杨明伟,《光明日报》,2015 年 7 月 4 日,第 11 版。

《陈云的上海印迹》,朱少伟,《检察风云》2016 年 21 期。

《陈云与中共淞浦特委》,刘启芳,《上海陈云研究》,上海社会科学院出版社 2016 年。

《隐蔽战线的里程碑——陈云中央特科工作经历》,苏智良、李云波,《上海陈云研究》上海社会科学院出版社 2016 年。

《陈云与上海改革开放事业的发展》,严爱云,《上海党史与党建》2018 年 8 期。

《陈云与潘汉年的革命情谊》,张秋震,《党史纵览》2018 年 12 期。

《商务印书馆:陈云人生的转折点》,江丹,《衡水学院学报》2019 年 2 期。

《陈云与上海商务印书馆》,邵唯,《联合时报》,2019 年 12 月 6 日,第 5 版。

陈仲信

《记陈仲信烈士——上海最后一个牺牲的中共地下党员》,季勤先,《上海党史研究》1994 年 3 期。

陈子涛

《铁骨铮铮的新闻战士——记陈子涛烈士的光辉一生》,罗庆新,《新闻研究资料》1989 年 2 期。

《陈子涛烈士的皮包编辑部》,一凡,《南京史志》1998 年 5 期。

《陈子涛:铁骨铮铮雨花魂》,黄莺,《当代广西》2005 年 22 期。

邓恩铭

《民族的楷模——纪念中共"一大"代表邓恩铭烈士》,李肇年,《光明日报》,1979 年 7 月 2 日,第 4 版。

《不惜唯我身先死 后继频频慰九泉——中共"一大"代表邓恩铭生平简述》,郑淑芳,《南充师院学报(哲学社会科学版)》1988 年 2 期。

《中共"一大"代表中的中学生:邓恩铭》,韩长代,《中学历史教学参考》1998 年 7 期。

《中共一大代表邓恩铭的传奇人生》,苗体君、窦春芳,《档案天地》2006 年 4 期。

《邓恩铭成为中共一大代表的原因》,徐云根,《上海党史与党建》2011 年 4 期。

《邓恩铭》,赵达,《光明日报》,2011 年 4 月 6 日,第 4 版。

《中共一大唯一的少数民族代表邓恩铭》,李惊亚,《光明日报》,2018 年 7 月 17 日,第 3 版。

《邓恩铭研究述评》,戴建国,《黔南民族师范学院学报》2019 年 1 期。

邓小平

《温故而知新——记邓小平在上海解放初期的一次讲话》,王德,《上海党史研究》1994 年 3 期。

《邓小平的国际经济战略思想和上海的全方位开放》,黄仁伟,《毛泽东邓小平理论研究》1994 年 5 期。

《世纪性的战略:邓小平论上海的发展》,周开达、李琪,《党政论坛》1994 年 10 期。

《邓小平开放开发思想与上海浦东开发》,黄奇帆,《人民日报》,1994 年 1 月 14 日,第 5 版。

《邓小平关于把上海建成国际贸易中心的战略构想及其重大实践意义》,李邦君,《学术月刊》1995 年 3 期。

《邓小平经济发展战略思想在上海的实践》,芦琦,《上海大学学报(社会科学版)》1995 年 3 期。

《回忆小平同志对宝钢及冶金工业的关怀》,黎明,《党的文献》1997 年 3 期。

《金融改革与上海的金融中心地位——学习邓小平同志关于金融改革与发展论述的体会》,厉无畏,《毛泽东邓小平理论研究》1995 年 3 期。

《历史性的辉煌——邓小平南巡以来上海经济发展回眸》,蔡旭初,《上海统计》1997 年 3 期。

《论邓小平南方谈话的重大理论意义——纪念邓小平〈在武昌、深圳、珠海、上海等地的谈话要点〉发表五周年》,雷云,《社会科学》1997 年 4 期。

《镜头里的故事——邓小平同志 1992 年视察上海的采访回忆》,张蔚飞,《新闻记者》1997 年 4 期。

《上海:缅怀改革开放总设计师》,《人民日报》,1997 年 2 月 21 日,第 2 版。

《邓小平伟大光辉的一生》,《人民日报》,1997 年 2 月 22 日,第 1 版。

《在伟人开辟的航道上——邓小平建设有中国特色社会主义理论和上海的改革开放》,沈世纬、陈雅妮、陈毛弟,《人民日报》,1997 年 8 月 12 日,第 1、4 版。

《邓小平关于农业改革发展"两个飞跃"理论和上海实践》,张永斌,《上海党史研究》1998 年 S1 期。

《开发开放浦东是邓小平亲手树立起来的一面对外开放的旗帜》,张文清,《上海党史研究》1998 年 S1 期。

《试论邓小平机遇思想与上海改革开放实践》,严爱云,《上海党史研究》1998 年 S1 期。

《搞好金融是经济改革和发展的关键——对 1991 年春节邓小平同志浦东调研活动的一段回忆》,黄奇帆,《浦东开发》2000 年 4 期。

《邓小平战略构想的伟大实践》,王健刚,《解放日报》,2000 年 3 月 26 日,第 7 版。

《中国改革开放理论的成功实践——邓小平理论指导下的浦东开发开放》,姚锡棠、李庭辉、杨周彝,《毛泽东邓小平理论研究》2002 年 1 期。

《改革开放与浦东开发——重温邓小平"南巡讲话"》,陆沪根、徐全勇、顾银祥,《党政论坛》2002 年 5 期。

《邓小平与浦东开发》,袁恩桢,《毛泽东邓小平理论研究》2004 年 8 期。

《邓小平"发展才是硬道理"思想在上海的生动实践》,刘世军、李明灿,《求是》2004 年 17 期。

《民主革命时期邓小平在上海》,信洪林,《上海革命史资料与研究》2004 年。

《邓小平与上海浦东的开发开放》,毛力熊、冯梦成,《江南论坛》2004 年 11 期。

《邓小平在上海》,黄金平、张励,《解放日报》,2004 年 7 月 30 日,第 13 版。

《邓小平与上海》,聂月岩,《中国老区建设》2004 年 8 月。

《邓小平与上海工业》,边际,《上海工业》2004 年 8 期。

《小平同志心系上海——〈邓小平年谱〉(1975—1979)关于上海建设和改革开放的条目选登》,《解放日报》,2004 年 8 月 12 日,第 7 版。

《邓小平的对外开放思想》,石广生,《光明日报》,2004 年 9 月 7 日,第 C2 版。

《邓小平文化工作思想的形成和发展》,邓群,《光明日报》,2004 年 9 月 8 日,第 B2 版。

《邓小平的上海情结》,王天丹,《党史纵览》2005 年 2 期。

《邓小平在上海的一次特殊经历》,王铁群,《党史博采(理论版)》2005 年 6 期。

《邓小平与上海西郊宾馆的对外开放》,孟红,《传承》2010 年 10 期。

《〈邓小平年谱〉披露:土地革命战争时期邓小平不同寻常的三次上海之行》,刘杰、冯婧,《党史博采(纪实)》2011 年 3 期。

《邓小平与宝钢建设》,刘国胜,《上海党史与党建》2014 年 8 期。

《邓小平与上海改革开放》,徐建刚、朱晓明,《解放日报》,2014 年 8 月 14 日,第 11 版。

《复出前后的邓小平》,龙平平、黄亚洲、张强、魏人,《解放日报》,2014 年 8 月 22 日,第 8 版。

《上海纪念邓小平诞辰 110 周年座谈会发言(摘要)》,沈晓明,《解放日报》,2014 年 8 月 23 日,第 5 版。

《邓小平上海历险记》,张励,《党史纵览》2015 年 2 期。

《邓小平在上海任中央秘书长的历史考察》,陈彩琴,《上海党史与党建》2015 年 4 期。

《邓小平与上海改革开放事业的发展》,黄金平,《上海党史与党建》2018 年 12 期。

邓颖超

《邓颖超与上海周公馆》,乔金伯,《上海革命史资料与研究》2003 年。

《邓颖超创办〈支部生活〉》,朱少伟,《党课参考》2012 年 5 期。

《周恩来、邓颖超回忆"四·一二"前后在上海》,曹晋杰,《觉悟》2017 年 3 期。

邓中夏

《缅怀邓中夏烈士》,夏明口述,李致宁整理,《湘江文艺》1978 年 3 期。

《邓中夏同志光辉的一生》,姜平等,《南京大学学报》1979 年 3 期。

《邓中夏同志关于民主革命的理论贡献》,何沁,《人民日报》,1981 年 12 月 15 日,第 5 版。

《共产主义者的楷模,我党早期领导人、杰出的共产主义者——邓中夏同志》,黎安仁,《新湘评论》1982 年 10 期。

《伟大的爱国主义者邓中夏》,姜平,《江海学刊》1983 年 6 期。

《邓中夏生平大事年表简介》,李致宁,《党史研究资料》1986 年 8 期。

《邓中夏与二十年代初的上海大学——纪念邓中夏同志逝世五十周年》,孙杰,《上海大学学报(社会科学版)》1988 年 2 期。

《邓中夏磐石般的信念》,佚名,《人民日报》,1990 年 10 月 14 日,第 5 版。

《党史人物邓中夏关于工人阶级斗争政策和策略的思想》,徐大兵,《光明日报》,2016 年 4 月 26 日,第 11 版。

《邓中夏与上世纪二十年代的上海大学》,徐丙祥,《红广角》2016 年 8 期。

《中国工人运动的著名领导人邓中夏》,《解放日报》,2018 年 9 月 2 日,第 6 版。

董必武

《董必武同志关于中共"一大"的几次回忆》,谭玉轩、董良羽,《北京师范大学学报》1980 年 4 期。

《建党初期的董必武同志》,田子渝,《武汉师范学院学报(哲学社会科学版)》1981 年 S1 期。

《建党前后的董必武(上)》,杨瑞广,《党的文献》2001 年 4 期。

《建党前后的董必武(下)》,杨瑞广,《党的文献》2001 年 5 期。

《董必武与党的一大》,莫列义、赵光秀,《湖北档案》2006 年 5 期。

《董必武与中国共产党的创建》,夏燕月,《中国井冈山干部学院学报》2011 年 4 期。

《解放战争初期董必武在上海的革命活动》,徐云根,《上海党史与党建》2016 年 3 期。

《董必武在建党初期的贡献》,徐丙祥,《中国纪检监察报》,2016 年 7 月 11 日,第 6 版。

《中国共产党的创始人之一:董必武》,新华社,《解放日报》,2019 年 12 月 1 日,第 6 版。

杜国庠

《从"杜国庠"说起》,栗正,《出版工作》1985 年 1 期。

《深情思念杜国庠同志》,曾牧野,《学术研究》2008 年 10 期。

冯 铿

《从"乐园"幻梦到"红"的女人的讴歌——"左联"女作家冯铿的创作轨迹》,乔以钢,《河南教育学院学报(哲学社会科学版)》1994 年 3 期。

《"左联"女烈士冯铿简谱》,刘文菊,《山东女子学院学报》2019 年 4 期。

冯雪峰

《冯雪峰谈左联》,冯夏熊,《新文学史料》1980 年 1 期。

《冯雪峰在"左联"时期的文学活动》,徐光明,《复旦学报(社会科学版)》1980 年 2 期。

《一件早已肯定而又被否定的往事——关于冯雪峰同志一九三六年到达上海的时间问题》,包子衍,《文学评论》1980 年 4 期。

《冯雪峰从瓦窑堡到达上海的时间考辨》,李华盛,《湘潭大学(社会科学学报)》1981 年 2 期。

《关于冯雪峰 1936—37 年在上海情况的新史料》,程中原,《新文学史料》1992 年 4 期。

《冯雪峰衔中央使命赴上海》,陈早春,《文艺理论与批评》1993 年 1 期。

《冯雪峰 1936 年在上海》,许金翔,《回望雪峰:第三届冯雪峰学术研讨会论文集》,上海文艺出版社,2005 年。

《从"湖畔"到"左联"——二三十年代冯雪峰的心灵历程》,张大伟、袁盛勇,《回望雪峰:第三届冯雪峰学术研讨会论文集》,上海文艺出版社,2005 年。

《冯雪峰的左联活动与左联"组织"形象的构建》,柳传堆,《三明学院学报》2007 年 1 期。

《1936:冯雪峰奉命秘赴上海联系鲁迅》,何立波,《福建党史月刊》2007 年 12 期。

《左联左翼群体的理论碰撞、分化与现实战略——冯雪峰与"两个口号"的论争》,张欢,《社会科学家》2014 年 3 期。

顾德欢

《怀念顾德欢》,诸敏,《上海党史研究》1994 年 4 期。

顾正红

《五卅运动大事记》,卞杏英,《上海师范大学学报(哲学社会科学版)》1980 年 2 期。

《顾正红小传》,石剑,《盐城师专学报(哲学社会科学版)》1989 年 1 期。

《顾正红烈士与五卅运动》,陈乃鹏,《唯实》1990 年 3 期。

《缅怀顾正红烈士 纪念"五卅"运动》,洪梅芬,《解放日报》,1995 年 5 月 31 日,第 3 版。

《八十年前的一场反帝爱国运动》,钱敏,《世纪》2005 年 3 期。

《"五卅"烈士顾正红》,周正新、滕建平,《档案与建设》2012 年 5 期。

《顾正红:工人运动的先锋》,冯晓蔚,《工会信息》2018 年 18 期。

《在五卅运动中永生——顾正红》,邱冰清,《解放日报》,2018 年 4 月 19 日,第 3 版。

《在五卅运动中永生——顾正红》,佚名,《实践(党的教育版)》2019 年 1 期。

《顾正红:工人运动的先锋》,冯晓蔚,《世纪风采》2019 年 5 期。

顾作霖

《顾作霖:捐躯中央苏区级别最高的中共领导人》,晓农、陈上海,《党史博采(纪实)》2006 年 8 期。

《少共苏区中央局书记顾作霖》,刘晓农,《红广角》2012 年 10 期。

《忠魂长留红土地——记革命先烈顾作霖》,刘海峰,《老友》2017 年 5 期。

关　露

《一个不该被遗忘的女作家关露》,萧阳文,《新文学史料》1983 年 2 期。

《关露和她的〈新旧时代〉》,梅益,《社会科学》1983 年 5 期。

《关露在"孤岛"》,萧阳,《社会科学》1983 年 5 期。

《女诗人关露的苦难人生——一个三十年代的左翼作家的遭遇》,尹骐,《炎黄春秋》1994 年 8 期。

《关露:在坎坷和误解中走完一生》,舒平,《纵横》1996 年 11 期。

《一个不该被遗忘的女杰——共产党员关露生平剪影》,夏明亮,《党史博览》1998 年 10 期。

《怀念女作家关露——忆"文革"前后关露在商务印书馆的日子》,陈锋,《新文化史料》1999 年 1 期。

《"自有芳名昭史册"——序柯兴新作〈魂归京都——关露传〉》,康式昭,《文艺理论与批评》1999 年 6 期。

《关露:一个不该被遗忘的革命女作家》,赵淼、夏明亮,《党史文汇》1999 年 8 期。

《关露:一个顶着"汉奸文人"帽子的女作家》,金建明,《党史纵览》2000 年 5 期。

《女记者关露的虎穴生涯》,潘莹斌、周军、钱晓岚,《党史天地》2000 年 5 期。

《与魔鬼共舞——记关露打入汪伪 76 号特工总部》,周宗奇,《沧桑》2001 年 2 期。

《传奇女杰关露》,蒋梅,《民国春秋》2001 年 5 期。

《春天里走来的关露》,王玉梅,《全国新书目》2001 年 7 期。

《生命与忠诚——女作家关露的谍海生涯》,柯兴,《前进论坛》2004 年 7 期。

《"红色女谍"关露》,柯兴,《世纪桥》2005 年 7 期。

《传记事实中的真实与伪真实——以关露生平中的几个重要事实为例》,朱旭晨,《荆门职业技术学院学报》2006 年 1 期。

《关露——敌伪 76 号里的神秘女子》,王岚,《党史文苑》2006 年 15 期。

《关露:谍海沉冤四十年的悲情人生》,于继增,《文史博览》2007 年 8 期。

《关露:打入魔窟的传奇才女》,周益、张闻,《人民文摘》2008 年 3 期。

《打入日伪心脏的女作家关露》,于继增,《文史天地》2008 年 5 期。

《关露之死》,尹骐,《纪实》2009 年 10 期。

《才女、汉奸、特工,三个身份纠缠了她一生——关露:背负汉奸骂名 43 年》,小徐,《新闻天地》2009 年 12 期。

《"红色间谍"关露之死》,黄卫,《中国新闻周刊》2009 年 30 期。

《"红色间谍"关露之死》,黄卫,《老年教育》2010 年 2 期。

《关露:生铁久炼也成钢》,武心雕龙,《中外文摘》2010 年 12 期。

《飘零的"革命"叙事——关露的小说及其命运研究》,王珮,《三峡论坛(山峡文学·理论版)》2011 年 3 期。

《打入日伪心脏的河北籍女作家关露》,于继增,《乡音》2012 年 1 期。

《论红色女谍关露在抗日救亡中的历史贡献》,张晓珊、吴秋虹,《长江大学学报(社会科学版)》2012 年 4 期。

《关露:失去节拍的歌唱》,齐红,《长城》2012 年 5 期。

《我所认识的传奇才女关露》,张嘉鼎,《北京党史》2013 年 2 期。

《红色特工传奇——打入日伪魔窟的女作家关露》,于继增,《党史博采(纪实)》2013 年 3 期。

《关露的悲剧》,胡清风,《同舟共进》2014 年 1 期。

《关露:化作尘露也风流——读新四军情报工作者关露诗作》,章文,《铁军》2014 年 5 期。

《关露:千古情人独我痴》,施立松,《人民文摘》2014 年 12 期。

《女性、革命与文学——女作家关露的生命轨迹浅议》,丁晓萍,《吉林省教育学院学报(中旬)》2015 年 8 期。

《性别、战争与国族的变奏及书写——以关露为中心的考察》,高翔宇,《妇女研究论丛》2018 年 5 期。

郭纲琳

《郭纲琳》,应尔玉,《南京理工大学学报(自然科学版)》1985 年 2 期。

《永是勇士的郭纲琳》,良驹,《党史文汇》2007 年 11 期。

郭化若

《碧血丹心的郭化若将军》,周而复,《炎黄春秋》1996 年 7 期。

《上海军民衷心爱戴的司令员——郭化若》,王致冰,《上海党史研究》1997 年 1 期。

《郭化若与解放初期上海的警备工作》,丁芮,《军事历史》2020 年 3 期。

郭沫若

《郭沫若四十年代中期在上海活动纪略》,易明善、郑演,《上海师范大学学报(哲学社会科学版)》1982 年 4 期。

《郭沫若在大革命失败后是何时回到上海的?》,孙党伯,《武汉大学学报(社会科学版)》1982 年 4 期。

《郭沫若研究在上海》,陈永志,《郭沫若研究:学术座谈会专辑》,文化艺术出版社 1984 年。

《郭沫若与上海文艺出版社》,华然,《福建论坛(文史哲版)》1984 年 5 期。

《抗战时期的郭沫若》,唐早生,《人民日报》,1985 年 12 月 10 日,第 8 版。

《郭沫若在上海的几件事》,林林,《郭沫若研究(第六辑)》,文化艺术出版社 1988 年。

《郭沫若在上海》,萧斌如,《郭沫若学刊》1992 年 4 期。

《郭沫若的上海情结》,王锡荣,《世纪》2004 年 2 期。

《郭沫若对殖民地上海的体验与书写》,刘永丽,《东岳论丛》2011 年 10 期。

《郭沫若的民族主义情绪与殖民地上海》,刘永丽,《郭沫若与文化中国——纪念郭沫若诞辰 120 周年国际学术研讨会论文集(上卷)》,四川郭沫若研究中心 2012 年。

《要求"把人当成人":抗战中的郭沫若(附图片)》,李斌,《光明日报》,2015 年 8 月 7 日,第 13 版。

何秉彝

《五卅运动中的上大学生》,莫容,《上海档案》1985 年 3 期。

《民族骄子,青年楷模——"五卅"烈士何秉彝》,李志明,《成都师专学报》1990 年 2 期。

《何秉彝:血溅上海滩》,胡玉晋,《成都日报》,2011 年 7 月 1 日,T10 版。

何孟雄

《我国早期工人运动的卓越活动家——何孟雄》,赵春元,《中国工运学院学报》1988 年 2 期。

《何孟雄是最早反对立三"左"倾冒险主义的坚强战士》,曹仲彬,《求索》1988 年 4 期。

《何孟雄反对李立三、王明"左"倾错误路线的斗争》,潘国琪、钱守云,《杭州师范学院学报》1993 年 5 期。

《宁死不屈的龙华英烈——纪念何孟雄就义 70 周年》,曹仲彬,《上海党史与党建》2001 年 2 期。

《第一个公开反对立三路线的人——记中共早期党内斗争中的何孟雄》,王有海,《福建党史月刊》2003 年 6 期。

《何孟雄》,奚金芳、徐立刚,《档案与建设》2009 年 7 期。

《试析何孟雄在中共早期历史中的重要贡献》,孙伟,《中国井冈山干部学院学报》2011 年 3 期。

何叔衡

《何叔衡传略》,王兴刚、方大铭,《湖南师范学院学报(哲学社会科学版)》1981 年 3 期。

《何叔衡同志光辉的一生》,胡庆云,《教学与研究》1981 年 4 期。

《张国焘的一个谎言,关于何叔衡"一大"代表资格的考证》,周子信,《新时期》1981 年 6 期。

《忆父亲何叔衡成为马克思主义者的前后》,何实山、何实嗣,《新湘评论》1981 年 7 期。

《何叔衡是否出席过中共"一大"?》,陈标,《党史文汇》1995 年 4 期。

《何叔衡没有出席中共"一大"》,陈标,《广西党史》1996 年 1 期。

《何叔衡在党的一大前后》,李志萍,《党史天地》2001 年 7 期。

《中共"一大"代表何叔衡的一生》,苗体君、窦春芳,《党史博采(纪实)》2006 年 4 期。

《何叔衡是中共"一大"正式代表》,苗体君,《世纪桥》2006 年 7 期。

《何叔衡是不是中共"一大"的正式代表?》,窦春芳、苗体君,《理论界》2007 年 5 期。

《何叔衡是"一大"代表,但未出席"一大"——兼论出席"一大"的代表是 12 人,不是 13 人》,冯铁金,《上海革命史资料与研究》2007 年。

《关于何叔衡未出席"一大"考证续补》,冯铁金,《上海革命史资料与研究》2008 年。

《何叔衡出席了中共"一大"——答冯先生的来信》,唐振南,《上海革命史资料与研究》2009 年。

《中国共产党的创始人之一——何叔衡(附图片)》,殷泓,《光明日报》,2011 年 2 月 24 日,第 4 版。

《何叔衡》,刘良恒,《光明日报》,2018 年 9 月 16 日,第 3 版。

侯绍裘

《革命先驱侯绍裘》,谢剑雄,《苏州教育学院学报》1992 年 2 期。

《侯绍裘:更从何地觅侯生》,吴兴人,《档案春秋》2020 年 7 期。

胡乔木

《胡乔木在上海的革命活动》,曹晋杰,《上海党史研究》1998 年 6 期。

《胡乔木与王翰早年在上海的隐蔽行动》,茆贵鸣,《文史春秋》2005 年 2 期。

《胡乔木鲜为人知的求学经历》,吴鸣,《文史博览》2008 年 10 期。

胡文杰

《一位身先士卒的英雄团长——记牺牲在上海战役中的胡文杰》,袁海云,《上海党史研究》1997 年 5 期。

《胡文杰:上海战役中牺牲的职务最高的解放军烈士》,朱晓明,《档案春秋》2011 年 7 期。

胡也频

《从漂泊者到革命烈士——胡也频的成长道路》,王展,《革命人物》1986 年 S1 期。

《胡也频遇害前后》,高少峰,《福建党史月刊》2001 年 3 期。

《"左联"五烈士遇难的真相》,李玲、王敬业,《华南师范大学学报(社会科学版)》2005 年 6 期。

《丁玲、沈从文对胡也频的营救》,赖晨,《文史春秋》2014 年 2 期。

《不该被忘却的胡也频》,肖剑南,《福建理论学习》2016 年 9 期。

《从文学青年到革命作家——论胡也频与丁玲早期创作的相互影响》,刘盼佳、李广益,《中国现代文学研究丛刊》2018 年 3 期。

胡咏骐

《胡咏骐:从基督徒到中共秘密党员》,杨艳生,《世纪》2004 年 2 期。

《投身革命的"保险业大王"——胡咏骐》,石磊,《上海档案》2013 年 7 期。

华 岗

《华岗在上海周公馆期间的革命斗争》，蔡金法，《上海党史与党建》2003 年 6 期。

《父亲华岗的革命生涯》，华景杭，《百年潮》2010 年 8 期。

《"革命战士，学界楷模"——父亲华岗的坎坷人生》，华景杭、祁大钧，《党史博览》2015 年 5 期。

《华岗的革命生涯》，徐忠友，《党史纵览》2018 年 7 期。

黄竞西

《志坚情重 光照人寰——记中共江苏省委委员黄竞西烈士》，姚江婴，《档案与建设》2007 年 5 期。

《黄竞西狱中给岳舅的遗书》，《党史文汇》2012 年 2 期。

《纪念黄竞西烈士》，魏志文、耿桂清，《档案与建设》2012 年 2 期。

《黄竞西与妻书：我精神终萦绕于你的左右》，姚江婴，《世纪风采》2019 年 9 期。

黄 仁

《关于黄仁是否为上海最早牺牲的共产党员的史料考证》，王菊如，《上海革命史资料与研究》2004 年。

江上青

《秋风里陨落的星——记江上青烈士》，朱华锦，《江苏地方志》1997 年 1 期。

《江上青在上海》，黄俶成、曹晋杰，《上海党史研究》1997 年 3 期。

《江上青热血洒统战》，吴跃农，《世纪行》2001 年 7 期。

《革命烽火燃，文笔作刀枪——缅怀江上青烈士》，胡昌方、刘聿才，《党史文汇》2010 年 5 期。

姜椿芳

《忆姜椿芳同志二三事》，刘志荣，《出版工作》1988 年 2 期。

《姜椿芳同志生平》，《新文学史料》1988 年 2 期。

《深深铭佩 久久怀念——忆姜椿芳同志》，袁雪芬，《上海戏剧》1988 年 6 期。

《我的爸爸姜椿芳》，姜尼娜，《群言》1988 年 8 期。

《姜椿芳》，常政，《编辑之友》1989 年 5 期。

《非凡的文化战士——追记已故全国政协文化组组长姜椿芳》，邹士方，《民主》1990 年 3 期。

《姜椿芳在抗战后的上海》，杨哲，《纵横》2005 年 11 期。

《父亲姜椿芳的革命翻译家与出版家之路》，纪恒俊、姜廷，《中华儿女》2007 年 11 期。

《左翼文化运动的优秀战士——纪念姜椿芳诞辰 100 周年》，马彦超，《世纪桥》2012 年 14 期。

金维映

《你所不知道的金维映》，张丽红，《湘潮（上半月）》2013 年 2 期。

《金维映在上海的革命经历述论》，陈彩琴，《上海党史与党建》2014 年 10 期。

金学成

《父亲金学成与〈改造日报〉社》，高云龙，《世纪》2008 年 5 期。

《奉贤第一个共产党员金学成》，魏英秀，《上海党史与党建》2011 年 3 期。

柯庆施

《人生变奏曲——评介中共党史人物柯庆施》，张修成，《党史纵横》1994 年 8 期。

《柯庆施之死》,叶永烈,《党史博览》1999 年 6 期。

《从柯庆施抄袭周佛海说起》,傅平,《红岩春秋》2001 年 6 期。

《如何评价柯庆施》,邓伟志,《党史纵览》2003 年 9 期。

《评柯庆施》,邓伟志,《江淮文史》2004 年 1 期。

《周恩来与我的爸爸柯庆施》,柯六六,《江淮文史》2004 年 3 期。

《水甜风香竹溪村——爸爸柯庆施深深思念的故乡》,柯友兰,《江淮文史》2004 年 4 期。

《柯庆施险些取代周恩来》,于慧,《文史博览》2004 年 8 期。

《爸爸柯庆施在上海的岁月(上)》,柯六六,《江淮文史》2004 年 5 期。

《爸爸柯庆施在上海的岁月(下)》,柯六六,《江淮文史》2004 年 6 期。

《柯庆施险些取代周恩来》,于慧,《党的建设》2005 年 9 期。

《早年的柯庆施与陶行知》,汪太戈,《党史纵览》2004 年 10 期。

《柯庆施在安徽的早期革命活动》,李银德,《江淮文史》2006 年 2 期。

《水竹坑与柯庆施》,程兵,《党史纵览》2006 年 3 期。

《柯庆施早期的军事生涯》,汪太戈,《党史纵览》2006 年 7 期。

《柯庆施猝死之谜》,郝国英,《党史文苑》2006 年 15 期。

《父亲柯庆施加入社会主义青年团前后》,柯六六,《百年潮》2007 年 9 期。

《柯庆施的家世和青少年时代(节录)》,何泉达,《史林》2007 年 S1 期。

《在石家庄为柯庆施当警卫的日子》,杨振华,《百年潮》2007 年 12 期。

《共和国历史上的柯庆施》,方海兴,《炎黄春秋》2008 年 10 期。

《柯六六回忆:周恩来与我的爸爸柯庆施》,柯六六,《领导文萃》2008 年 20 期。

《柯庆施就读上海外国语学社前后》,柯六六,《江淮文史》2008 年 6 期。

《柯庆施任上海市市长评说》,刘华文,《贵阳文史》2009 年 1 期。

《五四运动前后柯庆施日记、家信选摘》,柯六六,《中共党史研究》2009 年 5 期。

《柯庆施的琢磨》,方海兴,《领导文萃》2009 年 11 期。

《石家庄首任市长柯庆施》,柯六六,《江淮文史》2009 年 3 期。

《柯庆施的政治资本》,陈小津,《共产党员》2009 年 14 期。

《党内"怪才"柯庆施》,温相,《百年潮》2009 年 8 期。

《早年柯庆施与陈独秀的一段交往》,宋连科,《党史纵览》2009 年 8 期。

《柯庆施推波助澜》,《历史教学(中学版)》2009 年 9 期。

《柯庆施:值得研究的历史人物》,钱江,《党史博览》2009 年 9 期。

《〈海瑞罢官〉:尚未披露的史实》,李逊,《炎黄春秋》2010 年 3 期。

《陈云与柯庆施的一次争论》,陈小津,《广东党史》2010 年 3 期。

《柯庆施表扬我的杂文》,元三,《党史博览》2010 年 4 期。

《我所了解的柯庆施》,元三,《文史博览》2010 年 4 期。

《柯庆施提倡"大写13年"所引起的一场风波》,阎志峰,《党史博采(纪实)》2010 年 5 期。

《我眼中的柯庆施》,赵元三,《江淮文史》2010 年 4 期。

《"上海王"柯庆施(上)》,叶永烈,《同舟共进》2010 年 11 期。

《"上海王"柯庆施(下)》,叶永烈,《同舟共进》2010 年 12 期。

《我了解的柯庆施》,马达,《世纪》2011 年 1 期。

《在柯庆施身边工作十年》,秦尚荷,《江淮文史》2011 年 3 期。

《我了解的柯庆施》,马达,《领导文萃》2011 年 11 期。

《柯庆施与安徽第一个城市党支部》,汪太戈,《党史纵览》2011 年 12 期。

《延安审干运动中的柯庆施——来自亲历者的回忆》，柯六六，《江淮文史》2012 年 2 期。

《写柯庆施大字报改变了我的命运》，华平，《世纪》2012 年 4 期。

《1963 至 1965 年华东现代戏运动新探》，邢恩源，《党史研究与教学》2013 年 3 期。

《柯庆施与上海大炼钢铁》，邢恩源，《江苏大学学报(社会科学版)》，2013 年 4 期。

《柯庆施与"大跃进"运动兴起》，邢恩源、赵春艳，《淮阴师范学院学报(哲学社会科学版)》2014 年 5 期。

《"大写十三年"口号的由来》，朱安平，《党史博览》2015 年 1 期。

《柯庆施与人民公社化运动》，邢恩源，《江苏大学学报(社会科学版)》2014 年 6 期。

《柯庆施与上海农业大跃进》，邢恩源，《理论界》2015 年 2 期。

《我了解的柯庆施》，马达，《领导文萃》2016 年 11 期。

《1958 年南宁会议与会人员考》，李亮，《上海党史与党建》2017 年 8 期。

《七千人大会前后的柯庆施》，邢恩源，《江苏大学学报(社会科学版)》2018 年 1 期。

《华东局三位领导戒烟的秘密》，邓伟志，《大江南北》2019 年 10 期。

李 白

《英勇的共产党人——李白》，王谨，《人民日报》，1981 年 8 月 27 日，第 5 版。

《为党的秘密电台英勇献身——李白》，新华社，《光明日报》，2005 年 11 月 28 日，第 3 版。

《李白烈士遇害真相》，姚华飞，《文汇报》，2008 年 1 月 7 日，第 11 版。

《永不消逝的电波——忆李白同志》，申毅、贾晓明，《纵横》2010 年 10 期。

《红色特工传奇之〈永不消逝的电波〉的主人公原型李白》，于继增，《党史博采(纪实)》2012 年 8 期。

《李白和他地下电台工作的惊险故事》，张映武，《天津政协》2012 年 10 期。

《永不消逝的红色电波——怀念革命烈士李白》，曾三、赖世鹤，《档案时空》2017 年 9 期。

《李白烈士使用过的发报箱和工具箱》，王建柱，《中国老区建设》2017 年 12 期。

李 达

《此身莫向沟中殒 犹上文坛作老军——追念我的父亲李达同志》，李心天，《光明日报》1978 年 12 月 12 日，第 3 版。

《〈共产党〉月刊与李达同志》，李其驹、段启咸，《光明日报》，1979 年 7 月 2 日，第 4 版。

《李达自传》(节录)，李达，《党史研究资料》1980 年 8 期。

《李达同志冤案平反昭雪》，新华社，《解放日报》，1980 年 11 月 6 日，第 1 版。

《李达同志生平事略》，《李达文集》编辑组，《武汉大学学报(哲学社会科学版)》1981 年 1 期。

《中国马克思主义启蒙思想家李达的早期活动》，李其驹，《河南师范大学学报(社会科学版)》1981 年 1 期。

《中国共产党创始人之一李达的建党活动》，李其驹，《河南师范大学学报(社会科学版)》1981 年 2 期。

《李达年表(1890—1966)》，宋镜明、刘捷，《江汉论坛》1981 年 3 期。

《李达对创建中国共产党的贡献》，张静如、江长仁，《人民日报》1981 年 4 月 10 日，第 5 版。

《为真理而斗争的李达同志》，侯外庐，《光明日报》1981 年 6 月 18 日，第 3 版。

《李达同志早期对传播马克思主义国家学说的贡献》，邹永贤，《学术月刊》1982 年 3 期。

《李达生平事略》，《李达文集》编辑组，《岳麓书院通讯》1983 年 1 期。

《李达在建党前传播的唯物史观及其历史作用》，陈殿云，《求索》1983 年 2 期。

《李达同志在建党时期对传播马克思主义的贡献》，宋镜明，《武汉大学学报(社会科学版)》1983 年 3 期。

《李达对创建中国共产党的重大贡献》,范兆琪,《学习与研究》1983 年 11 期。

《〈李达年表〉史实辨证》,唐春元,《江汉论坛》1984 年 4 期。

《李达早期在中国传播马克思主义的活动》,徐善广,《史志文萃》1986 年 2 期。

《孜孜不倦探真理——党的"一大"代表李达光辉的一生》,全英豪,《党史研究与教学》1990 年 6 期。

《略论建党前后李达传播科学社会主义的理论贡献》,李振纲,《河北大学学报(哲学社会科学版)》1991 年 1 期。

《论李达对于中国式社会主义建设的探索》,张喜阳,《天津师范大学学报(社会科学版)》1991 年 3 期。

《李达在中国共产党创建中的历史作用》,杨邦国,《南开学报》1991 年 4 期。

《李达也是党的创始人之一》,徐晓林,《苏州大学学报》1992 年 4 期。

《中国共产党创建时期的李达》,黄子兴,《上海党史研究》1997 年 5 期。

《从李达佚文谈中共"一大"若干史实》,沈海波,《上海党史研究》1999 年 2 期。

《李达对中共创建的思想理论贡献》,宋镜明,《求索》2000 年 5 期。

《论李达在早期马克思主义传播中的作用》,白树震,《东北师范大学学报》2000 年 6 期。

《"一大"代表李达》,鸣镝、阳晴,《党史纵览》2002 年 9 期。

《中共"一大"代表李达脱党原因的新发现》,苗体君,《湖南师范大学社会科学学报》2007 年 4 期。

《李达与中共"一大"》,苗体君、窦春芳,《党史纵横》2008 年 2 期。

《李达早期马克思主义观探析》,陈桂香,《湖南大学学报(社会科学版)》2009 年 3 期。

《论李达的马克思主义中国化思想》,周太山,《湖北社会科学》2010 年 1 期。

《建党时期李达与李汉俊革命思想与实践发展轨迹探析》,徐云根、顾黎琼,《上海革命史资料与研究》2010 年。

《上海发起组成立前后的李达》,赵魁浩,《上海革命史资料与研究》2010 年。

《中共"一大"代表李达一生三次入党》,苗体君、窦春芳,《档案天地》2011 年 5 期。

《中共"一大"代表李达研究中的四大历史谜团》,苗体君,《党史博采(纪实)》2011 年 6 期。

《论李达在建党时期的历史地位》,宋镜明、李斌雄,《马克思主义研究》2011 年 7 期。

《李达与中国共产党的成立》,李惠康、李芬芬,《文史博览(理论)》2011 年 2 期。

《论李达社会主义观的三重维度》,丁兆梅,《河南师范大学学报(哲学社会科学版)》2012 年 1 期。

《李达对马克思主义中国化的理论贡献与思想特征》,韩旭,《延安大学学报(社会科学版)》2013 年 4 期。

《李达对中国共产党创建时期宣传工作的贡献》,丁俊萍、吕惠东,《江汉论坛》2013 年 4 期。

《"理论界的鲁迅"李达》,汪信砚,《光明日报》,2017 年 9 月 11 日,第 16 版。

《构建中国化马克思主义哲学的拓荒者——李达哲学思想研究》,汪信砚,《光明日报》,2020 年 10 月 12 日,第 15 版。

李大钊

《李大钊同志革命史略》,药英,《山西师范学院学报(哲学社会科学版)》1979 年 2 期。

《李大钊同志的建党功绩是不朽的》,董令仪,《山东师范学院学报(哲学社会科学版)》1979 年 6 期。

《李大钊在中国共产主义运动中的历史地位》,肖超然、沙健孙、梁柱,《北京大学学报(哲学社会科学版)》1979 年 6 期。

《李大钊和陈独秀》,张静如,《社联通讯(上海)》1979 年 7 期。

《李大钊——中国工人运动的先驱》,熊怀济,《光明日报》,1979 年 3 月 27 日,第 4 版。

《李大钊同志年谱简编》,刘弄潮,《社会科学研究》1980 年 5 期。

《李大钊同志对创建中国共产党的贡献》,武可贤,《山东大学论文集刊》1981 年 1 期。

《李大钊与中国共产党的创立》,周子信,《江淮论坛》1981 年 3 期。

《李大钊没有参加中共"四大"》,肖甡,《党史研究资料》1982 年 7 期。

《李大钊同志六次到上海》,陈绍康,《社会科学(上海)》1982 年 8 期。

《近年来李大钊研究述评》,杜蒸民、汪世忠,《党史研究》1985 年 1 期。

《建国以来李大钊研究述评》,张静如、马横贞,《近代史研究》1985 年 2 期。

《李大钊对建党的贡献》,任武雄,《党史资料通讯》1987 年 4 期。

《李大钊为何未参加党的"一大"》,王顺,《历史教学》1989 年 12 期。

《李大钊在上海的日子》,俞乐滨,《解放日报》,1989 年 10 月 29 日,第 7 版。

《纪念中国共产主义运动的伟大先驱李大钊》,胡乔木,《人民日报》,1989 年 11 月 2 日,第 4 版综合。

《李大钊在上海二三事》,俞乐滨,《文汇报》,1989 年 11 月 21 日,第 3 版。

《纪念李大钊》,胡绳,《中共党史研究》1990 年 1 期。

《纪念中国共产主义运动的伟大先驱李大钊》,胡乔木,《中共党史研究》1990 年 1 期。

《浅谈李大钊建党活动的几个特点》,朱文通、王小梅,《河北学刊》1990 年 1 期。

《李大钊为何未出席中共"一大"? ——兼与郑天贵同志商榷》,路海江、林修敏,《党史纵横》1991 年 1 期。

《李大钊对党的创建的重大贡献》,罗小凡,《湖南社会科学》1991 年 2 期。

《李大钊与早期中国工人运动》,孙继虎、丁孝智,《西北师范大学学报(社会科学版)》1991 年 3 期。

《李大钊曾几莅上海》,罗宝轩,《历史教学》1992 年 6 期。

《试论李大钊在中国共产党创建中的作用》,范浔华,《探索》1996 年 2 期。

《李大钊和毛泽东》,陈增辉,《上海党史研究》1997 年 2 期。

《李大钊与中国共产党的建设》,吴家林,《中共党史研究》2000 年 6 期。

《李大钊与中国共产党的创建》,李淑兰、宗妍,《江西社会科学》2000 年 8 期。

《陈独秀和李大钊因何没有参加中共"一大"》,张喆、王正茂,《党的建设》2001 年 1 期。

《中共一大时期的李大钊》,王观泉,《文汇报》2001 年 7 月 9 日,第 12 版。

《李大钊没有出席中共一大原因再探讨》,苗体君、窦春芳,《党的文献》2007 年 3 期。

《"上海革命局"的"李同志"不是李汉俊,而是李大钊——兼谈李汉俊亦是上海革命局成员》,冯铁金,《北京党史》2009 年 4 期。

《中国最早的马克思主义者——李大钊》,《光明日报》,2009 年 7 月 3 日,第 3 版。

《在纪念李大钊同志诞辰 120 周年座谈会上的讲话(2009 年 10 月 28 日)》,习近平,《光明日报》,2009 年 10 月 29 日,第 3 版。

《李大钊未参加中共"一大"原因新探》,曹学鹏、李红涛,《黑龙江史志》2009 年 24 期。

《李大钊与中共四大》,李蕙芬,《纪念李大钊诞辰 120 周年学术论文选集》,云南教育出版社,2009 年。

《李大钊七到上海》,朱少伟,《党政论坛(干部文摘)》2011 年 1 期。

《李大钊建党前后在上海》,朱少伟,《都会遗踪》2011 年 4 期。

《2004 年以来李大钊研究述评》,朱志敏、李梦云,《教学与研究》2011 年 7 期。

《李大钊对创建中共上海发起组的历史作用》,张勤龙,《上海党史与党建》2010 年 11 期。

《李大钊与上海的不解之缘》,张姚俊,《世纪》2012 年 6 期。

《早期中国共产党人对马克思主义的学习与传播——以李大钊为例》,陈胜、武建奎、李国昌,《南京政治学院学报》2013 年 3 期。

《李大钊在上海所作〈茶贸易与蒙藏之关系〉的演讲研究》,李继华,《上海革命史资料与研究》2013 年。

《对李大钊在上海"怒斥戈登像"的辩正》,李继华,《上海革命史资料与研究》2014 年。

《陈独秀和李大钊缺席中共一大之谜》,本刊编辑部,《人民周刊》2016 年 9 期。

《先行者李大钊：以青春之我，创建青春之国家》，李俊义，《光明日报》，2016 年 7 月 7 日，第 4 版。

《李大钊缺席"一大"原因研究的回顾与思考》，郭国祥、彭岩松，《湖北社会科学》2018 年 9 期。

《李大钊 1917 年两次由上海到南京活动情况初探》，缪慧，《上海党史与党建》2018 年 11 期。

《回顾与前瞻：近五年来李大钊研究综述》，王启超，《北京党史》2020 年 1 期。

李汉俊

《中国共产党创建时期的李汉俊同志》，甘子久，《社会科学》1981 年 2 期。

《李汉俊传略》，陈绍康、骆美玲、田子渝，《武汉师范学院学报（哲学社会科学版）》1982 年 6 期。

《回忆李汉俊》，李伯刚遗稿，《党史研究资料》1982 年 7 期。

《李汉俊与〈星期评论〉》，陈绍康、田子渝，《社会科学》1984 年 3 期。

《李汉俊在创建中国共产党过程中的历史功业》，田子渝，《湖北大学学报（哲学社会科学版）》1990 年 4 期。

《党的"一大"会址与李汉俊》，李新福，《湖北社会科学》1991 年 7 期。

《试述李汉俊对创建中国共产党的重要贡献》，金英豪，《党史研究与教学》1992 年 3 期。

《中共"一大"代表李汉俊的功与过》，姚松蛟，《炎黄春秋》1996 年 2 期。

《最早提出建党思想的是李汉俊吗？》，叶累，《上海党史研究》1999 年 4 期。

《浅论李汉俊对中国革命的贡献与失误》，陈绍康，《上海革命史资料与研究》2002 年。

《历史的悲剧：李汉俊——中共在创建时期与李汉俊的思想分歧》，任武雄，《上海党史与党建》2005 年 1 期。

《李汉俊巧设中共"一大"会场》，陆米强，《世纪》2005 年 5 期。

《李汉俊在早期马克思主义传播中发挥的作用和影响》，赵魁浩，《上海党史与党建》2007 年 12 期。

《李汉俊脱党与被开除党籍的历史考察》，苗体君、窦春芳，《党史研究与教学》2007 年 3 期。

《李汉俊与马克思主义在中国的传播》，苗体君、窦春芳，《党史纵览》2008 年 2 期。

《李汉俊对中国共产党成立的特殊贡献》，窦春芳，《广西社会科学》2008 年 5 期。

《建党时期李汉俊思想述论》，徐云根，《上海革命史资料与研究》2008 年。

《李汉俊对上海早期工人运动的杰出贡献》，陈绍康，《上海革命史资料与研究》2008 年。

《李汉俊在早期马克思主义传播中发挥的作用和影响》，赵魁浩、孙道同，《上海革命史资料与研究》2008 年。

《关于李汉俊的脱党原因及其是非曲直》，徐云根，《上海党史与党建》2009 年 1 期。

《"上海革命局"的"李同志"不是李汉俊，而是李大钊——兼谈李汉俊亦是上海革命局成员》，冯铁金，《北京党史》2009 年 4 期。

《试论李汉俊在中共上海发起组中的地位与作用》，徐云根，《上海革命史资料与研究》2010 年。

《中共"一大"代表李汉俊研究中的四大历史谜团》，苗体君，《党史博采（纪实）》2011 年 4 期。

《中共一大代表李汉俊》，耕晨，《党史纵横》2011 年 7 期。

《选择与分离：从李汉俊与〈星期评论〉的关系看中共早期组织的形成》，李红，《上海党史与党建》2011 年 8 期。

《李汉俊在中国共产党创建进程中的独特贡献》，李莹，《世纪桥》2011 年 22 期。

《李汉俊在建党前后对中国革命理论的探索》，别国庆，《上海革命史资料与研究》2011 年。

《李汉俊对中国共产党创建的杰出贡献》，周行、田子渝，《山西大学学报（哲学社会科学版）》2012 年 6 期。

《李汉俊与中国共产主义运动起源》，李丹阳，《史学月刊》2012 年 7 期。

李立三

《两次追悼李立三》，李俊臣，《人民日报》，1980 年 4 月 8 日，第 8 版。

《李立三在五卅运动中的杰出贡献》，唐纯良，《求是学刊》1985 年 5 期。

《李立三与上海工人运动》，陈卫民，《史林》1997 年 2 期。

《工运领袖李立三》，桂新秋，《党的文献》1999 年 6 期。

《李立三工人运动和工会工作成就研究综述》，柳礼泉，《长沙大学学报》2004 年 3 期。

《李立三研究综述》，柳礼泉、薛其林，《湖南社会科学》2004 年 5 期。

《李立三在城市帮会工作中的斗争策略和实践》，张雷、李汶江，《世纪桥》2010 年 3 期。

《李立三与 20 世纪 30 年代的中共无线电通讯》，李思慎，《百年潮》2014 年 10 期。

《刘少奇 李立三与五卅运动》，陈家新，《工会博览(下旬版)》2016 年 4 期。

《韩乐然随同李立三的上海之行》，王恩宝，《党史纵横》2017 年 5 期。

《中共创立时期共产党人的初心解读——李立三篇》，王相坤，《党史文苑》2019 年 8 期。

《李立三 奋战在五卅运动第一线》，肖娜，《新湘评论》2020 年 9 期。

李启汉

《李启汉》，吕芳文，《湘潭大学社会科学学报》1983 年 4 期。

《老渔阳里与早期上海工人群众运动领袖"二李"》，袁士祥，《北京劳动保障职业学院学报》2014 年 3 期。

《李启汉在〈劳动周刊〉的编辑出版活动》，邓涛，《湘潮(上半月)》2014 年 11 期。

《李启汉与上海工人运动》，吴楚婴，《党史文汇》2015 年 9 期。

《李启汉：工人运动"坐狱最早最苦的同志"》，叶介甫，《工会信息》2018 年 20 期。

《李启汉 战斗在上海的工运先锋》，夕岩，《新湘评论》2020 年 7 期。

李求实

《革命文学家李求实》，冯晓蔚，《湖北档案》2008 年 8 期。

《李求实对共青团工作的开创》，刘金玲，《兰台世界》2014 年 34 期。

《李求实的革命实践及其编辑思想》，王志刚、柳作林，《出版发行研究》2015 年 1 期。

《李求实：从青年运动领袖到中共宣传战士》，王润泽、杨奇光，《新闻界》2018 年 3 期。

李硕勋

《李硕勋传略》，何锦洲、罗慰年，《华南师范大学学报(社会科学版)》1986 年 1 期。

《忠骨遗琼岛 浩气贯神州——李硕勋、赵君陶纪略》，袁小轮，《革命人物》1987 年 S6 期。

《铭刻在人民心中的青年革命家——我所了解的李硕勋同志》，阳翰笙，《党史纵横》1991 年 3 期。

《李硕勋烈士》，刘汉升、吴坤富，《中国民兵》1992 年 2 期。

《我所知道的阳翰笙和李硕勋》，雷晓晖、徐志福，《宜宾师专学报》1992 年 3 期。

《郭老题辞悼硕勋》，范让能、童明光，《郭沫若学刊》1993 年 1 期。

《李硕勋传略》，何锦洲，《广西党史》1994 年 1 期。

《李硕勋在上海的革命足迹》，宋国栋、何锦洲，《党政论坛》1994 年 11 期。

《彪炳千秋——记李硕勋烈士》，王勇，《党史文汇》1995 年 2 期。

《李硕勋一代英烈》，章夫，《国际人才交流》1996 年 3 期。

《李硕勋与〈中国学生〉杂志》，吴家华，《北京党史研究》1997 年 6 期。

《李硕勋对中国革命的贡献》，王虹，《文史杂志》1997 年 6 期。

《试论李硕勋的党性修养》，张模超，《重庆师院学报（哲学社会科学版）》，1998 年 1 期。

《革命烈士李硕勋的一桩憾事》，徐珣，《协商论坛》1998 年 6 期。

《读李硕勋、赵一曼遗书有感》，叶源洪，《四川党史》，2002 年 1 期。

《革命伴侣李硕勋和赵君陶的光辉人生》，滕久明，《红岩春秋》2003 年 1 期。

《血洒琼州，功昭日月——纪念李硕勋烈士诞辰一百周年》，邢诒孔、徐冰，《今日海南》2003 年 2 期。

《学习和缅怀革命先驱李硕勋》，张学忠，《四川党史》2003 年 2 期。

《永远跟党走——李硕勋对中国青年运动的杰出贡献》，沈建中，《上海党史与党建》2003 年 2 期。

《不朽的诗篇——读有关李硕勋烈士三本传记的札记》，王笠夫，《广西党史》2003 年 3 期。

《阳翰笙与李硕勋》，徐志福，《文史杂志》2003 年 6 期。

《李硕勋：英名永载中国革命史册》，王庆跃、王骥远，《四川党的建设（城市版）》2007 年 5 期。

《李硕勋留给妻子的遗书》，佚名，《党史文汇》2010 年 5 期。

《李硕勋的遗物》，佚名，《党史文苑》2016 年 1 期。

《李硕勋烈士遗书》，张敏杰，《党史文苑》2018 年 8 期。

李先念

《李先念与宝钢建设》，朱玉，《党史天地》2004 年 12 期。

《从宝钢看李先念与上海建设》，吴鸿荣，《新四军研究》（第 3 辑），上海辞书出版社，2011 年。

李一谔

《鞠躬尽瘁李一谔先生——记香港印刷业商会创办人》，本刊编辑部，《广东印刷》1997 年 2 期。

《热心桑梓的旅港名流李一谔》，余一丁，《岭南文史》1999 年 S1 期。

李震瀛

《中共创建之初李震瀛的工运活动》，肖甡，《上海革命史资料与研究》2005 年。

《出席中共"二大"的代表为 13 名——他们是：陈独秀、张国焘、李达；杨明斋、项英、高君宇、王尽美、李震瀛、王右木、蔡和森；邓中夏、张太雷、向警予》，李黎明、金铁锋，《上海革命史资料与研究》2008 年。

《李震瀛：不为人熟知的中共"二大"代表》，窦春芳，《党史博采（纪实）》2012 年 7 期。

《中共二大、五大代表李震瀛述略》，温明成、袁晓虎，《大连近代史研究》2012 年 9 期。

梁灵光

《梁灵光在上海》，陈挥，《上海师范大学学报（哲学·社会科学版）》1999 年 6 期。

《从儒将到公仆——梁灵光的传奇一生》，邱文生，《福建党史月刊》2007 年 9 期。

《梁灵光在上海的学习与战斗》，陈挥，《新四军研究》2017 年第 9 辑。

林育南

《东方旅社事件——记林育南、李求实、何孟雄等二十三烈士的被捕与殉难》，李海文、佘海宁，《社会科学战线》1980 年 3 期。

《龙华千载传英名——林育南烈士传略》，李良明、廖鑫初，《华中师院学报（哲学社会科学版）》1982 年 2 期。

《龙华千载仰高风——缅怀秘书人员的楷模林育南烈士》，高勇，《秘书之友》1986 年 5 期。

《党的早期工人运动的著名领袖林育南》，廖鑫初，《黄冈师专学报》1994 年 3 期。

《他才是林育南》,孙云缓,《上海党史研究》1994 年 6 期。

《林育南　血与火铸就的青春人生》,刘之昆,《中华儿女》2012 年第 9 期。

《林育南革命活动口述史料几则》,张金保、刘仁静、李良明,《中共历史与理论研究》2017 年 1 期。

刘长胜

《怀念刘长胜同志》,马飞海,《上海党史与党建》2003 年 6 期。

《上海工人运动的杰出领导人——刘长胜》,李家齐,《上海党史与党建》2003 年 6 期。

《工会奇人刘长胜》,闫永飞,《工会信息》2019 年 10 期。

刘　华

《刘华烈士生平》,刘宁,《社会科学》1981 年 1 期。

《血染黄浦滩的早期工人领袖刘华》,倪良端,《广东党史》1997 年 5 期。

《青春热血献中华——记早期工人运动领袖刘华》,倪良端,《中华魂》1999 年 11 期。

《"我活着,是为了工人兄弟……"——记工运领袖刘华》,王全有,《共产党员》2003 年 2 期。

《1926 年 12 月上海:追悼刘华、陶静轩》,刘作忠,《世纪桥》2003 年 2 期。

刘良模

《一个爱国基督徒的历程——记全国政协常委刘良模》,卜飚茗,《今日中国(中文版)》1982 年 9 期。

《怀念刘良模先生》,陈一鸣,《天风》1998 年 9 期。

《抗战岁月中的文化人　刘良模与抗日群众歌咏活动》,罗伟虹,《世纪》2005 年 5 期。

《从纪念罗伯逊想到刘良模》,陈一鸣,《世纪》2009 年 4 期。

《刘良模与〈义勇军进行曲〉》,章华明、陈刚,《天风》2010 年 8 期。

《刘良模先生与国歌》,章华明,《中国宗教》2011 年 2 期。

《让〈义勇军进行曲〉在四方响起——记爱国基督徒刘良模弟兄》,活石,《天风》2019 年 9 期。

刘宁一

《刘宁一与上海周公馆》,蔡金发,《上海党史与党建》2001 年 3 期。

《刘宁一在上海》,马福龙,《上海革命史资料与研究》2004 年。

刘仁静

《我所知道的中共"一大"代表刘仁静》,陆立之,《炎黄春秋》1994 年 12 期。

《中共一大代表刘仁静》,李良明,《党史天地》2005 年 7 期。

《中共"一大"代表刘仁静曲折离奇的一生》,苗体君、窦春芳,《党史博采(纪实)》2006 年 7 期。

《中共一大代表刘仁静的人生历程》,章慕荣,《文史天地》2006 年 12 期。

《中共"一大"代表刘仁静的曲折人生》,徐云根,《党史天地》2007 年 10 期。

《略论建党时期刘仁静对青年运动的贡献》,徐云根,《上海革命史资料与研究》2007 年。

《中共"一大"代表刘仁静研究中的四大历史谜团》,苗体君,《党史博采(纪实)》2011 年 9 期。

《中共一大代表刘仁静》,窦春芳,《红广角》2012 年 11 期。

《关于刘仁静与中共"一大"会议争议问题之我见》,信洪林,《上海革命史资料与研究》2012 年。

《刘仁静与中共"一大"》,李良明,《上海革命史资料与研究》2012 年。

《刘仁静与中共"一大"上的争论再思考》,方宁,《上海革命史资料与研究》2012 年。

《刘仁静在建党初期的贡献》,肖甡,《上海革命史资料与研究》2012 年。

《略论刘仁静成为中共"一大"代表的原因》,徐云根,《上海革命史资料与研究》2012 年。

《中共"一大"代表刘仁静坎坷的人生道路》,郭绪印,《上海革命史资料与研究》2012 年。

刘少奇

《从上海到莫斯科——回忆在少奇同志身边的日子》,戴重远,《华中师院学报(哲学社会科学版)》1980 年 2 期。

《少奇同志与五卅运动》,任建树、张培德,《社会科学》1980 年 2 期。

《刘少奇生平活动年表》,中国革命博物馆,《政治教育》1980 年 3 期。

《刘少奇同志的简要历史》,王光美,《近代史研究》1980 年 3 期。

《试论"二战"时期刘少奇在上海开展革命活动的策略思想》,郑灿辉、施守全,《上海师范大学学报(哲学社会科学版)》1980 年 4 期。

《刘少奇同志在上海人民中》,佚名,《解放日报》,1980 年 3 月 7 日,第 4 版。

《在安源大罢工中的刘少奇》,彭永辉、张振初、刘家林,《光明日报》,1980 年 3 月 11 日,第 4 版。

《工人阶级一位勇敢的战士——刘少奇同志在一九二五年》,新华社记者,《光明日报》,1980 年 3 月 13 日,第 1 版。

《少奇同志,上海工人怀念你!》,郭昌熹、俞康华等,《解放日报》,1980 年 5 月 17 日,第 2 版。

《中国工人运动的卓越组织者和领导者——介绍刘少奇早期领导工人运动的业绩》,凤玉,《河北大学学报(哲学社会科学版)》1981 年 4 期。

《刘少奇同志在民主革命时期对左倾错误的抵制和斗争》,叶青,《徐州师范学院学报》1982 年 1 期。

《1930 年前后刘少奇在白区工运中反对左倾错误的斗争》,云本、宋侠,《历史教学》1982 年 5 期。

《刘少奇同志与五卅运动有关的二、三事》,钟兴,《广西大学学报(哲学社会科学版)》1983 年 2 期。

《论刘少奇同志白区工作的策略思想》,冯毅,《河北大学学报(哲学社会科学版)》1983 年 2 期。

《刘少奇同志生平活动年表(1898—1969)》,佚名,《益阳党史通讯》1983 年 3 期。

《刘少奇与建国初上海经济的恢复、发展和改革》,吴祥华、徐平,《上海师范大学学报(哲学社会科学版)》1998 年 4 期。

《刘少奇在上海》,童志强、吴祥华,《上海党史研究》1998 年 5 期。

《刘少奇在上海的革命岁月》,童志强、吴祥华,《世纪》1998 年 6 期。

《上海工人阶级的良师益友——缅怀刘少奇同志对上海工人运动的亲切关怀》,上海市总工会,《中国工运》1998 年 12 期。

《刘少奇与白区工作会议》,金冲及,《党的文献》1999 年 2 期。

《一片冰心在玉壶——刘少奇与宋庆龄的交往》,林铭纲,《党史纵横》1999 年 3 期。

《刘少奇对白区工人运动中"左"倾错误的斗争》,王新生,《河南师范大学学报(哲学社会科学版)》1999 年 6 期。

《大革命前后刘少奇在上海》,陆米强,《炎黄春秋》2001 年 2 期。

《刘少奇三到上海闵行》,曹建勋,《世纪行》2001 年 4 期。

《刘少奇在五卅运动中的重要作用和影响》,陆米强、徐云根,《上海革命史资料与研究》2003 年。

《刘少奇与五六十年代中国共产党工业化理论的创新》,郑崇玲,《党史研究与教学》2006 年 1 期。

《刘少奇 李立三与五卅运动》,陈家新,《工会博览(下旬版)》2016 年 4 期。

《刘少奇对上海抗日救亡的特殊贡献》,张云,《大江南北》2018 年 11 期。

《刘少奇与 1936 年"两个口号"论争》,樊宪雷,《百年潮》2019 年 1 期。

刘　晓

《刘晓同志生平》，《人民日报》，1988 年 6 月 30 日，第 4 版。

《刘晓》，鲁圣祥、邹怀民，《湖南党史月刊》1993 年 6 期。

《刘晓在重建上海地下党的岁月里》，王悦玲、陈向新，《上海党史研究》1994 年 3 期。

《刘晓重建上海地下党》，鲁圣祥，《湖南党史》1996 年 6 期。

《刘晓同志领导白区工作的回忆(一)》，陈修良，《档案与史学》1997 年 2 期。

《刘晓同志领导白区工作的回忆(二)》，陈修良，《档案与史学》1997 年 3 期。

《对〈刘晓同志领导白区工作的回忆〉一文的补订》，刘敬坤，《档案与史学》1997 年 4 期。

《南京反蒋学运补记——对〈刘晓同志领导白区工作的回忆(二)〉的补正》，刘敬坤，《档案与史学》1998 年 3 期。

《刘晓何时到上海任地下党负责人》，张培森，《中共党史研究》1997 年 4 期。

《也谈刘晓何时到上海任地下党负责人》，钱听涛，《中共党史研究》1998 年 5 期。

《刘晓关于上海党的工作的谈话》，张辰，《档案与史学》2001 年 3 期。

《刘晓生前谈香港分局与上海局有关问题》，刘子健，《广东党史》2001 年 5 期。

《刘晓与上海地下党组织的重建》，李三星，《上海革命史资料与研究》2005 年。

《刘晓的上海情结》，马福龙、沈忆琴，《上海革命史资料与研究》2005 年。

《此心可对天——记上海地下党杰出领导人刘晓》，陈洋，《世纪风采》2017 年 5 期。

卢志英

《常留肝胆照青史——记卢志英烈士》，曹峰、炎牛，《国家安全通讯》2000 年 8 期。

《特科英雄卢志英》，孙永兴，《春秋》2003 年 5 期。

《谍海传奇英雄卢志英》，辛欣，《文史春秋》2006 年 2 期。

《革命先驱莫雄、项与年、卢志英勇挫国民党"铁桶计划"》，刘静一、王淑芳，《档案天地》2007 年 1 期。

《卢志英的红色谍报传奇》，张海鹏，《湖北档案》2012 年 12 期。

《湮没在历史烟云中的红色传奇"间谍"卢志英》，张海鹏，《档案天地》2013 年 1 期。

《功不可没的情报英雄卢志英》，于继增，《党史博采(纪实)》2014 年 1 期。

《谍海英雄卢志英》，孙瑞荣，《走向世界》2020 年 5 期。

鲁　迅

《鲁迅和三十年代左翼文艺运动》，方浴晓，《辽宁大学学报(哲学社会科学版)》1978 年 3 期。

《鲁迅在上海活动场所调查之一：汉口路"圣公会"》，凌月麟，《社会科学》1979 年 3 期。

《鲁迅在上海活动场所调查之二：公园坊》，凌月麟，《社会科学》1979 年 3 期。

《鲁迅在上海活动场所调查之三：河滨大楼》，凌月麟，《社会科学》1979 年 3 期。

《鲁迅与茅盾——在上海时期的战斗友谊片断》，周国伟，《扬州师院学报(社会科学版)》1981 年 3 期。

《鲁迅在上海寓居的地方》，凌月麟、王笃荣，《上海师范大学学报(哲学社会科学版)》1981 年 3 期。

《鲁迅与中国共产党人——纪念鲁迅诞辰一百周年》，陆维天，《实事求是》1981 年 9 期。

《鲁迅与中国共产党之间》，王国绶、张杰，《齐鲁学刊》1982 年 6 期。

《鲁迅与上海》，竹内实，《纪念与研究》1987 年。

《鲁迅在上海》，佚名，《鲁迅研究动态》1988 年 S1 期。

《鲁迅精神永远鼓舞激励上海人民》，姜小玲，《解放日报》，1991 年 9 月 25 日，第 1 版要闻。

《鲁迅眼中的上海》，叶斌，《史林》1996 年 4 期。

《回忆鲁迅在上海的片段》，王蕴如，《解放日报》，2001 年 9 月 21 日，第 A2 版。

《民俗与时尚之间——鲁迅在三十年代的上海》，李浩，《上海鲁迅研究》2005 年 4 期。

《鲁迅与中共关系再探——从鲁迅与瞿秋白订交谈起》，郝庆军，《海南师范学院学报（社会科学版）》2005 年 6 期。

《上海都市文化语境与晚年鲁迅》，黄健，《上海鲁迅研究》2007 年 3 期。

《鲁迅与上海城市文化的断想》，陈漱渝，《上海鲁迅研究》2007 年 4 期。

《鲁迅在上海会见的第一位共产党人》，王菊如，《上海党史与党建》2007 年 11 期。

《鲁迅与上海——纪念鲁迅定居上海 80 周年》，袁良骏，《上海鲁迅研究》2008 年 2 期。

《浅论鲁迅对上海的观感及缘由》，施晓燕，《上海鲁迅研究》2008 年 2 期。

《论上海租界对鲁迅的"堑壕"意义》，梁伟峰，《徐州师范大学学报（哲学社会科学版）》2008 年 3 期。

《鲁迅与上海文化互动关系刍议》，缪君奇，《鲁迅研究月刊》2008 年 7 期。

《城市史观照下的鲁迅与上海》，谷风，《纪念鲁迅定居上海 90 周年学术研讨会论文集》，上海社会科学院出版社 2009 年。

《从鲁迅的租界观说到鲁迅为何选择上海》，王锡荣，《纪念鲁迅定居上海 90 周年学术研讨会论文集》，上海社会科学院出版社 2009 年。

《从"弃医从文"到定居上海——再论鲁迅的思想文化个性》，李生滨，《纪念鲁迅定居上海 80 周年学术研讨会论文集》，上海社会科学院出版社 2009 年。

《风波浩荡足行吟——鲁迅与上海》，吴长华，《纪念鲁迅定居上海 80 周年学术研讨会论文集》，上海社会科学院出版社 2009 年。

《海派文化的旁观者——鲁迅对上海现代都市文化的独特关照》，谢波，《纪念鲁迅定居上海 80 周年学术研讨会论文集》，上海社会科学院出版社 2009 年。

《鲁迅的上海体验与左翼立场》，李明晖，《纪念鲁迅定居上海 80 周年学术研讨会论文集》，上海社会科学院出版社 2009 年。

《鲁迅与上海文化互动关系刍议》，缪君奇，《纪念鲁迅定居上海 80 周年学术研讨会论文集》，上海社会科学院出版社 2009 年。

《略述鲁迅在上海时期的杰出贡献——兼谈鲁迅的"创新思维"及其他》，柯平凭，《纪念鲁迅定居上海 80 周年学术研讨会论文集》，上海社会科学院出版社 2009 年。

《浅论鲁迅对上海的观感及缘由》，施晓燕，《纪念鲁迅定居上海 80 周年学术研讨会论文集》，上海社会科学院出版社 2009 年。

《上海"别有活力"——鲁迅晚年定居上海原因探》，哈九增，《纪念鲁迅定居上海 80 周年学术研讨会论文集》，上海社会科学院出版社 2009 年。

《公共知识分子的话语突围——论上海时期鲁迅杂文的"公共性"》，陈迪强，《汕头大学学报（人文社会科学版）》2010 年 5 期。

《作为共产党同路人的鲁迅》，徐改平，《陕西师范大学学报（哲学社会科学版）》2010 年 5 期。

《把左翼作家联盟的权位交给非中共党员的鲁迅》，王观泉，《上海革命史资料与研究》2010 年。

《鲁迅与中国共产党创建者关系述略》，邱作健，《上海鲁迅研究》2011 年 3 期。

《鲁迅上海书写中的现代市民意识初探》，张娟，《鲁迅研究月刊》2012 年 8 期。

《上海语境与鲁迅的都市症候及其抗争》，龙永干，《湖南社会科学》2013 年 1 期。

《鲁迅在上海沦陷时期文学中的投影》，李相银，《中国现代文学研究丛刊》2013 年 8 期。

《三个意象与上海时期鲁迅"革命观"的精神结构》，杨姿，《江苏社会科学》2015 年 1 期。

《回忆鲁迅在上海资料概述》，高方英，《上海鲁迅研究》2017 年 3 期。

《鲁迅在上海——一种现代性的知识分子自觉和实践》，曾子炳，《纪念鲁迅诞辰一百三十五周年、逝世八十周年学术研讨会论文集》，上海文化出版社 2017 年。

《"穿透"人生的幻象——论鲁迅作品中的上海想象》，张玲，《社会科学》2018 年 2 期。

《鲁迅·左联成立·〈北斗〉》，乐融，《上海鲁迅研究》2019 年 3 期。

《美国黑人作家休士秘密会见鲁迅的事实与谎言——兼补"左联"活动及茅盾与宋庆龄生平一项缺漏》，张钊贻，《鲁迅研究月刊》2020 年 1 期。

罗石冰

《罗石冰等参加八一南昌起义》，佚名，《新普陀报》，2007 年 8 月 1 日，第 5 版。

《红色故事传奇（十一）——喋血龙华的江西革命先贤》，邵百鸣，《当代江西》2012 年 11 期。

《满门忠烈罗石冰》，刘来兴，《井冈山报》，2012 年 12 月 18 日，第 6 版。

《上海大学与吉安地区党组织的创建和发展》，叶福林，《上海党史与党建》2013 年 6 期。

罗亦农

《罗亦农》，彭宗林，《湖南党史月刊》1990 年 7 期。

《中国共产党早期的卓越领导人——罗亦农》，金再及，《燧石》1995 年 2 期。

《罗亦农的故事》，彭光明、胡庆云、胡建涛，《湘潮》2002 年 3 期。

《罗亦农在中共党史上的独特贡献》，曹建英、周纪青，《湘潮》2002 年 3 期。

《罗亦农被捕牺牲前后》，穆欣，《党史文汇》2002 年 5 期。

《罗亦农的非凡革命人生》，夏远生，《党史文汇》2002 年 7 期。

《论罗亦农在中国共产党早期的作用与地位》，曹建英、弘华，《湘潭师范学院学报（社会科学版）》2003 年 1 期。

《罗亦农对中共党校事业的开拓性贡献》，谢武军，《中共党史研究》2010 年 7 期。

《罗亦农：第一位牺牲的中央政治局常委》，何立波，《党史博采（纪实）》2012 年 1 期。

《论罗亦农对马克思主义中国化的探索》，黄琴，《湘潭大学学报（哲学社会科学版）》2015 年 1 期。

《中共创建前后的罗亦农》，李良明，《中共创建史研究》2017 年。

《罗亦农：最早牺牲的中央政治局常委》，夕岩，《新湘评论》2020 年 8 期。

《罗亦农：壮士身亡志未穷》，单伟，《党建》2020 年 8 期。

骆何民

《生命不息 战斗不止——纪念骆何民烈士》，骆根青，《新闻研究资料》1983 年 1 期。

《〈文萃〉三烈士之一——骆何民小传》，谈嘉祐，《新闻记者》1984 年 2 期。

《江上青与骆何民的友谊》，淮阴，《南京史志》1997 年 S1 期。

马 林

《马林对中国革命的特殊贡献》，姚洪亮、张健、刘延宾，《北京师院学报（社会科学版）》1987 年 3 期。

《马林对中国革命宣传的实践与主张》，李忠东，《东方论坛》1994 年 2 期。

《马林与中国早期革命》，谢万里，《党史博采》1998 年 8 期。

《试论建党初期马林与陈独秀关系》，徐开忠，《湘潭师范学院学报（社会科学版）》1999 年 4 期。

《马林对中共"一大"的作用考辨》，蔡文杰，《社会科学战线》2005 年 1 期。

《试论马林来华对中国革命的影响》，童广俊、康林益，《河北师范大学学报（哲学社会科学版）》2006 年 5 期。

《试析马林与尼克尔斯基的工作关系》，信洪林，《上海革命史资料与研究》2008 年。

《国共合作的坚定推行者马林》，张小红，《世纪》2009 年 5 期。

《马林对中国共产党的影响》，黄领霞，《辽宁行政学院学报》2010 年 9 期。

《共产国际代表马林关于中国共产主义运动及中共创建的五份文献》，李玉贞，《党的文献》2011 年 4 期。

《出席中共"一大"的共产国际代表》，孟昭庚，《党史文汇》2011 年 5 期。

《共产国际代表马林与中国同志的关系》，刘峰，《党史博览》2011 年 5 期。

《马林、尼克尔斯基与中共一大新探》，方宁，《福建党史月刊》2011 年 9 期。

《中共一大共产国际代表马林的传奇生涯》，孟昭庚，《党史纵览》2011 年 5 期。

《出席中共一大的两个"外国人"》，淮驹，《党史纵横》2011 年 7 期。

《马林对中共一大纲领的影响辨析》，方宁，《上海党史与党建》2012 年 6 期。

《马林是提议召开中共一大的人吗？》，徐云根，《四川统一战线》2012 年 9 期。

《马林与中国共产党的创立》，李玉刚，《工运信息》2017 年 14 期。

《中共一大代表与共产国际代表关系之研究——以张国焘、李汉俊与马林的三者互动为对象》，杨阳，《苏区研究》2020 年 1 期。

《马林抵沪之初入住哪家旅社》，张玉菡，《联合时报》，2020 年 11 月 10 日，第 5 版。

毛泽东

《青年毛泽东的思想方向》，李锐，《历史研究》1979 年 1 期。

《毛泽东同志在上海的革命活动大事记（一九一九——一九二六年）》，季鸿生、孙武霞、刘长徽、孙学筠、乔金伯，《上海师范大学学报（哲学社会科学版）》1979 年 1 期。

《毛泽东同志早期在上海的革命活动》，任武雄，《解放日报》，1979 年 9 月 10 日，第 3 版。

《建党前毛泽东同志在上海二三事》，陈绍康，《图书馆杂志》1983 年 4 期。

《毛泽东同志建党学说的产生、形成和发展》，维列平，《青海社会科学》1983 年 6 期。

《毛泽东同志早期在中国传播马克思主义》，徐善广，《武汉师范学院学报（哲学社会科学版）》1983 年 6 期。

《毛泽东为中国共产党的建设开辟了正确的道路》，邵云瑞、刘玉芝，《齐鲁学刊》1983 年 6 期。

《毛泽东建党思想若干问题初探》，林雨如，《广西师范学院学报（哲学社会科学版）》1983 年 4 期。

《毛泽东同志早期在上海的革命活动资料》，任武雄等编写，《上海党史资料通讯》1984 年 1 期。

《毛泽东建党思想的形成和发展》，何天齐，《武汉大学学报（社会科学版）》1984 年 3 期。

《论毛泽东建党学说初步形成的主要标志和历史特点》，张蔚萍、张列军，《党史研究》1986 年 5 期。

《青年毛泽东》，李泽厚，《河北大学学报（哲学社会科学版）》1987 年 1 期。

《毛泽东的早期建党思想》，彭岗，《河南党史研究》1991 年 1 期。

《关于毛泽东建党思想形成的标志问题》，朱镜明，《武汉大学学报（社会科学版）》1991 年 3 期。

《建党前毛泽东的建党思想初探》，罗小凡、高龙尧，《湖南社会科学》1991 年 4 期。

《毛泽东与陈独秀》，徐光寿，《中共党史研究》1992 年 6 期。

《建国后毛泽东在上海活动大事记》，《毛泽东在上海》编辑组，《上海党史研究》1992 年 12 期。

《毛泽东在上海》，王学仁，《文汇报》，1993 年 1 月 18 日，第 7 版。

《毛泽东建党前后在上海》，陈绍康，《毛泽东邓小平理论研究》1993 年 1 期。

《毛泽东为上海赢得了一次历史机遇》，张文清、严爱云，《上海党史研究》1993 年 6 期。

《毛泽东早年在上海的革命活动》，叶累，《社会科学》1993 年 12 期。

《1931—1937 年毛泽东对上海统战工作的重大贡献》，张义渔，《社会科学》1993 年 12 期。

《论青年毛泽东在上海》，傅绍昌，《华东师范大学学报（哲学社会科学版）》1994 年 1 期。

《中国共产党创建过程中的毛泽东》,宫力,《党史文苑》1994年1期。

《毛泽东与建国初期上海经济的恢复和发展》,张文清、严爱云,《毛泽东邓小平理论研究》1994年2期。

《试论毛泽东对创建中国共产党的贡献》,张克敏,《沈阳师范学院学报(社会科学版)》1994年4期。

《毛泽东关怀上海解放前夕的"三通"斗争》,沈建中,《毛泽东邓小平理论研究》1995年3期。

《中共"一大"上毛泽东是否反对了"左"、右倾思想考》,周一平,《党史研究与教学》1997年2期。

《毛泽东与中国共产党的创建》,姜建中、林修敏,《北方论丛》1999年2期。

《中共成立前后毛泽东十一次到上海》,陆米强,《炎黄春秋》2000年5期。

《人间正道是沧桑——毛泽东与上海》,李三星,《文汇报》,2001年6月8日,第9版。

《毛泽东最后一次上海之行》,周军,《党史博采》2001年10期。

《毛泽东最后一次上海行》,肖舟,《湖南文史》2001年5期。

《中共成立前后毛泽东11次到上海》,乐新,《上海革命史资料与研究》2002年。

《毛泽东为何没有参加中共"二大"?》,李佩岳,《中学历史教学》2003年10期。

《国民经济恢复时期毛泽东解决就业问题的思想在上海的实践》,袁志平,《上海党史与党建》2003年12期。

《毛泽东关于我国工业化建设的探索及其上海的作用》,张文清,《上海党史与党建》2003年12期。

《"一个龙头""四个中心"的奠基者——试论解放后毛泽东对上海城市战略定位的历史贡献》,唐莲英,《毛泽东思想永放光芒——纪念毛泽东诞辰110周年论文集》,上海市新四军暨华中抗日根据地历史研究会编印,2003年。

《毛泽东与建国前后的城市失业治理——以上海为个案》,蔡玉卿,《毛泽东思想研究》2005年6期。

《比较与决裂——两次北京、上海之行与青年毛泽东的思想转型》,毛克明,《探索》2007年6期。

《毛泽东与〈大公报〉二三事》,彤新春,《党的文献》2008年6期。

《毛泽东为何未能出席中共二大、四大和六大》,散木,《党史博览》2010年9期。

《毛泽东与中国共产党第一次全国代表大会》,高国发,《上海革命史资料与研究》2010年。

《毛泽东何故未出席中共二大、四大和六大》,何绍坤,《四川统一战线》2011年7期。

《毛泽东在中国共产党创建前后》,夏燕月,《党的文献》2012年1期。

《毛泽东1924年春松江之行的历史考察》,程志强,《上海党史与党建》2012年12期。

《毛泽东何故未出席中共二大、四大和六大》,吴静,《毛泽东研究(年刊)》2012年。

《毛泽东与中国共产党》,逄先知,《党的文献》2013年6期。

《解放上海:毛泽东另订策略》,渠冉,《档案天地》2013年9期。

《中共一大后毛泽东在上海的活动》,李曙新,《上海党史与党建》2013年9期。

《毛泽东亲自制定解放上海的策略》,渠冉,《档案时空》2013年11期。

《毛泽东在国民党上海执行部的历史再考察》,吴海勇,《上海党史与党建》2013年11期。

《1923—1924:毛泽东在上海闸北》,蒋明宝,《上海党史与党建》2013年11期。

《毛泽东对上海社会主义建设的指导及其现实意义》,严爱云,《毛泽东与中国道路——全国纪念毛泽东同志诞辰120周年学术研讨会论文集(下)》,中央文献出版社2013年。

《1949—1965年毛泽东工业化战略构想的演变及其在上海的实施》,黄坚,《上海党史与党建》2014年2期。

《毛泽东在国民党上海执行部的历史再考察》,彭湘容,《毛泽东研究(年刊)》2014年。

《毛泽东与上海》,樊良树,《中共太原市委党校学报》2015年3期。

《中共一大后毛泽东盘桓上海》,吴海勇,《文汇报》,2016年7月1日,第7版。

《毛泽东的一个重要指示为上海发展赢得了一次历史机遇》,张文清,《新四军研究》(第八辑),上海人民出版社 2016 年。

《甲秀里:毛泽东居住上海时间最长的地方》,唐烨,《解放日报》,2018 年 1 月 2 日,第 2 版。

《环龙路:那些年毛泽东在上海的生活圈》,吴基民,《解放日报》,2018 年 12 月 27 日,第 14 版。

《毛泽东缺席中共二大之谜》,裴伟廷,《党史纵横》2018 年 10 期。

《1920 年毛泽东在上海》,周惠斌,《百年潮》2020 年 6 期。

《建党前,青年毛泽东三次来上海》,陈彩琴,《联合时报》,2020 年 6 月 30 日,第 5 版。

茅　盾

《忆和茅盾同志相处的日子[四]——抗战胜利后在上海》,戈宝权,《新文学史料》1982 年 2 期。

《三十年代上海都市文学——兼谈对茅盾〈子夜〉的新认识》,吴向北,《中国现代文学研究丛刊》1991 年 2 期。

《与茅盾的一段交往》,谷苇,《解放日报》,1992 年 8 月 2 日,第 8 版。

《茅盾在第一次国共合作时期》,钟桂松,《光明日报》,1993 年 2 月 8 日,第 6 版。

《寻访茅盾上海居住地的思考》,孔海珠,《茅盾研究(第七辑)》1999 年。

《茅盾与上海大学》,程杏培,《上海党史与党建》2002 年 11 期。

《作为国家意义的体现——茅盾文学中的上海叙述》,张鸿声,《茅盾研究(第 13 辑)》2014 年。

《城市生活与上海现代作家——论茅盾与上海》,杨扬,《茅盾研究(第 15 辑)》2016 年。

《茅盾与上海文化:兼论作家在政治与文学之间的命运选择及其历史遗产》,宋炳辉,《茅盾研究(第 15 辑)》2016 年。

《再谈茅盾在上海的若干事迹》,康锋,《茅盾研究(第 15 辑)》2016 年。

《茅盾为人二三事》,万树玉,《光明日报》,2016 年 7 月 8 日,第 15 版。

《探寻茅盾与上海的交集》,王娜,《解放日报》,2016 年 8 月 22 日,第 2 版。

《仁者茅盾》,刘锡诚,《解放日报》,2017 年 5 月 14 日,第 7 版。

《〈子夜〉与 1930 年上海丝业工人大罢工》,张全之,《中国文学研究》2020 年 3 期。

茅丽瑛

《我爱母亲,我更爱祖国——记上海妇女运动的杰出领袖茅丽瑛》,钱丽君,《上海党史研究》1997 年 6 期。

《读柳亚子〈茅丽瑛烈士挽诗〉——纪念茅丽瑛烈士殉国 60 周年》,谭启浩,《中国海关》1999 年 5 期。

《党和群众的利益高于一切——记茅丽瑛、徐阿梅》,谢黎萍,《上海党史研究》2000 年 1 期。

《茅丽瑛:照常播音,一分钟也不要停》,《解放日报》,2011 年 6 月 19 日,第 3 版。

《纪念抗战 70 周年系列报道,抗战英烈:"职妇"主席茅丽瑛》,何立波,《检察风云》2015 年 10 期。

尼克尔斯基

《苏联学者对尼克尔斯基其人的查证》,马贵凡,《中共党史研究》1990 年 2 期。

《一个被遗忘的中共"一大"参加者》,海贝,《福建党史月刊》1991 年 6 期。

《中共一大参加者内曼-尼克尔斯基》,[俄]А.И.卡尔图诺娃,马贵凡译,《百年潮》2006 年 12 期。

《简述尼克尔斯基及其照片寻找过程》,[蒙]朝伦·达西达瓦,《上海革命史资料与研究》2007 年。

《尼克尔斯基照片重现记》,张小红,《上海革命史资料与研究》2007 年。

《在寻找照片中已知晓的和还不知晓的事情》,[俄]阿列克赛·布亚科夫,《上海革命史资料与研究》2007 年。

《尼克尔斯基与中共"一大"》,窦春芳,《船山学刊》2008 年 2 期。

《出席中共一大的尼克尔斯基照片发现经过》，张小红，《百年潮》2008 年 7 期。

《尼克尔斯基的照片与生平史料发现经过》，张小红，《党史研究与教学》2010 年 1 期。

《重视尼克尔斯基在中共"一大"上的作用》，孙量，《上海革命史资料与研究》2010 年。

《也谈中共一大参加者尼克尔斯基——兼论"谁是中共一大会议的发起建议者"》，张伟良，《中共党史研究》2011 年 6 期。

《尼克尔斯基：中共一大上一个曾被忽视的名字》，方宁，《党史博采(纪实)》2011 年 7 期。

《参加中共一大的两名外国人之一：尼克尔斯基》，〔俄〕阿列克赛·布亚科夫，《百年潮》2011 年 8 期。

《被遗忘的中共一大参加者尼克尔斯基》，李向阳、冀华，《湘潮(上半月)》2012 年 3 期。

《中共一大参加者尼克尔斯基的早期革命生涯》，王利亚，《党史博览》2012 年 7 期。

聂　耳

《黄浦江边的联想——纪念人民音乐家聂耳同志》，黄冈觉，《吉林艺术学院学报》1981 年。

《学习聂耳精神　繁荣音乐创作》，孙慎，《人民日报》，1981 年 8 月 1 日，第 8 版。

《回顾三十年代的聂耳》，贺绿汀，《音乐爱好者》1982 年 1 期。

《聂耳年谱》，向延生，《乐府新声(沈阳音乐学院学报)》1984 年 1 期。

《时代，造就了一代人民音乐家——记聂耳、冼星海》，党铸，《上海党史研究》1998 年 3 期。

《"小报童"深情忆聂耳》，庆云，《解放日报》，1998 年 12 月 19 日，第 9 版。

《聂耳与〈义勇军进行曲〉》，黄祯翔，《世界》2005 年 10 期。

《聂耳的"新兴音乐"创作与 30 年代的中国革命》，何稼书、张静，《南京大学学报(哲学·人文科学·社会科学版)》2006 年 3 期。

《试论聂耳救亡歌曲中的战斗性》，唐奕，《大众文艺》2012 年 3 期。

《文化评析纪念聂耳　弘扬抗战精神》，云丹，《人民日报》，2015 年 8 月 5 日，第 2 版。

《从"中国民族"到"中华民族"：试论聂耳对〈义勇军进行曲〉歌词的关键修改》，吴海勇，《史林》2019 年 5 期。

《为国而歌：人民音乐家聂耳的战斗青春》，朱家麟，《云南社会主义学院学报》2020 年 3 期。

钮永建

《钮永建与上海三次武装起义》，马铭德，《近代中国》2015 年。

《钮永建与上海工人三次武装起义》，邵雍，《民国研究》2016 年 1 期。

《钮永建其人其事》，石磊，《档案春秋》2018 年 1 期。

欧阳立安

《少年英雄欧阳立安》，王佳丽，《铁军》2010 年 4 期。

《革命老人陶承和她的家人》，杨鑫洁，《党史纵横》2011 年 3 期。

潘汉年

《回忆关于潘汉年的若干事》，沈松泉，《新文学史料》1982 年 4 期。

《纪念卓越的无产阶级革命战士潘汉年》，陈毛弟，《人民日报》，1983 年 3 月 1 日，第 1 版。

《潘汉年同志在上海的历史功绩》，陈修良，《社会科学》1984 年 5 期。

《潘汉年早期文学活动年表》，陈子善、王自立，《新文学史料》1986 年 1 期。

《潘汉年同志在"左联"成立前后的革命活动》，陶柏康，《上海大学学报(社会科学版)》1986 年 2 期。

《潘汉年与鲁迅》，武在平，《鲁迅研究动态》1986 年 5 期。

《关于潘汉年在左联成立大会上的讲话》,陈子善,《中国现代文学研究丛刊》1990年2期。

《潘汉年与第二次国共合作的实现》,张梅玲,《社会科学》1990年2期。

《潘汉年与中国左翼作家联盟》,武在平,《新文学史料》1991年4期。

《潘汉年与一九三六年的国共秘密谈判》,林木,《党史博览》1994年2期。

《曾随邻童学采樵——潘汉年的青少年时代》,董镇湘,《上海党史研究》1996年1期。

《艳阳初照浦江时——解放初期潘汉年在上海片断》,吴祥华、黄金平,《上海党史研究》1996年1期。

《潘汉年和中国共产党的统战工作》,陶柏康,《上海师范大学学报(哲学社会科学版)》1996年2期。

《十字街头上的文化骑士——关于潘汉年的一些文化活动的回忆》,袁殊,《上海鲁迅研究》1996年。

《潘汉年——上海统战工作的楷模》,吴祥华、黄金平,《中国统一战线》1998年6期。

《潘汉年与"伍豪事件"始末》,子木、海龙,《党史博采》2000年6期。

《想起潘汉年两件事》,殷之俊,《中国统一战线》2000年6期。

《潘汉年和刘晓》,何炎牛、马福龙、沈忆琴,《上海党史与党建》2001年1期。

《潘汉年同志的光辉形象永存人间》,胡立教,《上海市新四军暨华中抗日根据地历史研究会会议论文集》,上海市新四军历史研究会2002年。

《潘汉年与鲁迅和左联》,孟东,《文史精华》2003年6期。

《潘汉年与抗日民族统一战线的建立》,苏智良、张婷婷,《上海市社会主义学院学报》2005年4期。

《中共隐蔽战线的杰出代表——潘汉年》,《光明日报》,2005年10月6日,第2版。

《怀念潘汉年》,刘人寿,《解放日报》,2006年1月12日,第3版。

《出入魔穴的情报英雄潘汉年》,《文汇报》,2008年11月17日,第11版。

《潘汉年如何成为党的文化统战先锋》,王焯,《党史纵横》2009年3期。

《中央特科的重要人物——潘汉年》,王兰洁,《党史文苑》2009年13期。

《潘汉年:开展文化统战工作第一人》,钟彤,《四川统一战线》2010年7期。

《党的忠诚战士潘汉年》,姚静芳,《中国统一战线》2012年1期。

《潘汉年主持上海政法工作二三事》,吴越,《炎黄春秋》2012年2期。

《说不尽的潘汉年》,张敏,《世纪桥》2012年10期。

《悲剧英雄潘汉年》,王凡,《党史博采(纪实)》2013年3期。

《潘汉年早期在沪编辑生涯》,朱少伟,《都会遗踪》2014年2期。

《从1951年上海"瑞有天事件"的成功解决看潘汉年的统战工作》,张建才,《上海党史与党建》2017年2期。

《潘汉年的沪上编辑生涯》,朱少伟,《档案春秋》2019年7期。

《寻找跌宕起伏的潘汉年》,李辉,《新文学史料》2020年2期。

《潘汉年领导上海左翼文化运动》,凌彤,《世纪风采》2020年9期。

彭　冲

《风雨雷电的四年——彭冲在上海》,朱通华,《钟山风雨》2002年5期。

《苏振华、倪志福、彭冲在上海》,陈祥生,《党史天地》2005年4期。

《风雨雷电的四年——彭冲和中央工作组在上海(上)》,朱通华,《党史博览》2006年10期。

《风雨雷电的四年——彭冲和中央工作组在上海(下)》,朱通华,《党史博览》2006年11期。

《彭冲与上海危局》,苏原,《中国报道》2010年11期。

《彭冲:澎湃一生》,芦垚,《党政论坛(干部文摘)》2011年1期。

《彭冲在"文革"中》,李海文,《世纪》2013年3期。

《彭冲在上海的非凡岁月》,王刚,《党史博采(纪实)》2015年2期。

《负重于上海历史大转折之际的彭冲》,张东保、黄金平,《上海党史与党建》2015 年 4 期。

彭　康

《励精图治,鞠躬尽瘁——写在彭康诞辰 100 周年》,刘露茜、司国安、冯蓉,《西安交通大学学报(社会科学版)》2001 年 4 期。

《彭康与交通大学西迁》,范祖德,《科学新闻》2001 年 40 期。

《彭康在"文革"中是怎样被迫害致死的》,王克荣,《金秋》2011 年 5 期。

《彭康:勇往直前的教育实践家》,雷丽君,《教育与职业》2011 年 10 期。

《彭康:从文学青年到党的宣传、教育工作干部》,龚诞申,《上海市新四军暨华中抗日根据地历史研究会会议论文集》,上海人民出版社 2013 年。

《追寻彭康校长的西迁背影》,冯蓉、周晓雨,《延河》2016 年 4 期。

《忆彭康　传承西迁精神》,黄辛,《中国科学报》,2018 年 1 月 26 日,第 6 版。

《〈彭康文集〉出版座谈会在沪举行》,周奕韵,《上海党史与党建》2018 年 2 期。

《我是人间惆怅客——彭康小说的生命意识与调性》,王四珍,《地火》2018 年 3 期。

《弘扬"西迁精神",传承"红色思想"——评〈彭康文集〉》,杨孟哲,《中共山西省直机关党校学报》2018 年 6 期。

《彭康:新中国高等教育的开拓者》,史瑞琼,《北京教育(高教)》2018 年 12 期。

彭　湃

《不废江河万古流——读彭湃烈士遗诗想到的》,纪青山,《人民日报》,1978 年 8 月 31 日,第 3 版。

《彭湃同志对农民运动理论的贡献》,蔡洛,刘林松,《人民日报》,1981 年 10 月 20 日,第 5 版。

《彭湃与我党早期的武装斗争》,杨业竞,《暨南学报(哲学社会科学)》1982 年 1 期。

《彭湃关于农民运动的理论和实践》,张江明,《近代史研究》1982 年 3 期。

《略论彭湃的经济思想》,谢百三,《江淮论坛》1985 年 6 期。

《彭湃的农民运动思想》,张景虎,《中共党史研究》1990 年 6 期。

《彭湃的农民运动及土地革命思想》,郭德宏,《党史研究与教学》1991 年 4 期。

《彭湃对农民运动若干问题的认识》,汪高鑫,《安徽教育学院学报(社会科学版)》1991 年 4 期。

《徘徊在彭湃故居前》,许寅,《解放日报》,1995 年 8 月 1 日,第 9 版。

《中共"二大"与广东海陆丰农民运动——兼论彭湃对中共"二大"农民运动思想的发展》,殷丽萍,《广东教育学院学报》2005 年 4 期。

《彭湃农村宣传的实践探索及其启示》,毕耕、薛娜,《光明日报》,2012 年 11 月 21 日,第 11 版。

《彭湃推动农村马克思主义大众化的实践与启示》,马小芳,《岭南学刊》2017 年 2 期。

《彭湃的农民思想政治工作方法及其当代启示》,彭兴富、唐剑,《湖南第一师范学院学报》2017 年 6 期。

《近十年来彭湃研究综述》,张泽坤,《红色文化学刊》2018 年 1 期。

《彭湃探索中国革命道路中的"减租"斗争》,邓荣元,《中共创建史研究》2019 年。

《彭湃农民运动思想的形成及其实践》,袁晓磊,《世纪桥》2020 年 3 期。

《论彭湃对早期马克思主义中国化的贡献》,杨俊,《现代哲学》2020 年 4 期。

《彭湃:中国农民革命运动的先导者》,佚名,《支部建设》2020 年 11 期。

钱　瑛

《民政部第一位女部长——钱瑛》,王涵、姚景明,《中国民政》1999 年 2 期。

《在重庆协助钱瑛工作的日子》,苏惠,《广东党史》1999 年 4 期。

《〈洪湖赤卫队〉主角原型钱瑛》,余玮、巴玖,《炎黄春秋》2000 年 9 期。

《鄂南大山的女儿——共和国首任监察部长钱瑛的光辉人生》,巴玖,《党史天地》2000 年 3 期。

《钱瑛与〈洪湖赤卫队〉主角原形无关》,黎白,《炎黄春秋》2001 年 2 期。

《钱瑛廉政勤政二三事》,陈大银、刘昌苍,《湖北文史资料》2001 年 4 期。

《广西革命者的贤达夫人钱瑛》,江虹,《广西党史》2002 年 3 期。

《"鄂南秋瑾"钱瑛的传奇人生》,吴志菲,《湖北档案》2003 年 7 期。

《新中国第一任监察部部长——钱瑛》,吴奇伟、陈大银,《先锋队》2004 年 8 期。

《信念的永恒追寻与坚守——评〈女杰钱瑛〉》,许祖华、孙红震,《沙洋师范高等专科学校学报》2008 年 2 期。

《钱瑛与咸宁力稼庄散记》,陈大银,《湖北档案》2008 年 Z1 期。

《党内"女包公"钱瑛的传奇人生》,宋凤英,《党史纵横》2010 年 9 期。

《新中国第一任监察部部长钱瑛的廉政思想》,成林梅,《南方农机》2016 年 8 期。

《钱瑛与第二条战线的开辟》,杨力仁,《炎黄春秋》2017 年 8 期。

《中央监委副书记钱瑛的传奇人生(一)》,杨力仁,《党史纵览》2017 年 8 期。

《中央监委副书记钱瑛的传奇人生(二)》,杨力仁,《党史纵览》2017 年 9 期。

《中央监委副书记钱瑛的传奇人生(三)》,杨力仁,《党史纵览》2017 年 10 期。

《中央监委副书记钱瑛的传奇人生(四)》,杨力仁,《党史纵览》2017 年 12 期。

《中央监委副书记钱瑛的传奇人生(五)》,杨力仁,《党史纵览》2018 年 1 期。

《中央监委副书记钱瑛的传奇人生(六)》,杨力仁,《党史纵览》2018 年 2 期。

《钱瑛:国家监察部第一任部长》,本刊,《支部建设》2019 年 30 期。

《正人正己的女干部钱瑛》,刘颖,《机关党建研究》2019 年 12 期。

《忠贞不渝的女革命家钱瑛》,吕雪萱,《党史文汇》2020 年 3 期。

钱壮飞

《蒋介石身边的"红色间谍"——记钱壮飞、李克农、胡底》,杨新跃,《党史纵横》1994 年 6 期。

《战斗在敌人心脏里的机要秘书——钱壮飞》,王守福,《秘书之友》1996 年 2 期。

《战斗在敌人心脏里的机要秘书——钱壮飞》,王守福,《秘书之友》1996 年 3 期。

《战斗在敌人心脏里的机要秘书——钱壮飞》,王守福,《秘书之友》1996 年 4 期。

《战斗在敌人心脏里的机要秘书——钱壮飞》,王守福,《秘书之友》1996 年 5 期。

《情报,十万火急!——钱壮飞在顾顺章叛变之时》,张宗高,《福建党史月刊》1996 年 7 期。

《传奇式的英雄——钱壮飞》,陈荣德,《贵州文史天地》1997 年 1 期。

《情报奇才钱壮飞》,山丁,《贵州文史天地》1999 年 2 期。

《"红色特工"钱壮飞》,国化,《世纪行》1999 年 10 期。

《红色"间谍"钱壮飞》,霜木,《今日浙江》2000 年 13 期。

《传奇式的英雄——钱壮飞》,陈荣德,《贵阳文史》2001 年 2 期。

《红色特工钱壮飞传奇》,冷月,《福建党史月刊》2002 年 8 期。

《钱壮飞——我党传奇特工》,李景、杜伟利,《档案天地》2002 年 S1 期。

《战斗在虎穴的钱壮飞》,倪良端,《党史天地》2003 年 5 期。

《虎穴英豪钱壮飞》,倪良端,《党史纵览》2003 年 5 期。

《钱壮飞临危救中央》,王君,《档案时空》2004 年 1 期。

《隐蔽战线的英豪钱壮飞》,覃爱华,《当代贵州》2006 年 2 期。

《中央特科的杰出战士钱壮飞》，沙平，《广东党史》2006 年 4 期。

《刺向敌人心脏的尖刀——纪念红色特工钱壮飞》，冯智勇、丁胜，《新西部（下半月）》2007 年 6 期。

《钱壮飞：48 小时挽救党中央》，肖岱，《党的建设》2008 年 12 期。

《李克农、钱壮飞、胡底"虎穴三杰"的传奇人生》，刘向上，《档案天地》2009 年 6 期。

《潜伏敌人心脏的一次惊天行动——钱壮飞智截密电保卫党中央》，一迪，《浙江档案》2011 年 5 期。

《红色特工传奇之：使中共中央避免毁灭性劫难的钱壮飞》，于继增，《党史博采（纪实）》2012 年 6 期。

《令敌人闻风丧胆的红色间谍钱壮飞》，王俊彦，《党史文苑》2013 年 17 期。

《历史绕不开的钱壮飞和夏曦》，贾天兵，《当代贵州》2015 年 42 期。

《红色特工钱壮飞》，叮咚，《劳动保障世界》2017 年 7 期。

《传奇式的英雄——钱壮飞》，陈棻德，《党史文苑》2017 年 15 期。

《战斗在隐蔽战线上的钱壮飞》，叶介甫，《工会信息》2020 年 6 期。

秦鸿钧

《忆鸿钧》，韩慧如，《上海档案》1989 年 4 期。

《李白、秦鸿钧烈士遗物征集记事》，陆米强，《上海档案》1997 年 6 期。

《和秦鸿钧烈士相伴的最后岁月》，韩慧如，《上海档案》1999 年 3 期。

《情报英雄秦鸿钧》，冯晓蔚，《党史纵览》2018 年 8 期。

《忆念秦鸿钧同志》，吕白，《铁流（37）》，中央文献出版社 2019 年。

瞿秋白

《缅怀我的父亲——瞿秋白烈士》，瞿独伊，《光明日报》，1980 年 6 月 18 日，第 3 版。

《热血染汀江　英名千载传——纪念瞿秋白烈士》，长汀革命纪念馆，《党史研究与教学》1980 年 8 期。

《瞿秋白与五卅运动》，刘惠吾、李蓓蓓，《华东师范大学学报（哲学社会科学版）》1981 年 2 期。

《瞿秋白主编的〈热血日报〉》，黄志仁，《历史教学》1981 年 9 期。

《瞿秋白与鲁迅第一次见面和他离开上海去瑞金的时间》，王明堂，《徐州师范学院学报》1982 年 2 期。

《瞿秋白与上海大学——兼论瞿秋白的教育思想》，王凌云，《昆明师范学院学报（哲学社会科学版）》1982 年 4 期。

《瞿秋白同志在上海》，王关兴，《上海师范大学学报（哲学社会科学版）》1984 年 3 期。

《瞿秋白在五卅运动时期的理论贡献》，周永祥，《上海师范大学学报（哲学社会科学版）》1985 年 3 期。

《瞿秋白在五卅运动中办〈热血日报〉》，陈绍康、朱少伟，《新闻记者》1985 年 5 期。

《瞿秋白和五卅运动》，丁守和，《社会科学辑刊》1985 年 6 期。

《瞿秋白反对"上海暴动"》，王关兴，《解放日报》，1985 年 8 月 7 日，第 4 版。

《瞿秋白与中国工人运动》，周永祥，《史林》1988 年 3 期。

《瞿秋白与上海书店》，顾延培，《解放日报》，1989 年 6 月 29 日，第 7 版。

《瞿秋白对中国革命的十大贡献》，陈挥、王关兴，《上海师范大学学报（哲学社会科学版）》1993 年 1 期。

《瞿秋白与左联》，张小红，《华东师范大学学报（哲学社会科学版）》1999 年 1 期。

《五卅运动中独树一帜的人民喉舌——瞿秋白主编〈热血日报〉的杰出贡献》，张寿春，《上海党史研究》1999 年 1 期。

《瞿秋白和鲁迅在上海》，张家康，《文史精华》1999 年 5 期。

《瞿秋白与上海》，熊月之，《瞿秋白研究新探》2003 年 1 期。

《瞿秋白与上海大学以及与五卅运动》，任武雄，《瞿秋白百周年纪念——全国瞿秋白生平和思想研讨会论文集》，中央文献出版社 1999 年。

《瞿秋白与上海大学》，王关兴，《上海大学学报(社会科学版)》2001 年 1 期。

《瞿秋白与〈热血日报〉》，王艳萍，《党史博采》2001 年 8 期。

《瞿秋白与左联》，刘小中，《甘肃社会科学》2003 年 1 期。

《瞿秋白与上海左翼文化运动》，杨成敏，《党史文苑》2004 年 1 期。

《解读关于中共"四大"的一封信——瞿秋白致鲍罗廷(1925 年 1 月 26 日)》，张秋实，《上海党史与党建》2004 年 6 期。

《"左联"时期的瞿秋白与文学辩论》，徐春夏，《党史文苑》2006 年 1 期。

《瞿秋白对五卅运动的历史贡献》，张金城，《江苏工业学院学报(社会科学版)》2006 年 2 期。

《"五卅"运动中的瞿秋白与〈热血日报〉》，张雷，《文史春秋》2007 年 12 期。

《瞿秋白与中共"四大"》，冯昕，《瞿秋白研究文丛》2008 年 1 期。

《从瞿秋白上海大学课程设计看其新文化建设思想》，罗敏，《思想战线》2012 年 3 期。

《瞿秋白与上海大学》，邵雍，《江苏师范大学学报(哲学社会科学版)》2015 年 2 期。

《瞿秋白与维经斯基对国共党内合作认识的分合》，周利生、王钰鑫，《党史研究与教学》2015 年 6 期。

《瞿秋白：一名共产党员的特殊气质》，张漫子，《人民日报》，2016 年 7 月 17 日，第 3 版。

《瞿秋白在上海的秘密避难所》，唐黎标，《党史纵横》2017 年 10 期。

《党的四大与瞿秋白》，季甄馥，《瞿秋白研究文丛》2018 年。

《瞿秋白》，《解放日报》，2018 年 9 月 28 日，第 5 版。

《瞿秋白调离上海与留守苏区的事实真相》，曹春荣，《党史博览》2019 年 2 期。

任天石

《铮铮铁骨耀千秋——任天石》，苏萱，《新华日报》，2015 年 7 月 6 日，第 2 版。

《永不凋谢的梧桐叶》，古风，《雨花》2016 年 17 期。

柔　石

《柔石年谱》，楼沪光，《河北大学学报(哲学社会科学版)》1980 年 2 期。

《柔石》，王艾村，《历史教学》1985 年 7 期。

《柔石》，张文宽，《浙江档案》1990 年 6 期。

《柔石若干史事辨识(上)》，王艾村，《鲁迅研究月刊》1995 年 3 期。

《柔石若干史事辨识(下)》，王艾村，《鲁迅研究月刊》1995 年 4 期。

《柔石史迹新考》，秦惠伦，《上海师范大学学报(哲学社会科学版)》1996 年 2 期。

《再识柔石——纪念左联五烈士殉难 70 周年》，张小红，《鲁迅研究月刊》2001 年 4 期。

《柔石故里仰高风》，冬枫，《炎黄春秋》2001 年 5 期。

《"左联"作家柔石、殷夫血洒龙华》，简究岸，《观察与思考》2002 年 4 期。

《政治意识形态语境中的人道主义写作——论柔石小说在左翼文学发展史上的地位》，吴秀明、戴燕，《中国文学研究》2003 年 1 期。

《柔石小说：革命时代的启蒙》，陈建新、孙晓菲，《浙江学刊》2004 年 5 期。

《柔石与上海版〈语丝〉周刊》，陈离、王昭君，《江西师范大学学报(哲学社会科学版)》2007 年 4 期。

《1931，柔石与他的战友血洒龙华》，吴基民，《解放日报》，2018 年 2 月 8 日，第 10 版。

沙文汉

《历史的教训值得注意——关于潘汉年、沙文汉同志平反昭雪的感想》，陈修良，《社会科学》1983 年

3 期。

《沙文汉年表》，姜沛南，《社会科学》1985 年 1 期。

《坎坷革命人生的写照——读〈沙文汉诗文选集〉》，姜铎、家哲，《社会科学》1999 年 4 期。

《对沙文汉、陈修良领导上海青年学生运动的历史回顾》，陈一鸣，《上海党史与党建》2001 年 5 期。

《沙文汉与党的统战工作》，朱雪芬，《宁波高等专科学校学报》2003 年 1 期。

《1925—1949：沙文汉与中国革命》，朱雪芬，《宁波大学学报（人文科学版）》2003 年 1 期。

《沙文汉第一次来我家以后》，张朝杰，《档案春秋》2013 年 7 期。

邵力子

《邵力子列席过党的"一大"吗？——与陈德和同志商榷》，学文，《绍兴师专学报（社会科学版）》1983 年 3 期。

《也谈邵力子与中共"一大"》，叶炳南，《浙江学刊》1984 年 1 期。

《邵力子在建党前后的活动和贡献》，朱顺佐，《浙江学刊》1984 年 4 期。

《试论邵力子对国共合作的贡献》，朱顺佐，《绍兴师专学报（社会科学版）》1985 年 2 期。

《邵力子》，邵黎黎，《民国档案》1986 年 2 期。

《五四运动中邵力子在上海的活动》，傅绍昌，《上海师范大学学报（哲学社会科学版）》1992 年 2 期。

《邵力子与早期上海工人运动》，陈卫民，《史林》1994 年 4 期。

《邵力子与第二次国共合作》，陈国庆，《青岛大学师范学院学报》1998 年 1 期。

《浅析邵力子国共合作思想与实践》，毕桂海，《南京社会科学》1999 年 10 期。

《参与筹备中共"一大"的邵力子》，祥钧，《炎黄春秋》2001 年 7 期。

《邵力子：参加创建中国共产党的国民党元老》，吴祥钧，《黄埔》2002 年 4 期。

《邵力子：参与创建中共的国民党元老》，吴跃农，《四川统一战线》2003 年 1 期。

《复旦中国文学科的开拓者——邵力子》，钱益民，《复旦学报（社会科学版）》2004 年 2 期。

《简论邵力子早期建党活动》，朱顺佐、袁承鹏，《上海革命史资料与研究》2008 年。

《五四时期邵力子的社会改造思想》，张俊旺，《兰台世界》2011 年 1 期。

《邵力子创办 20 年代上海大学的实践及理念》，罗敏，《学术探索》2013 年 3 期。

《国民党元老邵力子参与筹备中共一大会议》，吴跃农，《党史纵横》2016 年 7 期。

《共产国际档案中的邵力子文件》，[美]A. B. 潘佐夫，《中共创建史研究》2016 年。

《邵力子、于右任对上海大学"赤化"的辩白》，刘长林、刘强，《上海文化》2018 年 4 期。

《邵力子：举国闻名的和平老人》，杨路，《团结报》，2019 年 12 月 12 日，第 6 版。

沈鼎法

《一个从大革命洪流中走来的崇明青年——怀念沈鼎法》，龚定中，《上海党史研究》1994 年 1 期。

《牺牲在黎明前的沈鼎法烈士》，石琴昌，《大江南北》2018 年 11 期。

施存统

《略论施存统在建党时期的理论贡献》，王炯华，《湖北师范学院学报（哲学社会科学版）》1987 年 2 期。

《施存统对马克思主义早期传播的贡献》，陶水木，《杭州师范学院学报（社会科学版）》1991 年 4 期。

《施存统与中国共产党的创建》，梁妙珍，《上海革命史资料与研究》1992 年。

《青年时期的施存统——"日本小组"与中共建党的过程》，[日]石川祯浩、王士花，《中共党史研究》1995 年 3 期。

《施存统对中国社会主义青年团的贡献》，宋亚文，《辽宁师范大学学报》2003 年 4 期。

《建党时期施存统社会改造思想浅析》,徐云根,《上海革命史资料与研究》2006 年。

《中共最早党员施存统的起伏人生》,苗体君,《党史博采(纪实)》2010 年 8 期。

《试析施存统对中国共产党成立的贡献》,苗体君,《上海革命史资料与研究》2010 年。

《中共早期活动家施存统曲折的革命历程》,王水湘,《党史博览》2011 年 11 期。

《团中央第一任书记施存统的人生起落》,李静,《百年潮》2012 年 10 期。

《首任团中央书记施存统对中国社会主义青年团的贡献》,窦春芳,《广西社会科学》2013 年 4 期。

《试论施存统对中国共产党创建的历史贡献》,窦春芳、苗体君,《红广角》2013 年 10 期。

《施存统对中国社会主义青年团的创建及贡献》,白凌,《兰台世界》2014 年 4 期。

《施存统脱党声明事件与革命气节的考验》,杨雄威,《党史研究与教学》2017 年 1 期。

《施存统与马克思主义早期传播》,徐剑雄、边姝天,《联合时报》,2020 年 6 月 9 日,第 5 版。

《施存统与中国早期马克思主义传播》,单智伟、杨桢,《学理论》2020 年 8 期。

宋庆龄

《宋庆龄在上海的活动片断》,杨小佛,《社会科学》1981 年 4 期。

《"一·二八"事变前后的宋庆龄》,李华明、饶景英、翁三新,《社会科学》1981 年 4 期。

《向宋庆龄同志致崇高的敬礼!》,邓颖超,《光明日报》,1981 年 5 月 30 日,第 2 版。

《深切哀悼宋庆龄同志逝世》,佚名《解放日报》,1981 年 5 月 30 日,第 2 版。

《宋庆龄同志伟大光荣的一生》,佚名,《光明日报》,1981 年 5 月 31 日,第 1 版。

《哀悼宋庆龄同志》,周建人,《光明日报》,1981 年 5 月 31 日,第 1 版。

《宋庆龄同志是中华民族的一代楷模》,季方,《光明日报》,1981 年 6 月 1 日,第 3 版。

《宋庆龄——我的革命导师》,马海德,《光明日报》,1981 年 6 月 3 日,第 3 版。

《我认识的宋庆龄同志(一)》,廖梦醒,《光明日报》,1981 年 6 月 3 日,第 1 版。

《上海人民满怀哀思悼念宋庆龄同志》,俞新宝,《解放日报》,1981 年 6 月 4 日,第 2 版。

《永远留在人民记忆之中——痛悼宋庆龄同志》,周而复,《光明日报》,1981 年 6 月 4 日,第 2 版。

《我认识的宋庆龄同志(二)》,廖梦醒,《光明日报》,1981 年 6 月 4 日,第 2 版。

《献给宋庆龄先生》,[日]仁木富美子,《光明日报》,1981 年 6 月 5 日,第 3 版。

《三十年代前期宋庆龄开展民权运动述略》,晨风,《湖南师范大学(社会科学学报)》1987 年 2 期。

《宋庆龄在上海(之一),1946—1949》,宋庆龄基金会、中国福利会,《人民日报》,1990 年 1 月 29 日,第 3 版。

《上海党政各界祭扫宋庆龄墓》,吴志强、吴文骥,《解放日报》,1990 年 4 月 6 日,第 1 版要闻。

《上海各界纪念宋庆龄逝世十周年》,吴志强,《解放日报》,1991 年 5 月 30 日,第 1 版。

《宋庆龄为新中国奋斗的一生》,黄华,《光明日报》,1993 年 1 月 20 日,第 4 版。

《宋庆龄与"小萝赛"》,沈祖德、郑亚夫,《解放日报》,1993 年 8 月 31 日,第 9 版。

《宋庆龄与八路军》,朱敏彦,《上海师范大学学报(哲学社会科学版)》1994 年 1 期。

《一封沟通两党关系的信——1936 年初宋庆龄为国民党中央转信给中共中央事考析》,钱听涛,《上海党史研究》1994 年 6 期。

《宋庆龄与"八·一三"淞沪抗战》,刘立峰,《历史教学问题》1995 年 4 期。

《宋庆龄与抗日战争》,吴宗明,《社会科学战线》1995 年 4 期。

《始于 20 年代的友谊——宋庆龄与毛泽东的交往》,严福富、林铭纲,《党史纵横》1996 年 2 期。

《交往源于民族命运——潘汉年与宋庆龄》,林铭纲,《党史纵横》1996 年 3 期。

《宋庆龄在上海妇女抗日救亡运动中的表率作用》,史慰慈,《宋庆龄与中国抗日战争》,上海社会科学院出版社 1996 年。

《一二八、八一三时期的宋庆龄》，张义渔，《宋庆龄与中国抗日战争》，上海社会科学院出版社1996年。

《一二八抗战与宋庆龄的抗战思想》，王乐德，《宋庆龄与中国抗日战争》上海社会科学院出版社1996年。

《宋庆龄与淞沪抗战》，朱少伟，《上海档案》1997年6期。

《宋庆龄与"八一三"淞沪抗战》，傅绍昌，《学术月刊》2001年3期。

《党派我做宋庆龄的联络员——访宋庆龄秘书、中共地下党员李云》，董宁，《解放日报》，2001年7月1日，第14版。

《宋庆龄为何安卧在上海》，沈飞德，《世纪》2002年4期。

《宋庆龄从上海到北平纪实》，陈丽芬，《党史博采》2002年12期。

《与时俱进的宋庆龄——纪念宋庆龄诞辰一百一十周年》，盛永华，《光明日报》，2003年1月21日，第B3版。

《上海解放前后的宋庆龄》，季鸿生，《上海党史与党建》2004年4期。

《为了新中国的儿童——1959年宋庆龄马桥之行考辨》，段炼，《上海文博论丛》2009年4期。

《宋庆龄在上海的最后日子及其葬礼》，李家炽、黄玉抒，《百年潮》2009年6期。

《宋庆龄在上海的最后一次搬家》，王志鲜，《世纪》2009年6期。

《宋庆龄是怎样加入共产党的？》，周幼马，《共产党员》2011年16期。

《近代上海城市对于宋庆龄的意义》，熊月之，《孙中山宋庆龄文献与研究（第二辑）》2011年。

《宋庆龄：到上海是"回家"》，顾学文，《解放日报》，2011年6月24日，第24版。

《孙中山宋庆龄寓居上海的日子》，殷志敏，《文史春秋》2012年4期。

《宋庆龄为什么选择跟中国共产党走》，周伟东，《文史月刊》2012年5期。

《抗战时期宋庆龄对新四军的援助与宣传》，叶维维，《中共贵州省委党校学报》2013年1期。

《宋庆龄为新四军"雪中送炭"》，傅绍昌，《新四军与上海》2013年。

《镌刻在心底的思念——宋庆龄开辟儿童工作散记》，陈维博，《回忆宋庆龄》，中国出版集团、东方出版中心2013年。

《忆宋庆龄与"解总"上海办事处》，严梅青，《回忆宋庆龄》，中国出版集团东方出版中心2013年。

《宋庆龄与鲁迅》，黄源，《回忆宋庆龄》，中国出版集团东方出版中心2013年。

《宋庆龄与远东反战会议》，常美英、田军，《远东反战会议纪念集》，中国出版集团东方出版中心2014年。

《白色恐怖下高度警觉的宋庆龄》，汤雄，《党史纵览》2015年3期。

《中国福利会与新中国成立初期的上海儿童福利事业》，徐锋华，《史林》2015年4期。

《1925—1927：宋庆龄在上海》，陆其国，《解放日报》，2015年3月17日，第11版。

《试析21世纪以来的宋庆龄研究》，叶维维，《史学理论与史学史学刊》2016年1期。

《纪念馆社会教育工作的实践与思考——以上海宋庆龄故居纪念馆为例》，傅强，《中国纪念馆研究》2016年2期。

《魅力宋庆龄》，汤雄，《团结报》，2017年12月9日，第6版。

《从雷娜·普罗梅书信看中国大革命及身处其中的宋庆龄》，朱玖琳，《近代中国》2018年1期。

《宋庆龄与上海解放》，朱玖琳，《联合时报》，2019年5月24日，第5版。

《宋庆龄在上海解放前后》，华强，《团结报》，2019年10月10日，第7版。

宋时轮

《宋时轮二三事》，穆俊杰，《湖南党史》1994年2期。

《军事科学研究事业卓越的组织领导者——学习宋时轮组织领导军事科研工作的论述和实践》，刘继贤、沈明，《军事历史研究》1994 年 4 期。

《接到毛主席的电报以后——宋时轮将军在朝鲜战场上的一段往事》，丁公量，《大江南北》1995 年 1 期。

《宋时轮》，王湘江，《湖南党史》1995 年 3 期。

《雏鹰展翅向云天——追记青少年时期的宋时轮》，中共醴陵市委，《湖南党史》1995 年 5 期。

《上海战役中宋时轮与三十军》，穆俊杰，《湖南党史》1995 年 6 期。

《华野四参座　相会戈壁滩——记张爱萍、宋时轮、陈士榘、张震四位将军在核试验场的欢聚》，许忠敬，《湖南党史》1996 年 4 期。

《突破天堑扫万军——记渡江战役中的第 9 兵团司令员宋时轮》，宋任远，《军事历史》1997 年 2 期。

《宋时轮与叶帅传记》，范硕、穆俊杰，《湖南党史》1997 年 6 期。

《宋时轮在北平军调部斗智斗勇》，宋任远，《炎黄春秋》1997 年 10 期。

《雏鹰振翅向云天——少年宋时轮轶事》，崇实，《党史纵横》1999 年 8 期。

《最艰难处显奇才——记宋时轮将军二三事》，范硕，《黄埔》2000 年 6 期。

《我伴宋时轮将军三次历险》，于百川、孙洪升、来延明，《春秋》2001 年 6 期。

《宋时轮对编写〈中国人民解放军战史〉的指导》，宋任远，《军事历史》2002 年 3 期。

《宋时轮与"排炮不动"的华野十纵》，郑军，《文史春秋》2002 年 8 期。

《济南战役前后宋时轮"思想问题"的来龙去脉》，穆俊杰，《湘潮》2003 年 4 期。

《宋时轮在红军长征中》，于肖平，《百年潮》2004 年 3 期。

《宋时轮在延安整风运动中》，穆俊杰，《湘潮》2004 年 3 期。

《华野雄狮——宋时轮上将与武术》，文龙，《精武》2004 年 6 期。

《上将宋时轮的战友情》，何立波，《湘潮》2006 年 3 期。

《傲霜沐雪露风骨——记宋时轮二三事》，宋任远，《湘潮》2006 年 5 期。

《宋时轮作战指挥二三事》，宋任远，《军事历史》2007 年 1 期。

《消灭美军一个建制团——宋时轮抗美援朝战争片段》，穆俊杰，《湘潮》2007 年 2 期。

《豪饮宋时轮》，吴东峰，《新湘评论》2007 年 5 期。

《纪念宋时轮同志诞辰 100 周年座谈会剪影》，侯源亮、郭芳，《军事历史》2007 年 5 期。

《功勋存青史风范励后人——纪念宋时轮上将诞辰 100 周年》，刘成军，《军事历史》2007 年 5 期。

《危难时刻见忠诚——逆境中的宋时轮上将》，宋任远，《军事历史》2007 年 5 期。

《危难时刻见忠诚——记逆境中的宋时轮上将》，宋任远，《黄埔》2007 年 6 期。

《忆我的父亲宋时轮》，宋崇实，《湘潮》2007 年 9 期。

《少年宋时轮》，汤鹏天，《湘潮》2007 年 9 期。

《百尺无寸枝　一生自孤直——宋时轮的三次入党经历》，穆俊杰，《湘潮》2007 年 9 期。

《将军风范励后生》，穆俊杰，《神州》2007 年 10 期。

《抹不掉的记忆》，胡立教，《神州》2007 年 10 期。

《危难见真情》，张爱萍，《神州》2007 年 10 期。

《永久的思念》，郑晓存，《神州》2007 年 10 期。

《战将雄风永垂青史》，李运昌，《神州》2007 年 10 期。

《"一代儒将"宋时轮》，夏明星、陈华瑜，《党史纵横》2007 年 12 期。

《上将宋时轮的三次入党经历》，穆俊杰，《共产党员》2007 年 24 期。

《宋时轮戎马生涯中的几场著名阻击战》，宋任远，《党史博采(纪实)》2008 年 4 期。

《北平谈判中的宋时轮》，宋任远，《湘潮》2009 年 1 期。

《宋时轮在雁北》，宋任远，《军事历史》2009 年 2 期。

《宋时轮与我国军事战略方针的调整》，宋任远，《百年潮》2009 年 11 期。

《宋时轮上将：武功文事垂青史》，宋任远，《党史博采（纪实）》2010 年 8 期。

《宋时轮在教训委：受命于"十年浩劫"之后》，宋任远，《湘潮》2010 年 9 期。

《"虎将"宋时轮：一生三次入党》，黎云、吴东峰，《领导文萃》2011 年 S1 期。

《宋时轮的离休岁月》，宋任远，《北京党史》2012 年 4 期。

《宋时轮：一生唯实无私无畏》，宋任远，《湘潮（上半月）》2012 年 8 期。

《宋时轮在"文革"中保护老师和老战友》，宋任远，《百年潮》2013 年 3 期。

《宋时轮的眼泪》，《福建党史月刊》2013 年 11 期。

《宋时轮之女向本刊讲述父亲为何三次入党》，刘畅、袁晶晶，《环球人物》2013 年 30 期。

《重视调查研究的宋时轮将军》，宋任远，《北京党史》2014 年 3 期。

《从宋时轮将军的雅量看领导干部的修养》，张柏青，《中国国门时报》，2014 年 6 月 4 日，第 3 版。

《走近父亲光辉的岁月——访开国上将宋时轮之女宋崇实》，刘济华、谢德、任国凤，《赤子（下旬）》2014 年 12 期。

《宋时轮用过的手枪》，小飞，《中国老区建设》2015 年 8 期。

《淮海战役中宋时轮的"惊险一幕"》，姚冰阳，《支部生活（山东）》2015 年 10 期。

《攻台第一梯队——第九兵团传奇》，朱晓明，《党史博采（纪实）》2016 年 8 期。

《宋时轮率部雁北抗击日寇》，宋百一，《祖国》2016 年 19 期。

《开国上将宋时轮的三次入党》，颜东岳，《铁军》2018 年 3 期。

《"一代儒将"宋时轮》，叶介甫，《学习时报》，2018 年 4 月 11 日，第 7 版。

《说说我父亲的"三严"——一个老将军留给女儿的回忆》，宋崇实，《党建》2018 年 10 期。

《宋时轮：开创了全歼美军建制团的范例》，夏明星、吴江武，《党史博采（上）》2020 年 8 期。

《宋时轮上将秘书忆抗美援朝战争：冰天雪地大厮杀悲壮惨烈长津湖》，穆俊杰、程佳，《中国文化报》2020 年 10 月 24 日，第 4 期。

《严守初心，严格治军，严以修身——说说我父亲的从严要求》，宋崇实，《党员文摘》2020 年 12 期。

苏兆征

《中国早期职工运动的著名领袖——苏兆征》，禤倩红、卢权，《历史教学》1980 年 9 期。

《苏兆征对省港大罢工的贡献》，丘均元，《广东民族学院学报（社会科学版）》1992 年 3 期。

《邓小平与苏兆征的战友情》，罗祖宁，《广东党史》1995 年 5 期。

《中国工人运动的杰出领袖——苏兆征》，曹延平，《中国工运》1995 年 5 期。

《中国早期工人运动的杰出领袖——苏兆征》，蔡峰峰，《党史博采》1996 年 5 期。

《中国工人运动先驱苏兆征之子的传奇人生》，西蜀，《党史天地》2002 年 12 期。

《苏兆征——从工运领袖到中共重要领导人》，刘利亚，《广东党史》2007 年 6 期。

《苏兆征在八七会议前后》，禤倩红，《红广角》2012 年 11 期。

《中共早期中心领导人苏兆征》，范宸西，《湘潮（下半月）》2012 年 12 期。

《苏兆征与中共六大》，禤倩红，《红广角》2014 年 2 期。

《关于苏兆征工人运动思想形成的探究》，巫春、庚李红，《湘潮（下半月）》2016 年 6 期。

《苏兆征工运活动及思想述论》，赵薇，《工会信息》2017 年 14 期。

《苏兆征对省港大罢工的巨大贡献》，李洁春，《法制与社会》2018 年 34 期。

《苏兆征对中共六大的重要贡献》，李蓉，《中国井冈山干部学院学报》2019 年 1 期。

《苏兆征思想遗产刍议》，李文辉，《珠江论丛》2019 年 2 期。

《苏兆征工人运动思想的形成、内容及启示》,张一鸣,《珠海潮》2019 年 2 期。

《回顾、反思与展望——苏兆征研究述评》,王华锋、王雅丹,《中共珠海市委党校珠海市行政学院学报》2019 年 5 期。

《省港大罢工与苏兆征工人运动思想的成熟——以共产国际对中国工人运动的指导为视角》,万玲,《福建党史月刊》2020 年 4 期。

《苏兆征在国共两党间的政治抉择》,彭涛、董燕,《党史文汇》2020 年 8 期。

苏振华

《苏振华》,凌辉,《湖南党史月刊》1991 年 6 期。

《在历史的严重时刻——记苏振华将军与粉碎"四人帮"上海余党的斗争》,凌辉,《湖南党史月刊》1989 年 2 期。

《在历史的严重时刻——记苏振华将军与粉碎"四人帮"上海余党的斗争(下)》,《湖南党史月刊》1989 年 3 期。

《向"四人帮"余党夺权》,丑运洲,《百年潮》2002 年 5 期。

《苏振华在粉碎"四人帮"的前前后后(上)》,丑运洲,《湘潮》2002 年 4 期。

《苏振华在粉碎"四人帮"的前前后后(下)》,丑运洲,《湘潮》2002 年 5 期。

《苏振华、倪志福、彭冲在上海》,陈祥生,《党史天地》2005 年 4 期。

《苏振华秘进上海的非常之旅》,《党史纵横》2005 年 8 期。

《1976,苏振华秘赴上海平定危局始末》,《党史博采(纪实)》2006 年 1 期。

《苏振华空降上海始末》,顾育豹,《党史天地》2006 年 5 期。

《叶剑英提议苏振华空降上海稳定局势始末》,顾育豹,《金秋》2006 年 8 期。

《倪志福深情回忆苏振华》,丑运洲,《湘潮》2007 年 1 期。

《毛泽东与苏振华上将》,良驹,《党史天地》2007 年 6 期。

《军政兼优的开国上将苏振华》,夏明星,苏振兰,《党史博采(纪实)》2010 年 11 期。

《上将苏振华在粉碎"四人帮"前后》,丑运洲、李海文,《党史博览》2012 年 5 期。

《从高山到大海——海军原政委苏振华之女苏承业讲述父亲戎马倥偬的传奇一生》,陆秀练,《祖国》2012 年 8 期。

《苏振华上将的传奇人生》,石海,《老年人》2012 年 6 期。

《华国锋谈他所知道的苏振华》,丑运洲,《湘潮(上半月)》2012 年 6 期。

《1976 年苏振华临危受命接管上海》,承业,《党史博览》2012 年 9 期。

《好干部是打不倒的——忆我的父亲苏振华》,苏承业,《文史博览》2016 年 5 期。

粟　裕

《粟裕大将的风格》,珠珊,《人民日报》,1984 年 4 月 24 日,第 8 版。

《怀念粟裕大将》,司今,《解放日报》,1994 年 2 月 22 日,第 7 版。

《粟裕大将的上海情结》,粟刚兵、张晶晶,《档案春秋》2009 年 10 期。

《上海战役与粟裕将军》,谢受康,《伟大的胜利,辉煌的成就——庆祝新中国成立 50 周年论文集》,上海师范大学学报编辑部 1999 年。

《渡长江,战上海,粟裕的三步妙棋》,张效琳,《风卷红旗过大江——纪念渡江战役胜利暨南京解放 50 周年学术研讨会论文集》,中共党史出版社 1999 年。

《粟裕组织指挥上海战役的指导思想》,温镜湖,《风卷红旗过大江——纪念渡江战役胜利暨南京解放 50 周年学术研讨会论文集》,中共党史出版社 1999 年。

《淮海战役中的粟裕大将(附图片)》,鞠开、陈其、赵光涛等,《人民日报》,2014 年 1 月 15 日,第 11 版。

《粟裕、张震精心指挥"战上海"》,张生根,《大江南北》2019 年 5 期。

孙炳文

《龙华烈士孙炳文和郭伯和》,叶源洪,《四川党史》1994 年 5 期。

《孙炳文烈士的生前身后事》,殷晓章,《党史纵览》2017 年 8 期。

《中共早期革命家孙炳文生平事迹及其思想探微》,刘朋乐,《蜀学》2018 年 1 期。

汤景延

《苏浙纵队汤景延血洒上海滩》,谢海阳,《世纪》1997 年 6 期。

《缅怀汤景延烈士》,周显才,《联抗战友忆联抗》,中共江苏省委党史工作办公室 1997 年。

《反"清乡"时期地方抗日武装汤景延团奉命打入伪军的照片》,《档案与建设》2015 年 6 期。

《忆"秘密战线的英雄"汤景延》,万正,《北京新四军暨华中抗日根据地研究会专题资料汇编》,中央文献出版社 2019 年。

陶静轩

《陶静轩》,佚名,《荆州师专学报》1992 年 6 期。

《1926 年 12 月上海:追悼刘华、陶静轩》,刘作忠,《世纪桥》2003 年 2 期。

田 汉

《田汉同志在左翼文化运动时期的二三事》,赵铭彝,《新文学史料》1983 年 4 期。

《田汉同志在抗战初期》,李超,《人民日报》,1983 年 12 月 15 日,第 8 版。

《田汉的"转向"与左翼戏剧运动的发展》,刘平,《中国现代文学研究丛刊》1988 年 1 期。

《田汉对左翼电影运动的贡献》,陈播,《新文化史料》1998 年 5 期。

《田汉百年》,潘亦孚,《解放日报》,1998 年 6 月 4 日,第 2 版。

《浪漫的实践艺术教育——田汉在上海的办学精神》,王强,《艺海》2009 年 6 期。

《论上海城市文化对田汉 20 世纪 20 年代话剧探索的影响》,杨占富,《太原师范学院学报(社会科学版)》2012 年 1 期。

《二十世纪三、四十年代上海市民的精神需求——从田汉电影剧本透视》,刘冰,《宜宾学院学报》2012 年 8 期。

《田汉:中国"戏剧魂"》,苏叔阳、黎之彦,《人民日报》,2013 年 8 月 26 日,第 5 版。

《田汉与左翼音乐运动中的"新音乐"》,骆支丽,《歌海》2014 年 5 期。

《从田汉谈到左翼文化运动》,陈漱渝,《上海鲁迅研究》2015 年 2 期。

《田汉、安娥与上海》,马信芳,《上海采风》2016 年 9 期。

《田汉在上海》,田国社,《文汇报》,2017 年 10 月 23 日,第 W8 版。

《田汉在上海》,孔海珠,《文汇报》,2017 年 10 月 23 日,第 8 版。

《田汉在上海二三事》,王春华,《档案天地》2020 年 3 期。

汪道涵

《汪道涵的改革贡献》,何亮亮,《招商周刊》2006 年 5 期。

《儒雅 温和 理性——汪道涵印象》,冯都,《党史文苑》2006 年 5 期。

《汪道涵的传奇人生》,冯励中,《钟山风雨》2006 年 2 期。

《战略智慧引领上海世纪跨越——纪念汪道涵老市长逝世一周年》，周伟洋，《中国改革》2007年1期。

《呕心沥血深谋远虑——纪念首先倡议申办世博会的汪道涵同志》，吴建民，《秘书》2007年9期。

《汪道涵与两岸直航》，范鸿喜，《世纪》2010年1期。

《和汪道涵市长协商接受上海小三线——安徽省原省长王郁昭访谈录》，王郁昭、徐有威、邬晓敏，《党史纵览》2014年1期。

《江泽民与汪道涵》，《江泽民在一机部》编写组，《福建党史月刊》2014年13期。

《高擎思想的火炬——纪念汪道涵同志百年诞辰》，周汉民，《上海市社会主义学院学报》2015年1期。

《我所接触的汪道涵市长》，杨小佛、朱玖琳，《世纪》2015年5期。

《追忆汪道涵》，沈晗耀、於品号、张天明，《联合时报》，2015年3月31日，第7版。

《浦东开发开放的先行者》，李佳能，《联合时报》，2015年11月27日，第6版。

《追忆汪道涵同志二三事》，陈鹏生，《世纪》2019年1期。

《汪道涵与上海工业建设》，汤涛，《百年潮》2020年6期。

汪寿华

《汪寿华烈士是被杜月笙活埋的吗》，叶累，《上海党史研究》1996年2期。

《汪寿华：牺牲在四一二反革命政变中的第一位共产党人》，杨飞、王成会，《党史纵览》2009年8期。

《"二一九"中的工运领袖汪寿华》，黎霞，《中国档案报》，2016年2月19日，第2版。

王荷波

《王荷波烈士斗争历史简记》，黄启权，《党史研究与教学》1980年3期。

《王荷波传》，黄启权，《党史研究与教学》1983年7期。

《品重柱石，千古风范——王荷波烈士传略》，刘谨桂，《北京党史》1992年6期。

《中国工人运动的先驱王荷波》，吴军，《党史文汇》2011年6期。

《党的早期工运著名领导人王荷波》，魏雅丽，《红广角》2012年1期。

《王荷波生平主要活动年表》，佚名，《福建党史月刊》2016年5期。

《王荷波：中国共产党杰出的早期领导人》，陈晓声，《福建党史月刊》2016年5期。

《王荷波工运活动及思想探析》，赵薇，《工会信息》2018年4期。

《王荷波与中共"三大"历史问题的考察》，苗体君，《江苏师范大学学报（哲学社会科学版）》2019年2期。

《王荷波：走向世界的革命先锋》，陈晓声、张永和，《福建党史月刊》2019年7期。

王稼祥

《王稼祥在上海》，徐则浩，《上海党史研究》1996年4期。

《论王稼祥在土地革命战争时期和抗战前期的党建思想》，杨皓、闻超然，《党史文苑》2017年4期。

《王稼祥早年思想浅析》，莫志斌、章新年，《阿坝师范高等专科学校学报》2007年2期。

王尽美

《怀念我们的父亲王尽美烈士》，王乃征、王乃恩，《人民日报》，1979年4月20日，第3版。

《怀念父亲王尽美烈士》，王杰，《解放日报》，1987年7月10日，第4版。

《怀念我的父亲王尽美》，王杰，《解放日报》，1991年6月30日，第3版。

《英年早逝，光耀人间——记中共一大代表王尽美》，朱理明，《福建党史月刊》2003年4期。

《中共一大代表王尽美》，黄卫东，《党史纵横》2011年7期。

《王尽美》，王逸吟，《人民日报》，2011年2月18日，第4版。

《试析中共"一大"代表王尽美的历史贡献》，苗体君，《德州学院学报》2012年1期。

《1921年9月王尽美是否再赴上海参加过中央会议？》，李曙新，《上海党史与党建》2012年7期。

《中共一大代表王尽美》，窦春芳、苗体君，《文史春秋》2014年4期。

《壮丽璀璨的青春岁月——中共一大代表王尽美》，张玉菡，《炎黄春秋》2018年7期。

《王尽美精神与红船精神——兼论第一代中国共产党人的初心》，臧运祜，《嘉兴学院学报》2019年3期。

《王尽美的"初心"》，蒋海升，《齐鲁周刊》2019年27期。

《从北杏村到英雄山——王尽美的"地理版图"》，吴永强、陆洋，《齐鲁周刊》2019年27期。

《英年早逝的一大代表王尽美》，王晶，《学习时报》，2020年9月25日第5版。

《王尽美：中国共产党的创始人之一》，佚名，《支部建设》2020年23期。

王孝和

《王孝和案》，王立民，《上海档案》1988年6期。

《关于"王孝和事件"》，朱健，《中共党史研究》1996年4期。

《谁是营救王孝和等同志的组织参与者？》，尹冠时，《上海党史研究》1996年6期。

《半个世纪的思念——访王孝和烈士的遗孀忻玉英》，上海市杨树浦发电厂党委宣传科，《上海党史研究》1998年5期。

《王孝和就义提篮桥监狱实录》，徐家俊，《上海党史研究》1998年5期。

《王孝和狱中给父母亲的信》，边辑，《党史文汇》2010年6期。

《潇洒人生——王孝和烈士50封家书背后的故事》，吕其庆，《思想政治工作研究》2014年4期。

《妻子心中的王孝和》，忻玉英、昂俞暄，《档案春秋》2014年10期。

《杨兆龙与"王孝和案"和蒋介石——民国政府末任最高检察长杨兆龙（四）》，郝铁川，《世纪》2015年1期。

维经斯基

《魏金斯基中国行》，杨尧深，《党史纵横》1993年1期。

《维经斯基在中国活动述评》，姚洪亮，《北京党史研究》1994年6期。

《维经斯基与第一次国共合作》，刘亨让，《益阳师专学报》1995年1期。

《魏金斯基与马列主义在中国的初期传播渠道》，［日］石川祯浩，《湖北大学学报（哲学社会科学版）》1997年4期。

《维经斯基与陈独秀的最后一次合作》，李宗玲、陈炎，《黑龙江农垦师专学报》2001年3期。

《维经斯基：成功的首位赴华使者》，周利生，《江西社会科学》2001年7期。

《维经斯基1923年11月初来过中国吗？》，周利生，《近代史研究》2002年1期。

《论大革命时期维经斯基、张国焘的"左"倾思想》，闫知航、张凤莲，《鞍山师范学院学报》2002年2期。

《维经斯基与五卅运动》，周利生，《上海党史与党建》2002年4期。

《维经斯基的第一次中国之行》，周利生，《上海党史与党建》2002年9期。

《试评维经斯基对中共"四大"的贡献》，姜建中，《佳木斯大学社会科学学报》2002年6期。

《魏金斯基第一次来华及其对中国共产党成立的贡献》，窦春芳、苗体君，《广西社会科学》2007年6期。

《1920年俄共代表魏金斯基会见过新民学会的彭璜》，任武雄，《上海革命史资料与研究》2008年。

《俄共（布）代表维经斯基初次使华对中共建党的贡献》，胡云霞、李绍华，《西南交通大学学报（社会科学版)》2009 年 6 期。

《浅析维经斯基有关国共合作的策略思想》,李明照,《传承》2010 年 18 期。

《创建中国共产党:维经斯基的误导与陈独秀的正确》,金立人,《上海党史与党建》2010 年 9 期。

《维经斯基第四次来华时间考》,姜建中,《世纪桥》2010 年 17 期。

《论维经斯基对中共建党思路的影响》,方宁,《党的文献》2011 年 3 期。

《维经斯基在中国——"中共与共产国际"系列之三》,孙国林,《党史博采(纪实)》2011 年 5 期。

《维经斯基在中共建立中的功与过》,杨凯,《文史天地》2011 年 10 期。

《维经斯基与中国革命》,叶介甫,《文史春秋》2011 年 12 期。

《共产国际代表维经斯基来华的实际时间和次数》,魏黎波、赵蛟,《淮北师范大学学报(哲学社会科学版)》2012 年 4 期。

《组织传播视野下维经斯基在华新闻宣传活动述评》,张继木、张昆,《现代传播(中国传媒大学学报)》2012 年 4 期。

《维经斯基策划"上海谈判"原因探析》,张留见,《学术交流》2012 年 7 期。

《"从联盟转向联合"——对维经斯基提出的一种国共合作形式的讨论》,周利生、王钰鑫,《党史研究与教学》2014 年 5 期。

《论维经斯基与中共创建时期宣传事业的开辟》,安济森,《传承》2015 年 3 期。

《瞿秋白与维经斯基对国共党内合作认识的分合》,周利生、王钰鑫,《党史研究与教学》2015 年 6 期。

《共产国际与中国大革命关系再认识——以维经斯基与孙中山的互动为考察中心》,周利生、王钰鑫,《江苏社会科学》2016 年 1 期。

《维经斯基来华与马克思主义在中国的早期传播》,陈琨,《西昌学院学报(社会科学版)》2016 年 3 期。

《中国共产党建党的帮助者——"中国通"维经斯基》,田雪鹰,《党史纵横》2016 年 7 期。

《论国共合作早期中共党内右倾倾向的纠正——以维经斯基为中心的考察》,周利生,《社会科学》2016 年 8 期。

《维经斯基首次来华与中国共产党的初创》,徐光寿,《档案春秋》2017 年 7 期。

《维经斯基第一次来华工作对〈新青年〉性质转变的影响》,赵莎莎,《江西电力职业技术学院学报》2020 年 4 期。

翁泽生

《翁泽生烈士生平事迹》,林江,《党史资料与研究》1983 年 5 期。

《回忆我的父亲翁泽生》,林江,《革命人物》1985 年 S2 期。

《"台共"先烈翁泽生》,肖彪、杨锦和、王炳南、许伟平,《党史资料与研究》1985 年 3 期。

《情系祖国铁骨忠心——翁泽生同志生平述略》,王国君,《松辽学刊(哲学社会科学版)》2000 年 6 期。

《翁泽生在上海》,刘雪芹,《上海党史与党建》2006 年 3 期。

吴　康

《难忘的岁月——怀念吴康》,吴学谦,《上海党史研究》1996 年 1 期。

伍仲文

《回族教育家——伍仲文》,伍贻业,《回族研究》1991 年 2 期。

《南社中的民族教育家伍仲文》,金建陵,《档案与建设》2006 年 2 期。

《与鲁迅同行的民族教育家伍仲文》,金建陵,《鲁迅研究月刊》2009 年 12 期。

夏 衍

《夏衍与左翼电影运动》，陈坚，《浙江学刊》1983 年 1 期。

《夏衍传略》，巫岭芬、庄汉新，《新文学史料》1983 年 3 期。

《夏衍与新闻工作》，王美芝，《新闻通讯》1984 年 10 期。

《在争辩中前进——1936—1987 年夏衍剧作研究述评》，韩日新，《文学评论》1990 年 3 期。

《夏衍谈"左联"后期》，周健强，《新文学史料》1991 年 4 期。

《夏衍的报坛旧事》，石矢，《中国记者》1995 年 3 期。

《夏衍年表》，佚名，《电影艺术》1995 年 3 期。

《夏衍的一生》，佚名，《文艺理论研究》1995 年 5 期。

《夏衍与潘汉年的挚友情》，尹骐，《炎黄春秋》1995 年 6 期。

《夏衍同志二三事》，魏绍昌，《新文学史料》1996 年 1 期。

《夏衍与救亡日报》，王勇，《中国记者》1996 年 6 期。

《20 世纪中国电影话语与夏衍》，丁亚平，《当代电影》2000 年 6 期。

《进步电影事业的先驱——夏衍》，金利权，《今日浙江》2000 年 20 期。

《革命文艺与商业文化的双向选择——论夏衍三十年代的电影文学创作》，盘剑，《文学评论》2001 年 3 期。

《夏衍：我是一名记者》，宫雪梅，《社会科学论坛》2005 年 3 期。

《夏衍和〈救亡日报〉》，倪迅，《光明日报》，2005 年 8 月 6 日，第 2 版。

《政治文化意识与夏衍 30 年代剧本创作》，李海燕，《山东社会科学》2006 年 6 期。

《夏衍与〈救亡日报〉》，罗俊华，《当代传播》2007 年 1 期。

《夏衍对 30 年代中国左翼电影运动的贡献》，任动，《电影文学》2008 年 3 期。

《要一生报效祖国——记革命文艺先驱夏衍》，一迪，《浙江档案》，2011 年第 10 期。

《左翼知识者的底层叙述——兼论夏衍的报告文学话语》，王伟，《河南科技大学学报（社会科学版）》2012 年 4 期。

《夏衍与左翼电影》，史兴庆，《电影评介》2013 年 13 期。

《漫谈夏衍身份的二重性》，杨君静，《戏剧之家》2014 年 8 期。

《夏衍在文化部》，陈徒手，《读书》2014 年 10 期。

《夏衍编〈建国日报〉出版十五天被查禁》，俞子林，《世纪》2015 年 5 期。

《夏衍与新中国电影》，史兴庆，《传播与版权》2015 年 3 期。

《夏衍与中共隐蔽战线关系述考》，陈奇佳，《新文学史料》2015 年 3 期。

《革命语境中的角色与台词——夏衍〈在文化部整风中的检查〉研究》，陈墨，《上海大学学报（社会科学版）》2016 年 3 期。

《1949 年，他穿上了戎装……——夏衍的上海解放忆述》，沈芸，《档案春秋》2016 年 5 期。

《抗战戏剧的嚆矢与经典——夏衍〈上海屋檐下〉匡复论及其他》，严肃，《四川戏剧》2016 年 9 期。

《细节政治：夏衍和左翼文艺的美学建构》，梁燕丽，《社会科学》2017 年 12 期。

向警予

《向警予同志战斗的一生》，戴绪恭，《华中师院学报（哲学社会科学版）》1978 年 1 期。

《向警予年谱简编》，戴绪恭，《华中师院学报（哲学社会科学版）》1981 年 1 期。

《中国妇女的光荣——向警予烈士战斗的一生》，北辰，《历史教学》1981 年 6 期。

《向警予同志传》，蔡和森，《近代史研究》1982 年 4 期。

《妇女运动的杰出领导者——向警予》,蔡畅,《人民日报》,1985 年 9 月 15 日,第 5 版。

《向警予同志生平事迹年表》,何先义、唐德佩、何先培,《湘潭大学学报(社会科学版)》1987 年 3 期。

《中国妇女运动的领袖——向警予》,王若素,《湖南党史通讯》1987 年 5 期。

《中共第一个女中央委员——向警予》,王一唯,《人民论坛》1997 年 3 期。

《为理想献身的共产党人——记向警予烈士》,李成孝,《党史纵横》2000 年 3 期。

《向警予报刊革命实践活动评述》,李端生,《中华女子学院学报》2001 年 1 期。

《向警予对统一战线事业和工人运动的贡献》,任武雄,《上海革命史资料与研究》2004 年。

《"模范妇女领袖"——向警予》,叶成林,《湘潮(下半月)》2015 年 3 期。

《论向警予在党的创建时期的历史贡献》,米华、巴鑫伟、杨玲莉,《湘潮(下半月)》2015 年 10 期。

《向警予与大革命时期上海的妇女运动》,曾长秋,《湘潮(下半月)》2015 年 10 期。

《向警予——中国妇女解放运动的旗帜和先驱》,胡玥,《湘潮(下半月)》2015 年 10 期。

《模范妇女领袖向警予》,王海磬,《人民日报》,2011 年 5 月 3 日,第 2 版。

《向警予》,《解放日报》,2011 年 5 月 3 日,第 5 版。

《向警予:大革命时代的模范妇女领袖》,张辉,《上海党史与党建》2016 年 10 期。

《"模范妇女领袖"向警予》,柳王敏,《解放日报》,2018 年 5 月 25 日,第 3 版。

向忠发

《谈谈向忠发》,朱尔阳,《安徽教育学院学报(社会科学版)》1986 年 1 期。

《关于向忠发叛变的问题》,邓颖超,《中共党史研究》1989 年 3 期。

《向忠发其人》,王永义,《历史教学》1989 年 12 期。

《向忠发的上台及其被捕叛变》,韩泰华,《枣庄师专学报》1990 年 3 期。

《向忠发是怎样一个总书记?》,杨奎松,《近代史研究》1994 年 1 期。

《向忠发到底是怎样一个中共总书记》,杨奎松,《炎黄春秋》1996 年 5 期。

《昙花一现的向忠发》,吴诗四,《湖北文史资料》2000 年 3 期。

《向忠发其人其事》,吴诗四,《党史文汇》2001 年 4 期。

《向忠发被捕后是否叛变?》,苗体君、窦春芳,《党史纵横》2003 年 1 期。

《共产国际红人向忠发的发迹史》,阿元,《档案时空》2003 年 3 期。

《"第三任舵手"向忠发的历史之谜》,高士振,《党的建设》2003 年 11 期。

《告诉你一个真实的向忠发》,尤国珍,《党史纵横》2005 年 12 期。

《揭秘向忠发的"总书记"之路》,杨奎松,《党史纵横》2006 年 5 期。

《向忠发的总书记变节录》,冯晓蔚,《党史纵横》2010 年 3 期。

《向忠发研究综述》,田甜,《文史博览(理论)》2011 年 4 期。

《顾顺章和向忠发堕落的人生轨迹及其根源分析》,邓怡舟,《兰台世界》2011 年 7 期。

《向忠发其人其事》,韩泰华,《百年潮》2011 年 8 期。

《潘汉年在中央特科(中):向忠发事件真相》,王凡,《党史博采(纪实)》2013 年 10 期。

《关于顾顺章和向忠发的问题》,王明、孟庆树,《中共历史与理论研究》2015 年 1 期。

《向忠发泄露了党的哪些机密》,王铁群,《同舟共进》2015 年 2 期。

《向忠发泄露了哪些机密》,王铁群,《兰台内外》2015 年 2 期。

《解谜向忠发的身前身后》,羊夏,《粤海风》2016 年 4 期。

项　英

《项英传略》,卞谢祖,《复旦学报(社会科学版)》1982 年 3 期。

《项英在中国工人运动方面的历史功绩》,李良明,《党史资料与研究》1987 年 6 期。

《项英与上海工人运动》,马军,《史林》1994 年 3 期。

《纪念项英百年诞辰》,罗玉文,《人民日报》,1998 年 5 月 14 日,第 4 版。

《项英与早期的工人运动》,金姣,《学理论》2012 年 29 期。

《项英与上海》,蔡长雁,《新四军与上海》(第 3 辑),上海人民出版社 2017 年。

谢旦如

《关于谢旦如先生的两个史实》,鲁纪文,《新文学史料》1980 年 4 期。

《关于谢旦如先生的两件事》,鲁纪文,《纪念与研究》1981 年。

《功德无量——忆谢旦如同志》,孙瑛,《上海鲁迅研究》1998 年。

《纪念父亲谢旦如诞辰一百周年》,谢庆中,《上海鲁迅研究》2004 年。

《紫霞路六十八号——瞿秋白夫妇与谢旦如夫妇的故事》,庆中、言模,《档案与史学》2004 年 3 期。

《"小人物"谢旦如如何掩护瞿秋白》,吴基民,《公务员文萃》2016 年 12 期。

邢士贞

《邢士贞在上海的斗争生活》,佚名,《上海党史资料通讯》1988 年 9 期。

《邢士贞烈士传略》,刘建荣、杜觉非,《文史研究》1991 年 3 期。

《龙华四烈士之一的邢士贞》,庞伟民、贾志敏,《党史文汇》2012 年 8 期。

徐阿梅

《党和群众的利益高于一切——记茅丽瑛、徐阿梅》,谢黎萍,《上海党史研究》2000 年 1 期。

《"我只图永远和工人在一起,决不离开工会!"——记领导上海法商电车工人罢工的著名工人领袖徐阿梅》,苏莉敏,《上海工运》2020 年 8 期。

宣中华

《宣中华:从学运领袖到国民革命的中流砥柱》,韩鑫,《中华魂》2012 年 8 期。

《我党统战工作的先驱》,一叶,《党史纵横》2018 年 7 期。

颜昌颐

《湘籍中央军委委员——革命先烈颜昌颐小传》,谢云霞,《湖湘论坛》1990 年 4 期。

《革命先烈颜昌颐的战斗故事》,何俊、李世俊,《档案时空》2018 年 1 期。

杨匏安

《不该被遗忘的杨匏安》,王晓建,《纵横》2000 年 8 期。

《杨匏安研究述评》,黄永康、刘利亚、门晓琴、黄蔚,《上海革命史资料与研究》2007 年。

《杨匏安历史地位研究的回顾与思考》,黄永康,《上海革命史资料与研究》2009 年。

《与李大钊并称"北李南杨"的杨匏安》,宋凤英,《党史纵横》2011 年 6 期。

《试析杨匏安烈士成长的心路历程——兼谈中共创建时期学者型革命家的贡献与悲剧命运》,黄永康,《上海革命史资料与研究》2011 年。

《周恩来与杨匏安》,王晓健,《中华魂》2016 年 7 期。

《论杨匏安的精神风范》,刘利亚,《红广角》2016 年 12 期。

《杨匏安:永葆气节的革命家》,叶介甫,《中华魂》2019 年 12 期。

杨贤江

《杨贤江》，黄永刚，《历史教学》1988 年 11 期。

《杨贤江：一个真正的马克思主义教育理论家——兼论马克思主义教育理论家的品质》，吕忠堂、王为君，《泰安师专学报》1997 年 2 期。

《杨贤江与青年运动》，张达英，《中共宁波市委党校学报》1999 年 5 期。

《脚踏一天星斗，手摇万里江山——记教育理论家杨贤江》，沈文田，《文史春秋》2004 年 4 期。

《国之瑰宝——马克思主义教育家杨贤江》，周国平，《民办教育研究》2005 年 5 期。

杨　殷

《伟大的革命战士杨殷》，何立波，《中华魂》2008 年 1 期。

《杨殷》，罗旭，《光明日报》，2011 年 3 月 10 日，第 13 版。

《杨殷的主要历史功绩》，黄振位，《红广角》2012 年 10 期。

《杨殷对中共六大的贡献》，李蓉，《上海党史与党建》2018 年 2 期。

《至死不渝的革命先驱杨殷》，陈永红，《炎黄春秋》2019 年 4 期。

《关于杨殷中共四大代表身份的考证》，王佩军、刘世炎、谢长贵，《上海党史与党建》2019 年 7 期。

叶　飞

《访归侨将军叶飞》，邱健，《今日中国（中文版）》1985 年 9 期。

《开拓将军叶飞》，袁瑞良，《世纪》1994 年 6 期。

《华侨将军叶飞》，王昊，《海内与海外》1998 年 2 期。

《勇于创新的开国上将——叶飞》，《叶飞传》编写组，《海南革命史研究》2001 年 5 期。

《"华侨将军"叶飞》，林卫国，《山西老年》2001 年 9 期。

《混血儿叶飞》，吴东峰，《源流》2002 年 3 期。

《无尽的怀念——写在叶飞同志诞辰 90 周年之际》，王强，《地方革命史研究》2004 年 2 期。

《叶飞前辈二三事》，粟刚兵，《纪念邓小平诞辰一百周年论文集》，上海市新四军暨华中抗日根据地历史研究会编印 2004 年。

《叶飞司令员永远活在我们心中》，姚永钦，《纪念邓小平诞辰一百周年论文集》，上海市新四军暨华中抗日根据地历史研究会编印 2004 年 12 月。

《开国上将叶飞轶事》，吴殿卿，《党史博览》2004 年 12 期。

《传奇上将叶飞》，孟昭庚，《党员干部之友》2007 年 4 期。

《叶飞与华侨工作》，吴殿卿，《湘潮》2007 年 4 期。

《毛泽东与叶飞上将》，冯晓蔚，《红广角》2012 年 2 期。

《上将叶飞的交通部长生涯》，吴殿卿，《党史博览》2013 年 3 期。

《新四军第六团东进直抵上海近郊及其意义》，颜宁，《新四军与上海》，上海市新四军暨华中抗日根据地历史研究会编，上海人民出版社 2013 年。

《叶飞副委员长与侨务工作》，铭心，《中国人大》2014 年 4 期。

《叶飞：新四军战略发展方针的忠实践行者》，童志强，《党史纵览》2014 年 5 期。

《叶飞：新四军战略发展方针的忠实践行者》，童志强，《大江南北》2014 年 5 期。

《叶飞在抗日烽火中腾飞——为纪念叶飞将军百年诞辰而作》，丁星，《大江南北》2014 年 5 期。

《叶飞在抗日烽火中腾飞（续）——为纪念叶飞将军百年诞辰而作》，丁星，《大江南北》2014 年 6 期。

《善于治军的开国上将叶飞》，王刚，《党史博采（纪实）》2014 年 6 期。

《叶飞:抗战夹缝里的新四军骁将》,童志强,《同舟共进》2014 年 10 期。

《永远的排头兵——在叶飞将军百年诞辰纪念座谈会上的发言》,刘凯军,《老兵话当年(第二十二辑)》中共江苏省党史工作办公室、江苏省新四军和华中抗日根据地研究会编印 2014。

《叶飞在抗日烽火中腾飞——为纪念叶飞将军百年诞辰而作》,丁星,《铁流(29)》,北京新四军暨华中抗日根据地研究会编,解放军出版社 2016 年。

《叶飞与他指挥的十兵团》,张晓宇,《新四军研究》(第八辑),上海市新四军暨华中抗日根据地历史研究会编,上海人民出版社《专题资料汇编》2016 年。

《民族英华铁军军魂——纪念叶飞百年诞辰》,王征明,《新四军研究》(第八辑),上海市新四军暨华中抗日根据地历史研究会编,上海人民出版社 2016 年。

《开国上将叶飞的军旅生涯》,商豫,《炎黄春秋》2017 年 1 期。

《叶飞:战争实践中走出的优秀指挥员》,关木,《世纪风采》2017 年 4 期。

《叶飞:五次死而复生的开国上将》,廖春梅,《档案记忆》2017 年 9 月。

《叶飞与新四军第三支队第六团》,林慧冬,《福建史志》2018 年 1 期。

《叶飞一生担任的职务研究》,赵俊华、徐冀宁,《知识文库》2018 年 12 期。

《叶飞上将开创我国侨务工作新局面》,吴殿卿,《党史博览》2020 年 5 期。

叶　挺

《叶挺领导的新四军与上海、上海人民》,张文清,《上海党史与党建》2003 年 8 期。

《上海在新四军组建与发展过程中的地位和作用》,张树忠,《新四军与上海》,上海市新四军暨华中抗日根据地历史研究会编,上海人民出版社 2013 年。

《新四军的文化建设与上海》,陈民立,《新四军与上海》(第二辑),上海市新四军暨华中抗日根据地历史研究会编,上海人民出版社 2015 年。

殷　夫

《"别了,哥哥"——记殷夫向一个阶级的告别词》,曹力奋,《上海党史研究》1996 年 6 期。

《别了,哥哥——追求理想的青年诗人殷夫》,王知,《党史纵横》1998 年 1 期。

《"左联"作家柔石、殷夫血洒龙华》,简究岸,《观察与思考》2002 年 4 期。

《殷夫百年祭》,王艾村,《上海鲁迅研究》2010 年 3 期。

《殷夫笔下的上海书写》,徐群,《群文天地》2012 年 14 期。

《殷夫:让血染成一条出路》,史复明,《党史纵览》2012 年 9 期。

《22 岁就献出生命的诗人——殷夫》,张建智,《博览群书》2017 年 2 期。

应修人

《上海通信图书馆的创始者——应修人》,李克西,《图书馆工作与研究》1980 年 4 期。

《〈应修人日记〉补充注释》,赵兴茂,《纪念与研究》,1987 年。

《热爱生活追求真理——读 1919 年〈应修人日记〉》,秦海琦,《上海鲁迅研究》1997 年。

《应修人日记(1919.1～6)》,秦海琦,《上海鲁迅研究》1997 年。

《〈应修人日记〉(1919.7～12)》,秦海琦,《上海鲁迅研究》1998 年。

《"拔尽还生,踏过又笑迎"——应修人文学活动的真切记录》,周国伟,《上海鲁迅研究》1999 年。

《〈应修人日记〉(1922 年)》,周国伟,《上海鲁迅研究》1999 年。

《著名诗人、革命烈士应修人》,今哲,《今日浙江》2002 年 Z1 期。

《弃农从商:应修人早期的人生规划与价值取向》,张连想,《宁波经济(三江论坛)》2010 年 11 期。

《应修人其人其事》，王静，《宁波通讯》2011 年 9 期。

《应修人与上海通信图书馆》，刘聪，《时代教育》2015 年 5 期。

《左联作家应修人"坠楼"之谜》，朱亚夫，《世纪》2018 年 3 期。

《应修人的图书馆思想与实践》，吴长领，《图书馆学刊》2018 年 7 期。

俞秀松

《无私奉献的共产党人——俞秀松》，王大同，《革命人物》1987 年 S2 期。

《俞秀松、施存统在建团中的地位与作用》，陈绍康，《中国青年研究》1992 年 3 期。

《论早期团的领导人俞秀松和施存统》，陈绍康，《上海革命史资料与研究》1992 年。

《俞秀松烈士日记（1920 年 6—7）》，俞秀松，《上海革命史资料与研究》1992 年。

《俞秀松同志在上海的革命活动》，郑春燕、叶利华，《历史教学问题》1993 年 1 期。

《俞秀松在上海的革命活动》，沈建中、陈绍康，《上海党史研究》1999 年 3 期。

《俞秀松对创建中国共产党和社会主义青年团的贡献》，杨福茂，《中共党史研究》2000 年 5 期。

《建党初期的俞秀松》，安志洁、俞寿臧，《上海革命史资料与研究》2002 年。

《历史的见证——赴俄罗斯为俞秀松平反和查阅档案》，俞敏，《上海革命史资料与研究》2002 年。

《略论俞秀松、施存统在中共"二大"前后的革命活动》，陈绍康，《上海革命史资料与研究》2002 年。

《解读俞秀松日记中的"社会共产党"问题》，叶累，《上海党史与党建》2005 年 8 期。

《浅述建党前期俞秀松对开展工人运动的思想认识》，陆米强，《上海党史与党建》2009 年 12 期。

《试述中共建党前期俞秀松的思想发展》，陆米强，《上海革命史资料与研究》2009 年。

《俞秀松研究评述》，胡端、刘雪芹，《上海革命史资料与研究》2009 年。

《俞秀松与上海工人运动》，邵雍，《上海师范大学学报（哲学社会科学版）》2010 年 2 期。

《俞秀松对创建中国社会主义青年团的贡献》，郭秋琴，《上海党史与党建》2010 年 9 期。

《中共上海发起组重要成员俞秀松》，贾冠涛，《红广角》2010 年 11 期。

《坚忍无悔的执着诉求——记俞秀松烈士冤案平反的艰难历程》，俞敏、胡端、刘雪芹，《史林》2010 年 S1 期。

《俞秀松与中共上海发起组》，贾冠涛，《上海革命史资料与研究》2010 年。

《俞秀松在 1920 年的有关活动探析》，李继华，《中共创建史研究》2016 年。

《论五四运动前后俞秀松的思想转变》，张立程，《中北大学学报（社会科学版）》2019 年 4 期。

《俞秀松与早期马克思主义传播》，王文军，《百年潮》2019 年 6 期。

《传播红色火种：俞秀松的上海往事》，徐光寿、徐敫，《档案春秋》2019 年 7 期。

《俞秀松对青年团组织的历史贡献》，李静，《上海党史与党建》2019 年 7 期。

《红色青年成长的时代要义——俞秀松与五四新文化运动》，赵雪舟，《历史教学问题》2019 年 6 期。

《青年俞秀松的历史足迹及其重要贡献》，李蓉、叶成林，《上海党史与党建》2019 年 8 期。

《在研究中国共产主义运动中作为历史文献史料的"俞秀松个人档案"》，Н.Л.玛玛耶娃、王利亚、杨丽萍，《上海党史与党建》2019 年 8 期。

《俞秀松研究的样本价值、史料现状及深化路向》，陈红娟，《中共党史研究》2019 年 12 期。

《俞秀松与陈独秀的历史交往》，徐光寿，《中共创建史研究》2019 年。

《俞秀松与上海厚生铁厂的有关问题探析》，李继华，《中共创建史研究》2019 年。

《从书生到革命者》，李珹、俞敏，《联合时报》，2019 年 8 月 13 日，第 5 版。

《俞秀松早期自我身份认同的发展转向》，熊踞峰，《广东党史与文献研究》2020 年 1 期。

《中共"一大"前俞秀松社会改造的思想及实践》，杨丽萍，《思想政治课研究》2020 年 1 期。

《俞秀松革命人生历程透析》，曾景忠，《中国延安干部学院学报》2020 年 4 期。

《俞秀松的革命初心、担当与坚守》，丁晓强，《党政论坛》2020 年 5 期。

《俞秀松革命精神的思想内涵、生成逻辑及当代启示》，程刘畅，《大连干部学刊》2020 年 6 期。

《〈高尚德致张太雷、俞秀松函〉背后》，丁言模、俞敏，《档案春秋》2020 年 7 期。

袁振英

《袁振英在中国共产党创立时期的作用》，陈立平，《广东党史》2001 年 4 期。

《袁振英生平大事年表》，郭彬、李继锋，《上海革命史资料与研究》2008 年。

《袁振英与中国早期共产主义运动》，陆和健、郭彬，《上海革命史资料与研究》2009 年。

《从无政府主义的信仰者到马克思主义的宣传者——袁振英与中国共产党的创建》，方宁，《上海革命史资料与研究》2009 年。

《袁振英在上海》，王爱民，《上海革命史资料与研究》2009 年。

《袁振英自传》，袁振英，《上海革命史资料与研究》2009 年。

《袁振英在中国共产党创建过程中的贡献》，李蕙芬，《上海革命史资料与研究》2009 年。

《袁振英：中共创建时期的一颗流星》，陈立平，《红广角》2012 年 1 期。

《袁振英对中共创建的重要贡献》，张世飞，《党史研究与教学》2015 年 3 期。

《袁振英的 1920 年》，郭彬，《档案与建设》2016 年 7 期。

《袁振英与〈新青年〉》，陈立平，《中共创建史研究》2016 年。

《袁振英：一位中共早期组织成员的曲折人生》，白雁，《炎黄春秋》2017 年 6 期。

《试析袁振英对中国早期共产主义运动的贡献》，朱娉，《理论观察》2017 年 12 期。

恽代英

《恽代英年谱初编（上）——纪念恽代英同志殉难五十周年》，李宁、周恩珍，《江苏师院学报》1981 年 1 期。

《恽代英年谱初编（下）——纪念恽代英同志殉难五十周年》，李宁、周恩珍，《江苏师院学报》1981 年 2 期。

《恽代英传略》，田子渝，《武汉师范学院学报（哲学社会科学版）》1981 年 2 期。

《恽代英》，李良明、田子渝，《华中师院学报（哲学社会科学版）》1981 年 S1 期。

《与恽代英烈士同行》，陈友琴，《人民日报》，1988 年 4 月 6 日，第 8 版副刊。

《我党青年报刊最早的杰出主编——恽代英》，王美芝，《新闻与写作》1989 年 9 期。

《恽代英年谱》，韩凌轩，《烟台大学学报（哲学社会科学版）》1991 年 2 期。

《黄浦怒潮——恽代英传（一）》，张羽，《上海党史研究》1996 年 2 期。

《黄浦怒潮——恽代英传（二）》，张羽，《上海党史研究》1996 年 3 期。

《恽代英永葆党员先进性的典范》，钟德涛、李亚彬，《光明日报》，2005 年 9 月 29 日，第 10 版。

《恽代英精神的当代价值》，何祥林、李亚彬，《光明日报》，2005 年 11 月 9 日，第 11 版。

《恽代英》，《解放日报》，2011 年 4 月 29 日，第 5 版。

《青年之楷模："五卅"运动时期的恽代英》，姚军、陈乃鹏，《中国青年研究》2011 年 12 期。

《恽代英与中国共产主义青年团建设》，潘大礼，《三峡论坛（三峡文学·理论版）》2014 年 5 期。

《恽代英入党问题再考》，潘大礼，《兰台世界》2015 年 7 期。

《恽代英》，俞俭、梁建强，《解放日报》，2018 年 7 月 19 日，第 3 版。

张爱萍

《张爱萍和他的招贤榜》，胡士弘，《炎黄春秋》1991 年 2 期。

《张爱萍广揽人才建海军》,陆其明,《炎黄春秋》1999 年 5 期。

《张爱萍被囚提篮桥》,徐家俊,《世纪》2000 年 2 期。

《张爱萍将军整顿国防科委》,张化,《百年潮》2001 年 2 期。

《1949 跟随张爱萍接管国民党海军》,范豫康,《时代潮》2001 年 19 期。

《"军中才子"张爱萍》,吴东峰,《晚报文萃》2003 年 9 期。

《人民从此有海——儒将张爱萍在华东佳话剪辑》,吴殿卿,《当代海军》2003 年 9 期。

《张爱萍:远离的背影瑰丽而高大》,吴志菲,《世纪行》2003 年 9 期。

《张爱萍将军的多彩人生》,吴志菲,《文史精华》2003 年 9 期。

《张爱萍临危受命组建人民海军逸事》,《青年科学》2003 年 11 期。

《张爱萍创建华东海军纪实》,吴殿卿,《湘潮》2004 年 1 期。

《张爱萍和胡耀邦的战友情长》,水新营,《党史博采》2005 年 9 期。

《张爱萍国防科技思想探析》,白朋举,《军事历史研究》2007 年 3 期。

《托起"蘑菇云"的上将张爱萍》,卢东磊,《党员干部之友》2007 年 5 期。

《"神剑将军"张爱萍——张爱萍长子、第二炮兵原副司令员张翔中将回忆父亲》,赵建峰,《铁军》2007 年 10 期。

《毛泽东与张爱萍上将》,学贤,《党史博采(纪实)》2008 年 8 期。

《毛泽东与张爱萍上将》,学贤,《中华魂》2008 年 8 期。

《张爱萍将军与华东海军》,汪世喜,《党史文汇》2008 年 12 期。

《近二十年来张爱萍国防思想研究综述》,徐晓宗、邓杰,《党史文苑》2008 年 18 期。

《开国上将张爱萍的戎马人生》,卓雯,《党史纵横》2009 年 12 期。

《张爱萍将军人格潜质研究》,李万斌,《四川文理学院学报》2010 年 1 期。

《张爱萍同志的人生追求和价值观》,刘延东,《民主与科学》2010 年 1 期。

《文武双全　光辉一生——纪念张爱萍同志诞辰一百周年》,鞠开,《江淮文史》2010 年 2 期。

《怀念老领导张爱萍将军》,徐平、贾晓明,《纵横》2010 年 2 期。

《站在国防科技制高点——张翔忆父亲张爱萍》,陈燕芬,《今日科苑》2010 年 9 期。

《张爱萍上将:剑魄诗情铸华章》,王晓平、多志刚,《党史博采(纪实)》2010 年 12 期。

《从创建新中国海军看张爱萍将军的建军思想》,李兴贵、阎耀辉,《党史文苑》2010 年 16 期。

《张爱萍吴淞口指挥扫雷》,李新市,《党史纵览》2011 年 2 期。

《张爱萍创建海军贵得人》,王亚志,《世纪》2011 年 3 期。

《张爱萍将军与建国初期海军吴淞口扫雷行动》,李新市,《党史纵横》2011 年 4 期。

《张爱萍的海军情结"海军诗"》,吴殿卿,《党史博览》2012 年 4 期。

《张爱萍:新中国海军的创建者——对张爱萍将军的片段回忆》,汪世喜,《湖北文史》2013 年 2 期。

《张爱萍将军其人其事》,邓德江,《秘书工作》2013 年 7 期。

《张爱萍为"51 号兵站""小老大"平反冤案》,唐国良,《世纪》2015 年 2 期。

《敢为人先却拒负盛名——怀念张爱萍首长》,贺茂之,《铁流(31)》北京新四军暨华中抗日根据地研究会编,解放军出版社 2016 年。

《华东军区海军的创建》,黄胜天、魏慈航、朱晓辉,《军事历史研究》2016 年 1 期。

《研发"两弹一星"叶剑英和张爱萍心连心》,倪良端,《党史文汇》2017 年 1 期。

《张爱萍将军军事实践思想研究》,雷斌,《四川文理学院学报》2017 年 6 期。

《抗战初期张爱萍在国统区》,刘小清,《铁军》2018 年 5 期。

《周恩来和张爱萍的良师益友情》,水新营,《党史文汇》2018 年 9 期。

《在渡江炮火中书写使命与荣光——人民海军的诞生与初建》,王菁、周云峰,《档案与建设》2019 年

4 期。

《张爱萍与新中国海军》,李赞庭,《铁军》2019 年 5 期。

《张爱萍为建海军四请林遵》,郑学富,《红岩春秋》2019 年 5 期。

《张爱萍四请林遵》,郑言,《世纪风采》2019 年 7 期。

《张爱萍四请林遵》,郑学富,《党史纵览》2019 年 9 期。

《儒将张爱萍:自有诗心如火烈》,叶介甫,《炎黄春秋》2020 年 1 期。

《张爱萍:自有诗心如火烈》,叶介甫,《世纪风采》2020 年 1 期。

《"神剑将军"张爱萍——纪念张爱萍诞辰 110 周年》,本刊编辑部,《党史纵览》2020 年 2 期。

《张爱萍上将军旅轶事》,苏振兰,《党史纵览》2020 年 2 期。

《新时期红色文化育人功能实现路径探讨——以张爱萍故居为例》,袁成杰、石攀峰、任静,《教育现代化》2020 年 9 期。

张国焘

《历史的定格与错位——张国焘被推为中共"一大"主持人的前前后后》,张克敏,《党史纵览》2001 年 5 期。

《张国焘为何成为中共一大会议主持人》,苏杭,《党史文苑》2002 年 6 期。

《应当客观评价张国焘在建党初期的作用》,肖甡,《上海革命史资料与研究》2009 年。

《张国焘关于中共成立前后情况的讲稿》,〔俄〕K.B.舍维廖夫,《上海革命史资料与研究》2010 年。

《张国焘与中国共产党的创建》,苏杭,《上海革命史资料与研究》2011 年。

《中共"一大"代表张国焘研究中的四大历史谜团》,苗体君,《党史博采(纪实)》2011 年 1 期。

《中共一大为何由张国焘主持》,徐树良,《四川统一战线》2012 年 2 期。

《张国焘对中国共产党创建的历史贡献》,余伯流,《党史文苑》2012 年 9 期。

《张国焘与中国共产党的创建》,黄爱军、陈雪菲,《江西广播电视大学学报》2014 年 2 期。

《中共一大代表与共产国际代表关系之研究——以张国焘、李汉俊与马林的三者互动为对象》,杨阳,《苏区研究》2020 年 1 期。

张困斋

《上海不解放我不结婚——怀念张困斋烈士》,吴学谦,《上海党史研究》1995 年 5 期。

《先烈张困斋:碧血丹心献电波》,周一海,《火花》2018 年 21 期。

《张承宗与地下市委秘密联络机关"丰记米号"》,张云,《世纪》2019 年 4 期。

张秋人

《张秋人烈士生平事略》,陈章兴,《绍兴师专学报(社会科学版)》1981 年 3 期。

《我党早期卓越的革命家张秋人》,徐义君,《浙江学刊》1982 年 2 期。

《张秋人烈士传略》,叶炳南,《绍兴师专学报(社会科学版)》1984 年 2 期。

《张秋人小传》,琴录,《新文学史料》2002 年 3 期。

《杰出的革命活动家张秋人》,峥嵘,《党史纵横》2012 年 7 期。

《党的早期革命活动家张秋人》,峥嵘,《党史纵横》2013 年 12 期。

张　权

《中国机械化部队的创始人——张权烈士在抗战中》,毛和利,《上海党史研究》1995 年 5 期。

《血洒上海滩——记一位被追认为革命烈士的国民党高级将领张权》,刘宏勋,《党史博采》1998 年

4 期。

张人亚

《张人亚：忠诚的共产主义战士》，曹春荣，《党史文苑》2006 年 11 期。

《长期被埋没的忠诚共产主义战士张人亚》，曹春荣，《中华魂》2007 年 10 期。

《张人亚：第一部党章"神秘守护人"的传奇人生》，何立波，《红广角》2014 年 3 期。

《"珍贵党史资料守护者"张人亚的革命生涯》，曹春荣，《档案春秋》2018 年 5 期。

《张人亚对上海工人运动的贡献》，杨沫江，《上海党史与党建》2018 年 7 期。

《张人亚在上海的历史考察》，陈彩琴，《中共创建史研究》2018 年。

《从共产国际解密档案中探寻张人亚的早期革命经历》，叶帆，《浙江档案》2020 年 6 期。

张太雷

《读张太雷文集》，姚维斗、艾华，《人民日报》，1981 年 10 月 23 日，第 5 版。

《回忆张太雷》，王一知，《近代史研究》1983 年 2 期。

《张太雷年谱（一八九八年——一九二七年）》，丁则勤、王树棣、王毓钟，《北京大学学报（哲学社会科学版）》1981 年 2 期。

《再谈张太雷对中共创建发展的贡献》，黄小同、李德福，《党史资料与研究》1992 年 2 期。

《张太雷在上海》，张义渔，《上海党史研究》1994 年 2 期。

《纪念张太雷百年诞辰》，佚名，《解放日报》，1998 年 6 月 17 日，第 7 版。

《张太雷与中国青年运动》，李红，《广东党史》2007 年 6 期。

《广州起义主要领导人——张太雷（附图片）》，殷泓，《人民日报》，2011 年 6 月 2 日，第 4 版。

《中共早期组织第一个红色外交使者》，张太雷、丁言模，《上海革命史资料与研究》2012 年。

《张太雷革命思想研究述评》，黄灵谋、曾庆栋、梁宇，《兴义民族师范学院学报》2016 年 3 期。

《张太雷同志与建党伟业》，杨晨、李俊强，《祖国》2016 年 13 期。

《中国社会主义青年团时期的张太雷与恽代英》，冯昕，《中国纪念馆研究》2017 年 2 期。

《张太雷研究中的几个史实探析》，蔡明菲，《中国国家博物馆馆刊》2018 年 10 期。

《张太雷青年团工作的思想与实践新探》，李兴勇，《苏州科技大学学报（社会科学版）》2019 年 1 期。

《张太雷研究的发展阶段与未来趋向》，李寅初，《常州工学院学报（社科版）》2019 年 5 期。

《中共创立时期共产党人的初心解读——张太雷篇》，王相坤，《党史文苑》2019 年 5 期。

张唯一

《忆张唯一同志》，阿犁，《上海党史资料通讯》1986 年 2 期。

《中央文库的首任掌门人张唯一》，王心文，《人民政协报》，2013 年 9 月 19 日，第 3 版。

《中央文库的首位守护人张唯一》，知秋、张成乐，《百年潮》2020 年 6 期。

《中央文库的第一位守护者张唯一》，杨东、李宇轩，《党史纵览》2020 年 9 期。

张维桢

《张维桢：上海工人三次武装起义的杰出领导人》，张善亮，《档案时空》2018 年 3 期。

张闻天

《张闻天一生光辉业绩的历史写照》，彭明，《人民日报》，1990 年 8 月 24 日，第 5 版。

《纪念张闻天同志》，杨尚昆，《人民日报》，1990 年 8 月 30 日，第 3 版。

《怀念杰出的马克思主义理论家张闻天》,薛暮桥,《人民日报》,1990 年 9 月 7 日,第 5 版。

《试论张闻天集市发展思想与上海市场改革的突破》,吴祥华,《上海党史研究》1995 年 5 期。

《张闻天的浦东之行》,施祥根,《解放日报》1997 年 4 月 13 日,第 7 版。

《中共白区工作的转变与张闻天的领导作用》,徐波,《南昌大学学报(社会科学版)》1998 年 1 期。

《张闻天在中共白区工作转变过程中的领导作用》,徐波,《中共党史研究》1999 年 4 期。

《无私无畏风范永存——纪念张闻天同志诞辰一百周年》,《人民日报》,2000 年 9 月 5 日,第 11 版。

《一生清廉张闻天》,钱江、王岚,《解放日报》,2000 年 10 月 6 日,第 6 版。

《张闻天与中共白区统战工作的转变》,徐波,《云南社会主义学院学报》2002 年 3 期。

《张闻天和"申博"》,张勤龙,《浦东开发》2003 年 2 期。

《张闻天与上海世博会》,张勤龙,《百年潮》2009 年 10 期。

《1958 年,张闻天建议上海举办世博会》,张勤龙,《传承》2010 年 4 期。

《张闻天在上海办党报》,朱少伟,《党的建设》2010 年 7 期。

《张闻天:从上海走出来的领袖人物》,张培森,《百年潮》2010 年 8 期。

《张闻天》,张鸿业、徐立刚,《档案与建设》2011 年 1 期。

《有位浦东男子,叫张闻天》,陈连官,《浦东开发》2017 年 7 期。

《张闻天四次回沪》,张秀君,《档案春秋》2017 年 12 期。

《张闻天:忠于党、忠于人民的一生》,郭敬丹、吴振东,《光明日报》,2019 年 8 月 27 日,第 4 版。

《忠于党忠于人民的一生张闻天》,《解放日报》,2019 年 12 月 2 日,第 6 版。

张 震

《张震》,凌辉,《湖南党史》1996 年 2 期。

《张震上将与邓小平交往纪事》,苏振兰、夏明星,《党史纵览》2008 年 8 期。

《智勇双全话张震》,石海,《老年人》2013 年 1 期。

《戎马一生 战功卓著——记开国中将张震》,周绪银,《老友》2014 年 10 期。

《邓小平领导张震作战与治军》,郭元中,《党史博采(纪实)》2015 年 10 期。

《张震将军》,吴东峰,《新湘评论》2015 年 22 期。

《严谨治学的张震将军》,夏明星、周宝砚,《党史纵览》2017 年 6 期。

《张震和粟裕的战友情谊》,水新营,《党史文苑》2017 年 9 期。

《听参谋长谈解放南京上海战役》,谢武申,《世纪》2019 年 3 期。

《张震精心指挥"战上海"》,张生根、粟裕,《大江南北》2019 年 5 期。

赵世炎

《赵世炎烈士革命事迹片断》,彭承福,《西南师范学院学报(哲学社会科学版)》1979 年 4 期。

《为中国工人阶级解放事业而奋斗的赵世炎同志》,褚良如,《历史教学》1981 年 1 期。

《浩气如虹铄古今——赵世炎同志战斗的一生》,彭承福,《求是学刊》1981 年 4 期。

《赵世炎在上海工人三次武装起义中》,陈绍康,《四川党史研究资料》1987 年 7 期。

《赵世炎》,汉文,《工会理论研究(上海工会管理干部学院学报)》1997 年 1 期。

《赵世炎与上海工人三次武装起义》,徐胜萍,《东北师大学报(哲学社会科学版)》1998 年 2 期。

《赵世炎和他的七论上海罢工潮》,马福龙,《上海党史与党建》2001 年 4 期。

《赵世炎》,赵达,《人民日报》,2011 年 2 月 16 日,第 1 版。

《赵世炎》,佚名,《解放日报》,2011 年 2 月 16 日,第 5 版。

《坚持党对工人运动的绝对领导——赵世炎与上海工人运动》,李燕,《苏州市职业大学学报》2002 年

4 期。

《信仰之火永不灭赵世炎》,佚名,《解放日报》,2018 年 5 月 8 日,第 3 版。

《赵世炎:信仰之火永不灭》,佚名,《文汇报》,2018 年 5 月 8 日,第 3 版。

《中共创立时期共产党人的初心解读——赵世炎篇》,王相坤,《党史文苑》2019 年 9 期。

《赵世炎上海工运期间的党建思想初探》,吴超羿、孙盛斐、陆芝琳、胡达灿、陈瑞钰,《长江丛刊》2019 年 1 期。

《赵世炎:信仰之火永不灭》,重庆历史名人馆,《当代党员》2020 年 8 期。

赵祖康

《赵祖康与上海解放》,陈伯强,《武汉大学学报(社会科学版)》1986 年 1 期。

《工务局档案是怎样保存下来的——赵祖康的回忆》,《上海档案》1986 年 6 期。

《陈毅与赵祖康》,张正惠,《上海党史研究》1995 年 6 期。

《赵祖康的"代理市长"生涯》,陶伯康,《沪港经济》1998 年 1 期。

《赵祖康的"代理市长"生涯(下)》,陶伯康,《沪港经济》1998 年 2 期。

《我的父亲赵祖康二三事》,赵国通,《档案与史学》1999 年 4 期。

《赵祖康如何将上海市政府移交给中共》,吴跃农,《民国春秋》2000 年 5 期。

《赵祖康把上海的资产档案移交陈毅》,吴跃农,《炎黄春秋》2000 年 10 期。

《纪念赵祖康 100 周年诞辰》,李玮颖,《解放日报》,2000 年 9 月 2 日,第 2 版要闻。

《赵祖康与新上海公共设施建设》,户式功,《团结》2010 年 6 期。

《赵祖康的故事》,周柏康,《文汇报》,2001 年 5 月 23 日,第 6 版。

《赵祖康:大上海都市计划的倡导者》,潘真,《世纪》2015 年 2 期。

《赵祖康:和平移交上海市政权的代理市长》,陈静、金绮寅,《团结报》,2019 年 11 月 14 日,第 6 版。

周恩来

《上海工人三次武装起义中的周恩来同志——纪念上海工人三次武装起义五十周年》,天津造纸四厂、天津师范学院联合写作组,《天津师院学报(社会科学版)》1977 年 2 期。

《黄浦江畔风雷吼——敬爱的周总理领导上海工人武装起义片断》,胡安,《南开大学学报》1978 年 1 期。

《伟大的上海工人武装起义前后的周恩来同志》,新华社记者整理,《文汇报》,1978 年 3 月 5 日,第 2 版。

《浦江红旗举英名震环宇——回忆敬爱的周总理领导上海工人第三次武装起义前后的一些情况》,李强,《光明日报》,1978 年 3 月 12 日,第 2 版。

《深切怀念敬爱的周恩来同志》,薄一波,《解放日报》,1979 年 1 月 8 日,第 1 版。

《怀念周总理》,周谷城,《光明日报》,1979 年 3 月 3 日,第 3 版。

《永远的怀念——纪念周总理诞辰八十一周年》,史良,《光明日报》,1979 年 3 月 4 日,第 3 版。

《怀念人民的好总理——周恩来同志》,陆定一,《解放日报》,1979 年 3 月 9 日,第 2 版。

《周恩来同志一九四六年四次来上海》,夏顺奎,《解放日报》,1980 年 1 月 8 日,第 2 版。

《周恩来同志一九四六年四次来上海》,夏顺奎,《解放日报》,1980 年 1 月 9 日,第 3 版。

《周恩来年谱简编(1898—1976 年)》,怀恩,《社会科学研究》1981 年 2 期。

《上海工人第三次武装起义及周恩来同志在此期间活动的片断回忆》,佚名,《中共党史研究》1982 年 6 期。

《一个严格遵守保密纪律的共产党员—为纪念建党六十一周年作》,邓颖超,《光明日报》,1982 年 6 月

30 日,第 1 版。

《周恩来早期革命实践和理论活动简表(1898—1924 年)》,宋一秀,《毛泽东思想研究》1986 年 2 期。

《周恩来和上海工人第三次武装起义》,朱同顺,《复印报刊资料(中国现代史)》1987 年 8 期。

《榜样的光焰永不熄灭——怀念周恩来同志》,杨成武,《人民日报》,1988 年 3 月 31 日,第 5 版。

《周恩来、黄逸峰在上海第三次武装起义中》,肖岗,《社会科学》1989 年 2 期。

《四一二政变时周恩来是怎样脱险的?》,贺世友,《中共党史研究》1990 年 4 期。

《九死一生的周恩来》,《文汇报》,1991 年 10 月 23 日,第 8 版。

《关于上海的武装起义——起义指挥部领导人周恩来在军事委员会的报告(一九二七年三月三日)》,佚名,《党的文献》1994 年 1 期。

《周恩来在上海留下的最后足迹》,蔡金法,《上海党史研究》1994 年 1 期。

《周恩来在上海五好职工代表大会上》,张金平,《上海党史研究》1996 年 2 期。

《周恩来与上海工人第三次武装起义》,王关兴,《大江南北》1997 年 3 期。

《在周恩来同志诞辰一百周年纪念大会上的讲话(一九九八年二月二十三日)》,江泽民,《人民日报》,1998 年 2 月 24 日,第 1 版。

《研究周恩来学习周恩来——纪念周恩来诞辰 100 周年》,李琦,《人民日报》,1998 年 2 月 24 日,第 10 版。

《相识相知五十年——我所了解的恩来同志》,杨尚昆,《人民日报》,1998 年 2 月 27 日,第 5 版。

《论"周恩来精神"——纪念周恩来诞辰一百周年》,佚名,《文汇报》,1998 年 3 月 2 日,第 10 版。

《周恩来对上海建设与发展的指导——纪念周恩来诞辰一百周年》,张文清,《文汇报》,1998 年 3 月 9 日,第 10 版。

《对周恩来关心指导上海经济建设的几点思考》,张文清,《上海党史研究》1998 年 1 期。

《抗战胜利后周恩来在上海》,徐云根,《世纪》1998 年 1 期。

《周恩来心系上海工人阶级》,张金平,《工会理论研究(上海工会管理干部学院学报)》1998 年 1 期。

《"办报就是打政治仗"——周恩来与解放战争时期上海的进步报刊》,李三星,《上海党史研究》1998 年 2 期。

《国之光荣——周恩来与"728"工程》,徐建刚,《上海党史研究》1998 年 2 期。

《黄浦江畔响惊雷——周恩来和上海工人三次武装起义》,文庶纪,《福建党史月刊》1998 年 2 期。

《周恩来与潘汉年》,何炎牛、马福龙,《上海党史研究》1998 年 2 期。

《周恩来在四一二大屠杀前后的斗争(上)》,王永钦,《广东党史》2000 年 6 期。

《周恩来在"四一二"大屠杀前后的斗争(下)》,王永钦,《广东党史》2001 年 1 期。

《关于上海〈新申报〉上的七篇周恩来文稿》,赵春生,《党的文献》2002 年 1 期。

《浅谈国共南京谈判期间周恩来在上海的统战工作》,乔金伯,《上海革命史资料与研究》2002 年。

《周恩来在上海白区活动过的几处遗址遗迹》,乔金伯,《上海革命史资料与研究》2003 年。

《热爱感苍穹清风满人间——记周恩来与上海的深深情缘》,王莲芬,《上海文博论丛》2004 年 1 期。

《周恩来领导的〈群众〉周刊在上海出版始末》,徐云根,《上海革命史资料与研究》2004 年。

《周恩来与上海"六·二三"和平请愿运动》,徐云根,《世纪》2004 年 6 期。

《上海工人第三次武装起义中的周恩来与黄逸峰》,张开明,《觉悟》2007 年 4 期。

《周恩来在"四·一二"反革命政变中如何惊险脱身》,吴志荣,《文史春秋》2008 年 6 期。

《吴国桢视野里的周恩来》,马军,《二十一世纪》2008 年 15 期。

《顾顺章叛变与周恩来的危机决断》,刘君玲,《中共党史研究》2009 年 7 期。

《周恩来:危急时刻指挥中共上海首脑机关大转移》,王相坤,《福建党史月刊》2011 年 3 期。

《周恩来与隐蔽战线——"中央特科"创建始末》,魏岚,《上海革命史资料与研究》2012 年。

《1931 年，周恩来白区脱险记》，蒲永能、王犁田，《党的生活（黑龙江）》2013 年 2 期。

《1929 年周恩来上海除奸始末》，王春华，《文史天地》2015 年 10 期。

《七七事变，周恩来在上海》，林环，《解放日报》，2015 年 7 月 6 日，第 6 版。

《周恩来与上海》，吴海勇，《大江南北》2016 年 5 期。

《周恩来：从黄埔路到黄浦路》，徐有威，《文汇报》，2016 年 7 月 8 日，第 W13 版。

《周恩来、邓颖超回忆"四·一二"前后在上海》，曹晋杰，《觉悟》2017 年 3 期。

《周恩来在上海活动的几处遗址》，乔金伯，《档案春秋》2017 年 12 期。

《周恩来陈毅接见上海支青》，杨永青、鱼姗玲、应奋等，《世纪》2018 年 3 期。

《周恩来是中国共产党人的一面不朽旗帜》，《解放日报》，2018 年 3 月 2 日，第 2 版。

《寄希望于上海——追忆周恩来对上海的关怀与嘱托》，张文清，《大江南北》2018 年 3 期。

《上海抗日救亡运动中的周恩来》，韩洪泉，《炎黄春秋》2018 年 7 期。

《周恩来与新四军的文化建设》，陈彩琴，《上海党史与党建》2018 年 8 期。

《从上海到瑞金——周恩来在 1931 年》，吴基民，《同舟共进》2018 年 12 期。

《周恩来与左联》，张开明、刘小清，《觉悟》2019 年 4 期。

《抗战期间中共在大后方的形象建构——以周恩来的人际网络为视角》，洪富忠，《广东社会科学》2020 年 3 期。

《周恩来与中央军委在上海》，韩洪泉，《军事历史》2020 年 4 期。

周佛海

《一份不可多得的反面教材——周佛海传略》，邓凯元、何一成、方小年，《吉首大学学报（社会科学版）》1982 年 2 期。

《周佛海脱党原因浅析》，鞠健，《上海党史与党建》2001 年 2 期。

《中共"一大"代表周佛海为何退出共产党的历史考实》，苗体君、窦春芳，《怀化学院学报》2006 年 10 期。

《投机政客周佛海的一生》，马若寒，《湖北档案》2010 年 9 期。

《中共"一大"代表周佛海研究中的四大历史谜团》，苗体君，《党史博采（纪实）》，2011 年 5 期。

《周佛海在党的一大前后》，苗体君，《湘潮（上半月）》2012 年 6 期。

《周佛海何以脱离中共》，甘玉梅，《四川统一战线》2012 年 7 期。

《周佛海与中国共产党的创建》，窦春芳、苗体君，《江西广播电视大学学报》2013 年 4 期。

《中共一大代表周佛海究竟为何退党》，韦春俭，《文史博览》2017 年 10 期。

周　文

《一个革命作家的独特奉献——浅论周文同志的小说创作》，徐永龄，《安徽教育学院学报（社会科学版）》1986 年 2 期。

《革命文学之星——周文》，姚枫，《文史杂志》1987 年 1 期。

《大众化工作的杰出开拓者——周文》，胡绩伟，《新闻记者》1987 年 6 期。

《鲁迅、周文与文艺大众化问题》，黄乔生，《鲁迅研究月刊》1994 年 8 期。

《周文对大众化报纸的杰出贡献》，杨锦章，《新文学史料》1995 年 2 期。

《乘理虽死而非亡——忆周文》，周而复，《新文学史料》1995 年 2 期。

《我和周文同志交往始末》，庄启东，《新文学史料》1995 年 2 期。

《周文与左联》，张小红，《上海大学学报（社会科学版）》1997 年 5 期。

《绝地＋弱者：左翼作家中的另类叙述者——细读周文》，陈刚，《吉林省教育学院学报》2005 年 1 期。

《绝地中的绝望者:三十年代的另一种"真"——重读周文小说》,陈刚,《石油大学学报(社会科学版)》2005 年 2 期。

《深切怀念周文同志》,乔英怀,《上海鲁迅研究》2007 年 2 期。

《周文小说风格论》,王卫平、张芬,《延安大学学报(社会科学版)》2007 年 1 期。

《周文与冯雪峰》,吴长华,《上海鲁迅研究》2007 年 2 期。

《周文与民间文学》,王颖超,《上海鲁迅研究》2007 年 2 期。

《〈周文日记〉选》,周七康,《上海鲁迅研究》2007 年 2 期。

《周文诞辰百年纪念》,北海,《上海鲁迅研究》2007 年 3 期。

《周文研究述评》,郭林、田燕,《上海鲁迅研究》2007 年 4 期。

《周文创作与左翼文学的关系》,张萍,《运城学院学报》2008 年 1 期。

《1933 年的左翼青年作家·周文·地缘小说(上)》,陈方竞,《上海鲁迅研究》2008 年 2 期。

《从周文看中国左翼文化的生命基础》,彭小燕,《上海鲁迅研究》2008 年 3 期。

《1933 年的左翼青年作家·周文·地缘小说(中)》,陈方竞,《上海鲁迅研究》2008 年 3 期。

《1933 年的左翼青年作家·周文·地缘小说(下)》,陈方竞,《上海鲁迅研究》2008 年 4 期。

《现代文学和革命史上的失踪者——周文(上)》,胡发云,《名人传记(上半月)》2008 年 10 期。

《现代文学和革命史上的失踪者——周文(下)》,胡发云,《名人传记(上半月)》2008 年 11 期。

《周文:三十年代边地一位焦虑的呐喊者》,冯维,《安徽文学(下半月)》2009 年 4 期。

《周文创作与左翼文学的异同》,胡姗姗,《文学教育(上)》2009 年 8 期。

《不该被文学史遗忘的周文》,傅国涌,《江淮文史》2010 年 6 期。

朱　德

《伟大的转变——1922 年朱德上海之行述评》,沈建中,《上海党史研究》1996 年 6 期。

《孙中山与朱德的上海会面》,金中,《福建党史月刊》1992 年 1 期。

《孙中山对青年朱德的影响》,苗体君,《江苏师范大学学报(哲学社会科学版)》2018 年 1 期。

邹韬奋

《怀念邹韬奋同志》,张仲实,《解放日报》,1978 年 7 月 24 日,第 3 版。

《邹韬奋与〈生活日报〉》,胡愈之,《新闻战线》1979 年 3 期。

《邹韬奋对中国新闻事业的贡献》,钟紫,《暨南大学学报(哲学社会科学版)》1981 年 1 期。

《邹韬奋与〈生活日报〉》,谭启泰,《新闻大学》1982 年 3 期。

《邹韬奋和中华职业教育社》,杨华,《人民日报》,1988 年 1 月 14 日,第 5 版。

《在邹韬奋 95 诞辰纪念会上的讲话》,李铁映,《人民日报》,1990 年 11 月 6 日,第 4 版。

《论邹韬奋的抗日救国主张》,朱允兴、沈谦芳,《抗日战争研究》1992 年 2 期。

《邹韬奋〈抗战〉编辑思想初探——读〈抗战〉三日刊随笔》,方振益,《出版发行研究》1992 年 5 期。

《邹韬奋与〈抗战〉三日刊》,李冬春,《阜阳师范学院学报(社会科学版)》1993 年 1 期。

《邹韬奋创办〈生活日报〉史料选》,佚名,《档案与史学》1995 年 1 期。

《邹韬奋战斗在新闻出版战线上——从〈生活〉周刊到〈大众生活〉述要》,俞筱尧,《新文化史料》1995 年 6 期。

《抗战时期邹韬奋的思想发展和革命实践》,陈挥,《学术月刊》1995 年 12 期。

《邹韬奋与中国共产党》,沈谦芳,《学术月刊》1995 年 12 期。

《沈钧儒邹韬奋冒着炮火前进》,李舜德,《解放日报》,1995 年 12 月 10 日,第 8 版。

《从南洋到圣约翰——邹韬奋在上海的求学生涯》,陈挥,《档案与史学》1996 年 1 期。

《邹韬奋在上海》，陈挥，《上海师范大学学报（哲学社会科学版）》1996 年 1 期。

《〈大众生活〉的呐喊——邹韬奋与一二·九运动》，沈谦芳，《党史纵横》1996 年 3 期。

《邹韬奋与抗日救国运动》，赵晓恩，《出版发行研究》1996 年 6 期。

《抗战时期的宋庆龄与邹韬奋》，陈挥，《宋庆龄与中国抗日战争》，上海社会科学院出版社 1996 年。

《邹韬奋与他的两位妻子》，陈挥，《民国春秋》2000 年 3 期。

《最是英雄少年时——邹韬奋怎样编〈生活〉周刊》，徐柏容，《出版广角》2003 年 12 期。

《论抗日战争时期邹韬奋的民主宪政思想》，唐森树，《学术论坛》2005 年 5 期。

《书生报国无他物惟有手中笔如刀——记邹韬奋编辑出版〈抗战三日刊〉》，章雪峰，《出版发行研究》2005 年 6 期。

《邹韬奋与〈生活〉周刊》，蔡金法，《上海革命史资料与研究》2005 年。

《中国近代报刊公共领域形成的首次成功尝试——邹韬奋和〈生活〉、〈大众生活〉的信箱栏目》，彭垒，《江西财经大学学报》2007 年 1 期。

《邹韬奋〈生活〉周刊的编辑思想》，郑玉冰、程丽红，《北华大学学报（社会科学版）》2007 年 5 期。

《周恩来与邹韬奋》，小卫，《党史纵览》，2008 年 9 期。

《邹韬奋对中国共产党的认识和接受过程探析》，李成家，《采写编》2009 年 6 期。

《邹韬奋》，《解放日报》，2011 年 3 月 11 日，第 5 版。

《黄炎培、邹韬奋与〈生活〉周刊》，黄方毅，《读书》2012 年 2 期。

《邹韬奋〈生活日报〉的办报经历》，黄禹铭，《东南传播》2012 年 2 期。

《论邹韬奋办报理念中的人本主义精神——以〈生活〉周刊为例》，范晓莉，《太原理工大学学报（社会科学版）》2012 年 4 期。

《一个媒体人的职责与使命——邹韬奋创办抗日报刊的杰出贡献》，陈挥，《新闻大学》2015 年 5 期。

《邹韬奋与生活书店管理实践》，刘火雄，《现代出版》2015 年 5 期。

《花匠·花园·园主——邹韬奋与〈生活〉周刊》，秦艳华，《中国编辑》2015 年 6 期。

《邹韬奋与上海抗日救亡活动》，陈挥，《新四军与上海》（第 2 辑），上海人民出版社 2015 年。

《以笔代剑：两次淞沪抗战期间的邹韬奋》，陈挥，《上海师范大学学报（哲学社会科学版）》2016 年 4 期。

《邹韬奋和新四军的情缘》，陈挥，《新四军与上海》（第 3 辑），上海人民出版社 2017 年。

《邹韬奋为何被誉为"人民的朋友"》，忻平，《解放日报》，2017 年 12 月 12 日，第 16 版。

《邹韬奋的办刊生涯》，黎霞，《档案春秋》2018 年 4 期。

《九一八事变后中国知识分子的救国选择——基于邹韬奋的思考》，刘婧，《"九一八"研究》，辽宁人民出版社 2018 年。

《邹韬奋与〈生活〉》，杨琳、李伟，《百年潮》2019 年 4 期。

下编

著作

一、总　　论

1. 综合类

《中国共产党历史讲义》，浙江省高等院校中共党史编写组编，浙江人民出版社1978年。

《中国共产党历史教学大纲》，《中国共产党历史教学大纲》编写组编，中国人民大学出版社1979年。

《中国共产党历史讲义》，江西省高等学校中共党史讲义编写组，江西人民出版社1980年。

《中国共产党历史讲义》，山东省高等学校中共党史讲义编写组，山东人民出版社1980年。

《中国共产党历史讲义》，上海市高校《中国共产党历史讲义》编写组编，上海人民出版社1980年。

《中国共产党历史讲义》，孙友葵等编，吉林人民出版社1980年。

《中国共产党简史讲义1919—1956年》，广东省高等学校《中国共产党简史讲义》编写组，广东人民出版社1980年。

《中国共产党历史讲义》，上海市《中国共产党历史讲义》编写组编，上海人民出版社1981年。

《中国共产党历史讲义》，浙江省高等学校中共历史讲义编写组编，浙江人民出版社1981年。

《中国共产党史稿》，中共中央党校党史教研室编，人民出版社1981年。

《中共六十年纪念文选》，中共中央党史研究室图书资料室编，中共中央党校出版社1982年。

《中国共产党历次全国代表大会简介》，田夫、王志新编，宁夏人民出版社1982年。

《党史名词简释》，姚守中、王福年编，四川人民出版社1983年。

《中国共产党历史常识问答》，谭纪编，广西人民出版社1983年。

《中共党史百题问答》，黄智、李寿编，安徽人民出版社1984年。

《中国共产党六十年》，郝梦笔、段浩然编，解放军出版社1984年。

《中共党史主要事件简介（1919—1949）》，中国革命博物馆党史陈列研究部编，四川人民出版社1985年。

《中国共产党历史讲义》，山东大学《中国共产党历史讲义》编写组编写，山东大学出版社1985年。

《中共党史学习参考手册》，何沁主编，北京大学出版社1986年。

《中国共产党六十年大事简介》，政治学院中共党史教研室编，国防大学出版社1986年。

《中国共产党历史》，七省区八院校教材编写组编，广东高等教育出版社1986年。

《中国共产党历史教学参考简图》，高庆达编，陕西人民出版社1986年。

《中国共产党史纲》，何沁、王家勋、陈明显编，北京大学出版社1986年。

《中共党史》，方道霖主编，福建科学技术出版社1987年。

《中共党史常识》，韩喜凯主编，山东人民出版社1987年。

《中国共产党组织史纲要》，赵生晖著，安徽人民出版社1987年。

《中国共产党机关发展史》，曹润芳、潘贤英编著，档案出版社1988年。

《中国共产党人名词典》，徐为民编，辽宁教育出版社1988年。

《中国共产党领导工作史稿》，刘继增、毛磊主编，河南人民出版社1988年。

《中国共产党统一战线史（1921—1987）》，胡之信主编，华夏出版社1988年。

《中华人民共和国史》，柏福临等主编，黑龙江教育出版社1988年。

《中华人民共和国史纲》，朱宗玉等主编，福建人民出版社1988年。

《中共党史论集》，郭德宏著，经济日报出版社1989年。

《中国共产党历史大事记 1919.5—1987.12》，中共中央党史研究室编，人民出版社 1989 年。

《中国共产党党务工作大辞典》，孙维本主编，中国展望出版社 1989 年。

《中华人民共和国史》，何理主编、高化民等撰写，档案出版社 1989 年。

《中华人民共和国史》，靳德行主编，河南大学出版社 1989 年。

《中华人民共和国史辞典》，朱建华、郭彬蔚主编，吉林文史出版社 1989 年。

《中华人民共和国史稿》，朱建华、朱阳主编，黑龙江人民出版社 1989 年。

《中华人民共和国史纲》，郭彬蔚著，河南教育出版社 1989 年。

《中华人民共和国史专题研究》，张广信主编，陕西人民教育出版社 1989 年。

《剑桥中华人民共和国史（1949—1965）》，［美］费正清、［美］麦克法夸尔主编，王建朗等译，上海人民出版社 1990 年。

《毛泽东的中国及后毛泽东的中国——人民共和国史》，［美］莫里斯·迈斯纳著，杜蒲、李玉玲译，四川人民出版社 1990 年。

《中共党史纲要》，郭维仪等主编，甘肃人民出版社 1990 年。

《中共党史专题新论》，胥佩兰、梁振江主编，北京出版社 1990 年。

《中国共产党国情认识史》，刘继增、张葆华主编，湖北人民出版社 1990 年。

《中国共产党历史讲义》，刘宪章、王淑增主编，济南出版社 1990 年。

《中国共产党建设史》，范荣祥、张继良主编，黑龙江人民出版社 1990 年。

《中国共产党宣传史》，林之达主编，四川人民出版社 1990 年。

《中国共产党组织工作通论》，严玉树主编，中国国际广播出版社 1990 年。

《中华人民共和国史纲》，杨勤为等主编，石油大学出版社 1990 年。

《中华人民共和国史》，王希良等编著，陕西师范大学出版社 1990 年。

《风云七十年》，郭德宏编，解放军文艺出版社 1991 年。

《光辉的历程——中国共产党七十年历史图集》，中国革命博物馆编，人民出版社 1991 年。

《中共党史辨疑录》，方晓主编，山西教育出版社 1991 年。

《中共党史研究七十年》，张静如主编、周一平著，湖南出版社 1991 年。

《中共党史专题论析》，何守义等主编，四川人民出版社 1991 年。

《中华人民共和国史》，李茂盛主编，中国广播电视出版社 1991 年。

《中国共产党的七十年》，中共中央党史研究室著、胡绳主编，中共党史出版社 1991 年。

《中国共产党七十年大事本末》，任建树主编，上海人民出版社 1991 年。

《中国共产党七十年纪实》，薛启亮主编，河北人民出版社 1991 年。

《中国共产党建设史》，陈至立主编，上海人民出版社 1991 年。

《中国共产党历史大辞典 新民主主义革命时期》，廖盖隆主编，中共中央党校出版社 1991 年。

《中国共产党历史大事记（1919.5—1990.12）》，中共中央党史研究室编，人民出版社 1991 年。

《中国共产党历史上卷》，中共中央党史研究室著，人民出版社 1991 年。

《党的建设七十年（1921—1991 年）》，张天荣等主编，中共党史出版社 1992 年。

《剑桥中华人民共和国史（1966—1982）》，［美］麦克法夸尔、［美］费正清主编，金光耀等译，上海人民出版社 1992 年。

《简明中共党史》，朱培民主编，新疆人民出版社 1993 年。

《中共党史重大事件述实》，中共中央文献研究室、中央档案馆《党的文献》编辑部编，人民出版社 1993 年。

《中国共产党党务工作大辞典》，李其炎主编，中共北京市委组织部、中共北京市委研究室编写，新华出版社 1993 年。

《中国共产党建设史》,杨钦良著,中国人民大学出版社 1993 年。

《共和国历程大写真(1949—1993)》,李明主编,档案出版社 1994 年。

《新编中共党史教程》,曹军等编,陕西人民出版社 1994 年。

《中共党史专题教程》,王志凡、邱信利主编,吉林大学出版社 1994 年。

《中华人民共和国史》,秦愉庆主编、周静等编写,陕西人民出版社 1994 年。

《中共党史专题研究》,何世俊,红旗出版社 1994 年。

《中国共产党制度建设史纲》,励维志编著,天津社会科学院出版社 1994 年。

《中共党史专题教程》,邵维正主编、杨万青等编,国防大学出版社 1995 年。

《中国共产党的历史经验》,范香保主编,中共中央党校出版社 1995 年。

《中国共产党与中国现代化》,陕西省教委宣教处编,三秦出版社 1995 年。

《中华人民共和国史(1949—1993)》,郭大钧主编,北京师范大学出版社 1995 年.

《中共党史教程》,郑德荣、郭彬蔚主编,高等教育出版社 1996 年。

《中国共产党白区斗争史》,盖军主编,人民出版社 1996 年。

《中国共产党大典》,罗正楷主编,红旗出版社 1996 年。

《中国共产党历史简编》,蒋世琳、冯金武主编,湖北科学技术出版社 1996 年。

《中华人民共和国史》,郑可益等主编,陕西师范大学出版社 1996 年。

《中国共产党历史经验研究》,朱乔森、李玲玉主编,中共中央党校出版社 1997 年。

《中国共产党社会主义建设历史经验》,曹军主编、中共陕西省委党校党史教研室编,陕西人民出版社 1997 年。

《中国共产党之观察》,殷海光著,桂冠图书公司 1997 年。

《中华人民共和国史》,何沁主编,高等教育出版社 1997 年。

《中华人民共和国史纲》,张模超等主编,重庆大学出版社 1997 年。

《中华人民共和国史简编》,张启华等著,当代中国出版社 1997 年。

《光辉历程——中国共产党一大到十五大》,中共中央党史研究室组织编写,中共党史出版社 1998 年。

《回眸世纪潮——中国共产党“一大”到“十五大”珍典纪实》,乌杰主编,国家行政学院出版社 1998 年。

《中共党史简编》,罗惠兰主编,江西高校出版社 1998 年。

《中共党史重大事件述评》,郭德宏、李玲玉主编,中共中央党校出版社 1998 年。

《中国共产党——从一大到十五大(1921—1997)》,韩泰华主编,北京出版社 1998 年。

《中国共产党若干历史问题写真》,韩泰华主编,中国言实出版社 1998 年。

《中华人民共和国史》,陈明显主编,北京理工大学出版社 1998 年。

《中华人民共和国史》,〔日〕天儿慧著,黄英哲、张明和译,前卫出版社 1998 年。

《共产党春秋》,程扬著,中共中央党校出版社 1999 年。

《共和国的历程》,王晓维、李哲夫编著,西苑出版社 1999 年。

《共和国的昨天》,李增辉编著,西苑出版社 1999 年。

《中共党史》,樊文娥等主编,高等教育出版社 1999 年。

《中国共产党的七十年》,胡绳主编,中共党史出版社 1999 年。

《中国共产党历史》,张敬民主编,河南人民出版社 1999 年。

《中国共产党历史大博览》,程栋等总撰稿,中山大学出版社 1999 年。

《20 世纪的中国共产党》,石仲泉主编,学习出版社 2000 年。

《中国共产党组织史资料》,中共中央组织部、中共中央党史研究室、中央档案馆,中共党史出版社

2000 年。

《党的建设——纪念中国共产党成立 80 周年》，黄亮宜编著，内蒙古人民出版社 2001 年。

《党史党建专题研究》，刘贵田、金晓钟主编，辽宁人民出版社 2001 年。

《党史理论纵横谈》，谢荫明、陈静主编、中共北京市委党史研究室编，中共党史出版社 2001 年。

《光辉的历程——中国共产党八十年》，黄洁玲、许文彦编，汕头大学出版社 2001 年。

《简明中共党史知识问答》，李良明、傅勇主编，中国青年出版社 2001 年。

《时代发展与中国共产党》，刘树山、孙德海著，黄河出版社 2001 年。

《中共党史基本知识》，中共河北省委宣传部组织编写，河北人民出版社 2001 年。

《中共党史史学史》，周一平著，甘肃人民出版社 2001 年。

《中共党史学习读本》，中共中央党校中共党史教研部编著，党建读物出版社 2001 年。

《中共党史纵横谈》，吴家萃主编，贵州人民出版社 2001 年。

《中国共产党 80 年》，陈述撰稿、中共中央党史部编，上海人民出版社 2001 年。

《中国共产党 80 年历史简编》，盖军主编，中共中央党校出版社 2001 年。

《中国共产党 80 年伟大的历程》，苏双碧等主编，中共党史出版社 2001 年。

《中国共产党八十年重大事件实录》，张树军、史言编，湖南人民出版社 2001 年。

《中国共产党党史全鉴》，曹英主编，中国文史出版社 2001 年。

《中国共产党的 80 年》，杜淡金编著，中国少年儿童出版社 2001 年。

《中国共产党建设 80 年》，卢先福、王长江主编，上海人民出版社 2001 年。

《中国共产党 80 年事典》，朱敏彦等主编，上海人民出版社 2001 年。

《中国共产党 80 年知识问答》，黄修荣主编，中共中央党校出版社 2001 年。

《中国共产党的过去、现在和未来》，中央学党校科学社会主义教研部编，当代世界出版社 2001 年。

《中国共产党党组建设》，本书编写组编著，湖南人民出版社 2001 年。

《中国共产党的历程》，郭德宏主编，河南人民出版社 2001 年。

《中国共产党对外工作大事记（1949 年 10 月—1999 年 12 月）》，蔡武主编，当代世界出版社 2001 年。

《中国共产党建设史纲要》，彭穗宁等主编，中共中央党校出版社 2001 年。

《中国共产党经济政策发展史》，刘勉玉主编，湖南人民出版社 2001 年。

《中国共产党简史》，中共中央党史研究室著，中共党史出版社 2001 年。

《中国共产党通志》，张静如、梁志祥、镡德山主编，中央文献出版社 2001 年。

《中国共产党与跨世纪民主政治建设》，冯国权著，国防大学出版社 2001 年。

《中国共产党与共产国际关系史研究》，曹军著，陕西人民出版社 2001 年。

《中国共产党重大历史问题评价》，中共中央党校党史教研部编，内蒙古人民出版社 2001 年。

《中国共产党重大史实考证》，汤应武主编，中国档案出版社 2001 年。

《中国共产党重大事件纪实》，《中国共产党重大事件纪实》编委会编，内蒙古人民出版社 2001 年。

《中国共产党重要会议纪事（1921—2001）》，姜华宣等主编，中央文献出版 2001 年。

《中国共产党通志》，张静如等主编，中央文献出版社 2001 年。

《简明中华人民共和国史》，庞松主编，广东教育出版社 2001 年。

《从胜利走向新的胜利——中国共产党重大会议纪实》，周继强、王太岳主编，光明日报出版社 2002 年。

《红色记忆：中国共产党历史口述实录（1949—1978）》，鲁林、卫华等主编，济南出版社 2002 年。

《经济全球化与中国共产党的建设》，何新芳，黑龙江人民出版社 2002 年。

《经济全球化与 21 世纪中国共产党》，孙艳春等主编，黑龙江人民出版社 2002 年。

《与时俱进的中国共产党的建设》，李玉荣著，广东人民出版社 2002 年。

《新编中共党史教程》,田荣山主编,贵州人民出版社 2002 年。

《中国工人阶级的先进性与中国共产党》,桑玉成,袁峰著、上海市邓小平理论研究中心编,上海人民出版社 2002 年。

《中国共产党的历史与未来》,中共陕西省委宣传部编,三秦出版社 2002 年。

《中国共产党编年史　第 1 册(1917—1926)》,《中国共产党编年史》编委会,山西人民出版社 2002 年。

《中国共产党编年史　第 2 册(1927—1936)》,《中国共产党编年史》编委会,山西人民出版社 2002 年。

《中国共产党编年史　第 3 册(1937—1943)》,《中国共产党编年史》编委会,山西人民出版社 2002 年。

《中国共产党编年史　第 4 册(1944—1949)》,《中国共产党编年史》编委会,山西人民出版社 2002 年。

《中国共产党编年史　第 5 册(1950—1957)》,《中国共产党编年史》编委会,山西人民出版社 2002 年。

《中国共产党编年史　第 6 册(1958—1965)》,《中国共产党编年史》编委会,山西人民出版社 2002 年。

《中国共产党编年史　第 7 册(1966—1977)》,《中国共产党编年史》编委会,山西人民出版社 2002 年。

《中国共产党编年史　第 8 册(1978—1989)》,《中国共产党编年史》编委会,山西人民出版社 2002 年。

《中国共产党编年史　第 9 册(1990—1993)》,《中国共产党编年史》编委会,山西人民出版社 2002 年。

《中国共产党编年史　第 10 册(1994—1995)》,《中国共产党编年史》编委会,山西人民出版社 2002 年。

《中国共产党编年史　第 11 册(1996—1997)》,《中国共产党编年史》编委会,山西人民出版社 2002 年。

《中国共产党编年史　第 12 册(1998—2001)》,《中国共产党编年史》编委会,山西人民出版社 2002 年。

《中国共产党历史》,中共中央党史研究室著,中共党史出版社 2002 年。

《中国共产党与现代中国政治》,丁俊萍、骆郁廷编,武汉大学出版社 2002 年。

《中国共产党执政方略》,林尚立著,上海社会科学院出版社 2002 年。

《中国共产党执政史鉴》,蒋世琳、任大立编,武汉理工大学出版社 2002 年。

《红日照耀中国:中国共产党辉煌历程纪实》,杨思懋编,人民日报出版社 2003 年。

《中共党史教程简编》,权恩奉主编,济南出版社 2003 年。

《中共党史评论》,赵凌云主编,中国财政经济出版社 2003 年。

《中共党史与党建论集》,陈福明著,甘肃人民出版社 2003 年。

《中国共产党 80 年奋斗与结论》,崔常发等著,解放军出版社 2003 年。

《中国共产党历史纪实》,谢远学编,人民出版社 2003 年。

《中国共产党史》,王官德、刘承宗、李化成著,五南图书公司 2003 年。

《中国共产党重要会议决策历程》,杨永良编,湖北辞书出版社 2003 年。

《中国共产党组织史大事纪实》,王健英撰,广东人民出版社 2003 年。

《中国共产党与 20 世纪中国社会变迁》,田克勤著,中共党史出版社 2003 年。

《中国共产党与新中国建设》,张启华、唐合俭编,当代中国出版社 2003 年。

《中国共产党大事记》,闫新,学苑音像出版社 2004 年。

《中国共产党党史研究》,李大伟编,学苑音像出版社 2004 年。

《中国共产党与二十世纪中国社会的变革》,田克勤等著,中共党史出版社 2004 年。

《中国共产党与当代中国民主　历史与经验》,曾峻、梅丽红著,上海人民出版社 2004 年。

《中华民族的伟大复兴与中国共产党》,王瑞璞编,江西人民出版社 2004 年。

《中共中央机关历史演变考实(1921—1949)》,王健英著,中共党史出版社 2005 年。

《中国共产党的政党学说:一个学说史视角的梳理和分析》,中国人民大学中共党史系组织编、杨德山著,中共党史出版社 2005 年。

《中国共产党和资本主义、资产阶级》,沙健孙主编,山东人民出版社 2005 年。

《中国共产党廉政法制史研究》,杨永华主编,人民出版社 2005 年。

《中国共产党经济工作史》,赵凌云主编,湖北人民出版社 2005 年。

《中国共产党民族政策史论》,何龙群著,人民出版社 2005 年。

《中国共产党谈判史》,杨圣清主编,中央文献出版社 2005 年。

《中国共产党文化研究》,文江著,中共党史出版社 2005 年。

《中共党史辨疑》,刘书楷、郭思敏主编,中央文献出版社 2006 年。

《中国共产党党章历史发展研究》,肖芳林著,湖南大学出版社 2006 年。

《中国共产党的阶级基础和群众基础研究》,谢俊春著,中国社会科学出版社 2006 年。

《中国共产党建国思想研究》,潘焕昭著,中共党史出版社 2006 年。

《中国共产党民族政策发展史》,金炳镐著,中央民族大学出版社 2006 年。

《中国共产党史稿(1921—1949)》,沙健孙主编,中央文献出版社 2006 年。

《中国共产党与中国的宗教问题——关于党的宗教政策的历史考察》,陈金龙著,广东人民出版社 2006 年。

《中国共产党重大历史事件纪实》,谢春涛主编,宁夏人民出版社 2006 年。

《中国共产党的组织与机制》,张荣臣编著,五洲传播出版社 2007 年。

《中国共产党文化思想史研究》,郑师渠主编,中共中央党校出版社 2007 年。

《中国共产党武装斗争认识史》,何沁著,中共党史出版社 2007 年。

《中国共产党现代化建设论要》,马国钧著,中央党校出版社 2007 年。

《论中国共产党制度建设》,郝建平著,河北人民出版社 2007 年。

《中国共产党的 30 年》,胡乔木,人民出版社 2008 年。

《中国共产党发展观变迁研究》,潘利红、李韬、周新华著,中共党史出版社 2008 年。

《中国共产党基层组织建设史》,张明楚主编,福建人民出版社 2008 年。

《中国共产党历次全国代表大会:从一大到十七大》,陈峰、高敏编著,中共党史出版社 2008 年。

《中国共产党与当代中国经济发展研究(1949—2006)》,武力著,中共党史出版社 2008 年。

《中国共产党知识分子政策的变迁与创新》,潘晔著,武汉理工大学出版社 2008 年。

《不朽的丰碑:中国共产党革命精神历史嬗变研究》,雷莹等著,光明日报出版社 2009 年。

《从革命党到执政党:中国共产党执政体制发展研究》,冯留建著,黑龙江人民出版社 2009 年。

《20 世纪中国史纲》,金冲及著,社会科学文献出版社 2009 年。

《共和国的脚步:建国 60 周年成就回眸》,王员、李正兴主编,江西高校出版社 2009 年。

《历史与经验:中国共产党与当代中国发展》,李安增、孙文亮、孙迪亮等著,中央翻译出版社 2009 年。

《路线:中国共产党的磨难》,龚云著,江西高校出版社 2009 年。

《中华人民共和国史(1949—2009)》,陈述著,人民出版社 2009 年。

《中华人民共和国史编年》,当代中国研究所编,当代中国出版社 2009 年。

《政党与群众:中国共产党执政考量》,戴立兴著,中央编译出版社 2009 年。

《中国共产党简史》,罗平汉著,广西师范大学出版社 2009 年。

《中国共产党建设史》,高新民、张希贤主编,中共中央党校出版社 2009 年。

《中国共产党新时期简史》,中共中央党史研究室编,中共党史出版社 2009 年。

《中国共产党新时期历史大事记(1978.12—2003.8)》,中共中央党史研究室编,中共党史出版社 2009 年。

《光辉的历程:中华人民共和国史(1949.10—1997.9)》,黄国雄、陈少晖、刘仕敏主编,民族出版社 2010 年。

《中共党史口述实录》,刘朋主编,中国古籍出版社 2010 年。

《中国共产党党史纪实——历史的丰碑》,田继军主编,党史研究出版社 2010 年。

《中国共产党历次全国代表大会:从一大到十七大》,陈峰、高敏著,中共党史出版社 2010 年。

《中国共产党历史:第一卷(1921—1949)》,中共中央党史研究室著,中共党史出版社2010年。

《中国共产党历史》,杨凤城主编,中国人民大学出版社2010年。

《转型社会中的中国共产党》,陈方勐著,中央编译出版社2010年。

《中华人民共和国史》,郑谦主编,人民出版社2010年。

《中华人民共和国史 长编》,刘国新、贺耀敏、刘晓等著,天津人民出版社2010年。

《中华人民共和国史述评》,刘德军主编、宫厚英著,济南出版社2010年。

《红色年轮:党史记忆90年·编年纪事》,郑谦主编,黄山书社2011年。

《光辉的历程——庆祝中国共产党建党90周年》,曹维新编,中央文献出版社2011年。

《上下求索九十年——中国共产党建党以来马克思主义中国化、时代化和大众化的探索历程》,潘世伟等编,学林出版社2011年。

《1921—2011年中国共产党90年历程》,黄友兰、蒋建农主编,刘志南、徐小宁副主编,吉林人民出版社2011年。

《1921—2011中国共产党90年历程——道路探索》,齐鹏飞、杨志军主编,吉林人民出版社2011年。

《中共风云九十年》,本书编写组编著,贵州人民出版社2011年。

《中国共产党简史(1921—2011)》,黄修荣、黄黎著,人民出版社2011年。

《中国共产党:收缩与调适》,〔美〕沈大伟作、俞可平合著、吕增奎、王新颖译,中央编译出版社2011年。

《中国共产党90年历程(1921—2011)》,张静如、张树军、柳建辉著,吉林人民出版社2011年。

《中国共产党历史》,中共中央党史研究室著,中共党史出版社2011年。

《中国共产党历史大事记(1919—2011)》,彭咏梅、树军著,四川人民出版社2011年。

《中国共产党历史第二卷(1949—1978)》,中共中央党史研究室著,中共党史出版社2011年。

《中国共产党建党90周年辞典》,本社编,新华出版社2011年。

《中国共产党反腐倡廉90年》,陈挥著,上海人民出版社2011年。

《中国共产党史稿》,柳建辉主编,四川人民出版社2011年。

《中国共产党治国理政研究》,李瑜青等著,上海人民出版社2011年。

《中国共产党与马克思主义中国化》,石仲泉主编,中国人民大学出版社2011年。

《中国共产党执政历程(1949—1976)》,柳建辉、曹普主编,人民出版社2011年。

《执政的转型:海外学者论中国共产党的建设》,吕增奎编译,中央编译出版社2011年。

《走向科学建党的自由王国:中国共产党建设的科学化研究》,胡伟等著,上海人民出版社2011年。

《中国共产党奋斗进取的90年》,中共中央党史研究室第三研究部编,辽海出版社2011年。

《中共党史专题研究》,王恩宝编,东北大学出版社2011年。

《中共党史十讲》,张云等著,东方出版中心2011年。

《大决策:中国共产党历次全国代表大会探踪》,黄一兵等著,人民出版社2012年。

《决策:中国共产党全国代表大会纵览》,张士义、王祖强主编,浙江教育出版社2012年。

《马克思主义中国化与中国共产党90年》,俞可平著,重庆出版社2012年。

《中华人民共和国史稿》,当代中国研究所著,新华出版社2012年。

《中国共产党代表大会史》,本书编写组编,新华出版社2012年。

《中国共产党历届代表大会——一大到十八大》,张静如编,河北人民出版社2012年。

《中国共产党历史日志》,中共中央对外宣传办公室、中共中央党史研究室编,中共党史出版社2012年。

《中国共产党历史若干重大问题研究》,沙健孙著,高等教育出版社2012年。

《中国共产党90年评忆》,中共中央文献研究室、《文献与研究》《党的文献》编辑部著,贵州人民出版社 2012 年。

《改革的力量：中国共产党如何走向未来》，冯国权、刘平主编，东方出版社 2013 年。

《马克思主义中国化与中国共产党的现代化》，林绪武、王利娟、扶志刚著，南开大学出版社 2013 年。

《再回首：中国共产党历史新探》，柳建辉主编，四川人民出版社 2013 年。

《中国共产党党校史概说》，牛卫国编，中共中央党校出版社 2013 年。

《中国共产党的知识分子政策研究》，郑璐著，陕西人民出版社 2013 年。

《中国共产党接管大中城市纪实》，周红妮著，河北人民出版社 2013 年。

《中国共产党禁毒史》，齐霁编，中共党史出版社 2013 年。

《中国共产党转型与中国的变迁 海外学者视角评析》，闫健著，中央编译出版社 2013 年。

《历史足迹：中国共产党重要会议纪实》，陶永祥、曾珺、胡鹏飞编著，贵州人民出版社 2014 年。

《新中国成立以来中国共产党的政治动员研究》，杨小明著，中国社会科学出版社 2014 年。

《中共党史专题研究》，王恩宝主编，东北大学出版社 2014 年。

《中国共产党第一至第六次全国代表大会代表名录（增订本）》，李蓉、张延忠编，中共党史出版社 2014 年。

《中国共产党历史分期理论与实践研究》，张世飞著，经济科学出版社 2014 年。

《中国共产党新建简史》，陈恒华主编，江西人民出版社 2014 年。

《中国共产党与当代中国》，杨德山、赵淑梅著，五洲传播出版社 2014 年。

《中国共产党与社会主义民主政治建设》，沈强、于新恒、贾鹏著，吉林大学出版社 2014 年。

《中国共产党与中国政治发展》，杨海蛟、秦国民编，中国社会科学出版社 2014 年。

《党、国家、社会关系视角下的中国共产党马克思主义大众化历程、经验及对策研究》，李国忠等著，天津人民出版社 2015 年。

《国外研究中国近现代史的进程与评析》，张注洪著，中共党史出版社 2015 年。

《全球化与中国共产党的建设研究》，李红卫著，江西人民出版社 2015 年。

《中共党史若干问题再研究》，邵雍著，上海书店出版社 2015 年。

《中国共产党 90 年史话》，龙新民、张静如主编，中共党史出版社、中国书籍出版社 2015 年。

《中国共产党与中国共青团关系史略》，郑洸、叶学丽著，中共党史出版社 2015 年。

《中国共产党意识形态话语权研究》，杨昕著，社会科学文献出版社 2015 年。

《大视野：历史为什么选择中国共产党》，牛先锋、王泰泉著，吉林出版集团有限责任公司 2016 年。

《共产国际与中国共产党关系探源》，黄修荣、黄黎著，人民出版社 2016 年。

《生死关头：中国共产党的道路抉择》，金冲及，生活·读书·新知三联书店 2016 年。

《中共党史简明读本》，杨德山、韩宇编著，华文出版社 2016 年。

《中国共产党的九十年》，中共中央党史研究室著，中共党史出版社、党建读物出版社 2016 年。

《中国共产党奋斗进取的 95 年》，中国共产党研究室第三研究部编，辽海出版社 2016 年。

《中国共产党历史与经验》，柳建辉主编，中共中央党校出版社 2016 年。

《中国共产党社会整合研究》，刘惠著，人民出版社 2016 年。

《当代中国革命史研究》，王士花、周斌、黄道炫，中国社会科学出版社 2017 年。

《历史如何选择了中国共产党》，张旭东著，安徽师范大学出版社 2017 年。

《中国共产党革命精神研究》，徐东升、孙海英、叶桉著，山东人民出版社 2017 年。

《中国共产党纪念活动史》，陈金龙，社会科学文献出版社 2017 年。

《中国共产党历史大事记》，张树军、冯俊主编，中共党史出版社 2017 年。

《中国共产党与国家建设》，林尚立编，天津人民出版社 2017 年。

《人民的选择：为什么是中国共产党》，于建荣主编，东方出版社 2018 年。

《从一大到十九大：中国共产党全国代表大会史(1921—2017)》，张士义、王祖强、沈传宝主编，东方出版社 2018 年。

《牢记使命：中国共产党为什么能砥砺奋进》，黄相怀著，中国人民大学出版社 2018 年。

《史实与影响：中共党史中的人与事》，李东朗著，人民出版社 2018 年。

《天下为公：中国共产党与新时代中国特色社会主义》，郝永平、黄相怀著，人民出版社 2018 年。

《初心一叶：党史中的人与事》，曲青山、吴德刚主编，中共党史出版社 2019 年。

《伟大的改革开放》，罗平汉主编，四川人民出版社 2019 年。

2. 上海党史类

《中共上海党史大事记(1919.5—1949.5)》，中共上海市委党史资料征集委员会编，知识出版社 1988 年。

《上海解放》，上海市档案馆编，档案出版社 1989 年。

《上海人民革命史画册》，中共上海市委党史资料征集委员会编，上海人民出版社 1989 年。

《上海革命简史》，卞杏英著，学林出版社 1990 年。

《中共松江县党史大事记(1921.7—1987.12)》，中共松江县委党史资料征集委员会编，上海人民出版社 1990 年。

《论上海研究》，黄美真主编、上海研究中心编，复旦大学出版社 1991 年。

《上海革命文化大事记(1937.7—1949.5)》，中共上海市委党史资料征集委员会、中共上海市委党史研究室等合编，上海翻译出版公司 1991 年。

《中国共产党在上海 1921—1991》，江怡主编、中共上海市委党史研究室编，上海人民出版社 1991 年。

《中共青浦党史大事记(1919.5—1990.12)》，姚元祥主编、青浦县委党史研究室编，上海社会科学院出版社 1994 年。

《上海革命文化大事记(1919—1937)》，中共上海市委党史资料征集委员会等编，上海书店出版社 1995 年。

《中共闵行区党史大事记》，中共闵行区委党史办公室编，上海社会科学院出版社 1995 年。

《中共上海交通大学党史大事记(1949—1994)》，王宗光主编，上海交通大学出版社 1996 年。

《中共杨浦区党史大事记》，中共杨浦区委办公室、中共杨浦区委党史资料征集办公室、上海市杨浦区档案局(馆)编，中共杨浦区委办公室 1996 年。

《中共上海市长宁区党史大事记(1949.5—1992.12)》，中共上海市长宁区委党史研究室编，汉语大词典出版社 1997 年。

《上海革命文化史略》，马飞海主编，上海人民出版社 1999 年。

《上海社会主义建设五十年》，中共上海市委党史研究室编，上海人民出版社 1999 年。

《上海通史　第 7 卷：民国政治》，熊月之主编，杨国强、张培德卷主编，上海人民出版社 1999 年。

《上海通史　第 8 卷：民国经济》，熊月之主编，潘君祥、王仰清卷主编，上海人民出版社 1999 年。

《上海通史　第 9 卷：民国社会》，熊月之主编，罗苏文、宋钻友著，上海人民出版社 1999 年。

《上海通史　第 10 卷：民国文化》，熊月之主编、许敏著，上海人民出版社 1999 年。

《上海通史　第 11 卷：当代政治》，熊月之主编、陈祖恩等著，上海人民出版社 1999 年。

《上海通史　第 12 卷：当代经济》，熊月之主编、朱金海卷主编，上海人民出版社 1999 年。

《上海通史　第 13 卷：当代社会》，熊月之主编、承载著，上海人民出版社 1999 年。

《上海通史　第 14 卷：当代文化》，熊月之主编、陈同等著，上海人民出版社 1999 年。

《中国共产党上海史(1920—1949)》，中共上海市委党史研究室著，上海人民出版社 1999 年。

《中共上海市黄浦区党史大事记(1920.9—1998.3)》，中共上海市黄浦区委党史研究室编，上海社会科学院出版社 1999 年。

《丰碑：中国共产党 80 年奋斗与辉煌（上海卷）》，郭德宏等编，中央文献出版社、人民日报出版社 2001 年。

《历史巨变 1949—1956》，邹荣庚主编、中共上海市委党史研究室编，上海书店出版社 2001 年。

《艰难探索 1956—1965》，徐建刚主编、中共上海市委党史研究室编，上海书店出版社 2001 年。

《上海—党的摇篮》，陶柏康编著，上海人民美术出版社 2001 年。

《上海纪念中国共产党成立八十周年图集（1921—2001）》，《上海纪念中国共产党成立八十周年图集》编辑组，上海书店出版社 2001 年。

《中共上海党史大典》，中共上海市委党史研究室编纂，上海教育出版社 2001 年。

《中共上海市虹口区历史大事记》，中共虹口区委党史资料征集办公室，中共党史出版社 2001 年。

《中国共产党三代领导集体与上海》，吴振兴主编，上海人民出版社 2001 年。

《20 世纪的上海金融》，洪葭管著，上海人民出版社 2004 年。

《红色印痕：上海遗址百处》，中共上海市委党史研究室、上海市现代上海研究中心编，上海人民出版社 2004 年。

《中共上海历史实录（1949—2004）》，冯小敏主编，中共上海市委党史研究室编纂，上海教育出版社 2004 年。

《风雨历程（1949—1978）》，谢黎萍、黄坚主编，中共上海市委党史研究室编，上海书店出版社 2005 年。

《峥嵘岁月（1949—1978）》，严爱云主编，中共上海市委党史研究室编，上海科学普及出版社 2005 年。

《此间曾著星星火中共创建及中共中央在上海》，倪兴祥、陆米强编著，人民出版社 2006 年。

《1921—1933：中共中央在上海》，中共上海市委党史办公室编，中共党史出版社 2006 年。

《中共上海市浦东新区历史大事记（1919—2005）》，上海市浦东新区史志编纂委员会编，上海远东出版社 2006 年。

《中国共产党在上海 85 年图志》，中共上海市委党史研究室编，上海人民出版社 2006 年。

《中共上海市静安区历史大事记（1919.3—2000.12）》，中共静安区委党史研究室编，上海远东出版社 2008 年。

《上海的俄国文化地图》，汪之成著，上海锦绣文章出版社 2010 年。

《上海的法国文化地图》，马学强、曹胜梅著，上海锦绣文章出版社 2010 年。

《上海的韩国文化地图》，孙科志、金光载著，上海锦绣文章出版社 2010 年。

《上海的美国文化地图》，熊月之、徐涛、张生著，上海锦绣文章出版社 2010 年。

《上海的日本文化地图》，陈祖恩著，上海锦绣文章出版社 2010 年。

《上海的犹太文化地图》，汪之成著，上海锦绣文章出版社 2010 年。

《党的创建与发展在上海》，中共上海市委党史研究室编，上海书店出版社 2011 年。

《上海党史知识读本》，中共上海市委党史研究室编，上海人民出版社 2011 年。

《上海的德国文化地图》，吕澍、王维江著，上海锦绣文章出版社 2011 年。

《上海的英国文化地图》，熊月之、高俊著，上海锦绣文章出版社 2011 年。

《重新发现上海：1843—1949》，王千马著，浙江大学出版社 2013 年。

《中国共产党早期在上海史迹》，中共上海市委党史研究室、上海市文物局编，同济大学出版社 2013 年。

《日出东方：中国共产党诞生地的红色记忆》，中共上海市委党史研究室，上海市档案局（馆）主编，上海锦绣文章出版社 2014 年。

《上海足球运动半世纪（1949—1999）》，李毓毅主编，上海教育出版社 2014 年。

《见证历史，见证奇迹：上海科学技术发展史上的百项第一》，朱新轩、王顺义、陈敬全编，上海科学技术出版社2015年。

《上海近现代对外贸易史纲》，夏斯云、张国义、瞿海涛、吕佳航著，上海人民出版社2015年。

《苏北人与上海革命运动(1921—1949)》，张玲著，人民出版社2016年。

《从党的诞生地出发　红色基因在上海》，中共上海市委组织部、中共上海市委党史研究室编，上海书店出版社2018年。

《上海党的建设四十年》，严爱云、张励、汪丹著，上海人民出版社2018年。

《上海市志·中国共产党分志·党史研究卷(1978—2010)》，上海市地方志编纂委员会编，上海人民出版社2018年。

3. 上海运动史类

《上海教师运动回忆录》，上海历史研究所教师运动史组编，上海人民出版社1984年。

《上海学生运动大事记　1919年5月—1949年9月》，共青团上海市委青年运动史研究室编著，学林出版社1985年。

《上海南市六业职工运动史》，中共上海市委党史资料征集委员会主编，中共上海市委党史资料征集委员会1986年。

《上海妇女运动史(1919—1949)》，上海市妇女联合会编，上海人民出版社1990年。

《上海纺织工人运动史》，谭抗美主编、上海纺织工人运动史编写组编，中共党史出版社1991年。

《上海工人运动的发展和中国共产党的创立——纪念中国共产党成立七十周年学术讨论会》，王关兴，上海师范大学出版社1991年。

《上海出租汽车、人力车工人运动史》，上海市出租汽车公司党史编写组编，中共党史出版社1991年。

《上海大隆机器厂工人运动史》，上海市大隆机器厂工人运动史编写组编，中共党史出版社1991年。

《上海第三十一棉纺织厂工人运动史(1914—1949)》，上棉三十一厂党史工运史办公室编，中共党史出版社1991年。

《上海第一毛条厂新怡和纱厂工人运动史》，上海第一毛条厂工运史编写组编写，中共党史出版社1991年。

《上海电话公司职工运动史》，中共上海市邮电管理局委员会编，中共党史出版社1991年。

《上海电力公司工人运动史》，上海电业党史工运史编辑委员会编，中共党史出版社1991年。

《上海公共汽车工人运动史》，上海市公共交通总公司、上海公共汽车工人运动史编写组编，中共党史出版社1991年。

《上海工人运动史》，沈以行等主编，辽宁人民出版社1991年。

《上海机器业工人运动史》，上海机器业工人运动史编审委员会编，中共党史出版社1991年。

《上海卷烟厂工人运动史》，上海卷烟厂工人运动史编写组编，中共党史出版社1991年。

《上海海员工人运动史》，中共上海海运管理局委员会党史征集委员会、中国海员工会上海海运运理委员会编，中共党史出版社1991年。

《上海商务印书馆职工运动史》，上海市新闻出版局、上海商务印书馆职工运动史编写组编，中共党史出版社1991年。

《上海铁路工人运动史(沪宁、沪杭甬部分)》，曹建国等编写、《上海铁路工人运动史》编写组编，中共党史出版社1991年。

《上海永安公司职工运动史》，上海华联商厦党委、《上海永安公司职工运动史》编审组编，中共党史出版社1991年。

《上海自来水工人运动史》，《上海自来水工人运动史》编写组编，中共党史出版社1993年。

《上海煤气工人运动史》,中共上海市煤气公司委员会编,中共党史出版社1993年。

《上海华商电气公司工人运动史》,上海南市发电厂、《上海华商电气公司工人运动史》编写组编,中共党史出版社1993年。

《上海英电工人运动史》,上海市公共交通总公司、《上海英电工人运动史》编写组编,中共党史出版社1993年。

《火红的青春:上海解放前中学学生运动史实选编》,中共上海市委党史资料征集委员会主编,上海外语教育出版社1994年。

《上海第十二棉纺织厂工人运动史》,上海第十二棉纺织厂工人运动史编写组编,中共党史出版社1994年。

《上海电机厂工人运动史》,上海电机厂工人运动史编写组编,中共党史出版社1994年。

《上海学生运动史》,上海市青运史研究会、共青团上海市委青运史研究室编,学林出版社1995年。

《上海江南造船厂工人运动史》,《上海江南造船厂工人运动史》编写组编,中共党史出版社1995年。

《上海第一棉纺织厂工人运动史》,《上海第一棉纺织厂工人运动史》编写组编,中共党史出版社1997年。

《上海店员和职员运动史(1919—1949)》,中共上海市委党史资料征集委员会、中共上海市委党史研究室、中共上海市商业工作委员会编,上海社会科学院出版社1999年。

《上海邮政职工运动史》,中共上海市邮电管理局委员会编,中共党史出版社1999年。

《上海罢工:中国工人政治研究》,〔美〕裴宜理著、刘平译,江苏人民出版社2012年。

《上海工人运动史大事记两种》,上海社会科学院"中国现代史"创新型学科团队、上海社会科学院历史研究所现代史研究室整理,上海书店出版社2018年。

4. 党史资料类

《中共中央文件选集　第一册(1921—1925)》,中央档案馆编,中共中央党校出版社1982年。

《中共中央文件选集　第二册(1926)》,中央档案馆编,中共中央党校出版社1982年。

《中共中央文件选集　第三册(1927)》,中央档案馆编,中共中央党校出版社1982年。

《中共中央文件选集　第四册(1928)》,中央档案馆编,中共中央党校出版社1982年。

《中共中央文件选集　第五册(1929)》,中央档案馆编,中共中央党校出版社1982年。

《中共中央文件选集　第六册(1930)》,中央档案馆编,中共中央党校出版社1982年。

《中共中央文件选集　第七册(1931)》,中央档案馆编,中共中央党校出版社1982年。

《中国共产党历次重要会议集(上)》,中共中央党校党史教研室资料组编写,上海人民出版社1982年。

《中国共产党历次重要会议集(下)》,中共中央党校党史研究室资料组编写,上海人民出版社1983年。

《中国共产党组织史资料汇编—领导机沿革和成员名录》,王健英编,红旗出版社1983年。

《中共党史报告选编》,中央档案馆编,中共中央党校出版社1983年。

《近代上海地区方志经济史料选辑(1840—1949)》,黄苇、夏林根编,上海人民出版社1984年。

《上海研究资料》,上海通社编,上海书店出版社1984年。

《中共中央文件选集　第八册(1932—1933)》,中央档案馆编,中共中央党校出版社1985年。

《中共中央文件选集　第九册(1934—1935)》,中央档案馆编,中共中央党校出版社1985年。

《中共中央文件选集　第十册(1936—1938)》,中央档案馆编,中共中央党校出版社1985年。

《中共中央文件选集　第十一册(1939—1941)》,中央档案馆编,中共中央党校出版社1986年。

《中共中央文件选集　第十二册(1942—1944)》,中央档案馆编,中共中央党校出版社1986年。

《中共中央文件选集　第十三册(1945—1947)》，中央档案馆编，中共中央党校出版社 1987 年。

《中共中央文件选集　第十四册(1948—1949)》，中央档案馆编，中共中央党校出版社 1987 年。

《中共中央文件选集(一九二一——一九二五)》，中央档案馆编，中共中央党校出版社 1989 年。

《中共中央文件选集(一九二六)》，中央档案馆编，中共中央党校出版社 1989 年。

《中共中央文件选集(一九二七)》，中央档案馆编，中共中央党校出版社 1989 年。

《中共中央文件选集(一九二八)》，中央档案馆编，中共中央党校出版社 1989 年。

《中共中央文件选集(一九二九)》，中央档案馆编，中共中央党校出版社 1989 年。

《中共中央文件选集(一九三〇)》，中央档案馆编，中共中央党校出版社 1989 年。

《中共中央文件选集(一九三一)》，中央档案馆编，中共中央党校出版社 1989 年。

《中共中央文件选集(一九三二)》，中央档案馆编，中共中央党校出版社 1989 年。

《中共中央文件选集(一九三三)》，中央档案馆编，中共中央党校出版社 1989 年。

《中共中央文件选集(一九三四——一九三五)》，中央档案馆编，中共中央党校出版社 1989 年。

《中共中央文件选集(一九三六——一九三八)》，中央档案馆编，中共中央党校出版社 1989 年。

《中共中央文件选集(一九三九——一九四〇)》，中央档案馆编，中共中央党校出版社 1989 年。

《中共中央文件选集(一九四一——一九四二)》，中央档案馆编，中共中央党校出版社 1989 年。

《中共中央文件选集(一九四三——一九四四)》，中央档案馆编，中共中央党校出版社 1989 年。

《中共中央文件选集(一九四五)》，中央档案馆编，中共中央党校出版社 1989 年。

《中共中央文件选集(一九四六——一九四七)》，中央档案馆编，中共中央党校出版社 1989 年。

《中共中央文件选集(一九四八)》，中央档案馆编，中共中央党校出版社 1989 年。

《中共中央文件选集(一九四九)》，中央档案馆编，中共中央党校出版社 1989 年。

《中国共产党上海市松江县组织史资料》，中共上海市松江县委组织部、中共上海市松江县委党史资料征集办公室、上海市松江县档案馆编，学林出版社 1989 年。

《中国共产党上海市徐汇区组织史资料》，中共上海市徐汇区委组织部、中共上海市徐汇区委党史资料征集办公室、上海市徐汇区档案馆、中共上海市徐汇区委组织部等 1989 年。

《中国共产党上海市南汇县组织史资料(1926—1987.10)》，中共南汇县委组织部等编，上海社会科学院出版社 1990 年。

《中国共产党上海市宝山县组织史资料》，中共上海市宝山区委组织部、中共上海市宝山区委党史资料征集委员会、上海市宝山区档案馆编，上海人民出版社 1991 年。

《中国共产党上海市嘉定县组织史资料》，中共嘉定县委党史资料征集委员会、中共嘉定县委组织部、嘉定县档案局编，上海人民出版社 1991 年。

《中国共产党上海市青浦县组织史资料》，中共上海市青浦县委组织部、中共上海市青浦县委党史研究室、上海市青浦县档案馆编，上海人民出版社 1991 年。

《中国共产党上海市组织史资料(1920.8—1987.10)》，中共上海市委组织部、中共上海市委党史资料征集委员会、中共上海市委党史研究室、上海市档案馆编，上海人民出版社 1991 年。

《中国共产党上海市杨浦区组织史资料》，中共上海市杨浦区委组织部、中共上海市杨浦区委党史办公室、上海市杨浦区档案馆，学林出版社 1991 年。

《中国共产党上海市川沙县组织史资料》，中共川沙县委组织部、中共川沙县委党史研究室等编，上海人民出版社 1992 年。

《中国共产党党风廉政建设文献选编(1921—2000)第一卷：党的全国代表大会有关文件、党章、准则》，中共中央纪律检查委员会办公厅编，中国方正出版社 2001 年。

《中国共产党党风廉政建设文献选编(1921—2000)第二卷：党的三代领导核心论党风廉政建设》，中共中央纪律检查委员会办公厅编，中国方正出版社 2001 年。

《中国共产党党风廉政建设文献选编(1921—2000)第三卷:党的重要会议、决议、决定》,中共中央纪律检查委员会办公厅编,中国方正出版社2001年。

《中国共产党党风廉政建设文献选编(1921—2000)第四卷:中央纪委重要工作报告及会议公报》,中共中央纪律检查委员会办公厅编,中国方正出版社2001年。

《中国共产党党风廉政建设文献选编(1921—2000)第五卷:重要文件、通报及重大案件》,中共中央纪律检查委员会办公厅编,中国方正出版社2001年。

《中国共产党党风廉政建设文献选编(1921—2000)第六卷:重要条规》,中共中央纪律检查委员会办公厅编,中国方正出版社2001年。

《中国共产党党风廉政建设文献选编(1921—2000)第七卷:重要规定性文件》,中共中央纪律检查委员会办公厅编,中国方正出版社2001年。

《中国共产党党风廉政建设文献选编(1921—2000)第八卷:纪检监察机关组织建设》,中共中央纪律检查委员会办公厅编,中国方正出版社2001年。

《中国共产党八十年珍贵档案》,中央档案馆编,中国档案出版社2001年。

《中国共产党重要文件汇编》,闫新编著,学苑音像出版社2004年。

《中国共产党章程汇编——从一大到十六大(增补本)》,《中国共产党章程汇编——从一大到十六大(增补本)》选编组,中共中央党校出版社2006年。

《中国共产党历届代表大会全记录"一大"到"十七大"1》,本书编委会编,中共党史出版社2007年。

《中国共产党历届代表大会全记录"一大"到"十七大"2》,本书编委会编,中共党史出版社2007年。

《中国共产党历届代表大会全记录"一大"到"十七大"3》,本书编委会编,中共党史出版社2007年。

《中国共产党历届代表大会全记录"一大"到"十七大"4》,本书编委会编,中共党史出版社2007年。

《上海市党代会、人代会文件选编(上下)》,中共上海市委党史研究室、上海市档案馆编,中共党史出版社2009年。

《建党以来重要文献选编(一九二一——一九四九)》(第1—13册),中共中央文献研究室中央档案馆编,中央文献出版社2011年。

《中国共产党口述史料丛书》,高永中编,中共党史出版社2013年。

《中共中央文件选集(1949年10月—1966年5月)》(第1—50册),中央档案馆、中共中央文献研究室编,人民出版社2013年。

《上海工人运动历史资料》(1—5),上海社会科学院"中国现代史"创新型学科团队、上海社会科学院历史研究所现代史研究室整理,上海书店出版社2016年。

《上海党史资料汇编　第一编　建党和大革命时期》,中共上海市委党史研究室编,上海书店出版社2018年。

《上海党史资料汇编　第二编　土地革命战争时期》(上下),中共上海市委党史研究室编,上海书店出版社2018年。

《上海党史资料汇编　第三编　全民族抗日战争时期》(上中下),中共上海市委党史研究室编,上海书店出版社2018年。

《上海党史资料汇编　第四编　解放战争时期》(上下),中共上海市委党史研究室编,上海书店出版社2018年。

《上海党史资料汇编　第五编　党史人物》,中共上海市委党史研究室编,上海书店出版社2018年。

二、专题研究

新民主主义革命时期

（一）新文化运动和党的创建

1. 党的诞生地与建党精神

《上海—党的摇篮》，陶柏康编著，上海人民美术出版社 2001 年。

《党的创建与发展在上海》，中共上海市委党史研究室编，上海书店出版社 2011 年。

《红船精神及其当代价值》，胡建成等著，浙江人民出版社 2011 年。

《中国共产党的创建暨红船精神学术研讨会论文集》，中共浙江省委党史研究室编，中共党史出版社 2013 年。

《红船精神史学探源及其教育实践研究》，张志松、黄化著，浙江大学出版社 2014 年。

《日出东方：中国共产党诞生地的红色记忆（上下）》，中共上海市委党史研究室，上海市档案局（馆）主编，上海锦绣文章出版社 2014 年。

《红船精神研究十年精粹 2005—2015》，中共嘉兴市委宣传部、嘉兴市社会科学界联合会、嘉兴学院红船精神研究中心，浙江人民出版社 2015 年。

《红船精神研讨会论文集》，中共嘉兴市委宣传部编，浙江人民出版社 2015 年。

《信仰改变中国，以思想建党塑造民族精神》，徐贵相著，北京联合出版公司 2015 年。

《学习贯彻习近平同志"七一"重要讲话精神 建党 95 周年读本》，颜晓峰、杨志国主编，人民日报出版社 2016 年。

《红船精神》，吕延勤、赵金飞主编，中共党史出版社 2017 年。

《红船精神：启航的梦想》，浙江省人民政府新闻办公室、嘉兴市人民政府新闻办公室编著，外文出版社 2017 年。

《红船精神：历史地位、当代意义及永恒价值》，"浙江省红船精神研究"课题组编，浙江人民出版社 2017 年。

《从党的诞生地出发：红色基因在上海》，中共上海市委组织部、中共上海市委党史研究室，上海书店出版社 2018 年。

《红船精神》，《红船精神之江新故事》编写组编著，浙江人民出版社 2018 年。

《红船精神领航中国梦》，本书编写组编，浙江人民出版社 2018 年。

《申江赤魂——中国共产党诞生地纪事》，《上海滩》杂志编辑部、上海通志馆编，上海大学出版社 2018 年。

《在"红船精神"引领下奋进》，祝亚伟主编，浙江人民出版社 2018 年。

《读懂"红船精神"》，红旗出版社编辑部编，红旗出版社 2019 年。

《红船初心："红船精神"的理论与实践》，张政主编，人民出版社 2019 年。

《红船精神》，《红船精神》编写组编著，党建读物出版社 2019 年。

《红船精神》，罗平汉主编，四川人民出版社 2019 年。

《启航：红船精神永放光芒》，南湖革命纪念馆编著，人民出版社 2019 年。

《人物·思想与中共建党》,苏智良主编;姚霏、张玉菡副主编,上海教育出版社 2019 年。

《初心之地——上海红色革命纪念地全纪录》,苏智良、姚霏主编,学林出版社 2020 年。

《红船精神研究史略》,左功叶著,中国社会科学出版社 2020 年。

《上海渔阳里:中国共产党的初心孕育之地》,李瑊主编,上海人民出版社、学林出版社 2020 年。

2. 新文化运动与马克思主义的传播

《从五四启蒙运动到马克思主义的传播》,丁守和、殷叙彝编,三联书店 1979 年。

《马克思主义在中国的传播》,钟离蒙、杨凤麟主编 1982 年。

《马克思主义在中国——从影响的传入到传播》,林代昭、潘国华编,清华大学出版社 1983 年。

《马克思主义在中国的传播》,林茂生著,书目文献出版社 1984 年。

《五四运动前马克思主义在中国的介绍与传播》,高军等编,湖南人民出版社 1986 年。

《传统与中国人:关于"五四"新文化运动若干基本主题的再反省与再批评》,刘再复、林岗著,生活·读书·新知三联书店 1988 年。

《马克思主义哲学在中国的传播和发展》,利兴民主编,广东高等教育出版社 1988 年。

《马克思主义在中国的传播》,王耀鹏著,山西人民出版社 1992 年。

《民主革命时期马克思主义在上海的传播(1898—1949)》,周子东等编著,上海社会科学院社 1994 年。

《新文化运动》,朱志敏编著,中国国际广播出版社 1996 年。

《20 世纪马克思主义在中国》,钟家栋、王世根主编,上海人民出版社 1998 年。

《马克思主义在华传播史》,李国钧、程峰主编,内蒙古大学出版社 1998 年。

《传播与选择:马克思主义中国化的历程(1899—1921 年)》,彭继红著,湖南师范大学出版社 2001 年。

《二十世纪中国社会科学 马克思主义卷》,奚洁人、余源培(卷)主编,上海人民出版社 2005 年。

《中国新文化运动概观》,伍启元著,黄山书社 2008 年。

《中国马克思主义发展史》,郭德宏主编,中共中央党校出版社 2010 年。

《中国马克思主义学术史概论(1919—1949)上册》,吴汉全著,吉林人民出版社 2010 年。

《中国马克思主义学术史概论(1919—1949)中册》,吴汉全著,吉林人民出版社 2010 年。

《中国马克思主义学术史概论(1919—1949)下册》,吴汉全著,吉林人民出版社 2010 年。

《马克思主义与 20 世纪的中国》,王戎等编著,四川大学出版社 2011 年。

《1918—1922 马克思主义在中国初期传播史》,田子渝等编,学习出版社 2012 年。

《马克思主义传播研究》,马克思主义传播与大众化研究中心编,张付主编、刘东建副主编,中国传媒大学出版社 2014 年。

《摩登上海的红色革命传播——中共出版人在上海的社会生活实践(1920—1937)》,杨卫民著,上海大学出版社 2015 年。

《马克思主义在中国的早期翻译与传播:从 19 世纪晚期至 1920 年》,方红著,上海三联书店 2016 年。

《新文化运动与世界文明》,刘勇著,安徽大学出版社 2016 年。

《马克思主义在中国早期传播史料长编(1917—1927)》,吕延勤主编,长江出版社 2016 年。

《1917—1919 马克思主义经济学在中国的传播启蒙》,谈敏著,上海财经大学出版社 2016 年。

《马克思主义在中国大学的早期传播》,王刚、钱聪著,南京师范大学出版社 2018 年。

《文化境遇与历史时空:马克思主义学说在中国(1899—1923)》,王昌英著,厦门大学出版社 2018 年。

《五四时期马克思主义在中国传播研究》,蒋成贵著,安徽人民出版社 2018 年。

《五四新文化运动研究资料汇编》(全 48 册),张浩然著,广陵书社 2019 年。

《新文化运动史料丛编 马克思主义传播卷》,孙郁主编、季水河编,人民文学出版社 2019 年。

《新中国成立前马克思主义传播文献汇编》，王艳红著，上海科学技术文献出版社 2020 年。

3. 五四运动

《"五四"史话》，山西人民出版社编，山西人民出版社 1978 年。

《五四运动论文集》，彭明编著，广东人民出版社 1978 年。

《五四爱国运动》，中国社会科学院近代史研究所近代史资料编辑组编，中国社会科学出版社 1979 年。

《五四研究论文集》，汪荣祖编，联经出版事业公司 1979 年。

《五四运动》，杨盛清、陈文斌编著，广东人民出版社 1979 年。

《五四运动简史》，汪士汉著，中国社会科学出版社 1979 年。

《五四爱国运动》（上下），中国社会科学院近代史研究所近代史资料编辑组编，中国社会科学出版社 1979 年。

《五四运动》，杨盛清、陈文斌编著，广东人民出版社 1979 年。

《纪念五四运动 60 周年学术讨论会论文选》，中国社会科学院近代史研究所编，中国社会科学出版社 1980 年。

《五四爱国运动档案资料》，中国社会科学院近代史研究所、中国第二历史档案馆史料编辑部同编，中国社会科学出版社 1980 年。

《五四运动在上海史料选辑》，上海社会科学院历史研究所编，上海人民出版社 1980 年。

《从辛亥革命到五四运动》，胡绳武、金冲及著，湖南人民出版社 1981 年。

《五四群英》，姚维斗、黄真编，河北人民出版社 1981 年。

《五四与中国》，周阳山主编、周策纵著，时报文化出版事业有限公司 1981 年。

《五四运动在上海》，陈曾焘著，经世书局 1981 年。

《从鸦片战争到五四运动》，胡绳著，上海人民出版社 1982 年。

《中国新民主主义革命史伟大的开端(1919—1923)》，李新、陈铁健编，中国社会科学出版社 1983 年。

《五四运动史》，彭明著，人民出版社 1984 年。

《五四爱国运动》，李义彬编著，书目文献出版社 1985 年。

《五四运动简史》，任建树等著，上海人民出版社 1985 年。

《救亡与传统 五四思想形成之内在逻辑》，〔日〕近藤邦康著、丁晓强等译，山西人民出版社 1988 年。

《五四与中国》，周策纵等著，时报出版公司 1988 年。

《五四时期社会思潮研究》，刘云久编，黑龙江人民出版社 1988 年。

《知识分子与中国现代化：五四与中国》，周策纵等著，时报文化出版企业有限公司 1988 年。

《传统·现代·未来 五四文化的省思》，龚鹏程著，金枫出版有限公司 1989 年。

《五四后三十年》，陈旭麓主编、李兴华等编写，上海人民出版社 1989 年。

《五四与现代中国 五四新论》，丁晓强、徐梓编，山西人民出版社 1989 年。

《五四运动简史》，彭明著，人民出版社 1989 年。

《五四运动与中国文化建设——五四运动七十周年学术讨论会论文选》，中国社会科学院科研局、《中国社会科学》杂志社编，社会科学文献出版社 1989 年。

《中国的启蒙运动——知识分子与五四遗产》，〔美〕维拉·施瓦支著、李国英等译，山西人民出版社 1989 年。

《历史的选择 五四、传统文化与马克思主义》，乔幼梅等编，山东大学出版社 1990 年。

《五四爱国运动》，李捷编，新华出版社 1990 年。

《五四运动与中国共产党的诞生》，张洪祥等编，天津社会科学院出版社 1991 年。

《五四精神的解咒与重塑》,淡江大学中文系编,台湾学生书局1992年。

《五四新文化的源流》,陈万雄著,三联书店(香港)有限公司1992年。

《新世纪的曙光　五四运动》,李迪编,河北教育出版社1992年。

《从鸦片战争到五四运动》,李明伟撰写,北京出版社1994年。

《"五四"研究》,彭明著,河南大学出版社1994年。

《"五四"前夕的中国学生运动》,张惠芝著,山西教育出版社1996年。

《五四时期的抉择》,杨慧清著,江西人民出版社1996年。

《五四运动》,安知编著,中国国际广播出版社1996年。

《启蒙与革命:五四激进派的两难》,张宝明著,学林出版社1998年。

《五四爱国运动》,马贵明等编写,中国少年儿童出版社1998年。

《五四运动与国民革命》,吴士英主编,红旗出版社1998年。

《触摸历史　五四人物与现代中国》,陈平原、夏晓虹编,广州出版社1999年。

《回归五四》,舒芜著,辽宁教育出版社1999年。

《纪念五四运动80周年文集》,中共中央宣传理论局编,学习出版社1999年。

《五四与学生运动》,张忠栋、李永炽、林正弘编,唐山出版社1999年。

《"五四"与中国现代化》,王章维著,北京师范大学出版社1999年。

《五四运动》,廖大伟、马军编,上海书店出版社1999年。

《五四运动》,宋卫忠编著,蓝天出版社1999年。

《五四运动史话》,常丕军著,社会科学文献出版社2000年。

《五四运动与二十世纪的中国》,郝斌、欧阳哲生编,社会科学文献出版社2001年。

《五四运动与20世纪中国的历史道路》,沙健孙、龚书铎编,人民出版社2001年。

《触摸历史与进入五四》,陈平原著,北京大学出版社2005年。

《五四运动:现代中国的思想革命》,[美]周策纵著、周子平等译,江苏人民出版社2005年。

《五四运动》,潘恩强编著,远方出版社2006年。

《中国启蒙运动:知识分子与五四遗产》,[美]舒衡哲著,刘京建译,新星出版社2007年。

《中国的"主义"之争　从"五四运动"到当代》,郑永年、王赓武编,八方文化创作室2009年。

《重返五四现场》,叶曙明著,中国友谊出版公司2009年。

《历史与思想　中国现代史上的五四运动》,欧阳军喜著,福建教育出版社2009年。

《新编五四运动史》,张德旺著,黑龙江人民出版社2009年。

《百年中国实录:1911—2009》,徐宪江著,中共党史出版社2010年。

《共鉴"五四"》,刘再复著,福建教育出版社2010年。

《五四风云》,蒙木著,上海三联书店2010年。

《五四时期社会文化嬗变研究》,梁景和著,人民出版社2010年。

《五四知识分子的淑世意识》,陈占彪著,商务印书馆2010年。

《回顾与展望:五四运动以来中国社会的进步与发展论文集》,梁怡、马小芳主编,孟宪东、许峰副主编,北京出版社2011年。

《五四风云》,武国友主编,吉林文史出版社2011年。

《五四时期马克思主义大众化经验研究》,张世飞著,中国社会科学出版社2011年。

《纪念五四运动九十周年国际学术研讨会论文集》,中国社会科学院近代史研究所编,社会科学文献出版社2012年。

《回归五四》,姜弘著,独立作家出版社2013年。

《五四爱国运动》,中国社会科学院近代史研究所《近代史资料》编译室编,知识产权出版社2013年。

《五四运动回忆录》，中国社会科学院近代史研究所《近代史资料》编译室主编，知识产权出版社2013年。

《重返五四现场》，叶曙明著，中华书局（香港）有限公司2014年。

《民族自强之梦五四运动》，张泉主编，福建教育出版社2014年。

《五四运动之史的评价》，陈端志著，生活·读书·新知三联书店2014年。

《重返五四现场：1919，一个国家的青春记忆（增补本）》，叶曙明著，九州出版社2015年。

《五四思潮与五四人物研究》，史云波、董德福著，江苏大学出版社2015年。

《"五四"运动史》，[美]周策纵著，陈永明、张静译，世界图书出版社公司2016年。

《五四新文化运动》，刘祥英著，北京时代华文书局2016年。

《五四运动》，颜乐、崔华杰编著，山东科学技术出版社2017年。

《比较与鉴别：五四时期社会主义思潮流派研究》，朱美荣著，上海社会科学院出版社2018年。

《五四进步社团与中共创建关系研究》，黄爱军、汪先平著，社会科学文献出版社2018年。

《五四新文化的源流（修订版）》，陈万雄著，生活·读书·新知三联书店2018年。

《五四之魂》，林贤治著，北方文艺出版社2018年。

《五四的另一面："社会"观念的形成与新型组织的诞生》，杨念群，上海人民出版社2019年。

4. 中国共产党的创建与第一次全国代表大会

《关于中国共产党第一次全国代表大会召开日期》，邵维正编，海军政治学校中共党史教研室1979年。

《中共"一大"资料汇编》，西安师专马列主义教研室党史组、西北大学政治理论系党史教研室合编，西北大学出版社1979年。

《"一大"前后 中国共产党第一次代表大会前后资料选编（一）》，中国社会科学院现代史研究室、中国革命博物馆党史研究室选编，人民出版社1980年。

《"一大"前后 中国共产党第一次代表大会前后资料选编（二）》，中国社会科学院现代史研究室、中国革命博物馆党史研究室选编，人民出版社1980年。

《中国现代史资料选编 第1编：五四运动与中国共产党创建时期》，魏宏运主编，黑龙江人民出版社1981年。

《中国共产党的创立》，张静如等著，河北人民出版社1981年。

《中国共产党第一次全国代表大会会址》，中共一大会址纪念馆供稿，上海人民出版社1981年。

《中国共产党第一次代表大会档案资料》，中央档案馆编，人民出版社1982年。

《"一大"前后 中国共产党第一次代表大会前后资料选编（三）》，中国社会科学院现代史研究室、中国革命博物馆党史研究室选编，人民出版社1984年。

《中国共产党是怎样诞生的》，田夫、王沛著，湖北人民出版社1986年。

《中国革命史新编》，肖效钦主编，山东人民出版社1986年。

《开天辟地的大事变：中国共产党的诞生》，庄有为等编著，上海人民出版社1988年。

《中共"一大"南湖会议》，中共浙江省委党史资料征集研究委员会等编，浙江大学出版社1989年。

《中国共产党的诞生》，黄峥编写，新华出版社1990年。

《大浪淘沙：中共"一大"人物传》，秦英君、张占斌主编，红旗出版社1991年。

《红色的起点：中国共产党诞生纪实》，叶永烈著，上海人民出版社1991年。

《中共之初》，叶永烈著，天地图书有限公司1991年。

《中国共产党创建史》，邵雍正著，解放军出版社1991年。

《中国共产党创建史》，周尚文编，上海人民出版社1991年。

《中国共产党创建史》，中国共产党第一次全国代表大会会址纪念馆编，上海人民出版社 1991 年。

《中国共产党创建史研究文集》，任武雄编，百家出版社 1991 年。

《中共"一大"代表的结局》，鸣镝、欧阳晴编著，成都出版社 1995 年。

《中国共产党通史 第 1 卷：中国共产党的创建》，沙健孙主编，湖南教育出版社 1995 年。

《开天辟地的大事：中国共产党第一次全国代表大会会址纪念馆》，倪兴祥、陆米强编著，中国大百科全书出版社 1998 年。

《中共建党的故事》，田小平著，中共党史出版社 1999 年。

《横空出世：中国共产党创建史》，黄修荣著，黑龙江教育出版社 2000 年。

《中国共产党组织史资料 第 1 卷：党的创建和大革命时期（1921.7—1927.7）》，中共中央组织部、中共中央党史研究室、中央档案馆，中共党史出版社 2000 年。

《亲历者忆：建党风云》，吴少京主编，中央文献出版社 2001 年。

《中国共产党的诞生》，寿剑刚主编，中共嘉兴市委党史研究室、南湖革命纪念馆编，浙江大学出版社 2001 年。

《中国共产党第一次全国代表大会会址》，倪兴祥主编，中国共产党第一次全国代表大会会址纪念馆编，上海人民美术出版社 2001 年。

《中共一大会址纪念馆上海革命历史博物馆筹备处馆藏文物精华》，中共一大会址纪念馆、上海革命历史博物馆筹备处编，上海书画出版社 2002 年。

《中国共产党创建史》，刘宋斌、姚金果著，福建人民出版社 2002 年。

《中国共产党创建史研究文集（1990—2002）》，中共一大会址纪念馆编，上海人民出版社 2003 年。

《中国共产党创建史大事记》，倪兴祥编著，上海人民出版社 2004 年。

《此间曾著星星火：中共创建及中共中央在上海》，倪兴祥、陆米强编著，人民出版社 2006 年。

《中共一大画传》，张小红编，上海人民出版社 2006 年。

《中国共产党创建史辞典》，倪兴祥编，上海人民出版社 2006 年。

《中国共产党创建史论著目录（1949.10—2004.12）》，倪兴祥主编，上海人民出版社 2006 年。

《中国共产党成立史》，［日］石川祯浩著，袁广泉译，中国社会科学出版社 2006 年。

《日出东方：中国共产党第一次全国代表大会》，梁淑样、刘道慧编著，万卷出版公司 2008 年。

《中国共产党成立》，任知著，北京燕山出版社 2008 年。

《中共早期组织在中国革命进程中的地位与作用》，中共北京市委党史研究室编，中共党史出版社 2010 年。

《党的创建与发展在上海》，中共上海市委党史研究室编，上海书店出版社 2011 年。

《画说中共"一大"》，《画说中共"一大"》编写组，文汇出版社 2011 年。

《建党群星》，张神根编，四川人民出版社 2011 年。

《建党伟业：聚焦 1921》，高万娥、刘道慧著，人民出版社 2011 年。

《开端：中国共产党成立述实》，张军锋著，江苏人民出版社 2011 年。

《开天辟地 1921—1935》，吴珏著，东方出版社 2011 年。

《亲历建党》，苏若群编著，人民日报出版社 2011 年。

《亲历者说：建党纪事》，吴殿尧编著，解放军出版社 2011 年。

《日出东方 1921》，刘庆乐著，人民日报出版社 2011 年。

《日出东方：中国共产党创建纪实》，邵维正主编，人民出版社 2011 年。

《中共建党与上海社会》，苏智良主编，上海人民出版社 2011 年。

《中共一大代表早期文稿选编（1917.11—1923.7）》，中共一大会址纪念馆编，上海人民出版社 2011 年。

《中共"一大"研究论文集 1980—2010》，中共一大会址纪念馆编，上海辞书出版社 2011 年。

《中国共产党创建的前前后后》，武国友主编，吉林文史出版社 2011 年。

《中国共产党创建与上海》，齐卫平等著，上海人民出版社 2011 年。

《中国共产党创建图史》，中共一大会址纪念馆编著，上海文艺出版社 2011 年。

《中国共产党史稿 第一卷 中国共产党的诞生（1921.7—1923.6）》，柳建辉主编、肖甡著，四川人民出版社 2011 年。

《开天辟地：中国共产党第一次全国代表大会》，汪澎澜主编，河北人民出版社 2012 年。

《中国共产党创建史研究》，中共一大会址纪念馆编，上海人民出版社 2012 年。

《中国共产党早期组织及其成员研究》，中共嘉兴市委宣传部、嘉兴市社会科学界联合会、嘉兴学院红船精神研究中心著，中共党史出版社 2013 年。

《中共"一大"的历史空间》，熊月之、高俊著，北京师范大学出版社 2013 年。

《中共之初》，李庆山编著，湖南人民出版社 2013 年。

《中共早期历史探究》，肖甡著，上海人民出版社 2013 年。

《烟雨红船"母亲船"的故事》，吕建华著，中共党史出版社 2014 年。

《中共一大会址纪念馆故事》，徐云根编，南京出版社 2014 年。

《中共一大轶事》，李蓉著，人民出版社 2015 年。

《中国共产党创建史》，黄修荣、黄黎著，中国青年出版社 2015 年。

《中国共产党第一次全国代表大会档案文献选编》，李忠杰、段东升主编，中央党史出版社 2015 年。

《中国共产党创立之路》，中共上海市委党史研究室编，上海人民出版社 2016 年。

《伟大的开端》，《解放日报》社、中共一大会址纪念馆编，上海人民出版社 2016 年。

《中共首次亮相国际政治舞台（档案资料集）》，中共一大会址纪念馆编著，上海人民出版社 2016 年。

《中共一大研究评述》，中共一大会址纪念馆编，张黎明主编，学林出版社 2016 年。

《建党伟业》，何虎生主编，中国广播电视出版社 2017 年。

《上海：中国革命的发祥地——中国共产党早期在上海革命活动旧址寻踪》，上海市文史资料研究会编、朱敏彦编著，上海书店 2017 年。

《城市·空间与建党》，苏智良、姚霏、张玉菡著，上海教育出版社 2018 年。

《创建伟业 中国共产党成长发展史研究 1919—1935》，刘德军、张荣华主编，张卫军、祖蕾著，济南出版社 2018 年。

《五四进步社团与中共创建关系研究》，黄爱军、汪先平著，社会科学文献出版社 2018 年。

《渔阳里：红色征程的起点》，李瑊主编，上海大学出版社 2018 年。

《中共一大嘉兴南湖会议研究》，贾章旺著，中共党史出版社 2018 年。

《上海渔阳里：中国共产党的初心孕育之地》，李瑊主编，学林出版社 2020 年。

5. 中国共产党第二次全国代表大会

《中国共产党第二次至第六次全国代表大会文件汇编》，中央档案馆编，人民出版社 1981 年。

《"二大"和"三大" 中国共产党第二、三次代表大会资料选编》，中国共产党第二、三次代表大会资料选编，中国社会科学出版社 1985 年。

《中国共产党第二次全国代表大会》，中共二大史料编纂委员会编，中共党史出版社 2006 年。

《革命纲领：中国共产党第二次全国代表大会》，肖甡编著，万卷出版公司 2008 年。

《革命纲领：中国共产党第二次全国代表大会》，徐振岐主编，河北人民出版社 2012 年。

《画说中共"二大"》，中共二大会址纪念馆、钱定华、邬海佳著，文汇出版社 2012 年。

《腾蛟起凤：中共二大历史影像图录》，中共上海市委党史研究室、中共二大会址纪念馆编，上海锦绣文章出版社 2013 年。

《中国共产党第二次全国代表大会档案文献选编》,李忠杰、段东升编,中共党史出版社 2014 年。

《中共二大轶事》,李蓉著,人民出版社 2015 年。

6. 上海社会主义青年团

《中国社会主义青年团创建问题论文集》,共青团中央青运史研究室编 1984 年。

《青年团的初建》,何启君等编著,中国青年出版社 1987 年。

《红旗飘飘(31 集)》,中共一大会址纪念馆、《红旗飘飘》编辑部编,中国青年出版社 1990 年。

《中国共产主义青年团》,郭军宁编写,新华出版社 1991 年。

《旗展东园:中国社会主义青年团第一次全国代表大会图志》,魏国华、张磊、李玉琦主编南方日报出版社 2012 年。

7. 上海早期党报党刊

《热血日报:合订本》,瞿秋白主编,人民出版社 1982 年。

《继往开来——纪念〈向导〉创刊七十周年暨发扬党报传统学术研讨会论文集》,上海社会科学院新闻研究所编,上海社会科学院新闻研究所 1993 年。

《回眸〈新青年〉》,张宝明、王中江主编,河南文艺出版社 1998 年。

《〈新青年〉文选》,陈平原选编,贵州教育出版社 2003 年。

《〈向导〉周报研究》,蔡铭泽著,福建人民出版社 2004 年。

《中国共产党新闻思想史》,郑保卫主编,福建人民出版社 2004 年。

《现代性的流变:〈新青年〉个人、社会与国家关系聚集》,张宝明著,社会科学文献出版社 2005 年。

《文学传播与文学想象 〈新青年〉杂志研究》,李永中著,武汉出版社 2006 年。

《多维视野下的〈新青年〉研究》,张宝明著,商务印书馆 2007 年。

《建国前中国共产党报刊研究》,钱承军著,中国文联出版社 2009 年。

《中国共产党报刊发行史:中共新闻思想与时俱进的历史考察之一》,王晓岚著,社会科学出版社 2009 年。

《出版传媒视角下的〈新青年〉》,谢明香著,巴蜀书社 2010 年。

《红色报刊集萃》,王大龙编著,同心出版社 2010 年。

《〈新青年〉杂志话语研究》,李静著,天津大学出版社 2010 年。

《解放前珍贵红色报刊发刊词〈新青年〉到〈人民日报〉原貌重现》,郗卫东主编,中央编译出版社 2011 年。

《新青年·精选本》,陈独秀等,中国书店 2012 年。

《新青年精粹》,陈独秀、李大钊等编撰,中国画报出版社 2013 年。

《红藏:进步期刊总汇(1915—1949)〈向导〉》,蔡和森等,湘潭大学出版社 2014 年。

《红藏:进步期刊总汇(1915—1949)〈新青年〉》,蔡和森等,湘潭大学出版社 2014 年。

《新青年 1 政治卷》,张宝明主编,河南文艺出版社 2016 年。

《新青年 2 思潮卷》,张宝明主编,河南文艺出版社 2016 年。

《新青年 3 哲学卷》,张宝明主编,河南文艺出版社 2016 年。

《新青年 4 文学创作卷》,张宝明主编,河南文艺出版社 2016 年。

《新青年 5 文学批评卷》,张宝明主编,河南文艺出版社 2016 年。

《新青年 6 文字卷》,张宝明主编,河南文艺出版社 2016 年。

《新青年 7 翻译卷》,张宝明主编,河南文艺出版社 2016 年。

《新青年 8 青年妇女卷》,张宝明主编,河南文艺出版社 2016 年。

《新青年9 文化教育卷》,张宝明主编,河南文艺出版社2016年。

《新青年10 随感卷》,张宝明主编,河南文艺出版社2016年。

《新青年广告研究》,汪耀华著,上海书店出版社2016年。

《中共早期党报图录》,朱军华主编,团结出版社2016年。

《共产党月刊选辑》,彭积冬主编,北京日报出版社2019年。

《〈新青年〉百年典藏1 政治文化卷》,张宝明主编,河南文艺出版社2019年。

《〈新青年〉百年典藏2 哲学思潮卷》,张宝明主编,河南文艺出版社2019年。

《〈新青年〉百年典藏3 语言文学卷》,张宝明主编,河南文艺出版社2019年。

《〈新青年〉百年典藏4 社会教育卷》,张宝明主编,河南文艺出版社2019年。

《〈新青年〉百年典藏5 翻译随感卷》,张宝明主编,河南文艺出版社2019年。

(二) 国民大革命

1. 国共第一次合作与中共四大

《第一次国共合作统一战线的形成过程》,肖甡著,政治学院1980年。

《鲍罗廷在中国的有关资料》,李玉贞编,中国社会科学院出版社1983年。

《共产国际和第一次国共合作的形成》,黄修荣著,求实出版社1983年。

《馆藏第一次国共合作资料目录(中国国民党第一次全国代表大会堂)》,广东省中山图书馆编,广东省中山图书馆1983年。

《第一次国共合作研究资料》,中共广东省委党史研究委员会、中共广东省委党史资料征集委员会编1984年。

《共产国际和第一次国共合作的形式》,黄修荣著,求实出版社1984年。

《第一次国共合作》,张赋著,黑龙江人民出版社1985年。

《第一次国共合作》,黄修荣著,上海人民出版社1986年。

《第一次国共合作时期的北伐战争》,中国革命博物馆编写,黑龙江人民出版社1987年。

《第一次国共合作时期的国民革命军》,张光宇著,武汉大学出版社1989年。

《李大钊与第一次国共合作》,中共北京市委党史研究室编,北京出版社1989年。

《两次国共合作史稿》,唐培吉等编写,浙江人民出版社1989年。

《马林与第一次国共合作》,李玉贞主编,杜魏华副主编,光明日报出版社1989年。

《孙中山与国共第一次合作》,林家有、周兴梁著,四川人民出版社1989年。

《第一次国共合作》,黄峥编写,新华出版社1990年。

《第一次国共合作史》,陈廉著,北京图书馆出版社1998年。

《绝密档案:第一次国共合作内幕(上中下)》,铁岩主编,姚林等著,福建人民出版社2002年。

《马林传》,李玉贞著,中央编译出版社2002年。

《中国共产党第四次全国代表大会》,中共四大史料编纂委员会编,中共党史出版社2004年。

《唤起工农:中国共产党第四次全国代表大会》,肖甡编著,万卷出版公司2008年。

《绝密档案——第一次国共合作内幕(上下)》,苏杭等著,人民日报出版社2011年。

《谁主沉浮:中国共产党第四次全国代表大会》,张智丹编,河北人民出版社2012年。

《中国共产党第四次全国代表大会档案文献选编》,李忠杰、段东升编,中共党史出版社2014年。

《力量之源:纪念中共四大90周年学术研讨会论文集》,中共上海市委党史研究室、中共四大纪念馆编,上海人民出版社2015年。

《中共四大轶事》,李蓉、叶成林著,人民出版社2015年。

《第一次国共合作始末》，苏若群、姚金果著，中共党史出版社 2016 年。

《国共合作史　第一次国共合作》，姚金果、苏若群著，济南出版社 2016 年。

《中国国民党一大暨国民党改组、第一次国共合作成立 90 周年学术研讨会论文集》，中国社会科学院近代史研究所、中国孙中山研究会、孙中山故居纪念馆编，广东人民出版社 2018 年。

2. 上海工人三次武装起义

《上海工人三次武装起义》，黄逸峰、周尚文著，上海人民出版社 1979 年。

《上海工人三次武装起义》，上海市档案馆编，上海人民出版社 1983 年。

《上海工人三次武装起义史》，周尚文、贺世友著，上海人民出版社 1987 年。

《上海工人三次武装起义研究》，许玉芳、卞杏英编著，知识出版社 1987 年。

《上海工人三次武装起义》，王玉平编，新华出版社 1991 年。

《上海工人三次武装起义》，张开城、胡安宇，青岛海洋大学出版社 1991 年。

《中国无产阶级的首次战火洗礼：上海工人三次武装起义》，王玮编，河北教育出版社 1992 年。

《上海工人三次武装起义》，江丽编著，中国国际广播出版社 1996 年。

《狂飙：上海工人三次武装起义七十周年祭（1927—1997）》，朱义宽著，学林出版社 1997 年。

《血浴黄浦江：上海工人三次武装起义》，武国友主编、何富彩著，吉林文史出版社 2011 年。

《魂系漕河四月奇》，赵永生著，江苏凤凰文艺出版社 2020 年。

3. 上海大学

《上海大学史料》，黄美真等编，复旦大学出版社 1984 年。

《上海大学：1922—1927》，上海市委党史征集委员会主编，王家贵、蔡锡瑶编著，上海社会科学院出版社 1986 年。

《红色学府　上海大学（1922—1927）》，程杏培、陶继明编著，上海大学出版社 2002 年。

《上海大学：革命的摇篮》，斯民，作家出版社 2005 年。

《上大演讲录（1922—1927）》，钱伟长编，上海大学出版社 2009 年。

《上海大学与现代名人（1922—1927）》，张元隆著，上海大学出版社 2011 年。

《上海大学史话》，曾文彪编，社会科学文献出版社 2014 年。

《20 世纪 20 年代的上海大学（1922—1927）（上下）》，本书编委会编，上海大学出版社 2014 年。

《上海早晨　记中共创办的第一所大学（1922—1927）》，吴越著，上海人民出版社 2019 年。

《从上海大学（1922—1927）走出来的英雄烈士》，胡申生，上海大学出版社 2020 年。

《百年上大画传》，成旦红、刘昌胜主编，上海大学出版社 2020 年。

4. 五卅运动

《五卅时期妇女问题文选》，中华全国妇女联合会、妇女运动历史研究室编，三联出版社 1981 年。

《五卅运动史料　第 1 卷》，上海社会科学院历史研究所编，上海人民出版社 1981 年。

《五卅运动》，傅道慧著，复旦大学出版社 1985 年。

《五卅运动和省港大罢工》，曹平著，黑龙江人民出版社 1985 年。

《五卅运动和省港罢工》，中国第二历史档案馆编，江苏古籍出版社 1985 年。

《五卅运动简史》，任建树、张铨著，上海人民出版社 1985 年。

《五卅运动六十周年纪念集》，上海市总工会、上海工人运动史料委员会编，上海市印刷六厂 1985 年。

《五卅运动史料　第 2 卷》，上海社会科学院历史研究所编，上海人民出版社 1986 年。

《试论大革命时期国共两党对学生运动的领导和影响》，宋振文著 1988 年。

《五卅反帝爱国运动》，王玉平编写，新华出版社 1990 年。

《上海档案史料丛编　第 3 辑　五卅运动》，上海市档案馆，上海人民出版社 1991 年。

《五卅运动》，上海市档案馆编，上海人民出版社 1991 年。

《五卅运动》，张开城、胡安宇著，青岛海洋大学出版社 1991 年。

《反帝怒潮涌：五卅运动与省港大罢工》，李钰、蔚南编，河北教育出版社 1992 年。

《南京路上的血泊：上海五卅惨案》，相瑞花、白云涛编著，中国华侨出版社 1993 年。

《洪流　五卅运动中的刘华》，朱义宽著，上海远东出版社 1995 年。

《五卅运动》，刘晟编著，中国国际广播出版社 1996 年。

《大革命时期的青年运动》，雷正先、郑自来编，武汉大学出版社 1997 年。

《五卅运动史料　第 3 卷》，上海社会科学院历史研究所编，上海人民出版社 2005 年。

《五卅运动研究文集》，陈乃鹏著，南京大学出版社 2014 年。

《中国革命：1925 年 30 日，上海》，[德] 于尔根·奥斯特哈默著，强朝晖译，社会科学文献出版社 2017 年。

（三）土地革命战争

1. 党的白区工作

《关于第二次国内革命战争时期党在白区的工作》，盖军编，中共安徽省委党校 1980 年。

《在地下：白区地下党工作经验初步总结》，马识途著，四川大学出版社 1987 年。

《1927—1930 年上海郊县农民武装暴动》，中共上海市委党史资料征集委员会办公室、中共上海市农村工作委员会党史征委会、中国人民解放军上海警备区政治部党史办公室合编，知识出版社 1989 年。

《党的白区斗争史话》，璞玉霍、徐爽迷著，中共党史出版社 1991 年。

《中国共产党白区斗争史》，盖军主编，人民出版社 1996 年。

2. 中共中央特科

《陈赓同志在上海　在中央特科的斗争经历》，穆欣著，文史资料出版社 1980 年。

《红色恐怖的铁拳：中共中央特科纪实》，师博主编、王建华著，人民中国出版社 1993 年。

《中共特工—地下斗争的英雄》，许文龙著，青海人民出版社 1996 年。

《中共中央特科：白色恐怖下的警卫部队》，林成西、许蓉生著，四川文艺出版社 1996 年。

《追杀：中共中央特科纪实》，建华著，伊犁人民出版社，2000 年。

《中国侦查史》，马洪根著，群众出版社 2007 年。

《潘汉年的情报生涯》，尹骐著，人民出版社 2011 年。

《中共锄奸保卫史记》，蒋柳青著，解放军出版社 2015 年。

3. 左翼文化运动

《三十年代文坛与左翼作家联盟》，陈敬之著，成文出版社有限公司 1980 年。

《三十年代左翼文艺资料选编》，马良春、张大明编，四川人民出版社 1980 年。

《中国现代文艺资料丛刊　第 5 辑"左联"成立五十周年纪念特辑》，新文艺出版社 1980 年。

《左联时期文学论文集》，南京大学学报编辑部、陈瘦竹编，南京大学学报编辑部 1980 年。

《左翼文艺运动史料》，陈瘦竹主编，南京大学学报编辑部编辑，南京大学学报编辑部 1980 年。

《左联回忆录》，中国社会科学院文学研究所《左联回忆录》编辑组编，中国社会科学出版社 1982 年。

《土地革命战争时期的左翼文化运动》，饶良伦著，黑龙江人民出版社 1986 年。

《左翼戏剧运动大事记（1929.1—1937.8）》，姚时晓编，中共上海市委党史资料征集委员会 1987 年。

《三十年代在上海的左联作家(上下)》,上海社会科学院文学研究所编,上海社会科学院出版社1988年。

《左联纪念集(1930—1990)》,中国左翼作家联盟成立大会会址纪念馆、上海鲁迅纪念馆编,百家出版社1990年。

《中国左翼文学思潮探源》,艾晓明著,湖南文艺出版社1991年。

《中国左翼戏剧家联盟史料集》,文化部党史资料征集工作委员会编,中国戏剧出版社1991年。

《三十年代中国电影评论文选——纪念左翼电影运动六十周年》,陈播主编、广播电影电视部电影局党史资料征集工作领导小组、中国电影艺术研究中心编,中国电影出版社1993年。

《中国左翼电影运动》,广播电影电视部电影局党史资料征集工作领导小组、中国电影艺术研究中心编,中国电影出版社1993年。

《左联词典》,姚辛编著,光明日报出版社1994年。

《左联文学新论》,谌宗恕著,武汉出版社1996年。

《纪念中国左翼作家联盟成立七十周年文集》,方全林主编,上海文艺出版社2000年。

《左翼文化运动中的潮人》,杜桂芳、杜星著,潮汕历史文化研究中心编,艺苑出版社(香港)2001年。

《左翼·上海 1934—1936》,孔海珠著,上海文艺出版社2003年。

《从电影的革命到革命的电影:20世纪中国文学视野中的左翼电影》,唐锡光著,知识产权出版社2004年。

《红色狂飙:左联实录》,刘小清著,人民文学出版社2004年。

《红色意义的生成——20世纪中国左翼文学研究》,方维保著,安徽教育出版社2004年。

《与历史对话:左翼运动史论集》,万家安著,当代本土史料研究室2005年。

《中国左翼文学思潮》,林伟民著,华东师范大学出版社2005年。

《左联与中国共产党》,张小红著,上海人民出版社2006年。

《左翼文艺运动与中国马克思主义文艺理论的早期建设》,刘永明著,中国文联出版社2007年。

《"左联"文学的组织与传播》,张大伟,内蒙古人民出版社2008年。

《左翼文学运动的兴起与上海新书业(1928—1930)》,刘震著,人民文学出版社2008年。

《中国左翼文学史稿(1921—1935)》,曹清华著,中国社会科学出版社2008年。

《理性与革命:中国左翼文学的文化阐释》,贾振勇著,人民出版社2009年。

《非常传媒:左联期刊研究》,左文著,北京出版社2010年。

《左联回忆录》,中国社会科学院文学研究所左联回忆录编辑组编,知识产权出版社2010年。

《中国左翼文学的发生(1923—1933)》,陈红旗著,暨南大学出版社2010年。

《"左联"机关刊物四种(第1—8册)》,耿素丽选编,国家图书馆出版社2011年。

《文学与政治之间:文学社团视野中的左联及其成员》,汪纪明编,中国社会科学出版社2012年。

《左翼上海:三〇年代左翼都市小说论》,蒋兴立著,秀威资讯科技股份有限公司2012年。

《中国左翼文化思潮与现代主义文学嬗变》,李洪华著,中国社会科学出版社2012年。

《中国左翼文学编年史》,张大明著,社会科学文献出版社2013年。

《"革命加恋爱"现象与左翼文学思潮研究》,熊权著,人民出版社2013年。

《"电影小组"与左翼电影运动》,吴海勇著,上海人民出版社2014年。

《"剧联"与左翼戏剧运动》,曹树钧著,中共上海市委党史研究室、上海鲁迅纪念馆编,上海人民出版社2014年。

《中国左翼文化政治及其内在建构》,张欢著,九州出版社2014年。

《瞿秋白与左翼文学的中国化进程》,傅修海著,人民出版社2015年。

《可见的左翼:夏衍与中国1930年代反法西斯文化研究文集》,陈奇佳主编,中国戏剧出版社2015年。

《左翼文学研究》,王学典编,商务印书馆 2015 年。

《左翼十年:中国左翼文学文献史料辑》,贾振勇编,人民出版社 2015 年。

《左翼文化运动与马克思主义中国化研究》,崔凤梅、毛自鹏著,人民出版社,2015 年。

《中国左翼文学的演进与嬗变 1927—1937》,陈红旗著,中国社会科学出版社 2015 年。

《"美联"与左翼美术运动》,乔丽华著,中共上海市委党史研究室、上海鲁迅纪念馆编,上海人民出版社 2016 年。

《"左联"与左翼文学运动》,王锡荣著,中共上海市委党史研究室、上海鲁迅纪念馆编,上海人民出版社 2016 年。

《"文总"与左翼文化运动》,孔海珠著,中共上海党史研究室、上海鲁迅纪念馆编,中共上海市委党史研究室、上海鲁迅纪念馆编,上海人民出版社 2016 年。

《中国共产党的政治实践与左翼文学》,杨胜刚著,当代中国出版社 2016 年。

《中国现代作家与左翼文学的互动相生》,陈红旗著,东方出版中心 2016 年。

《穿越岁月的文学刊物和作家 1》,丁言模著,中国社会出版社 2017 年。

《穿越岁月的文学刊物和作家 2》,丁言模著,中国社会出版社 2017 年。

《穿越岁月的文学刊物和作家 3》,丁言模著,中国社会出版社 2018 年。

《穿越岁月的文学刊物和作家 4》,丁言模著,中国社会出版社 2018 年。

《20 世纪 30 年代中国左翼影评的文化解读》,张晓飞著,中国社会科学出版社 2018 年。

《左联筹建与组织系统考论》,张广海著,浙江大学出版社 2018 年。

《左联文艺期刊全编》,李扬、刘运峰主编,南开大学出版社 2018 年。

《穿越岁月的文学刊物和作家》,丁言模著,中国社会出版社 2019 年。

(四) 抗日战争

1. 中国共产党与两次淞沪抗战

《中华民国二十一年"一二八"淞沪抗日战役经纬回忆》,俞济时著,"国防部"史政编译局 1981 年。

《"八一三"抗战史料选编》,上海社会科学院历史研究所编,上海人民出版社 1986 年。

《"九·一八——一·二八"上海军民抗日运动史料》,上海社会科学院历史研究所编,上海社会科学院出版社 1986 年。

《八一三淞沪抗战》,中国人民政治协商会议全国委员会文史资料研究委员会、《八一三淞沪抗战》编审组编,中国文史出版社 1987 年。

《抗日战争的正面战场》,张宪文主编,河南人民出版社 1987 年。

《抗日战争正面战场》,中国第二历史档案馆编,江苏古籍出版社 1987 年。

《抗日战争中的国民党战场》,陈小功编著,解放军出版社 1987 年。

《浙东抗日根据地》,中共浙江省委党史资料征集研究委员会等编、浙江省档案馆编,中共党史资料出版社 1987 年。

《宝山史话——纪念"一·二八"淞沪抗战六十周年专辑》,中国人民政治协商会议上海市宝山区委员会文史资料委员会 1991 年。

《九一八和一二八时期抗日运动史》,温济泽主编,中国工人出版社 1991 年。

《淞沪烽火十九路军:一·二八淞沪抗战纪实》,广东省政协文史资料研究委员会编,广东人民出版社 1991 年。

《战斗在崇明岛——革命斗争回忆录》,黄祖兴主编,华东理工大学出版社 1993 年。

《抵抗与妥协的两重奏:一·二八淞沪抗战》,余子道著,广西师范大学出版社 1994 年。

《燃烧的太阳——国民党正面战场抗战纪实》,张洪涛、张朴宽著,团结出版社1994年。

《鏖战淞沪:上海抗战纪实》,徐智勇、王少华著,河南大学出版社1995年。

《上海抗战:一二八·八一三战役》,汤伟康编,商务印书馆(香港)有限公司1995年。

《孤独八百士:中国孤军营上海抗战纪实》,陈立人著,团结出版社1995年。

《"八一三"事变》,徐有威编著,中国国际广播出版社1996年。

《淞沪狂澜——粤十九路军一·二八淞沪抗战》,谭忠、梁昭著,广州出版社1996年。

《嘉定外冈游击队》,中共上海市嘉定区委党史研究室编,上海社会科学院出版社1996年。

《上海平原游击队》,姚金祥、周正仁编著,南海出版公司1996年。

《我与浦东抗日游击战——忆淞沪支队逐鹿浦江两岸》,朱亚民著,上海人民出版社1996年。

《一·二八事变》,徐有威编著,中国国际广播出版社1996年。

《抗日战争与上海——纪念抗日战争爆发六十周年》,金炳华编,上海人民出版社1997年。

《"八一三"淞沪会战》,张宪法、俞中编著,中国民主法制出版社1999年。

《八一三淞沪抗战》,余子道、张云道著,上海人民出版社2000年。

《抗日战争的正面战场》,全国政协文史资料委员会编,安徽人民出版社2000年。

《泣血吴淞口——侵华日军在上海宝山地区的暴行》,顾维安编、上海市宝山区史志办公室编,上海社会科学院出版社2000年。

《一·二八淞沪抗战》,余子道、张林龙著,上海人民出版社2000年。

《八·一三淞沪抗战》,闻立欣著,中国友谊出版公司2001年。

《上海抗战与国际援助》,卜杏英、杨元华等著,上海人民出版社2001年。

《上海文史资料存稿汇编 抗战史料》,上海市政协文史资料委员会编,上海古籍出版社2001年。

《侵华日军的自白——来自"一·二八"、"八一三"淞沪战争》,廖大伟、陈金龙主编,上海社会科学院出版社2002年。

《中国抗日战争正面战场作战记》,郭汝瑰、黄玉章编,江苏人民出版社2002年。

《淞沪魂——上海淞沪抗战纪念馆概览》,上海淞沪抗战纪念馆编,上海社会科学院出版社2003年。

《四个月的战争——"八一三"淞沪抗战实录》,上海市历史博物馆、上海淞沪抗战纪念馆、上海一大会址纪念馆编,上海社会科学院出版社2004年。

《血战——国民党军正面战场抗战纪实》,胡兆才编著,中国社会科学出版社2004年。

《青浦抗战史》,朱习理、王志涛编著,上海教育出版社2005年。

《淞沪抗战:喋血黄浦江》,葛业文著,团结出版社2005年。

《淞沪大会战内幕全解密》,徐志耕著,军事科学出版社2005年。

《我所亲历的淞沪会战》,文闻编,中国文史出版社2005年。

《1937——淞沪会战》,毕洪撰述,秦风辑图,山东画报出版社2005年。

《淞沪抗战》,潘强恩编著,远方出版社2006年。

《杭州评话:淞沪游击队》,陈建一编,上海文化出版社2007年。

《黄浦江畔抗日壮歌——记一·二八淞沪抗战》,陶诗永编著,吉林人民出版社2007年。

《口述淞沪抗战1》,上海淞沪抗战纪念馆编,上海人民出版社2007年。

《淞沪烽火——1·28淞沪抗日75周年纪念画册1932—2007》,黄萼辉主编、罗淑欣副主编,2007年。

《正面战场大会战:国民党军队抗战纪实》,孙继业、孙志华著,团结出版社2007年。

《口述淞沪抗战2》,谭玉岐、阎志军主编,上海人民出版社2008年。

《灾难与转折:1937》,忻平著,上海大学出版社2008年。

《川军与淞沪抗战》,上海淞沪抗战纪念馆编,上海人民出版社2009年。

《八百壮士——中国孤军营上海抗战纪实》,陈立人著,团结出版社2010年。

《湘军与淞沪抗战》,上海淞沪抗战纪念馆编,上海人民出版社 2010 年。

《桂军与淞沪抗战》,上海淞沪抗战纪念馆编、阎志军主编,上海人民出版社 2011 年。

《抗日战争正面战场档案全纪录(上中下)》,王晓华、戚厚杰主编,团结出版社 2011 年。

《威震黄埔江畔 高奏抗日壮歌——一·二八淞沪抗战》,孙健筠、陶诗永编著,吉林人民出版社 2011 年。

《抗日正面战场——国民党参战将士口述全纪录》,彤新春编著,中国大百科全书出版社 2012 年。

《忠义救国军浮沉录》,张衡著,南京出版社 2012 年。

《铁血军魂——"一二八"淞沪抗日八十周年纪念专刊》,十九路军淞沪抗日将属(广州)联谊会编,十九路军淞沪抗日将属(广州)联谊会 2012 年。

《黔军与淞沪抗战》,上海淞沪抗战纪念馆编,上海人民出版社 2013 年。

《抗日正面战场全纪实(会战篇)》,陈钦编著,中华书局(香港)有限公司 2014 年。

《抗日正面战场全纪实(幕后篇)》,陈钦编著,中华书局(香港)有限公司 2014 年。

《抗日战争战时报告初编"八一三"》(1—6),杨奎松主编,上海三联书店 2015 年。

《抗日战争战时报告初编 "一二八"》(1—9),杨奎松主编,上海三联书店 2015 年。

《铭记——上海老干部抗战经历口述实录》,方莉萍主编,上海文化出版社 2015 年。

《我们万众一心:上海市纪念中国人民抗日战争暨世界反法西斯战争胜利 70 周年》,中共上海市委宣传部、中共上海市委党史研究室、上海市文化广播影视管理局等编,上海教育出版社 2015 年。

《上海 1937》,〔丹麦〕何铭生著,田颖慧、冯向晖译,西苑出版社 2015 年。

《铁血云间——松江抗战记忆》,程志强主编、中共上海市松江区委党史研究室编,上海辞书出版社 2015 年。

《图录浦东抗战》,唐国良主编,浦东新区党史地方志办公室、浦东新区文物保护管理所、上海市浦东新区文史学会等编,上海市浦东新区文史学会 2015 年。

《战时上海:二战中的上海》,周武主编,上海远东出版社 2015 年。

《1932 孤军捍淞沪:一·二八淞沪抗战影像全纪录》,沈铁、黑马编著,长城出版社 2015 年。

《十九路军一·二八淞沪抗日史料汇编(全 3 册)》,本书编委会,广东教育出版社 2015 年。

《中国抗日战争战场全景画卷 淞沪八一三:1937 淞沪大会战影像全纪录》,常琦编著,长城出版社 2015 年。

《中国抗日战争正面战场作战记(上下)》,郭汝瑰、黄玉章主编,江苏人民出版社 2015 年。

《秩序的沦陷:抗战初期的江南五城》,〔加〕卜正民著,潘敏译,商务印书馆 2015 年。

《南京国民政府与一·二八淞沪抗战研究》,肖如平著,浙江大学出版社 2016 年。

《八十八师与一·二八淞沪抗战》,徐骏,浙江工商大学出版社 2017 年。

《当代学者论淞沪抗战(上中下)》,魏延秋选编,上海科学技术文献出版社 2017 年。

《记忆中的淞沪抗战:八一三淞沪抗战》,邓一帆主编,社会科学技术文献出版社 2017 年。

《正面战场抗战真相》,李庆山著,华文出版社 2017 年。

《国民党正面战场抗战最纪录》,唐得阳、刘强伦著,团结出版社 2017 年。

《申报馆剪报资料 上海卷 淞沪抗战专辑(1—12)》,上海报业集团编,上海书店出版社 2017 年。

《淞沪抗战史料丛书续编 1 第 1 辑》,蔡廷锴、蒋光鼐、戴戟合著,上海科技文献出版社 2017 年。

《淞沪抗战史料丛书续编 1 第 2 辑》,张觉吾编,上海科技文献出版社 2017 年。

《淞沪抗战史料丛书续编 1 第 3 辑》,佚名编,上海科技文献出版社 2017 年。

《淞沪抗战史料丛书续编 1 第 4 辑》,徐怡、刘异、金轮海编,上海科技文献出版社 2017 年。

《淞沪抗战史料丛书续编 1 第 5 辑》,汪剑鸣、少年书局,佚名编,上海科技文献出版社 2017 年。

《淞沪抗战史料丛书续编 1 第 6 辑》,憾庐编,上海科技文献出版社 2017 年。

《淞沪抗战史料丛书续编 1　第 9 辑》,祖澄、华之国、赵景深等编,上海科技文献出版社 2017 年。

《淞沪抗战史料丛书续编 1　第 11 辑》,郭沫若著、孩子剧团编,上海科技文献出版社 2017 年。

《淞沪抗战史料丛书续编 2　第 1 辑》,杨纪、梦蝶,上海科技文献出版社 2017 年。

《淞沪抗战史料丛书续编 2　第 2 辑》,沈毅、黄强等编,上海科技文献出版社 2017 年。

《淞沪抗战史料丛书续编 2　第 3 辑》,王功流著,社会与教育编,上海科技文献出版社 2017 年。

《淞沪抗战史料丛书续编 2　第 4 辑》,爱华、佚名、韦息予编著,上海科技文献出版社 2017 年。

《淞沪抗战史料丛书续编 2　第 5 辑》,田汉、董铁魂、上海复兴出版社编著,上海科技文献出版社 2017 年。

《淞沪抗战史料丛书续编 2　第 6 辑》,救亡出版社,吴相湘、鹤琴、海燕编著,上海科技文献出版社 2017 年。

《淞沪抗战史料丛书续编 2　第 7 辑》,杨纪、林纪衡、朱民威、赵曾俦等编著,上海科技文献出版社 2017 年。

《淞沪抗战史料丛书续编 2　第 8 辑》,刘一叶编、钱君匋、张治中编著,上海科技文献出版社 2017 年。

《淞沪抗战史料丛书续编 2　第 9 辑》,佚名著,上海科技文献出版社 2017 年。

《淞沪抗战史料丛书续编 2　第 10 辑》,宋标、星人等编著,上海科技文献出版社 2017 年。

《淞沪抗战史料丛书续编 2　第 11 辑　上海一日(1—3)》,朱作同、梅益主编,上海科技文献出版社 2017 年。

《淞沪抗战史料丛书续编 3　第 1 辑(上下)》,华振中、朱伯康合编,上海科学技术文献出版社 2018 年。

《淞沪抗战史料丛书续编 3　第 2 辑》,李南沙、楼产文、徐怡等编,上海科技文献出版社 2018 年。

《淞沪抗战史料丛书续编 3　第 3 辑》,彭培亮、李警、吴履逊等著,上海科技文献出版社 2018 年。

《淞沪抗战史料丛书续编 3　第 5 辑》,范定九、江海出版社、东华编译社编,上海科技文献出版社 2018 年。

《淞沪抗战史料丛书续编 3　第 6 辑》,战地新闻社、郑宝照编,上海科技文献出版社 2018 年。

《淞沪抗战史料丛书续编 3　第 7 辑》,莫克朋编,上海科技文献出版社 2018 年。

《淞沪抗战史料丛书续编 3　第 8 辑》,中国国民党陆军第八十八师特别党部编,上海科技文献出版社 2018 年。

《淞沪抗战史料丛书续编 3　第 9 辑》,上海战区难民临时救济会编,上海科学技术文献出版社 2018 年。

《淞沪抗战史料丛书续编 3　第 10 辑》,吴宏等编,上海科学技术文献出版社 2018 年。

《淞沪抗战史料丛书续编 3　第 11 辑》,憨庐编,上海科学技术文献出版社 2018 年。

《淞沪抗战史料丛书续编 3　第 12 辑》,王叔达、上海新时代社、上海学生集体创作编著,上海科学技术文献出版社 2018 年。

《淞沪抗战史料丛书续编 3　第 13 辑》,教育部民众读物编审委员会、时事研究社、[美]勃鲁司等编著,上海科学技术文献出版社 2018 年。

《淞沪抗战史料丛书续编 3　第 14 辑》,长江、罗平著,长江主编,上海科学技术文献出版社 2018 年。

2. 上海:抗日救亡运动发起地与中心地

《上海文史资料选辑　第 51 辑:抗战风云录》,中国人民政治协商会议上海市委员会文史资料工作委员会编,上海人民出版社 1985 年。

《苏南抗日根据地》,中共江苏省委党史工作委员会、江苏省档案馆编,中共党史资料出版社 1987 年。

《皖南从军纪实——上海红十字会煤业救护队抗战史料选编》,中共上海市委党史资料征集委员会编印 1987 年。

《"一二·九"以后上海救国会史料选辑》,中共上海市委党史资料征集委员会编,上海社会科学院出版社 1987 年。

《抗日战争时期上海学生运动史》,中共上海市委党史资料征集委员会编,上海翻译出版社 1991 年。

《抗日战争时期上海工人运动史》,上海市总工会编,上海远东出版社 1992 年。

《抗战初期上海党的难民工作》,中共上海市委党史资料征集委员会主编,上海新闻出版局 1993 年。

《上海抗日救亡史》,金立人主编、中共上海市委党史研究室编,上海社会科学院出版社 1995 年。

《日军在上海的罪行与统治》,张铨、庄志龄、陈正卿著,上海人民出版社 2000 年。

《烽火下的上海——十里洋场的八年抗战》,存仁著,时英出版社 2005 年。

《携手援义战——抗战时期国统区民众经济动员概述》,金功辉著,天津社会科学院出版社 2005 年。

《抗战时期国民政府经济动员研究》,张燕萍著,福建人民出版社 2008 年。

《上海抗日战争史丛书:抗战时期的上海经济》,吴景平著,上海人民出版社 2015 年。

《上海抗日战争史丛书:上海抗日救亡运动》,陈丽凤、王瑶、周耀虹著,上海人民出版社 2015 年。

《上海抗日战争史丛书:上海抗战与国际援助》,徐剑雄、杨元华著,上海人民出版社 2015 年。

《上海抗日战争史通论》,唐培吉著,上海人民出版社 2015 年。

《上海抗战图史》,中共上海市委党史研究室编,陈彩琴、沈阳撰稿,上海人民出版社 2015 年。

《战时上海 1937—1945》,[日]高纲博文主编、陈祖恩等译,上海远东出版社 2016 年。

《春早木兰花:抗战中的上海劳动妇女战地服务团》,李博生、张小金著,西苑出版社 2016 年。

《抗战时期上海铁路损失及其影响研究》,岳钦韬、王争宵著,上海社会科学院出版社 2017 年。

《抗日战争与中国工业化》,张守广著,人民出版社 2017 年。

《中国共产党与上海抗战》,韩洪泉著,上海人民出版社 2017 年。

3. "孤岛"时期·抗战文化

《孤岛见闻——抗战时期的上海》,陶菊隐著,上海人民出版社 1979 年。

《上海〈孤岛〉文学回忆录 上》,上海社会科学院文学研究所编,中国社会科学出版社 1984 年。

《上海〈孤岛〉文学回忆录 下》,上海社会科学院文学研究所编,中国社会科学出版社 1985 年。

《上海市民义勇军经历史》,于右江编,香港知识编译社 1985 年。

《汪精卫国民政府"清乡"运动》,余子道、刘其奎、曹振威编,上海人民出版社 1985 年。

《魔窟:汪伪特工总部七十六号》,蔡德金、尚岳编,中国文史出版社 1986 年。

《日伪上海市政府》,上海市档案馆编,档案出版社 1986 年。

《上海"孤岛"文学作品选(上中下)》,上海社会科学院文学研究所编,上海社会科学院出版社 1986—1987 年。

《抗战时期上海新闻史论集》,上海社会科学院新闻研究所编印 1991 年。

《"孤岛"内外》,何为著,海峡文艺出版社 1992 年。

《上海"孤岛"文学》,杨幼生、陈青生著,柯灵、范泉主编,上海书店出版社 1994 年。

《抗战时期的上海文学》,陈青生著,上海人民出版社 1995 年。

《上海革命文化史略》,中共上海市委党史料征集委员会、中共上海市委党史研究室、中共上海市委宣传部党史资料征集委员会编,马飞海主编,中共上海市委党史资料征集委员会等编,上海人民出版社 1999 年。

《大上海的孤岛岁月》,陶菊隐著,中华书局 2005 年。

《抗战时期的中国文化》,涂文学、邓正兵主编,人民出版社 2006 年。

《上海"孤岛"贸易研究》,张赛群著,知识产权出版社 2006 年。

《"孤岛"时期的上海工业》,张赛群著,中国言实出版社 2007 年。

《日军占领时期的上海》,邢建榕等编著,上海人民出版社 2007 年。

《抗战时期复旦大学校史史料选编》,复旦大学档案馆选编,复旦大学出版社 2008 年。

《"孤岛"时期的〈文汇报〉研究》,周立华著,江西人民出版社 2009 年。

《历史的寻找:从〈风云儿女〉主题歌说起》,马宏业著,中国戏剧出版社 2009 年。

《海派报业》,吉建富著,文汇出版社 2010 年。

《大众文化语境下的上海职业话剧 1937—1945》,李涛著,上海书店出版社 2011 年。

《上海歹土:战时恐怖活动与城市犯罪 1937—1941》,[美]魏斐德著、芮传明译,人民出版社 2011 年。

《灰色上海:1937—1945 中国文人的隐退、反抗与合作》,傅葆石著,张霖译,生活·读书·新知三联书店 2012 年。

《抗战文化》,皇甫建伟、张基祥编著,山西人民出版社 2012 年。

《〈义勇军进行曲〉研究》,马宏业著,湖南人民出版社 2012 年。

《上海出版业与三十年代上海文学》,冉彬著,上海文化出版社 2012 年。

《上海抗战时期的话剧》,邵迎建著,北京大学出版社 2012 年。

《"孤岛"文学期刊研究》,王鹏飞著,社会科学文献出版社 2013 年。

《国歌缘起与锦州义勇军纪事》,穆景元主编,沈阳出版社 2014 年。

《抗战时期上海广播事业话语权争夺之研究》,朱叶著,九州出版社 2014 年。

《抗战时期的上海文化》,齐卫平等著,上海人民出版社 2015 年。

《抗日战争时期的中国文化》,李仲明著,团结出版社 2015 年。

《历史不能忘记系列:文化抗战》,霍丹琳著,中国民主法制出版社 2015 年。

《铁证:吹响全民抗战号角的国统区报刊》,马志春主编,刘广金、朱军华编著,浙江工商大学出版社 2015 年。

《人物 抗战回忆录:上海报人的奋斗》,赵君豪原著、蔡登山主编,独立作家出版社 2015 年。

《国之歌〈义勇军进行曲〉诞生 80 周年》,上海市地方志办公室、上海市杨浦区地方志办公室、上海通志馆编,徐忠主编,上海人民出版社 2015 年。

《抗战文化》,武献民等著,山西人民出版社 2016 年。

《"孤岛"气候与海派气质"孤岛"时期艺术期刊研究 1937—1941》,游溪著,中国社会科学出版社 2018 年。

4. 上海地下党与新四军

《战斗在华中敌后:新四军印刷厂印钞厂革命斗争史料选(第 1—2 辑)》,《战斗在华中敌后》编辑组编印 1982 年。

《战斗在华中敌后:新四军印刷厂印钞厂革命斗争史料选(第 3 辑)》,《战斗在华中敌后》编辑组编印 1983 年。

《抗战后期反间活动》,陈恭澍著,台湾传记文学出版社 1984 年。

《上海抗日敌后行动 第 3 部:英雄无名》,陈恭澍著,台湾传记文学出版社 1984 年。

《战斗在华中敌后——在敌人心脏里斗争(专辑新四军印刷厂印钞厂革命斗争史料选第 4 辑)》,上海市新四军历史研究会印刷印钞组、上海印刷系统革命斗争史研究编写组编印 1984 年。

《大江南北:新四军抗日战争革命史料画集》,上海市新四军历史研究会编、《大江南北》画集编委会编,上海人民美术出版社 1987 年。

《上海地下党支援华中抗日根据地》,财政部财政科学研究所、新四军研究会上海高校专题组编,华东师范大学出版社 1987 年。

《上海人民与新四军》,中共上海市委党史资料征集委员会主编,知识出版社 1989 年。

《上海间谍战》,[日]伴野朗著、金中译,江苏古籍出版社 1990 年。

《华东情报史专题选辑》,上海市国家安全局、江苏省国家安全厅、华东情报史编纂委员会办公室编,上海人民出版社 1994 年。

《中日间谍大捕杀》,袁南生著,九洲图书出版社 1994 年。

《上海地下军纪事》,上海市总工会工运志办公室、中共上海市宝山区委党史研究室编印 1995 年。

《太平洋战争的警号:记几位反法西斯战士在日军偷袭珍珠港前后的情报活动》,方知达、梁燕、陈三百编著,东方出版社 1995 年。

《华东战时交通通信史料汇编:上海卷》,上海市邮电管理局编,人民邮电出版社 1999 年。

《战斗在沪杭甬:新四军浙东纵队回忆与研究》,上海市新四军历史研究会浙东委员会编,当代中国出版社 1999 年。

《红色电波——华东通信战士忆当年》,宋勇主编,上海市新四军历史研究会军直分会、《大江南北》杂志社编,上海三联书店 2005 年。

《新四军中上海兵》,本书编委会编,上海文艺出版社 2007 年。

《新四军中上海兵 2》,本书编委会编,上海文艺出版社 2009 年。

《中国特工对日谍战》,谢志强编著,大众文艺出版社 2009 年。

《军统第一杀手回忆录(1—2)》,陈恭澍.中国友谊出版公司 2010 年。

《殊战:抗战时期军统的秘密行动》,方明著,团结出版社 2011 年。

《新四军江淮大学纪念文集》,上海市新四军历史研究会文教分会、新四军江淮大学校友会编印 2011 年。

《军统第一杀手回忆录(3—4)》,陈恭澍著,华文出版社 2012 年。

《谍血:军统对日情报战》,南国生著,东方出版社 2013 年。

《中日秘密战:中日百年谍战纪实》,吴童著,金城出版社 2013 年。

《上海秘密战:第二次世界大战期间的谍战、阴谋与背叛》,[美]华百纳著,周书垚译,周育民校,上海社会科学院出版社 2015 年。

《上海抗日战争史丛书:上海人民支援新四军和华中抗日根据地》,邬正洪等编著,上海人民出版社 2015 年。

《淞沪暗战之挥斩的利剑》,徐晨达著,东方出版中心 2015 年。

《回望东方主战场:中日秘密战》,郝在今著,解放军出版社 2015 年。

5. 其他

《上海郊县抗日武装斗争史料选编》,中共上海市委党史资料征集委员会编,上海社会科学院出版社 1986 年。

《浙东抗日根据地》,中共浙江省委党史资料征集研究委员会、浙江省档案馆编,中共党史资料出版社 1987 年。

《战斗在崇明岛:革命斗争回忆录》,黄祖兴主编,华东理工大学出版社 1993 年。

《嘉定外冈游击队》,中共上海市嘉定区委党史研究室编,上海社会科学院出版社 1996 年。

《我与浦东抗日游击战——忆沪支队逐鹿浦江两岸》,朱亚民著,上海人民出版社 1996 年。

《上海平原游击队》,姚金祥、周正仁编著,南海出版公司 1996 年。

《战斗在沪杭甬:新四军浙东纵队回忆与研究》,上海市新四军历史研究会浙东委员会编,当代中国出版社 1999 年。

《青浦抗战史纪念抗日战争胜利六十周年》,朱习理、王志涛编著,上海教育出版社 2005 年。

《杭州评话:淞沪游击队》,陈建一编,上海文化出版社 2007 年。

《忠义救国军浮沉录》,张衡著,南京出版社 2012 年。

《铁血云间——松江抗战记忆》,程志强主编,中共上海市松江区委党史研究室编,上海辞书出版社 2015 年。

《上海抗日战争史丛书:上海郊县抗日武装斗争》,薛振东、柴志光编著,上海人民出版社 2015 年。

《图录浦东抗战》,唐国良主编,浦东新区党史地方志办公室、浦东新区文物保护管理所、上海市浦东新区文史学会等编 2015 年。

(五) 解放战争

1. 第二条战线在上海

《解放前上海新药业职工运动史料(1938—1949)》,上海新药业职工运动史料编辑委员会编,上海市医药管理局、上海市总工会工运史研究组出版 1983 年。

《上海学生运动史(1945—1949)》,共青团上海市委著,上海人民出版社 1983 年。

《上海学生运动大事记(1919 年 5 月—1949 年 9 月)》,共青团上海市委青年运动史研究室编著,学林出版社 1985 年。

《解放战争时期学生运动论文集》,共青团中央青运史研究室等编,同济大学出版社 1988 年。

《战斗到黎明:解放战争时期上海女子中学和专科学校学生运动史专辑》,上海市委党史资料征集委员会主编,上海翻译出版公司 1989 年。

《解放战争时期上海学生运动史》,中共上海市委党史资料征集委员会主编,上海翻译出版公司 1991 年。

《解放战争时期上海工人运动史》,上海市总工会编,上海远东出版社 1992 年。

《解放战争时期上海邮政职工运动史》,中共上海市邮电管理局委员会编,中共党史出版社 1993 年。

《火红的青春 上海解放前中学学生运动史实选编》,中共上海市委党史资料征集委员会主编,上海外语教育出版社 1994 年。

《解放战争时期第二条战线 学生运动(卷上)》,中共北京市委党史研究室编,中共党史出版社 1997 年。

《解放战争时期第二条战线 学生运动(卷中)》,中共南京市委党史办公室编,中共党史出版社 1997 年。

《解放战争时期第二条战线 学生运动(卷下)》,中共浙江省委党史研究室、中共杭州市委党史研究室编,中共党史出版社 1997 年。

《中国工人运动史 第 6 卷:解放战争时期的工人运动 1945 年 8 月至 1949 年 9 月》,刘明逵、唐玉良主编,广东人民出版社 1998 年。

《解放战争时期第二条战线 工人运动和市民斗争卷(上下册)》,中共上海市委党史研究室编,中共党史出版社 1999 年。

《青春的步伐:解放前上海大中学校学生运动史专辑》,项伯龙编,同济大学出版社 1999 年。

《第三次国内革命战争时期复旦大学党的活动》,本书编写组编,复旦大学出版社 2000 年。

《解放战争时期的第二条战线》,胡庆云著,国防大学出版社 2000 年。

《解放战争时期第二条战线 农民运动和武装斗争卷(上册)》,中共云南省委党史研究室、中共湖南省委党史研究室编,中共党史出版社 2003 年。

《解放战争时期第二条战线 农民运动和武装斗争卷(下册)》,中共云南省委党史研究室、中共湖南省委党史研究室编,中共党史出版社 2003 年。

《璀璨青春——中共地下党南京市委上海联络站一批年轻共产党员的回忆》,贺崇寅主编,中共党史出版社 2005 年。

《五二○运动史：1947 年伟大的正义的学生运动》，华彬清著，中共党史出版社 2007 年。

《纪念上海解放 60 周年——中国共产党上海店职员运动——党建记忆》，刘燕如编，上海锦绣文章出版社 2009 年。

《上海产业与上海职工（上）》，朱邦兴、胡林阁、徐声合编，生活·读书·新知三联书店 2014 年。

《上海产业与上海职工（下）》，朱邦兴、胡林阁、徐声合编，生活·读书·新知三联书店 2014 年。

《复旦大学青年运动史》，高天主编，高仁、孙鹏副主编，复旦大学出版社 2015 年。

《解放战争时期第二条战线中的上海学生运动史料选编》，中共上海市委党史研究室、中共上海地下组织斗争陈列馆编，上海社会科学院出版社 2017 年。

2. 解放上海战役

《百万雄师下江南——革命斗争回忆录》，江苏人民出版社编，江苏人民出版社 1979 年。

《文史资料选辑 1979 年第 4 辑（下）上海解放三十周年专辑》，中国人民政治协商会议上海市委员会文史资料委员会编，上海人民出版社 1979 年。

《解放上海的故事》，中国人民解放军上海警备区政治部编，少年儿童出版社 1980 年。

《解放上海》，方晓升、张云编著，上海人民出版社 1981 年。

《上海解放 35 周年》，中国人民政协上海市委员会文史资料工委会编，上海人民出版社 1984 年。

《1945—1949 上海近郊地下斗争纪实》，周克等著，上海教育出版社 1987 年。

《解放战争时期的中共中央上海局》，中共上海市委党史资料征集委员会主编，学林出版社 1989 年。

《上海解放》，上海市档案馆编，档案出版社 1989 年。

《上海战役》，中国人民解放军上海警备区、中共上海市委党史资料征集委员会合编，学林出版社 1989 年。

《上海解放四十周年纪念文集》，《上海解放四十周年纪念文集》编辑组编，学林出版社 1989 年。

《上海：1949 大崩溃》，于劲著，解放军出版社 1993 年。

《解放战争时期国民党军起义投诚——沪苏皖浙赣闽地区》，中国人民解放军历史资料丛书编审委员会编，解放军出版社 1995 年。

《鏖战上海：解放上海纪实》，乔章著，军事科学出版社 1997 年。

《解放上海、浙江》，豫颖主编，军事谊文出版社 1997 年。

《华东解放战争纪实》，刘统著，人民出版社 1998 年。

《解放上海》，冯绍霆编，上海书店出版社 1999 年。

《上海解放（续编）》，上海市档案馆编，上海三联书店 1999 年。

《渡江战役》，唐涛等编，远方出版社 2005 年。

《当代上海研究论丛（第 1 辑）纪念上海解放五十五周年专辑》，朱敏彦编，当代上海研究所、上海地方史志学会编，上海社会科学院出版社 2005 年。

《解放上海》，记工编著，吉林文史出版社 2006 年。

《解放大上海：1946—1950 国共生死大决战》，李雷编著，长城出版社 2007 年。

《口述上海：记忆 1949》，中共上海市委党史研究室、上海市现代上海研究中心编著，上海教育出版社 2009 年。

《上海解放（上中下）》，上海市档案馆编著，中国档案出版社 2009 年。

《上海解放档案文献图集》，吴辰主编，中国档案出版社 2009 年。

《上海解放之路》，文汇报社、上海市拥军优属基金会编，文汇出版社 2009 年。

《浴火新生：上海解放图录》，中共上海市委党史研究室编著，上海辞书出版社 2009 年。

《决战华东》,刘统著,辽宁人民出版社 2015 年。

《上海解放 1949.5.27》,上海市档案馆编、朱纪华主编,中国文史出版社 2017 年。

《战上海》,刘统著,学林出版社 2018 年。

《日月新天 上海解放亲历者说》,中共上海市委党史研究室、政协上海市委员会文史资料委员会编,上海人民出版社 2019 年。

《上海地情普及系列丛书:上海的由来》,上海市地方志办公室主编,葛剑雄主笔,学林出版社 2019 年。

《上海相册:70 年 70 个瞬间》,中共上海市委党史研究室编,上海人民出版社 2019 年。

《五月的鲜花——纪念上海解放 70 周年连环画专辑》,哈宽贵编、贺友直绘,上海人民美术出版社 2019 年。

《1949 上海解放日志》,中共上海市委党史研究室编,学林出版社 2019 年。

3. 接管上海

《金都血案:旧上海警察系统中共地下斗争纪实》,易庆遥主编,上海文化出版社 1991 年。

《接管上海(上卷 文献资料)》,中共上海市委党史研究室、上海市档案馆合编,中国广播电视出版社 1993 年。

《接管上海(下卷 专题与回忆)》,中共上海市委党史研究室、上海市档案馆合编,中国广播电视出版社 1993 年。

《大接管》,思嘉著,广西人民出版社 1996 年。

《接管上海亲历记》,上海市政协文史资料委员会著,中共上海市委办公厅文印中心 1997 年。

《城市接管亲历记》,本书编委会编,中国文史出版社 1999 年。

《大接管》,思嘉著,广西人民出版社 2003 年。

《璀璨青春——中共地下党南京市委上海联络站一批年轻共产党员的回忆》,贺崇寅主编,中共党史出版社 2005 年。

《藏剑露锋:上海地下党斗争风云》,侗枫著,上海人民出版社 2007 年。

《获得权威:上海地下党群众工作的历史经验与启示》,朱华、王小莉等著,上海人民出版社 2009 年。

《中国共产党接管大中城市纪实》,周红妮著,河北人民出版社 2013 年。

《1950 年上海大轰炸》,张犇著,上海社会科学院出版社 2017 年。

《战上海》,刘统著,学林出版社 2018 年。

4. 其他

《上海近郊地下斗争纪实(1945—1949)》,《上海近郊地下斗争纪实》编委会编,上海教育出版社 1987 年。

《上海革命文化大事记(1937.7—1949.5)》,中共上海市委党史资料征集委员会、中共上海市委党史研究室等合编,上海翻译出版公司 1991 年。

《奋起:沪东地下党斗争史(1937.7—1949.5)》,董余主编,中共上海市杨浦区委组织部、中共上海市杨浦区委党史资料征集办公室编(内部资料)1995 年。

《红浪:五·二〇运动在上海》,邹有民等主编、中共上海市委党史资料征集委员会等编,上海教育出版社 2002 年。

《近代上海棉纺业的最后辉煌(1945—1949)》,王菊著,上海社会科学院出版社 2004 年。

《战后台北的上海记忆与上海经验》,许秦蓁著,大安出版社 2005 年。

《上海职业妇女口述史:1949 年以前就业的群体》,程郁、朱易安著,广西师范大学出版社 2013 年。

《二二八事件期间上海、南京、台湾报纸资料选辑(上下)》,许雪姬编,中央研究院台湾史研究所2016年。

《困境下的多重博弈:战后上海卷烟业政企关系研究(1945—1949)》,魏晓锴著,中国社会科学出版社2018年。

社会主义革命和建设时期

(六) 社会主义革命与建设

1. 政治建设

《上海革命文化史略》,中共上海市委党史料征集委员会、中共上海市委党史研究室、中共上海市委宣传部党史资料征集委员会编,马飞海主编,李太成、荆位祜、蒋钤副主编,上海人民出版社1999年。

《城市社会重构与新生国家政权建设:建国初期上海国家政权建设分析》,郭圣莉著,天津人民出版社2006年。

《阶级话语的叙述与表象:1950年代上海工人之文化经验》,丁云亮著,上海大学出版社2010年。

《红星照耀上海城 共产党对市政警察的改造》,[美]魏斐德著,梁禾译,人民出版社2011年。

《建国后中共上海地方党委领导体制研究》,严爱云、张励著,东方出版中心2011年。

《上海党建文献选编(1949—1976)》,中共上海市委党史研究室、上海市档案馆编,中共党史出版社2011年。

《上海支援全国:1949—1976(上下)》,中国上海市委党史研究室编,上海世纪出版社2011年。

《上海女劳模研究》,徐大慰著,安徽师范大学出版社2012年。

《"三反""五反"运动纪实》,吴珏著、叶健军主编,东方出版社2014年。

《上海知青支援张掖文教建设口述历史》,张掖市委党史研究室编著,中共党史出版社2016年。

《反哺与责任:解放以来上海支援全国研究》,谢忠强著,中国社会科学出版社2017年。

《新中国成立初期上海旧职员政治认同研究(1949—1956)》,崔丹著,中国社会科学出版社2017年。

《新中国成立初期城市基层社会管理研究——以上海为中心的考察》,杨丽萍著,上海人民出版社2018年。

2. 经济建设

《上海资本主义工商业的社会主义改造》,上海社会科学院经济研究所著,上海人民出版社1980年。

《上海永安公司的产生、发展和改造》,上海社会科学院经济研究所编著,上海人民出版社1981年。

《建国以来生产劳动与非生产劳动论文选》,徐节文、马长山编,上海人民出版社1983年。

《上海生产资料所有制结构研究》,曹麟章等著,上海社会科学院出版社1987年。

《上海农业合作经济史料》,陈锡根、范广龄主编,上海人民出版社1991年。

《中国资本主义工商业的社会主义改造》(上海卷),中共上海市委统战部等编,中共党史出版社1993年。

《上海货币史》,潘连贵著,上海人民出版社2004年。

《上海私营金融业研究(1949—1952)》,张徐乐著,复旦大学出版社2006年。

《信用的嬗变:上海中国征信所研究》,孙建国著,中国社会科学出版社2007年。

《上海资本家的最后十年》,陆和健著,甘肃人民出版社2009年。

《上海:城市嬗变及展望(上卷):工商城市的上海(1949—1978)》,周振华、熊月之等著,格致出版社

2010 年。

《上海文化建设文献选编(1949—1966)》,中共上海市委党史研究室编,上海书店出版社 2014 年。

《公私合营研究(1949—1956)——以上海工业企业为中心的分析》,张忠民著,上海社会科学院出版社 2016 年。

《20 世纪五六十年代上海外资企业的改造历程》,张旭东著,东方出版社 2017 年。

《反哺与责任:解放以来上海支援全国研究》,谢忠强著,中国社会科学出版社 2017 年。

《"公私合营"与中国企业制度变革研究(1949—1957)——以上海工业企业为中心的分析》,刘岸冰著,经济科学出版社 2019 年。

3. 社会建设

《上海娼妓改造史话》,杨法曾、贺宛南著,生活·读书·新知三联书店 1988 年。

《上海解放初期的社会改造》,中共上海市委党史研究室、上海市档案馆编,中共党史出版社 1999 年。

《上海城乡一体化建设》,中共上海市郊区工作委员会、中共上海市委党史研究室编,上海人民出版社 2002 年。

《上海粮食计划供应与市民生活(1953—1956)》,汤水清著,上海辞书出版社 2008 年。

《上海游民改造(1949—1958)》,阮清华著,上海辞书出版社 2009 年。

《从非单位到单位——上海非单位人群组织化研究(1949—1962)》,杨丽萍著,华东师范大学出版社 2010 年。

《上海城市空间建构与城市改造:城市移民与社会变迁》,赵晔琴著,上海三联书店 2011 年。

《革新与再造:新中国建立初期城市发展与社会转型(1949—1957)》,何一民主编,四川大学出版社 2012 年。

《旧住宅区改造的民意回归——以上海为例》,刘勇著,中国建筑工业出版社 2012 年。

《远去的都市:1950 年代的上海》,张济顺著,社会科学文献出版社 2015 年。

《盛衰之间:上海评弹界的组织化(1951—1960)》,王亮著,商务印书馆 2017 年。

4. 科教文卫建设

《上海科技(1949—1984)》,《上海科技》编辑部编,上海科学技术文献出版社 1985 年。

《上海卫生(1949—1983)》,《上海卫生工作丛书》编委会编,上海科学技术出版社 1986 年。

《上海消灭血吸虫病的回顾》,王希孟等编,上海科学技术出版社 1988 年。

《风雨砥砺四十春秋——上海新华书店简史(1949 年—1989 年)》,张泽民、任俊达编,上海交通大学出版社 1993 年。

《重构文艺机制与文艺范式:上海,1949—1956》,杜英著,上海三联书店 2011 年。

《改造日常:〈新民晚报〉与社会主义上海生活空间之建构(1949—1966)》,董倩著,上海人民出版社 2016 年。

《兰台印迹——上海档案人忆往》,马长林著,同济大学出版社 2018 年。

《上海教育史(第 3 卷)1949—1976》,杜宪成总主编,蒋纯焦著,上海教育出版社 2019 年。

5. 工业建设·城市布局·卫星城

《上海化学工业合理布局研究》,上海市科学技术委员会《上海化学工业合理布局研究》课题组编,华东师范大学出版社 1988 年。

《上海工业结构与研究》,杨万钟主编,华东师范大学出版社 1991 年。

《新上海开发研究》,沈晗耀等编著,华东化工学院出版社 1991 年。

《上海社会主义建设五十年》，中共上海市委党史研究室编，上海人民出版社 1999 年。

《上海工业发展报告——五十年历程》，杨公朴、夏大慰主编，上海财经大学出版社 2001 年。

《艰难探索(1956—1965)》，徐建刚主编、中共上海市委党史研究室编，上海书店出版社 2001 年。

《上海工业结构调整》，上海市经济委员会、中共上海市委党史研究室编，上海人民出版社 2002 年。

《"大跃进"时期的上海工业》，吴明，冯小敏主编；中共上海市委工业工作委员会等编，上海科学普及出版社 2003 年。

《上海国防科技工业五十年》，上海国防科技工业办公室编，上海人民出版社 2005 年。

《循迹·启新：上海城市规划演进》，上海市城市规划设计研究院编著，同济大学出版社 2007 年。

《上海经济改革与城市发展：实践与经验》，左学金等著，上海社会科学院出版社 2008 年。

《当代中国的上海(上下)》，《当代中国的上海》编委会，当代中国出版社、香港祖国出版社 2009 年。

《上海城区史》，苏智良主编，姚霏、江文君副主编，学林出版社 2011 年。

《工业化、去工业化、后工业化与服务经济的形成：上海产业结构转型的历史透视》，史东辉主笔，上海大学出版社 2012 年。

《动员与效率：计划体制下的上海工业》，林超超著，上海人民出版社 2016 年。

《上海卫星城规划》(全 2 册)，吴静编，上海大学出版社 2016 年。

《上海城市建设与工业布局研究(1949—2019 年)——以卫星城为中心》，忻平、吴静、陶雪松、丰箫著，上海人民出版社，2019 年。

6. 上海小三线建设

《口述上海：小三线建设》，徐有威主编，中共上海市委党史研究室、上海市现代上海研究中心编著，上海教育出版社 2013 年。

《小三线建设》，中共上海市委党史研究室、上海市现代上海研究中心编著，上海教育出版社 2013 年。

《口述上海：小三线建设(增补本)》，中共上海市委党史研究室、上海市现代上海研究中心编著，上海教育出版社 2015 年。

《小三线建设研究论丛(第 1 辑)》，徐有威、陈东林编，上海大学出版社 2015 年。

《小三线建设研究论丛(第 2 辑)：小三线建设与国防现代化》，徐有威、陈东林编，上海大学出版社 2016 年。

《上海小三线建设在安徽口述实录》，中共安徽省委党史研究室编，中共党史出版社 2018 年。

《小三线建设研究论丛(第 3 辑)：小三线建设与城乡关系》，徐有威、陈东林编，上海大学出版社 2018 年。

《小三线建设研究论丛(第 4 辑)：后小三线时代与档案资料》，徐有威、陈东林编，上海大学出版社 2019 年。

《小三线建设研究论丛(第 5 辑)：上海小三线上海市协作机械厂专辑》，徐有威、陈东林编，上海大学出版社 2019 年。

(七)"文化大革命"

1. "文化大革命"与上海

《彻底剥掉"四人帮"假左派的伪装》，嵇思等著，群众出版社 1978 年。

《历史的审判："四人帮"影射史学剖析》，陈智超等著，中国社会科学出版社 1978 年。

《评"四人帮"的反动世界观》，宋振庭著，中国青年出版社 1978 年。

《"四人帮"反动文艺思想批判》，杭州大学中文系文艺理论教研室编，浙江人民出版社 1978 年。

《"四人帮"是电影事业的死敌——文化部电影系统揭批"四人帮"罪行大会发言汇编》,中国电影出版社编辑,中国电影出版社 1978 年。

《学习鲁迅 狠批四人帮》,《开封师院学报》编辑部编,河南人民出版社 1978 年。

《拨乱反正 办好财贸 肃清"四人帮"在财贸战线散布的流毒》,朱庆隆等著,中国财经经济出版社 1979 年。

《批判"四人帮"极左路线六十例》,四川人民出版社 1979 年。

《评"四人帮"的形而上学》,江家齐等著,广东人民出版社 1979 年。

《文革时上层领导决战经过真相》,颜知古著,科华图书出版公司 1982 年。

《中华人民共和国最高人民法院特别法庭审判林彪、江青反革命集团案主犯纪实》,最高人民法院研究室编,法律出版社 1982 年。

《彻底否定文革 消除派性残余》,总后政治部宣传部编印,总后勤部政治部 1984 年。

《彻底否定"文化大革命"》,杨进军、卫发洲著,中原农民出版社 1985 年。

《彻底否定"文革" 清除"左"的影响》,山东人民出版社 1985 年。

《深入进行彻底否定"文化大革命"的教育》,本社编,上海人民出版社 1985 年。

《"文化大革命"论析》,金春明著,上海人民出版社 1985 年。

《1967 年的 78 天 "二月逆流"纪实》,所国心著,湖南文艺出版社 1986 年。

《"文革"时期经事经语》,金春明著,求实出版社 1989 年。

《文化大革命的起源(第 1 卷):人民内部矛盾(1956—1957)》,[英]罗德里克·麦克法夸尔著;魏海生、艾平等译,求实出版社 1989 年。

《文化大革命的起源(第 2 卷):大跃进(1958—1960)》,[英]麦克法夸尔著,魏海生等译,求实出版社 1990 年。

《超级审判——审理林彪反革命集团亲历记(上)》,肖思科著,王诚、刘崇刚编辑,济南出版社 1992 年。

《超级审判——审理林彪反革命集团亲历记(下)》,肖思科著,王诚、刘崇刚编辑,济南出版社 1992 年。

《超级审判——图们将军参与审理林彪反革命集团案亲历记》,肖思科著,王诚、刘崇刚编辑,济南出版社 1992 年。

《血与火的教训——文革重大武斗惨案纪实》,地久、致武著,新疆大学出版社 1993 年。

《王洪文传》,叶永烈著,时代文艺出版社 1993 年。

《姚文元传》,叶永烈著,时代文艺出版社 1993 年。

《张春桥传》,叶永烈著,作家出版社 1993 年。

《震惊世界的 77 天——林彪、江青反革命集团受审纪实》,图们、肖思科著,中共中央党校出版社 1994 年。

《林彪反革命集团覆灭纪实》,熊华源、安建设编著,中央文献出版社 1995 年。

《"文化大革命"史稿》,金春明著,四川人民出版社 1995 年。

《"文化大革命"简史》,席宣、金春明著,中共党史出版社 1996 年。

《毛泽东与林彪反革命集团的斗争 汪东兴回忆》,汪东兴著,当代中国出版社 1997 年。

《"四人帮"浮沉记》,金春明著,辽宁人民出版社 1997 年。

《人民的审判——审判林彪"四人帮"反革命集团》,于福存、王永昌著,安徽人民出版社 1998 年。

《周恩来在"文化大革命"中——回忆周总理同林彪、江青反革命集团的斗争》,吴庆彤著,中共党史出版社 1998 年。

《浩劫上海滩——一个中央工作组成员的耳闻目睹》,司马东去著,中共中央党校出版社 1999 年。

《重大事件亲历:一个将军记者眼中的政治风云》,刘回年著,新华出版社 1999 年。

《回首"文革"——中国十年"文革"分析与反思(上册)》,张化、苏采青主编,郑谦、王寅城副主编,中共党史出版社 2000 年。

《回首"文革"——中国十年"文革"分析与反思(下册)》,张化、苏采青主编,郑谦、王寅城副主编,中共党史出版社 2000 年。

《掠夺与迫害——揭露"江青反革命集团"在上海市文化系统的罪行》,李太成主编,姚瑜、上海市文化局史志办公室编,上海市文化局史志办公室 2000 年。

《历史的审判——审判林彪、江青反革命集团案犯纪实》,《历史的审判》编辑组编,群众出版社 2000 年。

《我的父亲邓小平"文革"岁月》,毛毛著,中央文献出版社 2000 年。

《20 世纪上海大博览》,夏东元主编,文汇出版社 2001 年。

《邓小平文革岁月》,邓榕著,外文出版社 2002 年。

《周恩来在"文化大革命"中——回忆周总理同林彪、江青两个反革命集团的斗争》(增订本),吴庆彤著,中共党史出版社 2002 年。

《特别审判:林彪、江青反革命集团受审实录》,图们、肖思科著,中央文献出版社 2003 年。

《四人帮全传》,叶永烈著,中央文献出版社 2004 年。

《汪东兴回忆——毛泽东与林彪反革命集团的斗争》,汪东兴著,当代中国出版社 2004 年。

《文革内乱》,田利军编著,四川教育出版社 2004 年。

《陈丕显回忆录:在"一月风暴"的中心》,陈丕显,上海人民出版社 2005 年。

《动荡年代(1960—1969)》,邓书杰、李梅、吴晓莉、苏继红编著,吉林音像出版社、吉林大学出版社 2005 年。

《文革纪事》,冯骥才著,中州古籍出版社 2005 年。

《转机时刻(1970—1979)》,邓书杰、李梅、吴晓莉、苏继红编著,吉林音像出版社、吉林大学出版社 2005 年。

《共和国大审判——审判林彪、江青反革命集团亲历记》,王文正口述、沈国凡采写,当代中国出版社 2006 年。

《红墙决策:粉碎"四人帮"与共和国拨乱反正》,薛庆超著,中共中央党校出版社 2006 年。

《历史的真知:"文革"前夜的毛泽东》,邸延生著,新华出版社 2006 年。

《魅影下的"上海"书写:从"抗战"中张爱玲到"文革"后王安忆》,王进著,广西师范大学出版社 2006 年。

《中国大审判:公审林彪、江青反革命集团十名主犯图文纪实》,吕相友摄影/编文,覃德山主编,王大学执行主编,中央文献出版社 2006 年。

《"文革"中的周恩来》,刘武生著,三联书店(香港)有限公司 2006 年。

《"文革"前夜的中国》,罗平汉著,人民出版社 2007 年。

《特别辩护:为林彪、江青反革命集团案主犯辩护纪实》,马克昌主编,中国长安出版社 2007 年。

《历史的见证:"文革"的终结》,薛庆超著,人民出版社 2008 年。

《以共和国名义判决审判"四人帮"上海余党前后》,王文正口述、沈国凡采写,中共党史出版社 2008 年。

《中国:从文革走向改革》,郑谦著,人民出版社 2008 年。

《大动乱的年代(1949—1976)》,王年一,中国人民出版社 2009 年。

《"四人帮"兴亡(上中下卷)》,叶永烈著,人民日报出版社 2009 年。

《从文化大革命爆发到林彪事件》,薛庆超著,四川人民出版社 2010 年。

《人民公审:公开审判林彪反革命集团》,张学亮编著,吉林出版集团有限责任公司 2011 年。

《决战——从四五运动到粉碎"四人帮"》,程中原、夏杏珍、刘仓著,河北人民出版社2011年。

《历史的见证:"文革"的终结》,薛庆超著,九州出版社2011年。

《那个年头,那些事(1966—1976)》,姜龙飞著,学林出版社2011年。

《求索中国"文革"前十年史》,萧冬连著,中共党史出版社2011年。

《新中国往事——反右、大跃进、文革》,本社编,中国文史出版社2011年。

《抓捕"四人帮"》,李丹著,台海出版社2012年。

《巳申春秋:我对文革初期两段史实的回忆》,朱永嘉口述、金光耀、邓杰整理,大风出版社2014年。

《"四人帮"兴亡(第1册):初起》,叶永烈著,当代中国出版社2014年。

《"四人帮"兴亡(第2册):兴风》,叶永烈著,当代中国出版社2014年。

《"四人帮"兴亡(第3册):横行》,叶永烈著,当代中国出版社2014年。

《"四人帮"兴亡(第4册):覆灭》,叶永烈著,当代中国出版社2014年。

《"四人帮"兴亡(第1册):初起》(增订版),叶永烈著,当代中国出版社2016年。

《"四人帮"兴亡(第2册):兴风》(增订版),叶永烈著,当代中国出版社2016年。

《"四人帮"兴亡(第3册):横行》(增订版),叶永烈著,当代中国出版社2016年。

《"四人帮"兴亡(第4册):覆灭》(增订版),叶永烈著,当代中国出版社2016年。

《中国是怎样从文革走向改革的》,郑谦著,北京人民出版社2016年。

2. 知识青年上山下乡

《汨湿的歌音:一个知青作家在艰难困苦中拼搏的真实故事》,毕坚著,南洋出版社1992年。

《知青档案——知识青年上山下乡纪实(1962—1979)》,杨智云等编、《知青档案》选编组选编,四川文艺出版社1992年。

《风潮荡落:中国知识青年上山下乡运动史(1955—1979)》,杜鸿林著,海天出版社1993年。

《上山下乡》,[美]伯恩斯坦著,李枫等译,警官教育出版社1993年。

《魂断梦醒:中国知青上山下乡风云纪实》,杜鸿林编著,宁波出版社1996年。

《中国知识青年上山下乡始末》,顾洪章编,中国检察出版社1997年。

《白山黑水:一个上海知青的尘封日记》,范文发著,珠海出版社1998年。

《上山下乡:一场决定3000万中国人命运的运动之谜》,王鸣剑编著,光明日报出版社1998年。

《中国知青总纪实(上下)》,吴洵、妮娜等编,中国物资出版社1998年。

《风雨阳光知青路》,杨慧锦,郭春林等著;山西省政协文史资料委员会编,中国文史出版社1999年。

《中国1968:上山下乡》,王增如、李向东著,解放军出版社1999年。

《上海知青在新疆》,姚勇著,新疆大学出版社2001年。

《情缘:上海知青与崇义的故事》,刘大新主编、政协崇义县文史委员会编,百花洲文艺出版社2003年。

《地缘:上海知青与江西》,曾宪林编,江西人民出版社2004年。

《上海知青与井冈山》,肖翠行编,中国文联出版社2004年。

《知青部落:黄山脚下的10000个上海人》,朱政惠、金光耀编,上海古籍出版社2004年。

《反思:上山下乡记录讨论》,章关培著,中国戏剧出版社2006年。

《无悔人生:北大荒知青传记》,王文禄著,作家出版社2006年。

《知青遗事》,郑义华著,武汉出版社2006年。

《风雨十年知青路》,朱树松著,中国世界图书出版社2008年。

《滚烫的泥土:三个上海知青的往事》,范康明、杨继东、吴浩著,浙江大学出版社2008年。

《知青心中的周恩来》,侯隽著,人民日报出版社2008年。

《滚烫的泥土:3 个上海知青的故事》,吴浩著,浙江大学出版社 2009 年。

《难忘的岁月:上海知青在延边》,韩正南编,辽宁民族出版社 2009 年。

《岁月如歌:纪念知青上山下乡 40 周年文集(上下)》,锡盟政协文史资料委员会、锡林郭勒晚报社编,2009 年。

《一个上海知青的 223 封家书》,陆融著,上海社会科学院出版社 2009 年。

《中国知识青年上山下乡大事记》,顾洪章编,人民日报出版社 2009 年。

《中国知识青年上山下乡始末》,顾洪章主编,人民日报出版社 2009 年。

《中国知识青年上山下乡研究文集(上中下)》,金大陆、金光耀主编,上海社会学院出版社 2009 年。

《失落的一代》,[法]潘鸣啸著,欧阳因译,中国大百科全书出版社 2010 年。

《上海知青在印江》,印江自治县政协文史民族宗教委员会编,印江报社印刷厂 2010 年。

《青春逝水:上海知青网十年文集》,楼曙光、陆亚平、宁志超编,中国文联出版社 2013 年。

《岁月之痕:一个知青的新闻出版生涯》,段展样著,中国劳动社会保障出版社 2013 年。

《塔里木的上海知青》,朱根娣著,新疆生产建设兵团出版社 2013 年。

《知青上山下乡在云南》,杨新旗著,云南教育出版社 2013 年。

《知青旧影》,朱同芳主编,南京出版社 2014 年。

《知识青年上山下乡运动纪实》,周亚平著,东方出版社 2014 年。

《上海知识青年上山下乡运动纪事录(1968—1981)》,金大陆、林升宝编著,上海书店出版社 2014 年。

《中国新方志知识青年上山下乡史料辑录(1—7)》,金光耀、金大陆主编,上海人民出版社 2014 年。

《图河岁月:一位上山下乡知青的回忆》,陈国钧著,南京师范大学出版社 2015 年。

《上海知青支援张掖文教建设口述历史》,张掖市委党史研究室编,中共党史出版社 2016 年。

《上海知青在安徽口述实录(上下)》,中共安徽省委党史研究室编,中共党史出版社 2017 年。

《大国粮仓:北大荒留守知青口述实录》,朱晓军、杨丽萍著,江苏凤凰文艺出版社 2018 年。

《知青访谈录》,那木拉、张艳主编,民族出版社 2018 年。

《知青老照片——上海知青在黑龙江》,马琳、刘宏海编,黑龙江人民出版社 2018 年。

《上海知青在江西档案史料选编(上中下册)》,上海市知识青年历史文化研究会、江西省档案馆、江西省社会科学院、金大陆、金光耀、方丽萍著,社会科学文献出版社 2019 年。

3. 经教文卫和社会

《"文化大革命"时期资料选辑》,中共浙江省委党校党史教研室编,中共浙江省委党校党史教研室 1985 年。

《颤动——写在"文革"结束后的第十年》,李晓明、冯平主编,云南人民出版社 1986 年。

《历史在文革沉思:1976—1977 年纪实》,周明著,华夏出版社 1986 年。

《十年后的评说 "文化大革命"史论集》,谭宗级、郑谦等,中国党史资料出版社 1987 年。

《毛主席的孩子们 红卫兵一代的成长与经历》,[美]阿妮达·陈著,史继平等译,渤海湾出版公司 1988 年。

《在历史的档案里 "文革"十年风云录》,黄峥著,辽宁大学出版社 1988 年。

《"文化大革命"中的人民解放军》,李可、郝生章著,中共党史资料出版社 1989 年。

《科技战线五十年》,武衡著,科学技术文献出版社 1992 年。

《一个红卫兵的自白》,梁小声著,艺苑出版社 1992 年。

《大串连》,刘涛主编,知识出版社 1993 年。

《大串连——一场史无前例的政治旅游》,燕帆著,警官教育出版社 1993 年。

《从红卫兵到作家 觉醒一代的声音》,梁立芳,万象图书股份有限公司 1993 年。

《红卫兵秘录》,于辉编,团结出版社 1993 年。

《历史的代价——文革死亡档案》,金石开编著,中国大地出版社 1993 年。

《文革洗冤录》,韩尚于,团结出版社 1993 年。

《"文革"之谜》,晓地,朝华出版社 1993 年。

《"文化大革命"中的名人之死》,李永主编,中央民族学院出版社 1993 年。

《"文化大革命"中的名人之狱》,李永主编,中央民族学院出版社 1993 年。

《红卫兵狂飙》,江沛著,河南人民出版社 1994 年。

《东方十日谈——老三届人的故事》,金永华主编,上海人民出版社 1995 年。

《邓小平与后文革的中国大陆》,李英明著,时报文化出版企业股份有限公司 1995 年。

《文革名人风云录》,叶永烈著,青海人民出版社 1995 年。

《文革中的我》,于光远著,上海远东出版社 1995 年。

《黑·白·红——兵团知青生活写真》,宫柯著,黑龙江人民出版社 1996 年。

《红色年代——一群红卫兵的覆灭》,林文询著,四川文艺出版社 1996 年。

《大雪压青松:"文革"中的陈毅》,杜易著,世界知识出版社 1997 年。

《残缺的窗栏板 历史中的红卫兵》,李辉编著,海天出版社 1998 年。

《狂飙——红卫兵童话》,丁晓禾编著,中共党史出版社 1998 年。

《谭其骧日记》,葛剑雄编著,文汇出版社 1998 年。

《风雨福禄居:刘少奇在"文革"中的抗争》,徐彬编著,吉林人民出版社 1998 年。

《"文革"前十年的中国》,晋夫著,中共党史出版社 1998 年。

《红卫兵忏悔录》,雷明耀著,长江文艺出版社 1999 年。

《"文革"档案 1966—1976 上》,李松晨、唐合俭、杜述胜著,当代中国出版社 1999 年。

《"文革"档案 1966—1976 下》,李松晨、唐合俭、杜述胜著,当代中国出版社 1999 年。

《求索中国:"文革"前十年史(上下)》,萧冬连等著,红旗出版社 1999 年。

《文革史:告诉你一个真实的 1966—1976》,师东兵著,内蒙古人民出版社 1999 年。

《文革档案》,师东兵著,远方出版社 1999 年。

《不是梦 对"文革"年代的回忆》,武光著,中共党史出版社 2000 年。

《回首"文革":中国十年"文革"分析与反思(上下)》,张化,苏采青主编,中共党史出版社 2000 年。

《"文化大革命"简史 第 2 版》,席宣、金春明著,中共党史出版社 2005 年。

《文革秘密档案》,王山著,内蒙古人民出版社 2006 年。

《尘封的记忆(上下)文革日记》,刘雪峰著,华夏出版社 2008 年。

《我的"文革"岁月》,陈小津著,中央文献出版社 2009 年。

《文革日记》,王林,解放军出版社 2009 年。

《"文革"中的我》,于光远著,广东人民出版社 2010 年。

《文革回忆录丛书 不再沉默》,武彩霞著,中国文化传播出版社 2010 年。

《非常与正常——上海"文革"时期的社会生活(上下)》,金大陆著,上海辞书出版社 2011 年。

《红卫兵长征日记》,方广胜著、方新阳修订,中国新闻出版社 2004 年。

《红卫兵日记》,陈焕仁著,中文大学出版社 2006 年。

《狂飙 红卫兵狂想曲》,丁晓禾编著,中共党史出版社 2006 年。

《智典传记系列:毛泽东与红卫兵的故事》,陈佩华著,新潮社文化事业有限公司 2007 年。

《苦难与风流:"老三届"人的道路》,金大陆著,上海社会科学院出版社 2008 年。

《文攻武卫:一个红卫兵的自述》,张锡金著,英属维京群岛高宝国际有限公司台湾分公司,2008 年。

《"老三届"的人生路——从红卫兵司令一路走来》,杨来清著,天马出版有限公司 2008 年。

《一个红卫兵的日记》，王端阳编，解放军出版社 2009 年。

《王永庆的红卫兵》，刘台平著，时英出版社 2010 年。

《灯火阑珊处》(《当代学人自述》第二辑)，葛剑雄、丁东、向继东编，二十一世纪出版社，2013 年。

《望尽天涯路》(《当代学人自述》第一辑)，葛剑雄、丁东、向继东编，二十一世纪出版社，2013 年。

《"文革"时期我国高校组织及制度变迁》，高田钦著，南京大学出版社 2015 年。

改革开放和社会主义现代化建设时期

(八) 改革开放与社会主义现代化建设

1. 党的建设

《上海高校党的建设》，刘克主编，上海交通大学出版社 1991 年。

《上海教育卫生系统党的建设研究》，项伯龙主编，复旦大学出版社 1996 年。

《上海教育卫生系统党的建设研究：1995—1997》，项伯龙主编，文汇出版社 1998 年。

《上海社会主义建设五十年》，中共上海市委党史研究室，上海人民出版社 1999 年。

《社区党建与群众工作——上海杨浦区殷行街道研究报告》，林尚立等著、上海市社区发展研究会组编，上海大学出版社 2000 年。

《世纪之交的沉思——社会转型期党建的探索与创新》，周鹤龄著，上海交通大学出版社 2000 年。

《中国共产党上海市嘉定区(县)组织史资料 1987.10—1999.12》，中共上海市嘉定区委组织部编，汉语大词典出版社 2001 年。

《风展红旗如画 上海基层党建巡礼》，中共上海市委组织部、上海人民广播电台编，上海交通大学出版社 2002 年。

《中国共产党上海市南汇县组织史资料续编》，戴玲珍编，方志出版社 2002 年。

《中国共产党上海市青浦县组织史资料续编》，姚元祥主编，中共上海市青浦区委组织部等编，汉语大词典出版社 2002 年。

《力量之源 上海市"凝聚力工程"成果荟萃》，中共上海市委组织部编，上海交通大学出版社 2003 年。

《中国共产党上海市黄浦区组织史资料(2000.6—2011.7)》，中共上海市黄浦区委组织部、中共上海市黄浦区委党史研究室编，学林出版社 2003 年。

《中国共产党上海市南市区组织史资料(1987.11—2000.6)》，黄锦毅编，学林出版社 2003 年。

《中共金山党史大事记(1993.5—2003.4)》，中共金山区委组织部党史研究室编，上海社会科学院出版社 2003 年。

《探索与实践：上海新经济组织新社会组织党建工作 100 例》，许德明主编，上海教育出版社 2004 年。

《中国共产党上海市徐汇区组织史资料(1987.10—2003.9)》，中共上海市徐汇区委组织部、中共上海市徐汇区委党史研究室编，上海社会科学院出版社 2004 年。

《静静的变革：上海浦东嘉兴大厦楼宇党建实证研究》，李友梅，上海人民出版社 2005 年。

《和谐在党：上海浦东新区潍坊街道创建和谐社区的实证研究》，顾丽梅等著，上海人民出版社 2006 年。

《探索实践 破解难题：上海新经济组织和新社会组织工作调研文选 2005》，许德明主编，中共上海市社会工作委员会、上海市社会服务局编，上海交通大学出版社 2006 年。

《国际化大都市建设中的国企党建研究》，沈明达主编，上海人民出版社 2007 年。

《"两新"组织党建概论》，许德明主编，上海人民出版社 2007 年。

《凝聚·覆盖·活力：上海"两新"组织党建工作方式方法创新案例图文集》，许德明主编，文汇出版社2007年。

《切入社会管理格局的新探索："楼宇"党建实证研究》，乐基伟著，上海三联书店2007年。

《探索实践　破解难题：上海新经济组织和新社会组织工作调研文选　2006》，许德明主编，上海三联书店2007年。

《政党、组织与经济发展：上海浦东新区四大开发区党建工作实证研究》，顾丽梅等著，上海人民出版社2007年。

《忠诚·求实·开拓：中共上海市委党校党建工作研究文集》，王丽丽主编，上海人民出版社2007年。

《上海党的建设三十年》，严爱云、张励汪丹等编，上海人民出版社2008年。

《上海基层党建的探索与创新》，上海市党建研究会编著，东方出版中心2008年。

《探索实践　破解难题：上海新经济组织和新社会组织工作调研文选　2007》，许德明主编，上海三联书店2008年。

《探索实践　破解难题：上海新经济组织和新社会组织工作调研文选　2008》，施南昌主编，上海三联书店2009年。

《探索实践　破解难题：上海新经济组织和新社会组织工作调研文选　2009》，施南昌主编，上海三联书店2010年。

《楼宇党建别样红：上海浦东新区潍坊社区楼宇党建的实践与思考》，"楼宇党建别样红"课题组著，上海人民出版社2011年。

《探索实践　破解难题：上海社会建设和两新组织党建工作调研文选　2010》，施南昌主编，上海三联书店2011年。

《中国共产党上海市普陀区组织史资料》，张雄伟、施云华编，中国社会出版社2011年。

《中国共产党上海市徐汇区组织史资料》，李子骏编，上海人民出版社2011年。

《中国共产党上海市闸北区组织史资料》，周隽、孙良发编，上海人民出版社2011年。

《中国共产党上海市黄浦区组织史资料(2000.6—2011.7)》，中共上海市黄浦区委组织部、中共上海市黄浦区党史研究室编，学林出版社2012年。

《中国共产党上海市嘉定区组织史资料(2000.1—2010.12)》，中共上海市嘉定区委组织部、中共上海市嘉定区委党史研究室编，中共中央党校出版社2012年。

《中国共产党上海市卢湾区组织史资料第3卷》，李志农编，上海人民出版社2012年。

《基层党建e时代》，冯小敏主编，高骥、虞志灏等编，上海人民出版社2012年。

《上海教育卫生党委系统党的建设研究》，上海教育卫生党委系统党的建设研究会编，上海教育出版社2012年。

《我的亲历：上海"两新"组织党建工作十年回眸》，崔明华主编，上海三联书店2013年。

《天地人心：上海市长宁区"凝聚力工程"建设20年纪实》，文学报社、中共长宁区委组织部主编，复旦大学出版社2013年。

《中国共产党上海市崇明县组织史资料(1987.10—2012.5)》，中共崇明县委组织部，上海大学出版社2013年。

《2013　上海基层党建工作实践与探索》，中共上海市委党的建设工作领导小组办公室编，中国民主法制出版社2014年。

《上海基层党建年度报告(2012—2013)》，中共上海市委党校政党研究所、上海市党校系统党建研究会组编、刘宗洪、袁峰主编，江西人民出版社2014年。

《中国共产党上海市青浦区组织史资料(2000.9—2012.1)》，中共青浦区委组织部、中共青浦区委党史研究室编，上海社会科学院出版社2014年。

《中国共产党上海市松江区组织史资料》，中共上海市松江区委组织部、中共上海市松江区委党史研究室编，中共党史出版社 2014 年。

《上海党的建设四十年》，严爱云、张励、汪丹著，上海人民出版社 2018 年。

2. 上海与改革开放

《开放》，国务院上海经济区规划办公室研究组、上海市经济学会编，上海人民出版社 1984 年。

《上海：改革、开放与发展 1979—1987 年统计资料》，上海市统计局，生活·读书·新知三联书店上海分店 1988 年。

《上海工业十年改革》，中共上海市工业工作委员会、上海市经济委员会编，百家出版社 1988 年。

《改革前进中的上海工业公司》，《改革前进中的上海工业公司》编委会编，上海人民出版社 1989 年。

《上海经济体制改革十年》，《上海市经济体制改革十年》编辑部编，上海人民出版社 1989 年。

《上海工业 40 年 1949—1989》，上海市经济委员会编，三联书店上海书店 1990 年。

《变幻莫测的面纱：上海金融改革纪实》，俞天白，中国金融出版社 1992 年。

《红马甲与黄马甲：上海证券交易所》，孙大淳编，中国金融出版社 1992 年。

《市场经济与上海体制改革》，上海社会科学学会联合会编，上海人民出版社 1993 年。

《邓小平与上海改革开放》，中共上海市委党史研究室编，上海人民出版社 1994 年。

《"复关"与上海金融》，张恩照、冯国荣主编，上海人民出版社 1994 年。

《上海改革开放风云录》，中共上海市委党史研究室编，上海人民出版社 1994 年。

《邓小平建设有中国特色社会主义理论与上海改革开放 邓小平理论与实践研究论文选辑》，中共上海市委宣传部理论处编，上海社会科学院出版社 1997 年。

《迈向新世纪的步伐——上海改革开放若干热点问题的思考》，许有方主编、陈熙春副主编，上海交通大学出版社 1997 年。

《邓小平理论与上海改革开放》，中共上海市委宣传部编，上海人民出版社 1998 年。

《改革开放 20 年的理论与实践 上海卷》，上海改革开放二十年课题组，中国大百科全书出版社年 1998 年。

《上海改革开放二十年 科技卷》，朱寄萍、华裕达主编，上海人民出版社 1998 年。

《上海改革开放二十年 教卫卷》，王荣华、郑令德主编，上海人民出版社 1998 年。

《上海改革开放二十年 金融卷》，毛应梁主编，上海人民出版社 1998 年。

《上海改革开放二十年 政法卷》，丛书总编纂委员会编，上海人民出版社 1998 年。

《上海改革开放纪事（1978—1998）》，吴圣苓主编、蒋佩芳等编写，华东师范大学出版社 1999 年。

《上海工业发展报告：五十年历程》，杨公朴、夏大慰编，上海财经大学出版社 2001 年。

《上海证券市场十年》，龚浩成、金德环主编，上海财经大学出版社 2001 年。

《都市型工业导向基地建设——上海的探索与实践》，夏雨主编，上海财经大学出版社 2002 年。

《探索与轨迹：上海工业改革与发展实践》，蒋以任著，上海人民出版社 2002 年。

《上海城市空间发展战略研究》，叶贵勋等著，中国建筑工业出版社 2003 年。

《上海卫星城与中国城市化道路》，黄文忠主编，上海人民出版社 2003 年。

《上海走新型工业化道路研究与探索》，上海市经济委员会编，上海人民出版社 2003 年。

《走向国际大都市：上海"四化"研究》，王泠一等编著，上海人民出版社 2003 年。

《上海经济体制改革》，徐建刚主编、中共上海市委党史研究室、上海市现代上海研究中心编，上海人民出版社 2004 年。

《上海经济改革开放与外汇管理创新》，胡平西、郑杨主编，上海三联书店 2006 年。

《上海经济体制改革史纲（1978—2000）》，陶柏康编、蒋为群等著，文汇出版社 2006 年。

《上海工业发展报告:生产力的空间布局与工业园区建设》,龚仰军主编,上海财经大学出版社2007年。

《改革开放30年上海社区建设的理论与实践》,上海市精神文明建设委员会办公室、中共上海市建设和交通工作委员会党校编写,上海人民出版社2008年。

《改革开放三十年中的知识产权》,陈志兴编,文汇出版社2008年。

《跨世纪崛起 上海改革开放30年回顾、总结和展望》,汪胜洋等著,上海财经大学出版社2008年。

《迈向国际金融中心:改革开放大潮中的上海金融》,上海市金融系统精神文明建设办公室编著,上海人民出版社2008年。

《上海改革开放三十年》,徐建刚、严爱云、郭继主编,上海人民出版社2008年。

《上海改革开放三十年大事记》,中共上海市委党史研究室编,上海人民出版社2008年。

《上海改革开放30年图志(全3册)》,上海市地方志办公室、当代上海研究所,上海人民出版社2008年。

《上海开放型经济30年 中国改革开放30年上海对外经济贸易回顾和展望》,上海市商务委员会编著,上海人民出版社2008年。

《上海科教发展三十年》,张永斌、年士萍等主编,上海人民出版社2008年。

《上海经济发展三十年》,黄金平、王庆洲等主编,上海人民出版社2008年。

《上海经济改革与城市发展:实践与经验》,左学金等编,上海社会科学院出版社2008年。

《上海经济体制改革30周年》,上海财经大学财经研究所编,上海财经大学出版社2008年。

《上海30年:改革开放与经济发展》,袁恩桢、孙海鸣编,上海财经大学出版社2008年。

《上海社会发展三十年》,袁志平、崔桂林、郭继等编,上海人民出版社2008年。

《上海社会发展与变迁:实践与经验》,陆晓文等著,上海社会科学院出版社2008年。

《上海文化建设三十年》,谢黎萍、黄坚、孙宝席主编,上海人民出版社2008年。

《携手共进:纪念改革开放三十周年上海国内合作交流回顾》,上海市合作交流与对口支援工作领导小组办公室、上海市人民政府合作交流办公室编,文汇出版社2008年。

《走向国际大都市》,左学金等著,上海人民出版社2008年。

《当代中国的上海(上下)》,《当代中国的上海》编委会,当代中国出版社、香港祖国出版社2009年。

《见证上海金融改革30年》,吴建融编,上海远东出版社2009年。

《上海城市的发展与转型》,本书编写组编,上海书店出版社2009年。

《上海对外开放与发展:实践与经验》,黄仁伟、金芳、钱运春等著,上海社会科学院出版社2009年。

《上海行业协会改革与发展:实践与经验》,谢京辉等,上海社会科学院出版社2009年。

《上海城市嬗变及展望 1979—2009(中):中国城市的上海》,周振华、熊月之、张广生著,格致出版社2010年。

《上海建设国际大都市的战略与途径》,王志平编,上海人民出版社2010年。

《上海证券交易所史 1910—2010》,刘逖等著,上海人民出版社2010年。

《工业化、去工业化、后工业化与服务经济的形成——上海产业结构转型的历史透视》,史东辉主笔,上海大学出版社2012年。

《上海农村集体经济组织产权制度改革实践》,孙雷编,上海财经大学出版社2012年。

《上海推进农村集体经济组织产权制度改革集锦》,上海市农村经营管理站编,复旦大学出版社2012年。

《城市功能转型:从经济中心到世界城市》,潘世伟主编、沈开艳著,上海人民出版社2013年。

《城市空间转型:从单中心到多极多中心》,潘世伟主编、邓智团、廖邦固著,上海人民出版社2013年。

《上海金融改革理论与实践 1证券期货类——2012年上海金融业改革发展优秀研究成果汇编》,上海金融业联合会编,上海交通大学出版社 2013 年。

《上海金融改革理论与实践 2 保险其他类——2012 年上海金融业改革发展优秀研究成果汇编·银行类》,上海金融业联合会编,上海交通大学出版社 2013。

《上海金融改革理论与实践 3 银行类——2012 年上海金融业改革发展优秀研究成果汇编》,上海金融业联合会编,上海交通大学出版社 2013。

《上海金融改革往事》,陈岱松编,中西书局 2013 年。

《改革开放钢铁工业发展足迹》,柳克勋著,冶金工业出版社 2014 年。

《上海改革开放实录(1978—1992)(上下)》,严爱云主编,上海书店出版社 2014 年。

《上海改革开放实录(1992—2002)(上下)》,黄金平主编,张东保、姚东副主编,上海书店出版社 2015 年。

《上海改革开放实录(2002—2012)》,中共上海市委党史研究室,上海书店出版社 2016 年。

《改革开放成就上海 1978—2018》,赵刚印等著,上海人民出版社 2018 年。

《改革开放后上海社会组织创新发展研究》,徐家良等著,上海交通大学出版社 2018 年。

《改革开放 40 年与上海市民生活质量变迁》,陆晓文著,上海人民出版社 2018 年。

《改革开放 40 年上海科技创新制度环境之变迁》,陈强著,人民出版社 2018 年。

《改革开放 40 年上海行政体制改革的回顾与展望》,陈奇星主编,上海人民出版社 2018 年。

《海上潮涌 纪念上海改革开放 40 周年》,上海通志馆、《上海滩》杂志编辑部编,上海大学出版社 2018 年。

《上海改革开放四十年》,徐建刚、严爱云、郭继著,上海人民出版社 2018 年。

《上海改革开放 40 年大事研究 卷 1:排头兵与先行者》,周振华、洪民荣主编,格致出版社、上海人民出版社 2018 年。

《上海改革开放 40 年大事研究 卷 2:战略先导》,周振华、洪民荣主编,张广生著,格致出版社、上海人民出版社 2018 年。

《上海改革开放 40 年大事研究 卷 3:城市治理》,周伟等著,格致出版社、上海人民出版社 2018 年。

《上海改革开放 40 年大事研究 卷 4:对外开放引领》,石良平等著,格致出版社、上海人民出版社 2018 年。

《上海改革开放 40 年大事研究 卷 5:国际中心建设》,权衡等著,格致出版社、上海人民出版社 2018 年。

《上海改革开放 40 年大事研究 卷 6:产业升级》,干春晖等著,格致出版社、上海人民出版社 2018 年。

《上海改革开放 40 年大事研究 卷 7:城市建设》,伍江等著,格致出版社、上海人民出版社 2018 年。

《上海改革开放 40 年大事研究 卷 8:社会进步》,徐中振等著,格致出版社、上海人民出版社 2018 年。

《上海改革开放 40 年大事研究 卷 9:民生优先》,陈群民等著,格致出版社、上海人民出版社 2018 年。

《上海改革开放 40 年大事研究 卷 10:文化繁荣》,荣跃明等著,格致出版社、上海人民出版社 2018 年。

《上海改革开放 40 年大事研究 卷 11:对内开放合作》,汪亮等著,格致出版社、上海人民出版社 2018 年。

《上海改革开放 40 年大事研究 卷 12:大事记》,宋仲琤等著,格致出版社、上海人民出版社 2018 年。

《上海改革开放 40 周年 理论文章合集》,上海研究院课题组编,社会科学文献出版社 2018 年。

《上海改革开放史话》,中共上海市委党史研究室编著、谢黎萍主编,上海人民出版社 2018 年。

《中国改革开放的上海实践 1978—2018》,邹磊等著,社会科学文献出版社 2018 年。

《中国改革开放全景录 上海卷》,曲青山、黄书元主编、中共上海市委党史研究室编、徐建刚主编,上海人民出版社 2018 年。

《上海与改革开放研究》,中国社会科学院当代中国研究所、上海社会科学院历史研究所主编,当代中国出版社 2019 年。

3. 区县发展

《上海改革开放二十年 宝山卷》,顾维安主编,上海远东出版社 1998 年。

《上海改革开放二十年 长宁卷》,齐允海、张丽丽主编,上海远东出版社 1998 年。

《上海改革开放二十年 虹口卷》,应蓓仪主编,上海远东出版社 1998 年。

《上海改革开放二十年 嘉定卷》,朱德兴主编,上海远东出版社 1998 年。

《上海改革开放二十年 静安卷》,王志明主编,上海远东出版社 1998 年。

《上海改革开放二十年 闵行卷》,丛书总编纂委员会编,上海远东出版社 1998 年。

《上海改革开放二十年 南市卷》,丛书总编纂委员会编,上海远东出版社 1998 年。

《上海改革开放二十年 普陀卷》,丛书总编纂委员会编,上海远东出版社 1998 年。

《上海改革开放二十年 徐汇卷》,丛书总编纂委员会编,上海远东出版社 1998 年。

《上海改革开放二十年 杨浦卷》,丛书总编纂委员会编,上海远东出版社 1998 年。

《上海改革开放二十年系列丛书 崇明卷》,丛书总编纂委员会编,上海科学普及出版社 1998 年。

《上海改革开放二十年系列丛书 奉贤卷》,丛书总编纂委员会编,上海科学普及出版社 1998 年。

《上海改革开放二十年系列丛书 青浦卷》,丛书总编纂委员会编,上海科学普及出版社 1998 年。

《上海改革开放二十年系列丛书 金山卷》,丛书总编纂委员会编,上海科学普及出版社 1998 年。

《上海改革开放二十年系列丛书 南汇卷》,丛书总编纂委员会编,上海科学普及出版社 1998 年。

《上海改革开放二十年系列丛书 松江卷》,丛书总编纂委员会编,上海科学普及出版社 1998 年。

《上海区县发展三十年》,中共上海市委党史研究室等编,上海人民出版社 2008 年。

《跨世纪的足迹:金山改革开放三十年实录》,中共上海市金山区委宣传部编,上海人民出版社 2009 年。

《上海市区县创新能力调查研究》,贺小刚著,上海财经大学出版社 2010 年。

《求索转型发展之路 2010 年上海区县发展报告》,周振华主编,朱金海、曹扶生、高骞副主编,格致出版社、上海人民出版社 2011 年。

《转型中的发展 2011/2012 上海区县发展报告》,周振华主编,朱金海、曹扶生、高骞副主编,上海人民出版社 2012 年。

《砥砺前行中的新突破 2012—2013 上海区县发展报告》,周振华主编,朱金海、曹扶生、高骞副主编,格致出版社、上海人民出版社 2013 年。

4. 浦东开发开放

《浦东开发开放简论》,陈志龙编,复旦大学出版社 1991 年。

《历史的呼唤:上海浦东新区》,施惠群主编、上海市经济信息中心、上海市计划经济研究所编著,上海人民出版社 1992 年。

《浦东今古大观:上海浦东开发区》,王洪泉等编,科学技术文献出版社 1992 年。

《浦东:新上海的一半》,张新、陈雪虎著,复旦大学出版社 1993 年。

《新世纪·新浦东》,赵启正编,复旦大学出版社 1994 年。

《创造辉煌:浦东开发开放五周年理论概述》,姚锡棠等著,上海社会科学院出版社 1995 年。

《浦东开发开放论文选 1985—1995》,陈少能编,上海《浦东之窗》丛书编辑部 1995 年。

《浦东开发开放之路》,苏端鲁,上海远东出版社 1995 年。

《浦东开发与迈向新世纪的中国经济》,张仲礼等编,上海社会科学院出版社 1995 年。

《跨越世纪的足迹：浦东开发开放十年新闻选》，上海市浦东新区管委会新闻办公室，文汇出版社2000年。

《浦东开发开放十年　1990—2000》，中共上海市浦东新区工作委员会、上海市浦东新区管理委员会编，上海远东出版社2000年。

《透视浦东：浦东开发开放大特写通讯集》，王宝发著，中国纺织大学出版社2001年。

《透视浦东：思索浦东》，万曾炜、袁恩桢等著，上海人民出版社2001年。

《海外学者论浦东开发开放》，俞可平、田赛男编，中央编译出版社2002年。

《走过十年：浦东开发开放实践录》，胡炜著，上海人民出版社2004年。

《见证辉煌：浦东开发开放好新闻选　2000—2004年》，上海市浦东新区新闻办公室编，上海译文出版社2005年。

《开发开放：浦东迈向现代化》，俞克明主编，上海书店出版社2008年。

《浦东开发开放20年大事记　1990—2009》，本书编写组编，上海人民出版社2010年。

《浦东之路：创新发展二十年回顾与展望》，钱运春、郭琳琳著，上海人民出版社2010年。

《口述上海　浦东开发开放（上）》，政协上海市委员会文史资料委员会、中共上海市委党史研究室、政协上海市浦东新区委员会编著，上海教育出版社2014年。

《口述上海　浦东开发开放（下）》，政协上海市委员会文史资料委员会、中共上海市委党史研究室、政协上海市浦东新区委员会编著，上海教育出版社2014年。

《浦东开发开放研究》，李正图著，上海社会科学院出版社2015年。

《中国传奇：浦东开发史》，谢国平著，上海人民出版社2017年。

《潮涌东方：浦东开发开放30年》，中共上海市委党史研究室编，黄金平、龚思文著，上海人民出版社2020年。

5.长三角一体化

《长三角一体化理论新视角》，沈立江、葛立成主编，浙江人民出版社2003年。

《走向竞合——珠三角与长三角经济发展比较》，朱文晖著，清华大学出版社2003年。

《走向长三角　都市圈经济宏观形势与体制改革视角》，朱荣林著，学林出版社2003年。

《中国长三角发展研究》，黄胜平著，当代中国出版社2003年。

《长三角报告（2004）》，《长三角报告》编撰委员会编，中国社会科学出版社2004年。

《长三角一体化发展初探》，王立人主编，新华出版社2004年。

《2005年：中国长三角区域发展报告》，万斌主编，社会科学文献出版社2005年。

《中国改革潮　潮起长三角》，中国经济体制改革杂志社编，上海古籍出版社2005年。

《长三角托起的中国制造》，刘志彪等著，中国人民大学出版社2006年。

《中国长三角区域发展报告（2006年）》，宋林飞主编，社会科学文献出版社2006年。

《长三角都市圈制造业企业国际化战略研究》，王方华、曾赛星、宛天巍著，上海三联书店2007年。

《长三角区域行政一体化研究》，胡晓东著，南京农业大学出版社2007年。

《长三角都市圈产业一体化研究》，李清娟著，经济科学出版社2007年。

《重返经济舞台中心——长三角区域经济的融合转型》，王于渐、陆雄文、陶志刚等著，上海人民出版社2007年。

《经济一体化背景下长三角土地市场一体化研究》，杨月兰著，南京农业大学出版社2008年。

《贸易投资一体化与长三角开放战略的调整》，张二震、马野青主编，人民出版社2008年。

《长三角经济一体化战略研究》，曲福田等著，中国财政经济出版社2009年。

《长三角区域经济一体化》，刘志彪等著，中国人民大学出版社2010年。

《长三角区域经济一体化政府协调与服务研究》，周肇光主编，安徽大学出版社 2010 年。

《金融资源流动与长三角金融一体化研究》，魏清编，中国商业出版社 2011 年。

《后世博效应与长三角一体化发展的区域联动》，徐长乐、曾群华主编，格致出版社，上海人民出版社 2012 年。

《一体化与平等化——长三角城乡互动工农互促的协调发展道路》，郑江淮、高彦彦编，经济科学出版社 2012 年。

《构建区域一体化社会信用体系研究——以长三角地区为例》，马国建著，上海三联书店 2014 年。

6. 口述史系列

《口述上海·实事工程》，甘忠泽、顾明主编、中共上海市委党史研究院、中共上海市建设和交通工作委员会、上海市现代上海研究中心编著，上海教育出版社 2006 年。

《口述上海·纺织工业大调整》，中共上海市委党史研究室、上海市现代上海研究中心编著，上海教育出版社 2007 年。

《亲历：上海改革开放 30 年》，曹景行主编，上海辞书出版社 2008 年。

《口述上海 重大工程》，中共上海市委党史研究室、中共上海市建设和交通工作委员会、上海市现代上海研究中心编著，上海教育出版社 2008 年。

《口述上海：改革开放亲历记》，袁志平著，中央文献出版社 2010 年。

《朱镕基上海讲话实录》，本社，人民出版社 2013 年。

《口述上海·对口援藏》，政协上海市委员会文史资料委员会、中共上海市委党史研究室编著，上海教育出版社 2014 年。

《口述上海·改革创新 1978—1992》，严爱云主编，上海教育出版社 2014 年。

《口述上海·改革创新 1992—2002》，中共上海市委党史研究室、上海市现代上海研究中心编著，上海教育出版社 2015 年。

《口述上海·社区建设》，政协上海市委员会文史资料委员会、中共上海市委党史研究室、上海市社区发展研究会编，上海教育出版社 2015 年。

《口述上海·小三线建设》，中共上海市委党史研究室、上海市现代上海研究中心编著，上海教育出版社 2015 年。

《口述上海社会保障改革》，政协上海市委员会文史资料委员会、上海市人力资源和社会保障局著，上海教育出版社 2016 年。

《口述上海·对口援疆》，政协上海市委员会文史资料委员会、中共上海市委党史研究室、上海市人民政府合作交流办公室编著，上海教育出版社 2017 年。

《口述上海·国资国企改革》，上海市党史研究室著，上海教育出版社 2017 年。

《口述上海·金融改革发展》，上海市党史研究室著，上海教育出版社 2017 年。

《口述上海·农村改革创新 2002—2012》，中共上海市委党史研究市、中共上海市委农村工作办公室编著，上海教育出版社 2017 年。

《口述宝山改革开放 1978—2018》，中共上海市宝山区委党史研究室编，学林出版社 2018 年。

《口述长宁改革开放 1978—2018》，中共上海市长宁区委党史研究室编，学林出版社 2018 年。

《口述崇明改革开放 1978—2018》，中共上海市崇明区委党史研究室编，学林出版社 2018 年。

《口述奉贤改革开放 1978—2018》，中共上海市奉贤区委党史研究室编，学林出版社 2018 年。

《口述金山改革开放 1978—2018》，中共上海市金山区委党史研究室编，学林出版社 2018 年。

《口述静安改革开放 1978—2018》，中共上海市静安区委党史研究室编，学林出版社 2018 年。

《口述虹口改革开放 1978—2018》，中共上海市虹口区委党史研究室编，学林出版社 2018 年。

《口述黄浦改革开放 1978—2018》，中共上海市黄浦区委党史研究室编，学林出版社 2018 年。

《口述嘉定改革开放 1978—2018》，中共上海市嘉定区委党史研究室编，学林出版社 2018 年。

《口述闵行改革开放 1978—2018》，中共上海市闵行区委党史研究室编，学林出版社 2018 年。

《口述浦东新区改革开放 1978—2018》，中共上海市浦东新区委员会党史办公室编，学林出版社 2018。

《口述普陀改革开放 1978—2018》，中共上海市普陀区委党史研究室编，学林出版社 2018 年。

《口述青浦改革开放 1978—2018》，中共上海市青浦区委党史研究室编，学林出版社 2018 年。

《口述松江改革开放 1978—2018》，中共上海市松江区委党史研究室编，学林出版社 2018 年。

《口述徐汇改革开放 1978—2018》，中共上海市徐汇区委党史研究室编，学林出版社 2018 年。

《口述杨浦改革开放 1978—2018》，中共上海市杨浦区委党史研究室编，学林出版社 2018 年。

《口述上海·对口援三峡》，马建勋、冯小敏、徐建刚、姚海、张国坤编，上海教育出版社 2018 年。

《口述上海改革开放 1978—2018》，中共上海市委党史研究室编，学林出版社 2018 年。

《上海改革开放 40 年 那些年，我们的故事》，上海市档案局(馆)、上海老新闻工作者协会编，上海人民出版社 2018 年。

7. 上海支援全国

《大漠风，天山情：上海援疆工作纪实》，上海市为西藏新疆选派干部办公室编，上海人民出版社 2002 年。

《上海儿女在黑龙江》，政协上海市委员会文史资料委员会编、钟修身主编，政协上海市委员会文史资料委员会出版社 2006 年。

《支教云岭精彩人生：滇沪教育对口支援工作汇展》，罗嘉福、尹后庆主编，云南民族出版社 2008 年。

《上海支援抗震救灾实录》，上海市地方志办公室编出版发行，上海教育出版社 2008 年。

《上海支援全国：1949—1976》，中国上海市委党史研究室编，上海世纪出版社 2011 年。

《援疆无悔：上海市第六批援疆干部纪实工作》，黄剑钢主编，上海锦绣文章出版社 2011 年。

《汶川特大地震：上海市对口支援都江堰市灾后重建志》，上海对口支援都江堰市灾后重建指挥部、上海市地方志办公室、都江堰市人民政府编纂，方志出版社 2012 年。

《雪域高原的格桑花：上海市第二批援藏干部"三亲"史料专辑》，政协上海市委员会文史资料委员会、上海市文史资料研究会编，上海教育出版社 2014 年。

《汶川特大地震上海市抗震救灾援助实录》，上海市地方志办公室编，方志出版社 2015 年。

《对口援滇》，政协上海市委员会文史资料委员会、中共上海市委党史研究室、上海市对口支援与合作交流工作领导小组办公室编，上海教育出版社 2016 年。

《反哺与责任：解放以来上海支援全国研究》，谢忠强著，中国社会科学出版社 2017 年。

《对口援疆》，政协上海市委员会文史资料委员会、中共上海市委党史研究室、上海市人民政府合作交流办公室编，上海教育出版社 2017 年。

8. 社会结构与社会治理

《上海社区服务与发展指标体系研究》，孙金富主编，上海社会科学院出版社 1992 年。

《两级政府 三级管理——上海社区管理体制改革试点成果汇编》，施凯、潘烈清主编，上海人民出版社 1998 年。

《志愿服务与社区发展——上海城市社区志愿者活动研究报告》，徐中振主编，上海社会科学学会联合会、上海市社区发展研究会编，上海三联书店 1998 年。

《社区论》，袁秉达、孟临主编，中国纺织大学出版社 2000 年。

《上海社区发展报告(1996—2000)》,徐中振主编,上海大学出版社 2000 年。

《社区保障与社会福利——上海黄浦区外滩街道研究报告》,葛寿昌、吴书松、王大奔等著,上海市社区发展研究会组编,上海大学出版社 2000 年。

《社区党建与群众工作——上海杨浦区殷行街道研究报告》,林尚立等著,上海市社区发展研究会组编,上海大学出版社 2000 年。

《社区发育与社会生活——上海闵行区龙柏街道研究报告》,戴星翼、何惠琴著,上海大学出版社 2000 年。

《社区管理与物业运作——上海徐汇区康健街道研究报告》,曹锦清、李宗克等著,上海市社区发展研究会组编,上海大学出版社 2000 年。

《社区经济与社区服务——上海虹口区凉城街道研究报告》,陈宪等著,上海市社区发展研究会组编,上海大学出版社 2000 年。

《社区文化与精神文明——上海静安寺街道、南京东路街道等研究报告》,徐中振、孙慧民等著,上海大学出版社 2000 年。

《社区调解与社会稳定——上海卢湾区五里桥街道研究报告》,顾骏、林尚立、王维达等著,上海市社区发展研究会组编,上海大学出版社 2000 年。

《社区组织与居委会建设——上海浦东新区研究报告》,林尚立、马伊里等编著,上海市社区发展研究会组编,上海大学出版社 2000 年。

《青年与社区——上海社区共青团工作实践与思考》,张仁良、史美梁主编,学林出版社 2001 年。

《上海社区老年思想工作研究》,上海市思想政治工作研究会编,上海社会科学院出版社 2001 年。

《老龄化社会的社区卫生保健——WHO 神户中心上海会议》,左焕琛主译,上海科学技术出版社 2002 年。

《构建学习型城市——上海社区学院巡礼》,杨应崧、孔祥羽主编,上海交通大学出版社,2003 年。

《上海社区外来人口思想工作研究》,上海市思想政治工作研究会编,上海人民出版社 2003 年。

《生活家园与社会共同体:"康乐工程"与上海社区实践模式个案研究》,徐中振、李友梅等著,上海大学出版社 2003 年。

《静静的变革——上海浦东嘉兴大厦楼宇党建实证研究》,李友梅,上海人民出版社 2005 年。

《21 世纪的第一个新型区域合作组织——对上海合作组织的综合研究》,潘光、胡健著,中共中央党校出版社 2006 年。

《和谐在党——上海浦东新区潍坊街道创建和谐社区的实证研究》,顾丽梅等著,上海人民出版社 2006 年。

《上海社会蓝皮书:社会建设与社会治理(2006)》,卢汉龙主编,社会科学文献出版社 2006 年。

《上海头脑》,陈宪主编,文汇出版社 2006 年。

《中加社区治理模式比较研究——以上海和温哥华为例》,马西恒、[加]鲍勃·谢比伯等著,上海人民出版社 2006 年。

《传统文化与上海社区建设——上海社区建设十年经验选载》,上海市精神文明建设委员会办公室编写,上海人民出版社 2007 年。

《历史 现实 模式——以上海社区文化为例的实证研究》,沈关宝主编,上海人民出版社 2007 年。

《上海教育结构与上海经济社会发展》,顾荣炎编著,上海科学技术文献出版社 2007 年。

《上海社区发展研究》,潘天舒著,复旦大学出版社 2007 年。

《社会融入:上海国际化社区建构》,戴春著,中国电力出版社 2007 年。

《大都市社区治理研究——以上海为例》,吴志华、翟桂萍、汪丹著,复旦大学出版社 2008 年。

《改革开放 30 年上海社区建设的理论与实践》,上海市精神文明建设委员会办公室,中共上海市建设和交通工作委员会党校编写,上海人民出版社 2008 年。

《上海社会结构变迁十五年》,李友梅主编,上海大学出版社 2008 年。

《上海文化发展报告 共建共享和谐社区文化》,叶辛、蒯大申主编,社会科学文献出版社 2008 年。

《社区群众工作的新探索——上海市五里桥街道社会工作案例集》,徐中振、李友梅主编,上海大学出版社 2008 年。

《社团价值重构——上海社区家庭文明建设指导中心研究》,杨蓓蕾等编著,上海社会科学院出版社 2008 年。

《学习型社区理论与实践:上海浦东潍坊街道创建学习型社区的实证研究》,纪晓岚、罗建平,李明波等著,上海人民出版社 2008 年。

《文化的力量——上海浦东新区塘桥街道文化立社区实证研究》,潘伟杰、孙锐、宋永华著,上海人民出版社 2008 年。

《中国的城市化与社会关系网络——以大庆市和上海浦东新区为例》,张云武著,社会科学文献出版社 2008 年。

《上海禁毒史》,苏智良、彭善民、胡海英等著,上海三联书店 2009 年。

《社会转型与治理成长 新时期上海大都市政府治理研究》,易承志编著,法律出版社 2009 年。

《发展质量视角下的城市社区建设模式研究——以上海为例》,杨蓓蕾著,同济大学出版社 2010 年。

《国与家之间:上海邻里的市民团体与社区运动的民族志》,朱健刚著,社会科学文献出版社 2010 年。

《和谐社区:上海和谐社区建设报告》,何海兵主编,学林出版社 2010 年。

《基层权力运作的逻辑——上海社区实地研究》,金桥著,上海大学出版社 2010 年。

《上海调查(2009)》,李友梅主编,上海大学出版社 2010 年。

《都市社区治理——以上海建设国际化城市为背景》,马西恒、刘中起主编,学林出版社 2011 年。

《全球化背景下的中国国际社区——上海长宁区实证研究》,朱国宏、郭圣莉主编,上海人民出版社 2011 年。

《上海调查:上海居民的经济与社会生活(2010)》,李友梅主编,社会科学文献出版社 2011 年。

《双城记:上海、纽约都市文化》,孙福庆、杨剑龙主编,格致出版社 2011 年。

《上海社会管理综合治理探索与思考》,乐伟中、杨正鸣主编,上海市社会治安综合治理委员会办公室、上海市社会治安综合治理研究会(所)组编,学林出版社 2012 年。

《轨迹:上海档案事业发展六十年(1949—2009)》,上海市退(离)休高级专家协会管理专业委员会档案工作委员会、上海市奉贤区档案学会编著,中西书局 2013 年。

《上海城市社会管理模式创新的社区实践》,刘群著,河海大学出版社 2013 年。

《上海调查——新白领生存状况与社会信心》,李友梅主编,翁定军、张文宏、张海江副主编,社会科学文献出版社 2013 年。

《上海新城——追寻蔓延都市里的社区和身份》,[荷兰]哈利·邓·哈托格主编,同济大学出版社 2013 年。

《转型社会的制度变革——上海城市管理与社区治理体制构建》,郭圣莉主编,华东理工大学出版社 2013 年。

《上海社区环境保护工作研究》,范贤彪主编,上海人民出版社 2014 年。

《口述上海·社区建设》,政协上海市委员会文史资料委员会、中共上海市委党史研究室、上海市社区发展研究会编,上海教育出版社 2015 年。

《上海购买——社区矫正社会工作服务十年实践与探索》,张昱、施洪深主编,华东理工大学出版社 2015 年。

《城市规划对上海近郊社区空间影响(1950 年代—2000 年代)》,马鹏著,中国建筑工业出版社

2018 年。

《老城社区的重生——以上海为例》，黄玉捷著，上海社会科学院出版社 2018 年。

《奋发前行：新中国 70 年上海公用事业》，臧志军，上海人民出版社 2019 年。

《改革开放四十年上海城市社区治理的制度变迁研究》，孙荣等，复旦大学出版社 2019 年。

《国家战略与上海发展之路(1949—2019)》，王健著，上海人民出版社 2019 年。

中国特色社会主义新时代

(九) 新时代的上海

1. 新时代党的建设

《上海产业党建研究文集》，陆晓春主编，上海人民出版社 2017 年。

《上海社会组织党建实践案例》，孙甘霖主编，上海三联书店 2017 年。

《砥砺奋进 追求卓越——上海四个"新作为"2017 年基层实践》，上海社会科学院、人民网上海频道编著，上海社会科学院出版社 2018 年。

《上海国企党建实践与探索》，肖文高、何建华主编，上海社会科学院出版社 2018 年。

《上海金融系统落实全面从严治党的实践(2019)》，中共上海市金融工作委员会编，上海人民出版社 2020 年。

2. 改革开放再出发

《上海转型发展理论、战略与前景》，潘世伟著，上海人民出版社 2013 年。

《开放改革引领创新转型 上海"十三五"发展规划思路研究》，王战、王振等著，上海社会科学院出版社 2015 年。

《工业 4.0 与上海产业转型升级研究》，李伟主编，曹永琴副主编，上海社会科学院出版社 2016 年。

《上海金融改革理论与实践(保险、金融市场及其他类)——2016 年上海金融业改革发展优秀研究成果汇编》，上海金融业联合会编，上海交通大学出版社 2017 年。

《上海金融改革理论与实践(银行类)——2016 年上海金融业改革发展优秀研究成果汇编》，上海金融业联合会编，上海交通大学出版社 2017 年。

《上海金融改革理论与实践(证券期货类)——2016 年上海金融业改革发展优秀研究成果汇编》，上海金融业联合会编，上海交通大学出版社 2017 年。

《中国改革开放的排头兵：上海》，周振华著，人民出版社 2017 年。

上海改革开放再出发系列丛书：《超大城市的社区治理——上海探索与实践》，李骏著，上海人民出版社 2019 年。

上海改革开放再出发系列丛书：《长三角分工、协同与一体化——上海探索与实践》，樊福卓、张彦、于秋阳著，上海人民出版社 2019 年。

上海改革开放再出发系列丛书：《都市现代乡村建设——上海探索与实践》，薛艳杰著，上海人民出版社 2019 年。

上海改革开放再出发系列丛书：《国际航运中心建设新模式——上海探索与实践》，周琢等著，上海人民出版社 2019 年。

上海改革开放再出发系列丛书：《国际文化大都市的多元内涵——上海探索与实践》，郑崇选著，上海人民出版社 2019 年。

上海改革开放再出发系列丛书:《开放型经济新体制——上海探索与实践》,赵蓓文等著,上海人民出版社 2019 年。

上海改革开放再出发系列丛书:《科技创新中心的支撑力、驱动力与竞争力——上海探索与实践》,黄烨菁等著,上海人民出版社 2019 年。

上海改革开放再出发系列丛书:《全球竞争格局下的国际金融中心建设——上海探索与实践》,徐美芳著,上海人民出版社 2019 年。

上海改革开放再出发系列丛书:《生态空间优化与环境治理——上海探索与实践》,刘新宇、张真、雷一东等著,上海人民出版社 2019 年。

上海改革开放再出发系列丛书:《特殊经济区视角下的国际贸易中心建设——上海探索与实践》,彭羽、沈玉良著,上海人民出版社 2019 年。

上海改革开放再出发系列丛书:《政府体制改革的实与新——上海探索与实践》,张树平、李锦峰、李佳佳、束赟著,上海人民出版社 2019 年。

3. 新时期区县发展

《中共上海市宝山区历史实录（2011—2016）》,中共上海市宝山区委党史研究室编,上海人民出版社 2017 年。

《中共上海市崇明区历史实录（2011—2016）》,中共上海市崇明区委党史研究室编,上海人民出版社 2017 年。

《中共上海市长宁区历史实录（2011—2016）》,中共上海市长宁区委党史研究室编,上海人民出版社 2017 年。

《中共上海市奉贤区历史实录（2011—2016）》,中共上海市奉贤区委党史研究室编,上海人民出版社 2017 年。

《中共上海市虹口区历史实录（2011—2016）》,中共上海市虹口区委党史办公室编,上海人民出版社 2017 年。

《中共上海市黄浦区历史实录（2011—2016）》,中共上海市黄浦区委党史研究室编,上海人民出版社 2017 年。

《中共上海市嘉定区历史实录（2011—2016）》,中共上海市嘉定区委党史研究室编,上海人民出版社 2017 年。

《中共上海市金山区历史实录（2011—2016）》,中共上海市闵行区委党史研究室编,上海人民出版社 2017 年。

《中共上海市静安区历史实录（2011—2016）》,中共上海市静安区委党史研究室编,上海人民出版社 2017 年。

《中共上海市闵行区历史实录（2011—2016）》,中共上海市闵行区委党史研究室编,上海人民出版社 2017 年。

《中共上海市浦东新区历史实录（2011—2016）》,中共上海市浦东新区委员会党史办公室编,上海人民出版社 2017 年。

《中共上海市普陀区历史实录（2011—2016）》,中共上海市普陀区委党史研究室编,上海人民出版社 2017 年。

《中共上海市青浦区历史实录（2011—2016）》,中共上海市青浦区委党史研究室编,上海人民出版社 2017 年。

《中共上海市松江区历史实录（2011—2016）》,中共上海市松江区委员会党史办公室编,上海人民出版社 2017 年。

《中共上海市徐汇区历史实录（2011—2016）》，中共上海市徐汇区委员会党史办公室编，上海人民出版社2017年。

《中共上海市杨浦区历史实录（2011—2016）》，中共上海市杨浦区委党史研究室编，上海人民出版社2017年。

《浦东开发开放的时代特征研究》，沈开艳、周小平等著，上海交通大学出版社2018年。

《浦东开发开放与国家战略推进的关系》，沈开艳著，上海人民出版社2018年。

《浦东开发开放效应与深化：上海探索与实践》，陈建华等著，上海人民出版社2019年。

《像绣花一样精细：城市治理的浦东实践》，陈高宏、吴建南、张录法编，姜斯宪总主编，上海交通大学出版社2020年。

4. 自贸区与新片区

《连通一切——从宽带中国到上海自贸区的观察与思考》，李跃、袁忆秋、周玥婷著，华中师范大学出版社2014年。

《上海自贸区背景下的服务贸易发展研究》，陈霜华、陶凌云、黄菁著，复旦大学出版社2014年。

《上海自贸区解读》，周汉民、王其明主编，复旦大学出版社2014年。

《上海自贸区金融政策解读》，上海市金融服务办公室、上海金融业联合会自贸区分会编，上海交通大学出版社2014年。

《资本账户开放与上海自贸试验区金融创新研究（2014）》，殷林森、吴君主编，中国财政经济出版社2014年。

《跨境资金流动与上海自贸试验区金融创新研究》，殷林森、吴君主编，中国财政经济出版社2015年。

《上海国际贸易地位变迁与区域经济影响——基于旧海关史料和自贸区时空变迁视角的分析》，赵红军、李依捷、江福燕著，上海人民出版社2015年。

《物流保险的全方位研究——基于上海"四个中心"建设和自贸区建设的背景》，曾鸣著，上海财经大学出版社2015年。

《自贸区建设与互联网金融》，上海市金融学会编，上海人民出版社2015年。

《上海自贸试验区金融改革体系构建探究》，上海金融学院、国购·自贸区金融研究院编，中国财政经济出版社2015年。

《总部经济与上海产业转型升级的对接研究》，余典范著，上海人民出版社，格致出版社2015年。

《中国（上海）自贸试验区商事制度改革》，上海市工商行政管理局编著，中国工商出版社2015年。

《中国（上海）自贸试验区制度创新与政府职能转变》，蒋硕亮著，经济科学出版社2015年。

《自由贸易账户论——中国（上海）自由贸易试验区金融改革的理论与实践》，陈文成著，格致出版社、上海人民出版社2015年。

《前进中的上海自贸试验区建设金融改革与效用溢出》，上海金融学院、国购·自贸区金融研究院编，中国财政经济出版社2016年。

《上海自贸区成立3周年回眸制度篇》，胡加祥等著，上海交通大学出版社2016年。

《浦东法院服务保障上海自贸试验区的探索与实践》，张斌主编，林晓镍副主编，法律出版社2016年。

《上海自贸区成立3周年回眸数据篇》，胡加祥、王兴鲁编著，上海交通大学出版社2016年。

《上海自贸试验区法治创新的轨迹理论思辨与实践探索》，丁伟著，上海人民出版社2016年。

《上海自贸区法治建设探索》，高全喜主编，社会科学文献出版社2017年。

《上海自贸区和科创中心建设背景下的浦东科技金融和文化金融研究》，薄海豹、肖本华主编，中国财政经济出版社2017年。

《上海自贸试验区建设推进与制度创新》，廖凡等著，中国社会科学出版社2017年。

《中国(上海)自贸试验区制度创新与案例研究》,周奇、张涌主编,上海社会科学出版社 2017 年。

《国际投资规则视角下的上海自贸区外资管理法律制度研究》,陶立峰著,法律出版社 2018 年。

《跨境资金流动的宏观审慎管理——上海自贸试验区金融改革开放创新的实践》,张新、施璃娅著,中国金融出版社 2018 年。

《上海开放发展中的率先突破和战略转型——从引进外资到自贸区建设的理论和实践探索》,孙福庆、曹永琴等编著,上海社会科学院 2018 年。

《自由贸易区与税收领域改革创新:全球经验与中国实践》,何骏编著,格致出版社 2018 年。

《建设新时代改革开放的新高地:2019 中国自由贸易试验区发展研究报告》,孙元欣主编,格致出版社、上海人民出版社 2019 年。

《上海自贸区建设进程中金融交易风控策略研究》,刘伟,中国财政经济出版社 2019 年。

5. 长三角一体化发展

《2015 年新常态下深化一体的长三角》,王庆五主编,杨亚琴、杨建华、陈瑞副主编,社会科学文献出版社 2015 年。

《生态文明视野下的城市区域空间组织研究——以长三角为例》,刘霞著,中国农业出版社 2016 年。

《长三角区域一体化发展战略研究——基于与京津冀地区比较视角》,黄群慧、石碧华等著,社会科学文献出版社 2017 年。

《长三角一体化与区域经济发展》,沈于编著,吉林人民出版社 2017 年。

《金融地理学视角下的金融一体化研究——以长三角核心城市群为例》,周迪著,科学出版社 2017 年。

《长三角一体化:养老产业合作与发展》,朱建江主编,经济科学出版社 2018 年。

《高铁加速长三角旅游一体化研究》,于秋阳,上海社会科学院出版社 2018 年。

《新时代长三角一体化》,李嘉编著,上海锦绣文章出版社 2018 年。

《长三角分工、协同与一体化——上海探索与实践》,樊福卓、张彦、于秋阳著,上海人民出版社 2019 年。

《长三角更高质量一体化发展路径研究》,忻雁翔责编、上海市人民政府发展研究中心,格致出版社 2020 年。

《长三角一体化与高质量发展》,上海市人民政府发展研究中心编,上海远东出版社 2020 年。

《长三角文化与区域一体化》,上海市文史研究馆编,上海人民出版社 2020 年。

《上海非物质文化遗产发展报告 推动长三角非遗的一体化保护与发展(2020 版)》,荣跃明主编,上海书店出版社 2020 年。

6. 社会治理创新

《社区秩序的生成——上海"城中村"社区实践的经济社会分析》,张友庭著,上海社会科学院出版社 2014 年。

《互联网+时代中心城市的辐射力研究——以上海为例》,李友梅、聂永有、殷凤著,科学技术文献出版社 2015 年。

《坚实的脚步——上海基层社会治理创新经验实录之二》,陆晓春主编,上海三联书店 2015 年。

《上海社会发展报告:从社会管理转向社会治理(2015)》,杨雄、周海旺主编,社会科学文献出版社 2015 年。

《上海智慧城市建设发展报告:智慧社区的建设与发展(2015)》,上海社会科学院信息研究所著,上海社会科学院出版社 2015 年。

《同济大学社区研究·上海社区研究与规划》，朱伟珏主编，社会科学文献出版社 2015 年。

《志愿服务与社会治理》，上海市志愿者协会、上海市精神文明建设委员会办公室编，上海书店 2015 年。

《中国工会转型及其困境——以上海社区工会组织动作为例》，王珍宝著，上海大学出版社 2015 年。

《创新社会治理 深化平安上海建设》，叶青、谷继明主编，朱黎明、安文录、夏咸军副主编；上海市社会治安综合治理委员会办公室、上海市法学会社会治安综合治理研究会组编，上海社会科学院出版社 2016 年。

《聚力前行——上海社会力量参与社区治理优秀案例汇编》，孙甘霖主编，上海大学出版社 2016 年。

《上海社会发展报告：优化社会政策 促进社会治理（2016）》，杨雄，周海旺主编，社会科学文献出版社 2016 年。

《吸纳与赋权——当代浙江、上海社会组织治理机制的经验研究》，阮云星等著，浙江大学出版社 2016 年。

《以民为本 为人为本——2015 年上海社区治理优秀案例汇编》，人民网上海频道编，上海交通大学出版社 2016 年。

《社区工作方法与技巧——上海 12 位优秀社区工作者的实践与探索》，薛保家、刘爱国，上海三联书店 2016 年。

《同济调查——上海社会治理调研报告》，郭强主编，同济大学出版社 2016 年。

《城市社区治理：上海的经验》，孙小逸著，上海人民出版社 2017 年。

《睦邻·自治·社区治理——上海嘉定区案例集》，曾凡木、赖敬予主编，北京：社会科学文献出版社 2017 年。

《上海 15 分钟社区生活圈规划研究与实践》，上海市规划和国土资源管理局、上海市规划编审中心编，上海人民出版社 2017 年。

《学生校园体育运动伤害事故的社会治理——基于上海的研究》，翁铁慧、何雪松著，华东大学出版社 2017 年。

《中国新社会阶层——基于北京、上海和广州的实证分析》，张海东等，社会科学文献出版社 2017 年。

《上海社区治理创新案例调研与分析》，李佳佳著，上海社会科学院出版社 2018 年。

《论公共德性——一项缘于上海城市社区实证调查的研究》，宋洁著，上海社会科学院出版社 2019 年。

《上海社区学院发展模式研究》，杨东、王一凡、贾红彬著，上学林出版社 2019 年。

《上海律佑社会治理法律服务中心法治专员进驻平凉路街道社区工作报告》，谢东、陆立明主编，江苏人民出版社 2020 年。

《上海浦东社会治理发展报告（2020）》，高国忠、倪倩主编，社会科学文献出版社 2020 年。

《一座城市的社区记录——上海广播名牌节目〈直通 990〉"小巷总理"说的故事》，上海市民政局、上海人民广播电台编，上海人民出版社 2018 年。

《上海浦东社会治理发展报告（2019）》，高国忠、倪倩主编，社会科学文献出版社 2019 年。

《超大城市的社区治理——上海探索与实践》，李骏著，上海人民出版社 2019 年。

三、人 物 研 究

艾思奇

《艾思奇文集》,艾思奇著,人民出版社 1981 年。

《一个哲学家的道路:回忆艾思奇同志》,艾思奇文稿整理小组编,云南人民出版社 1981 年。

《艾思奇论文集》,艾思奇著,人民出版社 1982 年。

《马克思主义哲学家艾思奇》,艾思奇学术思想座谈会秘书组编,中共中央党校出版社 1987 年。

《艾思奇的故事》,毕坚著,南洋出版社 1992 年。

《人民的哲学家:艾思奇纪念文集》,艾思奇同志纪念文集编辑组编,云南人民出版社 1997 年。

《战士学者艾思奇》,谢本书著,贵州人民出版社 2000 年。

《哲学大众化第一人:艾思奇哲学思想研究》,马汉儒主编,云南人民出版社 2002 年。

《艾思奇传》,杨苏著,云南教育出版社 2002 年。

《智慧之路一代哲人艾思奇》,卢国英著,人民出版社 2005 年。

《艾思奇全书(第一至八卷)》,艾思奇著,人民出版社 2006 年。

《怀念与思考:艾思奇与马克思主义哲学与中国化》,李景源、孙伟平主编,中共中央党校出版社 2008 年。

《艾思奇图册》,王丹一主编,云南人民出版社 2010 年。

《缅怀与探索 1981—2008 纪念艾思奇文选》,李今山主编,中共中央党校出版社 2010 年。

《大众哲学家:纪念艾思奇诞辰百年论集》,李金山主编,中共党史出版社 2011 年。

《哲学大众化第一人艾思奇》,向翔编著,云南教育出版社 2012 年。

《大众哲人艾思奇》,谢本书著,云南人民出版社 2013 年。

《大众哲学家:艾思奇》,辛锋著,云南人民出版社 2015 年。

《马克思主义哲学家:艾思奇》,邓忠汉著,云南人民出版社 2015 年。

《艾思奇与马克思主义哲学中国化研究》,罗永剑著,中央编译出版社 2016 年。

《艾思奇哲学思想研究》,马汉儒等著,云南人民出版社 2016 年。

《艾思奇哲学思想研究》,王立民、崔唯航主编,中国社会科学出版社 2016 年。

《艾思奇哲学文选》(全 6 卷),艾思奇著,经济科学出版社 2016 年。

《艾思奇与马克思主义大众化》,王红梅著,中国社会科学出版社 2017 年。

《哲学的力量——艾思奇留给我们的精神遗产哲学思想研究》,任仲然著,党建读物出版社 2017 年。

《艾思奇推进马克思主义大众化的历程和经验研究》,张巨成著,人民出版社 2019 年。

《李达、艾思奇马克思主义哲学中国化比较研究》,冯飞龙著,人民出版社 2020 年。

包惠僧

《包惠僧回忆录》,包惠僧著,人民出版社 1983 年。

《包惠僧》,方城著,河北人民出版社 1997 年。

蔡和森

《蔡和森文集》,蔡和森著,湖南人民出版 1979 年。

《回忆蔡和森》,本社编,人民出版社 1980 年。

《怀念蔡和森同志》,中共双峰县委宣传部编,湖南人民出版社 1980 年。

《蔡和森传》,中共双峰县委员会著,湖南人民出版社 1980 年。

《中共党史研究的开创者——蔡和森》,周一平著,上海社会科学院出版社 1994 年。

《蔡和森思想论稿》,王继平等著,湖南人民出版社 2003 年。

《蔡和森与〈向导〉周报》,徐方平著,中国社会科学出版社 2006 年。

《蔡和森年谱》,李永春编著,湘潭大学出版社 2008 年。

《100 位为新中国成立作出突出贡献的英雄模范人物蔡和森》,李永春编著,吉林文史出版社 2011 年。

《蔡和森评传》,徐方平著,中国社会科学出版社 2013 年。

《蔡和森传》,林家品著,中国大百科全书出版社 2016 年。

《蔡和森》,徐玉凤、张树军等著,学习出版社 2019 年。

曹荻秋

《丹心铁骨曹荻秋》,蓝祯伟、魏仲云著,重庆出版社 2009 年。

《中共党史人物传(第 13 卷)》,中国中共党史人物研究会编,中国人民大学出版社 2017 年。

陈独秀

《后期的陈独秀及其文章选编》,张永通、刘传学编,四川人民出版社 1980 年。

《陈独秀评论选编》,王树棣、强重华、杨淑娟等编,河南人民出版社 1982 年。

《陈独秀被捕资料汇编》,强重华编,河南人民出版社 1982 年。

《陈独秀文章选编》,陈独秀著,三联书店编,生活·读书·新知三联书店 1984 年。

《陈独秀年谱 1879—1942》,王光远编,重庆出版社 1987 年。

《陈独秀年谱》,唐宝林、林茂生编,上海人民出版社 1988 年。

《陈独秀传》,邓学稼著,时报文化出版企业有限公司 1989 年。

《陈独秀传》,任建树著,上海人民出版社 1989 年。

《陈独秀评传》,李洪钧著,辽宁大学出版社 1990 年。

《陈独秀与中国共产党》,王学勤著,东南大学出版社 1991 年。

《陈独秀传中共创党人》,杨碧川著,克宁出版社 1994 年。

《从领袖到平民:陈独秀沉浮录》,朱洪著,档案出版社 1994 年。

《陈独秀》,杨扬编,上海三联书店 1997 年。

《陈独秀印象》,陈木辛著,学林出版社 1997 年。

《陈独秀与瞿秋白》,唐宝林、陈铁健著,中国青年出版社 1997 年。

《陈独秀与中国名人》,朱洪著,中央编译出版社 1997 年。

《陈独秀小传》,陈伟著,广东旅游出版社 1997 年。

《终身的反对派:陈独秀评传》,朱文华著,青岛出版社 1997 年。

《陈独秀传》,贾兴权著,山东人民出版社 1998 年。

《陈独秀》,唐宝林编撰,丁守和主编,人民日报出版社 1999 年。

《陈独秀大传》,任建树著,上海人民出版社 1999 年。

《陈独秀传》,朱洪著,安徽人民出版社 1999 年。

《陈独秀研究》,沈寂编,东方出版社 1999 年。

《中共创党人:陈独秀》,杨碧川著,一桥出版社 1999 年。

《陈独秀传奇》,吴晓著,四川人民出版社 2000 年。

《陈独秀与共产国际》,唐宝林编,新苗文化事业有限公司 2000 年。

《陈独秀与中国共产主义运动》,郭成棠编,联经出版事业公司 2002 年。

《陈独秀风雨人生》,朱洪著,湖北人民出版社 2004 年。

《陈独秀传》,朱文华著,红旗出版社 2009 年。

《陈独秀与中国大革命》,贾立臣著,黑龙江人民出版社 2009 年。

《陈独秀全传》,唐宝林著,香港中文大学出版社 2011 年。

《中共首任总书记陈独秀》,朱洪著,当代中国出版社 2011 年。

《陈独秀与中国现代化》,董根明编著,合肥工业大学出版社 2011 年。

《解密档案中的陈独秀》,姚金果著,东方出版社 2011 年。

《中国工运历史人物传略陈独秀》,范晓春著,中国工人出版社 2012 年。

《陈独秀大传》,任建树著,上海人民出版社 2012 年。

《陈独秀全传》,唐宝林著,社会科学文献出版社 2013 年。

《陈独秀传》,陈利明著,团结出版社 2013 年。

《解读陈独秀》,陈延秋著,吉林出版集团有限责任公司 2014 年。

《陈独秀与共产国际》,李颖著,中共党史出版社 2014 年。

《硬骨头陈独秀五次被捕纪事》,丁晓平著,中国青年出版社 2014 年。

《读懂陈独秀》,蒋舒、黄莺编著,广西人民出版社 2015 年。

《陈独秀与〈新青年〉研究》,于丽、田子渝著,中国社会科学出版社 2015 年。

《陈独秀前期报刊实践与传播思想研究:1897—1921》,陈长松著,中国社会科学出版社 2015 年。

《陈独秀印象》,丁晓平著,中共党史出版社 2016 年。

《陈独秀自述》,丁晓平著,中共党史出版社 2016 年。

《陈独秀与近代中国》,任建树著,上海人民出版社 2016 年。

《"三次跨越"与"三个选择":陈独秀对近代中国出路的探索》,徐光寿著,上海社会科学院出版社 2017 年。

《陈独秀在上海》,沈建中著,中共党史出版社 2018 年。

陈公博

《陈公博全传》,石源华著,稻乡出版社 1988 年。

《汪伪二号人物陈公博》,蔡德金著,河南人民出版社 1993 年。

《陈公博传》,闻少华著,东方出版社 1994 年。

《陈公博》,李珂著,河北人民出版社 1997 年。

《陈公博这个人》,石源华著,上海人民出版社 1997 年。

《我所知道的汉奸陈公博》,文斐编,中国文史出版社 2005 年。

《乱世能臣:陈公博》,石源华著,团结出版社 2008 年。

《陈公博的一生》,石源华著,上海书店出版社 2019 年。

陈国栋

《国之栋梁——陈国栋百年诞辰纪念册》,《国之栋梁——陈国栋百年诞辰纪念册》,编撰组编,中央文献出版社 2011 年。

陈丕显

《陈丕显回忆录:在"一月风暴"的中心》,陈丕显,三联书店(香港)有限公司 2005 年。

陈乔年

《兄弟碧血映红旗：陈延年陈乔年有关资料选编》，徐克平、万锋岩、何翔编，黄山书社 2012 年。

陈望道

《陈望道文集》，复旦大学语言研究室编，上海人民出版社 1980 年。

《春风夏雨四十年——回忆陈望道先生》，倪海曙著，知识出版社 1982 年。

《陈望道先生诞辰一百周年纪念文集》，复旦大学语言文学研究所编，学林出版社 1992 年。

《陈望道传》，邓明以著，复旦大学出版社 1995 年。

《追望大道——陈望道画传》，陈光磊、陈振新著，上海市政协文史资料委员会编，上海书店出版社、复旦大学出版社 2005 年。

《陈望道先生纪念集》，上海鲁迅纪念馆编，复旦大学出版社 2006 年。

《太白之风——陈望道传》，周维强著，浙江人民出版社 2006 年。

《恋爱·婚姻·女权：陈望道妇女问题论集》，陈望道著，复旦大学出版社 2010 年。

《陈望道全集》（全 5 卷），林鸿、楼峰主编，浙江大学出版社 2011 年。

《千秋巨笔一代宗师——纪念陈望道先生诞辰 120 周年》，陈立民、萧思健主编，复旦大学出版社 2013 年。

《〈共产党宣言〉陈望道译本考》，方红著，辽宁人民出版社 2019 年。

《追望大道：陈望道画传（修订版）》，陈光磊、陈振新著，复旦大学出版社 2020 年。

陈为人

《陈为人传》，吕芳文著，人民出版社 1997 年。

《永州党史人物故事丛书陈为人的故事》，周生来主编，湖南人民出版社 2013 年。

陈修良

《沙文汉与陈修良》，泰栋、亚平编著，宁波出版社 1999 年。

《陈修良文集》，陈修良著，姜沛南、沙尚之编，上海社会科学院出版社 1999 年。

陈延年

《陈延年》，黎显衡等编，广东人民出版社 1985 年。

《陈延年的故事》，石仲泉、陈登才著，中共党史出版社 2004 年。

《100 位为新中国成立作出突出贡献的英雄模范人物陈延年》，黄洁薇编著，吉林文史出版社 2011 年。

《兄弟碧血映红旗陈延年陈乔年有关资料选编》，徐克平、万峰岩、何翔编著，黄山书社 2012 年。

《中国工运历史英烈传：陈延年》，范晓春著，中国工人出版社 2017 年。

陈　毅

《怀念陈毅同志》，中共株洲市委宣传部编，湖南人民出版社 1979 年。

《人民的忠诚战士——缅怀陈毅同志》，朱德等著，上海人民出版社 1979 年。

《陈毅的足迹》，周倜著，天津人民出版社 1980 年。

《陈毅市长》，沙叶新著，陆健真选编，上海人民美术出版社 1981 年。

《陈毅在大江南北》，管文蔚著，江苏人民出版社 1981 年。

《陈毅元帅》，陈玉先编，长征出版社 1983 年。

《陈毅》,季雨著,山东人民出版社1984年。

《江南陈毅》,松植著,解放军出版社1985年。

《陈毅元帅的故事》,罗英才、甘耀稷、胡居成等编,新蕾出版社1986年。

《陈毅元帅丰碑永存:中国人民革命军事博物馆陈列文献资料选》,中国人民革命军事博物馆编,上海人民出版社1986年。

《陈毅传》,《当代中国人物传记》丛书编辑部编辑,当代中国出版社1991年。

《陈毅传》,胡居成、甘耀稷撰稿,中央民族学院出版社1991年。

《风范永存——忆陈毅市长》,中国人民政治协商会议上海市委员会文史资料委员会,上海人民出版社1991年。

《怀念陈毅》,裴坚章主编,中华人民共和国外交部外交史研究室编,世界知识出版社1991年。

《纪念陈毅》,陈小鲁编,文物出版社1991年。

《陈毅》,罗英才著,中国青年出版社1992年。

《陈毅传》,蒋洪斌著,上海人民出版社1992年。

《陈毅在上海》,中共上海市委党史研究室编,中共党史出版社1992年。

《陈毅年谱》,刘树发主编,人民出版社1995年。

《伟人之初:陈毅》,罗英才著,浙江人民出版社1996年。

《中国元帅陈毅》,甘耀稷等著,中共中央党校出版社1996年。

《陈毅小传》,方小桃、郭延勇著,广东旅游出版社1997年。

《陈毅》,王蔚、吴克斌著,昆仑出版社1999年。

《陈毅传》,陈毅传编写组,当代中国出版社1999年。

《共和国元帅陈毅》,李庚辰主编,长征出版社2000年。

《陈毅》,张世明著,中央文献出版社2001年。

《陈毅传奇》,中共江苏省委党史工作办公室编,中共党史出版社2001年。

《陈毅颂》,范征著,香港语丝出版社2001年。

《陈毅与统一战线》,张继禄、徐振增主编,中共四川省委党史研究室、四川省陈毅研究会编,四川人民出版社2001年。

《陈毅传》,黄文明编著,贵州人民出版社2001年。

《陈毅的非常之路》,罗英才著,人民出版社2004年。

《陈毅将军往事录》,傅祎男、刘媛著,长城出版社2006年。

《陈毅元帅》,袁德金编著,四川人民出版社2009年。

《陈毅口述自传》,刘树发、王小平编,大象出版社2010年。

《陈毅元帅》,杨元其著,中国戏剧出版社2010年。

《陈毅交往纪实》,于俊道主编,中国社会科学出版社2015年。

《陈毅的读书生活》,黄丽镛编,上海人民出版社2016年。

《共和国元帅系列陈毅》,陈毅纪念馆编写,张德银主编,中央文献出版社、江苏凤凰教育出版社2017年。

陈 云

《陈云与新中国经济建设》,《陈云与新中国经济建设》编辑组编,中央文献出版社1991年。

《陈云的故事》,李琦、梁平波主编,浙江人民美术出版社1994年。

《陈云》,中共中央文献研究室、新华通讯社编辑,中央文献出版社1995年。

《共和国经济风云中的陈云》,孙业礼、熊亮华著,中央文献出版社1996年。

《伟人之初陈云》,迟爱萍著,浙江人民出版社1996年。

《陈云》,朱佳木等著,中央文献出版社 1999 年。

《陈云年谱》,中共中央文献研究室编,中央文献出版社 2000 年。

《陈云在上海》,吴振兴主编,中共上海市委党史研究室、陈云故居暨青浦革命历史纪念馆编著,中央文献出版社 2000 年。

《陈云年谱 1905—1995》,中共中央文献研究室朱佳木编,中央文献出版社 2000 年。

《陈云之路》,叶永烈著,中共中央党校出版社 2000 年。

《缅怀陈云》,《缅怀陈云》编辑组编,中央文献出版社 2000 年。

《陈云的非常之路》,孙业礼、熊亮华著,李力安主编,人民出版社 2001 年。

《陈云谈陈云——历史纪实》,陈云著、赵士刚主编,党建读物出版社 2001 年。

《陈云与中共党史重大事件》,赵士刚著,中央文献出版社 2001 年。

《陈云》,〔美〕大卫·M.贝奇曼著,孙业礼等译,中央文献出版社 2002 年。

《陈云与调查研究》,刘家栋著,中央文献出版社 2004 年。

《百年陈云》,钟文编著,中央文献出版社 2005 年。

《红色掌柜陈云》,熊亮华著,湖北人民出版社 2005 年。

《陈云》,中国国家博物馆编著,上海教育出版社 2006 年。

《陈云人生纪实》,中央文献研究室科研部图书馆编,凤凰出版社 2007 年。

《论陈云》,李洪峰,新华出版社 2008 年。

《走近陈云——口述历史馆藏资料辑录》,陈云故居暨青浦革命历史纪念馆编,中央文献出版社 2008 年。

《陈云的故事》,熊亮华著,天地出版社 2009 年。

《陈云:从下塘街到中南海》,余玮著,中国青年出版社 2009 年。

《陈云珍闻》,张远航、刘晴主编,中央文献出版社 2009 年。

《陈云》,朱佳木、迟爱萍、赵士刚著,中央文献出版社 2010 年。

《陈云的故事》,石仲泉、陈登才主编,冯世平,沈丹英副主编,中共党史出版社 2010 年。

《读懂陈云》,林庭芳编著,四川人民出版社 2010 年。

《论陈云》,朱佳木著,中央文献出版社 2010 年。

《陈云纪事 1905—1995》,张远航、刘晴主编,中央文献出版社 2011 年。

《陈云人生纪实》,中央文献研究室科研部图书馆编,凤凰出版社 2011 年。

《共和国领袖:陈云》,庄彬编著,海燕出版社 2011 年。

《陈云的故事》,杨春长、高津滔编著,人民武警出版社 2012 年。

《陈云与评弹界》,中共中央文献研究室第三编研部编,中央文献出版社 2012 年。

《中国工运历史人物传略陈云》,刘淑介著,中国工人出版社 2012 年。

《陈云生平研究资料》,唐矽、高阳主编,中央文献出版社 2013 年。

《传奇陈云:新中国经济建设开拓者与奠基人》,余玮著,人民日报出版社 2013 年。

《陈云》,吕章申主编,上海教育出版社 2014 年。

《陈云与当代中国》,朱佳木主编,当代中国出版社 2014 年。

《陈云风范》,李洪峰著,新华出版社 2015 年。

《陈云的故事》,《陈云的故事》撰稿组著,四川人民出版社 2015 年。

《陈云年谱(修订本)》,中共中央文献研究室编,朱佳木主编,中央文献出版社 2015 年。

《陈云生平研究》,徐建平、杜娟、韩丹丹主编,中央文献出版社 2015 年。

《陈云与中国共产党的制度建设》,严爱云著,人民出版社 2015 年。

《开国财经统帅陈云》,曹应旺著,中译出版社 2015 年。

《晚年陈云》,杨明伟著,现代出版社 2015 年。

《向陈云学习》,齐卫平、房中主编,人民出版社 2015 年。

《永远的陈云》,中共中央文献研究室编,中央文献出版社 2015 年。

《中央纪委第一书记陈云》,张曙著,中国方正出版社 2015 年。

《财经巨匠:陈云》,韩洪舟主编,新华出版社 2017 年。

《陈云风采》,中国中共文献研究会编,浙江人民美术出版社 2017 年。

《历史大潮话陈云》,迟爱萍著,人民出版社 2018 年。

邓恩铭

《邓恩铭的故事》,周隆渊著,贵州人民出版社 1980 年。

《邓恩铭》,李肇年、刘昕编著,贵州人民出版社 1990 年。

《回忆邓恩铭》,黄长和、莫开明主编,贵州民族出版社 1991 年。

《邓恩铭》,张业赏、丁龙嘉著,河北人民出版社 1997 年。

《邓恩铭》,张业赏编著,中共党史出版社 2005 年。

《邓恩铭生平与中共早期革命活动学术研讨会论文汇编》,中共贵州省委党史研究室编,贵州教育出版社 2011 年。

《中共一大代表邓恩铭》,中共荔波县委党史研究室、荔波县教育局著,中共党史出版社 2013 年。

邓小平

《邓小平开放时代》,许代著,台湾开拓出版社 1987 年。

《邓小平传略》,中共中央文献研究室编,金冲及等撰文,中央文献出版社 1988 年。

《邓小平》,[匈牙利]巴拉奇·代内什著,阚思静、季叶译,解放军出版社 1988 年。

《伟大生命的历程邓小平全纪录 1904—1997》,李罗力主编,海天出版社 1988 年。

《邓小平传奇》,黎国璞、蓝启渲著,中国青年出版社 1989 年。

《邓小平传》,[联邦德国]弗兰茨著,天力、李强译,甘肃人民出版社 1989 年。

《邓小平与当代中国改革》,高智瑜、李燕奇编著,中国人民大学出版社 1990 年。

《伟大的实践光辉的思想——邓小平革命活动大事记》,李新芝、王月宗主编,华龄出版社 1990 年。

《从毛泽东到邓小平》,[美]泰韦斯著,王红续等译,中共中央党校出版社 1991 年。

《邓小平领导下的中国》,[美]戴维·W.张著,喻晓译,法律出版社 1991 年。

《邓小平与中国的改革开放发展》,朱峻峰主编,国防大学出版社 1992 年。

《邓小平与改革开放十四年》,李力安、郑科扬主编,北京师范大学出版社 1993 年。

《邓小平的历程——一个伟人和他的一个世纪》,刘金田主编,解放军文艺出版社 1994 年。

《邓小平的重大突破与建树》,岳华庭主编,中共中央党校出版社 1995 年。

《邓小平与上海改革开放》,中共上海市委党史研究室编,上海人民出版社 1994 年。

《邓小平设计中国改革开放实录》,高屹主编,辽宁人民出版社 1995 年。

《邓小平政治评传》,[澳]大卫·古德曼著,田西如等译,中共中央党校出版社 1995 年。

《邓小平传》,韩文甫著,时报出版公司 1995 年。

《邓小平传》,[英]理查德·伊文思著,武市红等译,上海人民出版社 1996 年。

《邓小平建设有中国特色社会主义理论与上海改革开放邓小平理论与实践研究论文选辑》,中共上海市委宣传部理论处编,上海社会科学院出版社 1997 年。

《邓小平理论与上海改革开放》,中共上海市委宣传部编,上海人民出版社 1998 年。

《邓小平时代中国改革开放二十年纪实》,杨继绳著,中央编译出版社 1998 年。

《困境中的伟人》,邓小平、路小可编著,新世纪出版社 1999 年。

《为邓小平辩护》,陈光奎著,西苑出版社 1999 年。

《一代导师邓小平》,刘建军、马凤珍主编,中国青年出版社 1999 年。

《邓小平》,刘金田编著,河北人民出版社 2000 年。

《邓小平与共和国重大历史事件》,武市红、高屹主编,人民出版社 2000 年。

《邓小平在重大历史关头》,宫力等著,中共中央党校出版社 2000 年。

《共和国历史上的邓小平》,阎润鱼著,河北人民出版社 2000 年。

《春天的故事:1992 年邓小平视察南方纪实》,陈锦泉著,中央文献出版社 2002 年。

《邓小平南方谈话与当代中国》,刘德军等主编,济南出版社 2002 年。

《邓小平南方谈话与中国经济社会发展》,陈明显主编,中共中央党校出版社 2002 年。

《邓小平》,刘金田、张爱茹编著,香港三联书店 2003 年。

《1992·邓小平南方之行》,陈开枝著,中国文史出版社 2004 年。

《邓小平年谱 1975—1997》,冷溶、汪作玲主编,中央文献出版社 2004 年。

《邓小平在上海》,黄金平、张励著,中共上海市委党史研究室编著,上海人民出版社 2004 年。

《邓小平在上海过年》,彭瑞高著,文汇出版社 2004 年。

《邓小平年谱 1975—1997》,中共中央文献研究室编,冷溶,汪作玲主编,阎建琪、熊华源副主编,中央文献出版社 2007 年。

《起点:邓小平南方之行》,陈开枝著,中国文史出版社 2008 年。

《开创:邓小平决策改革开放史话》,中共中央文献研究室邓小平研究组编著,浙江人民美术出版社 2009 年。

《邓小平南方谈话真情实录:记录人的记述》,吴松营著,人民出版社 2012 年。

《南行纪:1992 年邓小平南方谈话全记录》,牛正武编,广东人民出版社 2012 年。

《邓小平交往纪实》,于俊道主编,中国社会科学出版社 2013 年。

《邓小平时代》,[美]傅高义著、冯克利译,三联书店 2013 年。

《邓小平南方谈话前后》,陈雷编,中共党史出版社 2014 年。

《邓小平实录》,于俊道主编,中国工人出版社 2014 年。

《邓小平——一个世纪的传奇》,刘金田著,湖南人民出版社 2014 年。

《邓小平在上海》,黄金平、张励著,中共上海市委党史研究室编著,上海人民出版社 2014 年。

《邓小平传 1904—1974》,中共中央文献研究室编,杨胜群主编,刘金田副主编,中央文献出版社 2014 年。

《档案细说邓小平》,刘金田著,江苏人民出版社 2015 年。

《跟随邓小平四十年》,张宝忠著,中央文献出版社 2015 年。

《开创:邓小平与改革开放》,桑东华著,中共党史出版社 2015 年。

《邓小平:改革是中国的第二次革命》,《邓小平改革是中国的第二次革命》编写组著,台海出版社 2017 年。

《邓小平与现代中国》,薛庆超著,山东人民出版社 2017 年。

《大决策:邓小平与改革开放》,邓小平思想生平研究会编著,浙江人民美术出版社 2018 年。

《邓小平纪事 1904—1997》,刘建华、刘丽主编,中央文献出版社 2018 年。

《邓小平三落三起》,刘金田、王飞雪著,红旗出版社 2018 年。

《邓小平与当代中国改革开放》,肖贵清主编,湘潭大学出版社 2018 年。

邓颖超

《邓颖超与天津早期妇女运动》,中共天津市委党史资料征集委员会,天津市妇女联合会编,中国妇女出版社 1987 年。

《邓颖超——一代伟大的女性》，金瑞英主编，山西人民出版社1989年。

《邓颖超革命活动七十年大事记(1919.5.4—1989.5.4)》，中华全国妇女联合会编，中国妇女出版社1990年。

《邓颖超的故事》，赵炜、王思梅著，河北少年儿童出版社1991年。

《邓颖超光辉的一生(1904—1992)》，王月宗等编，河南人民出版社1992年。

《青年邓颖超的道路》，董振修编著，天津社会科学院出版社1992年。

《邓颖超的故事》，李静、廖心文著，北京：中共党史出版社1993年。

《邓颖超传》，金凤著，人民出版社1993年。

《怀念邓颖超大姐》，全国妇联编，黄启璪主编，中国妇女出版社1993年。

《邓颖超文集》，中共中央文献研究室编，人民出版社1994年。

《伟人之初邓颖超》，金凤著，浙江人民出版社1997年。

《周恩来和邓颖超》，中共中央文献研究室编辑，中央文献出版社1998年。

《邓颖超书信选集》，中共中央文献研究室第二编研部编，中央文献出版社2000年。

《话说邓颖超亲历者说》，中共中央文献研究室第二编研部编，重庆出版社2003年。

《邓颖超》，中共中央文献研究室编，中央文献出版社2004年。

《周恩来和邓颖超》，刘春秀著，陕西人民出版社2004年。

《周恩来与邓颖超》，张颖著，东方出版社2005年。

《邓颖超画传》，周恩来邓颖超研究中心、周恩来思想生平研究会编著，辽宁人民出版社2014年。

《邓颖超自述》，中央文献研究室第二编研部、周恩来思想生平研究会编著，解放军出版社2014年。

《青少年时期的邓颖超》，徐忠著，中国青年出版社2015年。

邓中夏

《邓中夏传》，魏巍、钱小惠著，人民出版社1981年。

《邓中夏》，许锦根编文、蔡延年绘画，天津人民美术出版社1982年。

《邓中夏集》，人民出版社编，人民出版社1983年。

《邓中夏文集》，邓中夏著，人民出版社1983年。

《邓中夏的一生》，姜平著，南京大学出版社1986年。

《邓中夏》，晓北、姜伟著，中国青年出版社1994年。

《邓中夏的故事》，晓北、姜伟编著，花山文艺出版社1996年。

《邓中夏的故事》，龙舟编著，汕头大学出版社1998年。

《邓中夏思想研究》，杨军著，吉林大学出版社2009年。

《100位为新中国成立作出突出贡献的英雄模范人物邓中夏》，闫勋才编著，吉林文史出版社2011年。

《中国工运历史人物传略邓中夏》，刘功成著，中国工人出版社2012年。

《邓中夏年谱》，冯资荣、何培香编著，中国文史出版社2014年。

《中国早期工人运动领袖邓中夏》，《中华"双百"人物原创手绘文学丛书》编委会编，新疆人民出版社2014年。

《邓中夏》，闫勋才著，吉林文史出版社2015年。

《雨花台烈士传丛书邓中夏传》，刘功成著，江苏人民出版社2016年。

《中共党史人物传第35卷》，中国中共党史人物研究会编，中国人民大学出版社2018年。

《工人运动的杰出领袖·邓中夏》，闫勋才著，湖南人民出版社2019年。

《邓中夏》，张树军主编，王相坤、李克实编著，学习出版社2020年。

《邓中夏工人运动思想研究》，徐大兵编，人民出版社2020年。

董必武

《回忆董必武》，湖北省社会科学院组编，湖北省社会科学院 1979 年。

《董必武的故事》，周志纯编著，湖北人民出版社 1980 年。

《董必武》，谭玉轩等著，北京师范大学马列主义毛泽东思想研究所 1982 年。

《忆我的爸爸董必武》，董楚青著，花城出版社 1982 年。

《董必武》，孙永猛编著，山东人民出版社 1984 年。

《董必武传记》，胡传章、哈经雄著，湖北人民出版社 1985 年。

《董必武传略》，吴大羽等著，法律出版社 1985 年。

《董必武》，颜吾芟编写，新华出版社 1991 年。

《董必武年谱》，《董必武年谱》编辑组编，中央文献出版社 1991 年。

《董必武的故事》，黎民，中共党史出版社 1993 年。

《忆我的爸爸董必武》，董良翚，中国文联出版公司 1995 年。

《伟人之初董必武》，杨瑞广著，浙江人民出版社 1996 年。

《董必武》，李东朗、雷国珍著，河北人民出版社 1997 年。

《董必武的故事》，建亭编著，海燕出版社 1999 年。

《老一代革命家的故事之四——董必武的故事》，石仲泉，陈登才主编，中共党史出版社 2004 年。

《董必武传 1886—1975》，《董必武传》撰写组，中文文献出版社 2006 年。

《董必武传记》（修订木），胡传章、哈经雄著，湖北长江出版集团、湖北人民出版社 2006 年。

《董必武年谱》，《董必武年谱》编辑组编，中央文献出版社 2007 年。

《董必武研究文集》，董德文主编，湖北人民出版社 2013 年。

《董必武家书》，董必武著，董绍壬编选，生活·读书·新知三联书店 2016 年。

《董必武法治思想与实践研究——纪念董必武诞辰 130 周年论文集》，高万娥、董绍任主编，中共党史出版社 2016 年。

冯　铿

《晨光》，柔石、冯铿遗稿，鲁迅博物馆文物资料部整理，书目文献出版社，1986。

《中国现当代女作家传》，魏玉伟编，中国妇女出版社 1990 年。

《石评梅·冯铿小说经典》，石评梅、冯铿著，印刷工业出版社 2001 年。

《中国现代名家经典文库冯铿作品》，姜德铭主编，中国戏剧出版社 2001 年。

《中国现代女性创作及其社会性别》，乐铄著，郑州大学出版社 2002 年。

《海上文学百家文库（094）　殷夫、胡也频、冯铿卷》，张业松编，上海文艺出版社 2010 年。

冯雪峰

《冯雪峰评传》，陈早春、万家骥著，重庆出版社 1993 年。

《冯雪峰评传》，吴长华著，上海书店出版社 1995 年。

《冯雪峰纪念集》，包子衍等编，人民文学出版社 2003 年。

《冯雪峰纪念集》，上海鲁迅纪念馆编，上海文艺出版社 2004 年。

《回望雪峰：第三届冯雪峰学术研讨会论文集》，上海鲁迅纪念馆编，上海文艺出版社，2005 年。

《雪之歌——冯雪峰传》，孙琴安著，浙江人民出版社 2005 年。

《冯雪峰论稿》，王川霞著，吉林人民出版社 2011 年。

《冯雪峰的传奇人生》，吴长华著，文汇出版社 2012 年。

顾德欢

《理想·奉献·风范怀念顾德欢同志》，宁波市新四军暨华中抗日根据地研究会编，宁波出版社1995年。

顾正红

《工人阶级的先锋战士——顾正红》，方丽著，上海人民出版社1978年。

《五卅运动》，傅道慧著，复旦大学出版社1985年。

《中国现代英雄人物传略》，潘永亮、李洪涛主编，农村读物出版社1991年。

《顾正红传》，刘军、马如飞著，中国文联出版社2001年。

郭纲琳

《碧血雨花飞：郭纲琳烈士传》，张晓惠著，江苏文艺出版社2016年。

《中共党史人物传第16卷》，中国中共党史人物研究会编，中国人民大学出版社2017年。

郭化若

《郭化若回忆录》，郭化若著，军事科学出版社1995年。

《毛泽东的军事高参郭化若》，常建忠著，上海人民出版社2000年。

《一代儒将——郭化若传奇》，沈效良著，福建人民出版社2000年。

郭沫若

《郭沫若评传》，卜庆华著，湖南人民出版社1980年。

《郭沫若》，陈明华编，黑龙江人民出版社1982年。

《郭沫若年谱上下》，龚济民著，天津人民出版社1982年。

《郭沫若全集（第4卷）历史编》，郭沫若著，人民出版社1982年。

《郭沫若研究资料》，邵华著，中国社会科学出版社1982年。

《郭沫若年谱》，龚济民、方仁念著，天津人民出版社1983年。

《郭沫若年谱》，王继权、童炜钢编，江苏人民出版社1983年。

《郭沫若研究学术座谈会专辑》，中国郭沫若研究学会《郭沫若研究》编辑部编，文化艺术出版社1984年。

《郭沫若的少年时代》，雷风行编，北京少年儿童出版社1985年。

《郭沫若研究第1辑》，中国郭沫若研究学会《郭沫若研究》编辑部，文化艺术出版社1985年。

《郭沫若生平事略》，蔡宗隽著，时代文艺出版社1985年。

《郭沫若传略》，陈永志著，上海文艺出版社1984年。

《抗战时期的郭沫若》，谭洛非主编，文天行等撰，四川省社会科学院出版社，1985年。

《炼狱似的爱国主义者的一生——郭沫若爱国主义思想论集》，中国郭沫若研究会，《郭沫若研究》编辑部编，天津人民出版社1985年。

《郭沫若》，黄侯兴著，人民出版社1986年。

《郭沫若评传》（修订本），卜庆华著，湖南文艺出版社1986年。

《郭沫若研究2》，中国郭沫若研究学会《郭沫若研究》编辑部，文化艺术出版社1986年。

《郭沫若研究资料（上中下）》，王训昭、卢正言等，中国社会科学出版社1986年。

《郭沫若评传》，孙党伯著，人民文学出版社1987年。

《郭沫若前传》,杨殷夫著,重庆出版社 1987 年。

《郭沫若研究 3》,中国郭沫若研究学会《郭沫若研究》编辑部,文化艺术出版社 1987 年。

《郭沫若研究论丛第 2 辑》,乐山师专郭沫若研究室编,四川大学出版社 1989 年。

《郭沫若》,梁满仓编,新华出版社 1990 年。

《郭沫若史学研究》,中国郭沫若研究学会、巴蜀文化研究基金会编,成都出版社 1990 年。

《郭沫若的史学生涯》,叶桂生、谢保成著,社会科学文献出版社 1992 年。

《郭沫若与中国史学》,林甘泉、黄烈主编,中国社会科学出版社 1992 年。

《郭沫若书信集(上下)》,黄淳浩编,中国社会科学出版社 1992 年。

《鲁迅、郭沫若与五四新文化》,陕西省鲁迅研究学会编,陕西人民教育出版社 1993 年。

《郭沫若在上海》,上海社会科学院、上海图书馆主编,上海社会科学院 1994 年。

《郭沫若学术思想评传》,谢保成著,北京图书馆出版社 1999 年。

《郭沫若》,周靖波著,人民美术出版社 2000 年。

《郭沫若与二十世纪中国文化》,中国郭沫若研究会编,福建人民出版社 2002 年。

《郭沫若》,魏红珊著,四川人民出版社 2003 年。

《我的父亲郭沫若》,郭庶英著,辽宁人民出版社 2004 年。

《郭沫若》,邹廷清著,中国少年儿童出版社 2005 年。

《"文革"前的郭沫若(1949—1965)》,冯锡刚著,中央文献出版社 2005 年。

《文化与抗战:郭沫若与中国知识分子在民族解放战争中的文化选择》,中国郭沫若研究会、郭沫若纪念馆编,巴蜀书社 2006 年。

《当代视野下的郭沫若研究》,四川郭沫若研究中心、四川郭沫若研究学会、中国郭沫若研究会编,巴蜀书社 2008 年。

《跨越时空的自由——郭沫若研究论文集》,李怡著,东方出版社 2008 年。

《郭沫若的学术人生》,苗延波著,九州出版社 2009 年。

《郭沫若研究三十年》,中国郭沫若研究会、郭沫若纪念馆编,巴蜀书社 2010 年。

《郭沫若研究资料》(上中下)王训昭、卢正言、邵华、肖斌如,知识产权出版社 2010 年。

《郭沫若的三十年》,冯锡刚著,中央文献出版社 2011 年。

《郭沫若研究年鉴 2011 卷》,本社编,人民出版社,2012 年。

《郭沫若的青少年时代》,蔡震著,河北人民出版社 2012 年。

《郭沫若自传(第 1—4 卷)》,郭沫若著,贵州教育出版社 2012 年。

《郭沫若研究年鉴 2012 卷》,郭沫若研究年鉴编委会,人民出版社,2013 年。

《郭沫若研究文献汇要卷 9 历史卷》,杨胜宽、蔡震总主编,上海书店出版社,2012 年。

《郭沫若传》,黄曼君、王泽龙、李郭倩著,人民出版社 2013 年。

《时代精神与个人体验——"五四"时期的郭沫若》,康斌、彭冠龙、张玫著,四川大学出版社 2016 年。

《郭沫若研究》2017 年第 1 辑总第 13 辑,赵笑洁、蔡震主编,社会科学文献出版社 2017 年。

《郭沫若年谱长编(1892—1978 年)》(第 1—5 卷),林甘泉、蔡震主编,中国社会科学出版社 2017 年。

《郭沫若研究》2018 年第 1 辑总第 14 辑,赵笑洁、蔡震主编,社会科学文献出版社 2018 年。

《郭沫若研究》,赵笑洁、蔡震主编,社会科学文献出版社 2019 年。

《郭沫若研究年鉴 2018》,赵笑洁主编,中国社会科学出版社 2020 年。

何秉彝

《何秉彝书信论文选》,中共四川彭县县委党史工委办公室等编 1985 年。

何孟雄

《何孟雄传》,曹仲彬著,吉林大学出版社 1990 年。

《中共党史人物传》第 49 卷,中国中共党史人物研究会编,中国人民大学出版社 2017 年。

《从容莫负少年头·何孟雄》,吴志平、吴平著,湖南人民出版社 2019 年。

何叔衡

《何叔衡》,杨青著,河北人民出版社 1997 年。

《何叔衡和他的女儿们》,易凤葵等著,党建读物出版社 1997 年。

《为苏维埃流尽最后一滴血——忆何叔衡》,李龙如主编,岳麓书社 2000 年。

《100 位为新中国成立作出突出贡献的英雄模范人物——何叔衡》,李龙如编著,吉林文史出版 2011 年。

《中共党史人物传第 4 卷》,中国中共党史人物研究会,中国人民大学出版社 2017 年。

《何叔衡》,张树军主编,徐玉凤编著,学习出版社 2020 年。

侯绍裘

《侯绍裘文集》,侯绍裘著,中共上海市委党史研究室、中共松江县委党史研究室编,上海远东出版社 1995 年。

《侯绍裘传》,张国强著,江苏人民出版社 2016 年。

《雨花忠魂云间有颗启明星侯绍裘烈士传》,唐金波著,江苏凤凰文艺出版社 2017 年。

胡乔木

《中共中央一支笔——胡乔木》,叶永烈著,人民日报出版社 1999 年。

《胡乔木文集(1—3 卷)》,胡乔木著,人民出版社 2020 年。

胡文杰

《胡文杰长篇历史故事》,吴必尧著,学林出版社 2001 年。

胡也频

《胡也频诗稿》,胡也频著,四川人民出版社 1981 年。

《胡也频选集》,胡也频著,福建人民出版社 1981 年。

《中国新诗库(第 2 辑) 胡也频卷》,胡也频著;周良沛编选,长江文艺出版社 1990 年。

《胡也频小说经典》,胡也频著,印刷工业出版社 2001 年。

《胡也频精选集》,雨露、杜黎明等编,远方出版社 2004 年。

《胡也频作品集》,萧枫编,河南大学出版社 2004 年。

《中国现代小说经典文库胡也频卷》,《中国现代小说经典文库》编委会编,大众文艺出版社 2005 年。

《胡也频作品精选》,胡也频著,云南人民出版社 2019 年。

胡咏骐

《仰望百年中国保险先驱四十人》,赵守兵编著,中国金融出版社,2014 年。

《抗战中的爱国实业家》,徐士敏主编,中国金融出版社 2015 年。

《保险名人与名人保险》,唐金成、唐凯编著,中国金融出版社 2018 年。

华　岗

《华岗传》,向阳编著,浙江人民出版社 1993 年。

《华岗文集》,华岗著,山东大学青岛校友会编,山东大学出版社 1998 年。

《华岗选集(第 1—4 卷)》,《华岗选集》编辑委员会选编,山东大学出版社 2003 年。

《战士·学者·校长——华岗同志百年诞辰纪念文集》,刘培平主编,山东大学出版社 2003 年。

《华岗纪念文集》,郑友成主编,青岛市政协文史资料委员会、山东大学青岛校友会编,青岛出版社 2003 年。

《战士品行学者风范——山东大学校长华岗》,徐畅编,山东教育出版社 2012 年。

《丹心可鉴华岗》,向阳著,商务印书馆 2016 年。

《中共党史人物传(第 21 卷)》,中国中共党史人物研究会编,中国人民大学出版社 2017 年。

江上青

《缅怀江上青烈士》,江苏省民政厅、中共泗洪县委党史工作委员会编,江苏人民出版社 1990 年。

《魂系皖东北——江上青殉国六十年祭》,史文敏著,中共党史出版社 2000 年。

《秋山红叶——江上青烈士传》,张自强、杨问春著,大众文艺出版社 2000 年。

《江上青》,阎启英著,西苑出版社 2002 年。

《春水绿杨风曼暖——纪念江上青文集》,中共江苏省委党史工作办公室、中共扬州市委编,中央文献出版社 2011 年。

姜椿芳

《文化灵苗播种人——姜椿芳》,王式斌等著,中国文史出版社 1990 年。

《姜椿芳文集(全十卷)》,姜椿芳主编,中央编译出版社 2014 年。

《姜椿芳传》,中共哈尔滨市委党史研究室编,哈尔滨出版社 2018 年。

蒋贞新

《龙华革命烈士史迹选编(第 2 辑)》,龙华烈士陵园史料陈列室编,上海人民出版社 1981 年。

《上海纺织工人运动史》,谭抗美主编,上海纺织工人运动史编写组编,中共党史出版社 1991 年。

《普陀区志》,张一雷主编,上海市普陀区志编纂委员会编,上海社会科学院出版社 1994 年。

金维映

《金维映》,岱山县史志办公室编 1997 年。

《金维映传》,徐朱琴著,中共党史出版社 2004 年。

《金维映传》,倪浓水著,浙江人民出版社 2014 年。

《金维映——纪念金维映同志诞辰 100 周年》,岱山县史志办公室编著。

柯庆施

《我的"文革"岁月》,陈小津著,中央文献出版社 2009 年。

李　白

《龙华革命烈士史迹选编(第 2 辑)》,龙华烈士陵园史料陈列室编,上海人民出版社 1981 年。

《革命烈士传第 9 集》,《革命烈士传》编辑委员会编,中共党史资料出版社 1991 年。

《中国现代英雄人物传略》,潘永亮、李洪涛主编,农村读物出版社 1991 年。

《100 位为新中国成立作出突出贡献的英雄模范人物 李白》,于元编著,吉林文史出版社 2011 年。

《永不消逝的电波 李白》,《中华"双百"人物原创手绘文学丛书》编委会编,新疆人民出版社 2014 年。

李 达

《李达文集第 1 卷》,李达文集《编辑组》编,人民出版社 1980 年。

《李达文集第 2 卷》,李达文集《编辑组》编,人民出版社 1981 年。

《李达文集第 3 卷》,李达文集《编辑组》编,人民出版社 1984 年。

《为真理而斗争的李达同志》,本社编,武汉大学出版社 1985 年。

《李达传记》,宋镜明编,湖北人民出版社 1986 年。

《李达文集(第 4 卷)》,李达文集《编辑组》编,人民出版社 1988 年。

《李达与马克思主义哲学在中国》,王炯华著,华中理工大学出版社 1988 年。

《李达》,宋镜明著,河北人民出版社 1997 年。

《李达学术思想评传》,丁晓强、李立志著,北京图书馆出版社 1999 年。

《怀念李达》,马伯良、蒋正洁主编,香港天马图书有限公司 2001 年。

《李达评传》,王炯华等著,人民出版社 2004 年。

《李达思想研究》,苏志宏著,西南交通大学出版社 2004 年。

《李达唯物史观思想研究》,罗海滢著,暨南大学出版社 2008 年。

《李达与中国共产党的创建和马克思主义在中国的传播——纪念李达同志诞辰 120 周年学术研讨会论文集》,中共中央党史研究室第一研究部、中共湖南省委党史研究室、中共湖南省永州市委编,人民出版社 2013 年。

《李达社会主义思想研究》,丁兆梅著,人民出版社 2014 年。

《李达与马克思主义中国化研究》,本志红著,吉林人民出版社 2015 年。

《李达思想研究》,苏志宏,西南交通大学出版社 2015 年。

《李达年谱》,周可、汪信砚著,人民出版社 2017 年。

《李达与马克思主义哲学在中国》,〔澳〕尼克·奈特著,汪信砚、周可译,人民出版社 2018 年。

《李达、艾思奇的马克思主义哲学中国化比较研究》,冯飞龙著,人民出版社 2020 年。

李大钊

《李大钊传》,《李大钊传》编写组,人民出版社 1979 年。

《回忆李大钊》,人民出版社编,人民出版社 1980 年。

《回忆我的父亲李大钊》,李星华著,上海文艺出版社 1981 年。

《李大钊》,张静如、马模贞编著,上海人民出版社 1981 年。

《李大钊年谱》,《李大钊年谱》编写组编,甘肃人民出版社 1984 年。

《李大钊生平史料编年》,张静如等编,上海人民出版社 1984 年。

《中国共产主义运动的先驱:李大钊(1889—1927)》,首都博物馆编,北京出版社 1984 年。

《李大钊年谱》,许毓峰著,信阳师范学院学报编辑部 1985 年。

《李大钊生平纪年》,韩一德、姚维年著,黑龙江人民出版社 1987 年。

《革命先驱李大钊》,杨树升编著,北京大学出版社 1989 年。

《李大钊》,王朝柱著,中国青年出版社 1989 年。

《李大钊史事综录(1889—1927)》,北京大学图书馆、北京李大钊研究会编,北京大学出版社 1989 年。

《李大钊与第一次国共合作》,中共北京市委党史研究室编,北京出版社 1989 年。

《李大钊与中国革命》,阎稚新等著,国防大学出版社 1989 年。

《李大钊》,张开城、胡安宇主编,青岛海洋大学出版社 1991 年。

《李大钊研究论札》,杨纪元著,中共中央党校出版社 1992 年。

《李大钊研究辞典》,李权兴等编,李大钊研究辞典编委会编,红旗出版社 1994 年。

《李大钊传略》,尚恒其编,中国社会出版社 1995 年。

《李大钊》,华岩编著,中国和平出版社 1996 年。

《李大钊传》,朱志敏著,山东人民出版社 1998 年。

《李大钊》,邹雷、张茂龙编著,江苏文艺出版社 1999 年。

《李大钊传》,朱志敏著,王桧林编,山东人民出版社 2003 年。

《李大钊传》,朱文通编、董宝瑞等著,天津古籍出版社 2005 年。

《五四风云人物文萃:李大钊 1889—1927》,朱志敏编撰,中国现代文化学会、丁守和主编,马勇、左玉河副主编,人民日报出版社 2005 年。

《李大钊年谱长编》,朱文通编,中国社会科学出版社 2009 年。

《李大钊传(上下)》,朱成甲著,中国社会科学出版社 2009 年。

《李大钊与早期中国共产党》,裴赞芬、宋杉岐著,河北教育出版社 2011 年。

《李大钊史事钩沉》,中共唐山市委党史研究室、唐山市李大钊研究会编,2011 年。

《中国工运历史人物传略:李大钊》,覃艺、张倔著,中国工人出版社 2012 年。

《解读李大钊》,王海明著,吉林出版集团有限责任公司 2014 年。

《五四新文化运动先驱者:李大钊》,秦川编著,四川大学出版社 2015 年。

《李大钊传》,郭德宏、张明林主编,红旗出版社 2016 年。

《李大钊传》,高占祥主编,王珊珊著,北京时代华文书局 2016 年。

《李大钊评传》,董宝瑞著,燕山大学出版社 2017 年。

李立三

《李立三传》,唐纯良著,黑龙江人民出版社 1989 年。

《李立三全传》,唐纯良著,安徽人民出版社 1999 年。

《李立三红色传奇(上、下)》,李思慎著,中国工人出版社 2004 年。

《中国工运历史人物传略:李立三》,李思慎著,中国工人出版社 2012 年。

李启汉

《李启汉》,林健柏、李致宁编,广东人民出版社 1984 年。

《工运先驱:纪念李启汉诞辰一百周年》,政协江华瑶族自治县委员会学习文史工作委员会、中共江华瑶族自治县委员会党史资料征集办公室编,1998 年。

《永州党史人物故事丛书　李启汉的故事》,周生来主编,湖南人民出版社 2013 年。

《工运赤子——李启汉》,夏远生著,中国工人出版社 2016 年。

《中国工运历史英烈传李启汉》,夏远生著,中国工人出版社 2016 年。

李求实

《李求实文集》,李求实著,何定华主编,中共湖北省委党史资料征集编研委员会、湖北省中共党史人物研究会编,中国文史出版社 1991 年。

《中共党史人物传(第 22 卷)》,中国中共党史人物研究会编,中国人民大学出版社 2017 年。

李硕勋

《李硕勋》,中共广东省委党史研究委员会编,广东高等教育出版社 1987 年。

《李硕勋将军传》,何锦洲、刘汉升著,广州文化出版社 1989 年。

《李硕勋烈士传》,何锦洲、张添亮著,中山大学出版社 1993 年。

《迟到的报告——记李硕勋烈士》,魏斌编著,辽宁人民出版社 1995 年。

《李硕勋赵君陶的光辉历程》,何锦洲、谢东红著,中山大学出版社 1997 年。

《少年李硕勋》,熊建成著,四川少年儿童出版社 1997 年。

《革命先驱李硕勋》,滕久明主编,重庆出版社 1998 年。

《不朽的丰碑——纪念李硕勋烈士诞辰 100 周年文集》,张松林主编,南海出版公司 2002 年。

《浩气长存——纪念李硕勋烈士诞辰 100 周年摄影集》,张松林主编,南海出版公司 2002 年。

《革命先驱李硕勋(1903—1931)》,中共宜宾市委、中共高县县委编,四川人民出版社 2003 年。

《100 位为新中国成立作出突出贡献的英雄模范人物:李硕勋》,闫峰编著,吉林文史出版社 2011 年。

《革命先驱李硕勋》,中共宜宾市委、中共高县县委编,四川人民出版社 2014 年。

李先念

《李先念文集》,本社编,人民出版社 1989 年。

《李先念文选(一九三五——一九八八)》,中共中央文献编辑委员会编,人民出版社 1989 年。

《李先念将军》,本社编,长江文艺出版社 1991 年。

《老一辈革命家的故事李先念》,康今编,法律出版社 1991 年。

《李先念论财政金融贸易(1950—1991)》,李先念著,中国财政经济出版社 1992 年。

《李先念的故事》,宋宗林、王静著,中共党史出版社 1993 年。

《李先念经济思想研究》,邹惠卿著,青海人民出版社 1993 年。

《伟大的人民公仆怀念李先念同志》,《伟大的人民公仆》编辑组编,中央文献出版社 1993 年。

《李先念传(1909—1949)》,朱玉主编,《李先念传》编写组编,中央文献出版社 1999 年。

《李先念建国初期文稿选集(1949 年 7 月—1954 年 5 月)》,李先念著,中央文献出版社 2002 年。

《纪念李先念诞辰九十五周年文集》,王树华、刘绍熙、杨长青主编,中共湖北省委党史研究室、鄂豫边区革命史编辑部、湖北省新四军历史研究会编,中央文献出版社 2005 年。

《李先念传奇之旅:从乡村木匠到国家主席》,新四军研究会、黄冈市档案局、李先念纪念馆等编,红旗出版社 2009 年。

《李先念传(1949—1992)》,《李先念传》编写组编,中央文献出版社 2009 年。

《李先念论财政金融贸易(1950—1991)》,《李先念论财政金融贸易》编辑组编,中国财政经济出版社 2010 年。

《建国以来李先念文稿》,《李先念传》编写组编写,中央文献出版社 2011 年。

《李先念年谱(1—6 卷)》,《李先念传》编写组、鄂豫边区革命史编辑部编写,中央文献出版社 2011 年。

《李先念生平与思想研究》,龚强华主编,中央文献出版社 2011 年。

《治国良才——李先念生平纪录》,郭德宏、陈登才、钟世虎著,红旗出版社 2017 年。

梁灵光

《梁灵光回忆录》,梁灵光著,中共党史出版社 1996 年。

《艰苦创业的岁月——梁灵光回忆录》,梁灵光著,福建人民出版社 1999 年。

林　达

《龙华革命烈士史迹选编(第 2 辑)》,龙华烈士陵园史料陈列室编,上海人民出版 1981 年。

《新四军人物志(上集)》,马洪才编,江苏人民出版社 1985 年。

《南汇革命烈士传略》,南汇县党史办、南汇县民政局合编,1987 年。

《上海英烈传(第 5 卷)》,张义渔主编,中共上海市委党史资料征集委员会、上海市民政局编,百家出版社 1989 年。

《革命烈士传第 8 集》,《革命烈士传》编辑委员会编,中共党史出版社 1991 年。

《革命先烈家书选》,高占祥主编,百花文艺出版社 1991 年。

《解放军烈士传(第 9 集)》,《解放军烈士传》编委会编,长征出版社 1994 年。

《林达纪念文集》,金关龙主编,中共南汇县委党史办公室、南汇县民政局编,百家出版社 1997 年。

《林达纪念文集》,上海市浦东新区新四军历史研究室编,百家出版社 2014 年。

《浦东英烈(第 3 辑)解放战争时期》,《浦东英烈》编写组编,上海人民出版社 2016 年。

《红色家书》,恽代英、邓中夏、赵一曼等著,江苏文艺出版社 2017 年。

林育南

《上海英烈传(第 7 卷)》,张义渔主编,中共上海市委党史研究室、上海市民政局编,上海翻译出版公司 1991 年。

《林氏三兄弟:林育英、林育南、林彪》,汪幸福著,新华出版社 1995 年。

《林育南文集——中国共产党先驱领袖文库》,林育南著,人民出版社 2014 年。

《林育南传记》,李良明著,华中师范大学出版社 2018 年。

刘长胜

《刘长胜画传——纪念刘长胜诞辰一百周年》,叶雄等绘画,上海市静安区文化局、中共上海市静安区党史办主编,上海人民美术出版社 2003 年。

《刘长胜》,钟雪生著,中国工人出版社 2015 年。

刘　华

《血洒龙华花更艳——上海革命烈士故事》,任武雄、刘成等编写,少年儿童出版社 1981 年。

《上海烈士书简》,上海市烈士陵园史料室编,上海人民出版社 1987 年。

《上海英烈传(第 1 卷)》,张义渔主编,中共上海市委党史资料征集委员会、上海市民政局编,百家出版社 1987 年。

《洪流——五卅运动中的刘华》,朱义宽著,上海远东出版社 1995 年。

《上海工人运动历史资料》,上海社会科学院"中国现代史"创新型学科团队、上海社会科学院历史研究所现代史研究室整理,上海书店出版社 2016 年。

《中共党史人物传(第 7 卷)》,中国中共党史人物研究会编,中国人民大学出版社 2017 年。

刘良模

《刘良模先生纪念文集》,中华基督教青年会全国协会编,中华基督教青年会全国协会 2010 年。

刘少奇

《刘少奇》,柯艾著,山东人民出版社 1984 年。

《共和国主席刘少奇画册》,李琦、刘崇文编,中央文献出版社 1988 年。

《刘少奇与中国工人运动》,中国工运学院《刘少奇与中国工人运动》编辑组编,吉林人民出版社 1988 年。

《缅怀刘少奇》,《缅怀刘少奇》编辑组编,中央文献出版社 1988 年。

《刘少奇》,〔美〕迪特默著,萧耀先等译,华夏出版社 1989 年。

《刘少奇传》,李天民著,邓锦辉等译,湖南人民出版社 1989 年。

《刘少奇的脚印》,裴之倬、廉钢生等编著,山西人民出版社 1990 年。

《刘少奇在白区》,陈绍畴著,中共党史出版社 1992 年。

《共和国领袖大辞典刘少奇卷》,王进、蔡开松主编,成都出版社 1993 年。

《刘少奇一生》,黄峥著,中央文献出版社 1995 年。

《刘少奇》,赵丰编著,中国和平出版社 1996 年。

《刘少奇年谱 1898—1969》,刘崇文、陈绍畴主编,中共中央文献研究室编,中央文献出版社 1996 年。

《从工运领袖到共和国主席:忆刘少奇》,周文姬编,岳麓书社 1998 年。

《历史伟人刘少奇——纪念刘少奇百年诞辰论集》,中共中央文献研究室第二编研部、科研管理部编,中共中央党校出版社 1998 年。

《刘少奇》,逄先知等编,新华出版社 1998 年。

《刘少奇风云岁月》,中共中央党史研究室科研管理部编,中共党史出版社 1998 年。

《刘少奇在上海》,中共上海市委党史研究室编,中共党史出版社 1998 年。

《刘少奇之路》,黄峥编著,广东人民出版社 1998 年。

《刘少奇传:1898—1969(上下)》,金冲及主编,中央文献出版社编,中央文献出版社 1998 年。

《历史巨人刘少奇——从工人领袖到国家主席》,何光国著,海天出版社 1998 年。

《伟人刘少奇》,黄裕冲编,红旗出版社 1998 年。

《一代公仆刘少奇》,柏福临、陈绍畴、王作坤编,吉林人民出版社 1998 年。

《走近刘少奇》,张文和、李义凡著,中央文献出版社 1998 年。

《困境中的伟人刘少奇》,李力安、朱元石编著,新世纪出版社 1999 年。

《刘少奇》,万仲泉编,南方出版社 1999 年。

《刘少奇》,王玉强著,中央文献出版社 1999 年。

《刘少奇百周年纪念——全国刘少奇生平和思想研讨会论文集》,刘少奇生平和思想研讨会组织委员会编,中央文献出版社 1999 年。

《刘少奇在人民心中》,萧普刚主编,中央文献出版社 1999 年。

《刘少奇》,张文和编著,河北人民出版社 2000 年。

《话说刘少奇》,中央文献研究室第二编研部编,中央文献出版社 2000 年。

《刘少奇与中共党史重大事件》,王双梅、王玉强编,中央文献出版社 2001 年。

《刘少奇之路:一个伟人的奋斗与命运》,胡长水等著,中共党史出版社 2001 年。

《刘少奇自述》,刘少奇著,中共中央文献研究室二部编,解放军文艺出版社 2003 年。

《刘少奇》,中国国家博物馆编著,上海教育出版社 2006 年。

《刘少奇的故事》,冯世平主编,中共党史出版社 2006 年。

《刘少奇一生》,黄峥著,中央文献出版社 2008 年。

《刘少奇传:1898—1969　上》,金冲及主编,中共中央文献研究室编,中央文献出版社 2008 年。

《刘少奇传:1898—1969　下》,金冲及主编,中共中央文献研究室编,中央文献出版社 2008 年。

《刘少奇自述》,中共中央文献研究室第二编研部编著,国际文化出版公司 2009 年。

《刘少奇自述、纪实》,黄峥编著,广东人民出版社 2009 年。

《刘少奇(1898—1969)》,中共中央文献研究室刘少奇研究组编著,四川人民出版社2009年。

《刘少奇大辞典》,申志诚、黄峥、王双梅主编,中央文献出版社2009年。

《刘少奇》,王玉强著,中央文献出版社2010年。

《刘少奇的故事》,石仲泉、陈登才编,中共党史出版社2010年。

《刘少奇人生纪实》,中央文献研究室科研部图书馆编,凤凰出版社2011年。

《刘少奇纪事(1898—1969)》,李新芝、谭晓萍主编,中央文献出版社2011年。

《红墙里的领袖们刘少奇实录》,于俊道编,中国工人出版社2012年。

《中国工运历史人物传略刘少奇》,顾梦红、李兆瑞著,中国工人出版社2012年。

《刘少奇交往纪实》,于俊道主编,尹宁、文和副主编,中国社会科学出版社2013年。

《刘少奇》,吕章申编,上海教育出版社2014年。

《刘少奇选集》,刘少奇著,人民出版社2018年。

《刘少奇年谱(增订本)》,中共中央党史和文献研究院编,闫建琪主编,中央文献出版社2018年。

刘　晓

《肃霜天晓——刘晓纪念文集》,《刘晓纪念文集》编辑组编,中共党史出版社2008年。

《刘晓画传——纪念刘晓诞辰100周年》,上海市静安区文物管理委员会、中共上海地下组织斗争史陈列馆编,上海人民美术出版社2009年。

龙大道

《龙大道传》,陆景川编写,贵州人民出版社1990年。

《纪念龙大道文集》,陈景川著,华夏文艺出版社2002年。

《龙大道传略》,陆景川、龙显政编著,贵州教育出版社2011年。

卢志英

《卢志英》,中共南京市委党史工作办公室、南京中共党史学会编,南京出版社2013年。

《雨花台烈士传丛书卢志英传》,吕胜梅著,江苏人民出版社2016年。

鲁　迅

《鲁迅——文化新军的旗手:论鲁迅在五四时期和左联时期的文学活动》,唐弢著,湖南人民出版社1979年。

《鲁迅在上海》,山东师院聊城分院编,山东聊城出版社1979年。

《鲁迅在上海——活动旧址图集》,上海鲁迅纪念馆编,上海教育出版社1981年。

《鲁迅传略》,朱正著,人民文学出版社1982年。

《鲁迅评传》,彭定安编著,湖南人民出版社1982年。

《鲁迅研究论文集》,浙江鲁迅研究学会编,浙江文艺出版社1983年。

《民族魂:鲁迅的一生》,陈漱渝著,浙江文艺出版社1983年。

《鲁迅和他的同时代人(上下)》,彭定安、马蹄疾编著,春风文艺出版社1985年。

《鲁迅》,[日]竹内好著、李心峰译,浙江文艺出版社1986年。

《鲁迅回忆录正误》,朱正著,人民文学出版社1986年。

《突破与超越——论鲁迅和他的同时代人》,彭定安著,辽宁大学出版社1987年。

《鲁迅年谱稿》,蒙树宏编著,广西师范大学出版社1988年。

《鲁迅》,宏遂编写著,新华出版社1990年。

《鲁迅与"左联"》,周行之著,文史哲出版社 1991 年。

《思想激流下的中国命运:鲁迅与"左联"》,王宏志著,风云时代出版公司 1991 年。

《当代鲁迅研究史》,袁良骏著,陕西人民教育出版社 1992 年。

《走向鲁迅世界》,彭定安著,辽宁教育出版社 1992 年。

《文化泰斗——鲁迅》,谭桂林编著,中国青年出版社 1994 年。

《直面人生——鲁迅的魅力》,何世明著,广西人民出版社 1994 年。

《鲁迅》,许广平、张恩和著,中国青年出版社 1995 年。

《民族之魂鲁迅》,林凌著,海南国际新闻出版中心 1995 年。

《鲁迅》,海童、橡子著,中国华侨出版社 1996 年。

《鲁迅》,李颖君著,中国国际广播出版社 1996 年。

《鲁迅》,陈漱渝著,中国华侨出版社 1997 年。

《鲁迅的故事》,段为、程阿辉著,时代文艺出版社 1997 年。

《鲁迅评传》,吴俊著,百花洲文艺出版社 1997 年。

《鲁迅自传》,鲁迅著,江苏文艺出版社 1997 年。

《鲁迅》,楚时著,江苏文艺出版社 1999 年。

《鲁迅评传》,曹聚仁著,东方出版中心 1999 年。

《鲁迅传》,钮岱峰著,中国文联出版公司 1999 年。

《鲁迅晚年情怀》,方全林主编,王彬彬著,上海教育出版社 1999 年。

《鲁迅年谱》(增订本),李何林主编,鲁迅博物馆鲁迅研究室编,人民文学出版社 2000 年。

《鲁迅评传》,[俄]波兹德涅耶娃著,吴兴勇、颜雄译,湖南教育出版社 2000 年。

《鲁迅史实考证》,朱正等著,河北教育出版社 2000 年。

《伯父的最后岁月——鲁迅在上海(1927—1936)》,周晔编著,福建教育出版社 2001 年。

《冯雪峰忆鲁迅》,冯雪峰著,河北教育出版社 2001 年。

《活的鲁迅》,房向东编,上海书店出版社 2001 年。

《鲁迅与我 70 年》,周海婴著,南海出版公司 2001 年。

《鲁迅:域外的接近与接受》,张杰著,福建教育出版社 2001 年。

《鲁迅传》,王晓明著,花千树出版有限公司 2001 年。

《无法直面的人生:鲁迅传》,王晓明著,上海文艺出版社 2001 年。

《我读鲁迅》,周东泉编著,百家出版社 2001 年。

《在历史的转折点上——从周树人到鲁迅》,张永泉著,文化艺术出版社 2001 年。

《走向 21 世纪的鲁迅》,高旭东著,中国文联出版社 2001 年。

《鲁迅》,张家林著,延边大学出版社 2002 年。

《寻找鲁迅·鲁迅印象》,钟敬文著译,王得后编,北京出版社 2002 年。

《假如鲁迅活着》,陈明远编,文汇出版社 2003 年。

《人之子——鲁迅传》,项义华著,浙江人民出版社 2003 年。

《世界名人传记 鲁迅》,温恕编写,山西人民出版社 2003 年。

《寻访鲁迅在上海的足迹》,周国伟、柳尚彭著,上海书店出版社 2003 年。

《一代文豪——中国现代文学思想、革命家鲁迅自述》,张明林主编,黑龙江人民出版社 2003 年。

《鲁迅》,左刚强、姚忠泰改编,中国地质大学出版社 2004 年。

《鲁迅传》,林辰著,福建人民出版社 2004 年。

《改造国民性:走近鲁迅》,闫玉刚著,中国社会出版社 2005 年。

《鲁迅与左联》,王宏志著,新星出版社 2006 年。

《无数人们与无穷远方：鲁迅与左翼》，张宁著，复旦大学出版社 2006 年。

《虹口记忆：1927—1936 年鲁迅生活印记》，宋妍著，学林出版社 2009 年。

《纪念鲁迅定居上海 80 周年学术研讨会论文集》，王锡荣主编，上海社会科学院出版社 2009 年。

《鲁迅》，姜宝昌著，晨光出版社 2009 年。

《鲁迅新论》，姜振昌、刘增人主编，中国社会科学出版社 2009 年。

《鲁迅传》，许寿裳著，东方出版社 2009 年。

《1928—1936 年的鲁迅 冯雪峰回忆鲁迅全编》，冯雪峰著，上海文化出版社 2009 年。

《旧影寻踪：鲁迅在上海》，缪君奇编著，上海文化出版社 2010 年。

《鲁迅评传》，吴俊著，百花洲文艺出版社 2010 年。

《鲁迅传》，刘再复著，人民日报出版社 2010 年。

《鲁迅传》，刘再复、林非著，福建教育出版社 2010 年。

《鲁迅传》，许寿裳著，国际文化出版公司 2010 年。

《人间鲁迅》，林贤治著，人民文学出版社 2010 年。

《鲁迅的最后十年》，林贤治著，复旦大学出版社 2011 年。

《鲁迅评传》，曹聚仁著，生活·读书·新知三联书店 2011 年。

《鲁迅论——兼与李泽厚、林岗共悟鲁迅》，刘再复著，中信出版社 2011 年。

《鲁迅年谱》（校注本），曹聚仁著，生活·读书·新知三联书店 2011 年。

《鲁迅小传》，林贤治著，复旦大学出版社 2011 年。

《鲁迅研究》，朱晓进著，中华书局 2011 年。

《鲁迅与"左联"——中国鲁迅研究会理事会 2010 年年会论文集》，谭桂林、吴康主编，湖南师范大学出版社 2011 年。

《鲁迅自述：传奇故事》，张明林编著，西苑出版社 2011 年。

《鲁迅——最后的告别》，孔海珠编著，人民文学出版社 2011 年。

《言说不尽的鲁迅与五四——鲁迅与五四新文化运动学术研讨会论文集》，李继凯等主编，中国社会科学出版社 2011 年。

《印象鲁迅》，王锡荣、黄乔生主编，浙江教育出版社 2011 年。

《鲁迅图传》，黄乔生著，中央编译出版社 2012 年。

《鲁迅新天地》，许怀宋、裘小鲁编，学苑出版社 2012 年。

《文化巨匠鲁迅与上海文化》，梁伟峰著，上海文化出版社 2012 年。

《先生鲁迅——无法告别的灵魂》，肖同庆编著，文汇出版社 2012 年。

《鲁迅与周作人》，孙郁著，现代出版社 2013 年。

《鲁迅传》，高旭东著，人民出版社 2013 年。

《鲁迅传》，朱正著，人民文学出版社 2013 年。

《"横站"鲁迅与左翼文人》，房向东著，上海三联书店 2014 年。

《回忆鲁迅先生》，梅子涵主编，萧红著，华东师范大学出版社 2015 年。

《鲁迅晚年情怀》，王彬彬著，上海人民出版社 2015 年。

《鲁迅传》，许寿裳著，北京时代华文书局 2015 年。

《孤独者鲁迅》，梁由之著，上海三联书店 2016 年。

《鲁迅全传苦魂三部曲之怀霜夜》，张梦阳著，华文出版社 2016 年。

《鲁迅全传苦魂三部曲之野草梦》，张梦阳著，华文出版社 2016 年。

《鲁迅全传苦魂三部曲之会稽耻》，张梦阳著，华文出版社 2016 年。

《鲁迅与〈新青年〉》，上海鲁迅纪念馆编，上海辞书出版社 2016 年。

《鲁迅传》,陈漱渝著,作家出版社 2016 年。

《鲁迅传》,王志艳著,延边大学出版社 2016 年。

《鲁迅传》,许寿裳著,万卷出版公司 2016 年。

《忘却与纪念:鲁迅研究 60 年(1959—2015)》,唐弢等著,上海人民出版社 2016 年。

《太阳下的鲁迅——鲁迅与左翼文人》,房向东著,上海交通大学出版社 2016 年。

《新月边的鲁迅——鲁迅与右翼文人》,房向东著,上海交通大学出版社 2016 年。

《鲁迅与国际友人在上海 1927—1936》,王晓东著,上海科学普及出版社 2016 年。

《回忆鲁迅在上海》,上海鲁迅纪念馆编,上海书店出版社 2017 年。

《纪念鲁迅诞辰 135 年、逝世 80 周年学术研讨会论文集》,上海鲁迅纪念馆编,上海文化出版社 2017 年。

《鲁迅生平与文稿考证》,葛涛著,安徽大学出版社 2017 年。

《鲁迅传》,许寿裳著,吉林出版集团股份有限公司 2017 年。

《寻访鲁迅在上海的足迹》,樊阳、庄帆著,上海科技教育出版社 2017 年。

《纪念鲁迅定居上海 90 周年》,上海鲁迅纪念馆编,上海书店出版社 2018 年。

《鲁迅》,路琳琳著,延边人民出版社 2018 年。

《鲁迅文集》,鲁迅著,北京燕山出版社 2018 年。

《鲁迅与上海》,上海鲁迅纪念馆编,上海社会科学出版社 2018 年。

《鲁迅传》,陈漱渝著,北方文艺出版社 2018 年。

《鲁迅传》,范阳阳著,长春出版社 2018 年。

《鲁迅传》,朱正著,人民文学出版社 2018 年。

《走读鲁迅》(修订本),陈光中著,当代中国出版社 2018 年。

骆何民

《雨花台烈士传丛书骆何民传》,周冠军著,江苏人民出版社 2017 年。

马 林

《马林与第一次国共合作》,李玉贞主编、杜魏华副主编,光明日报出版社 1989 年。

马沛毅

《60 位为新中国成立做出突出贡献的英雄模范人物 60 位新中国成立以来感动中原人物》,"双六十"评选活动组委会编,徐惠玲主编,河南人民出版社 2011 年。

毛泽东

《毛泽东的早期革命活动》,李锐著,湖南人民出版社 1980 年。

《毛泽东同志的青少年时代和初期革命活动》,萧三著,中国青年出版社 1980 年。

《毛泽东》,王卓明编写,山东人民出版社 1983 年。

《毛泽东》,[美]斯图尔特·施拉姆著,中共中央文献研究室《国外研究毛泽东思想资料选辑》编辑组编译,红旗出版社 1995 年。

《毛泽东的中国》,[法]卡罗尔著,刘立仁、贺季生译,贵州人民出版社 1988 年。

《直道而行为中华——毛泽东及其反对者》,[英]克莱尔·霍林沃丝著,张宗庆等译,东南大学出版社 1989 年。

《我和毛泽东的一段曲折经历》,萧瑜著,陈重等编译,北京:昆仑出版社 1989 年。

《青年毛泽东》,高菊村、陈峰、唐振南、田余粮著,中共党史资料出版社 1990 年。

《毛泽东的艰辛开拓》,石仲泉著,中共党史资料出版社 1990 年。

《历史选择了毛泽东》,叶永烈著,上海人民出版社 1992 年。

《毛泽东的早年与晚年》,李锐著,贵州人民出版社 1992 年。

《毛泽东年谱 1893—1949(上中下卷)》,逄先知主编,中央文献研究室编,人民出版社 1993 年。

《毛泽东经济年谱》,顾龙生编著,中共中央党校出版社 1993 年。

《毛泽东:一代政治领袖》,高健生著,吉林人民出版社 1993 年。

《毛泽东在上海》,中共上海市委党史研究室编,中共党史出版社 1993 年。

《毛泽东传》,[美]R.特里尔著,刘路新、高庆国译,河北人民出版社 1993 年。

《三十岁以前的毛泽东》,李锐著,广东人民出版社 1994 年。

《毛泽东全传(卷 1—4)》,辛子陵著,利文出版社 1995 年。

《世纪伟人毛泽东》,蒋建农编,红旗出版社 1996 年。

《伟人之初毛泽东》,曹志为著,浙江人民出版社 1996 年。

《毛泽东研究全书(卷 1—6)》,张静如编,长春出版社 1997 年。

《毛泽东与当代中国》,李君如著,福建人民出版社 1997 年。

《毛泽东与毛泽东后的当代中国》,李君如著,福建人民出版社 1997 年。

《毛泽东传:1893—1949》,中共中央文献研究室编,中央文献出版社 1996 年。

《开国领袖毛泽东》,王朝柱著,上海人民出版社 1999 年。

《困境中的伟人:毛泽东》,蒋伯英编著,新世纪出版社 1999 年。

《毛泽东》,石仲泉编,广东教育出版社 1999 年。

《毛泽东》,曹志为编著,河北人民出版社 2000 年。

《毛泽东与新中国》,张树辉编著,海燕出版社 2000 年。

《读懂毛泽东》,张启华著,四川人民出版社 2001 年。

《东方巨人毛泽东》,李捷、于俊道编,解放军出版社 2001 年。

《毛泽东之路 2 民族救星:1935—1945 的毛泽东》,张树军等著,中国青年出版社 2001 年。

《历史的真迹——毛泽东风雨沉浮五十年》,邸延生著,新华出版社 2002 年。

《毛泽东在上海》,中共上海市委党史研究室、中共一大会址纪念馆、上海毛泽东旧居编著,上海书店出版社 2003 年。

《毛泽东传 1949—1976》,逄先知、金冲及编,中央文献出版社 2003 年。

《毛泽东与上海民主人士》,尚同编著,中央文献出版社 2004 年。

《毛泽东传》,[英]肖特著,仝小秋译,宁夏人民出版社 2005 年。

《中国的共产主义与毛泽东的崛起》(插图本),[美]本杰明·I.史华慈著,陈玮译,中国人民大学出版社 2006 年。

《毛泽东历险纪实》,山齐著,中国青年出版社 2007 年。

《毛泽东》,[英]威尔逊著,中央文献研究室《国外研究毛泽东思想资料选辑》编辑组编译,中央文献出版社 2008 年。

《毛泽东生平全纪录》,柯延编,中央文献出版社 2009 年。

《毛泽东文集》(全 8 卷),中共中央文献研究室编,人民出版社 2009 年。

《毛泽东》,冯蕙、李捷著,中央文献出版社 2010 年。

《毛泽东生平实录》,黄允升编,红旗出版社 2011 年。

《毛泽东传》,中央文献研究室编,中央文献出版社 2011 年。

《建国录——毛泽东别传》,陈冠任编,华文出版社 2012 年。

《中国工运历史人物传略毛泽东》,何虎生著,中国工人出版社 2012 年。

《青年毛泽东》,赵遵生著,东方出版社 2013 年。

《毛泽东传峥嵘岁月 1893—1923》,李锐著,京华出版社 2013 年。

《实录毛泽东(1—4)》,李捷、于俊道主编,长征出版社 2013 年。

《青年毛泽东之路》,覃晓光、文热心著,湖南人民出版社 2014 年。

《毛泽东传》,〔俄〕亚历山大·V.潘佐夫著,卿文辉译,中国人民大学出版社 2015 年。

《青年毛泽东之路》,覃晓光、文热心著,湖南人民出版社 2015 年。

《解读青年毛泽东》,张锦力著,中央文献出版社 2016 年。

《从〈毛泽东年谱(1949—1976)〉看中国道路》,毛泽东思想生平研究会、中央文献研究室第一编研部编,中央文献出版社 2017 年。

《毛泽东的道路》,张万禄著,陕西人民出版社 2017 年。

《毛泽东传奇》,龚一编著,中共中央党校出版社 2018 年。

《毛泽东纪事》,李新芝、郑明俊编,中央文献出版社 2018 年。

《毛泽东时代的中国》,陈晋主编,外文出版社 2018 年。

《实录毛泽东(1—4)》,李捷、于俊道主编,北京联合出版社 2018 年。

《毛泽东与近代中国》,李君如著,上海人民出版社 2019 年。

茅　盾

《我走过的道路》,茅盾著,人民文学出版社 1981 年。

《茅盾》,侯成言著,黑龙江人民出版社 1982 年。

《茅盾》,庄钟庆著,人民文学出版社 1983 年。

《茅盾漫评》,叶子铭著,百花文艺出版社 1983 年。

《茅盾研究资料》,孙中田、查国华编,中国社会科学出版社 1983 年。

《茅盾年谱》,查国华著,长江文艺出版社 1985 年。

《茅盾史实发微》,庄钟庆著,湖南人民出版社 1985 年。

《茅盾的早年生活》,孔海珠、王尔龄著,湖南文艺出版社 1986 年。

《茅盾纪实》,庄钟庆编,四川文艺出版社 1986 年。

《茅盾年谱》,万树玉编著,浙江文艺出版社 1986 年。

《茅盾》,孙中田李庆国著,人民出版社 1987 年。

《茅盾评传》,邵伯周著,四川文艺出版社 1987 年。

《一代文豪茅盾的一生》,李广德著,上海文艺出版社 1988 年。

《茅盾传》,李标晶著,团结出版社 1990 年。

《艰辛的人生——茅盾传》,沈卫威著,业强出版社 1991 年。

《中国革命与茅盾的文学道路》,史瑶主编,杭州大学出版社 1991 年。

《简明茅盾词典》,李标晶、王嘉良编,甘肃教育出版社 1993 年。

《茅盾年谱》,唐金海、刘长鼎编,山西高校联合出版社 1996 年。

《茅盾传》,钟桂松著,东方出版社 1996 年。

《茅盾自传》,茅盾著,江苏文艺出版社 1996 年。

《茅盾与二十世纪》,中国茅盾文学研究会编,华夏出版社 1997 年。

《茅盾与二十世纪中国文化》,王嘉良主编,天津人民出版社 1997 年。

《永远的茅盾》,钟桂松编,浙江文艺出版社 1998 年。

《茅盾》,钟桂松著,中国华侨出版社 1998 年。

《茅盾评传》,丁尔纲著,重庆出版社 1998 年。

《茅盾日记》,茅盾著,查国华、查汪宏编,山西教育出版社 1998 年。

《茅盾传——坎坷与辉煌》,钟桂松著,河南文艺出版社 1998 年。

《茅盾:都市子夜的呼号》,宋炳辉著,上海教育出版社 2000 年。

《茅盾:翰墨人生八十秋》,丁尔纲著,长江文艺出版社 2000 年。

《文学巨匠茅盾》,郑彭年著,新华出版社 2001 年。

《茅盾——行走在理想和现实之间》,钟桂松著,大象出版社 2004 年。

《我的父亲茅盾》,韦韬、陈小曼著,辽宁人民出版社 2004 年。

《逃墨馆主——茅盾传》,余连祥著,浙江人民出版社 2006 年。

《革命与形式:茅盾早期小说的现代性展开 1927——1930》,陈建华著,复旦大学出版社 2007 年。

《茅盾正传》,钟桂松著,江苏文艺出版社 2010 年。

《性情与担当——茅盾的矛盾人生》,钟桂松著,复旦大学出版社 2011 年。

《茅盾回忆录(上下)》,茅盾、韦韬著,华文出版社 2013 年。

《论茅盾的生活与创作》,孙中田著,中华书局 2015 年。

《茅盾文集(第 1—8 卷)》,茅盾著,钟桂松编,中华工商联合出版社 2015 年。

《图本茅盾传》,孙中田著,长春出版社 2015 年。

《茅盾文集(第 9—10 卷)》,茅盾著,钟桂松编,中华工商联合出版社 2016 年。

《纪念茅盾诞辰 120 周年论文集》,中国茅盾研究会编,华东师范大学出版社 2018 年。

《茅盾:却忆清凉山下路》,钟桂松著,黄山书社 2018 年。

茅丽瑛

《茅丽瑛》,吴纪椿、毛和利编写,上海文化出版社 1999 年。

《烈士与纪念馆研究第 11 辑》,龙华烈士纪念馆编,上海人民出版社 2009 年。

《话说上海》,盛巽昌、张锡昌主编,学林出版社 2010 年。

《中共党史人物传第 13 卷》,中国中共党史人物研究会编,中国人民大学出版社 2017 年。

聂 耳

《少年时代的聂耳》,聂叙伦编著,新蕾出版社 1981 年。

《聂耳传略》,史君良编著,香港上海书局 1982 年。

《聂耳》,王逸改编,中国电影出版社 1982 年。

《聂耳评传》,汪毓和著,人民音乐出版社 1987 年。

《永生的海燕聂耳、冼星海纪念文集》,聂耳著,冼星海学会编,人民音乐出版社 1987 年。

《聂耳》,小鹿编,中国和平出版社 1991 年。

《聂耳传》,王懿之著,上海音乐出版社 1992 年。

《聂耳》,小鹿编著,中国和平出版社 1996 年。

《聂耳:民族乐魂》,雷红薇编文,南方出版社 1997 年。

《聂耳:国歌作曲者》,方全林主编,王之平著,上海教育出版社 1999 年。

《聂耳:匆匆却又永恒》,刘琼著,大象出版社 2002 年。

《聂耳——闪光的生涯》,[日]齐藤孝治著,庄丽译,上海音乐出版社 2003 年。

《聂耳日记》,聂耳著、李辉主编,大象出版社 2004 年。

《人民日报上的聂耳》,玉溪市图书馆编,云南人民出版社 2008 年。

《国歌的曲作者:聂耳》,朱自强编,吉林文史出版社 2008 年。

《人民音乐家——聂耳》，吴宝璋著，云南人民出版社 2014 年。

钮永建

《钮永建与俞塘民众教育馆》，张乃清著，上海人民出版社 2011 年。

《钮永建年谱》，张乃清编著，中西书局 2017 年。

欧阳立安

《浦江丰碑——上海英烈故事》，俞克明主编，上海教育出版社 2009 年。

《英勇最年少欧阳立安》，钟铁球编著，湖南人民出版社 2019 年。

潘汉年

《回忆潘汉年》，本书编辑组编，江苏人民出版社 1985 年。

《从驰骋疆场到失踪——蒙冤二十七载的潘汉年》，陶柏康著，中国广播电视出版社 1989 年。

《潘汉年非凡的一生》，陈修良著，上海社会科学院出版社 1989 年。

《功臣与罪人：潘汉年的悲剧》，王朝柱著，海天出版社 1993 年。

《潘汉年》，谭元亨著，甘肃人民出版社 1996 年。

《潘汉年传》，尹骐著，中国人民公安大学出版社 1996 年。

《潘汉年——谍海奇人》，张天民等原著，钟羽、北云改编，中国国际广播出版社 1996 年。

《潘汉年传奇》，张云著，上海人民出版社 1996 年。

《潘汉年——屡建奇功的一代英才》，武在平著，天津人民出版社 1997 年。

《潘汉年传》，张云著，上海人民出版社 2006 年。

《潘汉年的情报生涯》，尹骐著，人民出版社 2011 年。

《红色特工：潘汉年传》，王凡著，三联书店（香港）有限公司 2011 年。

《潘汉年全传》，武在平著，天津人民出版社 2015 年。

彭 冲

《彭冲纪念文集》，中共中央党史研究室编，中共党史出版社 2015 年。

彭 康

《彭康纪念文集》，西安交通大学编，西安交通大学出版社 2009 年。

《彭康——一个人与一所大学的传奇》，贾箭鸣著，西安交通大学出版社 2018 年。

彭 湃

《彭湃（增订本）》，侯枫编，广东人民出版社 1978 年。

《彭湃文集》，彭湃著，中共广东省委宣传部编，人民出版社 1981 年。

《彭湃研究史料》，《彭湃研究史料》编辑组编，广东人民出版社 1981 年。

《回忆彭湃》，刘林松、蔡洛编，人民出版社 1992 年。

《彭湃》，陆里著，中国青年出版社 1994 年。

《彭湃的故事》，彭迎编，花山文艺出版社 1996 年。

《海丰——纪念彭湃诞辰一百周年》，中共海丰县委宣传部编，张文浩主编，深圳国际彩印公司 1996 年。

《彭湃和他的战友》，中共海丰县党史研究室编，中共党史出版社 2006 年。

《彭湃年谱》,郭德宏编著,中共中央党校出版社 2007 年。

《彭湃年谱》,叶左能主编,中共中央党校出版社 2007 年。

《彭湃研究》,郭德宏著,中共中央党校出版社 2007 年。

《彭湃研究史料(上下)》,叶佐能编,中共中央党校出版社 2007 年。

《农民运动大王:彭湃》,潘利红、张冰著,广东人民出版社 2008 年。

《100 位为新中国成立作出突出贡献的英雄模范人物彭湃》,于元编著,吉林文史出版社 2011 年。

《彭湃文集》,彭湃著,人民出版社 2013 年。

《为理想奋斗的彭湃一家》,陈平主编,人民出版社 2017 年。

钱 瑛

《忆钱瑛》,帅孟奇主编,解放军出版社 1986 年。

《新中国第一任监察部部长钱瑛》,钱生之、钱跃进编著,中共党史出版社 2014 年。

钱壮飞

《钱壮飞》,中共湖州市委党史办公室编,中共党史出版社 2006 年。

《钱壮飞(1896—1935)》,中共湖州市委党史研究室编,中共党史出版社 2011 年。

《100 位为新中国成立作出突出贡献的英雄模范人物钱壮飞》,褚当阳、刘爽编著,吉林文史出版社 2011 年。

《钱壮飞》,中共南京市委党史工作办公室、南京中共党史学会编,南京出版社 2013 年。

瞿秋白

《忆秋白》,《忆秋白》编辑小组编,人民文学出版社 1981 年。

《瞿秋白》,陈云志编著,黑龙江人民出版社 1982 年。

《瞿秋白年谱》,周永祥编写,广东人民出版社 1983 年。

《瞿秋白论稿》,王铁仙著,华东师范大学出版社 1984 年。

《瞿秋白研究文选》,丁景唐等著,天津人民出版社 1984 年。

《瞿秋白思想研究》,丁守和著,四川人民出版社 1985 年。

《瞿秋白选集》,瞿秋白著,人民日报出版社 1985 年。

《瞿秋白研究文集》,陈铁健等编,中共党史资料出版社 1986 年。

《瞿秋白传》,王士菁编,四川人民出版社 1985 年。

《瞿秋白传》,陈铁健著,上海人民出版社 1986 年。

《瞿秋白研究》,冒炘著,中国矿业大学出版社 1989 年。

《革命先驱瞿秋白》,史洪著,中国劳动出版社 1990 年。

《瞿秋白评传》,鲁云涛著,四川文艺出版社 1991 年。

《瞿秋白评传》,叶楠著,河海大学出版社 1991 年。

《瞿秋白年谱新编》,周永祥著,学林出版社 1992 年。

《瞿秋白的故事》,杨金达著,陕西人民教育出版社 1993 年。

《瞿秋白年谱长编》,姚守中等编著,江苏人民出版社 1993 年。

《瞿秋白与鲁迅》,朱美宜著,海洋出版社 1993 年。

《瞿秋白》,金石编著,中国青年出版社 1994 年。

《从书生到领袖:瞿秋白》,陈铁健著,上海人民出版社 1995 年。

《从天香楼到罗汉岭:瞿秋白综论》,刘福勤著,广西师范大学出版社 1995 年。

《瞿秋白》，阎纯德编著，中国和平出版社 1996 年。

《瞿秋白自传》，瞿秋白著，江苏文艺出版社 1996 年。

《瞿秋白的故事》，陈洁著，时代文艺出版 1997 年。

《瞿秋白印象》，丁景唐、丁言模编，学林出版社 1997 年。

《瞿秋白》，王静、陆文桂著，江苏文艺出版社 1999 年。

《20 世纪文化伟人瞿秋白》，汪诚国著，中央文献出版社 1999 年。

《瞿秋白与鲁迅》，许京生著，华文出版社 1999 年。

《瞿秋白》，张琳璋著，中国华侨出版社 1999 年。

《瞿秋白：学者兼革命家》，方全林主编，严慈著，上海教育出版社 1999 年。

《瞿秋白与他的同时代人》，孙淑、汤淑敏编，南京大学出版社 1999 年。

《总想为大家辟一条光明的路——瞿秋白大事记述》，朱钧侃、刘福勤等主编，南京大学出版社 1999 年。

《瞿秋白百周年纪念——全国瞿秋白生平和思想研讨会论文集》，瞿秋白生平和思想研讨会组织委员会编，中央文献出版社 1999 年。

《瞿秋白》，蓝鸿文、许焕隆著，人民日报出版社 2000 年。

《瞿秋白》，瞿秋白著述，中国社会科学出版社 2003 年。

《瞿秋白研究新探》，江苏省瞿秋白研究会选编，汤淑敏、蒋兆年、叶楠主编，南京大学出版社 2003 年。

《瞿秋白与共产国际》，张秋实著，中共党史出版社 2004 年。

《马克思主义者瞿秋白》，龙德成著，中共党史出版社 2005 年。

《瞿秋白》，江苏省瞿秋白研究会等编江苏美术出版社 2005 年。

《瞿秋白》，张琳璋著，中央文献出版社 2005 年。

《瞿秋白的历史功绩》，中共江苏省党史工作办公室、江苏省瞿秋白研究会编，中国文联出版社 2005 年。

《中国革命思想家瞿秋白》，刘洋、陈浩编著，远方出版社 2005 年。

《瞿秋白年谱详编》，刘小中、丁言模编著，中央文献出版社 2008 年。

《瞿秋白的这一生》，高卫华、郭化夷著，湖北人民出版社 2009 年。

《解密档案中的瞿秋白》，张秋实著，东方出版社 2011 年。

《瞿秋白》，葛军编著，北京工业大学出版社 2012 年。

《瞿秋白与名人往事》，中共上海市普陀区委党史研究室编著，中国社会出版社 2012 年。

《瞿秋白与杨之华》，丁言模著，中国社会出版社 2013 年。

《瞿秋白文集 1—8 卷》，瞿秋白著，人民出版社 2013 年。

《瞿秋白与共产国际代表》，丁言模著，中国社会出版社 2014 年。

《瞿秋白与中共党史研究》，周一平著，社会科学文献出版社 2014 年。

《瞿秋白》，王铁仙、刘福勤著，江苏人民出版社 2015 年。

《瞿秋白、鲁迅等人往事探觅》，丁言模著，中国社会出版社 2015 年。

《瞿秋白研究》，瞿秋白纪念馆编，南京大学出版社 2015 年。

《瞿秋白与中共党史》，季甄馥著，上海社会科学院出版社 2015 年。

《瞿秋白与左翼文学的中国化进程》，傅修海著，人民出版社 2015 年。

《瞿秋白在马克思主义中国化中的理论贡献》，周淑芳著，武汉大学出版社 2016 年。

《瞿秋白对马克思主义中国化的早期探索》，金蕾蕾著，中国社会科学出版社 2017 年。

任天石

《雨花台烈士传丛书——任天石传》，周燕、刘品玉、杨洪著，江苏人民出版社 2016 年。

《雨花英烈系列雨花忠魂"民抗"司令——任天石烈士传》，刘仁前著，江苏文艺出版社 2016 年。

柔 石

《柔石日记》，柔石著，赵帝江、姚锡佩编，山西教育出版社 1998 年。

《柔石年谱》，王艾村编著，西南师范大学出版社 1998 年。

《血凝早春——柔石》，孔海珠著，山东画报出版社 1998 年。

《柔石二十章》，杨东标著，宁波出版社 2002 年。

《柔石评传》，王艾村著，上海人民出版社 2002 年。

沙文汉

《百年缱绻——沙文汉陈修良画传》，沙尚之主编，上海社会科学院出版社 2007 年。

《沙文汉陈修良年谱》，马福龙、沈忆琴主编，上海社会科学院出版社 2007 年。

《中共党史人物传（第 34 卷）》，中国中共党史人物研究会编，中国人民大学出版社 2018 年。

邵力子

《邵力子文集》，邵力子著，傅学文编，中华书局 1985 年。

《和平老人邵力子》，中国人民政治协商会议全国委员会文史资料研究委员会办公室编，文史资料出版社 1985 年。

《邵力子传》，朱顺佐著，浙江大学山版社 1988 年。

《我的祖父邵力子》，邵黎黎、孙家轩著，河海大学出版社 2000 年。

《回忆邵力子》，全国政协文史资料和学习委员会编，中国文史出版社 2016 年。

沈鼎法

《上海英烈传（第八卷）》，中共上海市委党史研究室编，上海远东出版社 1994 年。

《崇明县民众抗日自卫总队征战纪实》，汤进达著，上海人民出版社 2015 年。

《上海党史资料汇编（第 5 编）：党史人物》，中共上海市委党史研究室编，上海书店出版社 2018 年。

宋庆龄

《宋庆龄纪念集》，香港文汇报编，香港文汇报 1981 年。

《宋庆龄纪念集》，人民出版社编，人民出版社 1982 年。

《纪念宋庆龄同志》，中华人民共和国名誉主席宋庆龄同志故居编，文物出版社 1982 年。

《宋庆龄的故事》，马光复编著，辽宁人民出版社 1983 年。

《宋庆龄》，宋庆龄基金会编辑，中国建设杂志社 1984 年。

《女中之杰：宋庆龄》，孙永猛著，山东人民出版社 1985 年。

《宋庆龄与抗日救亡运动》，郑灿辉等，福建人民出版社 1986 年。

《宋庆龄年谱》，尚明轩等编著，中国社会科学院出版社 1986 年。

《宋庆龄》，蒋洪斌著，江苏人民出版社 1987 年。

《宋庆龄伟大光荣的一生》，宋庆龄基金会编，中国和平出版社 1987 年。

《宋庆龄的足迹》，蒋洪斌著，黑龙江人民出版社 1988 年。

《宋庆龄传》，陈漱渝著，北方妇女儿童出版社 1988 年。

《宋庆龄传》，吕明灼著，上海人民出版社 1988 年。

《宋庆龄传》，刘家泉著，中国文联出版公司 1988 年。

《宋庆龄》，崔艳秋著，新华出版社1990年。

《宋庆龄与何香凝》，唐瑛绢著，中国和平出版社1990年。

《宋庆龄在上海》，中共上海市委党史资料征集委员会、上海宋庆龄故居管理处编，学林出版社1990年。

《宋庆龄传》，李桓著，北京出版社1990年。

《宋庆龄传》，尚明轩、唐宝林著，北京出版社1990年。

《宋庆龄与孙中山》，彭怀恩著，风云论坛社1990年。

《宋庆龄传》，尚明轩、唐宝林著，北京出版社1990年。

《女杰宋庆龄》，蒋洪斌编著、中国福利会儿童时代社编，百家出版社1991年。

《宋庆龄》，张开城、胡安宇著，青岛海洋大学出版社1991年。

《纪念宋庆龄文集》，宋庆龄基金会办公室编，中国和平出版社1992年。

《宋庆龄论儿童教育和儿童工作1927—1981》，宋庆龄著，中国福利会编，上海教育出版社1992年。

《宋庆龄：二十世纪的伟大女性》，〔波兰〕伊斯雷尔·爱泼斯坦著，沈苏儒译，人民出版社1992年。

《宋庆龄走过的道路》，宋庆龄基金会编，中国和平出版社1993年。

《宋庆龄的故事》，郭桂英、林志香、京柱编著，中共党史出版社1994年。

《宋庆龄》，黄维钧编著，中国和平出版社1996年。

《宋庆龄与中国抗日战争》，张世福编，上海社会科学院出版社1996年。

《宋庆龄全传》，陈廷一著，青岛出版社1996年。

《宋庆龄辞典》，张磊编，广东人民出版社1996年。

《宋庆龄》，周荣毅著，昆仑出版社1998年。

《困境中的伟人》，宋庆龄、刘家泉编著，新世纪出版社1999年。

《宋庆龄》，邹英毅著，昆仑出版社1999年。

《宋庆龄与二十世纪》，上海市孙中山宋庆龄文物管理委员会、上海宋庆龄研究会著，上海社会科学院出版社1999年。

《宋庆龄与中国名人》，刘国友等主编，中华人民共和国名誉主席宋庆龄陵园编，上海人民出版社1999年。

《宋庆龄与二十世纪学术研讨会论文集》，上海宋庆龄研究会等主编，上海三联书店2000年。

《宋庆龄的非常之路》，刘家泉著，李力安主编，人民出版社2001年。

《宋庆龄年谱长编(1893—1948)》，尚明轩主编，北京出版社2002年。

《宋庆龄大传》，陈冠任著，团结出版社2003年。

《宋庆龄与国共关系》，季鸿生著，武汉出版社2003年。

《宋庆龄》，盛永华著，广东人民出版社2004年。

《宋庆龄的思想、精神和品格学术研讨会论文集》，上海宋庆龄研究会编，中国福利会出版社2004年。

《宋庆龄全传》，陈廷一著，中国社会出版社2004年。

《上海孙中山宋庆龄文物图录》，秦量主编，上海辞书出版社2005年。

《20世纪的伟大女性——宋庆龄》，盛永华著，广东人民出版社2006年。

《宋庆龄年谱(1893—1981)》(上、下册)，盛永华编，广东人民出版社2006年。

《宋庆龄图传》，刘东平著，中国青年出版社2006年。

《国比天大：宋庆龄》，陈廷一著，东方出版社2008年。

《宋庆龄的思想实践与和谐社会建设学术研讨会论文集》，许德馨主编，中国福利会出版社2008年。

《寻访宋庆龄在上海的足迹》，上海宋庆龄基金会编，中国福利会出版社2008年。

《宋庆龄》，陈兆丰著，上海教育出版社2009年。

《宋庆龄年谱长编》，尚明轩编，社会科学文献出版社2009年。

《国之瑰宝：宋庆龄文物故事》，上海宋庆龄故居纪念馆编，上海科学普及出版社 2011 年。

《宋庆龄及其时代国际学术研讨会论文集》，上海宋庆龄研究会等编，中国福利会出版社 2011 年。

《宋庆龄往事》，何大章著，人民文学出版社 2011 年。

《宋庆龄上海史迹寻踪》，王志鲜、段炼编著，上海辞书出版社 2011 年。

《宋庆龄致陈志昆夫妇陈燕书信选编》，上海宋庆龄基金会编，中国福利会出版社 2011 年。

《宋庆龄书信选编》，上海宋庆龄故居纪念馆编，上海辞书出版社 2012 年。

《宋庆龄传：风华之后再无风华》，陈漱渝著，人民日报出版社 2012 年。

《永不飘逝的记忆，我家与宋庆龄事业的情缘》，上海宋庆龄故居纪念馆编，东方出版中心 2013 年。

《身份、组织与政治：宋庆龄和保盟中福会研究(1938—1958)》，徐锋华著，上海书店出版 2013 年。

《宋庆龄与上海》，金晓春主编，傅强编文，陆旻、邬海佳、沈若鸿绘图，上海人民美术出版社 2013 年。

《宋庆龄研究论丛》，尚明轩著，西苑出版社 2013 年。

《精诚无间同忧乐——宋庆龄》，鄢增华著，南京出版社 2014 年。

《宋庆龄与民主斗士》，熊尚厚著，团结出版社 2014 年。

《不朽的岁月宋庆龄在莫利爱路寓所》，刘金驰主编，上海人民出版社 2014 年。

《宋庆龄与孙中山》，何大章著，中国文史出版社 2015 年。

《宋庆龄一生》，姜华宣编著，中共党史出版社 2015 年。

《中国是不可征服的——宋庆龄与中国人民抗日战争暨世界反法西斯战争》，赵永峰主编，东方出版中心 2015 年。

《一个真实的宋庆龄》(第 3 版)，何大章著，香港中和出版有限公司 2016 年。

《魅力宋庆龄》，汤雄著，团结出版社 2017 年。

《宋庆龄全传》，刘素平著，团结出版社 2017 年。

《中共党史人物传(第 28 卷)》，中国中共党史人物研究会，中国人民大学出版社 2017 年。

《宋庆龄与她的慈善事业》，中国福利会主编，沈海平编著，中国中福会出版社 2018 年。

《宋庆龄文物故事》，上海宋庆龄故居纪念馆编著，上海人民出版社 2020 年。

《宋庆龄与路易·艾黎》，上海宋庆龄故居纪念馆编著，上海人民出版社 2020 年。

宋时轮

《武功文事彪炳青史缅怀宋时轮将军》，军事科学院宋时轮纪念文集编辑组编，军事科学出版社 1997 年。

《学习毛泽东指导战争的伟大实践》，宋时轮著，战士出版社 1983 年。

《虎将宋时轮》，宋崇实编，知识产权出版社 2013 年。

苏兆征

《苏兆征研究史料》，中共广东省委党史研究委员会办公室、中共珠海市委党史办公室编，广东人民出版社 1985 年。

《苏兆征传》，卢权、禤倩红著，上海人民出版社 1986 年。

《中国早期无产阶级革命家的故事苏兆征、彭湃》，郑传云著，江西美术出版社 1993 年。

《苏兆征评传》，叶庆科著，山西人民出版社 1994 年。

《苏兆征的故事》，梁创坚著，汕头大学出版社 1998 年。

《苏兆征中国工人运动领袖》，卢权著，珠海出版社 2006 年。

《珠海历史人物图志 1 苏兆征》，珠海市文化广电新闻出版局(版权局)、珠海市博物馆编，珠海出版社 2007 年。

《画说珠海历史名人 7　中国工人运动的杰出领袖：苏兆征》，徐惠萍主编，珠海出版社 2009 年。

《100 位为新中国成立作出突出贡献的英雄模范人物：苏兆征》，闫峰著，吉林文史出版社 2011 年。

《中国工运历史人物传略：苏兆征》，卢权、禤倩红著，中国工人出版社 2012 年。

《苏兆征文集》，苏兆征著，人民出版社 2013 年。

《从海员到中国工人运动的杰出领袖：共和国英烈苏兆征》，珠海市博物馆编，珠海出版社 2014 年。

《中共党史人物传第 3 卷》，中国中共党史人物研究会，中国人民大学出版社 2017 年。

苏振华

《百战将星苏振华》，杨肇林著，解放军文艺出版社 2000 年。

《从高山到大海——共和国上将苏振华》，杨肇林、丑运洲、乔崖著，解放军出版社 2001 年。

《开国十上将》，宋国涛、何念选等编著，中共党史出版社 2006 年。

粟　裕

《名将粟裕》，老战士诗文集编委会、中国革命博物馆编，新华出版社 1986 年。

《一代名将——回忆粟裕同志》，本社编，上海人民出版社 1986 年。

《粟裕军事文集》，粟裕著，孙克骥主编，解放军出版社 1989 年。

《粟裕文选》，粟裕文选编辑组编，军事科学出版社 2004 年。

《粟裕画传》，孙志军、粟戎生主编，中共江苏省委党史工作办公室编，中央文献出版社 2007 年。

《粟裕回忆录》，粟裕著，解放军出版社 2007 年。

《无冕元帅一个真实的粟裕》，张雄文著，人民出版社 2008 年。

《粟裕大将》，高艇、董钰编著，四川人民出版社 2009 年。

《粟裕大将画传》，高艇、董钰编著，四川人民出版社 2009 年。

《粟裕》，任洪森、张大庆编著，浙江大学出版社 2011 年。

《粟裕年谱》，中共江苏省委党史工作办公室编，朱楹、温镜湖撰稿，当代中国出版社 2012 年。

《战神粟裕》，刘志青著，解放军出版社 2016 年。

汤景延

《新四军人物志上集》，马洪才编，江苏人民出版社 1985 年。

《江海英烈传》，中共南通市委党史资料征集研究委员会、南通市民政局编，江苏人民出版社 1987 年。

《上海英烈传（第 4 卷）上海解放四十周年专辑》，张义渔主编，中共上海市委党史资料征集委员会、上海市民政局编，百家出版社 1989 年。

《革命烈士传第 9 集》，《革命烈士传》编辑委员会编，中共党史资料出版社 1991 年。

《勇者无畏为国捐躯的八百将校》，中国军事博物馆编著，光明日报出版社 1995 年。

陶静轩

《党史资料丛刊（1982 年第 3 辑）》，上海人民出版社党史资料丛刊编辑部编，上海人民出版社 1982 年。

《革命烈士传记资料》，中央档案馆编，中共中央党校出版社 1983 年。

《上海纺织工人运动史》，谭抗美等编，中共党史出版社 1991 年。

《中国工人运动史话 2》，邹沛、刘真编著，中国工人出版社 1993 年。

《中共党史人物传（第 35 卷）》，中国中共党史人物研究会编，中国人民大学出版社 2017 年。

田　汉

《田汉评传》，何寅泰、李达三著，湖南人民出版社 1984 年。

《田汉》，中国人民政治协商会议全国委员会编，文史资料出版社 1985 年。

《田汉——回忆田汉专辑》，中国人民政治协商会议全国委员会文史资料研究委员会编，文史资料出版社 1985 年。

《田汉——纪念田汉同志诞生八十五周年》，中国人民政治协商会议全国委员会文史资料研究委员会编，文史资料出版社 1985 年。

《田汉年谱》，张向华编，中国戏剧出版社 1992 年。

《田汉》，何周编著，中国和平出版社 1996 年。

《戏剧魂——田汉评传》，刘平著，中央文献出版社 1998 年。

《田汉评传》，田本相等著，重庆出版社 1998 年。

《田汉》，董健著，中国华侨出版社 1999 年。

《田汉文集》，田汉著、刘纳编选，华夏出版社 2000 年。

《田汉百年纪念文集：“田汉研究”第二辑》，中国田汉研究会、田汉基金会学术部编，中国电影出版社 2001 年。

《田汉自述》，田汉著，大象出版社 2002 年。

《我的父亲田汉》，田申著，辽宁人民出版社 2011 年。

《回忆田汉》，陈惠丰编，中国文史出版社 2015 年。

《中共党史人物传第 76 卷》，中国中共党史人物研究会编，中国人民大学出版社 2017 年。

《田汉的一生》，谭仲池著，人民文学出版社 2018 年。

汪道涵

《汪道涵传》，何若涵著，月旦出版社 1999 年。

《怀念汪道涵》，上海交通大学编，上海交通大学出版社 2007 年。

《无限的思念汪道涵纪念影像》，本社著，上海书画出版社 2010 年。

《报国有心爱国无限：汪道涵百年诞辰纪念文集》，本书编辑组编，上海人民出版社 2015 年。

《汪道涵文集（上下）》，汪道涵著，生活·读书·新知三联书店 2015 年。

王荷波

《纪念王荷波同志诞生一百周年（1882—1982）专刊》，中共福州市委宣传部、中共福州市委党史资料研究办公室、福建省中共党史研究会福州市分会编印，1982 年。

《王荷波》，李德平主编，南京出版社 2012 年。

《王荷波纪念图文集》，蒋晓星编，中共党史出版社 2012 年。

《品重柱石——王荷波》，陈晓声、张永和著，中国工人出版社 2017 年。

《中共党史人物传第 12 卷》，中国中共党史人物研究会编，中国人民大学出版社 2017 年。

《王荷波传》，中共福州市委党史研究室编，中共党史出版社 2018 年。

《铁血忠魂王荷波》，王守宪著，中国方正出版社 2019 年。

王稼祥

《回忆王稼祥》，《王稼祥选集》编辑组编，人民出版社 1985 年。

《王稼祥研究论集》，徐则浩著，安徽人民出版社 1991 年。

《青年王稼祥》，戴惠珍著，安徽人民出版社 1992 年。

《毛泽东、王稼祥在我的生活中》，朱仲丽著，中共中央党校出版社 1995 年。

《王稼祥》，中共中央党史研究室等编，中共党史出版社 1996 年。

《王稼祥传》，徐则浩著，当代中国出版社 1996 年。

《疾风知劲草——毛泽东与王稼祥》，朱仲丽著，中共中央党校出版社 1999 年。

《王稼祥：家世、情感、品格》，沈葵著，济南出版社 2001 年。

《王稼祥年谱(1906—1974)》，徐则浩编著，中央文献出版社 2001 年。

《王稼祥传》，施昌旺著，安徽人民出版社 2003 年。

《王稼祥百年诞辰纪念文集》，聂皖辉主编；中共安徽省委党史研究室编，中央文献出版社 2007 年。

《中共党史人物传(第 33 卷)》，中国中共党史人物研究会编，中国人民大学出版社 2017 年。

王尽美

《王尽美》，陈锡德著，山东人民出版社 1962 年。

《王尽美》，中共诸城县委、山东大学历史系编，山东人民出版社 1981 年。

《王尽美同志九十诞辰纪念会专辑》，中共诸城市委党史资料征集研究委员会编，中共诸城市委党史资料征集研究委员会 1988 年。

《王尽美》，丁龙嘉、张业赏著，河北人民出版社 1997 年。

《王尽美传》，中共山东省委党史研究室、中共诸城市委编，红旗出版社 1998 年。

《王尽美》，李海涛编著，中共党史出版社 2005 年。

《王尽美》，李海涛编著，青岛出版社 2009 年。

《王尽美遗著与研究文集》，济南师范学校编，中共党史出版社 2009 年。

《100 位为新中国成立作出突出贡献的英雄模范人物：王尽美》，丁龙嘉编著，吉林文史出版社 2011 年。

《中国共产党先驱领袖义库王尽美文集》，王尽美著，人民出版社 2011 年。

《王尽美》，王音、孙昉著，济南出版社 2012 年。

《中共党史人物传(第 1 卷)》，中国中共党史人物研究会编，中国人民大学出版社 2017 年。

《王尽美》，张树军主编、徐嘉编著，学习出版社 2020 年。

王 平

《王平回忆录》，王平著，解放军出版社 1992 年。

《王平将军自述》，王平著，辽宁人民出版社 1998 年。

王孝和

《王孝和的故事》，柯蓝著，花山文艺出版社 1996 年。

《王孝和》，张羽原著、大鲁改编，上海人民美术出版社 1997 年。

《革命传统教育故事：王孝和》，张羽原著，大鲁改编，上海人民美术出版社 1997 年。

《不死的王孝和》，柯蓝著，二十一世纪出版社 2008 年。

维经斯基

《维经斯基在中国的有关资料》，中国社会科学院现代史研究室组织编译，中国社会科学出版社 1982 年。

《中共党史人物传(第 76 卷)》，中国中共党史人物研究会编，中国人民大学出版社 2017 年。

翁泽生

《翁泽生传》,何池著,海风出版社 2004 年。

吴　康

《革命人物志第 22 集》,秦孝仪主编,中央文物供应社 1982 年。

《吴康先生全集》,吴康著,台湾商务印书馆 1987 年。

《红浪:五·二〇运动在上海》,邹有民等主编,中共上海市委党史资料征集委员会等编,上海教育出版社 2002 年。

夏　衍

《夏衍研究资料》,会林、陈坚、绍武编著,中国戏剧出版社 1983 年。

《论夏衍》,中国电影艺术研究中心电影史研究室等合编,中国电影出版社 1989 年。

《夏衍的电影道路》,中国电影艺术研究中心、中国电影家协会、北京电影学院合编,中国电影出版社 1985 年。

《夏衍访谈录》,李文斌著,中国电影出版社 1993 年。

《夏衍传略》,周斌著,上海文艺出版社 1994 年。

《夏衍自传》,夏衍著,江苏文艺出版社 1996 年。

《夏衍》,夏衍著、刘亚铁编选,华夏出版社 1997 年。

《夏衍评传》,陆荣椿著,山东教育出版社 1997 年。

《夏衍》,陈坚、陈抗著,中国华侨出版社 1999 年。

《夏衍——影剧奇峰》,方全林主编,汪天云著,上海教育出版社 1999 年。

《夏衍论——纪念夏衍诞辰百年学术研讨会论文集》,蔡师勇主编,中国电影家协会编,中国电影出版社 2000 年。

《可见的左翼——夏衍与中国 1930 年代反法西斯文化研究文集》,陈奇佳主编,中国戏剧出版社 2015 年。

《春秋逝去的贤者——夏衍书信》,沈宁、沈旦华编,夏衍著,中华书局 2016 年。

《岁月如水流去——夏衍日记》,沈宁、沈旦华编,夏衍著,中华书局 2016 年。

《夏衍的艺术世界》,陈坚著,浙江大学出版社 2017 年。

《夏衍的生活和文学道路》,陈坚著,浙江大学出版社 2017 年。

《夏衍研究札记》,陈坚著,浙江大学出版社 2017 年。

《夏衍与 20 世纪中国文艺发展》,周斌主编,中国电影出版社 2018 年。

向警予

《纪念向警予同志英勇就义五十周年》,人民出版社编,人民出版社 1978 年。

《向警予》,舒新宇、谭士珍著,湖南人民出版社 1979 年。

《怀念向警予同志》,湖南省妇女联合会编,湖南人民出版社 1979 年。

《向警予传》,戴绪恭著,人民出版社 1981 年。

《向警予传》,何鹄志著,上海人民出版社 1990 年。

《长痛汉皋埋碧血——中国妇女运动的先驱向警予》,卢兴轩、岳志勇编,河北教育出版社 1992 年。

《向警予》,纪学、吴忧著,中国青年出版社 1994 年。

《向警予——传记·纪念与回忆·论述·资料》,刘茂舒主编,武汉市妇女联合会编,武汉出版社

1995 年。

《向警予的故事》，林佳编著，花山文艺出版社 1996 年。

《向警予的故事》，杨丹等著，时代文艺出版社 1998 年。

《向警予纪念文集》，中共湖南省委宣传部、中共湖南省委党史研究室、中共怀化市委编，湖南人民出版社 2005 年。

《向警予的故事》，龚昕编著，中国社会出版社 2006 年。

《中国工运历史人物传略向警予》，舒新宇著，中国工人出版社 2017 年。

《中共党史人物传（第 6 卷）》，中国中共党史人物研究会编，中国人民大学出版社，2017 年。

向忠发

《向忠发的沉浮人生》，熊廷华著，陕西人民出版社 2016 年。

《中共党史人物传（第 78 卷）》，中国中共党史人物研究会编，中国人民大学出版社 2017 年。

项 英

《项英传》，王辅一著，中共党史出版社 1995 年。

《项英的这一生》，赵建军著，湖北人民出版社 2005 年。

《近看项英》，王辅一著，中共党史出版社 2009 年。

《中国工运历史人物传略项英》，曹荣著，中国工人出版社 2012 年。

《雨花台烈士传丛书项英传》，曹荣著，江苏人民出版社 2016 年。

《项英传》，王辅一著，中共党史出版社 2018 年。

颜昌颐

《中共党史人物传（第 79 卷）》，中国中共党史人物研究会编，中国人民大学出版社 2017 年。

《军委委员——颜昌颐》，隆龙著，湖南人民出版社 2019 年。

杨匏安

《杨匏安文集》，杨匏安著，《杨匏安文集》编辑组编，广东人民出版社 1986 年。

《杨匏安文集》，杨匏安著，中央文献出版社 1996 年。

《杨匏安史料与研究》，李坚著，中共党史出版社 1999 年。

《杨匏安传论稿》，李坚著，《广东党史资料丛刊》编辑部 2003 年。

《珠海历史名人 1：杨匏安传》，陈善光著，珠海出版社 2006 年。

《杨匏安》，叶庆科著，珠海出版社 2006 年。

《启蒙思想家·革命家——杨匏安》，黄明同、张俊尤著，广东人民出版社 2008 年。

《杨匏安研究文选》，杨穆主编，珠海出版社 2008 年。

杨贤江

《杨贤江传记》，金立人、贺世友著，江苏教育出版社 1990 年。

《杨贤江少年时代的故事》，戴尧宏、柴建范编，慈溪市长河镇中心小学教育科学研究小组 1995 年。

《杨贤江言论集粹》，王骏琪、张克勤、方国祥主编，黄河出版社 1999 年。

《杨贤江与中国教育现代化》，中国教育学会杨贤江教育思想专业委员会编，浙江大学出版社 2003 年。

《伟大的一生不朽的业绩杨贤江生平事迹简介》，慈溪市长河镇人民政府组编，沈德林、周建华编写，光明日报出版社 2005 年。

《杨贤江传记》，潘懋元等主编，光明日报出版社 2005 年。

杨 殷

《100 位为新中国成立作出突出贡献的英雄模范人物：杨殷》，于元编著，吉林文史出版社 2011 年。

《红棉傲骨：杨殷（1892—1929）》，郭昉凌著，中国工人出版社 2016 年。

《中国工运历史英烈传——杨殷》，郭昉凌著，中国工人出版社 2016 年。

叶 飞

《叶飞回忆录》，叶飞著，解放军出版社 1988 年。

《征战纪事》，叶飞著，上海文艺出版社 1988 年。

《报捷华东叶飞与名军名战》，李一戈编著，国防大学出版社 1997 年。

《中国的夏伯阳——叶飞传奇》，胡兆才著，福建人民出版社 1999 年。

《叶飞将军自述》，叶飞著，辽宁人民出版社 2001 年。

《叶飞回忆录续在交通部期间》，叶飞著，人民交通出版社 2001 年。

《叶飞纪念文集》，戴尔济主编，福建省新四军研究会编，中央文献出版社 2001 年。

《开国上将叶飞》，王昊、王纪一著，中央文献出版社 2004 年。

《叶飞的青少年时代》，袁瑞良著，连环画出版社 2004 年。

《叶飞研究文集》，戴尔济主编，福建省新四军研究会编，福建人民出版社 2004 年。

《晚年叶飞》，袁瑞良著，文汇出版社 2004 年。

《叶飞回忆录》，叶飞著，解放军出版社 2007 年。

《叶飞兵团战事报告》，杭宇、任龙编著，黄河出版社 2013 年。

《晚年叶飞》，袁瑞良著，解放军出版社 2014 年。

《叶飞回忆录（上）》，叶飞著，解放军出版社 2014 年。

《叶飞回忆录（下）》，叶飞著，解放军出版社 2014 年。

《开国将领丛书铁将军叶飞》，钟兆云、胡兆才著，山西人民出版社 2015 年。

叶 挺

《叶挺》，中山大学《叶挺》编写组编，广东人民出版社 1979 年。

《叶挺将军》，王春江著，中国青年出版社 1985 年。

《回忆叶挺军长》，叶钦和著，重庆出版社 1986 年。

《上海人民与新四军》，中共上海市委党史资料征集委员会主编，知识出版社 1989 年。

《叶挺将军传》，段雨生等著，解放军出版社 1989 年。

《叶挺》，王春江著，中国青年出版社 1992 年。

《叶挺》，卢权、禤倩红著，广东人民出版社 1994 年。

《新四军征战纪实上》，常敬竹、董保存著，解放军文艺出版社 1995 年。

《铁将军叶挺（上、下）》，成金编著，中国戏剧出版社 1997 年。

《叶挺》，刘战英著，河北人民出版社 1998 年。

《叶挺传骁将的坎坷》，段雨生等著，辽宁人民出版社 2001 年。

《未授衔的元帅叶挺（上、下）》，施士明著，上海人民出版社 2001 年。

《叶挺将军传》，段雨生、赵酬、李札华著，辽宁人民出版社 2009 年。

《叶挺将军》，张笑天著，上海文艺出版社 2011 年。

殷　夫

《诗人殷夫的生平及其作品——纪念殷夫烈士牺牲五十周年》,丁景唐、陈长歌著,浙江人民出版社 1981 年。

《殷夫年谱》,王艾村著,上海人民出版社 2010 年。

《殷夫中国革命的歌手》,〔俄〕H.Φ.马特科夫著,宋绍香译,莫斯科大学出版社 2011 年。

应修人

《若迦夜歌应修人、潘漠华卷》,应修人、潘漠华著,中国戏剧出版社 2001 年。

《应修人日记》,应修人著,上海鲁迅纪念馆编,上海书画出版社 2003 年。

俞秀松

《俞秀松的故事》,中共浙江省委党史研究室等编,当代中国出版社 1994 年。

《俞秀松评传》,陈秀萍著,中共党史出版社 1999 年。

《俞秀松纪念文集》,中共浙江省委党史研究室编,当代中国出版社 1999 年。

《秀松长青——中国共产主义事业前驱俞秀松》,诸暨市政协学习文史委员会编印 1999 年。

《俞秀松》,李冬绘、张军著,新疆人民出版社 2007 年。

《俞秀松的故事(汉维对照)》,张军著,新疆人民出版社 2010 年。

《秀柏苍松——俞秀松研究文集》,俞克明主编,中共党史出版社 2010 年。

《俞秀松传》,《俞秀松传》编委会编,浙江人民出版社 2012 年。

《俞秀松文集》,上海市中共党史学会编,中共党史出版社 2012 年。

《中共党史人物传第 25 卷》,中国中共党史人物研究会编,中国人民大学出版社 2017 年。

《俞秀松画传》,李瑊主编,俞敏、王娟副主编,学林出版社 2019 年。

袁振英

《袁振英传》,李继锋、郭彬、陈立平著,中共党史出版社 2009 年。

《袁振英研究史料》,中共东莞市委党史研究室编,中共党史出版社 2014 年。

恽代英

《恽代英日记》,恽代英著,中央档案馆等编,中共中央党校出版社 1981 年。

《回忆恽代英》,人民出版社编辑部编,人民出版社 1982 年。

《恽代英传记》,田子渝等著,湖北人民出版社 1984 年。

《恽代英学术讨论会论文集 1985》,李良明编,华中师范大学出版社 1985 年。

《青年楷模恽代英》,张京泽编,河北教育出版社 1992 年。

《恽代英的故事》,包树森等编写,华中师范大学出版社 1995 年。

《恽代英传》,张羽、铁凤著,中国青年出版社 1995 年。

《恽代英诞辰 100 周年——纪念会暨学术讨论会论文集》,李良明、杨新起、赵永康主编,华中师范大学出版社 1996 年。

《恽代英的故事》,魏春桥著,时代文艺出版社 1998 年。

《恽代英传》,张羽、铁凤著,中国青年出版社 2003 年。

《恽代英年谱新编》,郝赫著,中国文史出版社 2005 年。

《纪念恽代英诞辰一百一十周年学术讨论会论文集》,伍祥林、李良明主编,华中师范大学出版社 2006 年。

《恽代英年谱》,李良明、钟德涛主编,彭卫,姜术俊、游鹏程、李俊、王海兵编写,华中师范大学出版社2006年。

《恽代英年谱(1895—1931)(修订本)》,李良明、钟德涛编,华中师范大学出版社2008年。

《恽代英》,蒋柏桢著,中外名流出版社2009年。

《恽代英》,中共常州市委党史工作委员会、瞿秋白张太雷恽代英研究会、常州市瞿秋白张太雷恽代英纪念地管理处编,江苏美术出版社2009年。

《回忆恽代英》,北京人民出版社著,人民出版社2015年。

《纪念恽代英诞辰120周年学术研讨会论文集1985—1931》,谢守成主编,华中师范大学出版社2016年。

《雨花台烈士传丛书恽代英传》,虞建安、李兆娟、汪旭东编著,江苏人民出版社2016年。

恽雨棠

《中共党史人物传第38卷》,中国中共党史人物研究会编,中国人民大学出版社2017年。

张爱萍

《青年运动回忆录第1集》,张爱萍等著,中国青年出版社1978年。

《纪事篇》,张爱萍著,四川文艺出版社1987年。

《神剑之歌——张爱萍诗词、书法、摄影选集》,张爱萍著,人民美术出版社1991年。

《张爱萍在1975》,胡士弘著,作家出版社1998年。

《浴血江淮张爱萍敌后风云录》,胡士弘著,上海文艺出版社2000年。

《张爱萍传(上、下)》,东方鹤著,人民出版社2000年。

《儒将史诗——读者眼中的张爱萍》,慕剑主编,长征出版社2001年。

《诗魂剑魄　理念之光:张爱萍将军逝世周年纪念》,《诗魂剑魄理念之光张爱萍将军逝世周年纪念》编委会编,中央文献出版社2004年。

《开国上将张爱萍的戎马生涯》,胡士弘著,人民出版社2006年。

《组建第一支人民海军部队的创始人　追忆张爱萍将军创建人民海军的663个日日夜夜》,陆其明著,海潮出版社2006年。

《上将张爱萍(上、下)》(第2版),东方鹤著,人民出版社2007年。

《从战争中走来:张爱萍人生记录》,张胜著,中国青年出版社2009年。

《张爱萍生平事迹》,昆明五彩印务有限公司2009年。

《血火双雄彭雪枫与张爱萍》,杨西彩著,凤凰出版社2010年。

《神剑·乡魂　纪念张爱萍将军诞辰100周年研究专辑》,李万斌主编,西南交通大学出版社2011年。

《从战争中走来两代军人的对话　张爱萍人生记录》,张胜著,生活·读书·新知三联书店2013年。

《难忘的记忆　张爱萍将军诞辰100周年纪念文集》,王金中、杨明祥主编,中共党史出版社2014年。

《岁寒三友:张爱萍·魏传统·杨超传略》,中共达州市通川区委宣传部组织编写,四川人民出版社2015年。

张国焘

《张国焘其人》,于吉楠编著,四川人民出版社1980年。

《张国焘和〈我的回忆〉》,于吉楠编著,四川人民出版社1982年。

《张国焘问题研究资料》,盛仁学编,四川人民出版社1982年。

《张国焘年谱及言论》,盛仁学编,解放军出版社1985年。

《张国焘》,张树军著,河北人民出版社 1997 年。

《张国焘传》,姚金果、苏杭著,陕西人民出版社 2000 年。

《张国焘传记和年谱》,路海江著,中共党史出版社 2003 年。

《张国焘传》,张树军著,红旗出版社 2009 年。

《张国焘的这一生(上、下)》,少华著,湖北人民出版社 2010 年。

《解密档案中的张国焘》,苏杭、苏若群著,人民出版社 2015 年。

张秋人

《张秋人》,中共诸暨市委党史资料征集研究委员会办公室编,中共诸暨市委党史资料征集研究委员会办公室 1990 年。

《中共党史人物传第 9 卷》,中国中共党史人物研究会编,中国人民大学出版社 2017 年。

张人亚

《张人亚传》,张人亚革命事迹调研组编,学林出版社 2011 年。

张太雷

《张太雷》,林鸿暖编著,广东人民出版社 1981 年。

《回忆张太雷》,人民出版社编辑部编,人民出版社 1984 年。

《张太雷年谱》,刘玉珊、左森、丁则勤编,天津大学出版社 1992 年。

《张太雷研究学术论文集》,张太雷研究会、英才文丛(丛书)编辑委员会等编,南京大学出版社 1993 年。

《张太雷》,中国革命博物馆、张太雷研究会编,文物出版社 1994 年。

《醒世惊雷——张太雷百年诞辰纪念暨研究文集》,顾宏祥、姚士宏编,张太雷研究会编,中央文献出版社 1998 年。

《张太雷》,伊里著,中国青年出版社 1998 年。

《太空惊雷——张太雷》,郝赫著,中国戏剧出版社 2000 年。

《张太雷研究史料选》,瞿秋白、张太雷、恽代英研究会、张太雷纪念馆编,中央文献出版社 2007 年。

《张太雷》,中共常州市党史工作委员会编,江苏美术出版社 2008 年。

《张太雷诞辰 110 周年纪念研讨会文集》,中共常州市委党史工作委员会、瞿秋白张太雷恽代英研究会编,中央文献出版社 2008 年。

《张太雷》,蒋柏桢著,中外名流出版社 2009 年。

《张太雷年谱》,丁言模、黄明彦、张浩典编著,上海辞书出版社 2011 年。

《张太雷传》,丁言模著,上海辞书出版社 2011 年。

《张太雷研究新论》,丁言模、李良明著,华中师范大学出版社 2016 年。

《革命先驱张太雷故事》,张菊香、周丽、李泽昊编著,江苏人民出版社 2018 年。

张闻天

《悼念张闻天同志》,中国社会科学出版社编,中国社会科学出版社 1979 年。

《怀念张闻天同志》,本社编,湖南人民出版社 1981 年。

《回忆张闻天》,《回忆张闻天》编写组编,湖南人民出版社 1985 年。

《张闻天与新文学运动》,程中原著,江苏文艺出版社 1987 年。

《纪念张闻天》,中共中央党史研究室编,中共党史出版社 1990 年。

《张闻天》，中共党史资料出版社编，中共党史资料出版社 1990 年。

《张闻天》，马文奇等编著，北京出版社 1993 年。

《张闻天的足迹》，金盛先著，上海社会科学院出版社 1995 年。

《张闻天与二十世纪的中国》，张培森著，中共党史出版社 1995 年。

《伟人之初张闻天》，程中原著，浙江人民出版社 1996 年。

《我和张闻天命运与共的历程》，刘英著，中共党史出版社 1997 年。

《张闻天在 1935—1938（年谱）》，张闻天选集传记组编，张培森主编，中共党史出版社 1997 年。

《永恒的怀念——张闻天纪念集》，陈伟忠、黄永坤主编，中共党史出版社 1998 年。

《历史转折中的张闻天》，佟静著，党建读物出版社 2000 年。

《张闻天》，马文奇、何宝昌、周环、毛丽英编著，北京出版社 2000 年。

《张闻天年谱（1900—1976）》，中共中央党史研究室张闻天选集传记组编、张培森主编，中共党史出版社 2000 年。

《张闻天与二十世纪的中国（修订版）》，张培森著，中共党史出版社 2000 年。

《张闻天的非常之路》，程中原著，李力安主编，人民出版社 2001 年。

《张闻天传》，程中原著，当代中国出版社 2006 年。

《说不尽的张闻天》，程中原编著，中央文献出版社 2008 年。

《何方谈史忆人——纪念张闻天及其他师友》，何方著，世界知识出版社 2010 年。

《转折关头：张闻天在 1935—1943》，程中原编，当代中国出版社 2012 年。

《张闻天与上海》，吴文焕等著，文汇出版社 2013 年。

张　震

《张震军事文选（上、下）》，张震著，解放军出版社 2005 年。

赵世炎

《赵世炎》，彭承福著，重庆出版社 1983 年。

《血染的爱河——赵世炎革命春秋》，沈国凡著，上海文艺出版社 1989 年。

《赵世炎传》，姚仁隽著，中共党史出版社 1998 年。

《缅怀赵世炎》，中共酉阳土家族苗族自治县委党史研究室编，中央文献出版社 2001 年。

《赵世炎百年诞辰纪念集》，中共中央党史研究室科研究管理部编，中共党史出版社 2001 年。

《赵世炎研究论文集》，中共重庆市委党史研究室、中共中央党史研究室科研管理部编，中共党史出版社 2002 年。

《赵世炎》，沈国凡著，中国工人出版社 2017 年。

赵祖康

《赵祖康》，陶柏康著，复旦大学出版社 1998 年。

周恩来

《周恩来传略》，方钜成、姜桂侬著，人民出版社 1986 年。

《周总理生平大事记》，怀恩著，四川人民出版社 1986 年。

《周恩来一生》，南新宙编著，中国青年出版社 1987 年。

《周恩来传（1898—1976）》，［英］迪克·威尔逊著，李维国译，中共中央党校出版社 1989 年。

《周恩来》，中共中央文献研究室新华通讯社编辑，中央文献出版社 1993 年。

《评周恩来》,李天民著,淑馨出版社1995年。

《周恩来传(1898—1949)》,金冲及编,人民出版社1995年。

《伟人周恩来一个中国人的故事历史回顾纪实》,宋家玲等编,中共中央党校出版社1996年。

《周恩来》,许庆龙、劳斌著,团结出版社1996年。

《周恩来的历程:一个伟人和他的毕生事业》,江明武主编,解放军文艺出版社1996年。

《周恩来的足迹》,李海文主编,四川人民出版社1996年。

《周恩来在国统区》,吕荣斌著,中共中央党校出版社1996年。

《周恩来》,杨明伟著,中央文献出版社1998年。

《周恩来大事本末》,闻岩主编,江苏教育出版社1998年。

《周恩来年谱1898—1949》,力平、方铭主编,中共中央文献研究室编,中央文献出版社1998年。

《周恩来在上海》,中共上海市委党史研究室编,上海人民出版社1998年。

《浦江魂:白色恐怖下的周恩来》,王光远著,中央文献出版社1999年。

《周恩来》,万仲泉编,南方出版社1999年。

《周恩来军事活动纪事(1918—1975)》(上下卷),《周恩来军事活动纪事》编写组编著,中央文献出版社2000年。

《解读周恩来》,刘济生著,吉林人民出版社2001年。

《历史巨变中的周恩来》,穆欣著,中国青年出版社2001年。

《周恩来研究》,汪浩著,中央文献出版社2001年。

《周恩来》,力平、曹应旺著,三联书店(香港)有限公司2001年。

《周恩来一生》,力平著,中央文献出版社2001年。

《周恩来与邵力子》,舒风著,华文出版社2001年。

《周恩来与中共党史重大事件》,费虹寰著,中央文献出版社2001年。

《周恩来在共和国重大历史关头》,梁月海主编,辽海出版社2001年。

《周恩来传》,力平著,甘肃文化出版社2001年。

《周恩来》,马润生著,中国国际电视总公司2003年。

《伟人周恩来(第1—2部)》,周而复著,文化艺术出版社2004年。

《周恩来》,张凤高著,中央文献出版社2004年。

《周恩来生平全记录》(上、下册),江明武主编,中央文献出版社2004年。

《周恩来在上海》,王朝柱著,中国青年出版社2008年。

《周恩来在上海画传》,中共一大会址纪念馆、中共代表团驻沪办事处纪念馆编,中共党史出版社2008年。

《周恩来(1898—1976)》,中共中央文献研究室周恩来研究组编著,四川人民出版社2009年。

《周恩来珍闻》,李新芝、刘晴编著,中央文献出版社2009年。

《周恩来自述》,中共中央文献研究室第二编研部编著,国际文化出版公司2009年。

《走出西花厅:周恩来视察全国纪实》,陈扬勇著,中央文献出版社2009年。

《周恩来传》,徐峰驰著,中国文史出版社2009年。

《周恩来》,杨明伟著,中央文献出版社2010年。

《共和国领袖周恩来》,赵硕著,海燕出版社2011年。

《解读周恩来》,刘济生著,中央文献出版社2011年。

《周恩来纪事1898—1976(上下)》,李新芝、刘晴主编,中央文献出版社2011年。

《周恩来人生纪实(上下)》,中央文献研究室科研部图书馆编,凤凰出版社2011年。

《周恩来的革命春秋》,刘武生著,人民出版社2012年。

《周恩来实录》,于俊道著,中国工人出版社 2012 年。

《公仆周恩来》,梁金安编,中央文献出版社 2013 年。

《周恩来》,丁薇著,北京少年儿童出版社 2014 年。

《周恩来》,吕章申著,上海教育出版社 2014 年。

《周恩来的奉献》,周丽著,吉林出版集团有限责任公司 2014 年。

《周恩来》,丁小丽、刘爱章著,中国工人出版社 2016 年。

《周恩来》,郑春兴著,时代文艺出版社 2016 年。

《周恩来答问录》,中共中央文献研究室编,人民出版社 2016 年。

《周恩来自述评传》,曹应旺著,中译出版社 2016 年。

《周恩来研究》,杨亚军著,中央文献出版社 2018 年。

周佛海

《周佛海日记》,周佛海著,上海人民出版社 1984 年。

《周佛海日记(上、下)》,蔡德金编注,中国社会科学出版社 1986 年。

《周佛海评传》,闻少华著,武汉出版社 1990 年。

《通敌内幕:大汉奸周佛海浮沉录》,钟玉如、龚由青著,中国文史出版社 1990 年。

《周佛海狱中日记(1947 年 1 月—9 月)》,潘嘉钊等编著,中国文史出版社 1991 年。

《朝秦暮楚的周佛海》,蔡德金著,河南人民出版社 1992 年。

《周佛海》,蔡德金著,河北人民出版社 1997 年。

《周佛海研究》,方小年著,湖南师范大学出版社 2001 年。

《大红大黑周佛海》,王晓华、张庆军著,上海人民出版社 2002 年。

《周佛海日记全编》,周佛海著,蔡德金编著,中国文联出版社 2003 年。

《我所知道的汉奸周佛海》,文斐编,中国文史出版社 2005 年。

《朝秦暮楚周佛海》,蔡德金著,团结出版社 2009 年。

《大红大黑周佛海》,王晓华、张庆军著,上海人民出版社 2012 年。

《民国大汉奸周佛海秘档》,文斐编,中国文史出版社 2012 年。

朱 德

《人民的光荣——朱德委员长光辉战斗的一生》,北京师范大学公共政治理论教研室编,北京师范大学出版社 1978 年。

《朱德元帅的一生》,刘启光、潘克定著,新蕾出版社 1985 年。

《纪念朱德》,中国革命博物馆编,文物出版社 1986 年。

《朱德年谱》,中共中央文献研究室编,人民出版社 1986 年。

《朱德元帅》,龚希光编写,新华出版社 1990 年。

《回忆朱德》,《回忆朱德》编辑组编,中央文献出版社 1992 年。

《朱德和他的事业研究选萃》,吕星斗主编,中共党史出版社 1993 年。

《朱德与毛泽东思想》,姜忠等著,重庆出版社 1993 年。

《纪念朱德诞辰 110 周年——全国朱德生平与思想研究文集》,于俊道等编,中央文献出版社 1998 年。

《朱德与毛泽东》,李蓉、吴为著,中共党史出版社 1998 年。

《我的父亲朱德》,朱敏著,辽宁人民出版社 2001 年。

《朱德自述》,中央文献研究室二部编,解放军文艺出版社 2003 年。

《在纪念朱德同志诞辰 120 周年座谈会上的讲话(2006 年 12 月 1 日)》,胡锦涛著,民族出版社

2006 年。

《朱德珍闻》,刘晴、谭晓萍主编,中央文献出版社 2006 年。

《朱德人生纪实》,中央文献研究室科研部图书馆编,凤凰出版社 2011 年。

《朱德纪事(1886—1976)(上、下)》,李新芝、谭晓萍主编,中央文献出版社 2011 年。

《朱德 1886—1976》,中共中央文献研究室朱德研究组编著,四川人民出版社 2009 年。

《朱德思想研究资料》,谭幼萍主编,中央文献出版社 2013 年。

《朱德生平研究资料》,谭幼萍主编,中央文献出版社 2013 年。

《朱德与马克思主义政党建设学术研讨会论文集》,朱德思想生平研究会、中共中央市委党史研究室编,中央文献出版社 2013 年。

《朱德与南昌起义学术研讨会论文集》,朱德思想生平研究会编,中央文献出版社 2013 年。

《朱德研究丛书(一)》,朱德思想生平研究会编,中央文献出版社 2013 年。

《朱德研究述评》,王安平著,中央文献出版社 2014 年。

《朱德年谱 1886—1976(新编本)》,吴殿尧主编,中央文献出版社 2016 年。

《朱德研究文集第 1—4 卷》,王安平、龙腾飞主编,四川大学出版社 2017 年。

邹韬奋

《韬奋的道路——纪念韬奋先生论文集》,上海韬奋纪念馆编,三联书店香港分店 1978 年。

《向韬奋学习》,人民出版社资料组编,人民文学出版社 1979 年。

《韬奋的流亡生活》,胡耐秋编,生活·读书·新知三联书店 1979 年。

《邹韬奋》,穆欣编著,湖北人民出版社 1981 年。

《邹韬奋年谱》,复旦大学新闻系研究室编,复旦大学出版社 1982 年。

《韬奋与出版》,钱小柏、雷群明编著,学林出版社 1983 年。

《忆韬奋》,邹嘉骊编,学林出版社 1985 年。

《韬奋》,穆欣著,人民出版社,1985 年。

《邹韬奋》,姚小玲著,中国国际广播出版社 1990 年。

《邹韬奋的故事》,邹华义著,二十一世纪出版社 1990 年。

《韬奋论》,俞月亭著,河北教育出版社 1991 年。

《邹韬奋》,孙霞编著,中国青年出版社 1994 年。

《邹韬奋传》,俞润生著,天津教育出版社 1994 年。

《邹韬奋》,姚眉平等编著,中国国际广播出版社 1996 年。

《邹韬奋传记》,马仲扬、苏克尘著,重庆出版社 1997 年。

《邹韬奋》,张之华著,人民日报出版社 1998 年。

《邹韬奋的故事》,庞晓恩编著,汕头大学出版社 1998 年。

《邹韬奋传》,沈谦芳著,山东人民出版社 1998 年。

《邹韬奋——大众文化先驱》,方全林主编,陈挥著,上海教育出版社 1999 年。

《韬奋自述》,邹韬奋著,中国韬奋基金会韬奋著作编辑部编,学林出版社 2000 年。

《众说韬奋》,胡愈之等著,学林出版社 2000 年。

《韬奋传》,陈挥著,江西人民出版社 2001 年。

《魅力常青——出版事业模范邹韬奋》,马仲扬、苏克尘著,红旗出版社 2005 年。

《韬奋年谱 1895—1932(上卷)》,邹加骊编著,上海文艺出版社 2005 年。

《韬奋年谱 1933—1937(中卷)》,邹加骊编著,上海文艺出版社 2005 年。

《韬奋年谱 1938—1944(下卷)》,邹加骊编著,上海文艺出版社 2005 年。

《韬奋年谱 1895—1944》,邹加骊编著,上海文艺出版社 2008 年。

《邹韬奋文集》,邹韬奋著,线装书局 2009 年。

《邹韬奋自述》,邹韬奋著,文明国编,安徽文艺出版社 2013 年。

《邹韬奋年谱长编(上下)》,邹嘉骊编著,上海交通大学出版社 2015 年。

《邹韬奋传》,沈谦芳著,生活·读书·新知三联书店 2016 年。

《中国出版家——邹韬奋》,陈挥著,人民出版社 2017 年。

《邹韬奋与中国现代出版转型》,刘火雄著,南京大学出版社 2018 年。

后 记

改革开放尤其是新时代以来，中共党史研究取得令人瞩目的进展，上海地区党史研究也有了新的突破。为方便读者了解和使用，在浩如烟海的研究成果中，团队广泛收集、重点选取、逐条讨论、反复核对，虽是苦功夫，却也有心得。尽五年之力，终成此书。

本书的编纂是一个团队合作的成果：忻平教授、丰箫副教授和吴静博士负责编写框架、体例等指导工作，参与搜集和编纂工作的硕、博士研究生有陶雪松、楚浩然、杨阳、姜楠、刘姈姈、吴娜、陈晨、朱学玲、殷送送、韩鹏、杨帆、韦博、刘越、袁林岐、李嘉、吕婷、王锐、王梦瑶、刘慧敏等。上海大学的刘雅君副教授、韩戍副教授，上海师范大学的蒋杰副教授为本书做出贡献。上海人民出版社、学林出版社的编辑部主任吴耀根老师全程参与本书编辑和修改，并提出了建设性意见，谨表谢意。

本书编纂过程中，受到上海市教委上海高校智库内涵"党史国史研究数据库"建设项目、上海大学历史系中国史高原学科、上海大学马克思主义学院高峰学科和上海大学课程思政"领航计划"（2020、2021）的资助；后期得到教育部哲学社会科学重大课题"伟大建党精神研究"、上海市哲社"党的诞生地史料挖掘与建党精神研究"专项课题、上海市教委"'四史'教育背景下新型思政课建设探索研究"项目等项目的支持。在此，一并表示感谢。

感谢上海市教卫工作党委宣传处江鸿波副处长和上海市学生德育发展中心宗爱东主任对本项课题的帮助和指导，感谢上海大学文学院张勇安院长、宁镇疆副院长和上海大学马克思主义学院闫坤如院长、王国建书记的鼎力相助。

我们特别感谢《解放日报》总编办杨波主任为我们查阅资料提供诸多帮助，感谢上海市图书馆采编中心副主任任国祥研究馆员、上海大学图书馆的领导和老师为我们查阅资料提供方便，感谢复旦大学历史系资料室原主任傅德华教授为我们提供指导，感谢上海丹诚图书数码科技有限公司王晶晶经理提供帮助。

我们特别感谢外审专家提出的宝贵意见和建议。在专家意见的基础上，我们又对部分内容进行了调整和修订。当然，由于时间仓促，本书还有一些未能解决的问题，还请同行、专家批评指正。

编者

2020 年 8 月 18 日写

2022 年 1 月 8 日修改

图书在版编目(CIP)数据

上海党史研究目录:1978—2020/忻平,丰箫,吴
静编.—上海:学林出版社,2022
ISBN 978 - 7 - 5486 - 1847 - 8

Ⅰ.①上…　Ⅱ.①忻…　②丰…　③吴…　Ⅲ.①中国共
产党-党史-研究-专题目录-上海-1978 - 2020　Ⅳ.
①Z88:D23

中国版本图书馆 CIP 数据核字(2022)第 135766 号

责任编辑　吴耀根　汤丹磊　张予澍　王思媛　张嵩澜
封面设计　周剑峰

上海党史研究目录(1978—2020)
忻平　丰箫　吴静等　编

出　　版　学林出版社
　　　　　(201101　上海市闵行区号景路 159 弄 C 座)
发　　行　上海人民出版社发行中心
　　　　　(201101　上海市闵行区号景路 159 弄 C 座)
印　　刷　上海商务联西印刷有限公司
开　　本　889×1194　1/16
印　　张　21
字　　数　62 万
版　　次　2022 年 9 月第 1 版
印　　次　2022 年 9 月第 1 次印刷
ISBN 978 - 7 - 5486 - 1847 - 8/Z·104
定　　价　198.00 元